Eberhard Weis

Montgelas

Erster Band. 1759–1799

GRAF MONTGELAS

EBERHARD WEIS

MONTGELAS

Erster Band

Zwischen Revolution und Reform

1759–1799

C. H. BECK'SCHE VERLAGSBUCHHANDLUNG
MÜNCHEN

Mit 3 Abbildungen auf Tafeln

CIP-Titelaufnahme der Deutschen Bibliothek

Weis, Eberhard:
Montgelas / Eberhard Weis. – München : Beck.
Bd. I. Zwischen Revolution und Reform : 1759–1799. –
2., durchges. Aufl. – 1988
Zugl.: München, Univ., Habil.-Schr.
ISBN 3 406 32974 8

ISBN 3 406 32974 8

2., durchgesehene Auflage. 1988

Reproduktion und Druck: Pera-Druck Matthias KG, Gräfelfing
Printed in Germany

Inhaltsverzeichnis

Vorwort zur 2. Auflage

Da dieser Band seit Jahren vergriffen ist, aber immer wieder verlangt wird, hat sich der Verlag C. H. Beck entschlossen, ihn wieder aufzulegen, noch bevor der abschließende zweite Band des «Montgelas» fertiggestellt ist. Hierfür sei dem Verlag besonders gedankt.

Unter Beibehaltung des Satzes wurden Schreib- und Druckfehler der 1. Auflage berichtigt, ein Literaturnachtrag für die Zeit seit 1970 hinzugefügt und das Verzeichnis der ungedruckten Quellen der inzwischen durchgeführten Neuordnung des Bayerischen Hauptstaatsarchivs angepaßt.

Ich hoffe, in Kürze den abschließenden zweiten Band der Montgelas-Biographie vorlegen zu können.

München, im Januar 1988 *Eberhard Weis*

Einleitung

Die Bedeutung der umfassenden inneren Reformen, die in der napoleonischen Zeit in den süddeutschen Staaten, insbesondere in Bayern, Württemberg, Baden, Hessen-Darmstadt und Nassau, durchgeführt worden sind, hat man heute erkannt. Darstellungen wie der erste Band von Franz Schnabels Deutscher Geschichte im neunzehnten Jahrhundert oder in der Gegenwart Kurt von Raumers «Deutschland um 1800, Krise und Neugestaltung» heben ihre Rolle im Rahmen der Entwicklung Deutschlands hervor und räumen ihnen einen gebührenden Platz ein. Die Wirtschafts- und Sozialgeschichte der Gegenwart beginnt, sich mit den Konsequenzen dieser Veränderungen für die Entwicklung der Gesellschaft zu befassen. Die Umgestaltungen und die innere Erneuerung in den süddeutschen Staaten setzen einige Jahre früher ein als die preußischen Reformen und gehen andere Wege. Sie werden in der Restaurationszeit nicht rückgängig gemacht und stellen einen entscheidenden Schritt auf dem Weg Deutschlands vom Ancien Régime zum modernen Rechts- und Verfassungsstaat dar.

Die süddeutschen Regierungen begriffen, daß ihre Staaten die Unabhängigkeit in dieser Zeit stürmischer Veränderungen nur behaupten konnten, wenn sie ihre Finanzen und ihre Armee auf den Stand größtmöglicher Leistungsfähigkeit brachten, das heißt, wenn sie die im Mittelalter entstandenen Privilegien und das Chaos veralteter Verwaltungen beseitigten und die Untertanen am Staat interessierten. Auch am Ursprung der preußischen Reformen standen ja später solche sehr realistischen Überlegungen.

Die Reformen in Süddeutschland waren stark von Frankreich beeinflußt. Aber in keinem Fall stellten sie eine bloße Kopie der französischen Vorbilder dar; sie knüpften an eigene Institutionen und Rechtsverhältnisse an, aber sie gingen weit über das Hergebrachte hinaus. Sie stießen auf vielen Gebieten in Neuland vor. Ein Patentrezept war diesen zugleich realistischen und durch den Optimismus der Aufklärung geprägten Staatsmännern nicht gegeben. Sie mußten den Umbau ihrer Staaten inmitten von Kriegen, Durchzügen riesiger Heere, wie sie Europa bis dahin nicht gekannt hatte, unter ständiger Gefahr des Staatsbankrotts und in Anpassung an rasch wechselnde außenpolitische Konstellationen durchführen. Umso erstaunlicher ist das Vollbrachte.

Unter den Männern, welche die deutschen Staaten in den schicksalsschweren Jahren der napoleonischen Ära mit Kühnheit und Festigkeit auf diesem Weg in die moderne Zeit hinüberführten, nimmt, nach Stein und Hardenberg, Montgelas einen bedeutenden Platz ein. Während dem Freiherrn vom Stein für seine bahnbrechenden, aber noch unvollendeten Neuerungen in Preußen lediglich ein knappes Jahr zur Verfügung stand, regierte Montgelas 18 Jahre lang, von 1799 bis 1817, gestützt von seinem Monarchen, nahezu unbeschränkt über den nach Österreich und Preußen größten deutschen Staat. Dieser Umstand, ferner die Breite des nahezu alle Lebensgebiete erfassenden Montgelas'schen Reformwerks und seine kühne und systematische Konzeption heben die Gestalt dieses Mannes noch über diejenigen der beiden anderen hochbefähigten, ihm geistesverwandten süddeutschen Reformer hinaus: des badischen Freiherrn von Reitzenstein und des Königs Friedrich von Württemberg, dessen Bild im übrigen durch einen abstoßenden Despotismus verdüstert wird.

Mehrere Momente waren es, die das politische, diplomatische und administrative Talent von Montgelas in die Richtung lenkten, in der es seine historische Wirkung erzielte: Ein starkes persönliches Interesse an Bayern, das er als seine Heimat betrachtete, andererseits eine durch Erlebnisse im Staat Karl Theodors gesteigerte Abneigung gegen diesen Fürsten und die durch ihn und seine Berater verkörperten Zustände. Weiter wurde Montgelas geformt durch die Ideen der Aufklärung, das Studium des Staatsrechts und der Geschichte Bayerns, des Reiches, Preußens und Frankreichs, und durch einen modernen, von den Erfahrungen der Französischen Revolution beeinflußten Staats- und Gesellschaftsbegriff, schließlich auch durch wechselvolle persönliche Schicksale, die ihm zunächst Verfolgung als Illuminat, dann als Jakobiner, eintrugen. Ein weiteres wesentliches Moment in Montgelas' Werdegang war seine ständige Beschäftigung mit zwei Gebieten, die für seine spätere Wirksamkeit in Bayern wichtig wurden: mit der Außenpolitik und mit dem Staatskirchenrecht. Montgelas war primär Außenpolitiker. Das unterschied ihn neben vielem anderen von Stein und verband ihn mit Hardenberg, mit dem er überhaupt manches gemeinsam hatte, auch den Reformeifer und eine gewisse Rücksichtslosigkeit, mit der beide in die Innenpolitik eingriffen, Hardenberg zunächst in Ansbach-Bayreuth, während Montgelas in München, Zweibrücken, Mannheim, am Rastatter Kongreß Erfahrungen sammelte und «sein System», wie er sagte, entwickelte, das er dann seit 1799 in Bayern verwirklichte.

Die vorliegende Arbeit stellt die erste Hälfte einer politischen Biographie des Staatsmannes Montgelas dar. Der zweite Teil, für den ich das Material bereits großenteils gesammelt habe, wird von 1799 bis zum Sturz des Ministers am 2. 2. 1817 führen mit einem Ausblick auf sein weiteres Leben bis 1838. Er wird unter anderem den Wechsel der Bündnissysteme von 1805 und 1813, den Wiener Kongreß, die Anfänge der Politik gegenüber dem Deutschen Bund, in der inneren Geschichte den Anteil Montgelas' am Neubau des bayerischen Staates mit seinem Höhepunkt, der Konstitution von 1808 und den anschließenden organischen Edikten, sowie die Vorbereitung der Verfassung von 1818 enthalten. Ich befaßte mich zunächst mit der Zeit von 1799 bis 1817. Dabei wurde mir klar, daß die Wurzeln tiefer liegen, sowohl in biographischer als in politischer Hinsicht, und ich ging erst in einem fortgeschrittenen Stadium der Arbeit zeitlich weiter zurück. Aufgabe einer politischen Biographie ist es meines Erachtens vor allem, den persönlichen Anteil und die Motive des Ministers bei wichtigen Maßnahmen der Gesetzgebung, der Verwaltung und der Außenpolitik zu ermitteln, das Ineinanderwirken von äußeren Umständen und Einflüssen, andererseits von persönlichen Zielvorstellungen bei wichtigen Entscheidungen freizulegen zu versuchen. Dies ist auf Grund der erhaltenen Ministerialakten nicht immer eindeutig zu klären. Hierzu gaben mir erst die Kenntnis des Werdegangs dieses Mannes, seiner frühen dienstlichen und privaten Äußerungen zu allen wichtigen politischen Fragen und nicht zuletzt die Auffindung seines Reformprogramms von 1796 und seiner anderen Denkschriften den Schlüssel an die Hand.

Bereits für die Tätigkeit Montgelas' von 1796 an, als ihn Herzog Max nach vorübergehender Kaltstellung zu seinem leitenden Berater berief, bis zum Antritt der Regierung in München im Februar 1799, ist eine überaus reiche Aktenüberlieferung in den Abteilungen I (Allgemeines Staatsarchiv) und vor allem II (Geheimes Staatsarchiv) des Bayerischen Hauptstaatsarchivs vorhanden, die durch Berichte der österreichischen und französischen Gesandten in den Archiven von Wien und Paris, durch andere Staatsarchive, durch Korrespondenzen in Privatarchiven und durch zeitgenössische Druckschriften ergänzt wurden. Für die Zeit vor 1796 bildete die wichtigste Quelle der Nachlaß des Ministers im Besitz seiner Familie in Schloß Egglkofen (Oberbayern), in dem sich auch ein gerade für die Jahre der Französischen Revolution besonders ergiebiger Bestand von Hunderten von Briefen Montgelas' an seinen Freund Graf Seinsheim befindet. Auch für die gesamte spätere Zeit war mir der noch nie in größerem Umfang benützte Montgelas-Nachlaß eine sehr wertvolle Quelle.

Im Gegensatz zu der Ministerzeit Maximilians von Montgelas ist bisher über die ersten 40 Jahre seines Lebens außer einigen skelettartigen Daten nichts bekannt. Fast alle Archivalien, die ich für die vorliegende Arbeit ausgewertet habe, hat noch niemand vor mir eingesehen. Der Hauptgrund hierfür dürfte ihre oft sehr schwierige Lesbarkeit sein. Montgelas' bei Zeitgenossen und Historikern berüchtigte französische und deutsche Handschrift, dazu die häufig stark verblaßte Tinte, sowie die große Verstreutheit des Materials in staatlichen und privaten Archiven – all dies hat bisherige Versuche zur Durcharbeitung, ja schon zur Identifizierung der Denkschriften und Korrespondenzen dieses Staatsmannes in den ersten Anläufen steckenbleiben lassen. Allein schon aus der hier behandelten Zeit bis 1799 konnte ich über 60 großenteils umfangreiche Denkschriften, sowie weit über 1000 Briefe und Aktenstücke feststellen, die, von Montgelas' Hand oder der seines Sekretärs geschrieben, bisher unbekannt in den Archiven ruhten.

Ein anderes technisches Problem dieser Forschung, das für die späteren, bereits vorbereiteten Abschnitte der Biographie verstärkt ins Gewicht fällt, ist die Masse der schriftlichen Überlieferung, in der sich die außen- und innenpolitische Tätigkeit dieses Mannes, der später drei Ministerien leitete, widerspiegelt. Diese Akten zählen nach Zehntausenden. Ihre Erhaltung ist großenteils das Verdienst von Montgelas selbst, der, wie die gesamte Verwaltung, auch das Registratur- und Archivwesen gründlich reorganisierte, an dem er als historisch arbeitender Staatsrechtler ein besonderes Interesse nahm. Andererseits gibt es, wie in allen Epochen, auch in dieser Zeit, in der nicht wenig mündlich verhandelt, insinuiert und intrigiert wurde, natürlich auch Lücken in der Aktenüberlieferung, fehlende Glieder, gerade in wichtigen Fragen und Vorgängen, die sich oft schwer und unvollkommen ergänzen lassen.

Im Jahr 1895 veröffentlichte Richard Graf Du Moulin Eckart den ersten Band einer von ihm geplanten zwanzigbändigen Arbeit ‹Bayern unter dem Ministerium Montgelas, 1799 bis 1817›. Es sollte der einzige bleiben, der erschien. Er umfaßt nur die Außenpolitik der Jahre 1799 und 1800 und ist ohne Benützung des Bayerischen Geheimen Staatsarchivs – zu welchem dem Verfasser der Zugang verweigert wurde – und des Nachlasses von Montgelas, nur auf Grund der Archive von Berlin und Paris, geschrieben. Theodor Bitterauf konnte für seine ‹Geschichte des Rheinbundes› bereits das Bayerische Geheime Staatsarchiv benützen. Aber es blieb bei Band 1 ‹Die Gründung des Rheinbundes und der Untergang des alten Reiches›, München 1905. Bitterauf war der zweite – rechnet man Heigel mit, sogar der dritte – Historiker, der daran dachte, eine Monographie über Montgelas zu schreiben. Andere folgten ihm: Der Jurist Ludwig Doeberl mit seiner Arbeit ‹Maximilian von Montgelas und das Prinzip der Staatssouveränität› 1925, die gute Gedanken enthält, aber die Aktenüberlieferung kaum heranzieht. Sein Vater, Michael Doeberl, hat in seiner ‹Entwicklungsgeschichte Bayerns› Bd. 2, 1928, wie auch schon in der Einleitung zu der mit G. Laubmann veranstalteten Ausgabe der Denkwürdigkeiten von Montgelas über die innere Staatsverwaltung Bayerns, 1908, die einzige Gesamtdarstellung der inneren Regierung unter Montgelas, in der ‹Entwicklungsgeschichte› auch der Außenpolitik, gegeben, die wir besitzen. Sie wird in ihrer Grundauffassung durch den Fortgang der Einzelforschung nicht entwertet. M. Doeberl wird hier erstmals dem «fähigsten Staatsmann . . . , der jemals die Geschicke Bayerns geleitet hat» (Entwicklungsgeschichte, Bd. 2, 389) bei aller berechtigten Kritik an seinen Fehlern und Schwächen voll gerecht. Auch Michael Doeberl hat offenbar an eine Monographie über Montgelas gedacht, zu der ihn seine Lehrverpflichtungen nicht haben kommen lassen. Mehrere erstrangig wichtige Aufsätze zu Einzelfragen aus seiner Feder legen Zeugnis hiervon ab. Karl Alexander von Müller und Götz Freiherr von Pölnitz haben ebenfalls einmal Montgelas-Biographien geplant. Neben der ‹Entwicklungsgeschichte Bayerns› von M. Doeberl, Bd. 2, hat die umfassendste und materialreichste Arbeit zu diesem Fragenkomplex, allerdings nur zu 5 Jahren und unter dem Oberthema Kontinentalblockade, Marcel Dunan in jahrzehntelanger Forschung zwischen den Kriegen vorbereitet: ‹Napoléon et l'Allemagne, Le systéme continental et les débuts du royaume de Baviére›, 1806 – 1810, Paris 1942. Der geplante zweite Band, der bis 1813 führen sollte, ist nicht erschienen, ein Schicksal, das diese wichtige Veröffentlichung mit zwei anderen aus dem Umkreis des Themas Montgelas teilt: Hans Karl von Zwehl, ‹Der Kampf um Bayern 1805›, 1937, und Fritz Zimmermann, ‹Bayerische Verfassungsgeschichte vom Ausgang der Landschaft bis zur Verfassungsurkunde von 1818›, I, ›Vorgeschichte und Entstehung der Konstitution von 1808›, 1940.

Die vorliegende Untersuchung verfolgt primär die Frage nach Herkunft, Schicksalen, geistigem Werdegang und Ausarbeitung des politischen Programms von Montgelas in den ersten vier Jahrzehnten seines Lebens, Dinge, die bisher in Dunkel gehüllt waren. Es ist also *der unbekannte Montgelas*, dem dieser Band gilt, im Gegensatz zu dem mehr im Licht der Öffentlichkeit stehenden Minister der späteren Jahre. Aber es war mein Grundsatz, die Untersuchung nicht auf das rein Biographische zu beschränken. Die vorliegende Arbeit versucht auch, Beiträge zu leisten zur Geschichte des Illuminatenordens, zur politischen Rolle der Herzöge von Zweibrücken als Erben Bayerns zwischen Berlin, Paris, München und Wien, zu den Geschicken und der Struktur des Herzogtums Zweibrücken vor und während der Französischen Revolution als Beispiel für die Staaten des deutschen Westens, zu den inneren und äußeren Verhältnissen Bayerns unter Karl Theodor und zur Politik der wichtigsten Reichsstände während des Rastatter Kongresses.

Man wird zu keinem fundierten Urteil über die Notwendigkeit und Bedeutung der Montgelas'schen Reformen gelangen, wenn man nicht berücksichtigt, was vorher war. Ich kann in diesem Rahmen nicht die seit langem fällige Gesamtdarstellung der Verhältnisse Bayerns unter Kurfürst Karl Theodor geben, aber ich glaube, eine Reihe bisher unbekannter Bausteine dazu liefern zu können. Ich gestehe, daß nahezu alle mir bekannten Quellen die Außenpolitik Karl Theodors mindestens seit 1796 als sehr schlecht, die inneren Verhältnisse noch unbefriedigender erscheinen lassen, dies trotz Bayerns verhältnismäßig ausgeglichener innerer Struktur. Die Reformanläufe Max III. Josephs und der ersten Jahre Karl Theodors waren längst erstickt und abgewürgt. Wie alle deutschen Staaten, so hatte auch Bayern eine Erneuerung an Haupt und Gliedern bitter nötig, und daß sie hier radikaler und gründlicher durchgeführt wurde als anderswo, hat seine Gründe in der Regierung dieses Kurfürsten, aber auch in Persönlichkeiten und Vorgängen, die wir uns hier bemühen etwas aufzuhellen.

Weitere Punkte, zu denen die vorliegende Arbeit vielleicht einige Aufschlüsse geben kann, sind unter anderem, wenigstens für bestimmte Vorgänge, die süd- und westdeutsche Politik Preußens und die Deutschlandpolitik des Direktoriums. Ferner die Planung der künftigen Vergrößerung und Abrundung Bayerns, dessen spätere äußere Gestalt Montgelas bereits im wesentlichen damals konzipiert hat, ebenso wie dessen späteres Bündnis mit Frankreich.

Voraussetzung für eine erfolgreiche Entschädigungspolitik war zunächst einmal die Abwehr der österreichischen Tausch- und dann Annexionspläne hinsichtlich Bayerns, die anscheinend die geheime Unterstützung Karl Theodors bis zu seinem Tode gehabt haben. Es soll hier gezeigt werden, wie Montgelas seit 1787, einflußreicher von 1796 bis 1799, mit Hilfe Frankreichs und Preußens diese Gefahr bekämpfte. Montgelas trug damals schon, ebenso wie unter dramatischeren Umständen 1799/1801, 1805, 1809 und 1813 entscheidend zur Rettung des bayerischen Staates bei. Diese Tatsache ist nicht nur für die bayerische, sondern auch für die deutsche Geschichte von hoher Bedeutung. Von der Frage, ob es Österreich gelingen würde, sich Bayern einzuverleiben, hing damals das Gleichgewicht in Deutschland ab. Hätte der Kaiser dieses Ziel erreicht – und er war kurz vor dem Tod Karl Theodors nochmals nah daran, Preußen hätte ihn nicht wie früher gehindert – so hätte die deutsche Geschichte des 19. Jahrhunderts möglicherweise einen anderen Verlauf genommen. Vermutungen darüber anzustellen, wie, wäre unwissenschaftliche Spekulation, aber unbestreitbar war es ein sehr wesentliches Faktum, daß Bayern und mit ihm die beiden anderen süddeutschen Staaten nicht unter österreichische Landeshoheit oder wenigstens beherrschenden österreichischen Einfluß gerieten.

Ferner wird im folgenden die Vorgeschichte der Entschädigung der weltlichen deutschen Staaten durch Säkularisationen, genauer gesagt durch Mediatisierung der geistlichen Fürstentümer, im Zusammenhang mit dem Rastatter Kongreß beleuchtet.

Schließlich versuchte ich, den Anfang der Säkularisation der innerbayerischen Klöster (Mediatklöster) unter der Regierung des Kurfürsten Karl Theodor, also vor Montgelas, mit Berücksichtigung der finanziellen Aspekte darzustellen, ebenso wie die Gründe dafür, daß diese Maßnahme Anfang 1799 unterbrochen wurde.

Ich hoffe, den zweiten Teil der Biographie in absehbarer Zeit vorlegen zu können.

Ich möchte an dieser Stelle Herrn Professor Dr. Karl Bosl meinen wärmsten Dank aussprechen für die ständige Förderung und das Verständnis, mit denen er das Werden dieser Arbeit von ihren Anfängen 1962 an bis zu ihrer Annahme durch die Fakultät begleitet hat. Für Rat und Hilfe danke ich auch den Herren Professor Dr. Fritz Wagner, Professor Dr. Walter Bußmann und Professor Dr. Johannes Spörl. Mein Dank gilt ferner der Deutschen Forschungsgemeinschaft für Sachbeihilfen, für die Gewährung eines sechsmonatigen Habilitationsstipendiums und für die Ermöglichung des Druckes dieser Arbeit. Dem Bayerischen Staatsministerium für Unterricht und Kultus sowie dem damaligen Generaldirektor der staatlichen Archive Bayerns, Herrn Professor Dr. Heinz Lieberich, danke ich für die Bewilligung eines sechsmonatigen unbezahlten Arbeitsurlaubs 1967/68, der mir als damaligem Archivbeamten gewährt wurde. Für die Erlaubnis zur erstmaligen umfassenden Benützung des Nachlasses von Maximilian Joseph Graf Montgelas in Schloß Egglkofen schulde ich dem 1969 verstorbenen Emmanuel Graf Montgelas und seiner 1970 verstorbenen Schwester Frau Amia von der Heydte besonderen Dank. Frau Dr. Margarethe Gräfin Montgelas, München, danke ich für freundliches Mitlesen des Manuskripts.

Ich bin ferner zu Dank verbunden den Herren Vorständen und Beamten von 12 staatlichen Archiven, nämlich der fünf Abteilungen des Bayerischen Hauptstaatsarchivs, ferner der staatlichen Archive in Stuttgart, Karlsruhe, Darmstadt, Speyer, des Haus-, Hof- und Staatsarchivs Wien, der Archives Nationales und der Archives du Ministère des Affaires Etrangères, beide Paris, sowie den Besitzern von – abgesehen von Egglkofen – sechs weiteren Privatarchiven, nämlich Graf Rechberg, Donzdorf; Freifrau von Poschinger-Bray, Irlbach; Freifrau von Aretin, Ellingen (Fürstlich Wrede'sches Archiv), Freiherr von Freyberg, Jetzendorf, und Ludwig Graf Montgelas, Gerolsbach; Freiherr von Gravenreuth, Affing bei Augsburg; Comte Daru, Paris, für Benützungsgenehmigung und freundliche Hilfe.

Die vorliegende Arbeit wurde im Herbst 1968 abgeschlossen und der Philosophischen Fakultät I der Universität München als Habilitationsschrift vorgelegt. Inzwischen habe ich den Text erheblich gekürzt und andererseits anhand der neuesten Literatur ergänzt.

Münster (Westfalen), im Oktober 1970 *Eberhard Weis*

Montgelas' Vater, Janus Frhr. von Montgelas (1710–1767)

1. Eltern, Kindheit und Studium, 1759–1777

Maximilian Joseph Freiherr (seit 29.11.1809 Graf) von Montgelas wurde am 12. September 1759 als Sohn eines bayerischen Generals savoyardischer Herkunft und einer bayerischen Mutter, einer geborenen Gräfin Trauner, in München geboren. Die Vorfahren des Vaters, das Adelsgeschlecht der Garnerin, hatte seit mindestens zwei Jahrhunderten[1] dem Herzogtum Savoyen eine größere Anzahl von Beamten, darunter mehrere Präsidenten der Finanzen und der Chambre des Comptes, Offiziere und Geistliche[2] gestellt. Der Großvater des jungen Maximilian Joseph, Sigismond Baron de Garnerin, Seigneur de la Thuille (1670–1756) erwarb durch Heirat mit Anne Françoise de Barillet die Seigneurie

[1] Die Familiengeschichte ist über das Ende des 16. Jh. zurück nicht erforscht. Von dieser Zeit ab liegen Stammbäume, Pfarrmatrikelauszüge usw. im Familienbesitz, Schloß Egglkofen, vor. Elemente zur Familiengeschichte befinden sich auch in dem Akt Ma 29255. Dort das Ergebnis der Nachforschungen, die der Regierungsassessor Max Frhr. von Freyberg, ein Enkel von Montgelas, unter Vermittlung des Bayer. Staatsministeriums des Äußern 1855 in den Archiven von Turin und Chambéry durchführen ließ. Die Ermittlungen der beiden Archive, die mit Noten Cavours an von der Pfordten übersandt wurden, machen deutlich, daß es sich um eine Familie des Amtsadels, der ‹noblesse de robe›, handelte. Ein Jean Baptiste Garnerin, der bereits seit etwa 1583 in der Kriegsverwaltung der Herzöge von Savoyen tätig war, erwarb 1609 das Bürgerrecht in Chambéry, war seit 1619 Général et Surintendant de tous les vivres (‹noble Jean Baptiste Garnerin, bourgeois de Chambéry›) und starb 1633. Wahrscheinlich hatte er den Adel bereits geerbt. Er soll in der Stadt St. Rambert in der 1601 von Savoyen an Frankreich abgetretenen Provinz Bresse (Département de l'Ain) geboren worden sein. Sein Sohn, Noble Jean François Garnerin, Doktor der Rechte, wurde 1619 Maître auditeur in der Chambre des Comptes de Savoie, dann Conseiller des Herzogs, Contrôleur général des Finances, 1634 Dritter, 1635 Zweiter Präsident der Chambre des Comptes de Savoie und starb 1657. Er war der Urgroßvater des Ministers Montgelas. Einige eigene Angaben des Ministers befinden sich im Allg. Statsarchiv, Adelsmatrikel, Akt Montgelas. Es spricht für den Staatsmann Montgelas, daß er der Geschichte seiner Familie offensichtlich nicht das Interesse und das Aufgebot an historischer und rechtlicher Forschung zuwandte, das er einzusetzen pflegte, wenn es sich um die Aufklärung eines alten Rechts des Staates handelte.

[2] Ein Großonkel des Janus von Montgelas, Jean de Garnerin, starb 1709 als Abt Malachias des Trappistenklosters Bonsolazzo in der Toscana. Eine Beschreibung seines Lebens von Mgr. Inquimberti, Bischof von Carpentas, wurde 1726 in Rom veröffentlicht (nach MA 29255). – Mit einem berühmteren Savoyarden, dem Bischof von Genf François de Sales (Franz von Sales, 1567–1622), soll eine Verwandtschaft über Janus' Mutter bestanden haben.

(adelige Grundherrschaft mit niederer Gerichtsbarkeit) Montgelas bei Chambéry und übernahm deren Bezeichnung als Familiennamen, nämlich Garnerin de la Thuille, Baron de Mon(t)gelas[3]. Die Familie war also nicht französischen Ursprungs, wie man öfters lesen kann, sondern gehörte dem französisch sprechenden Teil jenes uralten, selbstbewußten, von den Alpen geschützten Herzogtums Savoyen[4] an, das die Handelsstraßen und Pässe zwischen Frankreich, Italien, der Schweiz und Südwestdeutschland beherrschte und sich vom Genfer See südwärts bis nach Nizza erstreckte. Dessen westlich der Alpenpässe gelegene Hälfte wurde, wenn man von dem Zwischenspiel der Französischen Revolution absieht, erst 1859 als Preis für die Hilfestellung Napoleons III. bei der Einigung Italiens an Frankreich abgetreten, während die östliche, italienisch sprechende Hälfte vom Hause Piemont in das neugegründete Königreich Italien eingebracht wurde.

Der Vater Maximilian Josephs, Janus Freiherr von Montgelas (1710–1767), trat, als jüngerer von zwei Brüdern zur Offizierslaufbahn bestimmt[5], in den Dreißiger Jahren in die österreichische Armee ein, wobei möglicherweise das Vorbild seines berühmten Landsmannes, des Prinzen Eugen, eine Rolle spielte, mit dessen Nichte und Erbin, Victoria von Savoyen, Janus bekannt war[6]. Er nahm am Österreichischen Erbfolgekrieg teil und trat, wahrscheinlich im Gefolge des Feldmarschalls Graf Seckendorff, 1742 zu den Bayern über. Ein Jahr darauf fiel er bei einem Reitergefecht in Niederbayern in die Hände der Österreicher und wurde in den Kasematten von Peterwardein gefangengesetzt, von wo er

[3] Janus nannte sich meist ‹Janus Baron de Mongelas›. Mit ‹t›, nämlich ‹Montgelas›, schrieb er sich, soweit mir bekannt, erstmals in seinem Testament von 1766. Erst sein Sohn Maximilian, der spätere Minister, schrieb seinen Namen regelmäßig mit t. Dem Vater Janus wurden in deutschen Akten auch öfters die Vornamen Johann Sigmund beigelegt. Er selbst unterschrieb sich jedoch immer nur mit dem Vornamen Janus.

[4] Die seit 1033 mit Burgund unter die Lehenshoheit der deutschen Kaiser gelangte Dynastie der Grafen von Savoyen erwarb um 1050 auch die Grafschaft Piemont, wurde 1416 durch Kaiser Sigismund in den Herzogsstand erhoben, gewann im Frieden von Utrecht 1713 zugleich die Würde von Königen von Sizilien und, nach dessen Abtretung 1720, von Königen von Sardinien. Vgl. L. *Just*, Das Haus Savoyen und der Aufstieg Italiens, Bonn 1940« E. *Ricotti*, Storia della monarchia piemontese, 6 Bde., Florenz 1861 bis 1869 (geht nur bis 1675); D. *Carutti*, Storia della Diplomazia della corte di Savoia del 1494 al 1773, 4 Bde., Turin 1875–1880; Storia del Piemonte, 2 Bde., Turin 1960; Überblick mit weiterer Lit.: K. O. Frhr. v. *Aretin*, Italien im 18. Jh., in: Handbuch der europ. Geschichte, hg. von Th. Schieder, Bd. 4, Stuttgart 1968, 585–633.

[5] Über die ältere Linie, die Anfang des 19. Jh. ausstarb, vgl. E. *Weis* (unten, Anm. 7), S. 259.

[6] Ebd. 259 und 264. Über Victoria: M. *Braubach*, Geschichte und Abenteuer, Gestalten um den Prinzen Eugen, München 1950, 105 ff.; M. *Braubach*, Prinz Eugen von Savoyen, Bd. 5, München 1966, 328–333.

1745, noch während des Krieges, auf einer abenteuerlichen Flucht durch Ungarn und Österreich nach Bayern entkam, ohne erfahren zu haben, daß ihn die Österreicher schließlich von der Anklage, er sei 1742 zum Feind übergelaufen, freigesprochen hatten.

Am Siebenjährigen Krieg war Montgelas als Oberst und Regimentskommandeur des bayerischen Kontingents innerhalb der Reichsarmee beteiligt. Höchst anschauliche und unverblümte Berichte und Beschwerden an seine Vorgesetzten, vor allem an den Kurfürsten, über die schlechte Verpflegung und Bewaffnung, die Strapazen und Leiden der ihm anvertrauten Soldaten stammen aus seiner Feder[7]. Sein letzter Oberbefehlshaber im Feld war der nachmalige Reichsgeneralfeldmarschall Pfalzgraf Friedrich Michael von Zweibrücken, dessen jüngerer Sohn Max Joseph mit Montgelas' gleichnamigem, damals noch nicht geborenen Sohn ein halbes Jahrhundert später Bayern erneuern sollte.

Kurfürst Max III. Joseph, der Janus von Montgelas sehr schätzte, betraute ihn im Verlauf des Krieges mit zwei geheimen, überaus heiklen diplomatischen Missionen: einer zu Friedrich dem Großen, mit dem man im Kriege lag, 1757, um mit ihm über eine Neutralität Bayerns zu sprechen, eine andere nach Madrid und Aranjuez, 1760/61, bei der er versuchen sollte, gegen starke Konkurrenz fünf anderer Fürstenhäuser dem verwitweten König Karl III. von Spanien eine Ehe mit der Schwester des bayerischen Kurfürsten, Josepha Maria, der späteren Gemahlin Kaiser Josephs II., nahezulegen. Dieses Projekt, das schließlich fehlschlug, weil der König überhaupt nicht mehr heiraten wollte, hatte einen weltpolitischen Hintergrund: Bayern handelte im Einvernehmen mit dem ihm verbündeten England, das auf diese Weise Spanien auf dem Kurs des englisch-spanischen Bündnisses von 1760 halten wollte. Daß der König diese Bindung nicht einging, trug dazu bei, den Weg zum dritten bourbonischen Familienpakt von 1761, zum Eintritt Spaniens in den Siebenjährigen Krieg an der Seite Frankreichs und Österreichs freizumachen, der schließlich zum Verlust Floridas und der Neufundlandfischerei für Madrid führte[8]. Schließlich war Montgelas 1764 als Gesandtschaftsmarschall der kurbayerischen Wahlbotschaft in Frankfurt anläßlich der Wahl Josephs II. zum römischen König tätig, jenes Festaktes, der auch für den jungen Goethe zu einem so unvergeßlichen Erlebnis wurde.

[7] E. *Weis*, Montgelas' Vater: Janus Frhr. von Montgelas (1710–1767), bayerischer General und Diplomat. Ein Beitrag zur Geschichte der bayerischen Politik während des Siebenjährigen Krieges, Zs. für bayer. Landesgeschichte 26, 1963, 256–322, hier insbesondere 280–288.

[8] Sendung zu Friedrich dem Großen: *Weis* ebd. 268–280; Sendung zu Karl III. von Spanien: ebd. 288–316; Königswahl: 317 ff. Außer den dort angegebenen Quellen zu letzterer noch K. s. 3778.

Die zahlreichen Berichte, die Montgelas' Vater von diesen Unternehmungen an den Kurfürsten und die bayerischen Minister Max Graf Preysing und Joseph Franz Graf Seinsheim schrieb, sowie die Zeugnisse von Zeitgenossen erweisen den bayerischen Generalmajor, Kammerherrn und Oberstsilberkämmerer als einen intelligenten, gebildeten und vorurteilslosen Beobachter, einen geschickten Diplomaten und zugleich eine furchtlose, aufrechte und ritterliche Persönlichkeit – ein Eindruck, dem das Porträt in Schloß Egglkofen, vielleicht von Desmarets, entspricht[9]. Unablässig kämpfte Janus von Montgelas gegen Versagen, Eigennutz, Korruption und höfische Intrigen, wobei ihm ebenso ein in den Salons geschultes gewandtes Französisch – seine Muttersprache – wie auch ein bildhaftes, soldatisch-unverblümtes, mit originellen Ausdrücken durchsetztes Deutsch zu Gebote standen.

Am 14. 7. 1754 hatte sich Janus Frhr. von Montgelas in Freising mit Ursula Gräfin Trauner (geb. 1720 in Freising), Tochter eines fürstbischöflich-freisingischen Geheimen Rates, verheiratet. Sie entstammte einer angesehenen bayerischen Adelsfamilie, die Anfang des 19. Jahrhunderts ausstarb. Maria Ursula war vor der Eheschließung Kammerfräulein der Kurfürstin Maria Anna gewesen. Kurfürst Max III. Joseph von Bayern und seine Gemahlin hatten diese Ehe gewünscht und zustandegebracht[10]. Trauzeuge war Janus von Montgelas' Vorgesetzter und bester Freund, der Minister Joseph Franz Graf Seinsheim. Auch dessen Bruder, der kunstsinnige und energische Fürstbischof von Würzburg, Adam Friedrich Graf Seinsheim, schätzte Montgelas[11]. Die Freundschaft der Ehepaare

[9] Schwarz-Weiß-Wiedergabe s. oben vor S. 1.

[10] Ebd. 267. Maria Ursula wurde im Jahr vor ihrem Tode mit einer Gnadenpflege ausgestattet, d. h. es wurden ihr als Pension die Einkünfte eines bayerischen Pfleggerichts nach Abzug der Besoldung für den Pflegamtsverwalter und der sonstigen Kosten überschrieben, eine damals übliche Art der Dotation für Adelige und auch gelegentlich für Damen (über diese Einrichtung: Doeberl II, 230). Es war die Hauptpflege Rottenburg in Niederbayern (GR 165/271; K. s. 6780; G. *Ferchl*, Bayer. Behörden und Beamte 1550 bis 1804, I, 1908, 907). Dieser typische Brauch des Ancien Régime in Bayern fiel später, ebenso wie die Vererblichkeit und Käuflichkeit von Ämtern, dem eisernen Reform-Besen von Montgelas-Sohn zum Opfer.

[11] Bereits früher, wohl noch vor Beginn der jahrzehntelangen Freundschaft mit Janus von Montgelas, hatte der bayerische Minister Joseph Franz Graf von Seinsheim (zu seiner Korrespondenz mit Janus s. *Weis* a. a. O.) an seinen Bruder Adam Friedrich, den späteren Fürstbischof von Würzburg, geschrieben: «Fürst von Taxis hat hiesigem Obrist von Montgelas seinen Sohn in die Länder zu begleiten von Serenissimo die Erlaubnis erhalten. Er (Montgelas) ist Kammerherr und kommandierender Obrister des Regiments der Grenadiers à cheval, ein wackerer Offizier und ein rechtschaffener Mentor vor einen jungen Menschen» (aus Brief v. 5. 5. 1751, Schloßarchiv Sünching). Und Adam Friedrich, damals noch Domkapitular und Hofkammerpräsident in Würzburg, antwortete: «Der Obrist von

Seinsheim und Montgelas wurde später, als die Eltern längst verstorben waren, durch die Söhne fortgesetzt[12].

Aus seiner Ehe mit Maria Ursula Gräfin Trauner wurden Janus Frhr. von Montgelas zwei Kinder geboren: eine Tochter Josepha, die unverheiratet blieb[13] und der Sohn Maximilian Joseph (geb. 12. 9. 1759). Er verdankt seinen Namen dem Umstand, daß Kurfürst Max III. Joseph sein Taufpate wurde[14]. Diesem wohlwollenden, aufgeklärten Fürsten, der sich auch später gelegentlich um die frühverwaisten Kinder Montgelas kümmerte, bewahrte Maximilian stets ein dankbares Andenken. Ein halbes Jahr nach der Geburt des Sohnes starb Maria Ursula. Nach dem Wenigen, das wir von ihr wissen, war sie reiselustig, gewandt und gebildet. Janus von Montgelas ging nach seiner Rückkehr aus Spanien eine zweite Ehe ein mit Auguste Freiin von Schönberg, die ihn um 38 Jahre überlebte und später jahrzehntelang Oberhofmeisterin der Witwe Kurfürst Max III. Josephs war[15]. Ihrer Fürsprache unter anderem verdankte ihr Stiefsohn 1785, nach der Entdeckung seiner Mitgliedschaft bei den Illuminaten, daß er nicht verfolgt wurde. Am 25. April 1767 starb Janus Frhr. von Montgelas mit 57 Jahren. Aus den Kriegen hatte er dauernde gesundheitliche Schäden davongetragen. Aus fast jedem Brief der letzten 7 Jahre seines Lebens spricht die Sorge um seine beiden Kinder.

Maximilian Joseph Frhr. von Montgelas hatte also seine Mutter bald nach der Geburt, seinen Vater mit noch nicht 8 Jahren verloren. Der persönliche Einfluß der Eltern konnte daher nur sehr gering sein. Die ersten fünf Lebensjahre verbrachte der junge Montgelas teilweise, vor allem während der langen Dienstreisen des Vaters, bei seiner Großmutter, Gräfin Trauner, in Freising, während seine Schwester zunächst in einem Kloster in der Nähe ihres Onkels in Chambéry, dann mit Hilfe einer Pension ihrer Patin, der Kaiserin Josepha, in einem Wiener Kloster erzogen wurde[16]. Bis 1761 hatten beide Kinder ein Erziehungsstipendium von zusammen 400 fl.[17] von Kardinal Johann Theodor von Bayern, dem Fürstbischof von Freising, Regensburg und Lüttich, erhalten, das ihnen dann infolge

Montgelas ist mir bekannt, ein feiner, lustiger Mann, mithin zu dieser Führung sehr geschickt» (11. 5. 1751). Diese beiden Auszüge aus den Originalen im Schloßarchiv Sünching teilte mir Herr Dr. Michael Renner mit. Von dieser Führung her erhielt Montgelas' Vater eine auf den Sohn vererbte, mindestens bis 1799 ausgezahlte Pension des Hauses Thurn und Taxis.

[12] S. unten Kap. 3 bis 7, 8, 12–18.

[13] *Weis* a. a. O. 268; Adelsmatrikel.

[14] Adelsmatrikel, Akt Montgelas.

[15] *Weis* a. a. O. 316. Ferner in dieser Arbeit unten Kap. 3 und 4.

[16] K. s. 6781 (18. 11. 1763) und K. s. 9018 (4. 7. 1767).

[17] *Weis* a. a. O. 307 f.

einer Intrige des Hofrats und Leibarztes Wolter gegen den in Spanien befindlichen Janus von Montgelas entzogen wurde[18]. Janus führte in seinen Briefen an Seinsheim heftige Klage über diese Maßnahme des übrigens recht ungeistlichen Fürstbischofs. Vielleicht hängt es mit diesem Erlebnis zusammen, daß der an sich religiöse, wenn auch einer gemäßigten Aufklärung im Sinne der Zeit zugeneigte Janus von Montgelas sehr ungehalten gewesen sein soll, als er erfuhr, daß sein junger Sohn in Freising in der Atmosphäre des fürstbischöflichen Hofes Neigung zeigte, später Geistlicher zu werden[19].

Vom fünften bis zum elften Lebensjahr, 1764–1770, wurde Maximilian im Kolleg der Universität Nancy erzogen. Der ehrwürdigen Residenzstadt der Herzöge von Lothringen hatte soeben der kunstliebende und aufgeklärte Stanislas Lesczinsky, der Schwiegervater Ludwigs XV., mit Hilfe seiner Künstler Héré und Lamour das Gepräge eines vornehmen, höfischen Rokoko mit vollendeter Ausgeglichenheit der Proportionen verliehen. Im Frieden von Wien von 1738 war vereinbart worden, daß nach dem Tode von Stanislas die Herzogtümer Lothringen und Bar an Frankreich fallen sollten. Diesen Vorgang nun erlebte Montgelas als Schüler, und – was für seinen geistigen Werdegang wichtiger ist – die gleichzeitige Aufhebung des Jesuitenordens, der bisher sein Kolleg geleitet hatte. 1764 hatte Ludwig XV. den Parlamenten und seinem Minister Choiseul nachgebend, den Jesuitenorden in Frankreich aufgehoben, 9 Jahre bevor dies auf Drängen der bourbonischen Staaten Papst Klemens XIV. für die ganze katholische Welt tat. Mehr als 100 höhere Schulen (collèges) mußten in Frankreich mit neuen Lehrkräften besetzt werden. Schon wurde der Gedanke einer laizistischen ‹éducation nationale› diskutiert, zu der jedoch die Voraussetzungen, vor allem die Lehrer, fehlten. Die höheren Schulen wurden der gemeinsamen Leitung der gallikanischen, oft aufklärungsfreundlichen Bischöfe und der antiklerikalen, oft jansenistischen Parlamente unterstellt. Den Unterricht besorgten teilweise Weltgeistliche, teilweise Angehörige der gelehrten Orden: Oratorianer, Eudisten und Benediktiner, die gegenüber dem auf dem Latein basierenden Unterrichtssystem der Jesuiten vielmehr Naturwissenschaften, moderne Sprachen, neuere Geschichte und Geographie in den Vordergrund stellten. Gleichzeitig wurden in Frankreich nicht nur die Güter der Jesuiten im Wert von 60 Millionen livres öffentlich verkauft, sondern durch die unter dem Vorsitz des aufgeklärten Erzbischofs von Toulouse, Lomenie de Brienne, stehende, vorwie-

[18] Diese Jahresangabe nach Montgelas' Entwurf für seinen Artikel in der ‹Biographie universelle›, Egg.

[19] Julie von *Zerzog* (Hg.), Graf Montgelas' Briefe (ab 1826), Regensburg 1853, S. VI. Ein chronologischer Irrtum ist jedoch, daß es dort heißt «der zwölfjährige». Er war beim Tod des Vaters erst 7 Jahre alt.

gend aus Geistlichen zusammengesetzte ‹Commission des réguliers› von 1766 bis 1780 458 von den 2966 französischen Männerklöstern aufgehoben[20].

Diese Neuerungen wurden auch auf das Herzogtum Lothringen ausgedehnt, als Stanislas Lesczinsky 1766 gestorben war. Der ehemalige König von Polen hatte das Jesuitenkolleg in Nancy noch gefördert und erweitert. Es war übrigens kein Internat, sondern seine Schüler waren selbstzahlende Externe; sie wohnten privat in der Stadt. Man gewährte den Jesuiten eine zweijährige Übergangsfrist, 1768 mußten sie Nancy verlassen. Die oberen Klassen, die Rhetorik und die beiden Philosophie-Klassen, schloß man der durch Ludwig XV. nach Nancy transferierten Universität an. Die Leitung des Kollegs wurde in die Hände einer Körperschaft gelegt, welcher der Bischof von Toul, der Parlamentspräsident von Nancy, sowie die führenden örtlichen Repräsentanten des Staates, der Stadt, der Universität und des Kollegs angehörten. Die Lehrkräfte waren Weltgeistliche. Der damals 7 bis 11-jährige Montgelas war also als Schüler Zeuge, wie der bisher sein Kolleg lenkende Jesuitenorden – anscheinend ohne größere Schwierigkeiten und Widerstände – aufgehoben und durch neue Lehrkräfte ersetzt wurde[21].

Den sich über 15 Jahre erstreckenden Vorgang der Aufhebung von mehr als einem Sechstel der französischen Männerklöster durch Organe des Episkopats und der Monarchie erlebte Montgelas nicht nur in Nancy, sondern auch während seines Studiums in Straßburg mit.

Nach dem Tode des Vaters, 1767, verlieh Kurfürst Max III. Joseph dem jungen Montgelas eine Fähnrichstelle, die für den achtjährigen Knaben in Wirklichkeit ein Erziehungsstipendium darstellte[22]. Für ihn und seine Schwester bedeutete der frühe Tod dieses Kurfürsten 1777 in jeder Hinsicht einen schweren Verlust: nicht einmal in erster Linie finanziell, denn der Vater Montgelas war nicht ganz

[20] P. *Chevallier*, Loménie de Brienne et l'ordre monastique, 1766–1787, 2 Bde., Paris 1959/60.

[21] Diese Mitteilungen über den Übergang des Jesuitenkollegs Nancy in weltliche Hände verdanke ich dem Herrn Conservateur der Bibliothèque Publique in Nancy. Hierzu auch: Chr. *Pfister*, Histoire de Nancy, 3 Bde., Paris 1903–1909. – Über die damaligen Vorgänge in Frankreich vgl. E. *Weis*, Frankreich 1661–1789, in: Handbuch der europäischen Geschichte, hg. von Th. Schieder, Bd. 4, hg. von F. Wagner, Stuttgart 1968, 164–303, mit Lit.

[22] Kriegsarchiv, München, Kriegsministerium Personalakt 80 352. Auch Montgelas selbst erwähnt dies in dem Entwurf zu seinem Artikel in der ‹Biographie universelle›, Abschr. Egg., vgl. Anm. 42. Seine Schwester Josepha erhielt nach dem Tod ihrer Patin, der Kaiserin Josepha, von deren Bruder, Kurfürst Max III. Joseph, eine lebenslängliche Rente von 300 fl. jährlich ausgesetzt. Kurfürst Karl Theodor strich dieselbe nach seinem Regierungsantritt und lehnte ein Gesuch auf Wiederaufnahme 1782 persönlich ab (Personenselekt Kasten 252, Montgelas).

unvermögend gestorben[23], und 1777 hatte der Sohn gerade sein Studium beendet und war noch unter Max III. in den Staatsdienst eingetreten. Aber ohne Zweifel hätte die berufliche Laufbahn Maximilians sehr viel rascher nach oben geführt und wäre nicht von solchen Rückschlägen unterbrochen worden, wie es nun der Fall sein sollte.

Von 1770 bis 1776 studierte Montgelas in Straßburg Jurisprudenz. Diese Universität war damals nicht nur (abgesehen von Montpellier für Medizin) die führende Frankreichs, sondern – neben Göttingen – auch des deutschen Kulturkreises. In diese Jahre fällt der Aufstieg Christoph Wilhelm Kochs (1737-1813) als Lehrer des Staatsrechts und der Geschichte an der protestantischen Straßburger Universität.[24] Koch war von 1763 bis 1771 in Straßburg Assistent Schöpflins, des bedeutendsten Historikers Süddeutschlands[25], seit 1772 Professor. Während Schöpflin und sein anderer Schüler und Nachfolger J.M. Lorenz reine Urkundenforscher waren, deren Werke eine mehr oder weniger trockene Aneinanderreihung sorgfältig belegter Tatsachen aus der politischen und dynastischen Geschichte darstellten unter bewußtem Verzicht auf den Versuch, Verbindungen, zusammenfassende Überschauen und Urteile zu gewinnen, beherrschte und praktizierte Koch die Methode der gelehrten Forschung zwar ebenfalls auf mustergültige Art, suchte aber auch Verständnis und Belehrung zu vermitteln. Er wollte aus der Vergangenheit Erfahrungen für künftige Staatsmänner gewinnen und verstand es meisterhaft, die Geschichte lebendig und interessant darzustellen. Gleichzeitig bezog er – im Geist der großen Geschichtsschreiber der Aufklärung – auch die Kulturgeschichte, die Erfindungen, Kunst, Wissenschaft, Handel und Verkehr in seine Darstellung ein. Diese Eigenschaften – der weitere Horizont, die interessantere Art der Darstellung und der didaktische oder auch praktische Nebenzweck hängen mit Kochs eigener Rolle als Politiker und gesuchter staatsrechtlicher Gutachter zusammen. Er war in beiden Funktionen tätig unter dem

[23] Genaue Angaben über sein Vermögen in seinem Testament, Personenselekt 252, dazu *Weis*, Montgelas' Vater ... (oben Anm. 7), 319 f. Die Höhe des Vermögens betrug, soweit feststellbar, mindestens 18 000 fl. S. unten Kap. 15 Anm. 18.

[24] Über ihn: Vie de Christ. Guil. Koch ... rédigée au nom du Séminaire protestant par J. G. *Schweighaeuser*, Strasbourg (1813) (nach Notizen und Schriftstücken auf Wunsch Kochs redigiert, rein biographisch, 77 S.). Die wesentliche, wenn auch nicht ganz von zeitgebundenen Tendenzen freie Arbeit über ihn ist: F. *Buech*, Christoph Wilhelm Koch (1737–1813), der letzte Rechtslehrer der alten Straßburger Hochschule ..., Frankfurt 1936. Mit Kochs Rolle während der Revolution und des Empire befaßt sich: J. *Richerateau*, Le rôle politique du professeur Koch, Strasbourg 1936.

[25] Über ihn vgl. A. *Kraus*, Vernunft und Geschichte, Die Bedeutung der deutschen Akademien für die Entwicklung der Geschichtswissenschaft im späten 18. Jh., Freiburg 1963, 180 ff., 279–296 u. ö.; P. *Fuchs*, Palatinatus Illustratus ..., Mannheim 1963, ganz.

Ancien Régime, unter der Revolution – wo er das protestantische Kirchengut links des Rheins vor der Säkularisation zu retten verstand und als prominentes Mitglied der Legislative für den Frieden eintrat – und in der napoleonischen Epoche, als er Mitglied des Staatsrats war.

Die Vorzüge seiner Geschichtsdarstellung waren aber auch durch die Zusammensetzung seiner Zuhörerschaft mitbedingt, die aus den führenden Kreisen Europas kam und seinen Vorlesungen den Ruf einer ‹Diplomatenschule› einbrachte. Unter seinen Hörern befanden sich – um nur einige zu nennen, die zur Zeit von Montgelas eine politische Rolle spielten – aus Frankreich Bacher, Bignon, Bombelles, Bourgoing, Benjamin Constant, Custine, Destutt de Tracy, Napoleons Finanzminister Gaudin (Duc de Gaeta), die napoleonischen Gesandten in Bayern Otto und Narbonne, sowie Ségur, vielleicht auch der Leutnant Bonaparte, aus England Sir Francis Drake, aus Rußland zehn Fürsten Gallitzin und der spätere Staatskanzler Fürst Rasumowsky, aus dem Reich neben zahlreichen Mitgliedern adeliger und fürstlicher Familien (z.B. drei Fugger, Thurn und Taxis), späteren Staatsmännern wie Cobenzl und dem Außenminister Ludwigs I. von Bayern, von Gise (einem Neffen Kochs) als prominenteste ‹Schüler› (in der Reihenfolge ihres Straßburger Aufenthaltes) Goethe, Montgelas und Metternich[26].

Sicher wäre es falsch, den Einfluß Kochs zu überschätzen. Das Anhören anregender Vorlesungen über Staatsrecht und Geschichte genügt nicht allein, um einen Staatsmann zu formen; Goethe, Montgelas und Metternich wären sicher auch ohne diesen Unterricht ihren Weg gegangen. Goethe erwähnt den damals in seinen Anfängen stehenden Koch, im Gegensatz zu dessen Lehrer Schöpflin, kaum, auf Metternich dürfte er einen gewissen, doch keinen entscheidenden Einfluß ausgeübt haben[27] und Montgelas nimmt in seinen Denkschriften und Briefen, soweit ich sehe, auf ihn nie ausdrücklich Bezug. Von den gedruckten Arbeiten Kochs konnte Montgelas damals nur zwei kennen, die bereits erschienen waren, die lateinisch geschriebene Dissertation[28] über die Verleihung der kirchlichen Würden und Pfründen im Römischen Reich deutscher Nation und die erste, als Vorlesungsniederschrift veröffentlichte Fassung einer Übersicht über die Geschichte Europas seit dem Ende des Weströmischen Reiches[29]. In Zweibrücken,

[26] *Buech* 46.

[27] H. Ritter von *Srbik*, Metternich, I, München 1925, 65–68; 88–91.

[28] Commentatio historica-juridica de collatione dignitatum et beneficiorum ecclesiasticorum in Imperio Romano-Germanico, Argentorati 1762.

[29] Tableau des révolutions de l'Europe depuis le bouleversement de l'Empire d'occident jusqu'à nos jours, Lausanne 1771, 400 S. Der Teil über das Mittelalter erschien ausgearbeitet und stark erweitert in dem zweibändigen Werk: Tableau des révolutions de l'Europe dans le moyen âge, Strasbourg et Paris 1790, die Gesamtgeschichte erst in der napoleonischen Zeit: Tableau des révolutions de l'Europe depuis le bouleversement de

13 Jahre nach dem Ende seines Studiums, hat Montgelas während der Revolution dann zweifellos noch die ausgearbeitete Darstellung über das Mittelalter, 1790, sowie die andere staatsrechtlich-geschichtliche Arbeit Kochs kennengelernt, die im Grunde demselben Thema wie seine Dissertation gilt, nämlich der Frage des päpstlichen Einflusses auf die Besetzung der hohen kirchlichen Ämter im Reich, dem sogenannten Provisionsrecht[30].

Andererseits weisen die staatsrechtlichen und historischen Denkschriften von Montgelas Züge auf, die höchstwahrscheinlich stark vom Denken und den Arbeitsmethoden Kochs beeinflußt sind, wenn sich auch eindeutige Abhängigkeiten bei Ideen und Überzeugungen, die in ihrer Zeit einfach ‹in der Luft liegen›, kaum je eindeutig beweisen lassen.

Da ist zum Beispiel die von Montgelas, solange das alte Reich bestand, stets mit Selbstverständlichkeit vertretene Ansicht, daß die deutschen Fürsten souverän seien. In französischen Texten bedient sich Montgelas auch zur Umschreibung der Person des Fürsten in der Regel des Wortes«le souverain» anstelle von «le prince». Auch Koch hatte in seiner Dissertation (‹Commentatio . . .›) die Meinung vertreten, die deutschen Fürsten seien infolge der Schwäche der Reichsgewalt längst souverän geworden. Der allgemeine Souveränitätsbegriff, wie ihn auch der von Montgelas zitierte Vattel formuliert hatte[31], der dabei bis auf Bodin zurückgreifen konnte, war schon viel älter und im Schrifttum des 18. Jahrhunderts allgemein verbreitet. Neu war höchstens, daß er auch auf deutsche Fürsten angewandt wurde. Allerdings läßt sich Montgelas in dieser Hinsicht eine Hintertüre offen, indem er, wie es ja auch der staatsrechtlichen Konstruktion des Reiches entsprach, den Kaiser im Vergleich zu den souveränen deutschen Fürsten als den «Suzerän» bezeichnete. Montgelas' Begriff von der Staatssouveränität ist

l'Empire romain en occident jusqu'à nos jours, Paris 1807, 3 Bde. Dieses Werk erschien in deutscher Übersetzung (Gemälde der Revolutionen in Europa seit dem Umsturz des römischen Kaiserreiches im Occident, 3 Bde., Berlin 1807/09) und in französischen Neuauflagen Paris 1813/14, 4 Bde., sowie, herausgegeben und bis zur Restauration fortgeführt von *Schoell*, 1823, 3 Bde.

30 Sanctio Pragmatica Germanorum illustrata, Argentorati 1789.

31 Montgelas zitiert Vattel in seinem ‹Mémoire instructif sur les droits des Ducs de Bavière en matière ecclésiastique›, MA 56, s. unten Kap. 9. Vattels ‹Droit des gens› erschien erstmals 1758. P. *Guggenheim*, Emer de Vattel und das Völkerrecht, Vorwort zur Ausgabe von Vattels ‹Droit des gens›, Tübingen 1959. Über Souveränität dort S. 21, ferner in ‹Droit des gens› § 8, Lehenstaaten (S. 33) und § 10, Föderativstaaten (S. 33 f.). Vattel war ohne Einfluß auf den Fortgang der Völkerrechtsdogmatik, aber von ungewöhnlichem Einfluß auf die Praxis des Völkerrechts, auf die Diplomaten und Gerichte (J. *Manz*, Emer de Vattel, Gedanken zu seinem 200. Geburtstag, Neue Züricher Zeitung, 16. 12. 1967, Bl. 19 – den Hinweis auf diesen eingehenden Artikel danke ich Herrn Dr. Hans Schmidt).

der eines unantastbaren und in sich absoluten, auch von der Dynastie unabhängigen Wertes, dessen Vertreter allerdings auch gegenüber ihren Untertanen unabdingbare Verpflichtungen haben. Geläufig ist Montgelas in all seinen politischen Analysen der politischen Lage und seinen Memoranden für fremde Regierungen auch der Begriff des europäischen Gleichgewichtes[32], wie ihn auch Koch vertreten hatte, dem Montgelas noch den des deutschen Gleichgewichts zwischen Österreich und Preußen als zweites unentbehrliches Ordnungsprinzip an die Seite stellt. Diese Gedanken lagen jedoch den Zeitgenossen zu nah, als daß man hier auf einen alleinigen Einfluß Kochs auf Montgelas mit Wahrscheinlichkeit schließen könnte. Zweifellos ist dagegen Montgelas bei seinen Auffassungen über die staatliche Kirchenhoheit von der ‹Commentatio› und der ‹Sanctio pragmatica› Kochs angeregt worden. Koch allerdings hatte die Souveränität auf kirchlichem Gebiet nur den protestantischen Fürsten zugesprochen[33], Montgelas jedoch postuliert sie auch für die katholischen Reichsstände[34].

Der aus den Vorlesungen hervorgegangene Überblick Kochs über die europäische Geschichte (‹Tableau ...› 1771) hat Montgelas so stark beeinflußt, daß er, wie sein unten[35] erwähntes Fragment zeigt, die kulturgeschichtliche Betrachtungsweise des Straßburger Professors übernommen hat. Ferner hat Montgelas später wie alle historisch arbeitenden Diplomaten und Politiker seiner Zeit die von Koch veröffentlichte Übersicht über die Verträge der europäischen Großmächte[36] gekannt.

Politisch bedeutsam wurde der Einfluß der von Koch mitgeschaffenen Verfassung des Königreichs Westfalen von 1808 auf die von Montgelas redigierte bayerische Konstitution von 1808. Obwohl in Montgelas' Privatnachlaß (der freilich erst ab 1787 erhalten ist) keine Briefe von Koch festzustellen sind, sind beide Männer doch in lockerer Verbindung geblieben. Koch übersandte Exemplare seines dreibändigen historischen Hauptwerks, ‹Tableau des révolutions de l'Europe›, mit Widmungen 1807 an König Max I. und an Montgelas[37]. Nach Mont-

[32] *Buech* 126; *Srbik*, Metternich, I, 89 f.

[33] Vgl. *Buech* 109–112.

[34] S. unten Kap. 8.

[35] S. unten Kap. 11 (MA 58).

[36] Abrégé de l'histoire des traités de paix entre les puissances de l'Europe, Bâle 1796.

[37] *Buech* 141. Der Briefwechsel aus diesem Anlaß zwischen König Max Joseph und Koch (damals Mitglied des Tribunats in Paris), sowie zwischen Montgelas und Koch liegt in MA 7935/3. In den sehr freundschaftlichen Briefen, die Koch und Montgelas bei dieser Gelegenheit wechseln, ist nicht die Rede von einem Lehrer-Schüler-Verhältnis. Montgelas würdigt die immense Arbeit, die Koch für die Neuauflage dieses wichtigen Werkes aufgewandt habe, und bringt, wie auch der König in seinem von Montgelas abgezeichneten Schreiben, zum Ausdruck, wie gern man Kochs Neffen in den diplomatischen Dienst

gelas' Ernennung zum bayerischen Minister schrieb ihm Kochs jüngerer Bruder Konrad Reinhard, der Reichstagsabgesandte des Fürstbischofs von Lübeck und Herzogs von Schleswig-Holstein-Oldenburg einen überschwenglichen Glückwunschbrief[38]. Der Sohn Konrad Reinhard Kochs, Friedrich August, wurde durch Adoption Freiherr von Gise, arbeitete als junger Diplomat zeitweise im Außenministerium unter Montgelas und war später, von 1832 bis 1846, bayerischer Außenminister.

Außer den genannten Anregungen hat Montgelas wahrscheinlich etwas von Koch gelernt, das ihm später sehr nützlich war und das er, vor allem in seiner Zweibrückener Zeit, ausgiebig praktizierte: Die Klärung historischer und gegenwärtiger Rechtsverhältnisse und die Untermauerung rechtlicher Ansprüche durch das Studium und die Interpretation älterer Urkunden und Akten. Zahlreiche Denkschriften des jungen Montgelas konnten nur entstehen, weil er es verstand, juristisch-staatsrechtliche und historisch-archivalische Methoden zu verbinden, wobei er durchaus den Bedeutungswandel der Worte und Institutionen berücksichtigte. Wenn ihn hierzu auch seine Doppelbegabung als Jurist und Historiker befähigte, so ist doch wahrscheinlich, daß er die methodische Anleitung dazu Koch verdankte. Auch mit Andreas Lamey, dem Sekretär der Mannheimer Akademie der Wissenschaften, einem anderen Schüler Schöpflins, der mehr die einseitige, nur auf Urkundenforschung abzielende Richtung seines Meisters mit großem Erfolg fortsetzte, war Montgelas persönlich bekannt[39].

Bayerns aufgenommen habe und daß man mit ihm sehr zufrieden sei. Der Neffe August Koch (später Frhr. von Gise) war zunächst Legationssekretär bei der bayerischen Gesandtschaft in Paris. Der Akt enthält ferner Dankschreiben Kochs hierfür und Briefe seines Neffen.

38 MA 9268/2, 1. 3. 1799. Er schreibt: «Je regarde comme une faveur particulière de la providence ce qu'elle a bien voulu me laisser vivre assez longtemps pour voir les beaux jours qui vont éclairer la Bavière, après que par les efforts réunis des vrais patriotes allemands on sera parvenu à dissiper les nuages qui jusqu'ici offusquaient encore cette belle aurore.» Hiermit meint er wohl die nach Ansicht der beiden Korrespondenten von Österreich bis 1799 angestrebte Annexion Kurbayerns. – Ein dritter Bruder Kochs, Friedrich Albrecht, war russischer Diplomat, dann Staatsrat. Er starb 1800, als er als russischer Gesandter nach Regensburg gehen sollte. Mit ihm hätte Montgelas sicher während der Verhandlungen der Reichsdeputation 1802/03 besser zusammenarbeiten können als mit seinem dem bayerischen Minister feindlichen Nachfolger als russischer ‹médiateur›, Frhr. von Bühler.

39 Ein Brief Lameys an Montgelas mit der Anrede «Liebster Herr Baron» vom 1. 9. 1797 befindet sich in Egglkofen. Er läßt auf eine enge Bekanntschaft schließen. Lamey spricht darin von einem Auftrag Montgelas', den er erfüllt im Zusammenhang mit der Versteigerung der herzoglichen Bibliothek in Mannheim. Anscheinend soll er dabei für Montgelas Bücher ersteigern. Über Lamey: *Kraus*, Vernunft und Geschichte ..., 280–287 u. ö.; *Fuchs*, Palatinatus Illustratus ..., 90–97, 424–429.

Nicht minder wichtig waren die allgemeinen geistigen Einflüsse, die auf den Studenten einwirkten in dieser Stadt, die zwei Völkern, zwei Kulturen angehörte und den geistigen Austausch zwischen ihnen förderte wie keine andere.

Politisch gesehen scheint dieses Frankreich von 1770/76, das Montgelas in seiner Straßburger Studienzeit erlebt, sich nach den Rückschlägen des Siebenjährigen Krieges, der Schwäche des Königtums und den leidenschaftlichen inneren Kämpfen zwischen den beiden Hofparteien der Parlamente und des Klerus, zwischen Reformministern und Aristokratie, die es etwa von 1745 bis 1770 aufgewühlt hatten, erholt zu haben. Am Ende seines Lebens von 1770 bis 1774 fand Ludwig XV. mit Hilfe Maupeous endlich jene feste, energische Haltung, die, wäre er nicht überraschend gestorben, den Weg zu einer starken, aufgeklärten Reformmonarchie geebnet hätte. Und die Jahre 1774 bis 1776 sehen - nach dem Rückschlag, der in der Entlassung Maupeous und der Rückberufung des alten Parlaments durch den jungen Ludwig XVI. liegt – jenen letzten hoffnungsvollen Anlauf zu einer Regeneration des Staates und zur Rettung des inneren Friedens, der mit dem Namen des größten französischen Wirtschafts- und Sozialpolitikers des 18. Jahrhunderts, Turgot, verknüpft ist[40].

Es ist jenes Frankreich, daß durch die Erneuerung seiner Armee und Marine wieder zur modernsten Militärmacht des Festlandes wird, unter Vergennes eine behutsame und erfolgreiche Außenpolitik treibt, sich bereits in Verhandlungen mit Benjamin Franklin anschickt, in den Kampf um die amerikanische Unabhängigkeit einzutreten und das wenig später, 1777, zusammen mit Preußen und dem Herzog von Zweibrücken die Absichten Josephs II. auf Bayern zunichtemachen wird. Es ist das Frankreich, das bei bedenklicher Finanzlage des Staates einen unerhörten Aufschwung in Landwirtschaft, Handel, Bankwesen, Frühindustrie und allgemeiner Zivilisation erlebt, dessen innere Gegensätze und Spannungen sich erst später in ihrer ganzen Gefährlichkeit offenbaren werden. Das Frankreich der diesseitsgerichteten Philosophen, Voltaires, Diderots, Rousseaus, der Enzyklopädie, der Materialisten Mably, Helvétius und Holbach, aber auch großer naturwissenschaftlicher und technischer Erfolge, das Land des style Louis XV und des style Louis XVI, jener besonderen Spielarten des Rokoko und des Frühklassizismus, eines verfeinerten Lebensstils und Lebensgenusses, des heiteren Herbstes des Ancien Régime, von dem Talleyrand später sagte, nur derjenige, der diese Zeit miterlebt habe, wisse, wie süß das Leben sein könne.

Zu dieser verspielten sorglosen Atmosphäre tritt in Straßburg noch die besondere Geistigkeit dieser Stadt, in der deutsche und französische Kultur, Gotik und Rokoko, Katholisches und Protestantisches, absolute Monarchie und die der ehe-

[40] E. *Weis*, Frankreich 1661–1789 (s. oben Anm. 21), mit Lit.

maligen Reichsstadt belassene Selbstverwaltung, Aristokratie und ein wohlhabendes, selbstbewußtes Bürgertum, Kunst und Wissenschaft eine einzigartige Mischung bildeten. Unweit des Münsters, an der Ill, in dem von Robert de Cotte vor wenigen Jahrzehnten erbauten Schloß der Rohan, feierte man rauschende Feste, wenn sein Besitzer, der Kardinal, einmal aus Versailles in seine Residenz gekommen war. Ihm suchten es die deutschen Fürsten in ihren zum Teil heute noch vorhandenen kunstreichen Palais annähernd gleichzutun, so die Darmstädter und die Zweibrückener. Wohl noch vor dem Fortgang des jungen Montgelas, im April 1776, zog im Hôtel de Deuxponts der einundzwanzigjährige, liebenswürdige, unbekümmerte Pfalzgraf Max von Zweibrücken als Oberst des französischen Fremdenregiments Royal d'Alsace ein[41] und begann hier, ein flottes Leben zu führen. Seine immer sorgloser gemachten Schulden bezahlte von Zeit zu Zeit irgendein Freund seines Hauses: wenn nicht sein Bruder, Herzog Karl von Zweibrücken, der Kurfürst von der Pfalz oder (bis 1777) der von Bayern, dann der König von Frankreich, der König von Preußen, die altbayerische Landschaft oder irgendein Hoffaktor. Montgelas wurde diesem Prinzen, der einmal sein König werden sollte, erst vier Jahre später, 1780, in München vorgestellt.

Montgelas hat kein Erinnerungsbuch ‹Dichtung und Wahrheit› hinterlassen, wie der 10 Jahre ältere Goethe, der ebenfalls 1770 in Straßburg eintraf, aber nur ein Jahr hier blieb. Es sind keine Briefe aus Montgelas' Straßburger Zeit überliefert. Seine ‹Denkwürdigkeiten› berichten nur über die politischen Ereignisse in Europa, wobei er sich selbst erst seit 1796 gelegentlich in der distanzierten Form der dritten Person erwähnt. Für persönliche Eindrücke und Erlebnisse – soweit sie nicht von Bedeutung für die Begründung seiner Handlungen als Minister sind – ist darin kein Platz, noch viel weniger für die subjektive Beschreibung von Menschen, Landschaften, Kunstwerken und Gesprächen. Wenn wir von Montgelas' Ansichten und Interessen, wie sie uns später entgegentreten, Rückschlüsse ziehen dürfen auf diese Jahre, so können wir annehmen, daß er keine so tiefen Erlebnisse wie Goethe beim Studium der Kunst und des Geistes des Münsters hatte. Von der Kunst scheint ihn nur die Malerei des 16. bis 18. Jahrhunderts interessiert zu haben; zur Baukunst, noch dazu den gotischen Kirchen, scheint er kein inneres Verhältnis gehabt zu haben. Auch die Landschaft sah er zweifellos nicht mit so romantischem, vielleicht aber mit ökonomisch interessierterem Blick als Goethe. Das Erlebnis der deutschen Eigenart und aufkeimenden Abneigung gegen das französische Wesen, die mit Schwierigkeiten in der Beherrschung der französischen Sprache zusammenhing, wie sie Goethe uns schildert, hat Montgelas zweifellos nicht empfunden: er tat sich vielmehr zu

[41] *Adalbert* Prinz von Bayern, Max I. Joseph ..., München 1957, 82 ff.

nächst mit der deutschen Sprache schwerer. Montgelas konzentrierte sich dagegen ohne Zweifel auf zwei Dinge: das Studium und die Beobachtung der politischen Verhältnisse, wozu diese Drehscheibe zwischen Frankreich und Deutschland die besten Aussichten bot, und zwar hinsichtlich der inneren Entwicklung des vorrevolutionären Frankreich in der Zeit seiner letzten scheiternden Reformversuche, aber auch der Beziehung der europäischen und deutschen Staaten zueinander.

Nur ein einziges Mal zwischen seiner Abreise von Straßburg 1776 und seinem Sturz als Minister im Jahr 1817 hat Montgelas – abgesehen von kleinen Ausflügen von Zweibrücken aus, wieder französischen Boden betreten, nämlich anläßlich seines Aufenthalts in Paris 1810. Aber es waren für ihn entscheidende Eindrücke, die er vom 6. bis zum 17. Lebensjahr in Nancy und Straßburg empfangen hatte. Nicht nur bediente er sich sein ganzes Leben hindurch lieber und gewandter der französischen Sprache als der deutschen, obwohl aus allen Phasen seines Lebens auch umfangreiche Denkschriften in einem etwas umständlichen Deutsch von seiner Hand erhalten sind. Die Kultur des französischen Ancien Régime bestimmte stets seine Lebensführung, seine Sitten und Gepflogenheiten, ja selbst sein Äußeres, die Philosophie der französischen Aufklärung seine Weltanschauung. Dennoch ist es nicht falsch, wenn er im Alter, auf sein politisches Werk zurückblickend, in dem Entwurf seiner Autobiographie für die französische ‹Biographie universelle›[42] schreibt: «Le Comte de Montgelas n'a jamais eu de prédilection marquée ni pour la France ni pour aucune autre puissance». Mit dieser Formulierung schließt er nicht aus, daß er innerlich tatsächlich eine Vorliebe für Frankreich besaß – daran kann kein Zweifel bestehen – aber er machte sie nicht zum Leitstern seiner Politik. Schwerer als persönliche Sympathien für ein Land und seine Kultur wog in seinen Augen stets das Interesse des Staates, dem er diente, nämlich Bayerns[43]. Nachdem er sich schon bei Koch auch

[42] T. 18, p. 45, abschriftlich (maschinenschriftlich) in Egglkofen, 2 S., Transskription fehlerhaft. Das Original fehlt.

[43] Montgelas fährt in seiner kurzen autobiographischen ‹Note› (s. Anm. 41) nach den zitierten Worten mit Bezug auf Frankreich fort: «Il s'allia à elle en 1805 pour des motifs qu'un manifeste publié alors a fait connaître au public, et parce qu'il crut y trouver l'intérêt de son pays. Il la quitta en 1813 pour la même raison, sans aigreur, sans haine ni pression. Le traité de Ried du 8 octobre 1813 et la réunion à la coalition sont son ouvrage. Il en a reçu les compliments, accepté les décorations et n'a jamains cherché à être le corriphée, à passer pour le martyr d'aucun parti.»

[44] Personenselekt 252. Der Bericht des Hofratspräsidenten, des -Vizepräsidenten, des Hofkanzlers und der Räte an den Kurfürsten vom 25. 7. 1777 führt aus, daß der noch 17jährige Kandidat vor der Prüfungskommission des Hofrats in München über die ihm vorgelegten Akten eine Proberelation «nicht nur allein sehr wohl bearbeitet, sondern auch

mit dem Recht und der Verfassung des Reiches, Österreichs und Preußens befaßt hatte, widmete sich Montgelas noch ein Jahr, 1776 bis 1777, in München und Ingolstadt dem genaueren Studium dieser Gebiete, vor allem aber des bayerischen Staats-, Zivil- und Kriminalrechts. Im April (oder Mai, das Datum ist nicht genau ersichtlich) 1777 erwarb er ein Diplom der Universität Ingolstadt «mit außerordentlichem Lob». Mit diesem ausgerüstet, präsentierte er sich am 25. 7. 1777 in München einer Hofratskommission zur Ablegung einer Proberelation, die er mit bestem Erfolg bestand[44]. Der achtzehnjährige Jurist konnte in den Dienst des Kurfürsten von Bayern eintreten.

2. Hofrat und Bücherzensor in München, 1777–1786

Durch ein Dekret des Kurfürsten vom 18. August 1777 wird Montgelas zum wirklichen Hofrat auf der Ritterbank, «jedoch dermal nur als Supernumerarium, bis ihn gleichwohl die Ordnung zur Besoldung betrifft, cum voto consultativo» ernannt und erhält «Sitz und Stimme mit dem Kammerrang», weil der Kurfürst «ihm den Kammerschlüssel ohnehin bei nächster Promotion beizulegen entschlossen»[1]. Dies ist drei Monate vor dem Tode seines Gönners und Paten, des Kurfürsten Max III. Joseph. Dessen Nachfolger Karl Theodor, durch dessen Regierungsantritt nach mehr als fünfhundertjähriger Trennung wieder Bayern mit der Pfalz (ohne Zweibrücken) und deren Nebenländern – am wichtigsten Jülich, Berg, Neuburg und Sulzbach – vereinigt wird, verleiht Montgelas Ende 1778 auch das votum decisivum als Hofrat[2].

die facti speciem unacum voto suo klar und deutlich erzählet, besonders aber sammentliche von ihnen Commissariis laut deren 5 Beylagen aus denen gnädigst emanirten Cod. Max. civ., jud. et crim., dann ex iure publico tam generali Germaniae quam speciali Bavariae gesetzte quaestiones mit sonderbar ausnehmender Behendigkeit und Solidität dergestalten beantwortet und solvirt habe, daß er hiedurch sein reifes iudicium sowohl als sehr gut besitzendes Studium iuridicum sattsam an den Tag gelegt und sich als ein solch bestfundirt, gelehrt und treffliches Subjectum gezeiget habe, welches Euerer Churfstl. Durchlaucht und dem Publico die nützlichste und ersprießlichste Dienste leisten werde.

Übrigens hat er, Probreferent, die Inferiora teils zu Nancy, teils zu Straßburg, und besonders nebst der Philosophie die Jura letzten Orts, das Ius Bavaricum aber allhier in München privative gehört und ist endlich auf dero Hochen Schul zu Ingolstadt, wie beygehendes Diploma bewährt, mit erlangt außerordentlichem Lob examinirt worden».

[1] MA 9268/2. Entwurf von der Hand Kreittmayrs.

[2] Ebd., Dekret an das Hofratsdirektorium vom 27. 11. 1778, Entwurf Kreittmayrs, Unterschrift Karl Theodors.

Montgelas' Mutter, Maria Ursula geborene Gräfin Trauner (1720–1760)

Die Persönlichkeit und Regierung Karl Theodors, der das drittgrößte Territorium des Reiches regierte, sind noch nicht zusammenhängend untersucht worden. Der Kurfürst, dessen Residenz Mannheim damals einer der Glanzpunkte der deutschen Kultur war, der mit Voltaire korrespondierte und der in seiner Pfälzer Zeit als aufgeschlossener, fortschrittlicher und beliebter Landesherr galt, wurde in Bayern wegen seiner Tauschpläne, seiner Abneigung gegenüber seinen neuen Untertanen und seiner Regierungsweise vom Volke geradezu gehaßt, ebenso wie von den auf Reformen hoffenden fähigen jüngeren Beamten. Seine Regierung galt mehr und mehr als reaktionär, intolerant, Korruption und Unfähigkeit schützend. Dieses Bild wurde noch tendenziös ins Kohlrabenschwarze verdüstert durch laufende Aufsätze norddeutscher Zeitungen, deren anonyme Verfasser, wie sich dann herausstellte, großenteils Bayern waren[3]. Von hier ging diese Ansicht in die Geschichtsschreibung des 19. Jahrhunderts ein. In der Zwischenzeit ist eine etwas mildere Beurteilung des Kurfürsten üblich geworden. Hinsichtlich der Außenpolitik hat man schon seit langem erkannt, daß diese zwar schwächlich war, was mit dem Fehlen einer starken Armee und mit der Streulage der pfalz-bayerischen Territorien an den Grenzen Frankreichs, Österreichs und Preußens zusammenhing, daß sie aber, wenigstens bis 1796, im ganzen vorsichtig der jeweiligen Lage Rechnung trug. Schon Ranke hat das anerkannt, neuere Arbeiten haben diesen Eindruck bestätigt[4].

Andererseits wird auch eine künftige Untersuchung der Regierung Karl Theodors – sofern sie nicht eine Legende aufbauen will – im ganzen kaum zu einem positiveren Gesamturteil gelangen können als Michael Doeberl und neuerdings Ludwig Hammermayer in ihren sehr ausgewogenen Darstellungen[5]. Wenn

[3] Auch Westenrieder lieferte zeitweise solche anonyme Artikel ins ‹Ausland›, *Fichtl* II 82–117. Vgl. auch unten Kap. 12. Hierzu auch Hans *Grassl*, Aufbruch zur Romantik ..., München 1968.

[4] H. *Weber*, Die Politik des Kurfürsten Karl Theodor von der Pfalz während des Österreichischen Erbfolgekrieges (1742–1748), Bonn 1956; Hannah *Rabe*, Pfälzische Reichs- und Außenpolitik am Vorabend des Österreichischen Erbfolgekrieges, 1740–1742, Meisenheim 1961; M. *Olbrich*, Die Politik des Kurfürsten Karl Theodor zwischen den Kriegen (1748–1756), Bonn 1966; K. O. Frhr. von *Aretin*, unten Anm. 5.

[5] M. *Doeberl*, Entwicklungsgeschichte Bayerns, Bd. 2, München 1928, 335–379; L. *Hammermayer*, in: Handbuch der bayerischen Geschichte, hg. v. M. Spindler, Bd. 2, München 1969, 985–1033, 1043–1102. Hammermayer beurteilt Karl Theodor etwas positiver, als ich es hier auf Grund des mir vorliegenden Materials, besonders für die Jahre 1796–1799, tue. Zur Beurteilung auch wichtig L. *Maenner*, Bayern vor und in der Französischen Revolution, Stuttgart 1927; H. *Rall*, Kurbayern in der letzten Epoche der alten Reichsverfassung, 1745–1801, München 1952 (in erster Linie Verfassung, Institutionen, Gesetzgebung, weniger deren Auswirkungen und deren Beurteilung durch die Zeitgenossen); K. O. Frhr. von *Aretin*, Kurfürst Karl Theodor und das bayerische Tausch-

auch Karl Theodors Außenpolitik bis 1797 nicht ganz verfehlt gewesen sein mag, wenn es auch im Inneren, wenigstens in den ersten Jahren, gute Reformansätze – nur in der Regel ohne Folgen – gab, so sind doch die skandalösen Zustände, die unter diesem Fürsten am Hof und in der Verwaltung, vor allem der Zentrale, bestanden und selbst von den ihn unterstützenden österreichischen Gesandten nicht verschwiegen wurden, der Immobilismus und die Stagnation einfach nicht hinwegzudiskutieren. Die frühen Reformen schliefen meist ein oder wurden formell widerrufen; in seinen späteren Jahren verzichtete der Kurfürst nicht nur auf jeden Versuch zur Besserung, sondern er begünstigte geradezu unfähige und korrupte oder mittelmäßige Beamte und schaltete fähige aus, weil sie ihm unbequem und gefährlich erschienen. Die standesgemäße Versorgung seiner zahlreichen Mätressen und illegitimen Kinder ging dem alten Kurfürsten über die Sorge um Eigentum und Rechte des Staates, den er zu seinem Bedauern seinem verhaßten Zweibrücker Erben hinterlassen mußte.

Allerdings war die Lage Karl Theodors in der Tat sehr schwierig. Durch seine Tauschpläne bzw. das anfängliche Eingehen auf die Vorschläge Josephs II. hatte er sich in Gegensatz zu der Bevölkerung seines Hauptlandes gebracht, die bayerische Intelligenz war ohnehin gegen ihn, auch mit den Bischöfen stand er auf schlechtem Fuß; er mußte sich einerseits mit ihnen wegen innerbayerischer staatskirchenrechtlicher Differenzen auseinandersetzen; andererseits waren sie als Reichsfürsten und Territorialherren seine Nachbarn und gelegentlichen Rivalen, die sogar der innerbayerischen Opposition der Illuminaten Vorschub leisteten. Vor allem mit den Ständen hatte Karl Theodor Schwierigkeiten; die Landschaftsverordnung richtete, ebenso wie der Magistrat der Residenzstadt München, wiederholt Vorstellungen an ihn, die einen geradezu revolutionären Ton anschlugen. Hinzu kamen seit 1785 die Presseangriffe gegen ihn in außerbayerischen Zeitschriften, schließlich die Entdeckung des Illuminatenordens und seiner weiten Verbreitung unter hohen Beamten, Offizieren und Geistlichen, dann, nach 1792, im Lande eine große Anzahl revolutionärer, jakobinischer Flugschriften[6]. Dazu trat seit 1792 die ernste äußere Bedrohung: Frankreich eroberte bis 1794 endgültig Jülich, die linksrheinische Pfalz und Zweibrücken und

projekt. Ein Beitrag zur Geschichte des bayerischen Staatsgedankens der Montgelaszeit, Zs. für bayer. Landesgesch. 25, 1962, 745–800. Im Rahmen der Reichsgeschichte auch: K. O. Frhr. von *Aretin*, Heiliges Römisches Reich 1776–1806. Reichsverfassung und Staatssouveränität, 2 Bde., Wiesbaden 1967. Im Gegensatz zu Aretin nur auf Grund des Wiener Archivs: Paul P. *Bernard*, Joseph II and Bavaria, Den Haag 1965.

[6] Über jakobinische Flugschriften, besonders seit 1796, vgl. H. *Scheel*, Süddeutsche Jakobiner, Berlin 1962, und : H. *Scheel* (Hg.), Jakobinische Flugschriften aus dem deutschen Süden Ende des 18. Jh., Berlin 1965.

bedrohte den rechtsrheinischen Teil der Kurpfalz, Österreich hatte seine Absichten auf Altbayern nie aufgegeben, was freilich den Kurfürsten persönlich kaum beunruhigte, und Preußen unterstützte in jeder Weise den Herzog von Zweibrücken, der zum Ärger Karl Theodors mit allen oppositionellen Kräften innerhalb Bayerns in Verbindung stand und die Politik des Kurfürsten vielfach durchkreuzte oder durch Einfluß auf seine Minister in eine Karl Theodor nicht genehme Richtung zu lenken versuchte. 1795 wurde Mannheim vorübergehend von den Franzosen besetzt, 1796 wogte der Kampf zwischen Franzosen und Österreichern durch Bayern.

Der schwächste Punkt an der Position des Kurfürsten war jedoch, daß das nationalbayerische Gefühl und die Anhänglichkeit der Bevölkerung an das angestammte Fürstenhaus, Kräfte, welche die stärksten Stützen seiner Vorgänger und seines Nachfolgers darstellten, sich gegen Karl Theodor richteten. Die Altbayern machten keinen Hehl daraus, daß sie Herzog Karl von Zweibrücken und noch mehr dessen Bruder Max Karl Theodor vorzögen; sie feierten nach 1778/79 und 1785 Herzog Karl und dessen Protektor Friedrich den Großen als Retter der bayerischen Selbständigkeit gegen den Kaiser und gegen den eigenen Kurfürsten. Ein erstmals von der Person des Landesherrn losgelöstes bayerisches Staatsbewußtsein gab sich kund, das, wie K. O. von Aretin hervorgehoben hat[7], die begriffliche Scheidung zwischen Staat und Dynastie in der Montgelaszeit vorbereitet hat.

Die Verbindung dieser verschiedenen Oppositionsströmungen mag es rechtfertigen, wenn man gesagt hat, Karl Theodor sei vor und erst recht während der Französischen Revolution der am meisten gefährdete deutsche Fürst gewesen, obgleich die drei Kräfte, die in Frankreich 1787 bis 1789 durch ihre einander folgenden Offensiven das Ancien Régime zum Einsturz brachten: Adel und Parlamente, Bürgertum und Bauern, in Bayern in ihrer Gesamtheit nicht revolutionär eingestellt waren, der Adel und das Bürgertum auch im Verhältnis viel schwächer und weniger organisiert waren als in Frankreich. Vergleichsweise noch viel geringer war die Zahl und Bedeutung eines städtischen Proletariats oder besser gesagt Kleinstbürgertums, wie es in Frankreich das Fußvolk der Sansculotten darstellte. Trotz dieser Unterschiede also war der Gedanke an eine Revolution in Bayern nicht von der Hand zu weisen, und es war daher psychologisch erklärbar, wenn auch für das Land nicht erfreulich, daß sich Karl Theodor seit den späten achtziger Jahren immer mehr in einen Zustand des Mißtrauens und der Furcht hineinsteigerte, sein Ohr willig Denunzianten lieh und sich mit mittelmäßigen Beratern umgab, die ihre Stellung bei ihm durch fortwährende

[7] Siehe Anm. 5.

Scharfmachereien gegen wirkliche oder vermeintliche Feinde des Kurfürsten festigten, wie vor allem der Ex-Jesuit und Rosenkreuzer Ignatius Frank und die Räte Lippert, Dietrich und Schneider. Die Macht dieser Leute breitete sich besonders nach dem Tod des Staatskanzlers Wiguläus Frhr. von Kreittmayr 1790 noch aus.

Montgelas soll in den ersten Jahren seiner Münchner Tätigkeit die persönliche Gunst Karl Theodors besessen haben. Der erst vor kurzem von Mannheim gekommene Fürst habe die rasche Auffassungsgabe, die Schärfe des Urteils und die Meisterschaft der Konversation des jungen Hofrats zu schätzen gewußt[8]. Jedoch muß schon vor der Illuminatenentdeckung ein Nachlassen dieser Gunst eingetreten sein, sei es als Folge von Intrigen, sei es von Montgelas' exponierter Tätigkeit im Zensurkollegium. Bereits 1782 lehnte Karl Theodor hartnäckig die Fortzahlung der von seinem Vorgänger ausgesetzten Pension für Montgelas' Schwester ab, ebenso bekam Montgelas selbst trotz seiner Leistungen als Hofrat keine bezahlte Stellung[9]. Daß andererseits die persönliche Beziehung zum Kurfürsten auch nach der Entdeckung von Montgelas' Mitgliedschaft bei den Illuminaten und seinem Fortgang aus Bayern nicht ganz abgerissen ist, zeigt sich daran, daß Montgelas 1788 während seines ersten Besuches in München nach seinem Übertritt in den Dienst des Herzogs von Zweibrücken von Karl Theodor empfangen wurde[10]. Daß Montgelas schon in seiner Münchner Zeit als einer der beiden fähigsten jüngeren Männer in München galt (neben Graf Törring-Gronsfeld), daß er sich andererseits bereits die Abneigung des diktatorisch auftretenden österreichischen Gesandten Frhr. von Lehrbach zugezogen hatte[11], beweist der unten zitierte Brief des französischen Gesandten Graf Montezan vom 9. 8. 1786 an den zweibrückischen Minister Hofenfels[12]. Ein etwaiger Verdacht, daß es sich bei diesem Urteil um eine durch Freundschaft oder die Interessen der französischen Partei diktierte Übertreibung handeln könnte, wird durch das Zeugnis eines Vertreters der anderen Seite widerlegt: Der österreichische Gesandte Graf Trauttmannsdorf berichtet aus Mainz am 3. 8. 1787 an

[8] *Zerzog* (oben Anm. 19) S. VI.

[9] MA 9270, Gesuch Montgelas von 1787, nach zehnjähriger Dienstzeit. Dagegen erhielt z. B. der junge Kreittmayr 1782 nach Ablegung seiner Proberelation sofort ein Gehalt von 400 fl. In dem betreffenden Aktenstück heißt es, hauptsächlich seien der Grund für seine bevorzugte Besoldung die langjährigen Verdienste seines Vaters um den Staat und das «gemeine Wesen» (Staatsverwaltung 1226, Dienstfassionen der Beamten von 1786). Über den schlechten Ruf des jungen Kreittmayr: Tagebuch Clairembaults, Manuskriptsammlung Nr. 260.

[10] Wien, Staka Bayern Nr. 70, Ber. v. 9. 8. 1788.

[11] S. unten Kap. 4.

[12] Ebd.

Kaunitz, daß einem Gerücht zufolge Montgelas in Zweibrücken die Stelle des verstorbenen Hofenfels erhalten solle, und fügt in der Rückschau auf dessen Münchner Zeit hinzu, er sei «einer der wenigen geschickten Männer so man in München hatte». Er fährt fort: «So viel weiß ich mich zu erinnern, daß er bei meiner Anwesenheit in München unserem Hof nicht sehr ergeben zu sein geschienen, daselbst aber vollkommen die Rolle des Einäugigen im Reiche der Blinden spielte, indem man, wenn von jemand Einsichtigem die Rede war, jederzeit nur ihn allein nannte»[13].

Montgelas' Tätigkeit in dieser Münchner Zeit von 1777 bis 1786 erstreckte sich auf fünf Gebiete: Der Hofrat, dem er angehörte, war das letztinstanzliche Gericht des Kurfürstentums in Straf- und Zivilsachen. Alle anderen Funktionen wurden dem Hofrat zugunsten der 1779 gebildeten Oberlandesregierung, der zentralen Verwaltungsbehörde für Altbayern, entzogen[14]. Neben dieser Tätigkeit am höchsten bayerischen Gerichtshof war Montgelas mit Aufgaben auf dem Gebiet der Finanzen und des Staatskirchenrechts betraut. Ferner war er seit dem 30. August 1780[15] Mitglied des Bücherzensurkollegiums und seit 1785 Mitglied der bayerischen Akademie der Wissenschaften. Sein Aufnahmeantrag als Nachfolger des von München nach Amberg versetzten Freiherrn von Ecker, der auch sein Kollege im Hofrat und sein Freund bei den Illuminaten gewesen war, von 1785, ohne genaueres Datum, befindet sich im Archiv der Bayerischen Akademie der Wissenschaften. Der Antrag ist in einer überraschend schlechten deutschen Orthographie abgefaßt, die sich in dieser Hinsicht auch nachteilig von den wenigen eigenhändigen deutschen Denkschriften aus der Zweibrückener Zeit und erst recht von den späteren unterscheidet. Montgelas betont in diesem Gesuch an die Akademie, Geschichte und Staatsrecht seien stets der Gegenstand seiner Bemühungen gewesen[16]. In der Akademie ist er in dem ihm noch verbleibenden Münchner Jahr nicht hervorgetreten. Der Niederschlag seiner Tätigkeit im Kriminalsenat des Hofrats ist schwer zu fassen. Am besten ist seine Spur in der Zensurbehörde zu verfolgen, wo sie auch Aufschlüsse über seine Ansichten ver-

[13] Wien Staka Reich 223. Auf diesen an einer entlegenen Stelle befindlichen Bericht hat mich Professor Dr. K. O. Frhr. von Aretin, Darmstadt, hingewiesen.

[14] *Doeberl* II, 347.

[15] Staatsverwaltung 1226 fol. 63 f.; HR 499/30. Montgelas wird als Bücherzensurrat «in iure publico et civili, dann in historicis et diplomaticis» ernannt. Diese Ernennung war die Folge der Berichte von Spreti und Spaur vom 5. 8. 1779, MInn 15 799.

[16] Für die Mitteilung dieses Briefes danke ich Herrn Privatdozent Dr. Ludwig Hammermayer, der in der Fortsetzung zu seiner Vor- und Frühgeschichte der Bayerischen Akademie der Wissenschaften, München-Kallmünz 1959, auch diese Epoche der Akademiegeschichte behandeln wird. Vgl. auch A. *Kraus*, Die historische Forschung an der Churbayerischen Akademie der Wissenschaften, 1759–1806, München 1959.

mittelt. Seine Stellung zu Staatskirchenrecht, Finanz- und Sozialreformen wird später dargestellt werden[17].

Mit seinem Eintritt in das kurfürstliche Bücherzensurkollegium, das seine Entsprechung in analogen Einrichtungen Frankreichs, Österreichs, Preußens und der meisten anderen europäischen Staaten besaß, wurde Montgelas Mitglied einer höchst merkwürdigen Behörde. Nicht nur war sie personell in Anbetracht der überreichen Produktion dieser Jahrzehnte an Büchern, Periodika und Flugschriften weit unterbesetzt und waren ihre Mitglieder, die diese Arbeit neben- und ehrenamtlich verrichten mußten, von der Gründung 1769 bis 1779 jährlich nur 3 bis 4 mal zusammengetreten. Auch in den 6 Jahren, als Montgelas Mitglied war, hielt das Gremium insgesamt nur 30 Sitzungen ab. Erstaunlicher war das Ergebnis der Entscheidungen dieses Kollegiums[18]. Die Zensoren waren äußerst weitherzig und begünstigten besonders diejenigen Schriften, die sie nach ihrem Auftrag eigentlich hätten bekämpfen sollen, auch solche, die gegenüber den bestehenden staatlichen und kirchlichen Institutionen eine gewagte Sprache führten. Sie verfolgten dagegen Schriften, die gegen die Aufklärung polemisierten, auf der anderen Seite allerdings auch revolutionäre Pamphlete. Diese Entwicklung verstärkte sich, nachdem mit Dekret vom 30. 8. 1780 auf einen Antrag des Kollegiums hin zwölf neue, meist junge Mitglieder (das zwölfte erst am 26. 9.) ernannt worden waren, darunter Maximilian von Montgelas.

Von diesen 12 neuen Zensurräten sind damals 10 insgeheim Mitglieder des Illuminatenordens: Montgelas, F. X. von Zwack, J. G. Grünberger, K. von Eckartshausen, Lorenz Westenrieder, A. F. W. Hillesheim, L. Frhr. von Ecker, J. M. Danzer, Seybold und W. Schider. Nur zwei, nämlich die Patres Alypius (Gsodschneider), später Provinzial der Augustinereremiten, und der Theatiner Don Franz Lilgenau, scheinen keine Illuminaten gewesen zu sein, unterscheiden sich aber in ihrer toleranten, aufklärungsfreundlichen Beurteilungsweise in nichts von den anderen Mitgliedern. Von den 10 zu den Illuminaten gehörenden Räten sind drei Weltpriester (Westenrieder, Danzer, Seybold), einer Ordensgeistlicher (der Zisterzienser Wigand Schider). Drei der zehn scheiden nach wenigen Jahren wieder aus dem Illuminatenorden aus: Westenrieder, Eckartshausen und Grün-

[17] Kap. 8; Kap. 24.

[18] Dargestellt in der materialreichen Münchner Diss.: W. *Fichtl*, Das bayerische Bücherzensurkollegium (1769–1799), Teil I und II, 1940. Leider ist von dieser umfassenden Arbeit nur der Anfang, über die Gründung des Kollegiums 1769, gedruckt (Titel wie oben), Kallmünz 1941, 41 S. Im folgenden wird nach dem maschinenschriftlichen Exemplar zitiert. – Die Protokolle des Zensurkollegiums für die Jahre 1770 bis 1791 befinden sich in dem Band Staatsverwaltung 3214. Ihre Angaben sind verhältnismäßig dürftig; sie geben nur die Namen der Berichterstatter und die Beschlüsse des Gremiums, ohne die Stellungnahmen der einzelnen Mitglieder, an.

berger[19]. Vier der zehn Räte sind bekanntgeworden: Montgelas, Zwack[20] und die beiden Schriftsteller Westenrieder[21] und Eckartshausen[22]. Bei der Ernennung 1780 sind vier dieser Zensurräte über 50 Jahre alt, Westenrieder ist 32, Grünberger 31, Eckartshausen 28, Hillesheim 24, Zwack 23 und Montgelas 21[23].

Ähnlich ist die Lage bei den sieben damals bereits amtierenden Zensurräten[24]. Von ihnen sind drei prominente Illuminaten: Der Vizepräsident, dann Präsident des Kollegiums Alexander Graf von Savioli, der bekannte Arzt Professor Ferdinand Maria Baader[25] und der Geheimrat K. A. von Vacchiery; auch der in dieser Zeit ausgeschiedene vorübergehende Präsident Graf Larosée (32 Jahre), sowie der Sekretär und Protokollführer des Kollegiums, Graf, sind Mitglieder des Ordens. Wahrscheinlich nicht dazu gehören der Präsident Graf Spreti, der schottische Benediktinerpater Ildefons Kennedy und der Kanonikus Kollmann, doch auch sie sind sehr aufklärungsfreundlich. Dies trifft nicht weniger für das letzte Mitglied des Kollegiums, den bayerischen ‹Hexenstürmer› Don Ferdinand Sterzinger zu[26]. Ein großer Teil des Lebenswerkes dieses gelehrten Theatiners ist dem Kampf gegen den Aberglauben gewidmet. Die Protokolle lassen keinerlei Unterschied in der Verhaltensweise zwischen Illuminaten und Nichtilluminaten,

[19] Seine Enthüllungen, gemeinsam mit denen Utzschneiders, Cosandeys und Renners, trugen 1784–1786 wesentlich zur Zerschlagung des Ordens bei.

[20] Über ihn s. unten S. 36 f., 42, 58, 69, 77, 85, 405.

[21] A. *Kluckhohn*, Aus dem handschriftlichen Nachlasse L. Westenrieders, I. Abt., Denkwürdigkeiten und Tagebücher, in: 16. Bd., 2. Abt. der Abhandlungen der histor. Klasse der Bayer. Akademie d. Wiss., München 1882; A. *Grassl*, Westenrieders Briefwechsel mit einer Darstellung seiner inneren Entwicklung, München 1934; A. *Kraus*, Die Briefe P. Roman Zirngibls an Lorenz von Westenrieder, Verh. des Histor. Ver. für Oberpfalz und Regensburg, Teil I: Bd. 103, 1963, 5–163, Teil II: Bd. 104, 1964, 5–164; A. *Kraus*, Die histor. Forschung an der Churbayer. Akademie d. Wiss. 1759–1806, München 1959; ders., Vernunft und Geschichte . . ., München 1963.

[22] D. *Struß*, Karl v. Eckartshausen, Ein Trivialmystizist zwischen Aufklärung und Magie, ungedr. Diss. Freiburg 1958; L. v. *Pigenot*, Carl von Eckartshausen, Ein Münchner Kosmiker des 18. Jh., Antaios 3, 1961, 297–307; H. *Grassl*, Aufbruch zur Romantik . . ., München 1968, 319–335; Antoine *Faivre*, Eckartshausen et la théosophie chrétienne, Paris 1969.

[23] *Fichtl* II 46. Die Berufung dieser neuen Mitglieder erfolgte auf Grund eines Berichts des Präsidenten Graf Spreti und des Vizepräsidenten Graf Spaur an den Kurfürsten vom 5. 8. 1780 MInn 15 799. Über Hillesheim, Kap. 5 Anm. 33.

[24] Soviel kann ich in den Sitzungsprotokollen St. V. 3214 abweichend von Fichtl feststellen. Fichtl war auch hinsichtlich eines Teiles dieser Zensoren nicht bekannt, daß sie Illuminaten waren.

[25] Über Baader s. unten S. 38–42, 45, 61, 69, 195.

[26] H. *Fieger*, Don Ferdinand Sterzinger, München 1907; *Fichtl* I 121 ff.

Ordens-, Weltpriestern und Laien, Adeligen und Bürgerlichen innerhalb des Zensurkollegiums erkennen.

Das seltene Zusammentreten des Kollegiums bedeutet nicht, daß es untätig ist. Die Zahl der Bücher, welche die einzelnen Referenten zwischen den Sitzungen lesen müssen, ist groß. Die Zensurräte nehmen ihre Aufgabe sehr ernst. So wie die meisten Aufklärer sich von guten Schriften, welche die moralische Besserung und Unterrichtung der Menschen zum Ziele haben, unbegrenzte Wirkungen versprechen, so halten sie andererseits im Sinne der Aufklärung schlechte Bücher für sehr gefährlich. Künstlerische Maßstäbe legen die Zensoren dagegen nur in seltenen Fällen an. Allein Westenrieder gibt regelmäßig den Autoren der zensierten Bücher auch ästhetische Ratschläge.

Wenn die Zensoren auch auf dem Boden der Staatshoheit stehen, so wollen sie doch auf keinen Fall die Kultur und den Buchhandel in Bayern, die aufklärerische, aber auch die bayerisch-patriotische, in Opposition zu dem veralteten Regime Karl Theodors stehende Literatur abwürgen. Sie legen auch Wert darauf, das Ansehen Bayerns im übrigen Deutschland nicht zu schädigen.

Von Anfang an fällt in den Protokollen auf, daß Montgelas, mit 21 Jahren das jüngste Mitglied des Kollegiums, sich mit Eifer in diese Aufgabe einarbeitet und rasch eine führende Rolle spielt. Dies ist für ihn ebenso typisch wie die Erscheinung, daß er, nachdem er in seinem neuen Wirkungskreis einige Erfahrung gesammelt hat, Reformen einleiten möchte, indem er eine neue Instruktion entwirft, die praktisch-administrative mit politischen Gesichtspunkten verbindet[27]. Zweifellos ist dieser Entwurf an Bedeutung nicht mit seinen späteren großen Denkschriften zu vergleichen. Es ist ein knapper Versuch, der sich in der Form an die Mandate Max' III. Josephs vom 1.8.1769 und vom 28.7.1775 anlehnt. Er ist geschrieben in dem schlechten und ungefügen Amtsdeutsch, das uns in den Akten aus der Zeit Karl Theodors (nicht nur des Staates sondern z.B. auch des Münchner Magistrats) häufig begegnet und das so stark nicht nur von der zeitgenössischen deutschen Literatur, sondern auch von der Sprache der damaligen österreichischen Diplomatie und der bischöflichen Behörden absticht. Dieses schlechte Deutsch wird ebenso wie die unordentlichen, verschnörkelten Aktenschriften der Karl-Theodor-Zeit mit Beginn der Ära Montgelas fast schlagartig aus den bayerischen Akten verschwinden. Wie das Bewerbungsschreiben Montgelas' für die Akademie der Wissenschaften, so scheint auch diese, offenbar von dem Sekretär des Zensurkollegiums, Graf, nach Angaben von Montgelas aufge-

[27] GR 256/1, Produkt 17. Vgl. K. Th. von *Heigel*, Censurwesen in Altbayern, in: Neue histor. Vorträge und Aufsätze, München 1883, 231–257; hier: 242 ff. Zum Zensurwesen allgemein ferner: F. J. *Lipowsky*, Bayerns Kirchen- und Sittenpolizei unter seinen Herzögen und Kurfürsten, München 1821.

setzte Instruktion zu zeigen, daß der junge Montgelas damals noch in bezug auf korrekten deutschen Stil und deutsche Orthographie sehr unkritisch war. Von seiner eigenen Hand sind nur die abschließenden Worte «Salvo meliori, Frhr. von Montgelas». Der undatierte Entwurf, der vom Kurfürsten niemals zur Grundlage einer neuen Instruktion gemacht wurde, ist liberal und sucht, durch Vereinfachung des Geschäftsganges die Vorschriften der tatsächlichen Arbeitsweise der Räte anzupassen. Andererseits berücksichtigt er die Belange des Staates und die Wünsche der Regierung und verbietet z.B. kategorisch, daß einzelne Räte privat ohne Wissen des Kollegiums zensieren, wie es gerade vorgekommen war. Am bemerkenswertesten ist ein Passus in Art. V, in dem es heißt, die Instruktion sei genau zu befolgen, aber zugleich sei Bedacht darauf zu nehmen, «daß die höchste Stelle mitls unnützen Anfragen nicht beschwert, der Buchhandel durch Aufstellung ganz willkürlicher Grundsätze zu stark gehemmt, sondern Seiner Churf. Durchlaucht landsväterliche Absichten, Verbreitung der Wissenschaften und Beibehaltung der ohne Schaden der Religion, Staat und Sitten nur immer bestehen mögender Freiheit erreicht werden». Der Wunsch des Verfassers ist also aus praktischen wie kulturpolitischen Gründen: So wenig Rückfragen wie möglich bei der Regierung, so wenig Hemmung des Buchhandels wie möglich durch willkürliche polizeistaatliche Anordnungen, soviel Freiheit wie möglich für die Wissenschaft.

An einer anderen Stelle des Entwurfes wird empfohlen, die durch das verschärfende Mandat vom 1. 8. 1769 eingeführte Kontrolle des Frachtguts auf Bücher bei den Maut- und Akzisämtern abzuschaffen, da sie «den freien Buchhandel als die Seele der Wissenschaften mehrfältigen beschwere». Man solle sich mit der Auflage an die Buchhändler begnügen, ihre Kataloge an das Zensurkollegium einzusenden.

Während die Veröffentlichungen der Akademie der Wissenschaften weiterhin zensurfrei sein sollten, fordert Montgelas, die theologischen Schriften mit besonderer Sorgfalt zu prüfen. Der Kurfürst und seine Landesstellen beabsichtigen zwar keinesfalls, sich in Glaubensfragen einzumischen, aber alles theologische Schrifttum, das nur «den geringsten Bezug auf Kirchenzucht und bloße Temporaliensachen» habe, dürfe nicht ohne Imprimatur des Zensurkollegiums erscheinen, wo es durch zwei geistliche und einen weltlichen Zensor zu prüfen sei, ob es nichts gegen die Reichsgesetze und die dem Kurfürsten «kraft von Gott verliehener landesfürstlicher Macht zustehende höchste Schutz und Schirm und Gewalt über das Kirchenwesen (ius advocatiae supremae) und daraus fließender Anordnung deren zur äußerlichen Zucht gehörigen Gegenstände, dann auf feierlichen Verträgen und uraltem Herkommen beruhende Rechten dero Kurhaus (iura maiestatica in sacris et circa sacra)» enthalte. Ein weiterer Grundgedanke, der Montgelas' gesamtes späteres Regierungswerk durchzieht, tritt also bereits hier hervor: die durch das oberste Vogteirecht und durch Verträge und Herkommen entstandenen, sehr weitgehenden Kirchenhoheitsrechte des Hauses Wittelsbach gegenüber der Kirche voll auszuschöpfen.

Montgelas erscheint erstmals in der Sitzung des Zensurkollegiums vom 7. 9. 1780[28]. In dieser Sitzung beschließt das Gremium, ihm und dem Freiherrn von Ecker die Zensur über die «historica und diplomatica» zu übertragen, was «ad intimum» (an den Kurfürsten) gemeldet wird. In der nächsten Sitzung überträgt man Montgelas auch die Aufsicht über die Intelligenzblätter. Er wird damit in diesem Referat Nachfolger des Kanonikus Kollmann, dem der Kurfürst und dann auch das Zensurkollegium vorwerfen, er habe ein Theaterstück ‹Der deutsche Hausvater› von O. von Gemmingen unter der Hand genehmigt, in dem man eine Parodie auf den Egoismus der adeligen Mitglieder der Landschaft sieht[29]. Es nützt dem braven Stiftsherrn nichts, daß er immer wieder behauptet, er könne nicht das Geringste an dem Stück finden, was wider die Religion oder den Staat wäre, und daß er in seinem Bericht an den Kurfürsten schreibt: «Es fängt ohnehin an, für jeden Censor gefährlich zu werden, wenn sie Werke censieren sollen, die inländische Irrtümer, Mißbräuche und Fehler angreifen, weil sich allemal ein oder der andere hiedurch beleidiget zu sein glaubet»[30]. Obwohl das Theaterstück eigentlich die Reformversuche Karl Theodors zu Gunsten der Bauern lobt, greift der Kurfürst mit unerwarteter Schärfe durch, vielleicht um sich der Landschaft gefällig zu zeigen. Durch Dekrete vom 16.9.1780 an die Behörden und Gerichte werden die Zensurbestimmungen strenger und komplizierter gestaltet. Das Zensurkollegium, dem der Kurfürst die Zuordnung neuer (anscheinend strengerer) Mitglieder ankündigt – die nicht erfolgt – erhält einen nachdrücklichen Verweis. Der Serenissimus ordnet an, daß das Kollegium in Zukunft «alle Schriften so den Staat betreffen» ad intimum einzusenden habe, daß über diejenigen, die «in die Religion einschlagen, mit den Bischöfen zu korrespondieren» sei. Ferner habe von jetzt ab das gesamte Kollegium jedes einzelne Werk in der Sitzung zu behandeln. Bisher war dies nur bei den wenigen der Fall gewesen, die ein Zensurrat zum Verbot vorgeschlagen hatte.

Dem Zensurkollegium erscheinen diese Vorschriften undurchführbar. Außerdem sieht es hiermit seine durch Max III. eingeführte Unabhängigkeit von der geistlichen Zensur wieder preisgegeben. Es beschließt daher in seiner Sitzung vom 3.11.1780 eine Remonstration gegen die kurfürstlichen Anordnungen. Sie ist in überraschend scharfem Ton abgefaßt und greift weit mehr an, als tatsächlich in

[28] Staatsverwaltung 3214, worauf sich auch die folgenden Daten aus den Protokollen immer beziehen.

[29] *Fichtl* II 47–51.

[30] Ebd. 49.

dem Dekret steht[31]. Die landesherrliche Anordnung wird regelrecht zerpflückt und als undurchdacht und ganz undurchführbar dargestellt. Diese Remonstration ist von Graf Savioli verfaßt und von allen Räten gebilligt worden. Kurz zuvor hatte das Kollegium Karl Theodor schon gereizt, indem es beantragt hatte, daß ein Schützling des Kurfürsten, der Zeitungsverleger Drouin, künftig bestimmte Zeitungsartikel ebenfalls dem Gremium zur Zensur vorlegen müsse.

In der gleichen Sitzung vom 3.11.1780, in der die Zensoren stürmisch erregt gewesen sein müssen, geben sie dem Fürsten und seinen Beratern noch ein weiteres Ärgernis. Es geht um des Kriegsrats-Sekretär A. D. Zaupsers ‹Ode auf die Inquisition›. Dieses literarisch schwache Gedicht, das erstmals 1777 und nun, 1780, in Neuauflage erschienen ist, erweckt den Anschein, als wüte in Bayern die Inquisition, und rühmt den Preußenkönig als Vorkämpfer der Toleranz, was Karl Theodor umso übler nimmt, als ihm Friedrich kurz zuvor seinen Tauschplan vereitelt hat. Die Zensurräte haben nun nicht etwa diese Ode gerügt, sondern sie sind eingeschritten gegen einen öffentlichen Kritiker dieses Gedichts, den Prediger von St. Michael, Grueber, einen ehemaligen Jesuiten und Freund Franks, «wegen Critisir und Beschnarchung zerschiedener erlaubter Bücher», so das Protokoll vom 2.10.1780, Berichterstatter: Savioli und Westenrieder. Sie stellen an den Kurfürsten den Antrag, daß allen Münchner Predigern, besonders Grueber, «dieses verboten und aufgetragen werden möchte, sich lediglich an das Evangelium zu halten und zwar bei Verlust der Kanzel»[32].

Hierfür erhalten sie in einem langen, von Karl Theodor und Kreittmayr unterzeichneten Schreiben einen scharfen Tadel und eine Verwarnung[33]. Der Kurfürst sei nach Durchlesen der Ode nicht wenig verwundert, so heißt es da, wie von diesem Kollegium eine solche Schrift habe gebilligt werden können. «Da nun eine Druckschrift von dieser Art, zumal bei der ohnehin schon so weit eingerissenen Freidenkung und Religions-Gleichgiltigkeit, ohne Ärgernis nicht wohl geduldet werden kann», habe die Oberlandesregierung Befehl erhalten, sie zu unterdrücken. Dem Zensurkollegium werde diese unüberlegte Zensur hiermit verwiesen, es werde für die Zukunft zu besserer Vorsichtigkeit ermahnt, damit sich nicht die Censores selbst in Verdacht und Mißkredit setzten. Der Kurfürst werde Predigten, in denen aus übertriebenem Religionseifer zu weit gegangen werde, niemals billigen; Voraussetzung dafür sei aber, daß das Zensurkollegium solchen Geistlichen nicht durch sein Verhalten Anlaß zur Kritik gebe[34].

[31] Ebd. 56.

[32] St.V. 3214 Prot. v. 2. 10. 1780.

[33] Text bei *Fichtl* II 58.

[34] L. *Maenner*, Bayern vor und in der französ. Revolution, Stuttgart 1927, meint (S. 109), daß der wahre Grund des kurfürstlichen Einschreitens gegen Zaupser, dessen

Die Zensurräte verfassen nun zur Wahrung ihres Standpunktes eine neue Gegenvorstellung, wobei dieses Mal der von Savioli entworfene Text von seinen Kollegen etwas abgemildert wird. Bezüglich der Ode Zaupsers heißt es darin, dieselbe sei in der 1. Auflage bereits 1777 durch den doch gewiß religionseifrigen Kurfürsten Max III. gebilligt worden. Das Schreiben endet mit der Bemerkung, «daß auch der stärkste Anlaß keine Prediger berechtiget, auf der Kanzel zu schmähen», und der für damalige Verhältnisse ziemlich unhöflichen Schlußformel «Wir empfehlen uns gehorsamst zu höchsten Gnaden».

Um diese Schrift auch wirklich an den Adressaten gelangen zu lassen, entsendet das Zensurkollegium eine Deputation zum Kurfürsten. Sie besteht aus dem Präsidenten Graf Spreti, sowie Montgelas, Ecker, Lilgenau und Westenrieder. Die Audienz findet am 15.11.1780 statt. Karl Theodor empfängt die Räte äußerst ungnädig stehend im Vorsaal, mit Stock und Degen. Man kann sich seine imposant-korpulente Figur und sein herrisches Aussehen nach den bekannten Gemälden gut vorstellen. Er schneidet ihnen die wohlgesetzte Rede mit der Erklärung ab, daß er die Sache untersuchen wolle. Niemand wagt noch ein Wort, obwohl Westenrieder eigentlich dem Fürsten vieles sagen wollte «über die höchst wichtige Sache als die Censur ist»[35]. Der Kurfürst merkt sich, wer an der Deputation teilnahm. Über die Person Westenrieders, den er nicht kennt, läßt er sich nachträglich informieren. Vielleicht ist dieses Ereignis einer der Anlässe für das Erkalten der kurfürstlichen Gunst gegenüber Montgelas.

Auf die Denkschrift der Deputation folgt ein weiterer sehr scharfer schriftlicher Tadel des Landesherrn für das Kollegium, der mit einer Warnung verbunden ist. Zaupser, dessen Ode verboten bleibt, muß öffentlich das Glaubensbekenntnis ablegen. Das Hofkriegsratsdirektorium erhält Anweisung, ihn «mit der Kanzleiarbeit so weit zu beschäftigen, damit ihm zu theologischen und anderen ausschweifenden Schreibereien keine Zeit mehr übrig verbleibe». In außerbayerischen Zeitungen wird Zaupser als Märtyrer der Geistesfreiheit und Opfer der Inquisition gefeiert. Daß die Dinge auch im Bayern Karl Theodors jedoch nicht so tragisch sind, zeigt die Tatsache, daß Zaupser, der auch sonst

Ode weit weniger scharf war als vieles, was genehmigt worden war, in der Tatsache lag, daß Zaupser als Schriftsteller den Febronianismus vertrat. Karl Theodor suchte, sich in dieser Zeit seiner Auseinandersetzungen mit den Bischöfen auf den Papst zu stützen. Tatsächlich wurde der Ex-Jesuit Grueber vom Kurfürsten nach Neuburg versetzt: A. *Kluckhohn*, Die Illuminaten und die Aufklärung in Bayern, in: Vorträge und Aufsätze, München 1894, 344–399; hier 387.

[35] *Fichtl* II 59 f., nach A. *Kluckhohn*, Aus dem handschriftl. Nachlaß L. v. Westenrieders I, 12; *Westenrieder*, Beyträge zur vaterländischen Historie I, München 1788, 397 ff.

stark polemisch-antikirchliche Schriften verfaßt hat, völlig unbehelligt bleibt und daß ihn der gleiche Kurfürst vier Jahre später zum Professor der Philosophie ernennt.[36]

1781 kommt es zu einer neuen sehr nachdrücklichen Rüge des Kurfürsten und zu einem weiteren Protestschreiben der Zensurräte an die allerhöchste Adresse. Karl Theodor hat beim Besuch der Aufführung eines vaterländischen Schauspiels ‹Otto von Wittelsbach› von J. M. Babo feststellen müssen, daß in diesem mit stürmischem Beifall bedachten Stück ein Fürstenideal gezeichnet wird, das eine jedermann verständliche Kritik an ihm selbst darstellt. Was er jedoch offiziell beanstandet – verständlicherweise – ist, daß darin der bayerische Patriotismus gegen Österreich angeheizt wird, was den österreichischen Gesandten Freiherrn von Lehrbach zu «lautem Aufschreien» während der Vorstellung veranlaßt.[37] Auf den allerhöchsten Vorwurf, dieses Stück gebilligt zu haben, antwortet das Zensurkollegium in einer Gegenvorstellung, es sei instruktionsgemäß für Theaterstücke nicht zuständig. Die Zensoren beschweren sich, sie opferten ihre Freizeit unbezahlt für die Zensurgeschäfte, die ja nebenamtlich sind, und würden dafür vom Landesherrn verdammt, ohne daß man ihnen das jedem Verbrecher zustehende Recht der Verteidigung einräumte.

In einem Punkt allerdings sind sich die kurfürstliche Regierung, die Zensurräte und die der Aufklärung sehr geneigten bischöflichen Ordinariate einig: in der «Ausrottung» veralteter Gebetbücher mit ihren «täuschenden Versprechen, falschen Tatsachen, übertriebenen Verehrungen der Heiligen, gar zu sinnlichen Andächteleien, in ungeheurer Menge versprochenen Ablässen»; sie wollen «nicht minder elender Sprache, pöbelhaften Ausdrücken, dann halbverständigen Knitlreimen Einhalt ... tun». Dieses Zitat stammt aus einem Bericht der Universität Ingolstadt an den Kurfürsten vom 4.5.1781, in dem die Genugtuung der dortigen Theologischen Fakultät über einen entsprechenden, ihr vom bischöflichen Ordinariat Freising gegebenen Auftrag zum Ausdruck gebracht wird. Gern kommt das Zensurkollegium einem Befehl der Oberlandesregierung nach, diese aufgeklärten Bemühungen des Bischofs und der Theologischen Fakultät zu unterstützen. Von 20 ihm von einem Verlag im Jahr 1784 zur Prüfung eingesandten Gebetbüchern verbietet es neun und genehmigt ohne Änderungen nur drei, wobei die Ordensgeistlichen unter den Zensoren federführend sind. Es fordert den geistlichen Rat auf, er möge dafür sorgen, «daß bessere Bücher für das gemeine Volk verfaßt werden»[38].

[36] *Fichtl* II 60 f.; *Maenner* 109. Mit dem Illuminatenorden brach er 1784, zusammen mit Utzschneider.

[37] *Fichtl* II 66.

[38] St.V. 3214, Prot. v. 11. 7. 84; 4. 11. 84, dazu *Fichtl* II, 70 f.

Offensichtlich unqualifizierte, gehässige und ordinäre Pamphlete verbietet das Zensurkollegium von sich aus, auch wenn sie von Aufklärern verfaßt sind[39]. Am 14. 6. 1784 wird laut Protokoll auf Antrag Saviolis beschlossen, die «ärgerlichen» Schriften ‹Katholischer Fantasten- und Predigeralmanach›, ‹Prälatenalmanach› und ‹Salvator›[40] in den Buchläden zu konfiszieren. In der nächsten Sitzung vom 11. 7. 1784 wird dann berichtet: «In den hiesigen Läden konnten keine Exemplare gefunden werden». Wenn die kurfürstliche Regierung eingreift, so richten sich ihre Interventionen in den achtziger Jahren meistens nicht gegen Schriften, die kirchliche Verhältnisse angreifen, sondern vielmehr gegen Kritik an den Einrichtungen des Staates und der Gesellschaft, am Kurfürsten, an den Landständen und an fremden Staaten, vor allem Österreich. Geht die Regierung einmal gegen Schriften vor, die kirchliche Verhältnisse kritisieren, so tut sie dies meist auf Antrag dritter Personen. Die Bischöfe selbst begünstigen die Aufklärung mehr als der Kurfürst[41]. Bekannt ist der beliebte Sonntagsspaziergang der Münchner in das fürstbischöflich-freisingische Ismaning, wo man im Gasthaus die aufklärerischen Zeitungen lesen konnte, die in Bayern verboten waren.

Häufig kommt es in diesen Jahren zu administrativen Konflikten, weil die Oberlandesregierung Bücher verbietet, die das Zensurkollegium zuvor genehmigt hat[42]. Der Kurfürst entscheidet in solchen Fällen meist gegen die Zensoren. Dagegen geht das Zensurkollegium einige Male sehr streng gegen Schriften vor, deren Verfasser Gegner der Aufklärung oder der Illuminaten sind[43].

An fast allen Beschlüssen ist Montgelas als einer von jeweils 5 bis 10 Anwesenden beteiligt, mehrmals leitet er die Sitzungen, oft ist er Berichterstatter (Proponens). Als Savioli 1780 vorübergehend ausgeschieden ist, erscheint Montgelas als Vizepräsident[44], nach Saviolis Zwangspensionierung wegen Illuminatentätigkeit 1785 wird Montgelas als amtierender Präsident bezeichnet[45]. Nicht nur seiner Stellung, sondern auch der Häufigkeit seiner Teilnahme an den Sitzungen und seines Auftretens als Berichterstatter nach muß Montgelas als das aktivste

[39] Im Gegensatz zu der Meinung *Fichtls* II 82–117. Allerdings scheint der Erfolg nicht immer gesichert gewesen zu sein.

[40] Vgl. H. *Grassl*, Aufbruch zur Romantik . . ., München 1968, 245–252 u. ö.

[41] Vgl. z. B. *Maenner* 116 ff., 124 f., 128 u. ö.

[42] Beispiele bei *Fichtl* II, 46–128; er übergeht jedoch manche in den Protokollen vorkommende nicht unwesentliche Fälle.

[43] St.V. 3214, Prot. v. 14. 6. 84; dazu *Fichtl* II 68 f., 77, 127.

[43] Die anonymen Schriften, die gerade die gefährlichen vom Standpunkt der Regierung aus waren und die in großen Mengen kursierten, galten nicht als Sache des Zensurkollegiums, sondern der Polizei. Aber auch diese kümmerte sich nicht viel um sie.

[44] Prot. v. 18. 12. 1780 (wie immer in Staatsverwaltung 3214).

[45] Prot. v. 18. 5. 1785 und 10. 4. 1786.

Mitglied des Gremiums betrachtet werden. Nachdem man ihm außer der Zensur über die geschichtlichen und politischen Schriften auch die über die Zeitungen übertragen hat, gerät er sogleich in Konflikt mit dem vom Kurfürsten begünstigten Zeitungsverleger Hofrat Drouin[46]. Dieser beschwert sich über ihn bei Karl Theodor[47]. Der Streit scheint sich ein halbes Jahr hingezogen zu haben, weil das Zensurkollegium darauf pocht, daß auch ein von der höchsten Stelle begünstigter Verleger nicht von der Zensur ausgenommen bleiben dürfe. Wahrscheinlich ist dies ein weiterer Grund für die schlechte Stimmung des Kurfürsten gegenüber dem jungen Hofrat. Ein kurfürstliches Dekret fordert Montgelas auf, sich mit Drouin auszusprechen. Das Kollegium beauftragt dagegen Montgelas, die von ihm beanstandeten Stellen in Drouins Zeitungen – wahrscheinlich handelt es sich um Kritik an aufgeklärten Büchern – anzustreichen[48]. Die Münchner Zeitungsschreiber und Verleger bitten um Abänderung der neueingeführten Zensurvorschriften für ihre Blätter, die der Kurfürst auf das Drängen des Zensurkollegiums genehmigt hat. Sie beantragen, Montgelas als Zensor zu ersetzen durch Frhr. von Ecker oder von Eckartshausen[49]. Wahrscheinlich hat der übereifrige junge Hofrat einerseits zu heftig die Staatsautorität gegenüber den Verlegern herausgekehrt, andererseits gegen antiaufklärerische Artikel und Rezensionen zu emsig mit dem Rotstift gearbeitet. Montgelas seinerseits beschwert sich in der gleichen Sitzung über die Widersetzlichkeit Drouins, der die von ihm angestrichenen Stellen dennoch veröffentlicht habe. Das Kollegium warnt darauf Drouin und erklärt, der Zensor werde nicht ausgewechselt, Montgelas bleibe Zensor der Intelligenzblätter[50]. Drei Sitzungen später tritt Montgelas – ob auf Weisung von oben, ist unbekannt – dann doch dieses Referat an Ecker ab, wird aber in den Protokollen nach wie vor stets an zweiter Stelle, hinter dem Präsidenten oder Vizepräsidenten, genannt. Er tritt weiterhin als Berichterstatter für historisch-politische Werke und Theaterstücke auf. Auf seinen Vorschlag erteilt das Kollegium dem Ex-Jesuiten Professor von Schönberg für ein antiaufklärerisches Werk über das Kirchenverbot der schädlichen Bücher einen Verweis, weil es ohne Genehmigung der Zensur erschienen ist, desgleichen dem konservativen Herausgeber des Intelligenzblattes, Finauer.[51]

[46] Prot. v. 2. 10. 1780. Drouin (Druin) erwähnt bei L. *Hammermayer* im Handbuch der bayer. Geschichte Bd. 2, 1969, 1024.

[47] Prot. v. 18. 12. 1780; die Gründe gehen daraus nicht hervor.

[48] Prot. v. 2. 5. 1781.

[49] Prot. v. 17. 10. 1781.

[50] Prot. v. 22. 10. 1781.

[51] Beides Prot. v. 27. 3. 1784. Über Finauer als Historiker A. *Kraus*, Die histor. Forschung an der Churbayer. Akademie ... 40 ff., ferner: Vernunft und Geschichte ... (vgl.

Die erkennbaren Vorgänge aus der Tätigkeit des bayerischen Zensurkollegiums von 1780 bis 1786 lassen den Schluß zu, daß in dieser Zeit – trotz öfteren Grollens des Kurfürsten und seiner Ablehnung, sich in Diskussionen mit seinen Räten einzulassen – hier ein, wenn auch ungeschickter und unmoderner, so doch verhältnismäßig milder, patriarchalischer Absolutismus vorlag, wenn man diesen Staat überhaupt im Hinblick auf die veraltete Finanzhoheit der Landschaft als absolutistisch bezeichnen kann. Zwar wurde Karl Theodors Regiment, seit der Aufdeckung des Illuminatenordens, seit der Französischen Revolution und unter dem Einfluß von Scharfmachern seit 1787/90 härter, reaktionärer, aber seine Schattenseiten waren doch nicht so sehr absolutistische Strenge, als vielmehr das Treibenlassen, die Gleichgültigkeit gegenüber der Korruption, ja deren Förderung, die Unbeweglichkeit gegenüber den Forderungen der Zeit, der fehlende Wille zu Reformen – auch zur Verwirklichung der früher beschlossenen – sowie das Mißtrauen und der mangelnde Kontakt gegenüber seinen Untertanen. Das Zensurkollegium, das zu 4/5 aus heimlichen Illuminaten bestand, erfaßte in dieser Zeit von 1780 bis 1786 nur einen Bruchteil der neuen Schriften, darunter nicht die ‹gefährlichsten›, nämlich die anonymen. Es schützte, hierin der französischen Zensur unter Malesherbes ähnlich, die 1752 die Enzyklopädie gerettet hatte[52], die aufklärerische Literatur, abgesehen von subversiven und geschmacklosen Pamphleten, und es verbot die Schriften, die gegen den modernen Geist und die Toleranz polemisierten. Dabei waren sich alle Mitglieder des Kollegiums einschließlich der Geistlichen einig. Es war keine speziell illuminatische, sondern eine allgemein aufklärungsfreundliche Politik, die das Zensurkollegium trieb. Die Zensoren waren aufgeschlossene, gebildete und unerschrockene Leute. Sie waren keineswegs Utopisten oder Fanatiker, standen vielmehr auf dem Boden der staatlichen Hoheitsrechte, wollten aber eine gemäßigte Meinungsfreiheit schützen. Montgelas als jüngstes Mitglied spielte eine führende Rolle in dem Gremium.

Die von Montgelas geleitete Sitzung vom 10. April 1786 war die letzte Zusammenkunft des Zensurkollegiums, bis es, viereinhalb Jahre später, in einer veränderten, viel unfreieren Atmosphäre seit dem 8. 11. 1790 wieder zusammen-

dort Register); H. *Rall*, Kurbayern ... 7 und 14. Montgelas widmete später Finauer, als er von dessen Tod erfuhr, in einem vertraulichen Brief den wenig pietätvollen Nachruf: «Je ne regrette pas Finauer, c'est un cochon de moins» (an Seinsheim 2. 12. 1788/II, Egg.).

[52] Hierzu E. *Weis*, Geschichtsschreibung und Staatsauffassung in der französischen Enzyklopädie, Wiesbaden 1956, S. 132; P. *Grosclaude*, Malesherbes et l'Encyclopédie, Annales de l'Université de Paris, numéro spécial, octobre 1952, 57–81; Ders., Malesherbes, témoin et interprète de son temps, Paris 1961; Ders., Malesherbes, Documents inédits, 2 Bde., Paris 1962/65.

trat. In der Sitzung vom 22. 6. 1791 wurden die Werke Friedrichs des Großen in Bayern verboten, am 12. 10. 1791 Schillers ‹Geschichte des Dreißigjährigen Krieges›, dazwischen sämtliche Werke von Kotzebue.[53] Montgelas und seine Freunde gehörten jetzt dem Zensurkollegium nicht mehr an. Das Jahr 1786 hatte die völlige Aufdeckung des Illuminatenordens gebracht.

3. Montgelas als Mitglied des Illuminatenordens, 1779–1785

Von 1779 bis 1785 war Montgelas Mitglied des 1776 gegründeten Illuminatenordens. Man hat früher öfters seine gesamte spätere Regierungstätigkeit aus dieser Tatsache zu erklären versucht[1]. Hiermit überschätzt man, wie wir glauben, diesen Geheimbund, der selbst nur eine Episode war und nur aus den besonderen Verhältnissen des damaligen Bayern zu erklären ist.

Es besteht kein Zweifel, daß der Illuminatenorden nach den politischen und religiösen Anschauungen seiner Mitglieder weit einheitlicher und zielbewußter war als die allgemeine, über ganz Europa im Laufe des 18. Jahrhunderts verbreitete Freimaurerei. Zwar entlehnten die Illuminaten freimaurerische Symbole und Organisationsformen: sie unterwanderten und eroberten seit 1782 einige Freimaurerlogen vollständig. Der Besuch anderer als der von ihnen beherrschten Logen war ihnen aber strengstens verboten. Es bestand keinerlei organisatorischer Zusammenhang, keine Gemeinsamkeit der Zielsetzung zwischen ihnen und der von ihnen unabhängigen Freimaurerei. Ehemalige Illuminaten durften in keine deutsche Loge aufgenommen werden.[2] Aus den Reihen der Rosenkreuzer, die

[53] Protokolle Staatsverwaltung 3214. Über die reaktionäre, die zugleich geschäftigste Phase des Zensurkollegiums unter dem Direktor Schneider, dem Neffen Franks, vgl. *Fichtl* II, 130–248.

[1] Wie z. B. so gegensätzliche Autoren wie A. *Kluckhohn*, Die Illuminaten und die Aufklärung in Bayern, München 1894 (Vorträge und Aufsätze S. 344–399) und A. M. *Scheglmann*, Geschichte der Säkularisation im rechtsrheinischen Bayern, Bd. I, Regensburg 1903. – Schon vorher hatte solche Auffassungen C. Th. *Perthes*, Politische Zustände und Personen in Deutschland zur Zeit der französischen Herrschaft, Bd. 1, Gotha 1862, 474 f. u. ö., vertreten, danach z. B. R. *Le Forestier*, Les Illuminés de Bavière et la Franc-Maçonnerie allemande, Paris 1914, 542 u. ö. Differenzierter dagegen: H. *Grassl*, Aufbruch zur Romantik . . ., München 1968, z. B. 249; 286–289.

[2] Dies bekam auch Montgelas später zu spüren. Nach Franz von Baader wäre es ihm nicht gelungen, in der Zeit nach seinem Sturz in einer Freimaurerloge aufgenommen zu werden, während sein König Max I. sich 1818 in Straßburg in einen höheren Grad habe

immerhin in dieser Zeit in enger organisatorischer und personeller Beziehung zur allgemeinen Freimaurerei standen, kamen sogar die erbittertsten Feinde der Illuminaten, allen voran der Ex-Jesuit Ignatius Frank, der gefürchtete Berater Karl Theodors.[3]

Dem Freimaurertum gehörte im 18. Jahrhundert ein guter Teil der führenden Gesellschaftsschichten Europas an: Kaiser Franz I. und Friedrich der Große (wie auch alle seine Nachfolger bis zu Wilhelm I.), die beiden Brüder Ludwigs XVI., zahlreiche Fürsten, Bischöfe, Minister, sonstige Mitglieder des Adels und Geistliche, sowie weite Teile des gebildeten Bürgertums. Der spätere erste König Bayerns, Max I., wurde zum ersten Mal als Pfalzgraf 1780 feierlich in eine Loge aufgenommen.[4] Sein Vorgänger, Kurfürst Karl Theodor, der nachmalige Verfolger der Illuminaten, war 25 Jahre lang Freimaurer gewesen.[5] Es traf zu, was Marie-Antoinette auf Warnungen ihrer Schwester Christine von Sachsen-Teschen hinsichtlich der Logen antwortete: «Tout le monde en est; on sait ainsi tout ce qui s'y passe: où donc est le danger!»[6] Es gab in den Logen, deren Ursprünge in England und Schottland ja mit religiösen Bestrebungen verbunden gewesen waren, Katholiken, Kalvinisten und Lutheraner, gläubige Christen, Deisten und Atheisten, konservative Aristokraten, Anhänger eines reformerischen aufgeklärten Absolutismus, einer konstitutionellen Monarchie und vielleicht in der Spätzeit auch einige Republikaner. Daß solche Gemeinschaften, die übrigens organisatorisch stets stark zersplittert waren und deren führende Persönlichkeiten meist dem europäischen Hochadel angehörten, alles andere waren als eine Bewegung des Umsturzes, kann heute nicht mehr bezweifelt werden.[7] Wenn die Logen eine Wirkung ausübten auf die politische und geistige Entwicklung Europas, so war es die, daß sie dazu beitrugen, die Ideen des 18. Jahrhunderts, vor allem die der individuellen Freiheit, der Toleranz und der Gleichheit vor dem Gesetz, der Achtung der menschlichen Person über die Grenzen des Standes, der Kon-

aufnehmen lassen, als er ihn in seiner Jugend (seit 1780) bereits inne gehabt hatte: M. *Dunan*, Napoléon et l'Allemagne ... 1942, 445 und 509, nach *Sauter*, F. v. Baaders Schriften zur Gesellschaftsphilosophie, 1925, 902 f. Vgl. auch Kap. 5 Anm. 54.

[3] Siehe S. 51 Anm. 71 ferner: Paula *Fischer*, Pater Frank, Diss. München 1944.

[4] R. Le Forestier 442.

[5] Ebd. 452.

[6] Comte P. *Vogt d'Hunoltstein*, Correspondance inédite de *Marie Antoinette*, Paris 1864[3], 113, Brief v. 26. 2. 1781. Die Königin fährt fort: «on auroit raison de s'en alarmer si c'étoit une société secrète de politique ... ce n'est plus que ce que c'est en réalité une société de bienfaisance et de plaisir. On y mange beaucoup et l'on y parle et l'on y chante, ce qui fait dire au roy que les gens qui chantent et qui boivent ne conspirent pas ...»

[7] Zum Stand der Forschung vgl. F. *Wagner* in Bd. 4 des Handbuchs der europäischen Geschichte, Stuttg. 1968, 117–125 und E. *Weis* ebd. (über Frankreich), 292–298.

fession und des Staates hinaus zu verbreiten. Zum Jakobinismus führten weder ideelle noch personelle Verbindungslinien.

Von stärkerer politischer Aktivität und Wirkung waren im Frankreich des späten Ancien Régime und der beginnenden Revolution die politischen Klubs (sociétés de penseé), die zu Zellen der ‹Patriotenpartei› und, nach innerer Umwandlung und Unterwanderung, auch einiger jakobinischer Klubs wurden.[8] Zusammensetzung, Gesprächsthemen, Ziele, Wirksamkeit und innere Veränderungen dieser Klubs sind allerdings quellenmäßig sehr schwer zu erfassen.

Mehr Ähnlichkeit mit solchen politischen Klubs in einem frühen Stadium vor der Revolution als mit den Logen zeigen die bayerischen Illuminaten. Allerdings gibt es auch hier erhebliche Unterschiede: Es scheint, daß bei den Illuminaten, zumindest nach den Satzungen, der autoritäre Monolog gegenüber der freien Diskussion politischer und philosophischer Fragen das Feld beherrschte. Die Verfassung dieses Bundes war alles andere als demokratisch. Das hing damit zusammen, daß der Illuminatenorden dem Gehirn eines einzigen Mannes entsprungen war, Adam Weishaupts, nach dessen Intentionen eine absolute Diktatur des – den meisten unbekannten – obersten Chefs und sklavischer Gehorsam auf Seiten der Mitglieder einander gegenüberstehen sollten. Daß die meisten Angehörigen des Ordens normal genug waren, einen solchen Gehorsam auf die Dauer abzulehnen, daß andererseits Weishaupt alles versuchte, um ihn zu erzwingen, daß es ihm außerdem an konstruktiven Ideen gebrach, waren die Hauptgründe dafür, daß der Orden nach noch nicht zehnjährigem Bestehen bereits am Zerfallen war – seine Organisation und die Zusammenarbeit hatten nie richtig funktioniert – als er durch die Maßnahmen der bayerischen Regierung zersprengt wurde, und daß es auch später nie zu ernsthaften Versuchen kam, ihn wieder zu beleben. Dieser Eintagscharakter erklärt sich allerdings auch dadurch, daß die Situation, aus der heraus sich zahlreiche begabte junge Leute dem Orden angeschlossen hatten, zum Teil mit der Errichtung des abstoßenden Terrors in Frankreich 1793, zum Teil mit dem Abschluß des Ancien Régime in Bayern 1799 ihr Ende fand, nachdem schon vorher die beiden großen aufgeklärten Herrscher gestorben waren, von denen der eine Bayerns Unabhängigkeit gegen die Annexionswünsche des anderen geschützt hatte und von denen jeder Anhänger unter den Mitgliedern des Ordens besessen hatte: Friedrich II. und Joseph II. Daß der Illuminatenorden jedoch schon zwei Jahre vor Ausbruch der Französischen Revolution praktisch tot war, war eine Folge der menschlichen Unzulänglichkeit

[8] A. *Cochin*, Les sociétés de pensée et la Révolution en Bretagne, 2 Bde., Paris 1925; J. *Egret*, Les origines de la Révolution en Bretagne, Revue Historique 213, 1955, 189–215. vgl. E. *Weis* (oben Anm. 7); Eberh. *Schmitt*, Repräsentation und Revolution, München 1969, 251–260.

seines Führers, der Ideenlosigkeit und der Antiliberalität seines Programms und der Uneinigkeit der Ordensbrüder. Durch den geschickten Schachzug der Veröffentlichung der beschlagnahmten Ordenspapiere öffnete die Regierung nicht nur der Öffentlichkeit, sondern auch den selbst getäuschten Illuminaten die Augen über die Fragwürdigkeit ihres ‹Ordens›. Kein einziges Mitglied verspürte Neigung, sich weiterhin für den Geheimbund einzusetzen und das Märtyrertum zu riskieren.

Im Gegensatz zu den französischen ‹Sociétés de penseé›, im Gegensatz auch zu den meisten Freimaurerlogen, wissen wir über den Illuminatenorden, seine Entstehung, seine Geschichte, seine Mitglieder, deren Beziehungen zueinander, die Ausarbeitung der Satzungen, die inneren Zwistigkeiten, den Zerfall und die Verfolgungen sehr viel infolge einiger Umstände, die für die damaligen Mitglieder zwar unangenehm, für die späteren Historiker aber sehr erfreulich waren: Dank des pedantischen Schreibeifers des Chefs Weishaupt, dank der ordentlichen Aufbewahrung der Ordenskorrespondenzen und Mitgliederlisten und dank ihrer Beschlagnahmung durch die Häscher Karl Theodors, vor allem im Hause von Zwack in Landshut und im Schloß des Barons Bassus in Sandersdorf (Oberpfalz), dank der im Druck veröffentlichten ‹Enthüllungen› abtrünniger Illuminaten wie Utzschneider und Knigge und der Verteidigungsschriften der Angegriffenen, darunter Weishaupts und Zwacks. Besonders wertvoll für die Nachwelt ist, daß die Regierung Karl Theodors die wichtigsten der bei Zwack und Bassus beschlagnahmten Illuminatenpapiere sofort, nämlich 1787, mit einigen Namensauslassungen, aber sonst ohne Entstellungen, im Druck veröffentlicht hat.[9] Dieses Verfahren, das durchaus nicht typisch für den Absolutismus war, zeigt, daß damals

[9] a) Einige Originalschriften des Illuminatenordens, welche bei dem gewesenen Regierungsrath Zwack durch vorgenommene Hausvisitation zu Landshut den 11. und 12. Oktober 1786 vorgefunden worden. Auf höchsten Befehl Seiner Churf. Durchleucht zu Druck befördert. München (1787) (im folgenden abgekürzt OS).

b) Nachtrag von weitern Originalschriften, welche die Illuminatensekte überhaupt, sonderbar aber den Stifter derselben, Adam Weishaupt, gewesenen Professor zu Ingolstadt, betreffen, und bey der auf dem Baron Bassusischen Schloß zu Sandersdorf, einem bekannten Illuminaten-Neste, vorgenommenen Visitation entdeckt, sofort auf Churf. höchsten Befehl gedruckt und zum geheimen Archiv genommen worden sind, um solche jedermann auf Verlangen zur Einsicht vorlegen zu lassen, München 1787 (2 Abteilungen) (im folgenden abgekürzt NOS).

R. *Le Forestier* (Anm. 11), S. 532, bestätigt nach Durchsicht des heute verlorenen Materials im Geheimen Hausarchiv, daß alles Wichtige korrekt ediert ist, lediglich unter Auslassung von einigen Namen wie derer Kaiser Josephs II. und des Großfürsten Paul von Rußland, die aus diplomatischen Rücksichten erfolgte. Das in einem besonderen Umschlag zusammengefaßte nicht veröffentlichte Material sei unbedeutend und spreche nicht zu Gunsten der Illuminaten.

die Regierung unter dem Einfluß des Kanzlers Kreittmayr verstand, daß diese freizügige Veröffentlichung ihrer Sache nur nützen, derjenigen der Illuminaten aber unabsehbar schaden würde. Auch Montgelas scheint durch diese Veröffentlichung über Weishaupt endgültig desillusioniert worden zu sein. Die in diesen beiden Publikationen enthaltenen Schriftstücke wurden unter ergänzender Heranziehung der unveröffentlichten Dokumente von Wolfram (1899/1900), Engel (1906) und – zuverlässiger – Le Forestier (1914)[10] im Bayerischen Geheimen Hausarchiv benützt. Das seit Karl Theodors Zeiten in diesem Archiv konzentrierte beschlagnahmte Schriftgut der Illuminaten nebst den Protokollen über die Verhöre der Verhafteten und der Zeugen und den Beweisstücken der Polizei ist seit dem Zweiten Weltkrieg verschwunden; ein Verzeichnis liegt noch vor.[11] Was die anderen Abteilungen des Bayerischen Hauptstaatsarchivs heute noch an Akten über den Illuminatenorden enthalten, ist demgegenüber von geringem Umfang, wenn auch nicht unwichtig, und bezieht sich vorwiegend auf Maßnahmen gegen einzelne Beamte und Offiziere, die beschuldigt waren, dem Orden angehört zu haben und die sich meist durch Beteuerung ihrer Loyalität gegenüber dem Kurfürsten und ihre Absage an den Orden weiterer Verfolgung entziehen konnten. Hinzukommt der Nachlaß von F.X. von Zwack im Staatsarchiv Speyer, der ebenfalls bereits in der Literatur benützt worden ist.[12] Le Forestier[13] hat

[10] Genaue Titel Anm. 13.

[11] Dieses Material ist anläßlich einer unter dem Nationalsozialismus angeordneten Zentralisierung aller sogenannten. Freimaurerakten nach Berlin geschickt worden. Nach unbestätigten Mitteilungen soll es sich heute im Deutschen Zentralarchiv Potsdam befinden, dort aber nicht benützbar sein.

[12] A. *Kleinschmidt*, Karl Theodor, Friedrich zu Salm und F. X. von Zwack, Neue Heidelberger Jahrbücher 7, Heidelberg 1892, 199–216. – Über Zwacks spätere bedeutende Tätigkeit als Regierungspräsident der Pfalz: A. *Becker*, Die Wiedererstehung der Pfalz. Zur Erinnerung an die Begründung der bayerischen Herrschaft auf dem linken Rheinufer und deren Begründer, Franz Xaver von Zwackh-Holzhausen, Zweibrücken 1916; M. *Spindler*, Die Pfalz am Rhein – Vor 125 Jahren erhielt der bayerische ‹Rheinkreis› den Namen ‹Pfalz›, in: Stimme der Pfalz, Speyer, 13, 1962, Nr. 9/10, 3–7; Ders, Vor 150 Jahren entstand der Bezirksverband Pfalz, ebd., 17, 1966, 3–6, mit Abb. Zwacks; R. Graf *Du Moulin Eckart*, Aus den Papieren eines Illuminaten, Forschungen zur Kultur- und Literaturgeschichte Bayerns, 3, 1895, 186–239. S. auch S. 23, 69, 77.

[13] R. *Le Forestier*, s. Kap. 3 Anm. 9. Wegen des mitgeteilten Materials ferner wichtig: A. *Kluckhohn*, Die Illuminaten und die Aufklärung in Bayern unter Karl Theodor, in: A. Kluckhohn, Vorträge und Aufsätze, München 1894. – Die ungedruckten Quellen in den Münchner Archiven, sowie den Lippert-Nachlaß, Eigentum des Historischen Vereins von Oberbayern (heute im Stadtarchiv München) hat erstmals benützt: L. *Wolfram*, Die Illuminaten in Bayern und ihre Verfolgung, auf Grund aktenmäßigen Befundes dargestellt. Programm des kgl. humanistischen Gymnasiums in Erlangen, I, Teil Erlangen 1899, 2 bis 44, II. Teil 1900, 1–78; L. *Engel*, Geschichte des Illuminaten-Ordens, Berlin 1906, im

auch das Archiv der Gothaer Loge in Gotha (Nachlaß Bode) und das Restarchiv der Freisinger Loge (Nachlaß Hoheneicher) in der Münchner Universitätsbibliothek ausgewertet.

Eine Liste der Illuminaten, die der französische Gesandte in München, Graf Montezan, 1785 aus zweiter Hand nach Versailles sendet, enthält über Montgelas den Vermerk: «ein junger Mann, sehr gebildet, von schwankendem Charakter, ohne Religion, denkbar unsicher, gefährlich für die Gesellschaft, erzogen in dem Orden des Professors Baader, dessen eifriger Freund er ist».[14] Derselbe Graf Montezan wird jedoch noch nicht zwei Jahre später in seinem Brief an Hofenfels Worte höchsten Lobes für den jungen Mann finden, den er inzwischen näher kennengelernt hat.[15] Der Eintritt in eine solche Gesellschaft scheint für Montgelas auch deshalb besonders nahezuliegen, weil er außer seiner Stiefmutter und seiner Schwester, die ihm wohl geistig beide nicht sehr nahestehen, keine Familie besitzt, andererseits stets die Geselligkeit und die geistreiche, auch die

wesentlichen keine Darstellung sondern eine Aneinanderreihung von Dokumenten, von denen eine Reihe aus Staats- und Privatarchiven, sowie aus dem Besitz des Verfassers, sonst nirgends veröffentlicht sind. Trotz zahlreicher Ungenauigkeiten und Lesefehler unentbehrlich. – A. *Fournier*, Illuminaten und Patrioten, in: A. Fournier, Historische Studien und Skizzen, I, Prag/Leipzig 1885, 211–252, besteht im wesentlichen aus der Veröffentlichung eines Geheimberichts des österreichischen Polizeikommissärs Armbruster aus Bayern von 1801, also 14 Jahre nach dem Ende des Illuminatenordens. Vgl. hierzu auch: H. *Scheel*, Süddeutsche Jakobiner, Berlin 1962, 644–652.

Zum Illuminatenorden allgemein: Richard *van Dülmen,* Der Geheimbund der Illuminaten. Darstellung, Analyse, Dokumentation, Stuttgart 1975. Hier speziell einschlägig: Ch. *Daniel,* Les jésuites-franc-maçons et les illuminés de Bavière, in: Etudes religieuses, historiques et littéraires, 9, Paris 1923, 342–377; W. *Hofter,* Das System des Illuminatenordens und seine soziologische Bedeutung, Diss. Heidelberg 1957 (masch.); W. *Volkert,* Thomas von Bassus (1742–1815). Ein Graubündner Edelmann in Bayern, Verh. des Hist. Vereins f. Oberpfalz und Regensburg 101, 1961, 121–145, bes. 129–138; Kl. *Epstein,* The Genesis of German Conservativism, Princeton 1966, 84–104 u. ö. Einen wichtigen Beitrag, vor allem aus literarischer und philosophischer Sicht, leistete neuerdings Hans *Grassl,* Aufbruch zur Romantik . . ., München 1968, 173–275. Moderne zusammenfassende Darstellung: L. *Hammermayer* in: Handbuch der bayer. Geschichte, hg. von M. Spindler, Bd. 2, München 1969, 1027–1033; 1053–1057, mit weiterer Lit. In einer von L. Hammermayer vorbereiteten Arbeit zur Geschichte der Bayer. Akademie der Wissenschaften ist weiteres Material zu erwarten. Vgl. auch den Literatur-Nachtrag unten nach S. 479. Dort die seit der Erstauflage erschienenen hier wichtigeren Arbeiten zum Illuminatenorden.

[14] Zitiert bei *Du Moulin Eckart,* Bayern unter dem Ministerium Montgelas, 1895, S. 66 A 3 (ohne Datum).

[15] Sein unter Kap. 5 zitierter Brief vom 9. 8. 1786. Die Liste dürfte von dem Legationsrat Chalgrin zusammengestellt worden sein, der ein Feind der Illuminaten war.

witzige, sarkastische Unterhaltung liebt und im Interesse seiner Karriere Verbindungen sucht.

Nach den Fehlschlägen und dem geringen Erfolg, die Weishaupts Werk in den ersten beiden Jahren kennzeichnen, gelingt es 1778, einige ‹Prominente› als Mitglieder zu gewinnen: Frhr. von Bassus (Hannibal), Graf Savioli (Brutus) und den angesehenen Arzt Professor Baader (Celsus), von denen uns die beiden Letztgenannten bereits als Mitglieder des Zensurkollegiums begegnet sind. 1779 folgt dann ein großer Erfolg der Münchner Ortsgruppe ‹Athen› unter Zwacks Leitung: Sie kann 15 neue Mitglieder anwerben, darunter Montgelas mit dem Ordensnamen Musäus.[16] Von den 15 neuen Ordensbrüdern sind 7 Adelige und 8 Bürgerliche. Gleichzeitig rekrutiert Weishaupt in Ingolstadt ‹Eleusis› 6 Bürgerliche, darunter den Professor der Rechte Franz von Krenner Senior (Arminius), der ebenso wie sein Sohn 1799 unter Montgelas Geheimer Referendär wird, und 4 Studenten der Rechte. Solche Studenten verpflichtet der geschäftstüchtige Ordensgründer in der Regel gleich, sich bei ihm oder seiner Mutter als Pensionsgäste einzulogieren, da, wie er schreibt, der Mensch nicht allein vom Geist leben könne. Nach Berufen aufgegliedert, sind von diesen 21 Neuzugängen des Jahres 1779: 5 höhere Beamte, 3 Adelige ohne Berufsangabe, 1 Universitätsprofessor, 4 Studenten der Rechte, 1 Domherr, 3 Offiziere, 1 Sekretär eines Grafen Lerchenfeld, 1 Repetitor, 1 Hofmusiker, 1 Hofbäcker. Die Begegnung verschiedener Stände und Berufe auf gleicher Ebene, eines der wichtigsten und anziehendsten Merkmale der meisten Logen, wird hier auch im Fall der Illuminaten deutlich. Neben Ingolstadt und München sind zwei fürstbischöfliche Städte, Freising (‹Theben›) und Eichstätt (‹Erzerum›) Zentren des Ordens, in denen die Illuminaten sicher und ungestört sind.[17]

[16] Es gab zwei griechische Dichter Musäus (Musaios): 1. einen Sängerheros der mythischen Zeit, 2. einen Epiker und Nachahmer des Nonnos, um 400 bis 440 nach Chr. Er verfaßte das Epos ‹Hero und Leander›, dem Ovid, Schiller und Grillparzer folgten (*Pauly-Wissowa*, Real-Encyclopädie der klassischen Altertumswissenschaften Bd. 16, Stuttg. 1935, 756–69). Ein spezieller Grund, warum Montgelas gerade den Ordensnamen ‹Musäus› erhielt, ist nicht ersichtlich. Entweder hat er ihn seines Klangs wegen gewählt oder, was wahrscheinlicher ist, Weishaupt hat ihn ihm einfach verliehen. Der Ordensstifter mußte für seine vielen Mitglieder die antiken Namen nehmen, wo er sie fand.

[17] Liste OS 2–5, dazu *Le Forestier* 45. Die beste, wenn auch frühe und unvollkommene Liste, die ich feststellen konnte, liegt in MA 379 Unterakt 4. Sie umfaßt etwa 300 Mitglieder, meist aus Altbayern, mit Eintrittsdatum und Beruf. Montgelas trägt (in der Reihenfolge des Eintritts) die Nummer 35. In dem in OS 5 gedruckten Verzeichnis (Original früher im Hausarchiv) der 1776 bis 1779 aufgenommenen Mitglieder steht Montgelas mit dem Eintrittsdatum 30. 5. 1779 an 46. Stelle (Weishaupt, das erste Mitglied, führt hier, wegen der Fiktion, daß der Orden schon alt sei, die Nr. 776, Montgelas Nr. 821).

Wahrscheinlich hat der 20-jährige Montgelas 1779 bei seiner Aufnahme als Minervale nicht die vorgeschriebenen zwei Jahre Novizenzeit hinter sich. Zweifellos kennt er Weishaupt bereits aus Ingolstadt. Kirchenrecht, Staatskirchenrecht und Reichsrecht, die Weishaupt vertritt, sind Spezialitäten von Montgelas. Wenn sich auch Montgelas seit 1786 vollständig von dem Orden distanziert, so wird er doch noch als alter Mann für die moralischen und humanitären Ideale, mit denen ihn diese Gemeinschaft als jungen Menschen angezogen hatte, lobende Worte finden. Im Vorwort zu der Ausgabe seiner Briefe an Julie von Zerzog (1853) heißt es: «Ich werde nie vergessen, mit welcher Wärme Graf Montgelas bei Gelegenheit der Nachricht von dem am 18. November 1830 zu Gotha im 83-sten Jahr erfolgten Tode Weishaupts, also 45 Jahre nach der Aufhebung des Illuminaten-Ordens, von diesen Träumen seiner Jugend sprach. – ‹Der Minervalgrad des Illuminaten-Ordens› – sagte er unter anderem – ‹war der Inbegriff der menschlichen Tugend! Es gibt nichts Edleres, nichts Erhabeneres, als das, was man da von den Menschen verlangte›».[18]

Welches waren die moralischen Verpflichtungen, deren Beobachtung und Geheimhaltung der Minervale versprechen mußte?

1. Mit seiner Lage und seinem Los zufrieden zu sein;
2. seine Güter mit strenger Sparsamkeit zu verwalten;
3. seine Eltern zu achten und zu lieben;
4. alle Obrigkeiten, sowohl die des Ordens als die des Staates, zu respektieren;
5. das Alter zu ehren;
6. alle der Bildung dienenden Einrichtungen zu achten, insbesondere die Schulen, die gelehrten Gesellschaften, die Universitäten, und zu ihrem Gedeihen beizutragen;
7. verdiente Ordensbrüder, die man kennt, zu empfehlen und sie gegen Verleumdung und üble Nachrede zu schützen.[19]

Es fällt auf, daß hier Nächstenliebe, Pflichttreue, Ehrlichkeit mit fremdem Eigentum, Wahrheitsliebe, das Verhältnis zu Frau und Kindern,[20] oder auch den Aufklärern so besonders naheliegende Werte wie Anerkennung der Gleichwertigkeit und der gleichen Rechte aller Menschen und Völker, Toleranz, das Streben, für die Gesellschaft, nicht nur für den eigenen Orden nützlich zu sein, nicht erscheinen. Die moralischen Forderungen Weishaupts für den Minervalengrad sind im Grunde sehr beschränkt aus seiner und seines Ordens Perspektive ge-

[18] *Zerzog*, Briefe ..., S. VII A.
[19] *Le Forestier* 65.
[20] In den ‹Statuten der Illuminaten› OS S. 163, heißt es allerdings: «Seiner Familie stehe jeder als guter Vater, Ehemann, Sohn, Herr und Diener vor.»

sehen. Ausgesprochen anrüchig ist eine Stelle eines bei Zwack aufgefundenen Aufnahmeprotokolls, das anscheinend als Modell diente. Dort lautet die Frage 6 an den Kandidaten: «Wenn unanständige, ungerechte Sachen darin in Befehlen des Ordens vorkommen, wie er sich dann verhalten würde?» – Antwort des Juristen B: «Werde mich nicht weigern zu unternehmen, wenn das allgemeine Beste dadurch befördert würde».[21] Es scheint trotzdem, daß die humanitären und aufklärerischen Ideale, die in den allgemeinen, den Freimaurern entlehnten Äusserungen des Ordens für die Minervalklasse zum Ausdruck kamen, auf die damaligen jungen Leute einen starken Eindruck ausgeübt haben, der sie über die finsteren Züge im Programm des Ordens, soweit ihnen diese bereits bekannt waren, hinwegsehen ließ: die wenigstens theoretische Verpflichtung zum Beobachten und Denunzieren, zum bedingungslosen Gehorsam und zu Lüge und Verstellung. Es scheint auch, daß die pedantischen und bedenklichen Vorschriften Weishaupts größtenteils nur auf dem Papier standen und daß das Ganze mehr die Form zwangloser gesellschaftlicher Zusammenkünfte unter einigermaßen Gleichgesinnten hatte, bei denen ein in jeder Hinsicht sehr freier Ton herrschte.

In einer Anweisung Weishaupts an Zwack vom 16. 2. 1782, die sich mit der Unterwanderung der Münchner Logen durch die Illuminaten befaßt, heißt es: «Daher wollte ich raten, die Capitularn Diomedes, Brutus, Menelaus, Musäus und Atys vor allen anderen zu Illuminati maiores zu machen. Wenn diese in diesem Grad eine ganz neue M x x (Maurerei) sehen, so wird sich vieles ändern».[22] Dieser Satz läßt erkennen, daß Weishaupt dem Eifer der genannten, ihm fähig und wichtig erscheinenden Illuminaten, unter denen sich neben Montgelas auch Savioli und Costanzo befinden, etwas nachhelfen möchte, indem er sie zu Illuminati maiores befördert. Es wird ferner deutlich, daß auch diese Leute in Organisation und Ziele nicht voll eingeweiht sind und daß er sie beeindrucken will, indem er sie glauben macht, sie lernten in dem neuen Grad eine ganz neue Form der Freimaurerei kennen. Diesen Wunsch drückt er noch klarer in einem anderen, etwa gleichzeitigen Brief an Baader aus: «Inzwischen erhalten Brutus,

[21] OS 96. Mit penetranter Indiskretion werden vom Novizen Angaben über ihn selbst, seine Freunde, seine Eltern und Geschwister, deren Protektoren, Freunde und Feinde, ferner über Lektüre, Interessen und Leidenschaften des Kandidaten verlangt. Besonders interessierten natürlich die Vermögensverhältnisse des Anwärters. Der Novize muß aus den ihm vorgeschriebenen Büchern Auszüge und Kernsprüche sammeln und schriftliche Aufgaben, z. B. Charakterschilderungen, anfertigen, die den ihm unbekannten Oberen vorgelegt werden. Wie durch solche Fleißarbeiten «der heftigste Durst nach diesem heiligsten Orden» in den jungen Leuten hervorgerufen wurde, ist schwer zu erklären. Vgl. das Zitat bei *Kluckhohn* 361 f., ferner: ‹Aufnahms-Protocoll des Juristen St... und des Juristen B... OS› 82–105.

[22] NOS I 29, Spartacus Catoni.

Diomedes und noch ein oder der andere Capitular, vielleicht auch Musäus, den Illuminatus maior: sehen also wirklich einen neuen maurerischen Grad, welcher ihnen Begriff machen muß, daß wir im Besitze einer eigenen Maurerey sind, und werden also auch die Sache kräftiger unterstützen».[23] In einer Freimaurer-Tabelle von der Hand Zwacks figuriert Musäus-Montgelas als Meister, sein Amt: Korrespondent. Die Spalten ‹Vermögen›, ‹Freunde und Gönner› sind, wie überall in der Tabelle leer. In der Rubrik ‹Mit was er nützen könne› steht: «Durch seine Mutter bei der verwittweten Kurfürstinn, bey Wallkirch».[24] Zusammen mit Zwack, Baader, Savioli, den Revisionsräten Berger und Werner und dem Schatzmeister Kanonikus Hertel gehört Montgelas zum Geheimen Kapitel der in illuminatischen Händen befindlichen Loge St. Theodor zum Guten Rat in München, deren Meister vom Stuhl der Hofratspräsident Graf Törring-Seefeld ist.[25] Gleichzeitig macht man sich Montgelas' Fähigkeiten zunutze, indem man ihn als Mitglied der Finanzkommission für St. Theodor und die Tochterlogen und, neben Costanzo, als Korrespondenten verwendet. Die Korrespondenz mit Weishaupt haben jedoch, wie aus den publizierten Illuminatenakten festzustellen ist, die Münchner Areopagyten wie Zwack, Costanzo und der Schatzmeister Hertel, geführt.

Nach Weishaupts Anweisung hat Montgelas dann auch den untersten Grad der Mysterienklasse, den ‹Illuminatus maior› tatsächlich erreicht.[26] Die Illuminati maiores waren Leiter der Minervalenversammlungen; sie hatten die Minervalen zu erziehen, ihre Arbeiten durchzusehen und auszuwerten, sie in gute Staatsstellungen hineinzumanövrieren, die Anwerbung des Nachwuchses zu leiten. Aber sie waren nicht Teilhaber an den Geheimnissen der obersten Grade.[27] Es gab ihrer in Bayern die nicht geringe Zahl von 20.[28]

[23] NOS I 65. Brutus = Savioli, Diomedes = Costanzo, Musäus = Montgelas.

[24] OS 361. Die Grafen Waldkirch waren Verwandte von der Seite seiner Mutter her. Vgl. Kap. 4 Anm. 16.

[25] Liste der Mitglieder der Loge, die *Le Forestier* 392 f. nach den später verlorengegangenen Originalen des Hausarchivs erstellte; ferner ebd. 350. Clemens Graf Törring-Seefeld war zugleich Vizepräsident der Bayer. Akademie der Wissenschaften und Präsident der Hofkammer, also der obersten Finanzbehörde Bayerns (H. *Grassl*, Aufbruch zur Romantik . . ., 1968, 223.

[26] *Weishaupt* (anonym), Apologie der Illuminaten, Frankfurt/Leipzig 1786, 183.

[27] Schilderung des grotesken Zeremoniells ihrer Beförderung: *Le Forestier* 265–272; *Kluckhohn* 378–380.

[28] *Weishaupt* (anonym), Apologie der Illuminaten, 183. Illuminati maiores waren hiernach die Grafen Törring-Seefeld, Seinsheim, Costanzo und Savioli, die Freiherrn von Montgelas, Ecker, Ow (Major), Meggenhofen, die Revisionsräte von Werner und von Berger, der Hofrat und Fiskal von Zwack, der Arzt Professor Baader, der Kanonikus Hertel, die Schulräte Socher, Fronhofer und Bucher, der Schulinspektor Drexl, der Apotheker Wörz (Werz), der ‹Verräter› Professor Grünberger, sowie Weishaupt selbst. Von

Im März 1782 hat die illuminatische Loge St. Theodor zum Guten Rat (der damals nicht geheime Titel erscheint wie eine Verspottung des Kurfürsten) für über 5000 fl. in München ein Haus mit Garten gekauft. In ihm richtet man eine naturgeschichtliche Sammlung, physikalische Geräte, sowie eine gute Bibliothek ein. Vor allem der Rektor Socher, der später in der Zeit der Landshuter Universität als Aufklärer eine Rolle spielen wird[29], stellt ihr zahlreiche Bücher und die wichtigsten im außerbayerischen Deutschland erscheinenden Zeitschriften, sowie die Periodika der Freimaurer zur Verfügung. Man kommt nicht nur in dieser Loge, sondern auch in Versammlungen der höheren Grade und den beiden Münchner ‹Minervalenkirchen› zusammen. Das Tagebuch von Savioli notiert nicht weniger als 17 Zusammenkünfte in der Zeit vom 10. Oktober bis 30. November 1782[30], davon eine zum Empfang des Kammerherrn Graf Stadion. Hier hat also Montgelas im geheimem Kreis einen seiner späteren Hauptgegner, den nachmaligen österreichischen Staatskanzler Philipp Graf Stadion, kennengelernt. Auch dessen Bruder, der Würzburger Domherr und spätere Gesandte in München, Friedrich Graf Stadion, gehört damals angeblich zu dem Geheimbund[31]. Diese häufigen Zusammenkünfte bleiben natürlich in München nicht unbemerkt. Aber weder der Kurfürst noch die Bevölkerung nehmen Anstoß daran. Das Ganze läuft unter dem ungefährlichen und altgewohnten Firmenschild ‹Freimaurerei›. Wie Hertel einem Freisinger Mitbruder, Hoheneicher, am 30. 11. 1782 schreibt, sind zum Beispiel bei einer Zusammenkunft der Minervalkirche im Haus der Loge St. Theodor in München zum Empfang des österreichischen Illuminatus maior Graf Kollowrat die adeligen Illuminaten in fünf

diesen zwanzig waren 8 Geburtsadelige. 16 waren höhere Beamte, dazu kamen je ein Geistlicher, Offizier, Arzt und Apotheker. Die Schulräte waren gleichzeitig ebenfalls Geistliche. Eine etwas andersartige Liste im Allgemeinen Staatsarchiv, Törring-Archiv Nr. 108. Montgelas steht hier an 19. Stelle von 22 Illuminati maiores.

29 Über Socher: Ph. *Funk*, Von der Aufklärung zur Romantik, München 1925 (über die Universität Landshut); Eberh. *Schmitt*, Joseph Socher – Der bayerische Abbé Sieyès, Zs. für bayer. Landesgesch. 30, 1967, 264–297.

30 NOS I 155 ff.

31 Staka Bayern Collectanea 15, Bericht aus München vom 3. 2. 1792. Dem widerspricht allerdings die Angabe NOS I 142, der Domherr Friedrich Graf Stadion, der offenbar selbst anwesend war, dürfe nicht Maurer werden, was er seiner Aussage nach im Domkapitel beschwören mußte. Diese vorsichtige, etwas zweideutige Haltung entspricht derjenigen, die Friedrich am 9. Dezember 1798 bei der entscheidenden Abstimmung der Reichsdeputation über die Annahme der französischen Vorschläge und damit des Prinzips der Säkularisation der Hochstifte und Reichsabteien einnahm. Als würzburgischer Vertreter in der Reichsdeputation schloß er sich zuletzt, angeblich um seine Domherrnstelle für die Zukunft zu retten, der Mehrheit in der Deputation an und stimmte für die Säkularisation (s. unten Kap. 27 f.).

Karossen vorgefahren. Während der Sitzung trinken die Bediensteten in der benachbarten Gastwirtschaft und fragen dabei den Wirt, welcher großen Persönlichkeit wohl ihre Herren ihre Aufwartung machen. Der Wirt antwortet: «Das ist der Versammlungsort der Freimaurer. Nach dem, was wir sehen, zu urteilen, sind es anständige Leute und Persönlichkeiten von Rang»[32]. Montgelas leitet ein- oder zweimal im Monat die Sitzung eines Lesezirkels im Hause des Hofbäckers Schiessl (Demonax), wo man aus Seneca, Epictet und anderen Werken vorliest, die der Orden in seinen Vorschriften für die noch nicht ganz Eingeweihten empfiehlt. Er fühlt sich offenbar wohl im Orden, ohne darin trotz seines Grades eine mehr als nur administrative und gesellschaftliche Rolle zu spielen. Weder die Enthüllungsschriften der abgefallenen Illuminaten Utzschneider, Cosandey, Renner und Grünberger noch die bei Zwack und Bassus aufgefundenen und veröffentlichten Korrespondenzen und Dokumente erwähnen ihn, abgesehen von der zitierten Nennung in ein paar Mitgliederlisten.

Nach dem ersten kurfürstlichen Mandat vom 22. 6. 1784, das alle geheimen Gesellschaften aufhebt, ohne sie beim Namen zu nennen, unterzeichnet Montgelas zusammen mit acht anderen Mitgliedern der Minervalenkirche von Athen (München) eine Erklärung unverbrüchlicher Treue an den Orden[33]. In einem Verzeichnis der monatlichen Beitragsleistungen für Juli 1784 heißt es: «Musäus bezahlt, wird die gute Sache nie verlassen, Rest für den April, May, Juny, 3 fl.». Es sagt sich nach den öffentlichen Anklagen und mit Rücksicht auf seinen Beruf nur ein Mitglied los. Auch im Dezember 1784 und im Januar 1785 wird vermerkt, daß Musäus seinen Beitrag von 1 fl. bezahlt[34]. Doch im Sommer 1785 ist der Regierung bereits die Tatsache seiner Mitgliedschaft bekannt[35]. Nach dem zweiten, nunmehr ausdrücklich auf die Illuminaten bezogenen Mandat vom 2. März 1785 fordert ein Kabinettsreskript vom 17. September den Hofrat auf, Montgelas das Illuminatensiegel abzuverlangen, das er einer Denunziation zufolge besitzen soll. Es stellt angeblich ein Schiff mit der Sonne, eingerahmt von der Umschrift «Tempestatibus obstat» dar[36].

In seinem Rechtfertigungsschreiben an den Kurfürsten vom 20. 9. 1785 weist Montgelas zunächst daraufhin, daß er bereits die Ehre gehabt habe, sich «über

[32] *Le Forestier* 393.
[33] Ebd. 457 A 3.
[34] NOS I 159 ff.
[35] Vgl. Anm. 14.
[36] *Wolfram* II, 1900, 31 f., auch für das im folgenden zitierte Antwortschreiben Montgelas' an den Kurfürsten, das Wolfram abdruckt. Wolfram hat beides, das Reskript und Montgelas' Rechtfertigung, im Geheimen Hausarchiv exzerpiert, wo es mit den übrigen Illuminatenakten seit dem letzten Krieg verschwunden ist.

das den Gliedern der Gesellschaft zugemuthete ehrenverläumderische Anschulden vor Churfürstlicher Durchlaucht höchster Person auch mündlich gehorsamst zu rechtfertigen, wobey ich die gnädigsten Äußerungen für meine Person, und in den nur erwünschlichsten Ausdrücken erhielt». Er fährt fort: «Dadurch in vollem Maße beruhigt, glaubte ich, vor künftig verläumderischen Ausfällen sicher zu sein; doch zu meiner nicht geringen Befremdung überzeiget mich die gnädigste Hofraths Weisung von dato 19 et praes. 20ten dies des gegenteiligen, und so viel, daß der übelgesinnten Rachbegierde noch nicht gesättiget, und ihrer Verläumdungen nochmal kein Ende sei. Ein Illuminaten Innsiegel unter der Aufschrift: tempestatibus obstat war mir zu keiner Zeit bekannt. Daß aber solches oder welch immer dergleichen in meinen Händen sich befünde, ist ein verläumderisches Vorgeben, wodurch man mich Churf. Durchlaucht Person immer mehrers verdächtig vorzustellen und mir ganz unverschuldete Ungnaden zuzuziehen keinen Abscheu trägt. In Gemäßheit dieser meiner Äußerung ist demnach die Ablieferung des gnädigst angeforderten Innsiegels eine bloße Unmöglichkeit, und da ich vorerwähnter Ursachen halber auch den Verdacht eines dergleichen Anschuldens auf mir liegen zu lassen nicht gedenke, als ergehet an Euer Churf. Durchlaucht mein unterthänigstes Bitten, mir mittels Benennung meines Klägers den Rechtsweg dahin gnädigst zu eröffnen, daß ich meine Klage ex lege diffamari gegen solchen vor Behörde einzustellen nicht gehindert werde».

Montgelas fordert also vom Kurfürsten, daß man ihm seinen heimlichen Ankläger nenne und ihm den Rechtsweg gegen denselben eröffne. Dies war derselbe energische Ruf nach der ordentlichen Gerichtsbarkeit, in direktem Appell an den Kurfürsten, mit dem sich auch Seinsheim[37] vor dem geheimen Sondergericht Lipperts und Franks rettete. Weishaupt gibt hierzu in seinem 1787 veröffentlichten anonymen Werk ‹Bemerkungen über einige Originalschriften des Illuminatenordens ...› über Montgelas' Fall folgendes an: Gegen vier prominente Illuminaten hätten die mächtigen und rachsüchtigen Berater Karl Theodors (womit er vor allem Frank und Lippert meint) trotz aller Bemühungen nichts ausrichten können: Professor Baader habe die Kurfürstin-Witwe (Max III. Josephs), deren Leibarzt er war, geschützt, Revisionsrat Berger seine Verwandtschaft, die Verbindungen zu Pater Frank gehabt habe, den Grafen Seinsheim sein hoher Adel und das Recht des freien Zutritts zum Kurfürsten, bei dem er gegen jeden Angriff sogleich kämpfen konnte, «der Freyherr von Monjellaz

[37] MA 379 Unterakt 5. Seinsheim verteidigte sich in seinem Schreiben an den Kurfürsten vom 22. 8. 85 ebenfalls offensiv (ebd.).

[38] Bemerkungen über einige Originalschriften des Illuminatenordens ..., Frankfurt/Leipzig 1787, S. 89 f.

aber, den man schon wirklich der Inquisition übergeben wollte, befreyte sich dadurch, daß er persönlich den Kurfürsten an sein ihm heilig gegebenes Wort erinnerte, nicht ohne gerichtliche Untersuchung verdammt zu werden, daß er auf dieser bestand und daß man ihn lieber ferner unangetastet lassen wollte, als ihm dies zuzugestehen».

Diese Darstellung ist nicht unvereinbar mit dem zitierten Brief Montgelas' an den Kurfürsten vom 20. 9. 1785. Auch in diesem Brief hatte er auf gnädigste Äußerungen des Kurfürsten, wahrscheinlich sogar gewisse Zusagen, verwiesen und in einer gegenüber dem Landesherrn ungewöhnlich nachdrücklichen Form die Möglichkeit verlangt, gegen seinen ihm unbekannten Kläger gerichtliche Schritte unternehmen zu können[39].

Es bleibt festzuhalten, daß außer der Tatsache der Mitgliedschaft und des Ranges als einer von 20 Illuminati maiores kein belastendes Material gegen Montgelas gefunden werden konnte. Wie aus den veröffentlichten Korrespondenzen Weishaupts hervorgeht, stand Montgelas nicht mit diesem direkt in Verbindung, durfte theoretisch nichts von Weishaupts zentraler Rolle für den Orden wissen und gehörte auch sonst nicht zu den in die innersten Geheimnisse des Ordens Eingeweihten wie etwa Zwack, Knigge oder Costanzo. Kein mit den beschlagnahmten Papieren von Zwack und Bassus veröffentlichter Brief ist von Montgelas geschrieben oder an ihn gerichtet. An den zweifelhaften, anrüchigen oder lächerlichen Plänen Weishaupts und seiner engsten Mitglieder hat er keinen Anteil. Wie Montezan in seinem Brief an Hofenfels[40] mitteilt, war ein Hauptgrund dafür, daß Montgelas bei Karl Theodor in Ungnade fiel, der, daß er sich weigerte, andere Mitglieder des Ordens zu denunzieren. Aus diesem Grunde hätte man ihn «beinah brutal davongejagt».

Daß ihm dennoch offene Verfolgung erspart bleibt, hat seinen Grund offensichtlich in früheren persönlichen Zusagen des Kurfürsten, in Montgelas' energischem Bestehen auf einem Verfahren vor einem öffentlichen Gericht, aber auch in der Fürsprache seiner Stiefmutter bei der Witwe Kurfürst Max III. Josephs,

[39] Die Annahme *Le Forestiers* S. 493, Weishaupt habe in der ebenfalls anonymen Schrift ‹Apologie der Illuminaten›, 183 (s. oben Anm. 24) der kurfürstlichen Regierung erst einige Beamte verraten, deren Mitgliedschaft ihr bisher unbekannt war, stimmt zumindest für Montgelas nicht. Über ihn war alles, was es zu sagen gab, d. h. die Tatsache seiner Mitgliedschaft und seines Grades, der Regierung seit Sommer 1785 bekannt. Die Aktenfunde bei Zwack und Bassus erbrachten darüber hinaus nichts Belastendes gegen ihn. Es ist übrigens bemerkenswert, daß er noch in der letzten Sitzung des Zensurkollegiums bis 1790, nämlich am 10. 4. 1786, als amtierender Präsident erscheint, während man seinen Vorgänger in diesem Amt, Savioli, im Frühjahr 1785 wegen seiner Betätigung als Illuminat zwangspensioniert hatte (s. Kap. 2 Anm. 45).

[40] Von 9. 8. 1786 (s. unten Kap. 5).

der sie als Obersthofmeisterin dient[41]. Jedenfalls behält er seine Stellung als Hofrat, fungiert sogar 1786 noch als geschäftsführender Präsident des Zensurkollegiums. Nach der Aussage Montezans ist jedoch das Vertrauen des Kurfürsten zu Montgelas zerstört, so daß dieser noch nach neunjähriger Tätigkeit als bayerischer Hofrat keine Aussicht hat, jemals eine besoldete Stellung zu erhalten. Dieser Umstand und nicht ein etwaiger Zwang zur Flucht bewegen ihn, 1787 Bayern den Rücken zu kehren. Erst nun, nach seiner Übersiedlung nach Zweibrücken, als er Nachfolger von Hofenfels werden soll, versucht die Regierung Karl Theodors, ihn in seiner Existenz zu treffen.

4. Montgelas' Übergang in den Dienst des Herzogs von Zweibrücken, 1787

Zwischen dem Hof des voraussichtlichen Erben Pfalzbayerns, Herzog Karl II. von Zweibrücken (Karl August) und der gesamten bayerisch-patriotischen und preußenfreundlichen Opposition gegen die Regierung Karl Theodors in München bestanden ständige enge Verbindungen. Die Fäden liefen in Zweibrücken in der Hand des außenpolitischen Beraters Herzog Karls, Hofenfels, zusammen. Unter den Mitarbeitern und Agenten von Hofenfels in München, die ihn laufend über die Versuche Österreichs und Karl Theodors unterrichteten, die Tauschpläne doch noch zu realisieren, oder auf andere Weise Bayern der österreichischen Herrschaft zu unterwerfen, befanden sich auch zahlreiche Illuminaten, die ja in der Mehrzahl der antiösterreichischen Gruppe angehörten und für die Erhaltung der staatlichen Unabhängigkeit Bayerns eintraten. Für das gleiche Ziel setzten sich aus außenpolitischen Gründen auch Preußen und Frankreich ein. Der französische Gesandte in München, Graf Montezan, empfahl Montgelas an Hofenfels[1].

Zweibrücken – das ist jenes kleine Herzogtum von 45 Quadratmeilen (rund 2300 qkm), 96 000 Einwohnern, in der Größe von vier bis fünf heutigen Landkreisen, dessen Herzog seit 1777 eine wichtige Figur auf dem Schachbrett der europäischen Diplomatie geworden ist. Herzog Karl II. von Pfalz-Zweibrücken hat 1777/79 dank des Eingreifens Friedrichs des Großen den österreichischen

[41] In dem Anm. 40 genannten, in Kap. 5 zitierten Brief Montezans an Hofenfels; ferner Weishaupt in seiner Darstellung (oben Anm. 38).

[1] Es ist nicht ausgeschlossen, daß Hofenfels selbst dem Illuminatenorden einmal beigetreten ist. Vgl. dazu (J. A. *Starck*, anonym), Triumph der Philosophie im 18. Jahrhundert, Bd. II, Germantown, 1803, S. 272 (dort ein Minister «Hohenfels» genannt).

Anschlag auf erhebliche Teile des bayerischen Territoriums und 1785 mit Hilfe desselben Königs und seines Fürstenbundes sowie Frankreichs die Tauschpläne Josephs II. und Karl Theodors zunichte machen können. Auf diesen Herzog, der nach wie vor die Unterstützung Preußens und Frankreichs besitzt, setzen die bayerischen Patrioten, sowie die Befürworter aufgeklärter Reformen in Bayern – beide Gruppen sind teilweise identisch – ihre ganze Hoffnung. Daß Herzog Karl diese politische Rolle gespielt hat und weiterhin spielt, ist vor allem das Verdienst von Johann Christian Freiherrn von Hofenfels, der von 1777 bis 1787 die Außenpolitik Zweibrückens leitet, jenes integren Staatsmannes, den Friedrich der Große und der preußische Kronprinz, aber auch die französischen Außenminister Vergennes und Montmorin, hoch schätzen, Karl Theodor und der Wiener Hof aber hassen[2].

[2] Johann Christian Frhr. von Hofenfels, ursprünglich Johann Christian Simon, als Sohn eines lutherischen Pfarrers in Kusel geboren, war nie selbst Minister, sondern als Geheimer Rat einem Hofmann, dem Minister Ludwig Frhr. von Esebeck, unterstellt. Über ihn: Herta *Mittelberger*, J. Chr. Frhr. von Hofenfels, 1744–1787, München 1934. Über seine entscheidende Rolle Anfang 1778 (Verweigerung der Unterzeichnung des Tauschvertrages, noch bevor er vom Eingreifen Preußens erfahren hatte) und bei der Verhinderung des Tauschplanes von 1784/85: K. O. Frhr. von *Aretin*, Kurfürst Karl Theodor (1778–1799) und das bayerische Tauschprojekt, Zs. für bayer. Landesgesch. 25, 1962, 745–800, hier besonders 763 ff., 789 ff., mit der älteren Lit. Zur allgemeinen Lage: C. *Oursel*, La diplomatie de la France sous Louis XVI, Succession de Bavière et paix de Teschen, Paris 1921; G. *Grosjean*, La politique rhénane de Vergennes, Paris 1925; E. F. *Hanfstaengl*, Amerika und Europa von Marlborough bis Mirabeau, Das belgisch-bayerische Tauschprojekt, München 1930; L. von *Ranke*, Die deutschen Mächte und der Fürstenbund, Deutsche Geschichte von 1780 bis 1790, Leipzig 1875[2], v. a. Kapitel 9, 11 und 12; P. B. *Bernard*, Joseph II and Bavaria, Two Eighteenth Century Attempts at German Unification, The Hague 1965, 151–218, auf Grund der Wiener Quellen. K. O. Frhr. von *Aretin*, Heiliges Römisches Reich 1776–1806, Wiesbaden 1967, I, 164–175.

Herzog Wilhelm von Birkenfeld stellt als Miterlebender Hofenfels das folgende Zeugnis aus (im Hinblick auf den Vertrag zwischen Kaiser Joseph II. und Kurfürst Karl Theodor vom 3. Januar 1778, dem Herzog Karl von Zweibrücken als Agnat und Erbe beitreten sollte): Hofenfels allein «hat Bayern unserem Haus erhalten. Er hatte den Befehl des Herzogs von Zweibrücken zur Unterzeichnung des Vertrages ... in der Tasche und ließ sich auch nicht durch die Drohungen und Versprechungen von jemand im höchsten Ansehen» veranlassen, zu unterzeichnen. Hätte er es getan, so ist sehr zu bezweifeln, ob eine preußische Armee ausgerückt wäre.» (Erinnerungen Herzog Wilhelms, zitiert nach der Abschrift Fürstensachen Fasz. 147 Nr. 1314 1/2). Das gleiche bestätigt der preußische Gesandte Graf Goertz in einem Schreiben an Herzog Karl August von Sachsen-Weimar vom 8. 4. 1786. Er schreibt dort, er habe die überzeugendsten Beweise (Goertz war damals selbst in München anwesend gewesen), daß man Hofenfels, der in dieser Zeit noch kein Eigentum hatte, mehrere hunderttausend Gulden angeboten habe dafür, daß er weiter nichts täte, als den Befehl seines Herzogs zur Unterzeichnung des Tauschvertrages aus-

Hofenfels hat gerade in den entscheidenden Jahren 1784/1786, als sein Herr, in Wirklichkeit er, mit Hilfe Preußens und Frankreichs das zweite Tauschobjekt Josephs II. und Karl Theodors zu Fall brachte, eng mit den Münchner Gegnern dieses Verkaufes Bayerns an Österreich zusammengearbeitet. Unter den Münchner Vertrauensleuten des Zweibrückener Hofes, die in den Berichten seines Sondergesandten Kinkel in dieser Zeit immer wieder genannt werden, erscheinen vor allem die drei damaligen Illuminaten Frhr. von Leyden, Hausarchivar von Eckartshausen und der wendige Präsident des Geistlichen Rates und Hofbischof Haeffelin, gegen den Zweibrücken allerdings im September 1786 Mißtrauen faßt[3].

Am 9. August 1786 schreibt der französische Gesandte in München, Graf Montezan[4] von dort mit einer «sicheren Gelegenheit» – da man der Post nicht trauen könne und der Zorn des Kurfürsten, sowie seiner Trabanten zu fürchten sei – einen interessanten Brief an Hofenfels nach Zweibrücken. Im ersten Teil entwirft er ein Bild Bayerns unter Karl Theodor aus seiner Sicht: « . . . Niemals hat sich dieses traurige Land, das seit 100 Jahren sehr schlecht regiert wird, in einem Zustand so allgemeiner Zerrüttung befunden wie jetzt. Es scheint, daß der Schlagfluß das Land mehr getroffen hat als seinen Herrn. Es ist eine Erschlaffung, eine Apathie, von der man sich keine Vorstellung macht; sie hat alle Klassen, alle Einzelmenschen und alle Gegenstände befallen . . . Die Finanzen sind zum Erbarmen, der Hof lebt ärmlich, wenig Militär, niedrige Besoldungen, keine Ausgaben für Bauten und Einrichtungen, und doch sind die Kassen leer . . . ». Montezan wundert sich, daß der Kurfürst vom österreichischen Gesandten, von der österreichischen Regierung und von einigen Personen seiner

zuführen. «Ein Diener, gnädigster Herr, der solcher Treue fähig ist, ist gewiß nur zu selten» (abgedruckt bei H. *Mittelberger* 200).

Über Versuche des Münchner Hofes, darunter Franks, unter Ausschaltung von Hofenfels direkte Verbindungen zwischen Karl Theodor und Karl August herzustellen: K. bl. 197/4, Kinkel an Hofenfels, 5. 8. 1786; auch anonym an Hofenfels, Hand Cettos. Versuche, hinter denen neben den persönlichen Motiven des Kurfürsten der Wunsch stand, Karl August von Hofenfels zu trennen und dadurch die Bahn frei zu machen für eine späte Verwirklichung des Tauschprojekts, wiederholten sich bis zum Tod von Hofenfels 1786 immer wieder. 1796 bis 1799 werden sich ähnliche Bemühungen des Münchner Hofes, nunmehr bei Herzog Max, gegen Montgelas richten.

[3] K. bl. 197/4.

[4] Der Brief (Original französisch): K. bl. 197/7. M. stammte aus dem Parlamentsadel, war in München als Gesandter von 1780 bis 1792 tätig und lebte dann als Emigrant dort bis 1798 weiter (vgl. unten Kap. 27e). Montgelas hatte das Vertrauen Montezans' 1781/1782 gewonnen. Von Frühjahr 1782 bis Herbst 1785 war Montezan jedoch von München abwesend (Montgelas an Seinsheim, 2. 12. 1790, Egg.). Vgl. *Recueil des instructions données aux ambassadeurs et ministres de France . . .*, Bd. VII, Bavière, Palatinat, Deuxponts, Paris 1889, Instruktionen für Montezan 527–553 (1780).

Gunst jede Demütigung, ja Beleidigung freundlich entgegennimmt und fährt dann fort: «Alle Staatsstellungen sind an Individuen ausgeliefert, die – im besten Fall – Nullen sind und die Verwaltung in eine mitleiderregende Anarchie stürzen. Man entfernt brüsk den geringsten Staatsdiener, der auch nur die leiseste Initiative zeigt, ja man tut mehr, man schwärzt ihn an und verfolgt ihn. Man wünscht nur, Ausschuß zu haben, und ist darin durchaus erfolgreich. Welch eine ungeheure Arbeit wird da zu bewältigen sein! Alles ist zu erneuern ... Die vernünftigen und ehrenhaften Leute richten ihre Blicke auf einen anderen Charakter, der allerdings zur Zeit nur die guten Wünsche auf seiner Seite hat. Sie trösten sich ein wenig, indem sie daran denken, daß der Plan zur Regeneration des Staates bereits entworfen ist, daß er mit Größe ausgeführt wird, so wie er mit Weisheit erdacht ist, aber wann?»

Daß das Bild, das hier von der inneren Regierung Karl Theodors gezeichnet wird, nicht nur einseitige Schwarzmalerei sein kann, zeigen außer den Stimmen aller Reformer, die sich um den Herzog von Zweibrücken sammeln – etwa die völlige Verurteilung dieser Regierung durch Westenrieder auch in seiner konservativen Phase 1788 – 1799[5], und sogar die Berichte der österreichischen Gesandten, die doch einen so dominierenden Einfluß in München ausübten, vor allem des fähigeren Nachfolgers des ‹Teutonique›, Freiherrn von Lehrbach, nämlich des Grafen Lehrbach, der seit dem 5. 4. 1788 in München amtiert[6].

[5] Vgl. A. *Grassl*, Westenrieders Briefwechsel ..., München 1934, 11 u. 69, der jedoch kaum auf das Problem eingeht, vor allem A. *Kluckhohn*, Aus dem handschriftlichen Nachlaß L. Westenrieders, München 1887, z. B. 62.

[6] ‹Le Teutonique› wurde der österreichische Gesandte in München, der Landkomtur Franz Sigmund Adalbert Frhr. von Lehrbach († 1787) von seinen Gegnern genannt. Es war ein Wortspiel: ‹teutonique› (‹teutonisch› hat einerseits eine ironische Nebenbedeutung, etwa: miles gloriosus, andererseits war die französische Bezeichnung des Deutschen Ordens: Ordre teutonique. Diese Berichte Wien, Staka Bayern Bd. 69. Der neue kaiserliche Gesandte in München, Konrad Ludwig Graf von Lehrbach (in München 1787–1795) war bedeutender als sein Vorgänger, der Landkomtur F. S. A. Frhr. von Lehrbach, der den Kaiser in München von 1777 bis zu seinem Tod 1787 vertreten hatte. Beide galten als die eigentlichen Herrscher in München. Graf Lehrbach berichtet negativ über die ihm so eng verbündete Regierung Karl Theodors (z. B. allgemeines Durcheinander, Intoleranz, Einfluß Franks, «dessen moralische Ansichten der Kurfürst braucht» (Staka Bayern 70, Bericht v. 22. 8. 1788). In seinem Bericht vom 6. 5. 1788 nennt Lehrbach, selbst Katholik, Bayern ein «brutal katholisches Land» (Staka Bayern 69). Auch über die Mißstände in der Verwaltung und am Hof berichtet er gelegentlich (vom Band Staka Bayern 69 angefangen). Über die Unfähigkeit seines Vorgängers, des Freiherrn von Lehrbach, berichten dessen Stellvertreter von Tautphoeus an Kaunitz vom 8. 1. 1788 (Stolz und «niedere Eifersucht» hätten den Frhr. von Lehrbach zu Tode gemartert) und sein Nachfolger, Graf Lehrbach, vom 12. 8. 1788 (Staka Bayern 70), der betont, was unter seinem Vorgänger geleistet worden sei, sei das Werk des Gesandtschaftssekretärs von Tautphoeus gewesen.

Daß die damals in Zweibrücken bereits geplante Regeneration des Staates nicht mehr unter Karl August, sondern unter dessen Bruder Max und nicht mehr durch Hofenfels, sondern durch Montgelas, ausgeführt werden würde, kann Graf Montezan damals nicht ahnen. Ohne zu wissen, welchen wichtigen Beitrag zu dieser Zukunft er damit leistet, aber vielleicht mit einer Vorahnung, jedenfalls mit sicherer Menschenkenntnis, fährt Montezan in seinem Brief vom 9. 8. 1786 an Hofenfels fort:

«Unter den einheimischen (bayerischen) Untertanen, die einige Hoffnung versprechen, befinden sich nur zwei, die, wenigstens nach meiner Ansicht, Aufmerksamkeit verdienen:

1. Der Sohn des Grafen Törring-Gronsfeld – . . . , man muß abwarten, ob die Originalität, die er nach außen hervorkehrt, nicht ein wenig übertrieben ist, und vor allem, ob sie ihm die Mittel läßt, zu überzeugen und Gegensätze zu überbrücken, jene Fähigkeiten also, die man in jeder Stellung benötigt, in der man auch außerhalb seines Kabinetts tätig werden muß.

2. Der Freiherr von Montgelas, ein junger Mann, der von Natur aus sehr viel Scharfsinn, Gedächtnis und Kaltblütigkeit besitzt. Er hat sich ausgedehnte Kenntnisse erworben und sie gut verarbeitet. Mit dem Staatsrecht, der Geschichte bis in alle Einzelheiten, vor allem mit derjenigen Deutschlands und dieses Landes (Bayerns), ist er äußerst vertraut und ständig beschäftigt. Er steckt voller Eifer und Arbeitslust, aber bis jetzt ist er beschränkt auf den einfachen Posten eines Hofrats unter Herrn Gayer. Er ist hier niemals sehr gern gesehen gewesen, weil er von Anfang an das Mißfallen des ‹Teutonique› erregt hat. Indessen war man im letzten Jahr bereit, etwas für ihn zu tun, als die elende Affäre der Illuminaten dazwischenkam. Dies war eine ausgezeichnete Waffe in den Händen des Hasses, der den ‹Teutonique› und seinen Agenten, den Ex-Jesuiten[7] gegen ihn beseelt. Beinah hätte man ihn brutal davongejagt, weil er sich geweigert hat, die verächtliche Rolle eines Verräters seiner Freunde zu spielen. Es scheint, daß er dieser Gefahr nunmehr entgangen ist, aber es ist sicher, daß er unter dieser Regierung kaltgestellt bleiben wird. Ich gestehe Ihnen, daß ich ihm die schwachen Dienste geleistet habe, die in meiner Macht standen. Vor allem habe ich die Frau Herzogin zur Vernunft gebracht, die ein schlecht verstandener Eifer mitriß und die, ohne es zu ahnen, zum Werkzeug der Rache ihrer Feinde gegen ihre Freunde gemacht wurde.

Es ist wahrhaft schade, daß er mit 27 Jahren ausgeschaltet ist mit ebensoviel Verdiensten wie Fähigkeiten. Ich glaube, daß er imstande wäre, gute Dienste zu

[7] Gemeint ist Frank. Über ihn *Le Forestier* 535 f., ferner oben S. 34 Anm. 3.

leisten, besonders, wenn die Ermutigung, diese wichtigste Anfeuerung des Talents, seine Aktivität wieder entfachte. Was gegen ihn spricht, ist ein nicht sehr edles Gesicht, das keineswegs den Geist ankündigt, der in ihm steckt, vielleicht auch eine gewisse Kälte, aber dieser Fehler, der mit seinem Geburtsland zusammenhängt und durch das Unglück gesteigert worden ist, würde verschwinden beim ersten Strahl einer wohltätigen Sonne. Sein Herz ist der Begeisterung fähig, sein Gesichtskreis ist weit, sein Urteil besonnen. Er liebt mit Hingebung sein Land und sein Herrscherhaus.

Ich muß schon eine sehr gute Meinung von ihm besitzen, Herr Baron, um zu wagen, ihn Ihnen zu empfehlen. Ich habe keine Neigung, mich leichtfertig zu verbürgen. Ich bin weder Intrigant noch Protektor von Beruf ... Wäre es nicht möglich, den Freiherrn von Montgelas irgendwie im Dienst Seiner Durchlaucht zu verwenden? Er kennt das Land (Bayern) und seine Bewohner, ist voll guten Willens und würde nur darauf bedacht sein, sich verdient zu machen, aber nicht zu verdienen. Das Bewußtsein, zum Erben oder vielleicht zum Erneuerer Bayerns zu gehören, wäre für ihn der höchste Lohn ... Das Bewußtsein, mit weniger als 30 Jahren verfolgt zu werden, erstaunt, aber erschreckt (ihn) nicht.

Schreiben Sie mir, Herr Baron, was sich nach Ihrem Urteil tun läßt. Mein äußerstes Vertrauen gewährleistet Ihnen meine Diskretion. Ich habe über meine Schritte (ihm gegenüber) noch nichts Positives gesagt. Ich bin frei in dem, was ich tue, bin aber dafür umso sicherer darüber, wo Ihr Interesse liegt. Nur bitte ich Sie, in diesem Lande nichts verlauten zu lassen. Es gilt als ein Verbrechen in der gegenwärtigen Residenz (Bayerns), die zukünftige zu lieben. Eine alte Frau verzeiht es nicht, wenn man ihre Tochter hübsch findet ...»[8].

Ähnlich lobend äußert sich Graf Montezan über seinen Schützling in einem Bericht an seinen eigenen Außenminister vom 9. 5. 1787[9], wo er zusätzlich erwähnt, daß Montgelas der Verfolgung durch die Fürbitte seiner Stiefmutter entgangen sei. Daß dieser Eifer Montezans für den jungen Mann tatsächlich aus persönlicher Freundschaft und nicht etwa auf Befehl von Paris erfolgte, um einen Frankreich genehmen Beamten an den Zweibrücker Hof (der ohnehin eng mit Frankreich und mit Preußen verbunden war) zu schleusen, beweist die Tatsache, daß der französische Außenminister Montmorin im nächsten Jahr darüber ungehalten war, daß der Herzog von Zweibrücken «diesen jungen Menschen» in seine Dienste nahm, ohne seinen Onkel in München vorher zu verständi-

[8] Kürzere Auszüge aus diesem Schreiben K. bl. 197/7 sind in Übersetzung veröffentlicht bei Prinz *Adalbert* von Bayern, Max Joseph, 292 f.; E. *Weis*, Montgelas, Stimme der Pfalz 18, 1967, H. 2 S. 3.

[9] R. Graf *Du Moulin Eckart*, Bayern unter dem Ministerium Montgelas, I, München 1895, S. 66.

gen[10]. Daß Montezan in dem Empfehlungsschreiben die Fähigkeiten des jungen Montgelas nicht übertrieben hat, ergibt sich aus dem auffallend ähnlich lautenden Urteil eines Vertreters der Gegenpartei, die wußte, daß Montgelas ihr nicht sehr wohlgesonnen war, des österreichischen Gesandten Graf Trauttmannsdorf[11] sowie aus einem späteren Bericht des französischen Gesandten in Zweibrücken, de la Coste, an Außenminister Montmorin[12].

Im Herbst 1786 bleibt Montgelas weiterhin als Hofrat in München tätig. Man tut ihm nichts, obwohl seine Mitgliedschaft bei den Illuminaten seit über einem Jahr bekannt ist. Aber die einander folgenden Veröffentlichungen und die Beschlagnahme der Illuminatenpapiere und Mitgliederlisten, besonders im Oktober 1786 in der Wohnung von Zwack, bringen die Illuminatenverfolgung in München mehr und mehr in Gang. Da dem Kurfürsten immer neue Indizien dafür zugehen, wie groß die Zahl seiner führenden Beamten ist, die insgeheim Fäden zur ›Zukunft‹, zum Hof des Herzogs von Zweibrücken, ziehen[13], werden er und seine Berater immer aufgebrachter, zumal es ihm anscheinend nicht gelingt, das Ohr des Herzogs Karl August unter Umgehung von Hofenfels zu gewinnen, wie Franks mißlungener Versuch Anfang August 1786 zeigt[14]. Der Ärger des Kurfürsten wird um so größer, als sich im Oktober 1786 in den beschlagnahmten Illuminatenpapieren sogar ein Hinweis findet, daß der Oberilluminat Zwack als Erzieher des inzwischen verstorbenen Sohnes des Herzogs Karl August ausersehen gewesen ist. Montgelas muß sich also hüten, etwas von seinen Absichten, sich nach Zweibrücken zu begeben, in München verlauten zu lassen.

Mittlerweile sind er und seine Helfer nicht untätig. Am 31.1.1787 berichtet er einem ungenannten Freund in München, der sich ebenfalls in Zweibrücken für

[10] 2. 7. 1787. *Du Moulin Eckart* 69. Für die dort wiedergegebene Version, Hofenfels habe Montgelas von sich aus aufgefordert, nach Zweibrücken zu kommen und dort eine Archivarsstelle zu übernehmen, konnte ich keinen Beleg finden. Du Moulin Eckart kannte nicht den zuvor zitierte Brief von Montezan vom 9. 8. 1786.

[11] S. oben S. 20 f.

[12] 11. 8. 1787, *Du Moulin Eckart* 69.

[13] Vgl. außer dem zitierten Brief Montezans an Hofenfels vom 9. 8. 1786 einen weiteren Brief desselben an Hofenfels vom 3. 9. 1786, K. bl. 197/7, sowie die Berichte Kinkels K. bl. 197/4. Graf Lehrbach berichtet etwas später an Kaunitz, sämtliche kurfürstlichen Diener, angefangen von den pfalzbayerischen Ministern Oberndorff und Hompesch, hätten «bei ihrem Benehmen einen Blick auf die Zukunft geheftet», die einen seien dabei vorsichtiger, die anderen unvorsichtiger. Die beiden genannten Minister korrespondierten bereits insgeheim mit dem zweibrückischen Minister Esebeck: Staka Bayern 69, Ber. v. 25. 1. 1788.

[14] S. Anm. 2.

ihn verwandt hat – höchstwahrscheinlich Seinsheim[15] –, daß der Sondergesandte des Herzogs in München, von Kinkel, ihn aufgesucht habe. Kinkel hat ihm dabei eröffnet, es sei noch nicht absolut sicher, daß seine Anstellung in Zweibrücken erfolge, aber nach seiner, Kinkels Kenntnis sei sie nahezu beschlossene Sache. Er möchte ihm jedoch zuvor einige Fragen stellen, die er Montgelas freimütig zu beantworten bitte. Er wisse, daß Montgelas in München einige Verwandte habe, die dem Herzog wenig ergeben seien. Mit diesen müsse Montgelas jede Verbindung abbrechen, wenn er im Dienst Zweibrückens stehe. Es werden die Namen der Grafen Waldkirch, Minucci und Wahl genannt[16]. Montgelas verpflichtet sich dazu, bedingt sich aber aus, daß er weiterhin unpolitische Korrespondenzen mit seiner Stiefmutter, seiner Schwester, einigen anderen Verwandten und Freunden in München führen dürfe, die dem Zweibrückener Hofe nicht verdächtig seien.

Sodann kommt Kinkel auf den Illuminatenorden zu sprechen, den er als gefährlich wegen der Prinzipien des Chefs bezeichnet, der den Mitgliedern unbekannt gewesen sei. Herzog Karl mißbillige den Geheimbund, den er als «überflüssig, verderblich und Parteiungen fördernd» betrachte. Der Herzog hätte den Geheimbund, ohne indessen irgendjemand zu verfolgen, ebensowenig geduldet wie sein Onkel Karl Theodor. Montgelas müsse also auf jede Verbindung zu den Illuminaten verzichten, wozu dieser sich umso leichter verpflichtet, als er es auch schon gegenüber dem Kurfürsten getan hat und seit dem Verbot nicht mehr in dieser Richtung tätig gewesen ist[17]. Kinkel teilt Montgelas weiter mit, er könne nur 600 fl. Besoldung bekommen[18]. Bezeichnend für den modernen Geist, der

[15] Eigenhändiger Entwurf bzw. eigenhändige Abschrift in Egglkofen. Es ist der älteste erhaltene Privatbrief von Montgelas. Daß der Empfänger Seinsheim war, bestätigt Montgelas selbst indirekt in einem späteren Brief an Seinsheim vom 2. 12. 1790, in dem er erwähnt, Seinsheim habe (neben Montezan) damals allein Bescheid gewußt über Montgelas' bevorstehenden Übergang nach Zweibrücken. Gegenüber allen anderen habe er strengstes Stillschweigen bewahren müssen. Die Gründe hierfür habe er Seinsheim damals berichtet. Egglkofen.

[16] Graf Waldkirch, Oberstjägermeister, war bis 1779 einer der beiden, zuletzt der einzige Vormund der beiden Geschwister Montgelas (Personenselekt 252; Kriegsarchiv Personalakt 80 352).

[17] «à quoi je m'engageai d'autant plus facilement que je l'étais déjà vis-à-vis de l'Electeur sur cet article et n'ai rien fait depuis sa défense».

[18] Tatsächlich erhält er in Zweibrücken zunächst jährlich 700 fl., was für einen höheren Beamten ziemlich niedrig war, später 800 fl.; nach dem Dienerbuch des Herzogtums, Staatsarchiv Speyer, Zweibrücken Fasz. 243 Nr. 1196, erhielt er 1792: 1037 fl. Dazu verfügte er bis zum Ausbruch der Französischen Revolution über zwei französische Renten von zusammen 2851 livres jährlich (etwas 1296 fl.): Bayer. Gesandtschaft Paris 6947. Ferner bezog er eine vom Vater ererbte Pension des Fürsten von Thurn und Taxis (vgl.

damals Zweibrücken von Bayern unterscheidet, ist die weitere Eröffnung Kinkels, daß man dort keinen Unterschied zwischen adeligen und nichtadeligen Räten kenne und daß daher Montgelas ihm, Kinkel, den Vorrang lassen müsse. Montgelas solle, «da es nicht die Sache eines vernünftigen Mannes sei, den Höfling zu spielen»[19], in Zweibrücken auf dem Gebiet arbeiten, das als das wichtigste betrachtet würde, gemeint ist die Außenpolitik. Montgelas fährt fort: «Sie kennen zur Genüge meine Art zu denken, um meine Antworten zu diesen Fragen erraten zu können, ohne daß ich sie Ihnen sage». Er schließt seinen Bericht mit der Bitte an seinen Freund, wenn er an Hofenfels schreibe, in geeigneter Weise auf seinen guten Willen und seinen Charakter einzugehen, ohne sich dabei merken zu lassen, daß er über das Gespräch mit Kinkel informiert sei. Am 15. Februar schreibt Hofenfels an Montezan, dessen schmeichelhaftes Zeugnis für Montgelas genüge ihm, den jungen Mann einzustellen. Bei seinem nächsten Besuch auf dem Karlsberg werde er die letzten Befehle des Herzogs einholen. Montgelas solle nunmehr seine Entlassung aus dem Dienst des Kurfürsten erbitten und sich zur Abreise bereithalten[20]. Eine Aufforderung Hofenfels' an Montgelas, sofort abzureisen, folgt[21]. Auf diese Nachricht hin richtet Montgelas noch im Februar 1787[22] an den Kurfürsten ein Gesuch «ad manus serenissimas». Darin führt er aus, schon 10 Jahre habe er die Gnade, dem Kurfürsten «ohne geringstes Emolument» zu dienen. Wie sehr er sich bemüht habe, seine Pflicht nach bester Möglichkeit zu erfüllen, könnten mehrere 1784 dem Fürsten vorgelegte «directorial attestaten» und die ihm persönlich mündlich «geäußerte mildeste Zufriedenheit» des Landesherrn bezeugen. Er wünsche nichts mehr, als dem Kurfürsten zeitlebens weiter zu dienen, «Zumal sich aber keine mindeste Aussicht weder zum Besoldungs noch anderwärtigen Versorgungs-Antritte mir darstellt, dadurch also meine schon großenteils beigesetzten Mittel in noch mißlichere Umstände notwendig verfallen müßten, als sehe ich mich mißliebig gedrungen, die gnädigste Entlassung meiner aufhabenden verpflichteten Dienste bei Churf. Durchl. hohen Hofrats- und Bücherzensurs-Collegium in Untertänigkeit und

S. 4 Anm. 11; S. 197 Anm. 18). Seine finanzielle Lage wird schon vor der Revolution vom französischen Gesandten in Zweibrücken de la Coste als nicht glänzend bezeichnet (Ber. v. 11. 8. 1788, *Du Moulin Eckart* 70).

19 «faire le courtisan n'était pas l'affaire d'un homme sensé».

20 Dieser Brief ist wie die meisten Schreiben von Hofenfels von der Hand Cettos geschrieben.

21 Montgelas an Montezan, 20. 3. 1787, Egg.

22 K. s. 9270, das Schreiben an den Kurfürsten ist undatiert, eigenhändig nur die Unterschrift. Es trägt den Randvermerk «Kreittmayr legit», das Reskript darauf ist vom 1. Martii 1787, die erste Stelle des Tagesdatums ist abgerissen. Das Schreiben ist entworfen von der Hand Kreittmayrs, unterzeichnet von Karl Theodor.

um meines künftigen besseren Wohlstand willen gehorsamst nachzusuchen, anbei mir die Fortdauer der Churf. Höchsten Hulden unter jeden möglichen Umständen untertänigst zu erbitten». Ein von Kreittmayr entworfenes fürstliches Reskript von Anfang März 1787 genehmigt in einem knappen Satz die beantragte Entlassung als Hofrat und Bücherzensurrat[23].

Am 13. April 1787 meldet Hofenfels seinem Herzog, Montgelas sei in Zweibrücken angekommen[24]. Er habe seinen Rang als bayerischer Kammerherr behalten und bitte um eine Audienz beim Herzog, um sich vor Antritt seines Dienstes vorzustellen[25]. Mit Dekret vom 29.4.1787 (Karlsberg) wird er unter Hinweis auf seine auch in den kurfürstlichen Diensten erprobten guten Eigenschaften und sein «Attachement für Unser Pfalzgräfliches Haus» als Legationsrat beim Departement der Auswärtigen Geschäfte des Herzogs von Zweibrücken angestellt, «dergestalten, daß derselbe gleich Unserem Regierungsrat Cetto denen dabei vorkommenden Verrichtungen obliegen und die von dem Freiherrn von Hofenfels ihm aufgetragen werdenden Geschäfte und Kommissionen nach möglichster Treue und Fleiß verrichten solle»[26].

Mit Eifer stürzt sich nun Montgelas auf sein neues Aufgabengebiet. Er ist nicht zu früh gekommen. Der erste auffindbare, von seiner Hand geschriebene, von Hofenfels unterzeichnete Brief ist vom 12. Mai 1787[27]. Am 18. Mai schreibt Hofenfels an den General Clairembeau, einen der wichtigsten Vertrauensleute Zweibrückens in München[28], Montgelas sei nunmehr mit 700 fl. angestellt worden; es hänge jetzt von ihm ab, sich seinen Weg nach oben zu bahnen durch seine Führung und seinen Eifer. Ihm, Hofenfels, habe der Arzt jede Arbeit verboten[29]. Es sind aus dieser Zeit noch einige von Montgelas entworfene, von Hofen-

[23] Ebd. und HR 499/30.

[24] Noch am 20. 3. 87 hat Montgelas von München aus an seinen Gönner und Freund Montezan, der sich gerade in Paris aufhielt, einen freundschaftlichen Dankbrief gerichtet, ihm zum Tode des Außenministers Vergennes kondoliert und ihm seine bevorstehende Abreise mitgeteilt. Egg. (Entwurf).

[25] K. bl. 420/4.

[26] K. bl. 420/2.

[27] K. bl. 418/15.

[28] Verfasser der ungedruckten Chronique scandaleuse der Münchner Gesellschaft unter Karl Theodor: Denkwürdigkeiten und Tagebücher des Generals Louis de Clérambault betreffend die Höfe der Kurfürsten Max III. und Karl Theodors, sowie die ersten Regierungsjahre Max I., Original Handschriftenabteilung der Staatsbibliothek, Abschrift von Fr. M. von Rudhart Allg. Staatsarchiv, Manuskriptsammlung Nr. 260. – C. war ein enger Bekannter von Montgelas, mit dem er auch in dessen Zweibrückener Zeit regelmäßig korrespondierte (Erwähnungen in den Briefen an Seinsheim). Die Korrespondenz Montgelas-Clairembault (Montgelas schrieb stets: Clairembeau) ist nicht erhalten.

[29] Egglkofen.

fels unterzeichnete Briefe, wenigstens im Entwurf, erhalten[30], darunter eine Mitteilung, wie verärgert man in Zweibrücken darüber sei, daß Prinz Max (der spätere König) das Geld verschwende, auch an Unwürdige[31]. Doch schon am 24. Juli 1787 stirbt Hofenfels an einem «Nervenfieber», der von Montgelas verehrte Mann, der ihn nach Zweibrücken geholt hat und für den Montgelas in den letzten Wochen zusammen mit Cetto die Arbeit erledigt hat. Hofenfels, 42-jährig, seit längerer Zeit leidend, ist vor allem dem Übermaß an Arbeit und dem Ärger erlegen, den ihm sein rastloser Kampf gegen die Korruption – der Finanzminister Kreutzer war kurz vorher wegen Aufdeckung seiner Unterschlagungen geflohen – sein Kampf gegen böswillige Verleumdungen von seiten seiner Feinde und gegen die politische Schwäche und den Wankelmut seines Herzogs verursacht haben[32]. «Mein ganzes Leben hindurch werde ich um ihn trauern», schreibt Montgelas an Seinsheim[33]. «Ich habe nicht nur einen Freund, sondern einen Meister verloren, einen Mentor in meiner Laufbahn[34], der mir die Erfahrungen vermittelt hätte, die ich nun nur auf eigene Kosten erwerben kann».

Der Tod von Hofenfels hat für Montgelas persönliche Konsequenzen: dessen junge Witwe wird ihm eine Zeit lang sehr nahe stehen. Aber das Ereignis bringt auch berufliche Veränderungen für ihn mit sich. Für die Außenpolitik ist nunmehr der Minister Ludwig Freiherr von Esebeck allein verantwortlich, ein Hofmann, der auch schon Hofenfels' Vorgesetzter gewesen war und dessen Gemahlin von 1776 bis 1789 die ‹grande maîtresse› Herzog Karl Augusts ist[35]. Daß der politische Kurs des kleinen Staates sich auch in Zukunft nicht ändert, daß Zweibrücken weiterhin von Frankreich und später noch mehr von Preußen gestützt wird, daß die zweibrückische Diplomatie vorzüglich funktioniert und informiert ist, daß die bayerischen Patrioten ihre Hoffnung auf seinen Herzog und dessen Bruder setzen können, daß hier bereits die Reformen für Gesamtbayern vorbereitet werden, sehr viel genauer und konkreter als unter Hofenfels, der zunächst einmal Bayern für das Haus Wittelsbach retten mußte – dies alles war zu einem guten Teil das Verdienst des Legationsrates Montgelas, aber auch des Ministers von Esebeck, der ihn unterstützte und seine Vorschläge gegenüber dem Herzog vertrat.

[30] Ebd.

[31] 10. 7. 1787 Egglkofen.

[32] *Mittelberger* 178–191.

[33] 16. 8. 1787 Egg.

[34] «dans la carrière» – mit diesem Ausdruck meint Montgelas stets die Außenpolitik und Diplomatie.

[35] Vgl. Rokoko und Revolution, Lebenserinnerungen des Johann Christian von *Mannlich*, 1741–1822, hg. von F. Matthaesius, Stuttgart 1966, 191–240.

Das Auftauchen von Montgelas in Zweibrücken löst bei den Beratern Karl Theodors und beim österreichischen Gesandten in München unliebsame Überraschung aus. Der Kurfürst ist ohnehin nicht gut auf Herzog Karl August zu sprechen, nicht nur wegen seiner allgemeinen Politik, sondern auch wegen seiner Haltung in der Illuminatenfrage. Man hat im Frühjahr 1787 Briefe des geflohenen Zwack aufgefangen, in denen er mitteilt, der Herzog von Zweibrücken und dessen Bruder Max hätten ihm für den Fall des Todes Karl Theodors die erste Stelle als Fiskal in München zugesagt, außerdem halte ihn der zweibrückische Gesandte in München über alles auf dem laufenden, was man in Bayern gegen ihn im Schilde führe[36]. Das sind Nachrichten, die den Zorn des Kurfürsten entflammen. Ferner heißt es, der von Österreich als besonders gefährlich signalisierte ehemalige Illuminat Frhr. von Leyden werde ebenfalls im zweibrückischen Dienst angestellt[37]. Ein dritter Illuminat, Graf Seinsheim, dessen Beziehungen zu Karl Theodor allerdings nie abreißen, ist seit August 1787 unter anderem dank der lebhaften Verwendung seines Freundes Montgelas zweibrückischer Gesandter am Reichstag in Regensburg, von wo er regelmäßig seine bayerischen Güter besuchen kann[38], ein vierter, Freiherr von Gumppenberg, wird Kammerherr und Geheimkurier Karl Augusts[39].

Und kaum atmet man in der Umgebung Karl Theodors auf, daß der verhaßte Hofenfels so früh gestorben ist, da meldet die österreichische Diplomatie, Montgelas solle dessen Nachfolger werden[40].

In München will man nun auf Rat des österreichischen Gesandten, Frhr. von

[36] 29. 3. 1787, MA 379 Unterakt 5. Diese Vermutung erhielt in München möglicherweise Nahrung dadurch, daß die amtliche Mitteilung Esebecks an den bayerischen Außenminister Graf Vieregg vom 26. 7. 1787 von der Hand Montgelas' geschrieben ist: Original K. s. 15 533.

[37] Frhr. von Lehrbach erhält von Kaunitz unter dem 29. 8. 1787 die Weisung, die Ernennung Leydens zum Nachfolger von Hofenfels unbedingt zu hintertreiben (Staka Bayern 68). Vgl. auch unten Anm. 51.

[38] Montgelas an Seinsheim, 16. 8. 87, Egg.

[39] Er wird öfters erwähnt in den Briefen Montgelas' an Seinsheim von 1793, Egg, (hauptsächlich als Kurier, der Montgelas mit seinem Hof in Mannheim in Verbindung hielt).

[40] Staka Bayern 68, Ber. v. 31. 7. 87. Frhr. v. Lehrbach behauptet hier, Montgelas sei durch den französischen Hof nach Zweibrücken gebracht worden. Montgelas war, wie gezeigt wurde, tatsächlich nur durch seinen Freund Graf Montezan persönlich empfohlen worden. Der Kandidat der französischen Regierung für die Nachfolge von Hofenfels war dagegen K. F. W. Frhr. Groschlag von Dieburg, der in französischem Dienst stand, den der Herzog aber ablehnte (K. bl. 420/2). Vgl. oben S. 52, Kritik des französischen Außenministers Montmorin an der Einstellung von Montgelas in den zweibrückischen Dienst.

Lehrbach, verhindern, daß in Zweibrücken ein neuer, zukünftige bayerisch-österreichische Pläne wieder durchkreuzender Hofenfels in Gestalt des vielleicht nicht minder fähigen jungen Montgelas ‹aufgebaut› wird. Da man kein einleuchtendes Argument gegen ihn besitzt, beschließt man, die Schuld am plötzlichen Tod des einzigen Sohnes Herzog Karls von Zweibrücken (Karl August Friedrich, 1774–1784) den Illuminaten aufzubürden und dann auch Montgelas zu belasten. Den Vorwand bietet ein merkwürdiger Fund, den man unter den Papieren des schon 1783 wegen Untätigkeit und Unzuverlässigkeit von Weishaupt aus dem Illuminatenorden abgeschobenen Hofkammerrats Anton von Massenhausen gemacht hat. Massenhausen war nach längerer Haft, bevor er noch von dem Reskript seine Freilassung und endgültige Amtsenthebung erfahren hatte, im August 1787 aus dem Gefängnis entwichen. Es handelt sich um einen inhaltlich belanglosen Brief, zu dem man ein anderes, leeres Blatt gefunden hatte, in das Löcher eingeschnitten waren. Legt man dieses Blatt auf den Brief und liest man die Worte, die dann durch die Löcher sichtbar sind, im Zusammenhang, so ergibt sich eine Mitteilung, die zusammengefaßt besagt: «Man könnte es mit Ingredienzien probieren»[41]. Irgendein Zusammenhang, auch nur zeitlicher Art, mit dem Tod des jungen Prinzen ist nicht zu erweisen, man weiß nicht einmal, wer den Brief geschrieben hatte. Die Münchner Regierung hat auch keine überzeugende Erklärung dafür, warum die Illuminaten, die doch in ihrer Mehrheit ‹zweibrückisch› gesinnt waren, diesen damals einzigen Erben der Herzöge von Zweibrücken hätten beseitigen sollen. Viel eher hätte die Aktion Österreich genützt, aber der Gesandte Kaiser Josephs II. gerade stellte diese Angelegenheit so groß heraus und drängte immer wieder auf weitere Untersuchungen und Verhöre. Überdies gab es danach, selbst wenn Prinz Max, der nachmalige König, sich nicht nach dem Tode seines Neffen zur Ehe hätte bewegen lassen, noch den 32-jährigen, seit kurzem verheirateten Herzog Wilhelm von Birkenfeld. Auch hätte Max als Kurfürst 1799, nach seinem Regierungsantritt sicher Massenhausen, der bis dahin als Miniaturmaler in Moskau gelebt hatte, nicht die Rückkehr nach Bayern[42] gestattet, wenn er an dessen Schuld geglaubt hätte.

Am 31. Juli 1787, auf das Eintreffen der Nachricht hin, daß Montgelas oder Frhr. von Leyden Nachfolger von Hofenfels werden soll, schickt Karl Theodor noch in der Nacht in aller Stille den Sohn seines Außenministers Graf Vieregg mit dem bei Massenhausen gefundenen mysteriösen Brief und dem ersten Vernehmungsprotokoll Maendls vom 28.–29. Juli nach Zweibrücken, um Herzog

[41] Diesen von Lehrbach an Kaunitz, 21. 8. 1787, Staka Bayern 68, erwähnten Brief konnte ich im Original im Staatsarchiv für Oberbayern GR 931/43, Akt Massenhausen finden.

[42] GR 931/43, 6. 6. 1799.

Karl August vor den Illuminaten zu warnen und ihm die Meinung des Kurfürsten mitzuteilen, daß Karls junger Sohn ermordet worden sei und zwar von Anhängern des Geheimbundes[43]. Der Erfolg dieser Vorstellungen ist erstaunlich gering. Ein von der Hand Cettos entworfenes französisches Antwortschreiben des Ministers Esebeck an seinen bayerischen Kollegen Vieregg und ein deutsches Herzog Karls an Karl Theodor, beide vom 25.8.1787, bedanken sich in wohlgesetzten Worten für die Entsendung des jungen Barons Vieregg und loben dessen gute Manieren – sonst nichts[44].

Noch bevor das farblose Dankschreiben des Herzogs abgesandt ist, meldet sich der junge Vieregg am 30. erneut zu einer Audienz auf dem Karlsberg. Sein Vater hat ihn im Auftrag des Kurfürsten sogleich mit neuem Material über die Illuminaten wieder nach Zweibrücken gesandt. Es handelt sich um die soeben gedruckten, bei Bassus gefundenen ‹Nachträge von weiteren Originalschriften› des Illuminatenordens. Der Herzog von Zweibrücken läßt nun sein erstes Dankschreiben an Karl Theodor umändern, aber der Inhalt ist kaum weniger spröde. Karl bedankt sich für die Teilnahme des Kurfürsten an seinen Angelegenheiten, lobt den jungen Vieregg und verspricht, wachsam zu sein und Karl Theodor über eventuelle neue Feststellungen in der Illuminatenangelegenheit zu unterrichten[45]. Diese kühle Reaktion Zweibrückens, ebenso wie die vom 2. Oktober, ist umso erstaunlicher, als in den von München übersandten Protokollen Maendls zunächst die Illuminaten allgemein, zuletzt aber der soeben in Zweibrücken angestellte Montgelas der Beihilfe zum Mord an dem einzigen Sohn Herzog Karl Augusts bezichtigt werden.

Was war geschehen? Der Hofkammerrat Frhr. von Maendl wird als bisheriger prominenter Illuminat überführt und in München mehreren Verhören unterzogen. Maendl beweist, um seinen Kopf aus der Schlinge zu ziehen, eine fast unerschöpfliche Phantasie im Erfinden belastender Geschichten über andere Illuminaten. In seinen ersten Verhören vom 18., 21. und 24.7.1787[46] bringt er Einzelheiten über die Beziehungen der Illuminaten nach Wien und über eine mißglückte Mission Costanzos nach Berlin – beides stimmt, hätte aber den Untersuchenden bereits zeigen müssen, daß der Orden keineswegs ein geschlossener Block war, der nur nach Wien oder nur nach Berlin orientiert war. Über die Moral der Illuminaten weiß er schreckliche Dinge zu berichten. Den ‹Weiberorden›, ein Gedanke, den er aus Zwacks veröffentlichten Papieren kennt, stellt er als Tat-

[43] Frhr. von Lehrbach an Kaunitz, 21. 8. 1787, Staka Bayern 68.

[44] MA 379, Unterakt 5. Dieser Schriftwechsel auch in K. s. 15 533.

[45] Karlsberg, 30. 8. 1787, MA 379, Unterakt 5. Der von Kreittmayr entworfene Brief Karl Theodors an den jungen Vieregg vom 25. 8. 1787: GR 931/43.

[46] Protokoll in MA 379, Unterakt 5.

sache hin und versichert, bei den Illuminaten seien «der Selbstmord, der Ehebruch, die Hurerey, die Onania, die Sodomiterey ganz kein Laster». Schließlich berichtet er, im Hause Graf Seinsheims habe der Arzt Professor Baader einen namentlich genannten Diener auf Bitte des Hausherrn ermordet. Seinsheim kann diese Geschichte schnell widerlegen, indem er den Diener bei bester Gesundheit vorstellt. Andere Mitteilungen Maendls dagegen sind durchaus glaubhaft und können doch zumindest einen wahren Kern haben, zum Beispiel die, die Illuminaten hätten ihre Brüder Cobenzl oder Schreckenstein zum Bischof von Eichstätt, einen anderen Anhänger, den Domherrn Freiherr von Ungelter, zum Koadjutor von Trier und Augsburg machen wollen.

Maendls ‹Enthüllungen› kommen den Illuminatenverfolgern, das heißt der Partei um den österreichischen Gesandten Frhr. von Lehrbach, Lippert und Frank, offensichtlich sehr gelegen. Am wichtigsten ist ihnen jedoch eine Aussage, Maendl habe eines Abends, als er zufällig in das Haus Baaders kam, um ärztliche Hilfe zu holen, dort eine Versammlung von 15 bis 18 Personen angetroffen. Im Vorübergehen habe er gehört, daß drei Männer, die sich an einem Fenster unterhielten, ihrer Zufriedenheit Ausdruck verliehen hätten, daß der junge Sohn Herzog Karls von Zweibrücken am gleichen Abend gestorben sei, an dem ein Brief aus Zweibrücken eintraf mit der Nachricht «das Überschickte hat gut reussiret». Das Protokoll sagt über Maendl: «Ihme schauderte vor dem Ausdruck und gienge davon, weill er ohnehin nichts mehr da zu machen hatte. Übrigens wäre ihm teils von seinem nun gewonnenen Prozess, teils von seiner Administrationssache der Kopf so warm, daß er sich vielleicht dermahlen an ein so anders nicht mehr erinnern könne. Sollte ihm aber noch was einfahlen, so werde sich Deponent gleich zu beeden Commissarien begeben und hierüber die gebiehrende Anzeige machen».

Auf die Frage, warum er damals nicht gleich Anzeige erstattet habe, erklärt Maendl, er hätte damals keinen Beweis liefern können und habe sich außerdem vor der Rache der Illuminaten gefürchtet, weshalb er sich auch nicht umgedreht habe.

Am 24. August, genau nach dem Bericht des jungen Vieregg, daß die Warnungen vor den Illuminaten, insbesondere vor Montgelas, in Zweibrücken ohne Wirkung geblieben seien, wird Maendl nochmals vernommen. Und siehe da: Er kann sich jetzt plötzlich erinnern, wer die drei Männer waren, die an jenem Abend so verbrecherische Gespräche in der Fensternische geführt, ihm aber dabei den Rücken zugekehrt haben. Schon dem Protokoll zufolge macht das Gespräch einen einstudierten Eindruck.

Frage: Der Kurfürst könne kaum glauben, daß Maendl sich nicht nach den drei Männern umgedreht haben sollte «welche in dem Baaderschen Haus die

Rede in Betreff des jungen Prinzen haben schießen lassen». Man versichert Maendl, wenn er etwas offenbart, gänzliches Stillschweigen, Schutz und Gnade des Landesfürsten zu.

Antwort: Er Maendl, habe ihre Gesichter nicht sehen können, aber nach Stimme, Statur und Kleidung habe es sich bei den drei Männern «ohnfehlbar» um den Accoucheur Strixner, den Apotheker von der Rosengasse Werz und Baron Montgelas gehandelt. Letzteres werde dadurch bestätigt, daß Professor Baader anläßlich einer Reise mit der Kurfürstin-Witwe nach Zweibrücken dort eine Illuminatenloge gegründet habe. Zum Meister vom Stuhl habe er den entwichenen korrupten Finanzminister Kreutzer, zum Provinzialoberen den Hofmeister der zweibrückischen Edelknaben gemacht. Beiden seien für den Bedarfsfall chemische Produkte von Werz und Strixner zugesandt worden. Er Maendl, glaube, dies müßten die Massenhausen'schen Rezepte sein[47].

Dieses Protokoll nebst einer Mitgliederliste der Illuminaten, in der auch Montgelas' Name aufgeführt ist[48], sendet Vieregg erst am 23. 9. 87 an Esebeck mit der Bitte, das Material Herzog Karl persönlich zu übergeben. Doch auch jetzt bleibt die erwünschte Wirkung aus. Zweifellos bricht schon die ganze Konstruktion an der Tatsache zusammen, daß Massenhausen, der allein in seinen Aufzeichnungen von Geheimrezepten gesprochen hatte, bereits 1783 aus dem Orden ausgeschieden war (sogar Maendl gibt in seinen Aussagen zu, daß er Massenhausen nicht bei der angeblichen Versammlung gesehen habe), daß der Sohn des Herzogs 1784 starb und daß Montgelas erst im Frühjahr 1787 zum ersten Mal nach Zweibrücken kam auf Vermittlung von Hofenfels, nicht aber von dessen Gegner, dem längst wegen Unterschlagungen flüchtigen Kreutzer. Unbestreitbar war auch, daß ein solcher Mord niemand anderem als Kaiser Joseph II. genützt hätte, und selbst diesem nur wenig, niemals aber der preußisch-zweibrückischen Partei.

Esebeck, der Minister des Herzogs, dankt Vieregg mit einem von Cettos Hand entworfenen Schreiben und bemerkt, der Inhalt der Sendung aus München habe den Herzog «bestärkt in seiner Meinung, daß die geheimen Gesellschaften jeder Art dem Staate schädlich werden und keinesfalls geduldet werden dürfen. Aus dieser Überzeugung heraus kann Seine Herzogliche Durchlaucht nur dem Entschluß seines erhabenen Onkels Beifall zollen, in Bayern eine Institution zu beseitigen, deren Grundsätze zumindest zweideutig sind. Er (der Herzog) ist überzeugt, daß Seine Kurfürstliche Durchlaucht in der Wahl der Mittel zur Durchführung dieses Planes den Weg der Weisheit, der Güte und der Gerechtigkeit einschlagen wird, der ihr eigen ist».[49]

[47] Soweit das Protokoll.

[48] MA 379 Unterakt 4, vgl. oben Kap. 3 Anm. 17.

[49] MA 379 Unterakt 5 (Original, wie üblich, französisch).

Montgelas, der wegen des Todes von Hofenfels noch nicht vereidigt worden ist, muß lediglich vor Esebeck seinen Amtseid mit einem Zusatz schwören, «daß Ihr Eure mit denen Illuminaten gehabte Verbindung gänzlich verlassen, zu derselben Erhaltung oder Beförderung das Geringste nicht beitragen, auch Euch alles dahineinschlägigen Umgangs und Briefwechsels enthalten und überhaupt Euch so betragen wollt, wie es einem treuen Diener eignet und gebührt».[50]

Wie Karl Theodor nach Viereggs Rückkehr zu Lehrbach sagt, habe Herzog Karl es selbst für möglich gehalten, daß sein Sohn 1784 ermordet worden sei. Er habe jedoch Vieregg mitgeteilt, die durchgeführte Untersuchung habe weder Aufschlüsse über die Hand des Schreibers noch über den Sinn des bei Massenhausen gefundenen Geheimbriefes erbracht. Bei dieser Gelegenheit sei Vieregg im Auftrag des Kurfürsten gegen eine Einstellung des Frhr. von Leyden[51] vorstellig geworden und habe auch gewarnt, «in dem gegen den Freiherrrn von Monjellaz bezeigendem Vertrauen behutsam zu sein». Darauf habe der Herzog versichert, er sei von der Absicht, Leyden einzustellen, bereits abgegangen.[52] Montgelas, so fuhr der Herzog fort, genieße nur eine geringe Besoldung «und müsse nur in minder wichtigen Angelegenheiten unter der Direktion des Ministers von Esebeck arbeiten».[53] Auch die nach diesen Berichten, Ende September nach Zweibrücken gelangte neue Sendung Viereggs mit dem Protokoll über das zweite Verhör von Maendl, in dem dieser Montgelas in Verbindung mit der Ermordung des jungen Prinzen gebracht hat, ändert nichts an der Haltung des Herzogs von Zweibrücken. Es scheint, daß Montgelas vor allem durch Esebeck[54] und Cetto geschützt wird.

Da der Minister Esebeck aus dem Hofdienst kommt, die Gesellschaften und das Vergnügen liebt, allen Bereichen der Verwaltung vorsteht und oft abwesend auf seinen Gütern ist, besteht seine Tätigkeit nur darin, die Vorträge von Cetto

[50] K. bl. 420/2, Unterakt Montgelas. Einen ähnlichen Eid mußte am 2. 10. 1787 Seinsheim bei seinem Eintritt in zweibrückische Dienste schwören: K. s. 15 533.

[51] Des früheren pfälzischen Reichstagsabgeordneten, der in Wien persona non grata war (s. Anm. 37). Hierzu auch Berichte Lehrbachs vom 21. 8., 2. 9. und 7. 9. 1787 in Staka Bayern 68.

[52] Leyden blieb in Bayern, wo die Familie begütert war, und leistete Zweibrücken als Vertrauensmann in der bayerischen Verwaltung zusammen mit seinem Vater gute Dienste.

[53] Lehrbach an Kaunitz, Staka Bayern 68, 21. 9. 1787. Dies war der letzte Bericht des ‹Teutonique›. Landkomtur Frhr. von Lehrbach starb am 25. 10. in Ellingen. Vgl. Anm. 6.

[54] Am 29. 9. 1787 schreibt Montgelas beispielsweise an Seinsheim in bezug auf Bemühungen beider, Savioli zu helfen: «Le Baron d'Esebeck a le cœur trop bien placé pour trouver mauvais qu'on s'intéresse en faveur des malheureux. Il voudrait que tout le monde soit content. Je le vois souvent au désespoir d'être obligé de refuser.» Egg.

(von dessen Hand auch fast alle Briefe von Hofenfels stammten) und Montgelas anzuhören[55], ihre Vorschläge zu akzeptieren oder Änderungen anzuordnen und aufgrund der von ihnen gelieferten Unterlagen in Abständen dem Herzog, der auf dem weit von Zweibrücken entfernten Karlsberg der Jagd, der Kunst und der Liebe lebt, zu berichten, bzw. in wichtigen Fällen um seine Entscheidung zu bitten. Bei dieser Sachlage versteht es sich von selbst, daß Cetto und Montgelas allein die nahezu täglich einlaufenden Berichte der Gesandten Zweibrückens in Berlin, Paris, München, Wien und Regensburg (Reichstag) und – von Fall zu Fall auch in anderen Hauptstädten (wie Petersburg, London, Dresden, Hannover) – sowie der zahlreichen Agenten in Bayern entschlüsseln, lesen und, nach Vortrag bei Esebeck, die Weisungen an diese Gesandten und Agenten selbständig verfassen. Dabei scheint Cetto Paris und Wien, Montgelas Berlin, München und Regensburg zu bearbeiten.

Daß Montgelas nicht alle Brücken zum Münchner Hof abgebrochen hat, zeigt seine Audienz bei Karl Theodor im August 1788. Seine Beziehungen zu diesem Kurfürsten gehören zum Merkwürdigen an den Vorgängen um die Illuminatenverfolgung. Karl Theodor fördert zuerst (1777/78) Montgelas, tadelt ihn dann (1780) zusammen mit den anderen Zensurräten, welche die Aufklärungsliteratur unterstützt haben, heftig, empfängt ihn jedoch auch nach der Aufdeckung seiner Zugehörigkeit zum Illuminatenorden 1785 noch huldvoll und macht ihm bindende Zusagen hinsichtlich seiner persönlichen Sicherheit vor Verfolgung, läßt ihn dann im August und September 1787 beim Herzog von Zweibrücken der Beihilfe zum Mord an dessen Sohn, dem Erben der pfalz-bayerischen Staaten, anklagen, um bereits ein Jahr später Montgelas, der sich als Besucher ungehindert in München bewegt, zu einer Audienz zu empfangen, die den Gesandten Wiens, Graf Lehrbach, beunruhigt.

«Der Herzoglich Zweibrückische Hofrat und hiesige Kammerherr von Monjelaz ist vor einigen Tagen allhier unter dem Vorwand, seine Frau Mutter, Obersthofmeisterin der verwitweten Frau Kurfürstin, zu besuchen, angelangt. Der Herr Kurfürst hat ihn sehr kalt empfangen, da er demselbigen persönlich abgeneigt

[55] Nach dem Tod von Hofenfels regelt ein Dekret des Herzogs vom 30. 7. 1787 die Geschäftsleitung neu. Darin heißt es, an den Minister Frhr. von Esebeck gerichtet: «Soll unser Regierungsrat Cetto sich alle Mittwoch und Samstag und unser Legationsrat von Montgelas jeden Montag morgen bei Euch einfinden, aus den eingegangenen Depeschen, die Ihr denselben nach ihrer Ankunft zusenden werdet, Vortrag tun und von Euch die darauf zu erteilenden Antworten vernehmen, fort deren Ausfertigung besorgen.» Dazu stehen ihnen die beiden Sekretäre Rivet und Krazeisen, gebildete Leute, die weniger wichtige Briefe in Deutsch und Französisch selbst entwerfen können, zur Verfügung. K. bl. 420/2, Unterakt Hofenfels.

ist», berichtet Lehrbach an Kaunitz am 9. 8. 1788, und fügt hinzu: «Dieser junge, Verstand und Fähigkeit habende Mann arbeitet in Zweibrücken in den auswärtigen Geschäften, weshalb die fremden Minister von Preußen, Engelland und Sachsen sich allhier viel mit ihm abgeben».[56] Die Audienz Montgelas' beunruhigt außer Lehrbach auch den Kanzler Kreittmayr. Lehrbach läßt Montgelas weiter beobachten, kann aber nur in Erfahrung bringen, daß er mit dem Zweibrückener Agenten in München Clerembeau, mit den eben genannten fremden Gesandten und mit Graf Seinsheim Umgang hat, den er auf seinem Gut Schönach bei Regensburg besucht.[57] Montgelas selbst macht in seinen Briefen an Seinsheim nähere Angaben über den Zweck seiner Reise. Der Besuch seiner Mutter und Schwester sei nur Vorwand; er habe Pakete an Seinsheim und den preußischen Reichstagsgesandten Graf Goertz in Regensburg persönlich auszuhändigen. Sein Besuch müsse unbedingt als unpolitische Privatreise gelten.[58] Montgelas überbringt gleichzeitig Seinsheim die Chiffre des Herzogs von Zweibrücken, den dieser seit einem Jahr am Reichstag vertritt, und nimmt Unterlagen mit, die Seinsheim über die bayerische Verwaltung und die Rechtsansprüche Bayerns sammeln sollte. Außerdem ist er tätig, um die Kandidatur seines Verwandten, des Domkapitulars und ehemaligen Illuminaten Graf Königsfeld, für den Freisinger Bischofsstuhl vorzubereiten[59], besucht den Sprecher der Landschaft, Graf Arco, seinen späteren Schwiegervater, in Köllenbach sowie Herzog Wilhelm von Birkenfeld, den Vertrauten der Zweibrückener Herzöge, in Landshut.[60] Die Sendung zu diesem Fürsten, mit dem er also damals bereits auf vertrautem Fuß steht, ist so eilig, daß Montgelas die ganze Nacht hindurch bei schlechtem Wetter reist.[61] In Neuburg sucht er den Präsidenten der Pfalz-Neuburger Landschaft, Graf Taxis, einen Freund, auf, der stets die Herzöge von Zweibrücken politisch und finanziell unterstützt. Auf der Rückreise stürzt Montgelas' Kutsche um, so daß er mit Verletzungen und schmutzig in Zweibrücken eintrifft, ein Mißgeschick, das ihm noch öfters begegnen wird.[62] Wie bei all seinen späteren politischen Reisen, genießt es

[56] Staka Bayern 70, Lehrbach an Kaunitz 9. und 16. 8. 1788. Im Bericht vom 16. ein Gespräch zwischen Karl Theodor und Kreittmayr, die sich über die Ursachen von Montgelas' Reise befragen, sie aber beide nicht kennen.

[57] Ebd. 16. und 29. 8. 1788.

[58] Mo. an Seinsheim, 29. 5., 13. und 17. 6. 1788, Egg.

[59] S. unten Kap. 7.

[60] An Seinsheim 28. 10. und 6. 11. 88, sowie weitere Briefe von September/Oktober, Egg.

[61] An Seinsheim, Landshut, 14. 10. 88, Egg.

[62] 28. 10. 88. – Auch bei der Rückkehr von der Begegnung mit Napoleon in Mailand hatte Montgelas, am 14. 1. 1808, einen derartigen Unfall, diesesmal im tiefen Schnee. Der König unterhielt die fremden Diplomaten mit einer plastischen Schilderung dieses Vorfalls: Karlsruhe Fasz. 1885, Ber. Degenfeld-Schomburgs v. 15. 1. 1808.

Montgelas, dem höfischen und bürokratischen Alltag einmal entwichen zu sein, alte Freunde wiederzusehen und hübsche Damen kennenzulernen, von denen er sich mindestens für zwei, eine Nichte Seinsheims und eine Tochter des Grafen Goertz, ernsthafter interessiert. Die zweimonatige zugleich politische und gesellschaftliche Rundreise muß er abbrechen, weil ihn Esebeck zurückbeordert mit dem Zusatz, daß er nun lange genug von Zweibrücken abwesend sei.[63]

5. Die innere Distanzierung vom Illuminatentum seit 1786

Montgelas hat in Zweibrücken ein neues Betätigungsfeld gefunden, auf dem er, fast im verborgenen, einen erheblichen Einfluß ausüben, seine politischen Fähigkeiten entwickeln und die zukünftige Erneuerung Bayerns vorbereiten kann, wobei er selbst noch nicht weiß, daß ihm dabei dereinst die maßgebende politische Rolle zufallen wird. Aber er legt seine Arbeiten und seine planmäßigen Studien so an, als ob er es bereits ahnte.

Dabei entfernt er sich von der geheimbündlerischen Schwärmerei, den utopischen Weltverbesserungsplänen und dem idealistisch gesehenen Korpsgeist seiner Illuminatenzeit. Er hat nicht nur äußerlich, 1785 und 1786 gegenüber Karl Theodor, 1787 gegenüber seinem neuen Herrn Karl August, jeder Verbindung zum Illuminatentum abgeschworen, was im Interesse seiner beruflichen Laufbahn unumgänglich gewesen ist. Er wird auch innerlich immer mehr mit dem Orden, der seine innere Hohlheit und seinen Eintagscharakter erwiesen hat, ‹fertig›, ohne allerdings je Freundschaften zu verleugnen, die aus der Ordenszeit stammen, oder das Bedürfnis zu zeigen, sich durch öffentliches Schimpfen über den Geheimbund und seine Areopagyten als ‹Bekehrter› zu qualifizieren.

Über seine innere Einstellung zum Illuminatentum seit 1787 geben seine vertraulichen Briefe an seinen besten Freund Graf Seinsheim[1] Aufschluß, der, selbst Illuminat, kurz nach Montgelas und mit dessen Hilfe im November 1787 in zweibrückischen Dienst übertritt, um Vertreter des Herzogs am Reichstag zu werden. Seinsheim, der in Bayern begütert ist, wird dank seiner bisherigen Stellung beim Hof und des Ansehens seiner Familie nicht verfolgt. Sein Vater war jahrzehntelang Minister des Kurfürsten Max III., sein Onkel der aufgeklärte, als Mäzen und Staatsmann erfolgreiche Fürstbischof von Würzburg und Bam-

[63] Staka Bayern 71.

[1] Maximilian Joseph Graf Seinsheim, 1751–1803, wie Montgelas ein Patenkind des Kurfürsten Max III. Joseph. S. oben S. 4 f., 45, 53 f.

berg. Seinsheim behält weiterhin das Recht des Zutritts zum Kurfürsten, aber er verliert sein Amt als Vizepräsident der Oberlandesregierung und erhält im Sommer 1787 für einige Monate Aufenthaltsverbot für München. Man hat ihm nicht vergessen, daß er 1784, einige Tage vor dem Bekanntwerden der Enthüllungen Utzschneiders und seiner Freunde, noch um eine Audienz gebeten hat, um den Kurfürsten als ein nicht in die tieferen Geheimnisse eingeweihtes Mitglied des Illuminatenordens zu gewinnen. Trotzdem erneuert Seinsheim auch nach seinem Eintritt in den zweibrückischen Dienst bald wieder seinen Kontakt zu Karl Theodor, kann es sich leisten, bei den bayerischen Ministern für verfolgte Illuminaten einzutreten, und ist die einzige Persönlichkeit, die Zweibrückens Interessen in Bayern vertreten kann und nichts zu fürchten hat, wie Montgelas ihm in einem der Briefe schreibt, in denen er ihn für den Eintritt in den zweibrückischen Dienst gewinnt und ihm mitteilt, er selbst habe bei Esebeck alles vorbereitet, damit man Seinsheim aufnimmt.[2] Die Briefe von Montgelas an Seinsheim, die er dem Freunde meist 1 bis 2-mal wöchentlich neben den offiziellen, ebenfalls von Montgelas verfaßten Weisungen der Zweibrücker Regierung übersandte, aus den Jahren 1787 bis 1796 (zahlreich bis 1793) sind die einzigen Privatbriefe Montgelas', die aus dieser frühen Zeit gefunden werden konnten.[3] Die Freundschaft zwischen Montgelas und Seinsheim ist zumindest bis zu Seinsheims Rücktritt in den Dienst des Kurfürsten von Bayern[4], 1794, eine echte, Montgelas erlegte sich ihm gegenüber kaum Reserven auf.[5] Montgelas fühlt sich in Zweibrücken menschlich vereinsamt und setzt Seinsheim brieflich auseinander, was er zu fast allen politischen und persönlichen Problemen denkt. Seinsheim wird uns,

[2] Montgelas an Seinsheim 2. 10. 1787/II, ferner 29. 9., 2. 10./I, 11., 12. 10., 15. 10., 6. 11. und 11. 11. 1787. Seinsheim war bereits am 12. 8. zum zweibrückischen Hofrat ernannt worden: Mo. an ihn 16. 8. 87. Alle Briefe Egg.

[3] Wenn in den folgenden Kapiteln als Fundstellen nur die Daten von Briefen angegeben werden, so handelt es sich stets um Briefe Montgelas' an Seinsheim, jetzt in Schloß Egglkofen. Bei Briefen Seinsheims an Montgelas (ebenfalls dort) wird dagegen angegeben: «S. an Mo.» Montgelas' Briefe an Seinsheim, die eine überaus wertvolle Quelle für die innere Entwicklung und die Tätigkeit des ersteren in den Jahren 1787 bis 1793 darstellen, sind bisher noch nie benützt worden, was mit den erheblichen paläographischen Schwierigkeiten (Französisch in Montgelas' Schrift mit teilweise stark verblaßter Tinte) zusammenhängen dürfte. Diese Briefe Montgelas' an Seinsheim wurden im 19. Jh. von seiten der später ausgestorbenen Familie Seinsheim der mit ihr verschwägerten Familie Montgelas geschenkt und liegen daher im Schloßarchiv Egglkofen.

[4] Er begründete diesen Schritt mit finanziellen Erwägungen: K. bl. 420/2, Unterakt Seinsheim.

[5] Montgelas bittet Seinsheim immer wieder um Diskretion hinsichtlich des Inhalts seiner Briefe, «parce que je parle dans mes lettres confidentielles avec une franchise peu diplomatique» (2. 4. 1793).

im Gegensatz zu seinen Brüdern, als aufrichtig und nicht korrupt geschildert[6], er ist ein bayerischer Patriot, d.h. Gegner Österreichs und Freund Preußens[7], ist persönlich ein Lebemann, weit weniger gebildet und fleißig als Montgelas, wie sofort ein Vergleich der beiderseitigen Briefe zeigt[8], ist prononcierter antikirchlich als jener, steht dagegen politisch viel weiter ‹rechts›, wie die Meinungsverschiedenheiten aus Anlaß der Beurteilung der Französischen Revolution zeigen. Montgelas wird, als er 1799 mit seinem Kurfürsten die Regierung Bayerns in die Hand nimmt, diesem nicht Seinsheim, sondern drei bisherige Mitarbeiter Karl Theodors, Morawitzky, den bisherigen Kanzler Hertling sowie Hompesch, als Minister vorschlagen. Seinsheim muß sich mit dem Posten eines Präsidenten des Geistlichen Rats (dann Kirchenadministrationsratspräsident) begnügen und wird bei der Säkularisation eine führende, anscheinend harte, Rolle spielen. Unmittelbar darauf, 1803, stirbt er.

Diesem Manne also, dem besten Freunde seiner Jugend, dessen Vater als bayerischer Minister bereits der Vorgesetzte und engste Freund seines eigenen Vaters gewesen war, vertraut sich Montgelas in seinen Briefen 1787 bis 1793 voll an. Er kann es auch in der Illuminatenfrage umso eher tun, als beide in der gleichen Situation sind, wobei freilich Seinsheim weniger zu fürchten hat als sein Freund.

Es verdrießt Montgelas, daß er, ganz gleich wie sehr er sich bemüht, seine eigene Illuminaten-Vergangenheit zu vergessen, und wie weit er bereits geistig von diesen Dingen entfernt ist, in München immer noch als Mitglied des Geheimbundes abgestempelt ist. So schreibt er unter Bezugnahme auf ein in München umlaufendes Gerücht, er sei verhaftet worden: «Ich gehe gerade meinen Weg, ohne auf die Bagatellen zu achten, die bei Euch Staatsaffären sind. Das Wohl des pfälzischen Hauses, das meines Vaterlandes,[9] der wohlverstandene Dienst an meinem Meister[10] wird mich stets beschäftigen. Dies ist der beherrschende Ruf meines Herzens: ein Gefühl, das sich niemals ändern wird und das aufzugeben mich weder die Bosheit noch die Verleumdung, die ich von vielen meiner Landsleute erfahre, jemals werden veranlassen können».[11] Und während des Aufenthaltes des jungen Vieregg in Zweibrücken, der auch den Druck der bei Bassus ge-

[6] Memoiren Clerambeaus, Manuskriptsammlung Nr. 260.

[7] Lehrbach an Kaunitz 8. 2. 1788, Staka Bayern 69.

[8] Auch die Briefe Seinsheims sind französisch geschrieben.

[9] Unter ‹ma patrie› versteht er stets Bayern, vgl. Kap. 14.

[10] In den diplomatischen Korrespondenzen der Zeit spricht man von seinem Fürsten oft als ‹mon maître›, wie ja überhaupt auf Französich eine sehr viel weniger schwülstige und untertänige Ausdrucksweise üblich war als auf Deutsch.

[11] 16. 8. 87/II.

fundenen Ordenspapiere mitgebracht hat[12], teilt Montgelas seinem Freunde mit: «Nach siebenunddreißigmonatigen Vorstellungen (er rechnet hier die Zeit vom Bekanntwerden der Enthüllungen Utzschneiders und seiner Freunde im Juli 1784 ab) beginnt man nun auch hier, Feuer gegen die Illuminaten zu fangen. Die neue Dokumentensammlung, die der Münchner Hof soeben veröffentlicht hat, und die in Wahrheit weder Weishaupt noch seinen Akolyten zur Ehre gereicht, hat hier eine riesige Sensation hervorgerufen. Ich mußte in dem für den Herzog bestimmten Bande die frappierendsten Stellen kenntlich machen, und wenn ich am nächsten Montag für meine neue Stellung vereidigt werde, so wird der Eidesformel ein Zusatz hinsichtlich dieser aufgelösten Gesellschaft hinzugefügt werden».[13] In einem späteren Brief bezeichnet er den Zweibrückener Illuminaten-Revers, den dann auch Seinsheim unterzeichnen muß, als «mild und nobel».[14] Die zitierten Zeilen vom 26. 8. 1787 zeigen, daß der Herzog tatsächlich vorübergehend in eine Art Alarmstimmung hinsichtlich der Illuminaten versetzt worden war. Wenn trotzdem in Zweibrücken keine Hexenjagd betrieben und sogar bald darauf ein Mann wie Zwack[15] in den Dienst des Herzogs von Zweibrücken gestellt wurde, so muß dies dem Einfluß Esebecks zugeschrieben werden, der in dieser Richtung die gleiche Linie verfolgte wie Hofenfels.

Nachdem Montgelas die Zustimmung Seinsheims zu seinen zitierten Äußerungen erhalten hat, drückt er darüber dem Freunde seine Befriedigung aus, empfiehlt ihm, mit diesen Ansichten auch in München nicht hinter dem Berg zu halten. Gleichzeitig macht er seine eigene Stellung zu dem Orden noch klarer, die anscheinend durch die Lektüre der desillusionierenden Veröffentlichung über Weishaupt und seine engsten Mitarbeiter[16] völlig abgekühlt worden ist. «Man kann ein anständiger Mensch (honnête homme), ein guter Patriot sein, ohne einer solchen Körperschaft oder Gesellschaft anzugehören. Niemals werde ich irgendeiner beitreten, welcher Art sie auch immer sei. Indessen muß man sich hüten, zu weit zu gehen, Unschuldige zu verfolgen, indem man gegen Schuldige einschreitet. Unter den Illuminaten gibt es hochachtbare Leute, deren Freundschaft mir teuer und deren guter Ruf mir kostbar ist, solche wie Baader und andere. Die Absichten der Verfolger sind alles andere als rein. Sie versuchen, der Philosophie,

[12] NOS.

[13] 26. 8. 87. Vgl. S. 63.

[14] 18. 10. 87.

[15] Den Montgelas mit Esebeck in Verbindung brachte (Mo. an S. 29. 3. 1791, Dankschreiben Zwacks an Montgelas v. 29. 5. 1791, Egg. Dazu MA 379 Unterakt 5). Zwack wurde zum Vertreter Zweibrückens am Reichskammergericht in Wetzlar bestellt, ein Posten, den er von 1799 bis 1806 unter Montgelas auch für Gesamtbayern versah.

[16] OS und NOS.

der Wissenschaft und der Literatur (aux lettres) einen tödlichen Schlag zuzufügen. Man will alle diejenigen als Illuminaten abstempeln, die sich jenen Gebieten widmen, und sie unter diesem Vorwand ins Exil treiben. Dies, mein lieber Freund, ist in zwei Worten der Schlüssel und die unverletzbare Leitlinie meines Verhaltens in dieser Sache. Dasselbe steht in Einklang mit der Art, wie man die Dinge hier beurteilt».[17] Daß auch der Herzog Karl August zu einer solchen Beurteilung der Dinge zurückgefunden hat, unterstreicht Montgelas etwas später: «Die Ansichten (des Herzogs) sind aufrecht und nobel: Er mißbilligt die Sache an sich, haßt aber nichtsdestoweniger die Verfolgung und die Intoleranz».[18]

Stets erregt es ihn von neuem, wenn er erfährt, daß man in München noch immer über die Illuminaten schreibt,[19] daß ehemalige Illuminaten, denen man tatsächlich kriminelle Delikte nachweisen kann, behaupten, er, Montgelas, sei einer der ihren und sei auch verhaftet worden,[20] daß man immer wieder Persönlichkeiten wegen ihrer ehemaligen Zugehörigkeit zu dem Geheimbund verfolgt, von denen Montgelas weiß, daß sie vollkommen ehrenhaft sind,[21] daß die Denunzianten im Trüben fischen können[22] und daß man durch immer neue schriftliche Ankündigungen von Maßnahmen gegen die Mitglieder des längst aufgelösten Ordens, noch zur Zeit der Französischen Revolution, ehemalige Illuminaten geradezu zwingt, sich zur Selbstverteidigung wieder zusammen zu schließen.[23] Er empfiehlt Seinsheim, über neue Illuminatenverfolgungen an den Minister Esebeck zu berichten «simplement, sans passion ni ressentiment». «Ich selbst wäre froh, wenn ich dieses elende Wort Illuminat nicht mehr hören müsste», fügt er hinzu.[24] «Ich wünschte aus ganzem Herzen, daß die Illuminaten niemals existiert hätten«.[25]

Dennoch weigert er sich, die Kontakte mit ehemaligen Illuminaten aufzugeben, von deren menschlichem Wert er überzeugt ist und die vielfach für die Zweibrückener Regierung als Vertrauensleute in Bayern arbeiten. Er empfiehlt auch Seinsheim, sich nicht demonstrativ von den anständigen ehemaligen Mitgliedern des Ordens zu trennen. Damit würde er nur seine alten Freunde ver-

[17] 2. 9. 87/I.

[18] 29. 9. 87. Und am 2. 10. 87: «Cette affaire me paraît une de celles où il faut adopter l'opinion du Maître qu'on sert et être tranquille sur le reste. Les vues sont droites et nobles, en désapprouvant la chose en elle-même. Il n'en haït pas moins la persécution et l'intolérance».

[19] 20. 11. 87/II.

[20] 12. 10. 87.

[21] 22. und 24. 2. 88.

[22] Z. B. 20. 5. und 20. 11. 88.

[23] 2. 9. 1790. Ein solches Manifest bezeichnete er als eine echte «trompette de sédition».

[24] 24. 1. 88/II.

[25] 24. 1. 88/I.

lieren, ohne dadurch die haßerfüllten Gegner zu gewinnen. Er würde sich hierdurch isolieren, «ohne Freunde noch Feinde, was sicherlich die schlimmste aller Situationen ist für den Politiker, den Bürger (Citoyen) und den Menschen». Er selbst gehe seinen Weg geradeaus, ohne sich um Jesuiten, Illuminaten oder Rosenkreuzer zu kümmern.[26] Den mit einem Teil der Freimaurerei verbundenen esoterischen Martinisten,[27] die zu den Vorläufern der Romantik gehören, steht er ganz ablehnend gegenüber. Unter Anspielung auf deren spiritistische Sitzungen gratuliert er Seinsheim einmal zu einer neuen «liaison martiniste» und bittet, die Geister von ihm zu grüßen.[28] «Wenn Sie jemals den Stein der Weisen finden sollten, erinnern Sie sich daran, daß ich das Geld liebe, wenn Sie durch Zufall Kenntnis bekommen sollten von der universellen Medizin, denken Sie bitte daran, daß ich dem Leben sehr zugetan bin».[29]

Montgelas ist nicht, wie ihn seine Feinde beschrieben haben, ein Sektierer, eine Art illuminatischer Vereinsmeier. Immer wieder betont er seit der Auflösung des Ordens, daß ihn bei der Beurteilung einzelner Persönlichkeiten nicht die Frage interessiere, ob sie Illuminaten waren oder nicht, sondern ob sie zuverlässig für den Staatsdienst und für die ihnen übertragenen Aufgaben befähigt seien.[30] Allerdings fällt es ihm schwer, ehemaligen Freunden, sei es auch nur im weitesten Sinne, die ihn um Hilfe bitten, seine Unterstützung zu versagen.[31] Dieser Zug fällt auch später in seiner Ministerzeit auf, in der solche Bittgesuche naturgemäß sehr häufig an ihn gelangen. Und er registriert mit Entrüstung Fälle von Rechtsbruch und Behördenwillkür gegenüber Einzelpersonen im Bayern Karl Theodors, auch wenn er dem Staat keineswegs das Recht bestreiten möchte, gegen erwiesene Vergehen solcher Personen gerichtlich vorzugehen. So bezeichnet er das Urteil gegen Frhr. von Bassus als widersprüchlich und als »einen neuen Schlag gegen das

[26] 2. 12. 90. Dies stimmt nicht ganz, zumindest was seine dienstliche Tätigkeit anbelangt, denn von 1787 bis 1790 fordert Montgelas, anscheinend im Auftrag Esebecks, immer wieder Nachrichten und Listen über die Rosenkreuzer in München von Seinsheim an, die er als ebenso gefährlich bezeichnet wie die ‹Loyolisten›, wobei er diese Gruppen als unter sich verfeindet hält, vielleicht ohne die Doppelfunktion von Frank zu kennen. Über die Rosenkreuzer: 6. 11. 87; 11., 18., 25. 3., 15. 4. 1788; 1. 3. 89/II, 15. 3., 25. 4. 89/I und II; 2. 12. 1790. Über die Rosenkreuzer: Kl. *Epstein*, The Genesis of German Conservativism, Princeton 1966, 104–111 u. öfters; Hans *Grassl*, Aufbruch zur Romantik . . ., München 1968, 96–129 u. ö.

[27] Anhänger Saint-Martins; vgl. A. *Faivre*, Kirchberger et l'illuminisme du XVIIIe siècle, Den Haag 1966; H. *Grassl*, Aufbruch zur Romantik . . ., München 1968.

[28] 28. 10. 88/II.

[29] Ebd.

[30] Über ehemalige Illuminaten, die Montgelas ablehnt wegen charakterlicher Mängel z. B. an Seinsheim 5. 2. 88; 19. 3. 89/II; 14. 4., 24. 9. und 11. 10. 89; 6. 2. 91; 5. 5. 93.

[31] Z. B. 15. 10. 87; 4. 4. 89/I.

Recht». Das einschlägige Reskript sei im übrigen von keinem Minister gegengezeichnet[32]. Er bittet Seinsheim, sich in München für den inhaftierten ehemaligen Hofkammer- und Zensurrat F. W. Hillesheim zu verwenden, der seit 1785 unter Karl Theodor 11 Jahre ohne Prozeß in Haft gehalten wird und erst 1796 entfliehen kann, um für den Rest seines Lebens am Reichskammergericht in Wetzlar gegen den Kurfürsten und nach 1799 in München gegen den bayerischen Hofrat zu klagen. Ein solches Verfahren war namentlich im Zuge der Illuminatenverfolgung nicht selten[33]; im Falle Hillesheim wurden als Grund der Verhaftung abfällige Äußerungen über verschiedene Heilige angegeben. «Ich weiß wohl, schreibt Montgelas an Seinsheim, daß Hillesheim ein schlechter Mensch (un mauvais sujet) ist, aber schließlich ist er nicht in den Formen des Rechts verurteilt worden. Seine Haft dauert schon seit langem. Diese Umstände verleihen ein Anrecht auf das Mitgefühl der anständigen Menschen. Versuchen Sie daher, zu seinen Gunsten vorstellig zu werden und erstatten Sie bald ihren Bericht hierüber».[34] Seinsheim spricht hierauf mit dem neuen Kanzler Karl Theodors, Hertling, der den Zweibrückenern wohlgesonnen und auch in dieser Angelegenheit «bien disposé» ist, aber der Kanzler gibt zu verstehen, daß er aus Furcht vor Pater Frank nicht wage, mit dem Kurfürsten über die Sache zu sprechen. Alles was er tun könne, sei, zu versuchen, Frank selbst zur Milde zu stimmen.[35]

Auch Montgelas selbst trifft immer wieder auf neue Schwierigkeiten, die ihm von Bayern aus wegen seiner ehemaligen Zugehörigkeit zu dem Geheimbund gemacht werden, sei es, daß man ihm als Illuminaten Informationen verweigert, die er für seine staatsrechtlichen Arbeiten in Zweibrücken braucht und die der preußische Gesandte Zastrow für ihn mitbringen wollte,[36] sei es, daß ein Heiratsprojekt, das Seinsheim für ihn angebahnt hat, scheitert, weil der mögliche Schwiegervater nichts von Illuminaten wissen will: «Dank der Verleumdungen hat man Vorurteile gegen die Personen erzeugt, die einstmals dieser Sekte angehört haben. Es wäre gut möglich, daß Ihr Monsieur Vorurteile dieser Art hätte. (In diesem Falle) würde ich ohne Zögern verzichten auf seine Verwandtschaft und auf seine

[32] 11. 3. 88. Über Bassus: W. *Volkert* (oben Kap. 3 Anm. 13). Derselbe: Schloßarchiv Sandersdorf, Bayerische Archivinventare Heft 18, Mü, 1962. Darin S. 93 ff. auch Verzeichnis der Bassus'schen Bibliothek.

[33] Über Hillesheim: *Fichtl* II 35 f., 122; *Baader*, Das gelehrte Baiern, 505; K. von *Reinhardstöttner*, Die sittlich-ökonomische Gesellschaft zu Burghausen, 1765–1802, Forschungen zur Kultur- und Lit.-Geschichte Bayerns 3, 48–151, hier 77 ff. – Ablehnung eines Versuches Hillesheim, unter der Regierung Montgelas 1807 eine Zeitung (Allgemeiner Anzeiger) herauszugeben: MInn 25 097.

[34] 8. 11. 1791.

[35] Seinsheim an Mo. 13. 11. 91, Egg.

[36] 29. 9. 87.

Millionen. Ich bin es so sehr leid, seit 6 Jahren diesen unglückseligen Namen (der Illuminaten) in meinen Ohren klingen zu hören, daß ich ihn absolut nicht mehr vernehmen möchte. Ich glaube, daß der Scherz fehl am Platze ist, wenn man über diesen elenden und bedrückenden Gegenstand disputiert ...». [37] Im gleichen Brief beklagt sich Montgelas darüber, daß man, bevor er im Sommer als Gesandter des Herzogs von Zweibrücken zur Kaiserwahl nach Frankfurt reiste, ihn von München aus verdächtigt habe, er wolle in Wirklichkeit in Frankfurt nur «Loge halten». Karl Theodor selbst hat diese Ansicht ausgesprochen; Montgelas betont, der Kurfürst müsse wissen, warum er nach Frankfurt gereist sei und könne sich bei jedem, der einmal mit dem Reichstag zu tun gehabt habe, darüber belehren lassen, was eine Wahlsitzung bedeute, welches Leben man dabei führe und daß man dort keine Muße habe für solche Dinge.[38] «Ich tue meine Pflicht, folge dem Plan, der mir vorgeschrieben ist, und habe keine Zeit, mich mit geheimen Gesellschaften zu befassen, die seit langem zu dem geworden wären, was sie immer hätten sein sollen, nämlich echte Albernheiten (de véritables niaiseries), wenn nicht die Mitglieder gewisser Clubs, die man sehr gut kennt (gemeint sind die Rosenkreuzer und die ehemaligen Jesuiten) den Einfluß mißbrauchten, den ihnen die Umstände (gemeint ist die Schwäche Karl Theodors) verschafft haben, um eine blutige Rache zu üben». Mit denjenigen Illuminaten jedoch, die möglicherweise gegen die Gesetze verstoßen hätten, wolle er nichts zu tun haben. Da er seit dem Verbot des Ordens (1785) keine Kontakte mehr mit demselben gehabt habe, könne er nicht beurteilen, ob das neueste Illuminatenedikt Karl Theodors vom 15. 11. 1790 noch gerechtfertigt und notwendig sei.[39] Tatsächlich gehörte zu dieser Zeit der Geheimbund längst der Vergangenheit an; mit diesem Edikt wollten die Mitarbeiter Karl Theodors nur die Furcht ihres Herrn bestärken, um ihre eigene Stellung noch zu festigen[40].

[37] 2. 12. 90.

[38] Etwas später, als Seinsheim nach dem Kongreß von Karl Theodor freundlich empfangen wird, schreibt Montgelas dem Freunde, er sei nun auch erleichtert. Er glaube, daß der Kurfürst ihnen beiden gerecht würde und daß er die Welt gut genug kenne, um zu wissen, daß man bei einem Wahlkonvent keine Zeit habe, Loge zu halten, «selbst wenn man verrückt genug wäre, diese Platitüden auf Biegen oder Brechen weiter betreiben zu wollen». Unter Anspielung auf Frank meint er: «Man muß glauben, daß sich die Jesuiten dieses Vergnügen köstlich vorstellen, da sie vernünftige Leute verdächtigen, ihr Vermögen und ihre Existenz aufs Spiel zu setzen, um sich dasselbe zu verschaffen ... Im übrigen muß man seinem Herrn und seinen Gesetzen gehorchen, seine Pflicht erfüllen, gerade seinen Weg gehen und sich nicht über die gemeinen Intrigen der Schurken ärgern». (30. 12. 90, Egg., Or. wie üblich französisch).

[39] Ebd.

[40] Am 6. 7. 1791 z. B. berichtet der Legationsrat Kaeser aus München nach Zweibrücken, rachsüchtige und habgierige Personen hörten trotz der Treue und Loyalität des

Diese Illuminatenangst spukt in München weiter, obwohl man keine einzige Zusammenkunft von Mitgliedern des längst verstorbenen Geheimbundes mehr nachweisen kann, ja sie greift im Zusammenhang mit der Furcht vor der Revolution auch auf Kaiser und Reich über. Am 8. Juli 1791 berichtet Graf Lehrbach aus München an Kaiser Leopold II., da der Kaiser sich bei ihm, Lehrbach, im Gespräch wiederholt nach den Illuminaten erkundigt habe, habe er vom Kurfürsten und Minister Vieregg das Angebot erhalten, die in München befindlichen Illuminatenakten unter den nötigen Sicherheitsvorkehrungen geschlossen an den Kaiser persönlich zu dessen Information leihweise zu übersenden.[41] Der Kaiser macht von dem Angebot Gebrauch und sendet dann die Schriften in einer Kiste durch einen Kurier um die Jahreswende wieder an Lehrbach zurück, der sie dem Kurfürsten überbringt mit dem Dank und der Bitte des Kaisers, ihn auch über künftige Ermittlungen in dieser Sache auf dem laufenden zu halten.[42] Karl Theodor teilt bei der Rückgabe der Akten Lehrbach mit, man habe bei dem verstorbenen Geheimen Kanzler Kreittmayr, der das Illuminatenwesen zu bearbeiten hatte, weitere wichtige Schriftstücke gefunden, die vor allem Aufschluß über Ordensmitgleider außerhalb Bayerns gäben. Auch diese Unterlagen sendet Lehrbach nach Wien mit der Bemerkung, der Inhalt sei so wichtig, daß er dem Kaiser dringend empfehle, wenigstens einen flüchtigen Blick darauf zu werfen. Lehrbach berichtet außerdem, der Geheime Hausarchivar von Eckartshausen, der beschuldigt worden sei, als ehemaliger Illuminat wichtige Aktenstücke über die Illuminaten entwendet zu haben,[43] habe, um sich zu rehabilitieren, dem Kurfürsten eine Liste von Illuminaten übergeben, welche er sich von dem Illuminatengegner

bayerischen Volkes nicht auf, «d'entretenir l'Electeur dans la crainte d'une explosion ... Ils l'étourdissent bientôt par ce fantôme obsolète de l'illuminatisme, tantôt par la nécéssité d'introduire une espèce d'inquisition par la plus sévère censure des écrits et des livres». Niemand wage, ihnen zu widersprechen. Der Kurfürst habe keine Ahnung, daß diese Personen die Grundsätze selbst praktizierten, deren sie die Illuminaten anklagten: Protektion der eigenen Kreaturen, Unterdrückung der freien Meinungsäußerung und des Pflichtbewußtseins mit Hilfe der Existenzbedrohung. Zur Zeit arbeite man auch gegen Haeffelin, aber dieser werde zweifellos wieder auf die Füße fallen (K. bl. 197/10). Über Haeffelins Rolle auch die interzipierten Briefe Bermillers und Esebecks in MA 379 Unterakt 3. Die Furcht vor einem Komplott verfolgte Karl Theodor bis zu seinem Tode und wurde von denjenigen, die davon profitierten, immer von neuem geschürt (vgl. unten Kap. 27).

41 Staka Bayern Collectanea Nr. 15.

42 Ebd. Weisung des Kaisers v. 21. 1. und Bericht Lehrbachs v. 3. 2. 1792.

43 Eckartshausens Verteidigungsschrift gegen diesen Vorwurf ist seit dem Zweiten Weltkrieg aus dem Allgemeinen Staatsarchiv verschwunden (Manuskript-Sammlung 324). Vgl. oben Kap. 2 Anm. 22.

Professor L. A. Hoffmann in Wien[44] hatte zuschicken lassen. Diese Liste läßt der Kurfürst durch Pater Frank ebenfalls Lehrbach überbringen. Lehrbach übersendet die Liste nebst einem Schreiben Franks dem Kaiser, bemerkt aber gleich, daß in der Liste Illuminaten und gewöhnliche, ganz harmlose Maurer vermengt seien.[45] Die Liste enthält neben tatsächlichen Illuminaten wie den Herzögen Ernst von Sachsen-Coburg-Gotha und Karl August von Sachsen-Weimar mit Hofrat Wieland, Dalberg, dem Kanzler für Böhmen Graf Kollowrath und dem kaiserlichen Gesandten in London, Philipp Graf Stadion, sowie dessen Bruder Friedrich, dem Würzburger Domherrn[46] auch solche Persönlichkeiten, deren Mitgliedschaft nicht durch andere Quellen bestätigt wird, wie den Kronprinzen (Friedrich Wilhelm III.) von Preußen, den ehemaligen Minister Hertzberg, den Kanzler für Ungarn Graf Palffy und aus Frankreich den Herzog von Orléans, Necker, La Fayette, Barnave, Brissot und Mirabeau, aus England Thomas Paine, von den Göttinger Professoren Frise, während von Schlözer, Spittler und Meiners vermerkt wird, sie hätten auf den Orden «feierlich renuncirt». Nachprüfbarer sind dagegen die zuvor übersandten Listen der bayerischen Illuminaten.[47] Außer den Persönlichkeiten, die bereits früher als Illuminaten erwähnt wurden, fungieren hier noch der Lehenkommissar (Christoph Frhr. von) Aretin, ein nicht genannter Heidelberger Professor mit dem Ordensnamen Epictetus, was sich auf Zentner beziehen könnte, dessen Mitgliedschaft sonst nicht erwiesen ist, sowie die beiden späteren Mitarbeiter Max I. und Montgelas' von Triva und von Verger, aus Österreich Vizekanzler Graf Cobenzl und aus Großbritannien der Gesandte in München Walpole, ein Freund von Montgelas, und sein Bruder. Montgelas selbst erscheint in diesen Listen nur als ein Mitglied unter vielen.

Am 1. März 1792, bald nach dem Abschluß des Bündnis- und Schutzvertrages mit Preußen, stirbt Kaiser Leopold II. überraschend. Im nächsten Jahr beschäftigt sich auch der Reichstag mit den Illuminaten, ein Ergebnis der Furcht vor der Revolution. Es wäre besser, der Reichstag würde sich mit der Visitation und Reorganisation des Reichskammergerichts als mit einem Dekret gegen die geheimen Gesellschaften befassen, meint Montgelas. «C'est penser à de grandes bagatelles. On est parfois bien petit dans notre siècle éclairé».[48] Montgelas schreibt seine

[44] Über Hoffmann: H. *Grassl*, Aufbruch zur Romantik ..., 1968, 267 ff. u. ö.; eingehender: Kl. *Epstein*, The Genesis of German Conservativism, 1966, 517–545.

[45] Wie Anm. 41, Ber. v. 3. 2. 1792. Die Liste fol. 186r–187r.

[46] Vgl. Kap. 3 Anm. 31.

[46] Vgl. Kap. 3 Anm. 31.

[47] Stake Bayern Collectanea Nr. 15, fol. 174r–181r.

[48] 5. 5. 1793, ähnlich Seinsheim an Mo. in Brief vom gleichen Tag.

Meinung darüber an Goertz und Ompteda, die Reichstagsgesandten Preußens und Hannovers, mit denen er befreundet ist.[49]

Bald darauf, als er selbst bereits in großer Gefahr zwischen den Fronten des Revolutionskrieges lebt, faß er in einer abschließenden Formulierung an den Freund nochmals seine Stellung zusammen: «Ich habe meine Meinung über die geheimen Gesellschaften, wie Sie wissen, vollständig geändert und zwar seit sehr langer Zeit. Ich betrachte dieselben als überflüssig und gefährlich, wenn auch nicht ihrem Wesen nach (dans leur principe), so doch wegen der ungewöhnlich großen Gefahr des Mißbrauchs. Indessen weiß ich nicht, ob man richtig handelt, sie durch ein Reichsgesetz zu verbieten. Man nimmt hierdurch vielen Leuten Ehre und Hoffnung, man trägt ein Element des Unfriedens und des Streites in die Familien, wodurch die persönliche Ruhe der Bürger gefährdet wird. Indem man ein neues Verbrechen von nicht definierter Art schafft, liefert man der Verleumdung und der heimlichen, hassenswerten Inquisition, von der man nur zu viele verheerende und scheußliche Beispiele erlebt hat, neue Waffen».[50]

Noch öfters wurde von Montgelas' Gegnern seine illuminatische Vergangenheit beschworen, so als man ihn 1793/94 auf Grund des Vorwurfes, mit den Jakobinern in Zweibrücken zusammengearbeitet zu haben, aus dem Dienst des Herzogs von Zweibrücken herausdrängte. Illuminat gewesen zu sein, hatte hierfür nicht ausgereicht. Illuminat und Jakobiner, das wirkte. Dennoch ist keine seiner späteren Reformen aus dem äußerst dürftigen, eigentlich rein negativen und unausgegorenen Gedankengut des Illuminatenordens und seines Begründers Weishaupt zu erklären, nicht einmal die Säkularisation. Diese war vielmehr durch die politische Lage in Europa, die Französische Revolution, die Politik der Großmächte in der Entschädigungsfrage, den Rastatter Kongreß, den Reichsdeputationshauptschluß von 1803, allgemeine Positionen der Aufklärung, die Finanzlage Bayerns, das Zurückgreifen auf frühere Grundsätze und Auswirkungen des bayerischen Staatskirchenrechts und den Gegensatz der Regierung Montgelas' zu den Landständen bedingt; sie bezweckte aber nicht im Sinne Weishaupts eine Unterwanderung der kirchlichen Pfründen mit Illuminaten und eine schließliche Umwandlung der Kirche in eine atheistische Institution des Geheimbundes.

Unter den Mitarbeitern, mit deren Hilfe Montgelas den bayerischen Staat erneuerte, überwogen zwar durch die Aufklärung geprägte Persönlichkeiten, aber die ehemaligen Illuminaten stellten darunter – entgegen einer bis heute vertretenen Meinung – nur eine Minderheit dar und vertraten keineswegs einheitliche

49 5. und 12. 5. 93.
50 12. 5. 93.

Auffassungen. Von den untergeordneten, mit der Säkularisation befaßten Beamten (Säkularisationskommissäre usw.) sind nur wenige in den Mitgliederlisten des Illuminatenordens verzeichnet. Etwas stärker war der Anteil der ehemaligen Illuminaten an den Landrichtern und dem Personal der von Seinsheim geleiteten Kloster-Aufhebungskommission, gering war er dagegen wieder in der Zentrale. Von den Ministern war außer Montgelas nur der spätere Kriegsminister v. Triva einstiger Angehöriger des Ordens. Der Minister der Geistlichen Angelegenheiten während der Säkularisationszeit, Graf Morawitzky, war sogar Rosenkreuzer gewesen. Der führende Kopf bei der Durchführung der Säkularisation, Zentner, konnte bisher nicht in den Illuminatenlisten festgestellt werden. Der bekannteste Illuminat unter den Geheimen Referendären, den höchsten Ministerialbeamten unter Montgelas, war Franz von Krenner. Gerade er stimmte 1799 in einer wichtigen Sitzung unter der Regierung Montgelas dafür, der Staat solle die grundbesitzenden Klöster in Bayern bestehen lassen und nur stärker zu Abgaben heranziehen[51]. F. X. von Zwack, der einzige der führenden Illuminaten, der nach 1799 im bayerischen Staatsdienst Verwendung fand, hatte unter Montgelas nur politisch einflußlose Positionen inne (bayerischer Vertreter beim Reichskammergericht in Wetzlar bis 1806, Gesandter an kleineren deutschen Höfen), bis er 1816 erster Regierungspräsident der linksrheinischen Pfalz wurde, eine Stellung, in der er Hervorragendes leistete. Andererseits nahm die Kirche selbst in der Restaurationszeit an ehemaliger Mitgliedschaft beim Illuminatenorden kaum Anstoß, wie drei Karrieren zeigen: J. M. Frhr. von Fraunberg wurde Bischof von Augsburg, dann Erzbischof von Bamberg, K. Frhr. von Haeffelin, wie Fraunberg ein wichtiger Mitarbeiter des Ministers Montgelas, wurde Kardinal, J. Wolf wurde Bischof von Regensburg[52].

Die oben zitierten Äußerungen Montgelas' von 1793 kündigen schon an, was später eintritt, als er verantwortlicher Minister Bayerns wird: Zwar entfernt er Persönlichkeiten wie Lippert – Frank war 1796 gestorben – aus ihren Ämtern, was sie auch aus vielen schwerwiegenderen Gründen wohl verdient hatten, als durch ihre gehässige Illuminatenjagd. Die Regierung Montgelas beeinträchtigt sie dabei nicht im Genuß ihrer Güter, wie diese Leute es umgekehrt mit Männern wie Bassus getan hatten. Andererseits aber läßt Montgelas alle geheimen Gesellschaften in Bayern verbieten durch das kurfürstliche Mandat vom 4. November 1799[53]. Die Präambel dieses Mandats zeigt große Ähnlichkeit mit der vorzitierten Äußerung Montgelas' vom 12. 5. 1793; sein Standpunkt hat sich seit-

[51] MA 8008.

[52] Über diese drei vgl. z. B. Beda *Bastgen*, Bayern und der Heilige Stuhl in der ersten Hälfte des 19. Jh., Bd. 1, München 1939.

[53] Dazu MF 13 292.

dem nicht geändert: «Wir haben uns immer überzeugt, daß geheime Gesellschaften, sie mögen in ihrem Ursprung und in ihren Absichten noch so rein sein, leicht zum Schaden des gemeinen Wesens ausarten, daß sie das große Übel mit sich bringen, den Staatsbürger von allgemeinen auf besondere Verhältnisse abzuführen, die besten Gesinnungen zu Befriedigung des Ehrgeizes und der Leidenschaften unbekannter, oft nichtswürdiger Oberen zu mißbrauchen und selbst den Keim der Tugend in angehenden Jünglingen entweder ganz zu ersticken oder nur insoweit aufkeimen zu lassen, als es der Privatnutzen eines solchen Instituts erlaubt.

Aus eben dieser Überzeugung, daß die geheimen Verbindungen und Gesellschaften sich mit der in jedem wohleingerichteten Staate von der obersten Gewalt unzertrennlichen Oberaufsicht auf die Sitten, Ausbildung, Ruhe und öffentliche Sicherheit nicht wohl vereinbaren lassen, ist schon im Jahr 1793 von der teutschen Reichsversammlung der gemeinsame Schluß zu deren allgemeinem Verbot, besonders auf öffentlichen Akademien, veranlaßt worden ...»

Es wird daher verordnet, daß für ganz Bayern «keine geheimen Gesellschaften, welche sich zu irgendeinem politischen, religiösen oder angeblich wissenschaftlichem Zweck» zusammenschließen und diesen Zweck dem Staate nicht voll offenbaren, nicht gestattet werden sollen. Diese Vorschriften werden durch ein Mandat vom 5. März 1804 erneut eingeschärft. Schon durch eine interne kurfürstliche Anweisung an die Generallandesdirektion vom 17. 5. 1799 wurde die unter Karl Theodor am 15. 11. 1790 angeordnete Ablegung des Illuminateneides durch jeden Beamten ersetzt durch einen allgemeineren Eid, mit dem der neueintretende Staatsdiener «das Versprechen ablegen solle, in keiner geheimen Gesellschaft oder Verbindung, von welchem Namen oder Art sie auch sein möge, einzutreten»[54]. Seit mehr als einem Jahrzehnt hatte in Montgelas der Staatsmann über den jugendlich-schwärmerischen Anhänger eines Geheimbundes gesiegt.

[54] Ebd. (Nachlaß Rheinwald) Nr. 22. Diese Spezialanordnung für Beamteneid muß logischerweise auch die Zugehörigkeit zu einer Freimaurerloge mit einschließen, während das zitierte allgemeine Mandat vom 4. 11. 1799 offensichtlich auf Illuminaten, Rosenkreuzer und wohl auch den Fall einer heimlichen Neugründung des Jesuitenordens zugeschnitten ist. Die allgemeine Freimaurerei verfolgte dagegen keine spezifisch politischen, religiösen oder wissenschaftlichen Zwecke, und ihre Bräuche und Zielsetzungen waren durch die Literatur allgemein bekannt. Wenn auch die Freimaurerei in der napoleonischen Zeit und schon seit Ausbruch der Revolution allgemein eine stark rückläufige Entwicklung erlebte, so gab es in Bayern unter Montgelas doch zumindest in den neubayerischen Gebieten (Nürnberg, Ansbach, Bayreuth) stets Freimaurerlogen (vgl. z. B. MInn 43 892, Erklärung der Erlanger Loge, daß die Freimaurer nicht zu den geheimen Verbindungen gehören. Bildung einer Landesloge. Die Loge in Regensburg. 1815–1818). Vgl. auch Kap. 3 Anm. 2.

Das Illuminatentum war seit 1786 nicht mehr existent und wäre wohl auch ohne die Verfolgung[55] bald eines natürlichen Todes gestorben. Die oft wiederholte Behauptung, Montgelas sei innerlich nie vom Illuminatentum losgekommen und habe in seiner Regierungszeit einfach das Programm dieses Geheimbundes vollstreckt, ist durchaus unzutreffend. Es wurde bereits dargelegt, daß diese Gesellschaft gar kein politisches Programm besessen hat, ferner, daß Montgelas' eigene Auffassungen über Geheimbünde sich völlig gewandelt hatten. Andererseits stimmte es auch nicht, daß Montgelas als Minister seine ehemaligen Bekannten aus dem Geheimbund verleugnet hätte[56]. Wenn ein Notleidender sich an ihn mit einer Bitte um Hilfe wandte, so unterstützte er ihn, sofern es sich administrativ rechtfertigen ließ.

Dies trifft besonders für Weishaupt selbst zu, obwohl das zitierte Mandat von 1799 ohne Zweifel besonders auf ihn gemünzt ist, wenn es von unbekannten, oft nichtswürdigen Oberen von Geheimbünden spricht, die die besten Gesinnungen ihrer Mitglieder zur Befriedigung ihres eigenen Ehrgeizes mißbrauchen. Aus der gesamten Ministerzeit Montgelas' sind Briefe Weishaupts an ihn erhalten[57]. Diese langen, mit enger kleiner Schrift geschriebenen Episteln enthalten, ebenso wie die zahlreichen der Rechtfertigung dienenden Veröffentlichungen Weishaupts, keine wesentlichen neuen Ideen. Montgelas geht in seinen Antworten nicht auf die wortreichen Tiraden Weishaupts ein.

Als zum Beispiel Weishaupt 1809 an Montgelas eine ungenannte Schrift übersendet (es muß sich um die erste Lieferung von ‹Materialien zur Beförderung der Welt- und Menschenkunde›, 3 Lieferungen Gotha 1809/10, handeln) und ihm mitteilt, der Minister werde sich durch den Inhalt überzeugen, daß diese Abhandlung «ein wahres Bedürfnis unserer Zeiten ist und daß vielleicht noch kein Schriftsteller vor mir den Wert und die Vorzüge der Monarchien mit solchen Gründen unterstützt habe als ich, der ich noch zur Stunde durch die Schuld mei-

[55] Wie *Le Forestier* 539 sagt.

[56] In einer offensichtlich von Montgelas selbst oder nach seinen Angaben verfaßten gedruckten Erwiderung auf ein Pamphlet gegen seine Person formuliert der Verfasser (Montgelas) den hier skizzierten Standpunkt im Jahr 1803 selbst: «Der Minister Montgelas hat bisher niemand verfolgt, und verfolgt noch niemand; seine Freunde aber behandelt er noch auf dem nämlichen Fuß, wie er dieselben als ehemaliger Hofrath behandelt hat: nur muß des Ministers Pflicht den Freundschaftspflichten immer vorgehen, oder wenigstens damit vereinbar seyn». Zit. nach S. 21 der gedruckten Schrift ‹Ein paar Worte über die schamlose Schmähschrift: Gallerie der merkwürdigsten baierischen Staatsbeamten, drittes Heft: Max Freyherr von Montgelas, Minister der auswärtigen Angelegenheiten, bey J. P. Volbert, Mainz, im 8ten Jahre der französischen Republik, 1803›. Den Hinweis auf diese Schrift verdanke ich Herrn Dr. Richard Bauer, München.

[57] Z. B. MA 49, 9273, MInn 44 659.

ner Landes Leute in ganz Europa in dem Ruf stehe, allen Kronen den Untergang geschworen zu haben», dankt ihm Montgelas und fügt hinzu, seine Regierungsgeschäfte ließen ihm leider keine Zeit, die Schrift zu lesen. Trotzdem übersendet ihm Weishaupt im nächsten Jahr die zweite Lieferung mit der Bitte, wenn schon der Minister keine Zeit habe, das Werk der Aufmerksamkeit zu würdigen, so dürfte es doch wenigstens für dessen Gemahlin «keine ganz unangenehme Lektüre sein»[58]. Doch Montgelas weiß, womit er Weishaupt, der in der Regel in seinen Briefen Klagen über seine geringe Besoldung als gothaischer Hofrat anbringt, wirklich helfen kann. Zwar wird Weishaupts Hoffnung, unter dem Ministerium Montgelas nach Bayern zurückkehren und eventuell eine Rolle spielen zu können, bereits 1799 unmißverständlich zerstört[59]. Mit Diplom vom 1. 8. 1808[60] läßt er jedoch Weishaupt zum korrespondierenden Mitglied der Bayerischen Akademie der Wissenschaften ernennen, was dem so Geehrten ohne die Verpflichtung zu einer Gegenleistung oder gar zum Erscheinen in Bayern (beides ist nicht erwünscht) zu einer lebenslänglichen, mehrfach aufgebesserten Pension verhilft[61]. Ferner verschafft er ihm bei König Max I. Erziehungsstipendien für seine vier Söhne in Bayern, die Ludwig I., der auch als Kronprinz mit Weishaupt korrespondiert hatte[62], obwohl er sicherlich nicht mit dem Illuminatismus sympathisierte, bereitwillig fortsetzte. Drei Söhne Weishaupts wurden bayerische Offiziere, zwei davon als Generäle in den Adelsstand erhoben. Einer von ihnen, Karl von Weishaupt, war 1848 bayerischer Kriegsminister, der jüngste Sohn, Alfred von Weishaupt, wurde bayerischer Oberberg- und Salinenrat in Berchtesgaden[63]. Adam Weishaupt selbst, der seine Hauptaufgabe darin gesehen hatte, die Kirche zu zertrümmern, sammelte am Ende seines langen Lebens (gestorben 1830) die Mittel zum Bau einer katholischen Kirche in Gotha, zu der

[58] MA 9273. Daß Montgelas sonst als Minister sehr wohl Neuerscheinungen, die ihn interessierten, las oder wenigstens ansah, zeigt seine Korrespondenz mit anderen Autoren, z. B. sein Dankschreiben an Johannes von Müller in dem gleichen Akt.

[59] *Wolfram* II 69; *Le Forestier* 553; *Engel* 384–387, hier Wortlaut des Briefes an Montgelas vom 26. 6. 1799.

[60] Abgebildet bei *Engel* 388; *Le Forestier* 554.

[61] *Engel* 386, 398 f. – In einem Brief aus Gotha vom 12. 7. 1810 z. B. bedankt sich Weishaupt bei Montgelas für eine erwiesene große Gnade, die er nie mißbrauchen werde. «Nur in Fällen, wo ich mir nicht zu helfen weiß, wende ich mich an Sie, und in solchen Fällen scheint es, als wenn ich auf Ihre Gnade und Unterstützung rechnen könnte. Ich habe wenigstens bis diese Stunde erfahren, daß Sie mich nie verlassen haben». Im weiteren Verlauf des Briefes kritisiert Weishaupt Montgelas' Nachsicht gegenüber der fremdenfeindlichen Gruppe um Aretin, die den aus anderen deutschen Staaten berufenen Gelehrten das Leben sauer machte (MInn 44 659).

[62] *Engel* 386.

[63] Ebd. 391 f.

er von Ludwig I. einen bedeutenden Beitrag erhielt[64]. Sein noch nicht eine Dekade überdauernder Geheimbund, der – obwohl eine «echte Albernheit», wie Montgelas rückschauend schon 1790 geschrieben hatte – noch bis in das erste Jahrzehnt des neuen Jahrhunderts die Phantasie der Zeitgenossen beschäftigt hatte, war beim Tode seines Gründers zu einer bloßen historischen Erinnerung geworden[65].

6. Die Außenpolitik Zweibrückens unter dem Einfluß von Montgelas, 1787–1793

Montgelas sind zusammen mit Cetto alle Aufgaben zugefallen, die einst Hofenfels oblagen, das heißt, die tatsächliche Führung der Außenpolitik des Herzogs. Beide stehen dabei unter der Aufsicht des einzigen Ministers, Ludwig Frhr. von Esebeck, der sich ihre Vorschläge in der Regel zu eigen macht und sie gegenüber dem Herzog und den ausländischen Höfen vertritt. Dies ist Esebecks großes Verdienst, das Montgelas in seinen Briefen stets anerkennt[1]. Die Arbeit der beiden Legationsräte und die Unterstützung, die ihnen Esebeck gewährt, bewirken, zusammen mit der etwas schwankenden eigenen Einsicht des Herzogs, daß auch nach dem Tode von Hofenfels Zweibrücken seine politische Linie beibehält, die ihm Ansehen bei den europäischen Höfen erworben hat: Verhinderung aller österreichischen Absichten auf Bayern, aller eventuellen Tauschwünsche Karl Theodors, dagegen Neutralitätspolitik in Anlehnung an Preußen und den Fürstenbund und – bis in die Anfänge der Revolution hinein – auch an Frankreich.

Es ist erstaunlich, wie dieses aus Esebeck, Cetto, Montgelas und zwei Sekretären bestehende Außenministerium eines kleinen Staates aktive Außenpolitik treibt, wie es mit Hilfe einiger Gesandter die Fäden nach Berlin, Paris, Petersburg, nach München und zu den übrigen deutschen Kurhöfen in der Hand hat, wie es seine Ansichten am Reichstag mit Hilfe anderer Staaten zur Geltung bringt und wie es überall die Absichten Wiens durchkreuzt und das Gewicht seines Herzogs als des präsumptiven Erben Pfalzbayerns, der drittgrößten Ländermasse des Reiches, in die Waagschale zu werfen versteht.

64 Ebd. 396.

65 Zur Frage des Weiterbestehens des Illuminatenordens: *Dunan* 452; *Le Forestier* 699–715; H. *Scheel*, Süddeutsche Jakobiner 644 ff.; L. *Hammermayer*, Illuminaten in Bayern ... in: Krone und Verfassung ... (Wittelsbach und Bayern III/1), München 1980, 146–173; E. *Weis*, Der Illuminatenorden ... München 1987.

1 S. auch Kap. 12 und 18.

Daneben nimmt das Zweibrückener Außenministerium noch eine zweite Aufgabe wahr: es ist eine Art geheimer Nebenregierung Bayerns. Man bereitet alles für den Tag x, den Tod Karl Theodors, vor, nach dem der Herzog von Zweibrücken nach menschlichem Ermessen in München als Kurfürst einziehen wird. Schon unter Hofenfels war man sich klar gewesen, daß von diesem Tag an Bayern nicht nur eine neue Außenpolitik treiben müßte, sondern auch, daß der Staat und die Verwaltung von Grund auf zu reformieren seien. Aber Hofenfels hatte für Bayern noch nicht viel vorbereiten können; auch zu seiner Zeit hatte Zweibrücken viele Vertrauensleute in Bayern unterhalten, aber man hatte seine Aufmerksamkeit hauptsächlich auf die Beziehungen Karl Theodors zu Wien und die Gefahr neuer Tauschpläne konzentriert.

All dies erhält nun neue Impulse, seitdem Montgelas, wenn auch in der äußerlich unscheinbaren Stellung eines Legationsrates, die Dinge in die Hand bekommt. Er steht mit dem preußischen Gesandten beim Reichstag, Graf Goertz, mit dem hannoveranischen Gesandten in Regensburg, D. H. L. Frhr. von Ompteda, mit den französischen und englischen Gesandten in München, Graf Montezan und Th. Walpole, mit Wissen Esebecks in regelmäßigem geheimen Briefwechsel. Über die Ereignisse in Bayern informieren den Herzog und Esebeck amtlich und Montgelas außerdem privat die wichtigsten Agenten, die Zweibrükken in Bayern besitzt: Der als ‹Aufpasser› der Zweibrückener Linie des Hauses Wittelsbach in Landshut wohnende Herzog Wilhelm von Birkenfeld, der zweibrückische Legationsrat und Vertreter in München, Käser, der Gesandte Zweibrückens am Reichstag, Graf Seinsheim, und der pensionierte, in München lebende General Clerembeau. Auf die Berichte dieser vier Persönlichkeiten an den Herzog und Esebeck entwirft Montgelas die Antworten. Mit Seinsheim und Clerambeau, wohl auch damals schon mit Herzog Wilhelm[2], unterhält Montgelas außer der offiziellen Korrespondenz, die in Zweibrücken er entwirft, aber Esebeck unterzeichnet, auch noch einen privaten Schriftwechsel. Außerdem korrespondiert der Zweibrücker Hof noch mit einer Anzahl weiterer Persönlichkeiten in Bayern, zum Teil direkt, zum Teil über Seinsheim, Käser und Clerambeau[3]. Vorwiegend sind es höhere Beamte, die die Zweibrückener Regierung mit Auszügen aus bayerischen Akten versorgen über Hoheitsrechte, Einnahmen und Ausgaben, historische Rechtstitel und mit Nachrichten über gegenwärtige Verhandlungen der Regierung Karl Theodors mit Österreich, mit dem Vatikan,

[2] S. oben Kap. 5 Anm. 3. Bei Herzog Wilhelm in Landshut war Montgelas 1788 zu Besuch gewesen. Seit 1791 liegen Briefe Wilhelms im Montgelas-Nachlaß.

[3] In der Zeit von Hofenfels z. B. Haeffelin und Leyden: vgl. die Berichte Kinkels (K. bl. 197/4).

mit den Fürstbischöfen, die teilweise des Kurfürsten Gegner sind und mit Zweibrücken in gutem Einvernehmen stehen, sowie mit den bayerischen Ständen. Für diese Korrespondenz, die fast ganz in Montgelas' Händen zusammenläuft und von ihm teils selbständig, teils mit der Unterschrift Esebecks geführt wird, hat man neben einem Chiffrencode ein eigenes System von Decknamen; man weiß, daß die Beamten Karl Theodors und die österreichischen Gesandten in München mit Hilfe der stets österreichhörigen Post häufig Briefe zwischen Zweibrücken und München, Zweibrücken und Regensburg, insgeheim öffnen[4].

Nichts Wesentliches, das sich inner- und außerhalb Bayerns abspielt und Bezug hat auf die Zukunft und die Hoheitsrechte des Kurfürstentums, entgeht Montgelas' Aufmerksamkeit. So befaßt er sich mit den Domänenveräußerungen, durch die Karl Theodor zugunsten seiner zahlreichen illegitimen Kinder und Günstlinge das Staatsgut schmälert[5]. Unter den Lieferanten solcher Unterlagen befindet sich auch der Minister Karl Theodors, Franz Karl Frhr. von Hompesch, der vor seinem Tod 1800 noch ein Jahr neben Montgelas als bayerischer Finanzminister tätig sein wird. Er gehört bereits damals, wie der Minister für die Kurpfalz, Frhr. von Oberndorff, und wie seit 1790 der neue Kanzler Karl Theodors, Frhr. von Hertling, zu den «kurfürstlichen Dienern», die «bei ihrem Benehmen einen Blick auf die Zukunft geheftet» haben und mit dem

[4] Solche Abschriften von auf Befehl Karl Theodors erbrochenen Briefen z. B. MA 379 Unterakt 3 aus der Zeit 1790–1794, darunter auch Briefe Esebecks. Dem Untersuchungsakt gegen Pfarrer Bermüller, einen Freund von Montgelas, liegt der Kabinettsbefehl Karl Theodors an Lippert vom 9. 5. 1790 bei, die Brieferbrechungen zu leiten. Lippert soll mit Hilfe eines zu strengstem Stillschweigen verpflichteten Aktuars alle Briefe öffnen, die ihm vom Kurfürsten zugeleitet werden, Abschriften nehmen und die Originale wieder verschließen. Wie Herzog Max und Montgelas in ihren Briefen von 1797 und 1798 mehrfach erwähnen (z. B. in MA 1, K. bl. 196/5d), war Bayern, das Land von Max' Onkel, wie sie hervorheben, das einzige Territorium, wo je – und zwar sehr oft – Briefe von ihnen geöffnet wurden. Vgl. auch Anm. 15. – In dem Decknamensystem ist z. B. Herzog Karl August von Zweibrücken: Monsieur Richard; Esebeck: M. Le Noble; Karl Theodor: Goderneau; der französische Gesandte Graf Montezan: M. Lang; Clerembeau: M. Pitt; Käser: Burke; der ehemalige französische General, dann preußische Diplomat Heymann: M. Heil. Diese Decknamen konnte ich aus der Korrespondenz identifizieren; ein Schlüssel ist nicht überliefert.

[5] 4. 10. 87, 29. 11. 87, ferner an Clerembeau, Anfang Dezember 87 (nicht datiert, liegt zwischen den Briefen an Seinsheim, Egg.). In dem letzteren Brief weist Montgelas Clairembeau an, wenn man in München darüber spreche, daß Montgelas in Zweibrücken Material über die bayerischen Domänen sammle, so bleibe nichts anderes übrig, als zu verbreiten, er, Montgelas, treibe, wie auch früher schon, rein historische Studien über dieses bedeutsame Kapitel der bayerischen Geschichte. In Wahrheit sei es eine politisch höchst wichtige Sache, von der viel abhänge. Das Material über die Domänen liefert z. B. ein Abbé Kiermayer in München.

Zweibrückener Hof hinter dem Rücken des Kurfürsten zusammenarbeiten, wie der österreichische Gesandte Graf Lehrbach grimmig nach Wien berichtet[6].

Montgelas läßt sich genaue Unterlagen über Einnahmen und Ausgaben der Stände und über die von den Ständen übernommenen Schulden des Kurfürsten und des Staates schicken[7]. Immer wieder bittet er um weitere Unterlagen über die Finanzen und über die Bevölkerungszahlen der bayerischen Provinzen; über diesen letzteren wichtigen Punkt, so stellt er bedauernd fest, enthalten die von Hofenfels gesammelten Unterlagen überhaupt noch nichts[8]. Seine besondere Aufmerksamkeit widmet er Bayerns wichtigstem Wirtschaftsgut, dem Salz, seiner Produktion, den für das Land so wichtigen Verträgen, die seit alters her das Erzstift Salzburg und die Fürstpropstei Berchtesgaden verpflichten, Salz an Bayern zur Verarbeitung (nebst dem dazu nötigen Holz) und zum Vertrieb zu liefern, ferner auf den Salzhandel Bayerns mit den Abnehmerstaaten[9]. Montgelas' Studien über das Salz werden später in einem Memoire von 1796 und in seiner Beschäftigung als Minister mit der Verbesserung der bayerischen Salinen und der Absatzverhältnisse fruchtbar gemacht werden. Scharf kritisiert er die Verpachtung staatlicher Unternehmen und Erträgnisse, deren Höhe man in München nicht einmal genau kennt, durch die bayerische Regierung. «Eine grundlegende Reform der Regie müßte die erste Sorge sein, ihre Abschaffung die zweite»[10].

Auch viele andere Punkte, in denen er künftige Reformen vorbereitet, beschäftigen Montgelas bereits in dieser frühen Zeit. Im Gegensatz zu Seinsheim findet er die Schaffung einer von den normalen Gerichten getrennten Verwaltungsgerichtsbarkeit nach dem Vorbild Preußens und anderer Staaten sehr zweckmäßig[11]. Er sucht sich Klarheit über die Rechtsgrundlage des kaiserlichen Postregals zu schaffen und zu prüfen, ob der Kurfürst sich nicht davon befreien könne[12]. Diese Frage ist nicht nur aus Erwägungen der Staatshoheit und des Fiskus wichtig, sondern auch wegen des «brigandage des postes», wie Montgelas anläßlich eines der zahlreichen Fälle von Brieföffnungen schreibt, die auch die Verbindungen Zweibrückens mit seinen Mitarbeitern in München gefährden[13].

[6] Staka Bayern 69, 25. 1. 1788.
[7] 9. 10. 87.
[8] 18. 10. 87.
[9] 2. 10. 87/II; 18. 3., 15. 4., 13. 5. 1788.
[10] 31. 12. 88.
[11] 19. 3. 89/I.
[12] 9. 10. 87.
[13] 3. 3. 89, ferner 15. 1. 89, 27. 1. 89 (positiver Beweis der Öffnung), 19. 3. 89/II. Beschwerden Seinsheim in Regensburg bei den Fürsten Thurn und Taxis nützen nichts. Die Öffnungen werden auf Befehl Karl Theodors, gelegentlich wohl auch Österreichs, durchgeführt. Vgl. auch oben Anm. 4.

Montgelas kritisiert die Nachgiebigkeit Karl Theodors gegenüber Joseph II., auch in Zollfragen. Einen solchen Fall bezeichnet er als «neuen Bankerott Goderneaus» (d. h. Karl Theodors). Ferner kritisiert er den sehr schlechten Ausbildungsstand der bayerischen Armee, die nicht einmal 2000 Mann zur Bekämpfung der Revolution in Lüttich in Marsch setzen könne. Er fragt, wo eigentlich die für das Heer aufgewendeten hohen Mittel geblieben seien[14]. Daß unter Karl Theodor auch abgesehen von den bekannten Begünstigungen öfters Geld in dunkle Kanäle geflossen ist, ist sehr wahrscheinlich[15].

Auch mit einer anderen als Skandal empfundenen Maßnahme Karl Theodors befaßt sich Montgelas damals: mit der seit 1781 erfolgten Übertragung der Güter des aufgehobenen Jesuitenordens statt, wie geplant, an den Schulfonds, an eine zur Versorgung der Kinder Karl Theodors gegründete bayerische Zunge des Malteserordens[16]. Nach einer Aufstellung über die Gesamteinkünfte dieses Ordens in Bayern läßt er sich im Auftrag seines Herzogs noch genaue Unterlagen über Besitz und Einkünfte jeder einzelnen Kommende nach Zweibrücken schikken[17]. Schon damals lag in Zweibrücken der Plan fest, diese Güter des Malteserordens nach dem Tode Karl Theodors sofort für den bayerischen Staat einzuziehen, eine Maßnahme, die tatsächlich 1799, zu Beginn der Regierung des Kurfürsten Max Joseph, etwas voreilig ausgeführt werden wird und dann wegen der Entrüstung des Zaren Paul, der im Malteserorden sein Lieblingskind sieht und dessen Vermittlung man in der Entschädigungsfrage benötigt, vorübergehend wieder rückgängig gemacht werden muß.

Auch zahlreichen Nachbarterritorien und Enklaven, die er später als Minister tatsächlich in bayerischen Besitz bringen wird, schenkt der junge Montgelas be-

[14] 1. 11. 89/II.

[15] Vgl. z. B. den bei Engel 270 f. in Übersetzung abgedruckten Bericht des französischen Gesandten in München, Graf Montezan, vom 11. 11. 1786, wonach besonders deshalb so eifrig nach Zwack gefahndet worden wäre, weil man in seinen Papieren Notizen aus seiner Tätigkeit in der Leitung der Finanzen gefunden hätte, die bewiesen, daß 1781 die Hälfte eines sehr hohen Betrages, den Bayern dem Erzbischof von Salzburg für Soleleitungen schuldete, nicht diesem Fürsten ausbezahlt, sondern zwischen einigen Ministern, dem Freiherrn von Lehrbach und der Kasse der natürlichen Kinder des Kurfürsten aufgeteilt worden seien. Fahndung nach Zwack: Staatsarchiv Speyer, Zwack-Nachlaß A 17; K. s. 2909. Zwacks Eintritt in kölnischen Dienst 1787: K. s. 15 415. Vgl. auch unten S. 405.

[16] L. *Steinberger*, Die Gründung der bayerischen Zunge des Johanniterordens, Berlin 1911.

[17] 31. 1. 88 u. ö., zuletzt 24. 1. 93. Hier teilt er mit, die Akten über die Kommenden habe er, Montgelas, bereits als Hofrat in München in seiner Obhut gehabt; sie müßten sich noch im gleichen Sekretär befinden, vor dem jetzt Eisenreich sitze. Der geistliche Ratsdirektor Eisenreich war auch stets der Hauptlieferant Zweibrückens für alle Unterlagen über Kirchengut in Bayern, er half auch in Sachen des Malteserordens.

reits damals, 1½ Jahrzehnte früher, seine ganze Aufmerksamkeit. Er läßt sich zahlreiche Unterlagen über sie, ihren Wert, ihre Geschichte, ihren reichsrechtlichen Status aus München, Regensburg, manchmal auch aus Wien besorgen: So über die böhmischen Lehen in der Oberpfalz[18]. Er wird ihnen auch später in Form einer großen Denkschrift und diplomatischer Bemühungen auf dem Kongreß zu Rastatt, sowie schließlich als Minister bis zu ihrem Erwerb sein Augenmerk widmen. Schon 1789 fordert er in Voraussicht des nahen Todes Josephs II., bei den kommenden Wahlkapitulationsverhandlungen für die böhmischen Lehen «etwas zu tun»[19]. Trotz der Entfernung von den Münchner Archiven und dem Fehlen jeder einschlägigen Literatur hat Montgelas eine Denkschrift für den bayerischen Kanzler Kreittmayr über diese Frage ausgearbeitet, die jedoch, wie alle Anregungen aus Zweibrücken, in München nicht verwertet wird[20]. Nicht weniger beschäftigt er sich mit den Möglichkeiten, andere, besonders geistliche Enklaven für Bayern zu erwerben: das regensburgische Donaustauf, das passauische Obernberg, das salzburgische Mühldorf, den augsburgischen Lechrain, die freisingische Grafschaft Werdenfels mit Partenkirchen und Mittenwald[21]; er studiert die bayerischen Ansprüche auf die Grafschaft Helfenstein, die Möglichkeiten, die wenigen weltlichen Fürstentümer innerhalb Altbayerns: Ortenburg, Neufrauenhofen, Breitenegg zu erwerben[22], fordert, man solle das letztere kaufen[23], beschafft sich über Seinsheim von dem fähigen Leiter des bayerischen Vermessungswesens Adrian von Riedel, den er auch später als Minister fördern wird, genaue Unterlagen über die Inngrenze, d. h. die Grenze zu dem 1779 abgetretenen Innviertel[24]. Obwohl er anläßlich des nahenden Todes Josephs II. bayerische Absichten auf die Kaiserkrone als unrealistisch entschieden ablehnt[25], bittet er doch Seinsheim, ihm von den Archivaren Eckartshausen – dem rechtzeitig abgefallenen Illuminaten, der jedoch mit Zweibrücken nach wie vor heimlich zusammenarbeitet – und Schneid aus den bayerischen Archiven die Beweisurkunden für die seinerzeitige bayerische Rechtsdeduktion, die im Krieg gegen Österreich 1741 publiziert worden war, zu besorgen. Er meint offenbar, wie öfters in solchen Fällen, nicht Abschriften, sondern gleich die Originale, ein Verfahren, dem anscheinend viele bayerische Beamte gegenüber den Vertretern ihres

[18] 6. 9. 87; vgl. unten Kap. 16 und 26.
[19] 31. 5. 89.
[20] 14. 3. 90.
[21] 29. 9., 2. 10. 87; 18. 3., 15. 4., 13. 5. 88; 20. 1. 89.
[22] 29. 9., 2. 10. 87.
[23] 11. 12. 91.
[24] Seinsheim an Mo. 25. 12. 91.
[25] S. unten Kap. 16.

künftigen Landesherrn keinen großen Widerstand entgegensetzten. «Wenn Sie gut stehen mit den Herren Eckartshausen und Schneid, so wären diese vielleicht geneigt, Ihnen einen alten Schatz zu opfern, von dem sie kaum Gebrauch machen. Ich wünschte lebhaft, diese Dokumente zu besitzen, weil sie selten, fast vergessen sind und weil sich unter den Beweisstücken wichtige Urkunden befinden. Es ist mir peinlich, Sie so oft zu belästigen. Aber der Durst nach Wissen reißt mich fort wie die Alchimisten der nach Gold. Nennen Sie meinen Namen nicht, wenn Sie mit den beiden sprechen»[26]. An anderen Stellen betont Montgelas, daß er solche Wünsche nach Dokumenten und Abschriften nicht zu seinem Vergnügen, sondern im Interesse des Dienstes an seinem Fürsten äußere.

Das besondere Augenmerk des Zweibrückener Legationsrates gilt schon damals den bayerischen Landständen. Dabei zeigt sich, daß er über der Taktik des Augenblicks – die Stände sind die stärksten Verbündeten im Kampf gegen Tauschpläne und die einzigen zuverlässigen und zahlungsfähigen Geldgeber der beiden Herzöge von Zweibrücken in Bayern – nicht die Ziele der Zukunft aus den Augen verliert: die Beseitigung der dualistischen Verfassung und die Verwirklichung der ungeteilten Staatssouveränität.

Montgelas bittet Seinsheim, ihm aus München Unterlagen über die Landschaftsverordnung seit dem letzten Landtag von 1669 zu besorgen. Er selbst hat sich in seiner Münchner Zeit auch schon damit beschäftigt[27]. Er überreicht sie, als sie in seinen Besitz gelangt sind, dem Herzog[28]. Neben Aufschlüssen über die Finanzen der Stände und die Schulden, die sie für den Kurfürsten übernommen haben, möchte er auch von Seinsheim Abschriften der Landtafeln von 1470, 1560 und 1672, offenbar um die Zahl der Hofmarken mit niederer Gerichtsbarkeit damals und in der Gegenwart vergleichen und feststellen zu können, in welchem Umfang Karl Theodor zusätzlich niedere Jurisdiktion veräußert hat. Er bittet Seinsheim, eine von ihm, Montgelas, ausgearbeitete Tabelle über die Hofmarken Bayerns zu ergänzen. Er werte diese Informationen, so schreibt er, mühsam aus[29]. Als der Zweibrückener Hof wegen des Ausbleibens der Einnahmen aus seinen französischen Besitzungen seine Ausgaben in München für die Beschaffung von Aktenabschriften und seine zahlreichen geheimen Zahlungen an bayerische Beamte drosseln muß, erklärt sich Montgelas trotz seiner eigenen finanziellen Bedrängnis, in die ihn die Revolution gestürzt hat, bereit, auf eigene Kosten die Abschriften der Landtagsprotokolle fortsetzen zu lassen. Wenn sein Hof sie nicht

[26] Mo. an Seinsheim 2. 9. 87/II.
[27] Ebd.
[28] 19. 3. 89.
[29] 20. 11. 87/II.

mehr wünsche, könne er sie persönlich auch brauchen[30]. Noch 1791 finden wir Montgelas mit der Sammlung solcher Protokoll-Abschriften beschäftigt[31]. Im Jahre 1793, als die Abschriften ins Stocken geraten sind, fordert er Seinsheim kurzerhand auf, in München Originalakten der Stände zu kaufen[32]. Reste dieser Arbeiten liegen uns noch vor: in einem 30-seitigen etwa 1788 von Montgelas eigenhändig verfaßten Manuskript für seinen politisch-staatsrechtlichen Gebrauch: ‹Extraits des diètes de 1580 et 1583›[33], in einem auf die damals bereits veröffentlichten Quellen zur bayerischen Geschichte, wie die Monumenta Boica und die Publikationen von Oefele gestützten, um die gleiche Zeit eigenhändig geschriebenen 82-seitigen Manuskript (nur soviel ist erhalten) über die bayerische Kirchen- und Staatsverfassung seit dem frühen Mittelalter[34], in zwei Fragmenten über den Landtag von 1514[35], in für ihn gefertigten Abschriften über die Verhandlungen Karl Theodors mit der bayerischen Landschaft 1793[36] und in anderen historischen Arbeiten[37].

[30] 29. 11. 89; die Abschriften besorgte ihm der ihm und Seinsheim ergebene Geheimsekretär Purkard, ein ehemaliger Illuminat, der ebenfalls in den zweibrückischen Dienst eingetreten war und auch später unter Montgelas im bayerischen auswärtigen Dienst Verwendung fand.

[31] 3. 7. 91.

[32] 24. 1. 93.

[33] MA 61.

[34] MA 64; s. unten Kap. 11.

[35] K. bl. 427/5/2.

[36] K. bl. 427/5/28.

[37] Unten Kap. 11. 10. 3. 89. Montgelas lobt das scharfe, sarkastische, von seinem Freund Eisenreich verfaßte kurfürstliche Reskript, mit dem Karl Theodor auf die Beschwerden der Landschaftsverordnung wegen der Zerstörung der Münchner Stadtbefestigung und der Verlegung des Marktes außerhalb der Stadt geantwortet hat. «Eisenreich leur a répondu à merveille ... je lui en fais mon compliment, c'est ainsi qu'on renvoie ceux qui n'ont rien de mieux à faire que de chicaner leur souverain sur des minuties», 17. 5. 91. Über diese Vorgänge O. *Steinwachs*, Der Ausgang der landschaftlichen Verordnung in Bayern, Obb. Archiv 55, 1910, 2. Kap., S. 89–114. Im gleichen Jahr schreibt Esebeck in einem von den Agenten Karl Theodors erbrochenen und abgeschriebenen Brief an Kaeser vom 2. 9. 1790 (MA 379 Unterakt 4), höchstwahrscheinlich nach einem Entwurf von Montgelas: «J'espère que les troubles qui ont agité la ville de Munich seront calmés. Ceux qui les ont provoqués, me paraissent ou bien inconséquents ou bien peu amis de la sûreté et du repos de leur maître» (die drei letzten Worte sind vom Interzipienten kritisch unterstrichen). «M. Eisenreich fait bien de défendre les droits du souverain et la contribution proportionnelle de tous les ordres de l'Etat aux besoins publics. Je désire seulement qu'il le fasse avec modération, plutôt en éclairant les privilégiés sur la nécessité d'une répartition égale des impôts qu'en employant la force d'un ordre plus nombreux de citoyens pour les y contraindre. C'est un moyen qui a mal réussi en France». Zwei wich-

Zur bayerischen Landschaft nimmt Montgelas eine Stellung ein, die zeigt, daß auch in diesem Punkt sich seine Staatsauffassung in den Grundzügen bereits gebildet hat: Er erkennt für den Augenblick in den Ständen Altbayerns, die durch die Landschaftsverordnung repräsentiert werden, einen wichtigen Verbündeten des Herzogs im Kampf um die territoriale Erhaltung Bayerns, ferner als Geldgeber des zweibrückischen Hauses. Aber im Gegensatz zu seiner Umgebung und wohl auch zu Seinsheim verurteilt er die Stände schärfstens, als sie offene Opposition gegen ihren Landesherrn, Kurfürst Karl Theodor, betreiben, und dies trotz seiner eigenen tief eingewurzelten Gegnerschaft gegen Karl Theodor. Im Hinblick auf die Ereignisse in Frankreich in der Gegenwart und auf die Zukunft Bayerns nach dem Tode Karl Theodors plädiert Montgelas dafür, die Stände frühzeitig in ihre Grenzen zu verweisen. Aus Gründen der Staatssouveränität setzt er sich bereits jetzt über seine persönlichen Antipathien hinweg und ergreift in seinen geheimen schriftlichen Anweisungen an Seinsheim entschieden die Partei des Kurfürsten, als dieser in Konflikt mit den Ständen und insbesondere der Stadt München geraten ist. «Euere Bürger sind Verrückte und euere Mönche sind zwar gemäßigter, aber doch nicht weniger schwachköpfig», schreibt er im Hinblick auf die Opposition der Städte und des Prälatenstandes gegen den Kurfürsten bereits 1789. Vier Jahre später, in einem Augenblick als die Franzosen auf den Höhen über Zweibrücken stehen, schreibt Montgelas an Seinsheim: «Ich bin nicht überrascht darüber, daß der Kurfürst keine Intervention der Stände gewünscht hat. Ich hätte an seiner Stelle ebenso gehandelt, wenn man mich zu Rate gezogen hätte. Ich hätte niemals dem präsumptiven Thronerben zu diesem zweideutigen Vorgehen geraten»[38]. Hiermit distanziert er sich von einem Vorschlag des Herzogs und seiner Berater, den er in seinen früheren Briefen pflichtgemäß Seinsheim übermittelt hatte. Auch gegen ein finanzielles Entgegenkommen, wie es hier zur Diskussion steht, darf sich der ‹Souverän› nach Montgelas' Auffassung nicht von den Ständen in seine Politik hineinreden lassen. Montgelas' Standpunkt gegenüber den Ständen hat sich also gegenüber der Zeit vor 1789, als er sie noch für Hüter der Freiheit hielt, grundlegend gewandelt[39].

Zweibrückens außenpolitische Position ist der Karl Theodors entgegengesetzt. Der Kurfürst lehnt sich eng an Österreich an, wenn auch in den Jahren bis 1796 noch nicht ganz willenlos, wie es die Zweibrückener damals meinen, auch er ver-

tige Grundgedanken der Zweibrückener sind hier ausgesprochen: Die Gleichheit der Heranziehung aller Stände zu den öffentlichen Lasten ist anzustreben, aber durch Maßnahmen von oben, keinesfalls etwa durch Mobilisierung des Dritten Standes gegen die beiden bisher privilegierten Stände.

[38] 25. 4. 93.

[39] S. unten Kap. 10.

sucht damals noch eine vorsichtige Neutralitätspolitik, welche die Fäden zu Frankreich nicht ganz abreißen läßt. Zweibrücken bekämpft den österreichischen Einfluß überall, da es weiß, daß Österreich seine Absichten auf Bayern nicht aufgegeben hat. Ein Beweis für die Richtigkeit der Vermutung sind unter anderem die Berichte der österreichischen Gesandten in München an ihre Regierung. Diese müssen ständig Unterlagen über die Einkünfte Bayerns besorgen[40]. Die Pläne Österreichs, Bayern in die Hand zu bekommen, indem man Karl Theodor mit Versprechungen oder Drohungen für einen Tausch gewann, waren mit den beiden bisher näher untersuchten Versuchen von 1778 und 1784/85[41] nicht aufgegeben worden. So sondierte Wien 1787/89 nicht nur erneut bei Karl Theodor, sondern auch, wegen der agnatischen Zustimmung, bei Karl von Zweibrücken. Montgelas hielt jetzt die Gefahr eines Gelingens des Tauschplans für größer denn je[42]. Besonders aktuell wurde das Problem 1793 zu einem Zeitpunkt, als die französischen Armeen bereits tief in der linksrheinischen Kurpfalz und im Herzogtum Zweibrücken standen. Die bayerischen Stände und die Bevölkerung wurden beunruhigt durch die Nachrichten, daß Österreich im Falle eines Sieges der Verbündeten über Frankreich Karl Theodor gegen Abtretung Bayerns zum König eines Königreichs Burgund mit dem Kerngebiet der österreichischen Niederlande machen wollte. Wien betonte allerdings, diesen Plan nur unter der Voraussetzung freier Zustimmung des Kurfürsten und des Herzogs verwirklichen zu wollen. Montgelas meinte hierzu: Ein solches neues burgundisches Reich wäre noch weniger solide als das des 15. Jahrhunderts. Aber wir können die Zerstörung dieses Projekts getrost der Vorsehung überlassen[43]. Er hielt einen solchen Plan ange-

[40] Z. B. Staka Bayern 71, 26. 12. 1788, fol. 580–609, wo Graf Lehrbach den in München äußerst geheimgehaltenen Stand der Erträgnisse (Bruttoeinkünfte) Bayerns (mit Oberpfalz und Leuchtenberg) vorlegt, den er mühsam erworben habe. Die Einnahmen Bayerns betrugen hiernach 1787: 4,1 Millionen fl. Lehrbach fügt die Bemerkung hinzu, der Etat könne für Österreich wichtig werden. Am 19. 12. 1789 legt er den unter der Hand erhaltenen Finanzstand Bayerns von 1788 vor: Reingewinn 499 396 fl., Staka Bayern 73 fol. 647–662r.

[41] Dargestellt bei H. *Mittelberger*, J. Chr. Frhr. von Hofenfels, München 1934, und, darüber hinausgehend, bei K. O. Frhr. von *Aretin*, Kurfürst Karl Theodor und das bayerische Tauschprojekt, Ein Beitrag zur Gesch. des bayer. Staatsgedankens der Montgelaszeit, Zs. für bayer. Landesgesch. 25, 1962, 745–800. Der reichsgeschichtliche Hintergrund jetzt in K. O. Frhr. von *Aretin*, Heiliges Römisches Reich 1776–1806, Reichsverfassung und Staatssouveränität, 2 Bde., Wiesbaden 1967, I, Kap. II und III, bes. 110–125, 164–175. – Ohne Benützung der Münchner Archive und ohne Kenntnis des obigen Aufsatzes von K. O. von *Aretin:* Paul *P. Bernard*, Joseph II and Bavaria. Two Eighteenth Century Attempts at German Unification, Den Haag 1965.

[42] 18. 12. 87/II; 25. 12. 88; 15. 1., 10. 2., 5. 3., 23. 4., 30. 4. 89.

[43] 25. 4. 93.

sichts der Stärke Frankreichs für völlig utopisch. Der sonst so untüchtige neue Minister Herzog Karls, Abbé Salabert, wandte sich in dieser Sache an Preußen und bestärkte Herzog Karl in einer festen Haltung[44]. Aber auch die Münchner Minister waren gewillt, einem solchen Projekt Widerstand zu leisten. Außenminister Graf Vieregg konsultierte den britischen Gesandten Walpole, der meinte, seine Regierung werde den Kurfürsten gegen den Wiener Hof unterstützen, sofern Karl Theodor selbst fest entschlossen sei, sich dem Plan zu widersetzen[45]. Der Kurfürst Karl Theodor selbst trug sich hinter dem Rücken seiner Regierung jedoch immer noch mit Tauschplänen[46].

Ein letztes Mal wurden die bayerischen Landstände und der Zweibrückener, damals in Rohrbach befindliche Hof durch die Kunde von angeblichen, zwischen Österreich und Karl Theodor vereinbarten Tausch- und Zerstückelungsplänen 1796 alarmiert. Die bayerische Landschaft wandte sich in einer feierlichen Demarche am 13.6. an den neuen Herzog Max von Zweibrücken, der sich jedoch bald, weniger durch die Dementis des Wiener und des Münchner Hofes als durch die Berichte seiner Gewährsleute, überzeugte, daß München sich damals in Wirklichkeit jeder Anregung eines Tausches widersetzte[47]. Die bayerische Regierung gab ihren Diplomaten in den Hauptstädten der Großmächte, sowie in Regensburg und Basel klare Anweisung, solchen Tauschplänen entgegenzuwirken[48]. Dies war jedoch das Verdienst der insgeheim mit Zweibrücken zusammenarbeitenden Minister Hertling – der hier federführend war – und Hompesch, sowie des Gesandten am Reichstag, Graf Lerchenfeld, nicht aber des Kurfürsten selbst. Die Berichte Herzog Wilhelms, Kaesers, Max Graf Preysings vermitteln auch in diesem Fall – wie auch sonst fast alle Beobachter aus den neunziger Jahren – ein geradezu vernichtendes Bild von der Richtungslosigkeit, Gleichgültigkeit und Unfähigkeit Karl Theodors[49].

Doch kehren wir zu der Situation der Jahre 1787 bis 1793 zurück. In ihnen stützt sich Zweibrücken, für dessen Außenpolitik damals Montgelas eine entscheidende Rolle spielt, auf den Fürstenbund, vor allem auf dessen Hauptmacht Preußen, aber auch bis 1789, in gewissem Maße sogar bis 1792, auf Frankreich. Preußen und der von seinem nunmehr verstorbenen großen König begründete Fürstenbund waren seit 1778 der Angelpunkt der Politik Zweibrückens. Dessen

[44] K. bl. 197/22, dort Berichte Seinsheims über diese Angelegenheit an den Herzog vom 24. 7. 1793.

[45] Seinsheim privat an Montgelas, 5. 5. 93, Egg.

[46] *Aretin*, Heiliges Römisches Reich I, 274–285; *Aretin*, Tauschprojekt 797.

[47] K. bl. 197/23.

[48] K. s. 757.

[49] K. bl. 197/23.

Herzog bedurfte des preußischen Schutzes, um wirksam auftreten zu können, falls Karl Theodor doch noch auf größere Abtretungen an Österreich oder gar auf einen Tausch Bayerns gegen die österreichischen Niederlande eingehen wollte. Umgekehrt brauchte auch Preußen den Herzog von Zweibrücken, da dieser mit Hilfe des nach den Familienverträgen erforderlichen agnatischen Konsenses den Kurfürsten Karl Theodor rechtlich an einem Eingehen auf solche österreichischen Pläne hindern konnte, die dazu angetan waren, das Gleichgewicht in Deutschland zu Gunsten des Kaisers zu zerstören. Der Einspruch des Herzogs von Zweibrücken war sozusagen der rechtliche Hebel, mit dessen Hilfe Preußen das Gebäude der österreichischen Vergrößerungspläne zum Einsturz bringen konnte. Berlin ließ sich dies etwas kosten: 1,5 Millionen Gulden lieh es dem Herzog Karl ohne Hoffnung auf baldige Rückzahlung zu günstigen Bedingungen. Der Herzog hatte bereits früher von Frankreich Anleihen in Höhe von 6 Millionen livres (rund 3 Millionen fl) aufgenommen bei 1 038 000 fl. jährlichen Bruttoeinkünften seines Herzogtums, von denen überdies fast ein Viertel aus den elsässischen Besitzungen stammte und seit Beginn der Revolution versiegte[50]. Er war auch nicht zu bewegen, die Einkünfte seiner Hofhaltung wesentlich einzuschränken, nachdem er 1793 sein gesamtes Herzogtum verloren hatte. Die beiden letzten Jahre seines Lebens machte er weiter Schulden in der Hoffnung auf die große pfalzbayerische Erbschaft. Preußen gewährte nach Herzog Karls plötzlichem Tod und dem Einfall der Franzosen dessen Bruder und Nachfolger Max mit seinem Hof Zuflucht in Ansbach[51]. Auch für Montgelas persönlich sind Preußen, seine Macht, seine Politik und einige seiner Diplomaten in der gesamten Zweibrückener Zeit, 1787 bis 1799, von größter Bedeutung. Im Gegensatz zu Frankreich hat er diesen Staat, abgesehen von Ansbach und von dem 1803 preußisch, 1807 vorübergehend französisch gewordenen Erfurt während des dortigen Kongresses von 1808 vor seinem Sturz von 1817 nur einmal besucht, nämlich anläßlich seiner Reise nach Berlin mit Herzog Max Ende 1796. Aber er hat sich mit brandenburgischer Geschichte[52], mit preußischem Staatsrecht, sehr viel mit der preußischen Außenpolitik von Friedrich dem Großen bis in seine Gegenwart befaßt. Er läßt sich

[50] K. s. 7789.

[51] K. bl. 427/27. – K. Th. von *Heigel*, Die Beziehungen der Herzöge Karl August und Max Joseph von Zweibrücken zu Preußen, Histor. Vierteljahrsschrift 3, 1900, S. 27 ff. – Prinz *Adalbert*, Max Joseph, 287–302. – S. auch unten Kap. 19 und 24.

[52] In dem an das Geheime Staatsarchiv abgegebenen Teil seines Nachlasses findet sich ein Manuskript von 86 eng beschriebenen Seiten mit eigenhändigen Auszügen aus dem Codex Diplomaticus Brandenburgensis von Ph. W. *Gercken* und dem Supplement hierzu. Anscheinend wollte Montgelas anhand dieser Urkunden aus dem 14. und 15. Jahrhundert eine Arbeit über Brandenburg unter den Wittelsbachern schreiben. Der Schrift nach gehören diese Auszüge seiner Frühzeit zwischen 1777 und 1789 an: MA 60.

auch später durch preußische Institutionen wie z. B. das Generaldirektorium, die Verwaltungsgerichtsbarkeit, bis zu einem gewissen Grade das allgemeine Landrecht, anregen. Die rücksichtslosen ‹Réunionen›, mit denen Hardenberg in den neunziger Jahren in Ansbach-Bayreuth die Reichsritterschaft und die inklavierten Besitzungen benachbarter Reichsstände wie des Hochstifts Eichstätt mediatisierte, erschienen ihm nachahmenswert, wenn er selbst dafür auch eine vorsichtigere, bis 1806 das Reichsrecht nicht grob verletzende Form bevorzugte.

Während das Österreich Josephs II. – dessen innenpolitische Konzeption derjenigen von Montgelas sehr nahestand – wegen seiner Absichten auf Bayern der ständige außenpolitische Widersacher, die große Gefahr für Zweibrücken war und der Gegensatz zu ihm auch unter Leopold II. und Franz II. bis 1813 das Hauptaxiom der Montgelas'schen Außenpolitik blieb, war Preußen bis 1805/06 der natürliche, wenn auch zuletzt sehr schwächliche Verbündete Zweibrückens und dann Bayerns. Er hatte 1778 die Unabhängigkeit dieses Kurfürstentums gerettet, was zu der bekannten Popularität Friedrichs des Großen in der bayerischen Bevölkerung geführt hatte[53]. Seine Rolle wird für Zweibrücken und die bayerische Patriotenpartei umso wichtiger, als der noch nähere andere Verbündete Zweibrückens, Frankreich, seit 1789 wegen seiner inneren Wirren gelähmt ist und seit 1792 im Krieg gegen die beiden deutschen Großmächte, dann gegen das gesamte Reich, steht. Montgelas – mehr aber sein Herzog bzw. Kurfürst – setzen seit Basel 1795 und dann wieder 1799 und 1804/05 vorübergehend gewisse, freilich vergebliche Hoffnungen darauf, in die preußische Neutralitätszone aufgenommen zu werden.

Montgelas selbst hatte schon in seiner Münchner Zeit enge persönliche Beziehungen zu den Gesandten Frankreichs, Preußens, Englands und Hannovers unterhalten, die ihm während seiner Zweibrückener Tätigkeit sehr zugutekommen. Am nächsten steht ihm aber von dieser Zeit bis 1806 der kurbrandenburgische Gesandte beim Reichstag, Eustachius Graf von Goertz[54]. Dieser aus Oberhessen stammende Diplomat, der als Erzieher Karl Augusts von Sachsen-Weimar begonnen hatte und als Ehrenbürger von Regensburg 1821 starb, wo man ihm 1824 ein Denkmal von Klenze mit Büste von Schwanthaler setzte, hatte 1778 entscheidend zur Rettung der Unabhängigkeit Bayerns beigetragen. Goertz' Schwiegersohn, Alois Frhr., dann Graf von Rechberg, war seit 1796 als zweibrückischer, seit 1799 als bayerischer Gesandter am Reichstag, Montgelas unter-

[53] *Doeberl,* Entwicklungsgeschichte II, 343–345.

[54] Über ihn P. *Bailleu,* ADB 9, 393–95; W. *Stribrny,* NDB 6, 538 f.; K. O. Frhr. von *Aretin,* Heiliges Römisches Reich, 1776–1806, 2 Bde., Wiesbaden 1967, laufend.

[55] Zuvor hatte er 6 Jahre im preußischen Dienst gestanden: zweibrückischer Personalakt K. bl. 420/2.

stellt[55], er blieb in Bayern 18 Jahre lang einer der wichtigsten diplomatischen Mitarbeiter von Montgelas, den er im Jahre 1817 im Außenministerium ablöste. Mit Goertz steht Montgelas seit 1787 in beständigem Gedankenaustausch, in Regensburg lernt er ihn 1788 persönlich kennen. «Er ist lebhaft, voller Feuer, erwartet eifersüchtig die Erwiderung der Freundschaft von denjenigen, denen er die seine gewidmet hat, und legt auch großen Wert auf die äußeren Bezeigungen dieses Gefühls», so charakterisiert Montgelas diesen außerordentlichen Mann, der ein bedeutender Diplomat ist, ohne die wertfreie Kühle und Glattheit der meisten Vertreter seines Berufes zu besitzen[56]. Später allerdings kommen ihm zeitweise Zweifel, ob Goertz politisch immer sehr brauchbar und fähig sei, ob er nicht zu umständliche und wortreiche Briefe schreibe, durch seine impulsiven Vorschläge «ein wahres Labyrinth von Intrigen» auslöse, zu gefühlsbetont und, obwohl Lutheraner, zu sehr für die kirchliche Hierarchie eingenommen sei[57]. Aber er bleibt doch mit Goertz in engem Kontakt und wird während seiner Zweibrückener Tätigkeit stets von dieser wertvollen Verbindung zum Berliner Hof für die Politik seines Herzogs und seine eigenen Pläne erfolgreichen Gebrauch machen. Montgelas erwähnt Goertz in fast jedem seiner zahlreichen Briefe an Seinsheim, meist mit großer Hochachtung, oft bittet er den Freund, dem preußischen Gesandten seine, Montgelas', Briefe zu lesen zu geben[58].

Mit Hilfe von Seinsheim und Goertz versucht Montgelas oft, auf Umwegen seinen eigenen Ideen in der großen Politik zum Durchbruch zu verhelfen, in der Regel mit Wissen oder im Auftrag Esebecks. So ist sein ‹Mémoire sur la jurisdiction ecclésiastique›, das Montgelas 1788/89 ausarbeitet und zu einer Denkschrift über die Rechte der bayerischen Landesherrn gegenüber der Kirche ausweitet, «zum Teil» für Preußen bestimmt[59]. Montgelas will darin Preußen «von der Gerechtigkeit unserer Sache» überzeugen[60]. Er ist sich bewußt, daß er für den Gedanken der Säkularisation der geistlichen Fürstentümer, den er hier entwickelt – noch vor der Französischen Revolution, die erst diesen Gedanken in Deutschland realisiert hat – bei Preußen am ehesten Verständnis finden kann. Ist doch dieses seit langem am Hochstift Münster interessiert. Österreich hat zwar die Reichsunmittelbarkeit der in seinem eigenen Territorium befindlichen Bi-

[56] An Seinsheim 20. 1. 88.

[57] 2. 6., 4. und 7. 12. 88; 1. 3. 89.

[58] Z. B. 7. 10., 13. 11. 91; 15. 11. 92. Ein Brief von Goertz an Montgelas vom 9. 11. 1791, in dem er verspricht, sich bei Hardenberg für den Zweibrückener Archivar und Regierungsrat Bachmann und dessen Sohn, deren Verdienste Hardenberg und er seit 1778 schätzten, zu verwenden, befindet sich in Egglkofen. Zahlreiche Briefe von Goertz an die Herzöge Karl und Max in K. bl., z. B. 421/8, 13; 425/5; 425/3/I/1; 427/2; 197/21.

[59] An Seinsheim, 25. 11., 7. und 15. 12. 1788. Vgl. Kap. 8.

[60] 14. 12. 88.

schöfe zu verhindern gewußt, wird aber bis 1802 die deutschen Erz- und Hochstifte und die Reichsabteien in ihrer Existenz stützen, da sie, ebenso wie die Reichsstädte, die kleineren Fürsten und die Reichsritter, die eigentlichen Träger des kaiserlichen Einflusses im Reich sind.

Montgelas' Ansehen als Fachmann für Fragen des Staatskirchenrechts auch bei den preußischen Diplomaten gründet sich nicht nur auf sein Mémoire vom Winter 1788/89 über die geistliche Jurisdiktion, sondern auch auf ein weiteres zur Frage der Nuntiatur, in dem er ein vertragsmäßiges Mitspracherecht Zweibrückens bei der Errichtung einer Nuntiatur in München zu begründen sucht. Auch hierin arbeitet er mit Preußen zusammen. »Stein me demande à Mayence pour le même objet. Je n'ai pas grande envie d'y aller»[61]. Es handelt sich um Johann Friedrich vom Stein, den älteren Bruder des späteren preußischen Ministers. Er ist damals im Auftrag Preußens in der Mainzer Koadjutorsache tätig[62]. Der Berliner Hof antwortet günstig auf Zweibrückens Anregung in der Sache der Nuntiaturen, Esebeck schickt auch Montgelas' großes Mémoire über die staatskirchenrechtlichen Befugnisse der Herzöge von Bayern nach Berlin[63]. Diese Arbeit wurde allgemein gelobt, auch von Goertz, schreibt Montgelas[64]. Auch bei der komplizierten diplomatischen Vorbereitung der Freisinger Bischofswahlen von 1788 und 1790 arbeiteten Preußen und Zweibrücken, Goertz und Montgelas, wenn auch erfolglos, zusammen[65].

Mit Hilfe Preußens, mit dem man vor allem durch die von Montgelas geführte Korrespondenz Esebecks mit Goertz, aber auch durch Gespräche des pfalzbayerischen Gesandten in Berlin mit Hertzberg in Verbindung steht, ist es Esebeck und Montgelas anscheinend gelungen, Herzog Karl bei der Stange zu halten und vom Einschwenken auf die Linie Karl Theodors abzuhalten[66].

Die Beziehungen Zweibrückens zu Preußen werden auf mehreren Ebenen gepflegt: In Korrespondenz zwischen Friedrich Wilhelm II. und Karl II.[67], in Familienbesuchen wie denen des Prinzen Heinrich von Preußen auf der Hin- und Rückreise nach bzw. von Paris 1788/89[68] und denen des Königs 1792/93,

[61] 7. 7. 89/II, chiffr.; 5. 11. 89. Das Mémoire selbst konnte ich nicht feststellen.

[62] *Ranke*, Die deutschen Mächte und der Fürstenbund, Leipzig 1875², 259 ff. – Darstellung dieser Vorgänge: K. O. Frhr. von *Aretin*, Höhepunkt und Krise des deutschen Fürstenbundes. Die Wahl Dalbergs zum Coadjutor von Mainz (1787), HZ 196, 1963, 36–73; *Aretin*, Heiliges Römisches Reich . . ., 2 Bde., Wiesbaden 1967, 198–211 u. ö.

[63] 1 .11. 89/I. Dieses Mémoire: MA 54. Dazu unten Kap. 8.

[64] 29. 11. 89.

[65] S. Kapitel 7.

[66] An Seinsheim 25. 11. und 9. 12. 88.

[67] Z. B. K. bl. 425/4/II und 420/1. Vgl. oben Anm. 53.

[68] «La Cour était fort belle ce jour-là» schreibt Montgelas am 4. 4. 1789/I.

in Briefwechseln zwischen Hertzberg und Esebeck, Esebeck und Goertz, Montgelas – der auch die Briefe Esebecks entwirft – persönlich und Goertz. Die preußischen Gesandten in München, Brühl und nach ihm Zastrow, die auch in Zweibrücken akkreditiert sind, behandelt man zwar sehr ehrerbietig, schaltet sie jedoch von den eigentlich wichtigen Verhandlungen aus. Montgelas hält sie für indiskret und nicht sehr fähig[69]. Auch in seinem ständigen Gedankenaustausch mit Goertz bleibt sich Montgelas bewußt, daß man mit fremden Diplomaten nur diejenigen Dinge vertraulich beraten kann, in denen die Interessen beider Staaten sich nicht zuwiderlaufen, was allerdings in diesen Jahren 1787–1793 zwischen Preußen und Zweibrücken nur in wenigen Fragen und Momenten zu befürchten ist, etwa wenn Zweibrücken mit Frankreich oder wenn Preußen mit Österreich verhandelt.

Montgelas' Sympathie für Preußen, selbst seine Bewunderung für dessen großen König, ist jedoch nicht unkritisch. «Ich habe die Werke des großen Friedrich gelesen; sie bereiten mir viel Vergnügen. Der Vater Brühls» (gemeint ist der sächsische Minister, der Vater des vorerwähnten preußischen Gesandten in München) «wird dort geschildert als ein Schurke, der Vorfahre Törrings» (der Minister Kurfürst Karl Albrechts, Kaiser Karls VII.) «als ein Narr, wir anderen Bayern sind Tiere, die in einem Paradies auf Erden leben, die Gesandten am Reichstag sind Hunde, die in einem Hinterhof den Mond ankläffen. Erkennen Sie sich in diesem Porträt wieder?»[70] Mit regem Interesse verfolgt er den Einfluß der Rosenkreuzer unter Friedrich Wilhelm II., wobei er die Lektüre von Mirabeau, ‹La monarchie prussienne sous Frédéric le Grand›, empfiehlt.

Montgelas erkennt das bisher stets bewährte Eintreten Preußens für die Unabhängigkeit Bayerns und die Rechte des Herzogs von Zweibrücken an[71]. Für den Fall des Ablebens Josephs II. und eines neuen Reichsvikariats verspricht er sich alles von einer Fortsetzung der Unterstützung durch den Fürstenbund. «Österreich und Rußland sind in einem Krieg (gegen die Türkei) engagiert, Frankreich ist so mit sich selbst beschäftigt, daß es gegenwärtig nicht existiert, Preußen vereint die größten Mittel mit den besten Absichten». Der Kurfürst von Pfalzbayern muß nach den Familienpakten das Reichsvikariat im Einvernehmen mit Zweibrücken ausüben. Montgelas würde es in dieser unsicheren Zeit für ganz un-

[69] 7. 4. 89/II, 29. 11. 89/III, 24 und 25. 1. 90.

[70] 28. 10. 88/II. Er nimmt hier Bezug auf ‹Histoire de mon temps›. In: Die Werke Friedrichs d. Gr. in deutscher Übersetzung, hg. von G. B. *Volz*, Bd. 2, Berlin 1912, ‹Geschichte meiner Zeit›, finden sich diese Stellen: über Brühl: S. 37, Bayern: S. 38 («Bayern ist Deutschlands fruchtbarstes und unwissendstes Land: das irdische Paradies von Tieren bewohnt»). Über die Reichstagsgesandten: 39.

[71] 24. 9. 89.

angebracht halten, wenn Bayern etwa wieder, wie 1740, nach der Kaiserkrone strebte (offenbar hat Seinsheim diesen Gedanken zur Diskussion gestellt). Österreich wird sich nach seiner Meinung durchsetzen, Preußen und Sachsen würden einen solchen bayerischen Versuch nicht unterstützen. Karl Theodor würde ihn ohnehin nicht wagen. Man sollte vielmehr die Furcht Österreichs vor Schwierigkeiten dazu benützen, die bayerische Territorialhoheit über die böhmischen Lehen in der Oberpfalz zu verlangen. Preußen würde dies unterstützen. Montgelas steht darüber bereits mit Goertz in Verbindung[72]. Karl Theodor wird jedoch nicht auf diese an sich maßvollen Vorschläge hören, wie Montgelas 1790 als Gesandter bei der Königs- und Kaiserwahl selbst feststellen kann.

Trotz der durch die innere Schwäche Frankreichs gestiegenen Bedeutung des preußischen Verbündeten wird Montgelas' Hoffnung auf diesen immer gedämpfter. Seit der Konvention von Reichenbach im Sommer 1790 und erst recht seit der Pillnitzer Erklärung vom 27.8.1791 und dem preußisch-österreichischen Vertrag vom 7.2.1792 ist der alte Antagonismus zwischen den beiden deutschen Großmächten, unter dem Montgelas sozusagen aufgewachsen ist und der Bayern stets den Schutz Preußens gegen österreichische Annexionspläne gesichert hat, aufgehoben. «Die neue preußische Küche hat bei weitem nicht mehr dieselben Ansichten über das Gleichgewicht in Deutschland (l'équilibre germanique) wie die frühere. Timeo dona et dona ferentes», schreibt Montgelas am 14.6.1791 an Seinsheim. Die weitgehende Entmachtung Hertzbergs (l'affaiblissement du grand homme à qui la Monarchie prussienne doit tant) und die Entsendung Bischoffswerders in geheimer Mission nach Wien zur Vorbereitung des Pillnitzer Treffens sei für die Sache Bayerns sehr ungünstig. Nach dem Ausbruch des 1. Koalitionskrieges hat Montgelas Gelegenheit, in Zweibrücken festzustellen, daß die preußischen Truppen schwach und in schlechtem Zustand seien[73].

Montgelas sieht schon früh voraus, daß Preußen, um in Polen nicht zu kurz zu kommen, die Koalition gegen Frankreich verlassen wird, wozu auch Zwist und Kabalen innerhalb der Berliner Regierung, unter den verbündeten Truppen aber Kriegsmüdigkeit und Lust, nach Hause zu gehen, noch beitragen. «Dieu nous préserve de tout cela»[74]. Schon am 2.9.1792 bedauert Montgelas die Gleichgültigkeit Europas gegenüber Polen. Anknüpfend an die Anzeichen für eine zweite Teilung Polens und das preußische Manifest beim Einmarsch in die polnischen Gebiete, meint Montgelas, der selbst im westlichen Kriegsgebiet sitzt: «Die Philosophen fragen sich, wo hier die Gerechtigkeit bleibt, und die Politiker

[72] Alles 31. 5. 89, an Seinsheim, chiffriert.

[73] 30. 12. 92.

[74] 10. 1. 93.

antworten: Not kennt kein Gebot. Die Desorganisation Frankreichs hat die Politik so aus den Fugen gebracht, daß es kein anderes Mittel (als die Gewalt) gibt, die Welt wieder in Ordnung zu bringen»[75]. Nach einer Analyse der aus dem Osten eingetroffenen Nachrichten schreibt Montgelas, der für Polen große Sympathien besitzt: «Wenn Rußland und Österreich sich, wie 1772, an der Teilung des Kuchens beteiligen werden und wenn sie dabei so unbescheiden wie Preußen sind, ‹il ne vaudra pas la peine de parler à l'avenir de la nation polonaise . . .›» Wird England hier gleichgültig zusehen? Auch in Berlin herrscht Unruhe. Man meint, «ein Rechtsbruch sei nicht das geeignete Mittel, um frühere Fehler und Versäumnisse gut zu machen». Montgelas befaßt sich mit der Rolle Bischoffwerders am Berliner Hof und mit der Zuverlässigkeit der preußischen Truppen. Er hält Meutereien in der preußischen Armee für nicht ausgeschlossen. Aber «ihre Monarchie ist zu gut organisiert, sie zehren zu sehr vom Kredit des großen Friedrich, um die Dummheit zu begehen, an so etwas zu denken». Die Österreicher zeigen einen lange nicht gekannten Patriotismus. Ihr Adel erschöpft sich mit freiwilligen Abgaben. «Gebe der Himmel, daß dies (der Krieg) bald zu Ende gehe und daß Bayern nicht das zerbrochene Porzellan zu zahlen habe. Ich zittere für dieses Land, nach dem, was sich in Polen abgespielt hat»[76].

Montgelas registriert 1793 ein Nachlassen des preußischen Interesses an Bayern, das durch die österreichhörige Politik Karl Theodors und die schlechte innere Verwaltung unter diesem Kurfürsten noch verstärkt wird[77].

Neben der Furcht vor einer Aufteilung Bayerns nach dem Vorbild Polens hegt Montgelas für den Fall eines Krieges eine zweite Befürchtung: Wenn Bayern in den Bereich der Kampfhandlungen einbezogen wird, kann die lang angestaute Unzufriedenheit bei den Ständen und bei den unteren Schichten der Bevölkerung zu einer Revolution führen[78]. Sind dann die Franzosen die Stärkeren, so liegt eine Herrschaft der Jakobiner im Bereich des Möglichen, behaupten sich aber die Österreicher, so kann ihnen die Notwendigkeit, Aufstände in Bayern niederzu-

[75] 31. 1. 93.

[76] Alles 31. 1. 93.

[77] Daran kann auch eine so groteske Episode nichts ändern wie die, daß die Gräfin Leiningen-Guntersblum, eine natürliche Tochter Karl Theodors, zur Geliebten König Friedrich Wilhelms II. während des rheinischen Feldzuges 1793 wird und daß daraufhin die preußischen Gesandten in Regensburg und und München gegenüber den Vertretern Bayerns einen viel höflicheren Ton einschlagen (Seinsheim an Mo. 5. 5. 93; Mo. an Seinsheim 12. 5. 93). Mehr Hoffnung glaubt Montgelas in diesem Zeitpunkt auf die feste Haltung des britischen Kabinetts setzten zu können. Sein früherer Bekannter, der britische Gesandte in München Walpole, der mit dem Zweibrückener Hof in Verbindung steht, trägt dazu bei (ebd.).

[78] 14. 6. 91.

schlagen, einen willkommenen Vorwand liefern, das Land zunächst einmal de facto zu annektieren.

Aus beiden Gründen, der äußeren und der inneren Bedrohung, findet Montgelas die Unfähigkeit des alten Karl Theodor und die Korruption eines Teiles seiner Berater und seiner Verwaltung, über welche die Berichte Herzog Wilhelms, Seinsheims und Käsers immer neues Material nach Zweibrücken senden und in deren Beurteilung auch die Berichte der ausländischen Gesandten ziemlich übereinstimmen, so verheerend. Montgelas betont dabei, daß für sein Urteil nicht persönliche Ressentiments gegen den Hof Karl Theodors entscheidend seien, sondern nur das Interesse seines gegenwärtigen Herrn, des Herzogs von Zweibrücken und, mehr noch, das Interesse «de notre patrie», Bayerns[79]. Er könne nur wünschen, daß der Kurfürst nicht weiter dem finanziellen, moralischen und politischen Bankrott entgegentreibe, sondern sich zu einer besseren Politik bekehren lasse.

Trotz vorübergehender Hoffnungen überwiegt doch immer wieder die Überzeugung, daß eine Regeneration Bayerns unter Karl Theodor nicht mehr zu erwarten sei[80]. Der Münchner Hof sei so korrumpiert, daß man niemandem trauen könne[81]. Er wimmle von Intriganten, Schuften und Neidern[82]. «Mit Leib und Seele unseren Landsleuten zugetan, sehe ich es gern, daß sie das Übel mit Geduld ertragen. Dies wird ihnen leicht fallen, wenn sie Patriotismus, Mut und Festigkeit besitzen»[83]. Von der allgemeinen Verurteilung der führenden Mitarbeiter Karl Theodors wegen Unfähigkeit und Korruption nehmen Montgelas, wie auch Esebeck und Seinsheim, zwei aus: den Staatskanzler Frhr. von Hertling, der 1790 Nachfolger des soeben verstorbenen «brutalen Kreittmayr»[84] wird, trotz seiner «timidité naturelle»[85], und den aus Berg kommenden Minister Franz

[79] In einem Brief an Seinsheim vom 10. 2. 1789 betont er, er habe (er meint wohl: seit 1787) im Gegensatz zu Seinsheim keine «crise» mit Karl Theodor gehabt. Als 1791 der zweibrückische Agent in München Abbé Kiermayer Montgelas bei seinen Freunden in München beschuldigt, er mache Karl Theodor den Hof auf Kosten seines verstorbenen Meisters Hofenfels, wehrt sich Montgelas gegen diesen Verdacht unter dem Hinweis, Karl Theodor habe ihm seit langem seine Gunst entzogen und habe 1787 (er schreibt irrtümlich: 1788 oder 1789) Demarchen gegen ihn in Zweibrücken durchgeführt: 6. 2. 91. Vgl. 5. 7. 89.

[80] 5. 2. 89. S. oben Kap. 4.

[81] 10. 12. 87.

[82] 23. 4. 89.

[83] 25. 11. 88. Vgl. auch unten Kap. 14.

[84] So Montgelas 7. 12. 90.

[85] Seinsheim an Mo. z. B. 13. 11. 91, 25. 12. 91, dort eingestandene Furcht des Staatskanzlers Hertling vor Pater Frank. S. oben S. 72.

Karl Frhr. von Hompesch, den man wohl mit Recht als den einzigen bedeutenden Kopf am Hofe Karl Theodors ansieht, auch für außenpolitische Fragen, obwohl nicht er, sondern der frühere Oberststallmeister Graf Vieregg der in erster Linie für die Außenpolitik zuständige Minister ist. Beide Minister, Hertling[86] und Hompesch, stehen über Seinsheim, Käser und andere Mittelsmänner bis 1799 insgeheim in Verbindung mit dem Zweibrückener Hof und versuchen, die politischen Anregungen, die ihnen von dort zugeleitet werden, vor allem bezüglich einer selbständigeren Politik gegenüber Österreich und der heimlichen Aufrechterhaltung der Kontakte zu Frankreich und Preußen, zu befolgen, soweit sie dies gegenüber ihrem Kurfürsten können, ohne sich zu sehr zu exponieren. Esebeck und Montgelas, seit 1796 Montgelas allein, lassen alle Maßnahmen Hompeschs beobachten; trotz seiner Fähigkeiten halten sie ihn für anfällig gegen Erpressung des Wiener Hofes, da sein Bruder (der letzte) Großmeister des Malteserordens ist und Hompesch persönlich viele Beziehungen zur Aristokratie und zur Reichskirche besitzt. Dennoch scheint er alle Bewährungsproben zu bestehen[87]. Hompesch und Hertling, sowie der Hofkammerpräsident Graf Törring sind auch verantwortlich für die Versuche, in den letzten Jahren der Regierung Karl Theodors nach dem 1. Koalitionskrieg dem drohenden Staatsbankrott durch Aufhebung oder stärkere Belastung innerbayerischer Klöster zu begegnen[88].

Jedoch können auch diese Männer nicht verhindern, daß Karl Theodor, wie man am Zweibrückener Hof, wie insbesondere Montgelas in seinen Briefen immer wieder behauptet, es versäumt, für Bayern die Chancen zu nützen, die in den außenpolitischen Konstellationen von 1790 bis 1799 enthalten sind. Nach Meinung dieser Kritiker zerschlägt der Kurfürst durch seine starr antifranzösische Haltung und durch Drohungen seiner Regierung gegenüber Paris, hinter denen sich mangels geordneter Finanzen und einer schlagkräftigen Armee nicht die geringste Macht verbirgt, mehr und mehr Porzellan. Dadurch kettet er seinen Staat ständig stärker auf Gedeih und Verderb an Österreich. Dieses ist jedoch nach Kriegsausbruch nicht fähig, die linksrheinischen Provinzen zu decken und sieht die Schwächung der verbündeten Pfalzbayern nicht ungern. Karl Theodor und seine Regierung setzen, wie Montgelas schon 1790 schreibt, «völlig sinnlos den Staat der Gefahr aus, nur weil sie nicht fähig waren, vorauszusehen und zu kombinieren»[89]. München lehnt jeden Vorschlag von seiten Zweibrückens ab[90].

[86] Bereits seit mindestens 1787, als er noch nicht Kanzler ist: Mo. an Seinsheim 23. 12. 1787.

[87] Über ihn auch unten Kap. 22, 25c, 26, 27d, e, 28.

[88] Unten Kap. 28.

[89] 21. 2. 1790.

[90] 17. 4. 91.

Das bayerische Ministerium begreift nichts von den Vorgängen in Frankreich. «Es geht nicht darum, zu wissen, ob es eine Revolution geben wird, sondern vielmehr, ob sie für uns Vorteile bringt. Und ob es nicht angebrachter ist, aus der neuen Ordnung der Dinge Nutzen zu ziehen, um aus einer Knechtschaft herauszukommen, die schon zu großen Nachteilen geführt hat und in Zukunft noch größere in ihrem Gefolge haben könnte. Die französischen Minister fühlen sehr wohl den Vorteil, den wir aus den Umständen ziehen könnten; sie versuchen mit allen Mitteln, dies zu verhindern. Sie versuchen, Zeit zu gewinnen, bis ihre inneren Verhältnisse sich so konsolidiert haben, daß sie sich entweder wieder mehr der alten Ordnung genähert haben oder daß ein entschiedener revolutionärer Kurs sie ermächtigt, die deutschen Fürsten mit nur kleinen Entschädigungen abzufinden»[91]. Montgelas meint mit diesen Sätzen, wenn Bayern mit Zweibrücken jetzt am Reichstag einen konzilianteren Kurs gegenüber den Franzosen unterstützte, andererseits in direkte Verhandlungen mit ihnen über die Entschädigungen für die Einnahmenverluste aus dem Elsaß und vielleicht auch über andere Punkte einer Zusammenarbeit einträte, so müßten die Franzosen mehr bieten, als sie es später tun würden. Mainz und Baden hätten diese Chance bereits erkannt. Auf die Erklärung Preußens warte man noch. Umso falscher findet Montgelas die 1792 von Hompesch für Bayern gegenüber Frankreich ausgesprochenen Maximalforderungen und Drohungen mit einer nicht vorhandenen Militärmacht, die nur das Gegenteil des gewünschten Ergebnisses bewirken werden[92]. Gegenüber den Erfolgsaussichten einer Invasion der deutschen Mächte in Frankreich ist er von Anfang an höchst skeptisch, abgesehen davon, daß er sie auch aus grundsätzlichen Gründen ablehnt[93].

Mit der Besetzung des linken Rheinufers durch die Franzosen 1793/94 rückt die Frage der Feudalrechte und Einnahmen der deutschen Fürsten aus ihren schon vor der Revolution unter französischer Souveränität gelegenen Besitzungen im Elsaß und in Lothringen in den Hintergrund. Es geht jetzt vielmehr um die Entschädigung Pfalzbayerns und Zweibrückens ebenso wie Preußens, Württembergs, Badens und der anderen deutschen Staaten für ihre linksrheinischen, zum Reich gehörenden Territorien, eine Entschädigung, die der Kaiser verhindern will, da sie auf Kosten seiner Anhängerschaft, vor allem der geistlichen und der kleineren weltlichen Reichsstände, erfolgen müßte, zu deren Durchsetzung man daher Frankreichs Unterstützung braucht. Diese Entschädigungen stehen von 1793/94 an im Zentrum der außenpolitischen Überlegungen von Montgelas, während der

[91] 1. 5. 91.
[92] 6. 9. 92.
[93] S. unten Kap. 17.

Münchner Hof sich erst kurz vor dem Tode Karl Theodors 1798 zögernd zu diesem Grundsatz bekennt. Daß es für Bayern dann nicht schon zu spät ist, wird großenteils das Verdienst von Montgelas sein.

7. Die Rolle Zweibrückens und Preußens bei den Freisinger Bischofswahlen von 1788 und 1790

Montgelas hat sich seit seiner Ankunft in Zweibrücken 1787 im Dienst des Herzogs mit der rechtlichen und wirtschaftlichen Situation einer Reihe von bischöflichen Territorien, die als Enklaven im bayerischen Gebiet liegen, im Hinblick auf eine eventuelle Erwerbung durch Bayern beschäftigt. Er läßt sich auch die Dokumente über die Aufhebung der stark verschuldeten Prämonstratenserabtei Osterhofen durch den Kurfürsten (1783) und die Übereignung dieses Besitzes an das weltliche Damenstift St. Anna in München senden[1]. Dies war einer der bayerischen Präzedenzfälle des 18. Jahrhunderts für die Säkularisation eines Klosters, das sogar die Landstandschaft besaß. Lieferant dieser Unterlagen in München ist Karl Theodors Geistlicher Ratsdirektor und Fachmann für Kirchenrechtsfragen, Eisenreich, der Zweibrücken auch laufend mit Material über die Hochstifte, über die Besitzungen des Malteserordens, über Klöster, über die Finanzen der Landschaft und vieles andere versorgt[2].

In Montgelas' Arbeitsbereich gehört die Beobachtung aller Vorgänge, welche die Beziehungen zwischen Bayern und den benachbarten Bischöfen betreffen. Er legt Seinsheim, der in einem Bericht an Esebeck das Konkordat Karl Theodors mit dem Bischof von Augsburg von 1785 kritisiert hatte, dar, daß dieses vom Standpunkt der bayerischen Staatsräson aus vorteilhaft sei[3].

[1] 4. 11. 87.

[2] 24. 1. 88. Am 25. 1. 90 schreibt Montgelas, die Lieferung weiterer Unterlagen über das Kirchengut gehe langsam «in einem Land, wo alles käuflich ist, da wir nichts zu bieten haben».

[3] «Dieser Vertrag», so schreibt Montgelas, «gewährt sicherlich dem Souverän nicht alles, was ihm auf Grund der Natur und der Vernunft zukäme. Aber es ist wenigstens dasjenige (Konkordat), in dem alles, was die Kurfürsten bisher zurückgewinnen konnten, am klarsten fixiert ist. Es ist auch das erste in Deutschland, in dem die Fragen *des Plazet und des Rekursus* durch den Bischof anerkannt worden sind. Man wäre nicht unglücklich, wenn das gleiche System auch mit Regensburg und Freising angenommen würde. Dies wird ein optimaler Gewinn für den Augenblick sein, *ohne Präjudiz für die Zukunft*». 24. 9. 1789. Die Unterstreichungen im französischen Original von Montgelas. Vgl. dazu

Das wichtigste Objekt der kirchenpolitischen Planungen der Zweibrückener Regierung ist das Hochstift Freising. Dieses Fürstbistum besitzt für den zukünftigen Kurfürsten von Bayern aus mehreren Gründen ein besonderes Interesse: Es ist München am nächsten gelegen; im Gegensatz zu den meisten anderen bayerischen Hochstiften liegt sein Hauptgebiet, die Grafschaft Ismaning, als Enklave mitten in Altbayern, vor den Toren Münchens; seine andere reichsunmittelbare Herrschaft, die Grafschaft Werdenfels mit Partenkirchen und Mittenwald, ist wegen ihres Waldreichtums, ihrer Bodenschätze und vor allem als die nächstgelegene der drei Pforten Bayerns nach Tirol und zum Brenner von erheblicher wirtschaftlicher, handelspolitischer und strategischer Bedeutung. Schließlich hofft man, den Bischofssitz von Freising nach München verlegen und somit endlich ein innerbayerisches, landsässiges Bistum nach dem Vorbild der österreichischen ‹nationalen› Bischofssitze zu erhalten. Die Tatsache, daß der ehrgeizige Vizepräsident des Geistlichen Rates Haeffelin[4] seit 1787 den Titel ‹Hofbischof› führt, ist kirchenpolitisch bedeutungslos und kein Ersatz für einen innerbayerischen Bischof. Beide Ziele, die man auch einzeln verwirklichen könnte, die Mediatisierung des Hochstifts Freising und die Verlegung des Bischofssitzes von Freising nach München, scheinen in den achtziger Jahren in greifbare Nähe zu rücken, weil das Hochstift trotz hoher Einnahmen aus seinen unter österreichischer Landeshoheit gelegenen Besitzungen kurz vor dem Bankrott steht[5].

Gg. *Pfeilschifter-Baumeister,* Der Salzburger Kongreß und seine Auswirkung. 1770 bis 1777. Paderborn 1929, 611, der die Beurteilung diese Konkordats und desjenigen, das, wie Montgelas vorausgesehen hatte, kurz nach diesem Brief, am 13. 11. 1789, mit Regensburg abgeschlossen hatte, als dem Staat ungewöhnlich weit entgegenkommend bestätigt. (Kirchenrechtlich wäre der Ausdruck ‹Rezeß› zutreffender als Konkordat, da der Papst nicht Vertragspartner war).

4 Über Haeffelin: L. *Hammermayer* in Bd. 2 des von M. Spindler hg. Handbuchs der bayerischen Geschichte, München 1969, S. 1098, mit Lit., u. ö., dort S. 1096 bis 1102 knappe, aber sehr gute Darstellung der bayerischen Kirchenpolitik z. Zt. Karl Theodors. – Daß Haeffelin auch mit Zweibrücken weiterhin in Verbindung steht, geht u. a. aus dem Akt K. bl. 419/20 hervor. Dort liegt ein Brief Haeffelins an Kinkel in Zweibrücken vom 10. 5. 1787, mit dem Haeffelin ein (nicht beiliegendes) Werk über die Regalienrechte der Herzöge von Bayern übersendet. Er läßt Hofenfels und Montgelas, der gerade seit kurzem in Zweibrücken ist, besonders herzlich grüßen. Der Brief zeigt, daß Haeffelin in seiner Kirchenpolitik, die einen Ausschluß der bisherigen ‹ausländischen› Bischöfe vom bayerischen Staatsgebiet zum Ziel hat, eng mit den Zweibrückenern zusammenarbeitet. H. führt darin aus, man müsse das Übel mit der Wurzel ausrotten und den Einfluß der ausländischen, reichsunmittelbaren Bischöfe ganz beseitigen. Er habe daher angeregt, daß der bayerische Staat gegenüber der Kirche seine alten Regalienrechte wieder in Anspruch nehme und über diese Frage (anscheinend anonym) eine Schrift verfaßt.

5 1790 hatte das Hochstift 637 413 fl. Schulden bei einer jährlichen Brutto-Einnahme

In Zweibrücken, wo man mögliche Vorteile des bayerischen Staates rascher wahrnimmt und konsequenter verfolgt als in München, gedenkt man Nutzen aus dieser Lage zu ziehen. Herzog Karl und Esebeck haben für die Wahlen von 1788 und – wegen des raschen Todes des 1788 gewählten neuen Fürstbischofs Max Prokop Graf von Törring – wieder 1790 einen eigenen Kandidaten, den Freisinger Domkapitular Josef Graf von Königsfeld, einen ehemaligen Illuminaten (wie Bischof Haeffelin) und entfernten Vetter von Montgelas[6].

Montgelas ist in Zweibrücken der Sachbearbeiter, nicht nur für die territorialen Fragen – er stellt über die Grafschaft Werdenfels und die Finanzen des Hochstifts eifrige Studien an – er hat bis 1793 die Vorschläge auszuarbeiten, wenn in Bayern ein Benefizium zu vergeben ist, an dem der Herzog ein Mitspracherecht besitzt[7], und er bezeichnet sich selbst als einen Hauptvertreter der Idee, den Freisinger Bischofsstuhl nach München zu verpflanzen, da er sich davon erhebliche Vorteile für Bayern verspricht[8]. Der Herzog von Zweibrükken hat damals bereits geheime Verträge mit zwei Kandidaten für die Nachfolge des im März 1788 verstorbenen Fürstbischofs von Freising[9]. Erstens mit seinem primo-loco-Kandidaten Graf Königsfeld. Dieser hatte klare Zusagen ge-

von 98 279 fl., nach Gg. *Schwaiger,* Die altbayerischen Bistümer Freising, Passau und Regensburg zwischen Säkularisation und Konkordat (1803–1817), München 1959, 114.

[6] Montgelas bezeichnet ihn als seinen Vetter: 29. 5. 88. Ein eigenhändiger Revers Königsfelds gegenüber Kurfürst Karl Theodor vom 8. 12. 1790 lautet: «Ich Endsunterzeichneter bezeuge vor S. Churf. Durchlaucht, daß ich bei meiner priesterlichen und Kavaliers-Ehre in keinem Zusammenhang mit dem Orden der Illuminaten jetzt stehe noch stehen werde». MA 379 Unterakt 3. Das Wort «jetzt» ist von unbekannter, wahrscheinlich zeitgenössischer Hand unterstrichen. Königsfelds Name erscheint in den Namenslisten der Illuminaten. Der zweibrückische Beauftragte Kinkel hatte schon am 13. 8. 1786 an Esebeck berichtet, Königsfeld stehe in schlechtem Ruf. Man müsse ihm helfen, diesen zu verbessern. «C'est un homme d'esprit, mais plus adonné aux femmes que son état ne comporte». K. bl. 197/4. – Als Stiftspropst von Altötting gehörte Königsfeld 1802/03 der Landschaftsverordnung an, in welcher Rolle er sich, freilich ergebnislos, für den Fortbestand der Klöster und Stifte einsetzte.

[7] 31. 1. 93.

[8] 6. 6. 88. In einer längeren Darlegung seiner Gedanken für Seinsheim bezeichnet Montgelas u. a. die damalige preußische Kirchenpolitik gegenüber Köln als vorbildlich. – Er entwickelt die Grundzüge eines Vertrages zwischen dem Herzog von Zweibrücken und dem Hochstift Freising.

[9] Montgelas hatte auf die Nachricht vom Tod des Fürstbischofs von Freising (Ludwig Joseph Frhr. von Welden), dem kurz zuvor der Fürstbischof von Regensburg im Tod vorangegangen war, geschrieben: «La mortalité s'est mise parmi les évêques. C'est un commencement excellent». 25. 3. 88/I.

geben, im Falle seiner Wahl dem Fürstenbund beizutreten[10], nur solche Mitarbeiter zu wählen, die dem Herzog von Zweibrücken angenehm wären[11] und später den Freisinger Bischofssitz nach München zu verlegen. Im Gegensatz zu Haeffelin, dem Königsfeld vorher das Gegenteil hatte versprechen müssen, wünschten Zweibrücken und Berlin nicht, daß diese Verlegung noch zu Lebzeiten Karl Theodors erfolgte. Schließlich hatte Königsfeld höchstwahrscheinlich zugesichert, das Hochstift oder zumindest die Grafschaft Werdenfels dem Herzog von Zweibrücken nach dessen einstigem Regierungsantritt in Bayern in die Hand zu spielen[12]. Auch der secundo-loco-Kandidat Zweibrückens (der sich für primo loco hält), der Regensburger Fürstbischof Prokop Graf von Törring, hat ein geheimes Abkommen mit Zweibrücken abgeschlossen, das jedoch nicht derart weitgehende Zusagen enthält und daher von Montgelas insgeheim gegenüber Seinsheim mißbilligt wird[13]. Montgelas hofft jedoch, daß man auch mit Törring bei seiner Furchtsamkeit, wenn man mit ihm hinter dem Rücken seiner Berater («anges gardiens») unter Einschaltung Herzog Wilhelms verhandle, das angestrebte Ziel noch erreichen könne.

Doch keine der beiden Rechnungen geht auf. Die Konstellationen innerhalb des Freisinger Domkapitels wechseln nahezu von Tag zu Tag. Jeder verspricht alles und hält nichts, jeder arbeitet gegen jeden, so daß man auf dem Zweibrückener Beobachtungsposten, wo man ja die neuesten Nachrichten stets erst nach einer halben bis einer Woche erhalten kann, mit seinen Weisungen für Seinsheim in Regensburg, Herzog Wilhelm in Landshut und Käser in München stets der Entwicklung nachhinkt, obwohl Montgelas sein Äußerstes tut und stets die Depeschen umgehend ausarbeitet, die Esebeck dann sogleich unterschreibt. Verzögert wird dieser Schriftverkehr dadurch, daß man ständig Fühlung mit der Berliner Regierung in diesen Fragen hält, meist über Goertz in Regensburg. Jeder Bericht aus München und Regensburg zeigt wieder eine völlig veränderte Lage und neue Intrigen, wodurch sich Montgelas, der «teuflisch viel Papier verschmiert», in seinen privaten Äußerungen an Seinsheim zu wenig gewählten Ausdrücken über die Geistlichkeit hinreißen läßt[14]. Um persönlich eingreifen

[10] K. bl. 197/10.

[11] 6. 6. 1788.

[12] K. bl. 197/10.

[13] 6. 6. 88.

[14] «Il y a longtemps que je suis de votre avis sur la hiérarchie. Vous savez ce que j'ai toujours pensé de ces canailles de prêtres. Tout ce que je vois ne sert qu'à confirmer mon opinion. Cette diable d'(électi)on a pris une drôle de tournure. On ne sait plus où on en est. La chance tourne à chaque instant. Je n'en suis pas moins las que vous. J'y ai diablement barbouillé de papier. Nous voilà au moins d'après la dernière déclaration de ce

zu können, kündigt Montgelas für Ende Juni seine Reise nach Schönach zu Seinsheim, nach Regensburg, Landshut zu Herzog Wilhelm und nach München[15] an. Es wird die bereits erwähnte Reise vom Herbst 1788, auf der er auch von Karl Theodor empfangen wird. Kurz nach Montgelas' Rückkehr erscheint Königsfeld in Zweibrücken, wo Montgelas ihm sofort eine Audienz beim Herzog verschafft[16]. Doch zeigt sich bald, daß seine Partie aussichtslos ist und daß Königsfeld seine Zweibrückener Freunde in peinliche Situationen bringt. «Der Mann, für den ich den Don Quichotte gespielt habe», schreibt Montgelas, sei durch sein persönliches Interesse blind gemacht worden[17]. Was war geschehen? Darüber vermittelt ein lebendiges Bild ein ausführlicher Bericht des Zweibrückener Beauftragten in München, Legationsrat Käser, der im Auftrag seines Herzogs und in Zusammenarbeit mit den preußischen Gesandten Graf Brühl und Graf Goertz im Spiel um die Stimmen der einzelnen Domkapitulare und um die Unterstützung des Münchner Hofes für seinen Kandidaten am eifrigsten die Karten mitmischt[18].

Die Hauptparteien im Ringen hinter den Kulissen um den Freisinger Bischofsstuhl sind:

1. Der Domkapitular Graf Königsfeld, der die Unterstützung Preußens und Zweibrückens genießt.

chien d'(évêq)ue un peu plus assurés, pourvu qu'il tienne parole et qu'on parvienne à déblayer la canaille qui l'obsède. Si on avait fait sur-le-champ ce que j'ai conseillé, nous aurions eu le même succès et moins de complication. C'est beaucoup, à mon avis ...» (an Seinsheim, 29. 5. 88). «Cette maudite é(lecti)on me tracasse aussi. Je voudrais que le diable les emporte tous. Mon avis serait, de mener tout cela à coups de fouet. Concertez-vous avec ces Messieurs, faites tout pour le mieux, tâchez surtout de réussir. Nous sommes prostitués si cela tourne mal. Nous nous en vengerons à la vérité, mais ce ne sera que quand nous en aurons les moyens». 12. 6. 1788. Buchstaben, die Montgelas der Verschlüsselung halber ausgelassen hat, sind im Vorstehenden eingeklammert. Bei der Beurteilung des etwas vulgären Tones ist zu berücksichtigen, daß er an seinen engsten Freund privat schreibt, daß er in solchen Briefen, vor allem in der Frühzeit, liebte, sich etwas drastisch auszudrücken, um den oder die Empfänger zum Lachen zu bringen, während er einige Jahre später auch an Seinsheim eine kühlere, gewähltere diplomatische Sprache vorzieht. Übrigens ist dieser Brief nur zwei Jahre nach der Illuminatenzeit verfaßt.

[15] 29. 5.; 12., 19., 23. 6. 1788.

[16] 20. 11. 88.

[17] 2. 12. 88.

[18] Der 21-seitige, von Käsers Hand verfaßte Bericht (undatiert) mit dem Titel ‹Bemerkungen über den Hergang der Bischofswahl zu Freising› liegt, obwohl er sich auf die Wahl von 1788 bezieht, bei der Korrespondenz Käsers mit Esebeck über die Wahl von 1790. K. bl. 197/10.

2. Der Fürstbischof von Regensburg, Max Prokop Graf Törring, den vor allem seine einflußreiche Familie unterstützt, darunter der Präsident der bayerischen Hofkammer und dessen einer Sohn, ein Freisinger Domkapitular, der Familienbefehl erhält, für seinen Onkel zu stimmen; auch der bayerische Staatskanzler Kreittmayr gehörte dieser Gruppe an.

3. Wo Preußen seine Hand im Spiel hat und wo es sich um ein strategisch und wirtschaftlich wichtiges bayerisch-österreichisches Grenzgebiet wie die Grafschaft Werdenfels und um so einträgliche mittelbare Besitzungen wie die freisingischen Weingüter in der Wachau handelt, da kann natürlich auch Österreich nicht fehlen. Kaiser Joseph II. hat jedoch das Unglück, daß sein Kandidat für Freising, der Linzer Bischof Graf Herberstein, in einem Augenblick stirbt, der nicht mehr gestattet, einen Ersatzmann ‹aufzubauen›.

4. Die vierte Gruppe ist die des seit 1785 in München amtierenden päpstlichen Nuntius Zoglio und des intriganten Münchner Hofbischofs Haeffelin. Der Nuntius und Haeffelin sind von der Partei Törrings abgefallen, weil dieser Versprechungen, die er ihnen vor seiner Regensburger Wahl gemacht hatte, nicht erfüllt hat. Ihre Feindschaft verschafft andererseits Törring größere Chancen beim deutschen Episkopat und den Domkapitularen, denen der Nuntius und Haeffelin äußerst zuwider sind. Schließlich kandidiert

5. ein Domkapitular Graf Lerchenfeld, der trotz aller Unterstützung durch seinen Familienklan auf verlorenem Posten steht und letztlich seine und seiner Anhänger Stimmen demjenigen Kandidaten in Aussicht stellt, der ihn am wenigsten geärgert hat oder ihm am meisten verspricht.

6. Der Domdekan Baron Strehl enthält sich jeder Stellung und hofft, das Hochstift wegen seiner Schulden unter die Zwangsverwaltung des Erzbischofs von Salzburg zu bringen, der dann ihn zum Unterverwalter bestellen würde.

Ferner sucht der Beichtvater und Berater Karl Theodors, Ignatius Frank, seine Fäden zu ziehen, wobei er vorübergehend mit seinen beiden Feinden, dem Nuntius und Haeffelin, zusammenarbeitet. Diese Gruppe fördert, nachdem sie sich gegen Törring gestellt hat, einen neuen Kandidaten, den Fürstpropst von Berchtesgaden Joseph Konrad Frhr. von Schroffenberg, der auf ihren Rat Pläne zur finanziellen Sanierung des Hochstifts Freising entwerfen läßt, um sich unter den Domkapitularen Anhang zu verschaffen. Um den Rivalen Sand in die Augen zu streuen, bringt diese Gruppe vorübergehend den zweijährigen Prinzen Pius, Sohn Herzog Wilhelms von Birkenfeld, als ihren scheinbaren Kandidaten ins Gespräch. Der Kurfürst, der sich bereits offiziell für Törring ausgesprochen hat, kann den Fürstpropst von Berchtesgaden, dem er jetzt den Vorzug gibt, nur noch secundo loco, in dieser Form aber «mit Nachdruck» empfehlen.

Im Hintergrund dieses kleinen Freisinger Welttheaters stehen die handfesten politischen Interessen der Staaten: Bayerns, das den Bischofssitz sofort, Zweibrückens, das ihn erst nach dem Tode Karl Theodors nach München und damit in sein Territorium verlegt sehen, aber dann auch gleich das ganze Hochstift für das Haus Pfalzbayern vereinnahmen möchte; des Kaisers, der den Einfluß Bayerns, Zweibrückens und Preußens ausschalten möchte und ein Auge auf die Grafschaft Werdenfels als Einfallstor nach Bayern und auf die reichen Güter Freisings in Österreich geworfen hat, und diesen Besitz nicht in die Hände des Nachbarlandes fallen lassen möchte; Preußens, das die Politik Zweibrückens gegen Österreich und gegen Karl Theodor unterstützt und über Zweibrücken den Beitritt des neuen Fürstbischofs zum Fürstenbund erreichen will; der Kurie, welche die Kandidaten auf ihre kirchenpolitische Linie, gegen die Emser Punktationen verpflichten und außerdem Karl Theodor gegen die Bischöfe unterstützen will.

Das entscheidende Wort, das Preußen bei der Besetzung dieses süddeutschen Bischofsstuhles mitspricht, zeigt erneut die Reichweite und das Ansehen der preußischen Politik im deutschen Süden in den drei letzten Jahrzehnten des alten Reiches, ein Einfluß, der durch die österreichischen Absichten auf Bayern und den dagegen gegründeten Fürstenbund sehr gefördert worden ist. In dieser Zeit haben sich auch die außenpolitischen Ansichten von Montgelas im Hinblick auf die beiden deutschen Großmächte verfestigt.

Es geht letztlich bei diesen Verhandlungen um die Möglichkeit der Mediatisierung des Fürstentums, den ersten Präzedenzfall für eine solche Säkularisierung seit dem Westfälischen Frieden. Preußen und Zweibrücken sind sehr tätig, um diese Perspektive zu verwirklichen, der Nuntius nimmt eine vorsichtige, fast wohlwollende Haltung dazu ein, während der Kaiser und der Reichsepiskopat sie zu verhindern trachten und der Münchner Hof wie immer wegen seiner inneren Parteiungen und der Unentschlossenheit des Kurfürsten keine klare Linie verfolgt.

Käser versichert Graf Königsfeld der Unterstützung der Höfe von Berlin und Zweibrücken, sofern er sich verpflichtet, falls er zum Bischof gewählt wird, dem Deutschen Fürstenbund beizutreten. Königsfeld gesteht Käser, daß er schon zwei andere Versprechungen hat abgeben müssen: Haeffelin hat die – nicht gehaltene – Zusage, beim Kurfürsten von Bayern für Königsfeld einzutreten, von dem Versprechen abhängig gemacht, daß dieser nach seiner Wahl mit Einwilligung des Kapitels den bischöflichen Sitz nach München verlegen wird. Der Nuntius hat Königsfeld das Versprechen abgenommen, nichts gegen den päpstlichen Stuhl zu unternehmen und sich nicht dem Emser Kongreß anzuschließen. Käser gelingt es, von Königsfeld ein drittes Versprechen zu erhalten, welches das erste aufhebt, nämlich den Bischofssitz zu Karl Theodors Lebzeiten nicht nach München zu verlegen, andererseits aber wohl später einer Mediatisierung des Hochstifts, die Haeffelin nicht gefordert hatte, gegenüber dem nächsten Kurfürsten nicht im Wege zu stehen.

Um nun ‹seinen› Kandidaten, den Fürstpropst von Berchtesgaden, zum Zuge kommen zu lassen, fädelt Haeffelin eine komplizierte Intrige ein: Er sucht durch mehrere Vertrauensleute, bei den Regierungen von Berlin und Zweibrükken Königsfeld in Mißkredit zu bringen und für den Fürstpropst Stimmung zu machen. Gleichzeitig sorgt er zweitens dafür, daß Karl Theodor bekannt wird, daß die preußischen Diplomaten einen bestimmten Kandidaten, nämlich Königsfeld, sehr energisch unterstützen. Damit ist Königsfeld beim Kurfürsten ‹erledigt›. Drittens denunziert Haeffelin Königsfeld beim preußischen Komitialgesandten Graf Goertz als Feind des Fürstenbundes. Darauf hält Goertz Königsfeld für wortbrüchig und unzuverlässig und veranlaßt, daß ihm der Berliner Hof seine Unterstützung entzieht.

Goertz bespricht sich mit den beiden Regensburger Domkapitularen Baron Karg und Graf Thun. Sie vereinbaren, daß Thun «einen Versuch wagen müsse, den Fürstbischof (von Regensburg, Graf Törring) zum geheimen Beitritt zur Union (Fürstenbund) zu bewegen, und, indem er ihm die Absicht von Translocierung des Bischöflichen Sitzes entdecke, soll er ihn zugleich des Schutzes von Berlin und Zweibrücken versichern, wenn er dahin willigen würde». Dieses Ansinnen wird durch den Domherrn Wolf in München hinterbracht. Auch als es dann Herzog Wilhelm im Auftrag Zweibrückens gelingt, Fürstbischof Törring zur Unterschrift des Versprechens für den Beitritt zum Fürstenbund zu veranlassen, bricht Törring bald darauf seine Schweigezusage[19].

Da nun Königsfeld sich von Zweibrücken und Preußen verraten fühlt, fürchtet Käser, daß er ihm die Schuld geben und über seine, Käsers, Tätigkeit in München ‹auspacken› könnte. Er fährt deshalb zu Königsfeld nach Freising und erklärt ihm, daß alles auf eine Intrige Haeffelins zurückgehe, der damit dem Fürstpropst von Berchtesgaden nützen wollte. Wolf streut die Absicht der Translocierung nach München aus, worauf Königsfeld im Domkapitel Stimmen verliert. Zweibrücken muß nun versuchen, das Gesicht zu wahren und als zweitbeste Möglichkeit Törring durchzubringen. Seinsheim erklärt daher im Einverständnis mit Herzog Wilhelm, der Herzog von Zweibrücken unterstütze Königsfeld, sei jedoch auch mit dem Fürstbischof von Regensburg (Törring) sehr einverstanden, was der Regensburger Dekan Wolf seinem Bischof als Beleidigung, da «secundo loco», darstellt. Die ‹Fraktion› Lerchenfelds und ein Teil der

[19] Dies waren die beiden in dem obenerwähnten Schreiben von Montgelas vom 6. 6. 1788 erörterten Verträge: der erstere, für Zweibrücken günstigere, mit Königsfeld, der zweite mit Törring (Anm. 11–13).

Anhänger Königsfelds gehen zu Törring über. Damit ist die Wahl des Fürstbischofs von Regensburg, Graf Törring, zum Fürstbischof von Freising bereits 2 Tage vor der Wahl gesichert. Zuletzt tritt auch Königsfeld resigniert zu ihm über. Käser hält in seinem Bericht nach Zweibrücken ‹Manöverkritik›:

Haeffelins Intrige war nicht dem von ihm und dem Nuntius Gewünschten, Fürstpropst Schroffenberg, der von Wien bekämpft wurde, zugutegekommen, sondern demjenigen, den sie vor allem ausschließen wollten: Fürstbischof Törring. Haeffelin hätte sein Ziel, Landesbistümer zu erhalten, viel eher erreichen können, wenn er die Freisinger Wahl so gelenkt hätte, daß sie «auf so ein Individuum hinausfiel, welches, statt die schlechten Umstände des Bistums zu mildern, dieselben vielmehr noch elender mache». Diese Überlegung, den Ruin des Hochstifts zu beschleunigen, war für Käser nach seinen eigenen Worten der einzige Grund, weshalb er insgeheim so stark für Königsfeld warb. Falsch war es nach seiner Meinung ferner, daß der Münchner Hof sich für den Fürstbischof von Regensburg, Graf Törring, erklärte, der bereits ein wohlhabendes schuldenfreies Hochstift regierte und alles tun konnte, um auch Freising wieder aufzuhelfen. «Statt zu sorgen, daß man durch ihn auch Regensburg schade, erteilt man ihm vielmehr die beste Propstei Altötting, erlaubt ihm, eine Infulsteuer zu nehmen und drängt sogar darauf, daß die (bayerischen) Untertanen, so zum Hochstift Regensburg lehnbar, die Lehen einlösen sollten», obgleich dies rechtlich zweifelhaft gewesen sei. «Also nicht allein Regensburg muß in seinem Wohlstande bleiben, sondern auch Freising muß wieder emporkommen, statt daß man sein Elend genützet und wenigstens die Grafschaft Werdenfels sichergestellt hätte». Aus diesem Grunde, nämlich weil er dem Hochstift finanziell hätte helfen können, wäre der Fürstpropst von Berchtesgaden für Bayern ebenso schädlich gewesen.

Schon ein Jahr nach seiner Wahl, am 30. 12. 1789, stirbt der neue Fürstbischof Max Prokop Graf Törring. Das Spiel beginnt von neuem. Zweibrücken holt wieder Domkapitular Königsfeld, um den es inzwischen still geworden war[20], als Kandidaten aus der Versenkung. Käser muß erneut die anderen Domkapitulare bearbeiten. Zunächst ist er skeptisch. Königsfeld schadet sich selbst durch seinen Übereifer. Fast jeder Kapitular verspricht seine Hilfe anderen als denen, für die er dann wirklich stimmt. Viele unterstützen eifrig einen Kandidaten, von dem sie sich erhoffen, daß er ihnen seine Nachfolge sichert, berichtet er[21]. Bis zum 10. Februar hat Käser für Königsfeld 5 Stimmen gewonnen. Es fehlen ihm noch 2 zur Mehrheit, falls er nicht für sich selbst stimmen will. Von den

[20] Königsfeld selbst gab keine Ruhe. Am 13. 1. 1789 hatte Montgelas Seinsheim angewiesen, Königsfeld klarzumachen, daß er vom Herzog Unmögliches erbitte und daß man ihm nur das gewähren könne «qui est humainenment dans l'ordre» (Egg.).

[21] An Esebeck 27. 1. 90, alles in K. bl. 197/10.

beiden anderen Kandidaten hat der Fürstpropst von Berchtesgaden 4, Lerchenfeld 2 Stimmen für sich, Strehl ist wieder neutral. Dennoch glaubt Käser zutreffend, daß der Fürstpropst das Rennen machen werde, da die anderen großenteils zu ihm übergehen werden. Der Kurfürst von Bayern unterstützt den Fürstpropst von Berchtesgaden; er läßt dem Freisinger Kapitel erklären, in der gegenwärtigen Situation des Hochstifts sei es nicht vernünftig, einen dem Kapitel Angehörenden zu wählen. Ein solcher sei nicht in der Lage, das Fürstentum vor dem Ruin zu bewahren, sondern würde es, «pour se soutenir dignement» noch mehr belasten. Käser wundert sich, daß der Kurfürst ein Interesse daran haben könne, sich dem bevorstehenden Ruin des Hochstifts entgegenzustellen[22]. Die Chancen Königsfelds sinken immer mehr. Wenn der erkrankte Domherr Graf Colonna, der für ihn stimmen wollte, stirbt, verliert er eine Stimme, wenn jedoch dieser «vieux avare» wieder gesund wird, wird er für den stimmen, der ihm höhere Bezahlung verspricht. Schreckenstein, ein anderer Domkapitular, «mauvais sujet dans toute l'étendue du sens», wird ihm auch nicht treu bleiben. Karl Theodor, der jetzt wohl auf Betreiben Haeffelins zugunsten des Berchtesgadener Propstes aktiver ist als 1788, erwartet ungeduldig den Tod Kaiser Josephs II., der ihm das Reichsvikariat bringt. Zu dem Augsburger Domherrn Umgelter, der früher den Illuminaten nahestand[23], habe der Kurfürst gesagt: «en quelque temps wird man einsehen, daß ich nicht so schwarz bin, als man mich dafür hält und ausgibt»[24].

Dieses Mal ist Zweibrücken vorsichtiger. Es erkennt rechtzeitig, daß Königsfeld keine Chancen zu haben scheint und läßt allen Beteiligten erklären, es wolle nicht dem Wunsch des Kurfürsten von Bayern zuwiderhandeln. Für den Regensburger Bischofsstuhl wünscht es Graf Thun[25]. Auch Preußen exponiert sich nicht mehr. Nach dem Tode Josephs II. kann Karl Theodor als Reichsvikar seinem Kandidaten, dem Fürstpropst von Berchtesgaden, Joseph Konrad Frhr. von Schroffenberg, dessen Wahl der Kaiser bekämpft hatte, um den bayerischen Einfluß nicht zu verstärken, noch nachhaltigere Hilfestellung leisten. Er wird am 1. 3. 1790 mit 8 von 14 Stimmen gewählt[26].

22 Ebd. Ber. v. 10. 2. 1790. Käser, der hier als eifriger und geschickter Anwalt der zweibrückischen bzw. später bayerischen Absichten gegen die Hochstifte auftritt, warnt später, 1798, als das Bayern Karl Theodors die Aufhebung von Klöstern plant, in einem Bericht an Montgelas entschieden vor einer solchen Maßnahme (unten Kap. 30 c).

23 MA 379.

24 Käser an Esebeck, 17. 2. 90, K. bl. 197/10.

25 Weisung Esebecks an Käser v. 17. 2. 90, wahrscheinlich von Montgelas entworfen, ebd.

26 Über ihn *Schwaiger* 113, dort 111–120 auch über die Finanzlage des Hochstifts Freising.

Die letzten beiden Bischofswahlen im Hochstift Freising[27], in denen gleichzeitig der Gedanke der Mediatisierung, d. h. ‹Säkularisation›, eines Hochstifts schon sehr konkrete Formen angenommen hatte, waren typisch für die Art, wie es im letzten Jahrhundert des alten Reiches in solchen Fällen zuging. Politik der deutschen Fürstenhäuser, Staatsräson und Finanzen der Hochstifte, Familienpolitik des Adels, Gegensatz zwischen Reichsepiskopat und Kurie, Ehrgeiz, Prestige und materielle Interessen vieler Domkapitulare, Pfründenhäufung spielten eine hervorragende Rolle. Daß es sich dabei eigentlich um religiöse Institutionen handelte, kann bei Betrachtung solcher Vorgänge fast ganz in Vergessenheit geraten. Jedoch ist zu vermerken, daß gerade die beiden aus diesen Wahlen hervorgegangenen Fürstbischöfe Törring und Schroffenberg im Gegensatz zu einem Teil ihrer Kapitulare einwandfreie und fähige Persönlichkeiten waren. Daß in dieser Spätzeit, als die Reichskirche in gesellschaftlicher Hinsicht ein Institut zur Versorgung jüngerer Söhne des Adels war, doch viele würdige Bischöfe und eine beachtliche Zahl sehr fähiger Regenten und Administratoren ihrer Hochstifte an die Herrschaft gelangten, ist unbestreitbar[28]. Auch funktionierte die Seelsorge einigermaßen unabhängig von den Persönlichkeiten der Bischöfe und Kapitulare dank der Arbeit der oft bürgerlichen Generalvikare und ihrer Mitarbeiter[29].

Nach diesem Scheitern der von Hofbischof Haeffelin in München und – für spätere Zeit – von Zweibrücken verfolgten Verlegungspläne des Freisinger Bischofsstuhles nach München ist in Bayern, wahrscheinlich ebenfalls von Haeffelin, der Plan angeregt worden, wenn dies nicht gelinge, solle man eben in Bayern, unabhängig von den «im Ausland» bestehenden, neue, unter dem Einfluß des

[27] Weiteres Material darüber im Geheimen Staatsarchiv, u. a. Kasten schwarz 94/12, 13, 14; 624/46; 625/51, 53; Kasten blau 427/39 u. a., ferner im Allgemeinen Staatsarchiv und im Staatsarchiv für Oberbayern. Dazu wäre das Ordinariatsarchiv heranzuziehen.

[28] Vgl. neben *Pfeilschifter* (Anm. 451) und *Schwaiger* (Anm. 452) z. B. die Arbeiten von M. *Braubach* über die späteren rheinischen Kurfürsten, zuletzt: Maria Theresias jüngster Sohn Max Franz, letzter Kurfürst von Köln und Fürstbischof von Münster, Wien (1961), oder H. *Raab*, Clemens Wenzeslaus von Sachsen und seine Zeit (1739 bis 1812), Bd. 1, Freiburg 1962, oder die neuere Literatur über Dalberg, mit der wir uns in Teil II zu befassen haben. Ferner: K. O. Frhr. v. *Aretin*, Die Konfessionen als politische Kräfte am Ausgang des alten Reiches, Ein Beitrag zur Problematik der Reichsauflösung, Festgabe für Joseph Lortz, Baden-Baden 1957, 181–241, und jetzt vor allem: Heiliges Römisches Reich ..., 2 Bde., Wiesbaden 1967, vor allem I, 34–50, 76–89, 184–192, 198–211, 375–401.

[29] Diesen Gedanken stellt vor allem heraus: K. O. Frhr. von *Aretin*, Politik und Kirche im 18. Jh. Ein Beitrag zum Verständnis der geistlichen Fürsten, Hochland 59, 1966, 23–38.

Landesherrn stehende Bistümer schaffen und zu ihren Gunsten die Zuständigkeit der außerbayerischen Bischöfe beseitigen, wie es Österreich getan hatte. Gegen diesen Plan wendet sich Montgelas, dessen Meinung von der Zweibrückener Regierung geteilt wird, entschieden: «Es gibt nur ein wahres System», womit er den Plan meint, die bestehenden Bistümer, zunächst Freising, allmählich zu mediatisieren, bis dahin aber die landesherrlichen Rechte gegenüber den bischöflichen stark auszuweiten. «Die Errichtung neuer Bistümer widerspräche der (Reichs-) Verfassung. Der Episkopat hat recht, sich (über einen solchen Plan) zu beklagen. Man müßte solche Bistümer dotieren, was nur möglich wäre auf Kosten der schon zu begrenzten Mittel. Man kehre zurück zu den alten Grundsätzen, weise die Macht des Klerus wieder in die Grenzen, die sie eigentlich niemals hätte überschreiten sollen: das Recht und die Gesetze autorisieren hierzu. Dies ist das Wesentliche. Alles andere ist nur schädliches und überflüssiges Stückwerk. Man schlägt der Hydra nicht den Kopf ab durch kanonische Subtilitäten»[30]. Was er damit meint, erklärt sein im folgenden zu besprechendes Mémoire von 1789.

8. Montgelas' Denkschrift über die Rechte der bayerischen Landesherren gegenüber der Kirche, 1789. Die Frage der landesherrlichen Rechte über die Kirche in der Kurpfalz

Über die Frage, welche persönliche Einstellung Montgelas zur Religion hatte, vermitteln auch seine vertraulichen Briefe an Seinsheim aus der Zweibrückener Zeit kein klares Bild. Seinsheim gibt sich in seinen Briefen kirchenfeindlicher und libertinistischer als Montgelas. Montgelas' Äußerungen sind zurückhaltender, meist auf sachliche Einzelfragen bezogen. Gelegentliche ironische Äußerungen über Kirche und Klerus dürften kaum über das hinausgehen, was allgemein zum Umgangston in den Salongesprächen der vornehmen Gesellschaft seiner Zeit, insbesondere jener skeptischen, durch die Aufklärung geformten, gegen die Verhältnisse des Ancien Régime kritischen Generation der in den fünfziger und sechziger Jahren Geborenen entsprach.[1]

[30] An Seinsheim 21. 2. 90.

[1] 29. 5. 88. s. oben Kap. 7 Anm. 14; ferner 31. 1. 88; 13. 1. 89/II; 18. 1. 89; 15. 2. 89; 21. 2. 90; 13. 11. 91; 11. 12. 91.

Montgelas hat seine Ansichten zur Religion und zu Grundfragen des Lebens, die zweifellos auch Schwankungen unterworfen waren, weder in dieser frühen Zeit noch später schriftlich erläutert. Man darf annehmen, daß er weder völliger Atheist noch ein sich an Offenbarung und Dogmen gebunden fühlender Katholik und Christ war. Irgendwo im Raum zwischen voltairianischem Deismus und einem allgemeinen, ‹philosophischen› Christentum mag er gestanden haben, wobei es nichts besagt, daß er, wie alle seine Zeitgenossen, zumindest an den äußeren Formen des Gottesdienstes teilnahm, soweit es der Dienst an seinem Fürsten und die Etikette verlangten.[2]

Montgelas ist kein Freund des Klerus. In seinen Schriften zum Staatskirchenrecht vertritt er einen stark etatistischen Standpunkt. Er fördert in Zweibrücken, so wie auch schon in München als Zensurrat und später als Minister, stets aufklärerisches Schrifttum. Zum Beispiel läßt er ein gegen die Jesuiten gerichtetes Buch von Wolff[3] Herzog Karl in einem besonders gebundenen Exemplar vorlegen, er empfiehlt dem Ex-Illuminaten Pfarrer Bermiller, sein nächstes Werk Prinz Max zu widmen, und verwendet sich beim Herzog für diesen in München verfolgten Mann.[4] Aber geschmacklose Pamphlete oder eine rein negative Kritik, wie sie in der vulgarisierenden Aufklärungsliteratur der Zeit nicht selten sind, lehnt er ab.[5] Auch über die vulgäre, «weder noble noch patriotische» Sprache des Amberger Regierungsrates und Ex-Illuminaten Löwenthal, eines Gewährsmannes des Zweibrückener Hofes für Fragen der böhmischen Lehen und der oberpfälzischen Klöster und frühen Befürworters der Säkularisation, erregt er sich, obwohl er Löwenthals Kenntnisse und Verdienste anerkennt.[6] Als ihm der Archivar Karl Theodors, der ehemalige Illuminat und erfolgreiche Schriftsteller Karl von Eckartshausen[7], seine anonyme Broschüre schenkt ‹Was waren die Bischöfe in den älteren Zeiten? Und was sind sie nun?› (München 1789), die versucht, einen Beitrag zum Kampf der weltlichen Landeshoheit gegen die Immuni-

[2] Z.B. an Seinsheim 15.5.89: Dank-Tedeum für die Genesung des Herzogs; MA 7937/2: Erwähnung der Teilnahme an der Fronleichnamsprozession 1808.

[3] 7.5.89. Es handelt sich bei dem Verfasser um Peter Philipp Wolff und den 1. Band seiner Veröffentlichung: Allgemeine Geschichte der Jesuiten ..., 4 Bde., Zürich 1789–1791. Hierzu H. *Grassl*, Aufbruch zur Romantik ..., München 1968, 245–252 u. ö.

[4] 5. und 12.6.88; 1.4., 5.7.89, ferner MA 1, MA 379.

[5] 20.1.89/II; 9.7.89.

[6] 6.11.87. Gutachten Löwenthals über den Besitz und die Rechtsverhältnisse der oberpfälzischen Klöster für den Herzog von Zweibrücken aus dieser Zeit liegen in K. bl. 419/20. Ein Begleitbrief (wohl an Esebeck) ist vom 9.7.1788. Die Schriften haben klar das Ziel einer späteren Aufhebung dieser durch die Reichsverfassung und den Westfälischen Frieden nicht geschützten Abteien im Auge.

[7] Vgl. Kap. 2 Anm. 22.

tät der Bischöfe zu leisten, schreibt Montgelas an Seinsheim: «Um Ihnen im Vertrauen zu sagen, was ich davon halte: Abgesehen von den als Belege abgedruckten Dokumenten, die nicht das Werk des Verfassers sind, halte ich das Ganze für Schund und altes Eisen. Diesem Mann, der literarische Bildung und einige Kenntnisse anderer Art besitzt, fehlt vollkommen das, was hier nötig ist: Er weiß nichts von Geschichte, nichts von Jurisprudenz, kein Schimmer von Kirchenrecht – einige Gemeinplätze, die jedermann kennt und mit denen jeder Skribent Mißbrauch treibt. Dies ist die Substanz seines Werkes, und mit einer so geringen Ausrüstung wagt er sich an eine These heran, die ich in sich für unhaltbar erachte».[8] Früher hatte er anläßlich einer historischen Deduktion Eckartshausens über Salzburg geurteilt, diese sei nicht schlecht, könnte aber besser sein. Die Novellisten seien nicht für die Staatsgeschäfte («affaires») geeignet.[9] Was er an Eckartshausen und anderen Schriftstellern vermißt, das besitzt Montgelas selbst ohne Zweifel in hohem Maße: Kenntnis der Geschichte, des Staats- und des Kirchenrechts und politischen Sinn.

Vorsichtig auf den geschichtlichen Quellen des bayerischen Staatskirchenrechts seit dem Mittelalter aufbauend, in den Schlußfolgerungen jedoch für weitgehende Änderungen gegenüber dem gegenwärtigen Zustand, für die Rückgängigmachung angeblicher kirchlicher Usurpationen gegenüber dem Staat eintretend, so ist die einzige größere uns erhaltene staatskirchenrechtliche Denkschrift von Montgelas aus der Zeit vor 1799 angelegt. Es handelt sich nach seinem eigenen Urteil zugleich um die wichtigste und grundlegendste, die er verfaßt hat. Sie ist Ende des 19. Jahrhunderts von seinen Nachkommen zusammen mit einigen anderen Denkschriften und Fragmenten von Egglkofen an das Geheime Staatsarchiv abgegeben worden[10], und trägt den Titel ‹Mémoire instructif sur les droits des Ducs de Bavière en matière ecclésiastique›; sie ist undatiert.

Die Briefe an Seinsheim erlauben uns, die Entstehung zeitlich zu verfolgen.[11] Der äußere Anlaß dürfte die Freisinger Bischofswahl von 1788 gewesen sein. Am 25. 11. 1788 schreibt Montgelas dem Freunde: «Ich friste mein Leben wie üblich:

[8] 6. 11. 89.

[9] 7. 5. 89.

[10] Dort heute MA 54. Der Schreiber ist nicht sein üblicher Sekretär für die französischen Denkschriften aus der Zweibrückener Zeit, Rivet. Die Verfasserschaft von Montgelas ist gesichert durch die Erwähnungen in seinen Briefen an Seinsheim, durch seine eigenhändigen Korrekturen im Text, ferner durch formale Kriterien: zahlreiche überflüssige Doppelkonsonanten – der Schreiber hat im Gegensatz zu Rivet Montgelas' Orthographie übernommen – ferner durch den geschliffenen französischen Stil Montgelas', sowie vor allem durch inhaltliche Kennzeichen: die Montgelas'schen Anschauungen.

[11] Egglkofen. Zur Vorgeschichte dieser Denkschrift s. auch unten Kap. 9.

ich fühle mich oft gelangweilt[12], amüsiere mich manchmal. Ich arbeite viel an meinem Mémoire über die geistliche Jurisdiktion, das Fortschritte macht. Es wäre bereits fertig, wenn ich ihm meine ganze Zeit widmen könnte». Am 14. 12. 1788 teilt er Seinsheim mit, er glaube nicht, daß die Frage der Nuntiatur bald aktuell werde. In diesem Moment der Krise hätten die Großmächte anderes zu tun, als sich «Wortgefechte mit Pfäfflein» zu liefern (ferrailler avec des prêtraillons). «Es ist auch nicht in dieser Absicht, daß ich mein Mémoire sur la jurisdiction ecclesiastique vorwärtstreibe; ich tue dies vielmehr in der Absicht, den Hof von B(erlin) für die Gerechtigkeit unserer Sache zu gewinnen, für den Fall, daß diese früher oder später zur Sprache kommen wird, und vor allem, um richtige Vorstellungen zu vermitteln über einen Bereich, der wesentlich ist für die zukünftige Regeneration unseres Vaterlandes, um den Souverän par point d'honneur festzulegen auf die Beachtung von Grundsätzen, die er dereinst öffentlich wird verteidigen müssen. Wie dem auch immer sei, die Arbeit ist nahezu vollendet, Sie werden Sie zu Beginn des nächsten Monats erhalten.» Montgelas deutet also hier, noch vor der Französischen Revolution, wie auch an anderen Stellen bereits an, er halte es für unvermeidlich, daß Bayern eines Tages die Hand auf einige oder alle Hochstifte seines Bereiches legen wird oder wenigstens die rechtlichen Beziehungen zu den Bischöfen – derzeit fremden Reichsfürsten – auf eine neue Grundlage stellen muß. Der Zweck seines Mémoires ist, die preußische Regierung zu diesem Zeitpunkt bereits für den Zweibrückener Standpunkt in dieser Frage zu gewinnen[13] und Herzog Karl auf dieses Programm festzulegen, das er einst als Erbe Bayerns öffentlich vertreten und verwirklichen soll. Am 25. 12. 1788 bemerkt er gegenüber Seinsheim: «Das Mémoire, das Sie bei Ihrer Rückkehr nach Regensburg erhalten, wird tun, was es kann. Ich übergebe es Ihnen als Versuch und nicht als Meisterwerk. Wenn man keine Ansprüche erhebt (n'a aucune prétention), so verdient man Nachsicht». Am 15. 3. 1789 kann er endlich melden, sein ‹Mémoire sur l'Eglise› sei seit drei Wochen fertiggestellt, nur die Langsamkeit der Abschreiber verzögere die Absendung. Ob es sich bei dem bisher erwähnten Mémoire, bei dem die geistliche Gerichtsbarkeit der Bischöfe im Vordergrund stand, um eine später verlorengegangene eigene Denkschrift (die jedoch auch schon weitergehende Ansprüche des Staates gegenüber den Hochstiften begründen sollte) handelte, oder nur um einen Teil, der dann im Jahr 1789 zu der vorliegenden großen Schrift über die historischen Kirchenhoheitsrechte der Herzöge erweitert wurde, ist unklar. Jedoch ist das letztere anzunehmen, denn die Paragraphen 9–26,

[12] «Je m'ennuye» ist nicht im Sinn von Untätigkeit zu verstehen, sondern von: sich unbehaglich fühlen, Heimweh haben.

[13] Tatsächlich findet die Arbeit das Lob des Grafen Goertz: Mo. an Seinsheim 29. 11. 89.

d. h. der überwiegende Teil des uns bekannten Mémoire, betreffen Gegenstände des Kirchen- und Staatskirchenrechts. Am 1. 11. 1789 kündigt Montgelas Seinsheim die Übersendung des großen ‹Mémoire justificatif sur les droits des Ducs de Bavière en matière ecclésiastique›[14] zusammen mit einer Instruktion seines Ministers dazu an. In seinem unten analysierten Nachtrag zu diesem Mémoire, den Montgelas mit demselben Seinsheim unterm 5. 11. 1789 endgültig zusendet, erwähnt er noch zwei andere Beilagen, die nicht mehr aufgefunden werden konnten: eine ‹Note sur l'administration du pouvoir ecclésiastique et des biens du clergé du Duché de Neubourg› und ein ‹Mémoire sur les nonciatures›. Das letztere meldete er am 7. 7. 89 als fertiggestellt.

Für die Annahme, daß das im November 1789 tatsächlich an Seinsheim und wohl auch nach Berlin gesandte ‹Mémoire instructif sur les droits des Ducs de Bavière en matière ecclésiastique› eine erweiterte Form des im Winter 1788/89 ausgearbeiteten ‹Mémoire sur la jurisdiction ecclésiastique› war, spricht auch eine Mitteilung Montgelas' an Seinsheim vom 13. 1. 1789. Dort heißt es, er freue sich, daß Eisenreich, der geheime Berater Zweibrückens für Fragen des Staatskirchenrechts in München, eine selbstverfaßte historische Abhandlung nach Zweibrücken senden wolle. «Wenn die meinige weniger fortgeschritten wäre, so würde ich sie als überflüssig ins Feuer werfen. Indessen sind unsere Pläne nicht die gleichen. Die meine bezieht sich mehr auf den gegenwärtigen Besitzstand. Sie ist vorwiegend juristisch, betrifft die gegenwärtige Gesetzgebung und spricht nur kurz von der Vergangenheit. Ich war gezwungen, mich dieser Methode zu bedienen, um nicht zu ausführlich zu werden, zum Teil aus Mangel an Material, sodann, weil diese Form sich besser der Politik der Höfe anpaßt, die kaum die Gelehrsamkeit erträgt (‹qui ne souffre guère l'érudition›). Ich freue mich unendlich darauf, diese neue Arbeit zu sehen und einer ihrer ersten Bewunderer zu werden». Möglicherweise hat also Montgelas noch im Sommer 1789 einige historische Quellenbelege und Deduktionen aus dem Mémoire Eisenreichs in das seinige aufgenommen. Wie dem auch sei, in seiner endgültigen im folgenden zu besprechenden Form entspricht es ganz dem Geist und der Sprache von Montgelas.

Das 118 Seiten umfassende ‹Mémoire instructif sur les droits des Ducs de Bavière en matière ecclésiastique› besteht aus vier Hauptteilen: §§ 1–8 behandeln das Verhältnis zwischen Landesherrn und Kirche, insbesondere Landesherrn und Bischöfen, von der Zeit der Agilolfinger bis ins 18. Jahrhundert. §§ 9–14 betreffen die der kirchlichen Gerichtsbarkeit allein vorbehaltenen Gegenstände: Gerichtsstand, Güter und Einkünfte der Kleriker, Asylrecht der Kirchen, Zehnte, Patronatsrechte, Ehe. §§ 15–23 sind den ‹causae mixtae›, den Gebieten, an denen

[14] In der endgültigen Form heißt es ‹Mémoire instructif . . .›.

sowohl die weltliche als die geistliche Gerichtsbarkeit beteiligt sind, gewidmet: Durchführung des Kults, einschließlich Prozessionen, Predigt, Festsetzung von Feiertagen, von Fasttagen, Begräbnissen, Exkommunikationen und geistliche Zensuren, Stolgebühren der Geistlichen, Disziplin, Sitten und Ausbildung des Klerus. In den §§ 24–26 stellt er die den Fürsten allein reservierten Rechte hinsichtlich des Kirchengutes, der Polizei und der Inspektionen der religiösen Gemeinschaften sowie der Kollation der Benefizien dar. In einer abschließenden ‹Conclusion› schließlich (S. 112–118) faßt er die Ergebnisse seiner gleichermaßen auf die geschichtliche Entwicklung wie das Gegenwartsrecht bezogenen Darlegung zusammen.

Wie auch in seinen sonstigen historischen Abhandlungen zitiert Montgelas in dieser Denkschrift ausgiebig aus gedruckten Quellen[15], aber auch aus Archivalien, die er während seiner Tätigkeit als Hofrat in München exzerpiert hat.[16]. An Literatur bezieht er sich vor allem auf Weiße[17], Schmid[18], Meiern[19], Westenrieder[20],

[15] Z. B. *Monumenta Boica* Bd. 2, 6, 7; J. G. *Heineccius*, Corpus Iuris Germanici antiqui, Halle 1738; F. A. von *Oefele*, Rerum Boicarum Scriptores . . ., Bd. 2, Augsburg 1763; Sammlung der bayerischen landständischen Freiheitsbriefe (von J. B. Strobl), 1582; C. *Meichelbeck*, Historia Frisingensis, Freising 1724; Gg. Karl *Mayr*, Sammlung s. 1. 1778; 7. A. *Reuß*, Teutsche Staats-Kanzley, 39 Bde., Ulm 1783–1800, dann noch Jahre 1799–1801, ebd. 1800–1803; W. *Hund*, Metropolis Salisburgensis . . ., Ingolstadt der Kurpfalz-Baierischen allgemeinen und besonderen Landesverordnungen . . ., 6 Bde., damals erschienen Bd. 1 und 2, 1784, Bd. 3 und 4, 1788, besonders oft zitiert Bd. 3 für die Konkordate mit den Bistümern: Erzbistum Salzburg 1628, Bistum Bamberg 1638, Eichstätt 1654, Augsburg 1684, Passau 1690, Freising 1718; Wig. Frhr. von *Kreittmayr*, Codex Maximilianus Bavaricus Civilis, 1756.

[16] Vor allem aus den etwa 50 Bänden Protokollen des Geistlichen Rates seit dem 16. Jh., die heute im Allgemeinen Staatsarchiv (seit 1574 fortlaufend) aufbewahrt werden, aus Instruktionen, Verträgen und aus der ungedruckten Abhandlung von Christian Friedrich Pfeffel, Mémoire manuscrit sur la succession de Bavière, composé en 1778 pour la Cour de France.

[17] Von Christian Ernst *Weiße*, dem Leipziger Staatsrechtler, zitiert er eine Arbeit ‹Beweis der Landeshoheit der Herzoge in Bayern über die bayerischen Bischöfe›, die ich bibliothekarisch nicht feststellen konnte. Möglicherweise handelt es sich um ein ungedrucktes Gutachten. Das Hauptwerk Weißes auf diesem Gebiet: ‹Über die Säkularisation deutscher geistlicher Reichsländer›, erschien erst Leipzig 1798.

[18] S. unten Kap. 11. Anm. 26.

[19] Joh. Gottfried von *Meiern*, Acta Pacis Westphalicae oder Westphälische Friedens-Handlungen und Geschichte, Teil 1–6, mit Register, 7 Bde., Hannover 1734–40. – Acta pacis executionis publica oder Nürnbergische Friedens-Executions-Handlungen und Geschichte, 2 Bde., Hannover, Göttingen 1736–38.

[20] Lorenz *Westenrieder*, Beyträge zur vaterländischen Historie, Geographie, Statistik und Landwirthschaft, Bd. 1–10, 11 Bde. (Bd. 9 = 2 Bde.), München 1788–1817, hier Bd. 1.

Bergmann[21], J. N. Mederer[22], J. G. von Lori[23], Sarpi[24], Veremundus von Lochstein (P. von Osterwald)[25], Vattel[26], den er besonders zitiert für die Notwendigkeit der eindeutigen Zustimmung der gesamten Nation bei der Aufgabe staatlicher Kirchenhoheitsrechte.

Montgelas beherrschte die Arbeitsmethoden des Historikers, die Benützung gedruckter und ungedruckter Quellen, die historische Kritik.[27] Fast alle seine Denkschriften sind unter Verwendung von Akten und gedruckten Publikationen erarbeitet. Er war ein erfahrener Archivforscher und schenkte sowohl in Zweibrücken als später als Minister in München der Sicherung, Ordnung und ständigen Ergänzung der Archive sein Augenmerk wie nur wenige Staatsmänner. Er betonte in seinen Privatbriefen immer, wie er sich freue, wenn sein Dienst ihm erlaube bzw. ihn zwinge, historische Gutachten zu verfassen. Sein ganzes Leben hindurch nahm er persönlich von historischen Neuerscheinungen Kenntnis. Dennoch überwog bei ihm das Interesse, die Ergebnisse der Geschichtsforschung für die Bedürfnisse der Staatsführung nutzbar zu machen, ein Bedürfnis, das – wenn man sich der Grenzen eines solchen Verfahrens bewußt ist und die Geschichte nicht verfälscht – durchaus legitim und keineswegs ‹unhistorisch› ist. Viele bedeutende Staatsmänner haben bewußt geschichtliche Erfahrungen verwertet.

In dem vorliegenden Memoire geht es um drei Grundanliegen des Politikers Montgelas: um Stärkung und Konzentration der Staatssouveränität, um Zurückdrängung der Rechte kirchlicher Institutionen sowie der kirchlichen Gerichtsbarkeit zugunsten des Staates, in gewissem Sinn um Einbau der Kirche in den Staat, und drittens um eine eventuelle künftige Einziehung reichsunmittelbaren und mittelbaren Besitzes kirchlicher Institutionen. Daher ist diese Denkschrift zwar auch ein historisches Gutachten, aber vor allem ein Plädoyer, das ein Programm enthält, eine Ausweitung staatlicher Rechte, die als Wiederherstellung des ursprünglichen Zustands dargestellt wird, das den eigenen Herzog und Minister,

[21] Mich. Adam *Bergmann*, Beurkundete Geschichte der ... Stadt München von ihrem Entstehen bis nach dem Tode Kaiser Ludwigs IV., München 1783.

[22] Joh. Nepomuk *Mederer*, Beyträge zur Geschichte von Baiern, Stück 1–5, 2 Bde., Regensburg, Ingolstadt 1777–93; Stück 1–4/5, Regensburg 1777–80.

[23] Joh. Gg. von *Lory*, Chronologischer Auszug der Geschichte von Baiern, Teil I, München 1782.

[24] Paolo *Sarpi*, Trattato delle materie beneficiarie, Mirandola 1676, deutsch: Von dem Kirchengut, aus dem Italienischen von J. G. Steeb, Frankfurt und Leyden 1786.

[25] ‹Veremunds von Lochstein Gründe sowohl für als wider die geistliche Immunität in zeitlichen Dingen›, München 1766.

[26] S. oben Kap. 1 Anm. 31.

[27] S. auch unten Kap. 11.

sowie die preußische Regierung überzeugen und den eigenen Gesandten als Instruktion für diese Fragen dienen soll.

Als politische Programmschrift und als Sammlung historischer Rechtstitel für die Ausweitung der Staatssouveränität wollen wir daher allein diese Schrift betrachten, obwohl sie auch als historische Untersuchung ohne Zweifel noch vielen anderen zeitgenössischen Traktaten sowohl von seiten staatlicher und aufklärerischer als auch kirchlicher Publizisten überlegen ist. Die politischen Hauptgedanken des umfangreichen Mémoires können wir im folgenden nur zusammenfassend, zum Teil unter Verwendung von abschließenden Formulierungen des Autors selbst, ohne die vorangegangenen historischen Deduktionen und Quellenzitate, daher in zuweilen verkürzt wirkender Perspektive wiedergeben. Es sei jedoch betont, daß Montgelas tatsächlich in den meisten Fällen nicht einfach Behauptungen und Thesen aufstellt, sondern sich bemüht, dieselben anhand geschichtlicher Darlegungen und Quellenbelege zu begründen.

Die Ergebnisse des Abschnitts über die Beziehungen zwischen den bayerischen Herzögen und den Bischöfen und Prälaten des Landes seit dem ersten Stammesherzogtum der Agilolfinger (§§ 1–8) sind nach Montgelas' Darstellung:

1. Die Bistümer verdanken ihre Errichtung der Freigebigkeit der weltlichen Fürsten, «des souverains»[28]; die Bischöfe waren die Untertanen dieser Fürsten auf allen Gebieten außer auf dem der Lehre.

2. Die Bischöfe haben nach ihrem Aufstieg zur Reichsunmittelbarkeit ihre Jurisdiktion über den Klerus des Herzogtums Bayern ausgedehnt auf Kosten der «Souveränität» der Herzöge und haben später stets mit der Waffe in der Hand offenkundige Usurpationen verteidigt. Montgelas glaubt hier, die bayerischen Bischöfe hätten erst infolge der Zwistigkeit unter den Nachkommen Ludwigs des Bayern im 14. Jahrhundert die Reichsunmittelbarkeit erlangt, durch Deklarierung von Allodien in Reichslehen und von «terres landsassiales» in «souverainetés indépendantes», wie er schreibt. Die ‹Confoederatio cum principibus ecclesiasticis› von 1220 ist ihm in dieser Denkschrift, im Gegensatz zu dem Fragment über die bayerische Kirchen- und Staatsverfassung[29] und zu der Abhandlung über die Kirchenhoheitsrechte in der Kurpfalz noch nicht bekannt. Die Ausdehnung der Zuständigkeit des Kirchenrechts und der Aufstieg der bayerischen Prälaten zu Landständen seien nur durch die damalige Schwäche des weltlichen Landesfürstentums ermöglicht worden[30].

[28] Montgelas bezeichnet konsequent von Anfang an die Reichsfürsten stets als ‹souverains›, denen gegenüber allerdings der Kaiser ‹le suzerain› ist.

[29] MA 64, s. unten Kap. 11–13.

[30] «On inventa la doctrine monstrueuse de deux puissances distinctes, dont l'une est à l'autre comme le soleil à la lune. Sous prétexte que Dieu avait confié à son Eglise le

Der Kampf gegen die Reformation habe den Herzögen die Gelegenheit gegeben, in die alten Rechte, die man eigentlich nie hätte aufgeben sollen, wieder einzutreten, «unter dem Vorwand», daß die Bischöfe den Kampf gegen die neue Lehre nicht energisch genug führten. Über die Reformation sagt Montgelas, sie habe sich in Bayern mit einer beispiellosen Geschwindigkeit verbreitet, weil das Volk der Aussaugung (des exactions) durch den Klerus, vor der es sonst keine Rettung gesehen habe, müde geworden sei. «Sei es aus Überzeugung, sei es aus Politik, die Regierung blieb der alten Lehre treu und verfolgte mit Eifer die Sektierer der neuen Lehre, als ob sich die Überzeugung unter Anwendung von Gewalt befehlen ließe und als ob die Obrigkeit für das Gewissen zuständig wäre».[31] In diesem Moment, als die Stellung der Bischöfe denkbar schwach war, hätten die Herzöge mühelos ihre Rechte wieder auf den ursprünglichen Stand erweitern können – Montgelas erwähnt hier allgemein das durch hervorragende Theologen gerechtfertigte Vorgehen der Landesherren gegen die Bischöfe in anderen Ländern, er meint wohl vor allem im gallikanischen Frankreich. Aber die den überall verwandten Juristen des römischen Rechts eigene Ängstlichkeit hätte ein solches entschiedenes Vorgehen verhindert. Hinderlich sei auch das Festhalten an der Tradition gewesen, deren «Joch» die Menschen nie völlig abschüttelten[32], sowie die Furcht, sich durch durchgreifende Maßnahmen gegen die Bischöfe und das Kirchengut zu sehr den religiösen Neuerern zu nähern.

Montgelas verfolgt im einzelnen, welche alten Rechte gegenüber Kirche und Klerus die bayerischen Herzöge und Kurfürsten im 16. bis 18. Jahrhundert trotzdem wieder in ihre Hand zu bringen wußten, wobei er nicht mit Lob und Tadel spart: Lob etwa für Albrecht V., für den aufgeklärten Max III. Joseph und

salut des âmes, toutes les matières qui avaient le moindre rapport à la conscience tels que les dixmes, testaments, serments, mariages, adultères, les matières bénéficiales, les causes où un clerc se trouvait compromis comme demandeur ou défendeur, ressortirent aux tribunaux ecclésiastiques. Les excès des archidiacres et autres officiers épiscopaux passèrent toutes bornes...» Vergebens hätten die ruinierten Untertanen gegen solche Bedrückung an ihre Fürsten appelliert. Ihre Schwäche hätte die bayerischen ‹Souveräne›, die in unaufhörliche Familienstreitigkeiten verwickelt gewesen seien, gezwungen, diese Usurpationen feierlich anzuerkennen. So sei die Handfeste des Königs Otto von 1311 zustandegekommen, durch welche die landsässigen Prälaten zu den Ständen des Landes ‹zugelassen› worden seien. Montgelas befaßt sich sodann mit den späteren Bestätigungen dieser Handfeste durch Ludwig den Bayern und seine Nachfolger (§ 3 der Denkschrift MA 54). Montgelas meint hier die sog. Ottonische Handfeste von 1311, Juni 15, Druck: G. v. *Lerchenfeld,* Die altbayerischen landständischen Freibriefe..., München 1853, S. 1–8, Orig. Allg. Staatsarchiv Altbayer. Landschaft Urk. 5.

[31] «et que les consciences fussent du ressort de l'autorité» (§ 3).

[32] «un reste d'attachement aux anciennes idées adorées pendant tant de siècles et dont les hommes ne secouent jamais entièrement le joug».

für die Anfänge Karl Theodors[33], Tadel für Wilhelm V., weil dieser («ce Prince renommé par une dévotion mal entendue plus digne du cloître que du trône») sich zu zwei Maßnahmen verleiten ließ, die der fürstlichen Autorität schädlich waren: zu den Konkordaten (Rezessen) von 1583 mit dem Erzbischof von Salzburg und den Bischöfen von Freising, Regensburg, Passau und Chiemsee und zur Änderung der Verfassung des geistlichen Rates, durch welche diese herzogliche Institution wieder unter die Leitung von Geistlichen geriet.[34] Kritisiert wird auch Kurfürst Maximilian I. wegen der gewaltsamen Rekatholisierung der Oberpfalz und des Einflusses der Jesuiten, schließlich der Karl Theodor der späteren Zeit. Montgelas setzt an der herkömmlichen bayerischen Kirchenpolitik ferner besonders aus, daß die Priester wegen der Schwäche und Tatenlosigkeit der bayerischen Regierung sich nur nach den Wünschen der Bischöfe, also ‹ausländischer› Fürsten, sowie nach den Weisungen des Geistlichen Rates – des von Willhelm V. bis 1768 und wieder seit 1783 von Geistlichen geleiteten Organs – orientierten, nicht aber nach den Rechten und Interessen ihres bayerischen Landesherrn. Die rein geistliche Autorität der Kirche, die ihr «zum Heil der Menschen durch ihren Gründer verliehen wurde», bestehe nur in: «Dogma, Predigt des Evangeliums, Gottesdienstordnung im Inneren der Kirchen und in der Art der Verwaltung der Sakramente». Unter diesem Gesichtspunkt habe man stets die Dinge gesehen. Montgelas weist auf die Instruktion Karl Theodors von 1779[35] hin. Kein bischöflicher Erlaß, keine päpstliche Bulle, kein Konzilskanon sei in Bayern jemals rechtens ohne vorherige Prüfung und Genehmigung seitens der Regierung verkündet worden. Er führt hierzu eine Anzahl von Beispielen aus der Zeit zwischen 1770 und 1785 an, die ihm besonders naheliegen, weil er bereits als Hofrat in München mit Fragen des Staatskirchenrechts befaßt war (§ 7).

Auch in seinen Ausführungen über die Gegenstände, die nach seiner Auffassung sowohl die kirchliche als die weltliche Jurisdiktion interessieren müssen, die ‹causae mixtae›: Kult (mit Prozessionen), Predigt, Feiertage, Fasttage, Begräbnisse, Exkommunikationen und geistliche Zensuren, Stolgebühren, Sitten, Disziplin, Ausbildung des Klerus, vertritt Montgelas den Standpunkt der staatlichen Kirchenhoheit. Anhand von Synodal-Beschlüssen und Kapitularien unterstreicht er, daß sich die weltliche Regierung und Gesetzgebung bereits in den Tagen der Agilolfinger und Karolinger im Interesse der Allgemeinheit stets um diese Dinge gekümmert habe. Mit einem beachtlichen Aufgebot an

[33] Hier zitiert er als Beleg die Instruktion vom 16. 7. 1779, Mayr's Generaliensammlung Bd. 3, 1126–45.

[34] Beide Maßnahmen werden ausführlich behandelt in § 4 der Denkschrift.

[35] S. Anm. 33.

Quellenzitaten, Urkunden, Gesetzestexten, Ordonnanzen, Instruktionen und Verordnungen bemüht er sich nachzuweisen, daß dies auch unter dem Herzogtum und Kurfürstentum bis in die Gegenwart so geblieben sei. Da die genannten Gebiete die innere Verwaltung und die Gesellschaft unmittelbar angehen, sei der Staat verpflichtet zu verhindern, daß sich Mißbräuche einschleichen. Die Aufsicht über die äußere Ausübung der Religion, die «Kirchenpolizei» also, und über die Geistlichkeit «bilden eine der wichtigsten Prärogativen der Souveränität».[36]

Als drittes stellt Montgelas die den Fürsten allein vorbehaltenen Rechte dar (§§ 24–26) hinsichtlich des Kirchenguts, der Aufsicht über die religiösen Gemeinschaften und der Vergabe (Kollation) der Benefizien. Der Souverän sei «administrateur né» aller Güter der Kirchen, der religiösen und wohltätigen Stiftungen in seinen Staaten. Montgelas legt besonderes Gewicht auf den Nachweis, der geistliche Besitz sei ursprünglich in Bayern denselben Steuern und Abgaben unterworfen gewesen wie «der aller anderen Bürger», ja seit dem 16. Jahrhundert hätten die bayerischen Herzöge und Kurfürsten immer wieder in Notzeiten mit Billigung des Papstes Teile der kirchlichen Einkünfte für die Bedürfnisse des Staates einziehen können.[37]

[36] Hinsichtlich der Grenzen der geistlichen Gerichtsbarkeit sagt Montgelas an anderer Stelle, in Bayern seien zwei Grundsätze in Geltung: 1. «daß kein Untertan des Kurfürsten außerhalb des Landes verbracht und einer ausländischen Gerichtsbarkeit unterworfen werde; 2. daß dem Untertanen unter keinem Vorwand das Recht der Appellation an den Landesherrn (le droit du recours au souverain) genommen werde. Unsere Fürsten haben stets diese Maximen verteidigt. Die Ordonnanzen bekräftigen dieselben» (an Seinsheim, 15. 2. 1789; Orig. französisch).

[37] Montgelas stützt sich für das 16. Jh. v. a. auf F. A. von *Oefele*, Rerum Boicarum Scriptores Bd. 2, Augsburg 1763, für die spätere Zeit sind ihm die Fakten auch von seinem Studium der Protokolle und Akten des Geistlichen Rats her bekannt. Zu all diesen Fragen, für den Zeitraum von den Diözesankonkordaten von 1583 bis 1770, Beginn des Salzburger Kongresses: Gg. *Pfeilschifter-Baumeister*, Der Salzburger Kongreß und seine Auswirkung 1770–1777, Paderborn 1929, S. 1–183. Wichtiges Material für die Zeit vor 1583 in: Briefe und Akten zur Geschichte des 16. Jh. mit besonderer Rücksicht auf Bayerns Fürstenhaus, Bd. 1–6, hg. im Auftrag der Historischen Kommission bei der Bayerischen Akademie der Wissenschaften, München 1873–1913, von A. von *Druffel* (Bd. 1–3), K. *Brandi* (4), W. *Goetz* (5), W. *Goetz* und L. *Theobald* (6), in den beiden, noch weiter wachsenden Serien der ‹Nuntiaturberichte aus Deutschland› (1. Abteilung 1533–1559, 2. Abteilung 1560–1572) und in der Edition von Gg. *Pfeilschifter*, Acta reformationis catholicae, Die Reformverhandlungen des deutschen Episkopates von 1520 bis 1570, bisher erschienen Bd. 1 bis 3, Regensburg 1959–68. – G. *Heyl*, Der Religions- und Geistliche Lehenrat (1556–59), in: Bayern, Staat und Kirche, Land und Reich, W. Winkler zum Gedächtnis, München (1960), 9–34, dort 9 f. weitere Lit., ferner die ersten Kapitel der ungedruckten Münchner Diss. von G. *Heyl*, Der Geistliche Rat in Bayern unter Kur-

Eine weitere Folge des «domaine suprême et de la supériorité du Souverain» über den in seinen Staaten gelegenen kirchlichen Besitz sei es, den Erwerbungen der ‹toten Hand› (main morte) Schranken zu setzen, in Bayern wie in den meisten anderen Staaten[38]. Montgelas kann dabei auf das bayerische Amortisationsgesetz vom 13. 10. 1764 verweisen, das nur eine seit 1672 begonnene Entwicklung zu einem gewissen Abschluß brachte. Bereits 1672 und 1701 hatten kurfürstliche Dekrete, wenn auch noch mit geringem Erfolg, versucht, eine Entwicklung zu bremsen, in deren Verlauf die infolge geordneter Wirtschaftsführung, billiger Arbeitskräfte und ständiger Stiftungszugänge wirtschaftlich meist gut gestellten Klöster von dem durch den Dreißigjährigen Krieg, durch Kinderreichtum und Verschwendung ruinierten Adel, von Bürgern und Bauern immer neue Güter aufkauften und der Besitzmasse der ‹toten Hand› einverleibten. Durch das unter dem Einfluß Ickstatts und Osterwalds zustandegekommene Gesetz Max' III. vom 13. 10. 1764 wurden die schon bestehenden Beschränkungen der Freiheit kirchlicher Institutionen, weiteren Grund und Boden zu erwerben, auch auf Geld- und Mobiliarvermögen ausgedehnt. Die Klöster und geistlichen Stiftungen, ausgenommen Spitäler und Seminare, durften nun nicht mehr als 2000 fl. auf einmal an Geschenken oder testamentarischen Zuwendungen entgegennehmen. Montgelas bemüht sich, mit Hilfe zahlreicher Quellenzitate nachzuweisen, daß es solche Beschränkungen des geistlichen Vermögenszuwachses auch schon unter Konstantin, unter den Agilolfinger-Herzögen, unter Ludwig dem Bayern und unter vielen späteren Landesherren gegeben habe (§ 24). Als Hauptgrund für

fürst Maximilian I. (1598–1651), 1956. Für die Zeit von 1770–1777, Salzburger Kongreß, vgl. Teil II und III der oben zitierten Arbeit von Gg. *Pfeilschifter-Baumeister;* für die Zeit nach 1777 (Karl Theodor) vgl. die Angaben bei H. *Rall,* Kurbayern in der letzten Epoche der alten Reichsverfassung, 1745–1801, München 1952, kurzer Überblick bei Gg. *Schwaiger,* Die altbayerischen Bistümer ... (oben Kap. 7 Anm. 5), 1959, S. 5–13, eingehender, im Rahmen der Reichsgeschichte, jetzt: K. O. Frhr. von *Aretin,* Heiliges Römisches Reich ..., 1967, I. Kap. V, 375–454, sowie die beiden oben in Kap. 7 Anm. 27 und 28 angegebenen Aufsätze von K. O. Frhr. v. *Aretin.* Den neuesten Stand stellen folgende wichtige Beiträge in Bd. 2 des von Max *Spindler* herausgegebenen Handbuchs der bayerischen Geschichte, München 1969, dar: Politische Geschichte: H. *Lutz,* Die Herzöge Wilhelm IV. und Albrecht V. (297–350); D. *Albrecht,* Die Herzöge Wilhelm V. und Maximilian I. (351–410); A. *Kraus,* Die Kurfürsten Ferdinand Maria, Max II. Emanuel und Karl Albrecht (411–475); L. *Hammermayer* (Max III. Joseph und Karl Theodor) (1034–1062). Beziehungen zwischen Staat und Kirche: D. *Albrecht,* 1500–1745 (626–656); H. *Lutz,* Religiös-kirchliche Kämpfe ... (773–780); L. *Hammermayer,* Landesherr und Kirche (1745–1799) (1091–1102).

[38] Für Bayern: M. *Doeberl,* Der Ursprung der Amortisationsgesetzgebung in Bayern. Ein Beitrag zur Kulturgesch. des 17. und 18. Jh., Forschungen zur Gesch. Bayerns 10, München 1902, 186–262; derselbe auch in Entwicklungsgesch. Bayerns 2, 313–316.

solche Maßnahmen führt er an, daß großer Grundbesitz in der Hand der Geistlichkeit – tatsächlich betrug er ja 56% aller Höfe des Landes im Obereigentum – dem Wirtschaftskreislauf schade[39].

In einem eigenen Paragraphen (§ 25) befaßt sich Montgelas mit den religiösen Orden und ähnlichen Gemeinschaften. Im Hinblick auf die spätere Säkularisation der Mediatklöster ist es nicht unwichtig, daß Montgelas hier, 14 Jahre vor dieser Maßnahme, dem Staat das uneingeschränkte Recht zuspricht, «einen Orden aufzuheben, den er als schädlich oder überflüssig erachtet» und von dessen Besitz in seinen Staaten «einen dem allgemeinen Wohl angemesseneren Gebrauch zu machen» («faire un usage plus conforme au bien général»).

Seine Auffassung von Stiftungen formuliert er so: «Jede Stiftung kann nur ein einziges vernünftiges Ziel haben, nämlich den Vorteil der Bürger (citoyens). Die Absicht der Stifter läßt sich auf diesen einzigen Grundsatz zurückführen, dem Rechnung zu tragen, heißt immer, ihre wahrhaften Absichten verwirklichen». Diese aufgeklärte Interpretation ist etwas kühn, wenn man damit die Wirklichkeit vieler Stiftungen, wie sie noch am Ende des 18. Jahrhunderts gemacht wurden, und die Zwecke, zu denen sie gegeben wurden, vergleicht. Dagegen berühren die folgenden Sätze das historische Kernproblem der Säkularisation, nämlich, daß der riesige kirchliche Besitz unter den ganz anderen kulturellen, wirtschaftlichen und sozialen Verhältnissen des Mittelalters erwachsen war, zu einer Zeit, als die Klöster die fast einzigen Träger und Verbreiter von Religion, Wissenschaft, Kunst, Erziehung, Armen- und Krankenpflege, als sie Wegbereiter moderner Wirtschaftsformen gewesen waren und zunächst überhaupt die Urbarmachung weiter Gebiete geleitet hatten. Nun dagegen, im 18. Jahrhundert, verfügten sie bei stark verringerten Aufgaben im Rahmen des Ganzen über einen sogar noch weit größeren Grundbesitz als im Mittelalter, während andererseits ein erheblicher Teil ihrer damaligen Funktionen auf den Staat, die Städte und den Weltklerus übergegangen war. «Die Nützlichkeit einer Einrichtung hängt von den Umständen ab», so schreibt Montgelas, «sie wandelt sich mit diesen. Eine Institution kann in einem historischen Moment notwendig sein, aber überflüssig in einem anderen. Der Grundsatz, daß die alten Stiftungen Veränderungen unterworfen und für Zwecke verwendet werden können, die der Allgemeinheit nützlicher sind, entspricht gleichermaßen der Gerechtigkeit und der Vernunft. Wenn die bayerische Verwaltung ihre volle Autorität entfalten will, so wird sie nichts daran hindern, sobald sie es für angebracht erachtet».

Anlaß dieser Sätze war ein Rückblick auf die Aufhebung des Jesuitenordens.

[39] «de grands fonds concentrés entre leurs mains nuiraient à la circulation».

Es ist jedoch deutlich, daß Montgelas hier auch an die Zukunft, an andere bayerische Klöster denkt. Wir sahen ja, daß einer der Zwecke dieser Denkschrift war, seinen Herzog auf ein künftiges Programm für die Regierung Bayerns festzulegen. Diese Sätze sind noch vor der Aufhebung aller französischen Klöster durch die Revolution, jedoch nach den partiellen Klosteraufhebungen in den katholischen Monarchien und Herzogtümern der Bourbonen, in Portugal und im Staat Josephs II. geschrieben. Dem erfahrenen Politiker und Fachmann für Staatskirchenrecht Montgelas ist jedoch klar, daß in der Praxis allein mit der Formulierung von aufklärerischen Prinzipien, der ‹Gerechtigkeit und der Vernunft› nichts getan ist. Er beherrscht die juristischen Details, kennt die reichs- und landesrechtlichen Schwierigkeiten, die Reichsgerichte und die bayerischen Landstände, die Klosteraufhebungen entgegenstehen, und er wird auch später als Minister mit allen schwerwiegenden Reformen nur immer so weit gehen, wie er es ohne flagranten Bruch der Reichsverfassung, der Reichsgesetze und – solange das Reich besteht und die bayerischen Landstände schützt – der hergebrachten bayerischen Verfassung tun kann. Daher faßt er in seiner ganzen Zweibrückener Zeit und darüber hinaus bis 1801 als realisierbar nur die Aufhebung der nichtständischen Klöster Altbayerns, vor allem derjenigen der Bettelorden, sowie der durch den Westfälischen Frieden nicht geschützten, erst nach dem Normaljahr begründeten Prälatenklöster der Oberpfalz, Neuburgs und Sulzbachs ins Auge.

In seinen folgenden Ausführungen schildert Montgelas die sonstigen, sehr weitgehenden landesherrlichen Rechte gegenüber den Klöstern, die meist aufgrund älterer Gesetze und Ansprüche durch die aufgeklärten Reformmandate Kurfürst Max' III. Josephs eingeführt, erneuert oder verschärft wurden, wie Mitwirkungsrecht des Landesherrn durch kurfürstliche Kommissäre bei der Wahl der Äbte und anderen Klostervorstände, sowie kurfürstliches Bestätigungsrecht derselben; Inventarisations- und Posseßgebungsrecht des Landesherrn; Genehmigungspflicht für Aufnahme von Novizen; Festsetzung des Mindestalters für die Ablegung der Gelübde auf 21 Jahre bei Strafe von 2000 Talern, Aufhebung des Klosters und Verbannung des Klosteroberen im Fall der Zuwiderhandlung[40]; Inspektionsrecht des Landesherrn hinsichtlich der inneren Disziplin der Klöster, Schutz der Mönche vor Unterdrückung und zu harten klösterlichen Disziplinarstrafen (damit die Mönche, die mit dem Eintritt in das Kloster «ne cessent d'être ni citoyens ni sujets de l'Etat, soient à l'abri de toute vexation de la part de leurs supérieurs»); Verpflichtung für alle Orden mit mehr als drei Nie-

[40] Montgelas führt für derartige Maßnahmen Beispiele an von den Kapitularien Karls d. Gr. bis zum kurbayerischen Edikt vom 2. 11. 1769.

derlassungen in Bayern, eine eigene bayerische Provinz zu bilden unter Leitung eines einheimischen Oberen, Verbot, Geld nach außerhalb Bayerns zu schicken und Befehle vom Ordensgeneral sowie ausländischen Visitatoren und Korrektoren entgegenzunehmen, Kontrolle der Provinzialstatuten und der Kapitelversammlungen. Ausländer dürfen nicht mehr als 1/6 der Angehörigen eines Ordens ausmachen, sie sind von allen leitenden Ämtern ausgeschlossen. Sämtliche Klöster sind Polizeikontrollen unterworfen, ihre Verwaltung wird durch kurfürstliche Beamte, denen von Zeit zu Zeit Rechnung zu legen ist, überwacht, der Kurfürst darf Laien zur Versorgung in Klöster einweisen (Panis-Briefe), die Klöster dürfen ohne Erlaubnis der Regierung keine Unkosten für Abtwahl und Bauten auf die Grund- und Gerichtsuntertanen umlegen usw.

Über das klösterliche Schulwesen schreibt Montgelas: «Die Ordensgeistlichen, die in der Seelsorge und im Unterricht eingesetzt werden (instruction publique), üben einen nachhaltigen Einfluß auf die Anschauungen des einzelnen und die öffentliche Meinung aus. Es ist für die Gesamtgesellschaft wichtig, daß die Spezialschulen, die man den Klöstern in ihrem Inneren für die Novizen und die jungen Mönche zu unterhalten erlaubt, nicht zu Zentren irriger Grundsätze werden, die der öffentlichen Ruhe und Harmonie ... entgegenstehen». Daher habe man angeordnet, daß alle für die Seelsorge und den Unterricht bestimmten Mönche auf den Universitäten des Landes studieren müßten. Die staatliche Kontrolle geht soweit, daß sogar die Bibliotheken der Klöster der Zensur und Inspektion unterworfen werden[41].

Weiter schildert er die drastischen Maßnahmen, die in Bayern im 18. Jahrhundert den Bettelorden, vor allem hinsichtlich der Zahl und Ausdehnung ihrer Sammlungen auferlegt worden sind[42].

Schließlich erörtert Montgelas die sehr weitgehenden Patronatsrechte des bayerischen Kurfürsten, die sich beziehen auf alle Benefizien, die von den Vorfahren des kurfürstlichen Hauses gestiftet worden sind, und auf alle Präbenden, Dekanate, Propsteien im Lande. Die primae preces und Panis-Briefe, die der Kaiser anderswo als Recht ausüben kann, gelten in Bayern nicht. Die Kollation der

[41] Edikte vom 2. 11. 1769, *Mayr,* Generaliensammlung 1, 505, und vom 2. 2. 1769, ebd. 3, 1097.

[42] Da das Konzil von Trient ihnen Grunderwerb gestattete, setzten sie nach Meinung von Montgelas seitdem ohne Grund ihren Bettel fort. Ihre Streifzüge: «Ces sortes de courses hors des cloîtres interrompent le cours de la vie contemplative, relâchent le nerf de la discipline, entretiennent la superstition parmi les sujets, à qui les frères quêteurs, pour augmenter le produit des collectes, dictent mille pratiques superstitieuses, ridicules, contraires aux principes du Christianisme, et deviennent même une véritable surcharge par leur multiplicité. La législation a cherché un remède à ces inconvénients». – Alles bisher Erwähnte über die Klöster in § 25 der Denkschrift.

Benefizien in den päpstlichen Monaten steht, wie Montgelas historisch eingehend darlegt – im Gegensatz zum übrigen katholischen Deutschland – in Bayern dem Landesherren zu[43]. Der Nebenzweck der Denkschrift, die ‹Souveränität› der Reichsfürsten, insbesondere des Kurfürsten von Bayern, gegenüber dem Kaiser herauszustellen, wird hier besonders deutlich.

Wenn auch die Darlegung von Montgelas, deren Begründung und Quellenzitate wir hier nicht im einzelnen wiedergeben konnten, einseitig pointiert in der Auswahl der angegebenen Tatsachen – die in sich in der Regel stimmen – und ihrer Interpretation ist, so zeigt sie doch, daß der Verfasser das bayerische Staatskirchenrecht sehr gut kennt, daß er in der historischen Tradition des bayerischen Landesfürstentums steht. Seine Überlegungen über Beschränkungen der kirchlichen Jurisdiktion und des Kirchenguts zu Gunsten des Staates entspringen zwar auch der allgemeinen Geisteshaltung der Aufklärung, verbunden mit wirtschaftlichen und sozialen Überlegungen, aber sie sind vor allem ‹etatistisch›; hier spricht ein überzeugter Verfechter der Staatsräson, der Staatssouveränität, wie sie sich vom Spätmittelalter bis zum aufgeklärten Absolutismus entwickelt hat.

Montgelas war zweifellos, wie so viele seiner gebildeten Zeitgenossen in den katholischen Ländern, kein Freund der Kirche, eine Haltung, deren Ursachen vielschichtig sind, größtenteils in den geistigen, gesellschaftlichen und nicht zuletzt kirchlichen Verhältnissen des 18. Jahrhunderts begründet liegen, und die sine ira et studio nach der einen oder anderen Seite von uns als Tatsache hingenommen und verstanden werden muß. Aber seine Kritik, seine Opposition und seine Reformanregungen hinsichtlich kirchlicher Einrichtungen sind doch damals ebensowenig wie auf dem Höhepunkt der Säkularisation 1802/03 etwa einfach durch einen blinden Haß gegen alles Kirchliche oder gar gegen das Christentum überhaupt zu erklären, sondern vor allem durch seine Vorstellung vom modernen, souveränen, einheitlichen, über den Konfessionen stehenden Staat. Nur durch die Stärke und Konsequenz des Staates glaubte er, die jede Vorwärtsentwicklung hemmenden Barrieren des Ancien Régime wegräumen zu können, ohne dabei die Zügel aus der Hand zu verlieren.

Er wollte zu keiner Zeit die Kirche vernichten, er wollte sie nur ihrer korporativen Selbständigkeit berauben, ihre Verbindungen zum ‹Ausland›, das heißt vor allem zum Papst und den Bischöfen, kontrollieren, so viele Klöster wie möglich aufheben und ihr Eigentum zugunsten des Staates einziehen. Den Pfarrkirchen dagegen wollte er ihr Eigentum belassen, ihre Anzahl, wo nötig, sogar vermehren. Nichts lag ihm ferner als eine Trennung von Kirche und Staat; er

[43] Instruktion an den Geistlichen Rat von 1779, Edikte von 1631, 1776, 1780, 1784. Dies alles in § 26.

wollte vielmehr, wie die meisten Aufklärer, die Kirche mehr in den Staat einbauen, ihr in verstärktem Maße die Rolle einer Erziehungsanstalt zuweisen, ohne indessen ihre Lehre und ihre religiöse Eigenständigkeit direkt zu beeinträchtigen. Daß dies möglich sei, glaubte auch noch ein Teil der Väter der Constitution civile du Clergé, die durch die französische Constituante eineinhalb Jahre später beschlossen wurde.

Bei seinen Plänen und Bestrebungen, die Kirche in den Staat einzubeziehen und sie dem staatlichen Einfluß stärker zu unterwerfen, übte neben katholischen Traditionen, dem Vorbild des starken bayerischen Herzogtums des 16. Jahrhunderts, des Gallikanismus, des Absolutismus, der aufgeklärten Regierung Kurfürst Max III., den Maßnahmen Kaiser Josephs II., auch das Beispiel des landesherrlichen Kirchenregiments der protestantischen Staaten einen starken Einfluß auf ihn aus.

Alle deutschen Fürsten, so sagt er[44], besitzen, spätestens auf Grund des Westfälischen Friedens (Art. 5 § 30, Art. 8 §§ 1 und 2), gegenüber der Kirche die gleichen Rechte wie jeder andere Staat; mit ihrem Verhältnis zum Kaiser hat dies nichts zu tun. Die protestantischen Reichsstände sind in die volle Ausübung der Territorialhoheit eingetreten in ihrer gesamten Ausdehnung. «Die katholischen Fürsten besitzen in dieser Hinsicht keine geringeren Rechte als ihre Mitstände vom anderen Bekenntnis. Der Rechtstitel der einen wie der anderen beruht auf der gleichen Grundlage, der Territorialhoheit und dem deutschen Gewohnheitsrecht ... Was den einen recht ist, ist den anderen billig». Er bezieht sich dabei vor allem auf Art. 5 § 30 des Friedens von Osnabrück: «Ius territorii et superioritatis communis per totum Imperium hactenus usitata praxis». Weder die Grundsätze der katholischen Religion noch die Eigenschaft als Reichsfürsten oder die besonderen Verträge und Teil-Konkordate berechtigen die bayerischen Bischöfe dazu, Sonderrechte zu beanspruchen. Bezeichnend für Montgelas' Auffassung sind folgende Sätze:

«Die Grundsätze der katholischen Religion unterscheiden sich von denen der protestantischen allein durch das Dogma[45]. Einzig in diesem Punkt fordert die Kirche eine stillschweigende Unterwerfung von seiten ihrer Mitglieder. Der Fürst wie der geringste Privatmann ist verpflichtet, sie aufmerksam anzuhören und ihre Entscheidungen anzunehmen. Alles übrige dagegen gehört dem Bereich der diesseitigen Rechtsordnung an (rentre dans l'ordre naturel). Etwas Gegenteiliges zu behaupten, hieße die Kirche beschuldigen, die gesellschaftliche Ordnung umstürzen zu wollen. Die Lehre von den zwei Gewalten ist eine monströse

[44] Das Folgende vorwiegend in der ‹Conclusion› der Denkschrift.

[45] Unter ‹le dogme› versteht er die Lehre allgemein.

Chimäre priesterlichen Ehrgeizes. Die Kirche ist im Staat und nicht der Staat in der Kirche. Das Reich der Kirche ist nicht von dieser Welt; man muß den weltlichen Regierungen gehorchen in allem (!), was sie befehlen. Dies ist die gesunde Lehre, welche sie (die Kirche) predigt, welche die Kirchenväter in ihren Schriften darlegen, die Konzilien durch ihre Dekrete sanktioniert haben. Über die Verwaltung der Sakramente zu wachen, dem Gottesdienst vorzustehen (‹présider à la célébration des mystères›), den Gläubigen zu predigen, die Lebensführung und die Sitten der Diener der Altäre durch Aufklärung zu heben, dies sind die Grenzen der bischöflichen Rechte. Was die Politik und kanonische Bestimmungen, die als Staatsgesetze übernommen worden sind, dem seither hinzugefügt haben, muß als Ergänzungen des Gesetzgebers kraft eigenen Rechts betrachtet werden, die er widerrufen kann, wenn das öffentliche Wohl es fordert, und aus denen gewiß niemand ein Dogma oder einen Glaubensartikel machen wird».

Jeder Versuch, die Rechte der Bischöfe, die sie in ihrer Eigenschaft als Reichsfürsten legitim über die Untertanen ihrer Hochstifte ausüben, auf die zu ihrer Diözese gehörenden Untertanen fremder Fürsten auszudehnen (also auf Priester und Gläubige innerhalb Bayerns), sei aufgrund der klaren reichsrechtlichen Sachlage sofort zum Scheitern verurteilt.

Die Diözesankonkordate Bayerns von 1583 mit dem Erzbischof von Salzburg, sowie den Bischöfen von Freising, Regensburg, Passau und Chiemsee, die Rezesse mit Salzburg 1628, Augsburg 1684, Passau 1690, Freising 1718 (und 1723) und die nicht ratifizierten, aber von den bayerischen Behörden vollzogenen Rezesse bezüglich der Oberpfalz mit Bamberg, Eichstätt und Regensburg von (1629, 1630) 1638 und 1654 betreffen, in der verkürzenden Zusammenfassung von Montgelas, die Kontrolle des Staates über die Ausübung der Religion und über die Geistlichkeit. Montgelas kennt sehr genau die Achillesferse, die das Konkordat von 1583 in seinen letzten Sätzen zugunsten des Staates enthält, indem sich der Herzog von Bayern vorbehält, in allen nicht ausdrücklich vereinbarten Fällen die landesherrlichen Rechte aufrechtzuerhalten und vor allem, das Konkordat und ältere Verträge einseitig außer Kraft zu setzen «pro publicae cura», wenn sich herausstellen sollte, daß der Zweck des Konkordats, der Fortschritt der katholischen Religion und die Aufrechterhaltung der Disziplin der Geistlichen, nicht mehr gewährleistet wären[46]. Montgelas interpretiert die Klausel freier:

[46] Zu dieser Vorbehaltsformel und dem Versuch eines Gegenvorbehalts von bischöflicher Seite: *Pfeilschifter-Baumeister*, Der Salzburger Kongreß ... 7 f., dort der Wortlaut dieser Stellen. Pfeilschifter zeigt auch, wie «Osterwald 1768 gerade hier angesetzt hat, als er und seine Mitarbeiter an die Zertrümmerung des alten Konkordatenrechts gingen» (S. 8, S. 116–119). Montgelas kennt natürlich die Schriften Osterwalds, den Veremund von Lochstein zitiert er, und auf die unter maßgeblichem Einfluß Osterwalds

«wenn das Wohl des Staates und der Religion es erforderten». Er legt dar, bereits ein Jahr darauf, 1584, sei Wilhelm V. aus solchen Gründen in einigen Punkten von dem Konkordatstext abgewichen. «Niemand hätte das Recht, sich zu beklagen, wenn man ihm Freiheiten entzöge, die mit der öffentlichen Ordnung unvereinbar geworden sind.»

Als Bilanz seiner gesamten Denkschrift folgert Montgelas: «... das Haus Pfalzbayern hat auf Grund der Natur, der Territorialhoheit und der Konstitutionen des Reiches ein uneingeschränktes Recht auf die Ausdehnung jener umfassenden Souveränität, welche seine Vorgänger im Herzogtum Bayern einst über die Personen und die Güter des landsässigen Klerus in ihren Staaten ausgeübt haben, und kein rechtliches Hindernis steht dem entgegen, daß dieses Haus wieder in den Genuß der Vorrechte eintritt, die es nur durch freiwillig erteilte, widerrufliche Privilegien abgetreten hatte».

Montgelas hat als Verfasser dieser Denkschrift, die, wie wir sahen, sowohl für den Herzog von Zweibrücken als Erben Bayerns, als auch für die preußische Regierung als dessen wichtigsten Verbündeten bestimmt war, mehrere kirchenpolitische Fernziele im Auge: Mediatisierung der Bischöfe, Einziehung mindestens eines Teiles der bayerischen Klöster zugunsten des Staates, Fortsetzung und Verstärkung der kirchenpolizeilichen Maßnahmen des Kurfürsten Max III. Joseph, mit noch stärkerer Kontrolle des Klerus, seiner Ausbildung, des Kirchenguts, des Unterrichts, der Beziehungen zu Rom usw. Man steht am Vorabend bzw. in den Anfängen der Französischen Revolution. Noch ist nicht abzusehen, daß von Frankreich nach einem Krieg der Anstoß für allgemeine Säkularisationen in Deutschland kommen wird, obwohl der Gedanke auch im Reiche längst in der Luft liegt[47] und in Teilbereichen bei der Aufhebung des Jesuitenordens und bei der Einziehung von 700 Klöstern in den Staaten Josephs II. schon verwirklicht ist. Montgelas, die zweibrückische Regierung überhaupt, kann zunächst nur mit Einzelmaßnahmen von Fall zu Fall rechnen, auf die man sich durch Sammlung von Unterlagen und Bereitung des außen- und innenpolitischen Bodens sorgfältig vorbereitet.

entstandenen Reformmandate Max' III. von 1768 bis 1770 bezieht er sich in seiner Denkschrift laufend. Diese Mandate sind behandelt bei *Pfeilschifter-Baumeister* a. a. O. 119–168, nochmals zusammengestellt 168–174 (Mandate über Indigenat der Inhaber von Benefizien, Bücherzensur, Verbot einiger Schriftsteller, die für die weltliche Macht des Papstes und die geistliche Immunität eintreten, Klosterdisziplin, Abtrennung der inländischen Klöster von auswärtigen Provinzen, Placetum regium).

[47] Z. B. seit dem sog. Haslang'schen Projekt von 1742 (vgl. Doeberl Bd. 2, 209). Über die Preisfrage des Fuldaer Regierungspräsidenten von Bibra von 1785 und die darauf eingegangenen Antworten vgl. P. *Wende,* Die geistlichen Staaten und ihre Auflösung im Urteil der zeitgenössischen Publizistik, Hamburg 1966, 9–47.

Neben dem Hochstift Freising und den Klöstern der Oberpfalz und Neuburgs sind die Kirchenhoheitsrechte und die allerdings wenigen Klöster in der *Kurpfalz* ein Gegenstand, der die zweibrückische Regierung, insbesondere Montgelas, beschäftigt und der ihr geeignet erscheint, zu gegebener Zeit die Rechte des Kurfürsten von Bayern auszudehnen und die Hand auf den Besitz von Klöstern und Stiften zu legen, die reichsrechtlich nicht so abgesichert erscheinen wie die ständischen Klöster und Stifte Altbayerns.

Montgelas hatte in zwei Denkschriften, die uns nicht mehr erhalten sind, über die Nuntiaturen und über die Kirchenhoheitsrechte und die Güter des Klerus in der Kurpfalz und in Neuburg, folgende These vertreten (nach der Zusammenfassung in einem Satz, die er am 5. 11. 1789 in dem unten behandelten Schreiben an Seinsheim gibt): Der Kurfürst von Pfalzbayern kann in die Rechte seiner Vorgänger hinsichtlich der Kurpfalz wieder eintreten, er ist auf Grund der Tatsache, daß in Art. 4 § 6 des Friedens von Osnabrück für die Kurpfalz als Normaljahr 1618 festgesetzt ist[48], berechtigt, den kirchenrechtlichen Zustand der protestantischen Zeit wieder herzustellen: sich selbst zum Landesbischof zu erklären, wie es der Herzog von Zweibrücken ohne Widerspruch der benachbarten Ordinariate in seinem Herzogtum auch für die Katholiken nach wie vor ist; er kann also den Einfluß der benachbarten Bischöfe ausschalten. Das Konkordat, das Karl Theodor mit diesen erst am 26.4.1785 geschlossen hat und das den Pfälzer Klerus auf den gleichen rechtlichen Stand setzt wie den altbayerischen, stellt nur einen einseitigen, widerruflichen Gnadenakt, aber keine rechtliche Verpflichtung dar. Nach dieser Rechtsauffassung könnte Bayern auch nicht daran gehindert werden, den Besitz der kurpfälzischen Klöster, die alle erst nach dem Normaljahr errichtet und dotiert worden sind, wieder einzuziehen.

In einem 11-seitigen Brief an Seinsheim vom 5. November 1789[49], der die Form einer detaillierten historisch-staatsrechtlichen Instruktion hat, führt Montgelas mögliche Einwände auf, die man gegenüber Seinsheim gegen die These von Montgelas' Mémoire über die Kirchenhoheitsrechte in der Kurpfalz machen könnte, und versieht den Freund mit Argumenten gegen diese Einwände. Besonderen Nachdruck legt Montgelas auf den Nachweis, daß die Kurfürsten von der

[48] Bei *Zeumer,* Quellensammlung zur Gesch. der deutschen Reichsverfassung, Leipzig 1904, 334.

[49] Egg. Montgelas schreibt dort, diese Argumente seien ihm erst nach der Absendung des (nicht mehr vorhandenen) Mémoires über die Pfälzer Kirchenhoheitsrechte gekommen; er bitte Seinsheim, von diesem Brief eine Abschrift fertigen zu lassen, da er, Montgelas, ihn aus Zeitmangel gleich ins reine geschrieben habe. Zu der ganzen Problematik siehe: L. *Stamer,* Kirchengeschichte der Pfalz, Bd. III/2, Von der Reform zur Aufklärung. Ende der mittelalterlichen Diözesen (1685–1801), Speyer 1959, bes. 11–29, 138–147. Über die staatskirchlichen Rechte der Herzöge von Zweibrücken ebd. 29 f.

Pfalz, wie auch andere deutsche Fürsten, auf Grund von Art. 4 § 6 des Friedens von Osnabrück in ihren Gebieten und in Kondominaten weiterhin das ius reformandi zugunsten der kalvinistischen Religion ausgeübt und auch noch Kirchengut aufgeteilt hätten. Alle Kurfürsten seit 1648 einschließlich des ersten Katholiken Philipp Wilhelm hätten diese Regelung in all ihren Äußerungen anerkannt. Erst unter Johann Wilhelm hätten die Jesuiten «eine andere Doktrin erfunden», die vom Corpus Evangelicorum nie anerkannt worden sei. Die englischen und preußischen Unterhändler hätten in den Verhandlungen von 1697 (Rijswijk), 1705, 1719 und 1720 (die letzteren dienten zur Erreichung der Rückgabe der Heidelberger Heiliggeistkirche an die Reformierten und der Aufhebung des Verbots des Heidelberger Katechismus) stets als Normaljahr für die Pfalz 1618 bezeichnet. Wo die geistliche Gerichtsbarkeit der Bischöfe nicht durch Reichsgesetze autorisiert worden sei, wie in der Kurpfalz, die im Normaljahr 1618 protestantisch war, besitze sie auch keine Rechtsgrundlage. Die katholischen Nachfolger der damaligen protestantischen Kurfürsten könnten daran ebensowenig gebunden sein wie ihre Vorgänger. «Niemals kann der katholische Glaube eines Fürsten ihn von der Ausübung der Souveränitätsrechte ausschließen, die keine Beziehung zur Lehre haben und sein Gewissen nicht betreffen».

Anlaß dieser Anweisungen, in denen sehr weitgehende kirchenpolitische Maßnahmen in der Kurpfalz – Ausschaltung der benachbarten, also ‹ausländischen› Bischöfe, Operationen hinsichtlich der Klöster und eventuell des sonstigen katholischen Kirchenguts – für die Zukunft ins Auge gefaßt wurden, war, nach Andeutungen in dem Brief, ein Vertragsangebot des Kurfürsten von Mainz an Zweibrücken, über das Seinsheim in Regensburg mit anderen Reichstagsgesandten, vermutlich mit denen Preußens und Bayerns, sprechen sollte. An einem Entwurf Seinsheims für ein zweibrückisches Votum am Reichstag in dieser Angelegenheit habe er, Montgelas (unter der Unterschrift von Esebeck), folgende Änderungen eingefügt: Der Ausdruck «Diözesanverträge» in bezug auf Pfalzbayern müsse wegfallen, da man in Zweibrücken nicht die eigene Marschroute gefährden wolle, wonach die bayerischen Konkordate von 1583 als widerrufliche Privilegien erklärt werden sollten. Ferner müßten die Rechte der Protestanten in der Kurpfalz und Zweibrücken ausdrücklich erwähnt werden. Schließlich solle man den Erzbischöfen (von Mainz und Trier) weiter entgegenkommen, denn Montgelas möchte sich ihre Bundesgenossenschaft gegen die von der Pfalz auszuschließenden Bischöfe von Speyer und Worms sichern.

Die Zeitverhältnisse ließen den Plan der Beseitigung der Bischofsrechte auf dem Kurpfälzer Territorium nicht mehr zur Verwirklichung gelangen. Die Frage der wenigen rechtsrheinischen kurpfälzischen Klöster wurde erst nach 1799 wieder aktuell.

9. Der Gedanke der Toleranz in Montgelas' frühen historischen Schriften (vor 1793)

Das Interessante an den historischen Schriften von Montgelas ist, daß diese Geschichtsschreibung und Wertung nicht auf die allgemeine, sondern ganz konkret auf die bayerische Landesgeschichte angewandt wurde von einem Mann, der nicht hauptberuflich aufgeklärter ‹Philosoph› war, sondern praktischer Politiker, ‹homme d'affaires›, und der als Kenner auch der historischen Quellen, des Staatsrechts und Staatskirchenrechts die Ergebnisse der ‹hommes de lettres›, der Schriftsteller, und andererseits der ‹érudits›, der Gelehrten, die sonst kaum eine Verbindung zueinander hatten[1], gleichermaßen zu überblicken und zu vereinigen suchte. Weiter verleiht diesen Schriften Interesse, wie der Mann, der später selbst die Geschichte Bayerns entscheidend bestimmte, die bisherigen Lenker und die frühere Entwicklung dieses Landes beurteilte.

Die wichtigsten der hier einschlägigen Schriften Montgelas' aus der Frühzeit sind – neben der schon behandelten großen Denkschrift über die Rechte der bayerischen Herzöge gegenüber der Kirche – die folgenden beiden Arbeiten:

1. Ein Teil einer historischen Arbeit über die bayerische Kirchen- und Staatsverfassung, von welcher die ersten 16 Paragraphen und der anscheinend umfangreiche Schlußteil fehlen. Erhalten sind 82 eigenhändig geschriebene Seiten mit vielen Korrekturen und Einschiebungen, der Schrift nach spätestens aus den Jahren 1788/89, wahrscheinlich aber schon aus der Münchner Zeit[2].

2. Eine ‹Geschichte des Geistlichen Rats und der bayerischen Kirchenverfassung›[3], ebenfalls spätestens 1788/89, vielleicht schon in der Münchner Zeit vor 1787 geschrieben. Die Schrift ist 12 Seiten stark, ausnahmsweise deutsch, aber in lateinischen Buchstaben geschrieben, was in der damaligen Zeit ganz

[1] Vg. F. *Schalk*, Einleitung in die Encyclopédie der französischen Aufklärung, München 1936; E. *Weis*, Geschichtsschreibung und Staatsauffassung in der französ. Enzyklopädie, Wiesbaden 1956; A. *Kraus*, Vernunft und Geschichte ..., Freiburg 1963, 17–103 u. ö.

[2] MA 64. Das Vorhandene beginnt in ‹Chapitre quatrième› und reicht bis zum Ende von ‹Chapitre neuvième›. Es wurde ebenfalls im 19. Jh. mit dem sog. Ministerialnachlaß Montgelas' von Egglkofen an das Geheime Staatsarchiv abgegeben. Da der Titel des Fragments unbekannt ist, bezeichnen wir es im folgenden mit seiner Signatur MA 64.

[3] In dem noch andere eigenhändige Arbeiten umfassenden Band K. bl. 427/5/2, ‹Varia Boica›.

ungewöhnlich war – deutsch wurde bis zum 19. Jahrhundert nur in deutscher Schrift geschrieben. Dieser Umstand und das orthographisch schlechte Deutsch lassen darauf schließen, daß Montgelas die Schrift zu seiner Übung in deutscher Sprache abgefaßt hat. Seit etwa 1795 sind Schriftstücke von ihm in gewandter deutscher Schrift überliefert, die auch stilistisch und orthographisch viel besser sind.

Diese beiden Schriften blieben, wie alle Abhandlungen von Montgelas, mit Ausnahme der beiden Teile seiner Denkwürdigkeiten, ungedruckt und waren anscheinend für seinen privaten Gebrauch und teilweise als Grundlage für historische Gutachten gedacht, die er von Zeit zu Zeit für seinen Minister Esebeck, für die preußische und, als Schriftstücke des Zweibrücker Ministeriums, für die bayerische Regierung anfertigte.

Bei dem auf die Kirche bezüglichen Teil des Manuskripts MA 64 überwiegt allerdings nicht der historische oder staatsrechtliche, sondern der publizistische und polemische Zug. Umso aufschlußreicher ist es für die damaligen Anschauungen des Verfassers. Montgelas unterzieht zunächst die Kirchenpolitik der bayerischen Herzöge und Kurfürsten seit Albrecht V. (hier beginnt der vorhandene Teil) einer kritischen Betrachtung. Auffallend kurz wird der politisch stärkste bayerische Herrscher der Neuzeit, Maximilian I., abgehandelt. Montgelas schildert fast nur, wie dieser Kurfürst unter Bruch eines Versprechens, das er der oberpfälzischen Regierung in Amberg gegeben hatte, die Landesverfassung und die Rechte der Einwohner unangetastet zu lassen, nach der Inbesitznahme des Landes sofort die Gegenreformation eingeführt habe[4]. Die gewaltsame Rekatholisierung der Oberpfalz tadelt Montgelas auch bei anderen Gelegenheiten[5]; er hält sie für inhuman und rechtswidrig und schenkt ihr in seinen staatsrechtlichen Erwägungen deshalb besondere Beachtung, weil die oberpfälzischen Klöster nach dem Normaljahr des Westfälischen Friedens als Ergebnis kurfürstlicher Gnadenakte gestiftet und daher seiner Meinung nach rechtlich nicht geschützt und jederzeit wieder aufhebbar sind, zumal die Oberpfalz keine Landstände mehr besitzt.

Kurfürst Karl Albrecht, der spätere Kaiser Karl VII., habe, so heißt es weiter, «der Religion eine einzigartige Gelegenheit geopfert, die Leiden wieder gutzumachen, welche die Kriege und die Verschwendung seines Vaters Max Emanuel dem Lande zugefügt» hätten: Anstatt 1732 die aus Salzburg vertriebenen Pro-

[4] «à peine s'en vit-il le maître absolu qu'il en chassa tous les ministres protestants, abolit leur culte public, confisqua les biens destinés à leur entretien et mit les catholiques en possession de leurs temples».

[5] Z. B. oben S. 122.

testanten in seinem Staate aufzunehmen, habe er dieselben weiterziehen lassen, bis sie in Ostpreußen, Pommern und den nördlichen Nachbargebieten Bayerns eine neue Heimat gefunden hätten[6].

In einem Abschnitt mit dem Titel ‹Les moyens prescrits par nos lois pour maintenir l'unité de religion› kritisiert Montgelas die Maßnahmen zur Aufrechterhaltung des später so genannten Weltanschauungsstaates. Zum Beispiel bemängelt er die Überwachung des religiösen Betragens der Landeskinder, die sich in den benachbarten evangelischen oder konfessionell gemischten Reichsstädten und Territorien aufhielten, ebenso wie die religiöse Überprüfung derjenigen bayerischen Handwerker, die sich für kurze Zeit im protestantischen ‹Ausland› – etwa in Augsburg, Regensburg oder Nürnberg – aufgehalten hatten, nach ihrer Rückkehr auf das bayerische Territorium. Solche Methoden wurden auch sonst von den meisten denkenden Zeitgenossen mißbilligt.

In einem besonderen Abschnitt über die Protestanten in Bayern behandelt Montgelas unter anderem die rechtswidrige Behandlung der Protestanten in der 1740 mit Bayern vereinigten Grafschaft Wolfstein, wogegen das Corpus Evangelicorum 1767 beim Reichshofrat klagte[7]. Er hebt andererseits die Tatsache hervor, daß die aus religiösen Gründen ausgewanderten Protestanten ihr Eigentum behalten dürfen. In einem Abschnitt über die Zensur in Bayern schließlich berichtet er unter anderem mit der noch merklichen Entrüstung desjenigen, der sich damals als Zensor einen strengen Verweis des Kurfürsten zuzog, über die Unternehmung des Zensurkollegiums gegen den Exjesuiten Gruber, der 1780 von der Kanzel gegen Zaupsers Ode gegen die Inquisition gewettert hatte[8].

Ein eigenes Kapitel (section septième) ist der Geschichte der Juden gewidmet. Die leichte Kommunikation zwischen den Provinzen und die Toleranz der Gesetze im Römischen Reich hätten es den Juden, «dieser aktiven und fleißigen Nation» ermöglicht, sich in viele Teile der alten Welt auszubreiten und überall mit Vorteil Handel zu treiben. Montgelas verfolgt ihre Geschichte unter Angabe vieler Einzelheiten über ihren Status in Bayern bis zu seiner Gegenwart. Er schildert ihren wirtschaftlichen Erfolg, ihr Zinsnehmen und ihren Wucher, ihre Verfolgungen, die meist durch den Neid der übrigen Bevölkerung oder durch Schuldner verursacht worden seien, die ihnen Verbrechen andichteten, um sich ihren Verpflichtungen zu entziehen. Er spricht von der drückenden Ausnahme-

6 «Mais dans cette occasion comme dans bien d'autres, l'intérêt des prêtres l'emporta sur celui de l'Etat. On crut qu'il valait mieux d'avoir des catholiques zélés que des sujets fidèles et industrieux».

7 Er stützt sich dabei zum Teil auf J. J. *Moser,* Neuestes Reichs-Staatshandbuch ..., 2 Teile, Frankfurt/Leipzig 1768/69, 287 ff.

8 S. oben S. 27 f.

gesetzgebung, von der Unentbehrlichkeit der Juden für die Fürsten, die sie immer wieder vor dem Schlimmsten gerettet hätte. «Abwechselnd gejagt, verfolgt, erpreßt, zuletzt immer wieder in ihre Rechte eingesetzt und geschützt, weil man fühlte, daß man ihre Unterstützung nicht entbehren konnte, so war dieses unglückliche Volk jahrhundertelang der am meisten gedemütigte, der verachtetste und der reichste Teil der Bevölkerung». Bei der Untersuchung ihrer Stellung in Bayern seit dem 14. Jahrhundert hebt Montgelas hervor, daß ihrer religiösen Überzeugung gegenüber eine gewisse Schonung und Duldung bestanden habe[9]. Montgelas weiß um die Tragik und die Fähigkeiten dieses Volkes, er setzt sich auch stets für Toleranz ihnen gegenüber ein bis zur Verwirklichung des Judenedikts von 1813. Er zeigt im übrigen in dieser frühen Schrift noch nicht jene Skepsis, ob es jemals möglich sein würde, die Mehrheit der Juden ganz in die Gesellschaft einzuordnen, die er später wiederholt und zuletzt in seinen Memoiren äußert[10].

Abgesehen von diesem Kapitel über die Juden sind die bisher kurz besprochenen Abschnitte dieser Schrift wenig mit historischem Wissen und mit konkreten Details gesättigt. Sie stellen vielmehr eine Auseinandersetzung mit der damals noch gültigen kurbayerischen Gesetzgebung hinsichtlich der ausschließlichen Katholizität dar.

Mehr den Charakter einer historischen und staatsrechtlichen Abhandlung trägt

[9] Eine Synagoge und das Recht öffentlicher Religionsausübung hätten sie jedoch nur in dem Markt Schnaittach in der Oberpfalz besessen. – Zur Lage der Juden vgl. St. *Schwarz*, Die Juden in Bayern im Wandel der Zeiten, München 1963, 19–77, ferner: Urkunden und Aktenstücke zur Geschichte der Juden in Regensburg 1453–1738, bearb. von R. *Straus*, München 1960; H. *Schnee*, Die Hoffinanz und der moderne Staat. Geschichte und System der Hoffaktoren an süddeutschen Fürstenhöfen im Zeitalter des Absolutismus. Bd. 4: Hoffaktoren an süddeutschen Fürstenhöfen ..., Berlin 1963. Zur allgemeinen Problematik: R. *Rürup*, Die Judenemanzipation in Baden, Zs. für die Geschichte des Oberrheins 114, 1966, 241–300; R. *Rürup*, Judenemanzipation und bürgerliche Gesellschaft in Deutschland, in: Gedenkschrift Martin Göhring, hg. von E. Schulin, Wiesbaden 1968, 174–199.

[10] *Montgelas*, Denkwürdigkeiten ... über die innere Staatsverwaltung ..., hg. von G. *Laubmann* und M. *Doeberl*, München 1908, 138–142. Die dortigen Ausführungen zeugen trotz einer gewissen Skepsis hinsichtlich der Auswirkungen der jahrhundertelangen Isolierung und Unterdrückung auf den Charakter der weniger gebildeten Teile des jüdischen Volkes von einem hohen humanitären Ethos und großer staatsmännischer Einsicht. Hinsichtlich der Lage der Juden in den Städten noch in der neuesten Zeit schreibt er: «En général, la jalousie étoit tournée contre eux. On craignoit la concurrence d'un peuple actif, sobre, se contentant de petits profits, se soutenant entre lui, porté par principe de religion à se marier jeune, par conséquent à élever de nombreuses familles. Quelques individus étoient parvenus à pénétrer dans les cours, à s'y rendre nécessaires et à jouer sous le titre de facteur un rôle plus ou moins grand» (138 f.).

die ‹unvollendete Geschichte des Geistlichen Rats und der bayerischen Kirchenverfassung›[11]. Zwar stellen die Teile über das Mittelalter und die ersten Jahrhunderte der Neuzeit gegenüber den schon bekannten Thesen wenig Neues dar. Montgelas berichtet schließlich unter Anführung vieler Details, die er aus seiner eigenen Arbeit in München genau kennt, wie Karl Theodor die durch Max III. 1769 erlassene moderne Instruktion für den Geistlichen Rat rückgängig machte. Obwohl sie den weltlichen Beamten das Übergewicht über die Geistlichen gab, hatte er selbst sie 1779 im ganzen bestätigt. 1784 teilte er dem Geistlichen Rat das bis dahin dem Hofrat unterstehende Dezimationswesen und andere neue Kompetenzen zu. Die neue Instruktion von 1783 «unterscheidet sich in den Grundsätzen himmelweit von der vorigen von 1779 und scheint einen gewissen, den weltlichen Rechten in Bayern nicht allzu günstigen Konziliationsgeist . . . zum Grund zu haben».

Nach einer Darstellung der Verfassung und Geschäftsordnung des Geistlichen Rats nach 1783 beginnt ein systematischer Teil, der nach dem angegebenen Plan 5 Abschnitte umfassen sollte: A. Von der Religion. B. Die landesherrlichen Rechte in geistlichen Sachen. C. Die kurfürstlichen Patronatsrechte. D. Das teutsche Schulwesen. E. Die Dezimation der Geistlichen. Ausgeführt ist (auf 2 Seiten) nur der Abschnitt A. Von der Religion. Alle geplanten Gegenstände außer dem Schulwesen sind in viel ausführlicherer und systematischerer Weise in dem oben besprochenen Mémoire über die Rechte der Herzöge von Bayern gegenüber der Kirche ausgeführt. Man wird nicht fehlgehen in der Annahme, daß das hier vorliegende Fragment über die Geschichte des Geistlichen Rates eine frühe Vorstufe des großen Mémoire ist. Die Entstehungszeit wird durch zwei Angaben eingegrenzt: Die Erwähnung einer kurfürstlichen Verordnung vom 13. 2. 1784 als terminus post quem, andererseits der Weggang Montgelas' von München im März 1787 als terminus ante quem, denn an einer Stelle führt er als Beleg die «in den *hiesigen* Geistlichen Rats-Protokollen vorfindigen Beispiele» an. Wir haben also in dieser Abhandlung – was auch die lateinische Schrift und die mäßige deutsche Orthographie bestätigen – das älteste eigenhändige Schriftstück von Montgelas vor uns, das erhalten ist, neben dem zuvor besprochenen Fragment MA 64, das noch früher entstanden sein dürfte, da es polemischer, abstrakter, mit weniger Wissen beladen ist, und da Montgelas in dem vorliegenden Schriftstück manche Gedanken von MA 64 in vorsichtigerer und fundierterer Form wieder aufnimmt.

In der Abhandlung über die Geschichte des Geistlichen Rats[12] legt nun Montgelas in dem Abschnitt ‹Von der Religion› zusammenfassend seine damaligen

[11] K. bl. 427/5/2.
[12] K. bl. 427/5/2.

Ansichten über die Entstehung des Staates und der Religion sowie über die Toleranz dar. Die einleitenden wichtigsten Sätze lauten (wobei wir die Sätze grammatisch und orthographisch unwesentlich korrigieren):

«Der erste Gedanke des Menschen ist Erhaltung, Befriedigung der notwendigsten Bedürfnisse; der zweite gehet auf den Urheber seines Daseins. Alles in der Natur führt auf ihn zurück, und in dem Ausguß der Erkenntlichkeit über seine empfangenen Wohltaten ist der Ursprung aller Religion zu suchen. Vereinigen sich mehrere einzelne Familien zur gemeinschaftlichen Erreichung alles irdischen Bestrebens, (von) Sicherheit und Wohlfahrt, so entstehet ein Staat. Wie die Gesellschaft zunimmt, sich ihr Vermögen mehrt, so bekommt alles eine regelmäßigere Form, es werden Oberhäupter erwählt, Regierungsformen eingeführt, Tempel erbauet, Priester ernannt, gewisse feierliche Riten bei dem Gottesdienst vorgeschrieben, und endlich beunruhigen Verschiedenheit der Meinungen und theologische Zänkereien die bürgerliche Gesellschaft. Dasjenige System, wozu sich der größte Teil der Mitglieder bekennt, wird zur herrschenden Volks- oder National-Religion. Die erste Pflicht des Regenten ist, sie zu schützen. Dies ließen die bayerischen Regenten nie außer Augen. Ihren Bemühungen hauptsächlich haben wir die Wohltat der Einführung und Ausbreitung der christlichen Religion zu verdanken. Ihr Eifer für das, was sie Wahrheit und echten Glauben hießen, war nicht minder und überstieg zur Zeit der Reformation fast alle Grenzen. Sie vergaßen den Grundsatz, daß eines jeden Bürgers einzelne Überzeugung eine bloße zwischen Gott und ihm bleibende Gewissenssache sei, daß niemand ein Recht auf ihn habe, solange er den öffentlichen Gottesdienst nicht angreift, niemanden ärgert, den noch wichtigeren, daß ein großer Teil der Nation, der eine Religion annimmt, von den übrigen müsse entweder geduldet werden oder das gesellschaftliche Band auflösen könne, daß endlich die göttliche Toleranz Länder in Flor bringe, Verschiedenheit der Meinung die öffentliche Ruhe nicht störe, welche durch Verfolgung allein in Gefahr läuft, daß der Ketzer, in jener Welt verdammt, in dieser der emsigste Bürger, der beste Untertan sein könne. So weit hatte es die Philosophie des 16. Jahrhunderts noch nicht gebracht, beide Teile waren zu sehr aufeinander verbittert, als daß sie der heiligen Stimme der Vernunft hätten Gehör geben können. Religionskriege, gegenseitige Beleidigungen, zur Unzeit angebrachte dogmatische Entscheidungen spitziger, unbegreiflicher, zum Seelenheil ganz gewiß nichts beitragender Schulfragen, machten das Übel völlig unheilbar, und der pedantische Prädikant machte es um kein Haar besser als der schlaue Jesuit nebst seinem betrogenen oder erkauften Anhang. Ein großer Teil von Bayern bekannte sich zur Reformation, wurde verfolgt, gestraft und verbannt ...»

In diesem Zitat sind die Ansichten des damals 25 bis 28-jährigen Montgelas über Toleranz und Gewissensfreiheit, sowie über die Pflichten des Staates gegenüber der Religion allgemein formuliert. Montgelas hat auch später seine Auffassung zu diesen Fragen im Grundsätzlichen nicht geändert. Wenn auch die Staatssouveränität die Leitidee seines politischen Denkens und Handelns war, wenn er ihr auch die Organisation, die äußeren Formen und den Besitz der Kirche sehr weitgehend unter- und einordnen wollte – zwei Grenzen der Staatsmacht hat er stets als unüberschreitbar angesehen: die gegenüber der Gewissensfreiheit und die gegenüber der privaten Rechtssphäre und dem Anrecht auf Rechtsschutz des einzelnen Bürgers.

Gegenüber diesen grundsätzlichen Ausführungen über die Toleranz ist der Rest der Schrift weniger wichtig. Montgelas verurteilt die Herzöge Wilhelm IV., Ludwig X., Wilhelm V. und Kurfürst Maximilian I. wegen ihrer Intoleranz. Dem letzteren macht er wiederum zum Vorwurf, daß er die Oberpfalz zwangsbekehrt habe und daß seit den Landtagen von 1605 und 1612 – Montgelas war ja ein Kenner der Landtagsverhandlungen – die Diskussion über die Frage der Religion in Bayern erloschen sei.

Positiv wird dagegen Albrecht V. beurteilt: «der aufgeklärte, sanftmütige Albrecht V., dieser sonst große, meines Wissens noch von keinem vaterländischen Geschichtsschreiber in seinem wahren Licht betrachtete Regent», der die Universität Ingolstadt gefördert (Montgelas schreibt irrtümlich «anlegte»), «teutsche Schulen» für den Bürger- und Bauernstand gegründet, eine neue Gerichts- und Polizeiordnung verkündet habe[13], «die noch heutzutage übliche, vortreffliche Jagd- und Forstordnung verfassen ließ, Bibliotheken, Kunstkammern, Bildergalerien stiftete, beträchtliche Erwerbungen machte ..., die Landscollegia auf den heutigen Fuß setzte, dem noch schwankenden Nationalgeist und (der) Landsverfassung den entschiedenen Schwung gab». Er habe sich zwar «über den Verfolgungsgeist seines Zeitalters nicht ganz erheben» können, habe jedoch die landesherrlichen Rechte behauptet, wie die im vorhergehenden Teil von Montgelas zitierten Urkunden und Briefe (meist nach Oefele) sowie die Protokolle des Geistlichen Rates bewiesen. «Auch die in der Kirche eingeschlichenen Mißbräuche und das ärgerliche Leben der Geistlichkeit kannte er in seinem ganzen Umfang»[14]. Das Verdienst seines Eintretens für Priesterehe und Laienkelch,

[13] Wahrscheinlich meint er hiermit die revidierte Landesordnung von 1553, die jedoch keinen solchen Markstein darstellt wie die Landesordnung von Bayern von 1516 und schon vorher die Erklärte Landesfreiheit von 1508. Zusammenstellung der bayerischen Gesetzeswerke mit Lit. bei H. *Lieberich*, Rechtsgeschichte Baierns und des bayerischen Schwaben, in: Heimatgeschichtlicher Ratgeber, München 1953, 80–110.

[14] Vgl. hierzu den oben Kap. 8 Anm. 37 zit. Aufsatz von G. *Heyl*, Der Religions- und Geistliche Lehenrat, 1960.

das «vielen als ärgerlich», «dem römischen Hof als unerträglich» vorkam, wird herausgestellt. Die Maßnahmen gegen die neue Lehre im Inneren Bayerns seien jedoch leider heftiger als je geworden und auch gegenüber den Vorstellungen der Stände, zu deren Argumenten unter anderem die Entvölkerung des Landes durch den Abzug der Protestanten gehörten, sei der Herzog hart geblieben, wie seine beiden Nachfolger. Ein kurzer Blick auf die Lage der Protestanten der Grafschaft Wolfstein und der Juden in Bayern im 18. Jahrhundert, der eine Zusammenfassung des in der Schrift MA 64 Gesagten darstellt, schließt das Fragment ab.

Auch in der politischen Praxis vertritt Montgelas von Anfang an den Standpunkt, daß sein Herr, der Herzog von Zweibrücken, bei Verträgen oder, wie es im November 1789 zur Diskussion steht, bei einem Votum im Reichstag niemals den Hinweis auf die von ihm und seinem Bruder feierlich verbürgten Rechte seiner in ihrer Gesamtheit protestantischen Untertanen unterlassen dürfe. «Wenn auch der Herzog persönlich katholisch ist, sein Land ist es nicht», und man könne «nach den ketzerischen Grundsätzen, die auch die unseren und allgemein die vernünftigsten sind, aus dem Bekenntnis des Fürsten keine Schlüsse auf den rechtlichen Zustand seines Territoriums ziehen»[15]. Mit Zorn nimmt er stets Fälle von Unduldsamkeit zur Kenntnis: «Ich erfahre, daß der Pfarrer der Frauenkirche (in München) Schwierigkeiten gemacht hat, einen Protestanten zu beerdigen. Ich kann nur seufzen bei einem solchen Beweis von Intoleranz. Man sollte sich daran erinnern, daß solche Infamien nicht mehr zeitgemäß sind (sont passés de mode) am Ende des 18. Jahrhundert ...»[16]

Montgelas und Seinsheim sprechen sich in ihren Briefen für die strengere Durchführung polizeilicher Maßnahmen gegen gewisse Volksbräuche aus, gegen die schon die bayerischen Kurfürsten des 18. Jahrhundert und auch die Fürstbischöfe ohne Erfolg eine Reihe von Mandaten erlassen hatten. So begrüßt Montgelas eine neue bayerische Ordonnanz gegen das Wetterläuten, mit dem man die Gewitter vertreiben wollte, und das schon manchem Läutenden durch Blitzschlag das Leben gekostet hatte. «Ich freue mich für Bayern über dieses ‹exemple de philosophie›». Ebenso wendet er sich gegen den Brauch, Angehörige des Adels in Kirchenwänden zu bestatten, wodurch damals oft die Luft in den Gotteshäusern verpestet wurde. «Wie lange werden ein beschränkter Hochmut und ein noch verächtlicherer Aberglaube die Stimme des gesunden Menschenverstandes ersticken, die sich gegen den barbarischen Brauch erhebt, die Kirchen in Beinhäuser zu verwandeln. Da ist man hier (in Zweibrücken) ver-

[15] An Seinsheim 29. 11. 1789, Egg.
[16] 17. 5. 91. Vgl. dazu *Doeberl* II 364.

nünftiger. Hofenfels und seine Mutter verwesen mit den Schustern und Schneidern. Seine Verwandten haben deshalb keine geringere Meinung von sich»[17].

Seinsheim beklagt sich in seinen Briefen darüber, daß bei einer Viehseuche in Bayern er als nahezu einziger Zutrauen zu dem, damals bedeutendsten, bayerischen Veterinär Professor Will[18] habe, der ihm etwa 1/3 seines Viehs gerettet habe, während seine Bauern nur Prozessionen unternähmen («enrichissant leurs curés et prêtres . . .») und ihr Vieh sterben ließen, trotz aller guten Ratschläge, die man ihnen gebe. «Es wäre gefährlich, sie im gegenwärtigen Zeitpunkt dazu zu zwingen», sich an den Tierarzt zu wenden oder die von den Veterinären kommenden Empfehlungen zu befolgen. Auch das Verbot der Austeilung von geistlichen Heilmitteln bei Krankheiten von Mensch und Vieh wird später zu einer von den Bauern angefeindeten Maßnahmen der Regierung Montgelas gehören[19].

So liegen Montgelas' Grundideen über das Verhältnis zwischen Staat und Kirche, Staat und Bischöfen, Staat und Kirchengut, über Toleranz und staatliche Religionsaufsicht, verkörpert durch den Landesherrn, den ‹Souverain›, bereits vor der Französischen Revolution – spätestens bis zum Sommer 1789 – in schriftlichen Äußerungen fixiert vor. Die bayerische staatskirchenrechtliche Tradition und das Vorbild protestantischer Kirchenverfassungen neben dem Reichsrecht und dem allgemeinen Geist der Aufklärung sind für Montgelas dabei ausschlaggebend.

Der Ausspruch des Mitglieds der Constituante, Camus, bei der Beratung der ‹Constitution civile du Clergé› im Sommer 1790, welche die späteren Historiker beschäftigt hat: «L'Eglise est dans l'Etat, l'Etat n'est pas dans l'Eglise» steht bereits in Montgelas' Denkschrift über die Rechte der bayerischen Herzöge gegenüber der Kirche von 1788/89: «L'Eglise est dans l'Etat, et non l'Etat dans l'Eglise».[20] Aber auch diese wiederholt nur einen allgemeinen Grundsatz der Aufklärung.

[17] 1. 3. 89. Auch später als Minister kann Montgelas diesen Brauch nicht beseitigen, obwohl er sich 1810 ein Gutachten von Bermiller mit dem Ziel der Abstellung ausarbeiten ließ.

[18] Über ihn: C. *Hahn*, Fr. *Viandt*, Gesch. der Kgl. Bayer. Zentral-Tierarzneischule München, 1790–1890, München 1890.

[19] Seinsheim an Montgelas, Schönach, 22. 6. und 13. 7. 1790, Egg., Akt ‹Lettres de 1790›. Noch schärfer verurteilte Seinsheim die «Bigotterie» und die Ex-Jesuiten in Briefen an Montgelas vom 13. 7. 90, 2. 1. und 13. 11. 91 (Egg., ‹Lettres de 1791›) und an Esebeck 18. 8. 70 (K. s. 15 377). Der letztere Brief beweist, daß man am Zweibrückener Hof diese Ansichten teilte. Vgl. zu den späteren religionspolizeilichen Maßnahmen: *Doeberl* II 496.

[20] MA 54, S. 115, vgl. oben S. 216 f. – Die Äußerung von Camus zitiert bei G. *Lefebvre*, La Révolution française, Paris 1951, 179 und bei J. *Godechot*, Les institutions de

Während Montgelas sonst alle wichtigen innerfranzösischen Vorgänge der Jahre 1789 bis 1793 mit brennendem Interesse verfolgte und gegenüber seinem Freunde Seinsheim kommentierte, hat die Kirchenpolitik der Revolution in seinen Briefen nur sehr wenig Niederschlag gefunden. So, wie er das Werk der Constituante auch sonst im ganzen bejahte, da er eine Entwicklung zu einer modernen konstitutionellen Monarchie erhoffte, so auch zunächst ihre Kirchenpolitik, ohne sich viel um Einzelheiten zu kümmern. Lediglich am 8. 11. 1789, als sich die Aufhebung der Klöster (Dekret vom 13. 1.–9. 2. 1790) bereits abzeichnet, schreibt er an Seinsheim: «Die (verfassunggebende) Versammlung hat endlich dekretiert, daß das Kirchengut der Nation zur Verfügung gestellt werden wird, welche die Lasten des Kults und den Unterhalt seiner Diener übernehmen wird....», ferner, daß die Mindestgehälter für die Pfarrer 1200 livres, Garten und Wohnung nicht gerechnet, betragen werden.

Über seine Stellung zur ‹Constitution civile du Clergé› vom 12. 7. 1790, die interessant wäre, konnten wir in seiner Korrespondenz nichts feststellen. Im Juni und Juli 1790 war Montgelas vorwiegend mit der Vorbereitung der Wahlkapitulationsverhandlungen befaßt. Weder in seiner zustimmenden, noch in seiner kritischen Phase gegenüber der Revolution, seit 1792–93, ging er auf das Problem ein. Wenn er auch bei der Säkularisation von 1801–03 Einzelheiten der technischen Durchführung der Klosteraufhebung, einschließlich der meisten Fehler, ohne Zweifel von dem französischen Beispiel von 1790 übernommen hat, so scheint doch erwiesen, daß die Motive und Grundzüge seiner Kirchenpolitik sich bereits in der vorrevolutionären Periode ausgeformt hatten.

10. Die Auffassung vom Staat in Montgelas' frühen Schriften

Die beiden bereits im Zusammenhang mit Kirche und Religion besprochenen frühen Ausarbeitungen von Montgelas aus der Münchner Zeit gewähren auch Einblicke in seine politischen Grundüberzeugungen. Es ergibt sich daraus, daß sich diese im Lauf der Zeit viel stärker gewandelt haben als seine Ansichten über die Kirche.

la France sous la Révolution et l'Empire, Paris 1951, 225. Hierzu auch K. D. *Erdmann*, Volkssouveränität und Kirche, Köln 1949. Der Gedanke ist schon weit älter als die Revolution (Vgl. z. B. hinsichtlich der Enzyklopädie: E. *Weis*, Geschichtsschreibung und Staatsauffassung in der französ. Enzyklopädie, Wiesbaden 1956, 115–124: «Les droits de l'Etat consistent à gouverner et ceux de l'Eglise à obéir» schrieb Grimm, ebd. 123.)

Das oben wiedergegebene Zitat aus der ‹Geschichte des Geistlichen Rats›[1] läßt erkennen, daß Montgelas sich die Entstehung des Staates als einen freiwilligen Zusammenschluß von Familien «zur gemeinschaftlichen Erreichung alles irdischen Bestrebens, (zu) Sicherheit und Wohlfahrt» vorstellt. Dies bedeutet eine der natürlichen Lebensform in Familien Rechnung tragende Variante der Vertragstheorie von Locke und Rousseau, die nur vom Zusammenschluß der Einzelindividuen gesprochen hatten[2].

Alles geschieht auch für Montgelas freiwillig und bewußt: «Wie die Gesellschaft zunimmt, sich ihr Vermögen mehrt, so bekommt alles eine regelmäßigere Form, es werden Oberhäupter erwählt, Regierungsformen eingeführt, Tempel erbauet, Priester ernannt ...» Beides gehört zusammen, weil Montgelas in der Religion eines der Grundbedürfnisse des Menschen sieht. Sobald sich jedoch eine Verschiedenheit der religiösen Meinungen entwickelt, soll man niemanden zwingen, der Religion der Mehrheit anzugehören, «eines jeden Bürgers einzelne Überzeugung (ist) eine bloße zwischen Gott und ihm bleibende Gewissenssache».

In dem Fragment über die Kirchen- und Staatsverfassung[3] geht Montgelas noch genauer auf seine Vorstellungen über die Entstehung und den Zweck des Staates ein. Die Gesellschaft (société politique) sei «die Ordnung, in der eine Nation sich vornimmt, zusammenzuarbeiten». Sie gäbe sich in der Verfassung des Staates «die Form, unter welcher eine Nation als politische Körperschaft (corps politique) handelt».[4] Es gäbe kaum ein Land, in dem der Einfluß der politischen Umstände nicht beträchtliche Änderungen gegenüber der ursprünglichen Form der Regierung bewirkt hätte. Die Einzelheiten dieser Veränderungen und ihre Ursachen für Bayern darzustellen, sei das Ziel seiner Arbeit.

Für die alten Germanen, «unsere Vorfahren», welche die Freiheit «als ihr kostbarstes Gut betrachteten», lehnen sich seine Ausführungen stark an Montesquieu an.[5] Eine andere Überlegung fügt er dem hinzu, wenn er meint, bei Nomadenvölkern ohne festes, gleichbleibendes Eigentum könne sich der Despotismus nicht leicht entwickeln.

[1] K. bl. 427/5/2.

[2] Eine solche Theorie hatte in der Enzyklopädie bereits Diderot vertreten: *Weis*, Enzyklopädie, 176 f.

[3] MA 64.

[4] Der Satz ist im französischen Original grammatisch unfertig, mehrfach unterbrochen, dann anders fortgesetzt.

[5] «Reges ex nobilitate, duces ex virtute sumunt», nach Tacitus, Germania, Kapitel 7 und 11. Vgl. Montesquieu, De l'esprit des lois, z. B. 20. Buch; Encyclopédie, Artikel ‹Noblesse›, von Boucher d'Argis, (dazu E. *Weis*, Enzyclopädie, 28. Über die Bedeutung dieser Stelle: K. *Bosl*, Reges ex nobilitate, duces ex virtute sumunt ..., in: Frühformen der Gesellschaft in Mitteleuropa, München 1964, 62–73.

Das Lehenswesen und das Christentum hätten den Fürsten wichtige Mittel in die Hand gegeben, die germanische Freiheit zu beseitigen: Das Lehenswesen, weil es den Fürsten Gelegenheit gab, sich durch Belohnungen «Kreaturen zu schaffen», das Christentum, weil die Missionare als Ausländer, die großenteils «dans les principes arbitraires de l'Empire romain» aufgewachsen seien, ihre Schüler mit diesen dem Despotismus günstigen Prinzipien durchdrungen hätten.[6] Zur Verteidigung ihres eigenen noch schwachen Ansehens hätten sie die Unterstützung der Fürsten nötig gehabt, deren eifrigste Verteidiger und Günstlinge sie deshalb geworden seien.

So war der Zustand der Gesellschaft bei den Franken, als die Bayern ein Bündnis mit ihnen eingingen. «Die gemeinsame Abstammung, die Nachbarschaft, die Verbindungen der beiden Völker bewirkten eine große Ähnlichkeit in den Sitten und der Regierungsform». Die Lex Baiuwariorum, die nach seiner Meinung in das 6. Jahrhundert zu datieren ist, sei hierfür der beste Beweis.[7] Kritisch vermerkt er, daß der Kirche die unbegrenzte Fähigkeit zugesichert worden sei, Eigentum zu erwerben, und daß sich die Gesetzgeber in erster Linie bemühten, die Personen und Güter der Geistlichen zu schützen. Als Beweise zitiert er die Lex Baiuwariorum, die Synode von Aschheim von 755 bis 760 und ein Dekret Tassilos III. von 772. Der Ausdruck «universa consentiente multitudine» beweise den großen Anteil, den die allgemeinen Volksversammlungen an der gesetzgebenden Gewalt gehabt hätten.

Auch in der Karolingerzeit und danach sei die «nation bavaroise» weiterhin eine der wichtigsten Deutschlands gewesen, von dem sie nie wieder getrennt wurde. Die Eingliederung in das Reich Karls des Großen «bewirkte keinerlei Veränderung in der Verfassung». Die Gesetze der Agilolfinger hätten weiter gegolten.[8] Karl der Große fand jedoch mit Unterstützung des Klerus Mittel und Wege, die Statuten und damit die Autorität des Herrschers und seiner Beamten zu mehren und ihnen Geltung zu verschaffen. Im folgenden befaßt sich Montgelas mit den bayerischen Nationalversammlungen aus Bischöfen, Äbten, Grafen und Freien, und mit ihrer gelegentlichen Teilnahme an allgemeinen Reichsversammlungen, zusammen mit den Vertretern der vier anderen deutschen Hauptnationen. Über die Luitpoldinger und den Säkularisierer Arnulf sagt Montgelas nichts. Die weiteren Darlegungen über die mittelalterliche Geschichte enthalten

[6] «Ils eurent bientôt introduit leur système de subordination, entièrement contraire aux vrais principes de la constitution germanique».

[7] Vgl. K. *Reindel* in: Handbuch der bayer. Geschichte, hg. von M. Spindler, Bd. 1, München 1967, S. 178 f., mit Lit.

[8] Vgl. zu dieser Frage K. *Reindel* ebd. S. 185.

wenig Typisches. Hier und da wird die Gelegenheit zur Kritik am Klerus ergriffen, ein bayerischer Patriotismus ist unverkennbar, doch werden die Beziehungen Bayerns zum Reich objektiv dargelegt. Die Berechtigung des Reiches, soweit es Bayerns alte Rechte nicht beschneidet, wird voll anerkannt. «La sérénissime Maison de Wittelspach» erscheint erst 1180, es wird keine ältere Legende aufgebaut, auch nichts vom alten Königtum der Agilolfinger und Luitpoldinger behauptet. Die Gesetze Kaiser Friedrichs II. von 1220 (‹Confoederatio cum principibus ecclesiasticis›) und 1231 (‹Statutum in favorem principum›) werden in ihrer Bedeutung für die Ausbildung der Landeshoheit gewürdigt, ebenso wie spätere Diplome der einzelnen Kaiser, die für die Fürsten wichtig geworden seien, «besonders als die Einführung des römischen Rechts mit all seinen Chimären von der absoluten Macht der Kaiser diese Vorsicht erforderlich machte». Der Aufstieg der Landstände, auch in Bayern, zuletzt der Aufstieg der Städte zur Landstandschaft, finden Beachtung. «Gegen Ende des 15. Jahrhunderts begannen die Stände in den Territorien an Einfluß zu verlieren. Das römische Recht richtete in den Einzelstaaten ebensoviel Unheil in bezug auf die öffentliche Freiheit an wie im System des Reiches als ganzem. Die Doktoren lehrten sorgfältig die Doktrin von den Regalien und weiteten sie aus, so sehr sie konnten. Die Formen des Prozeßrechts wurden verändert ...».

Für das römische Recht hat Montgelas auffallenderweise auch später niemals viel übrig gehabt, seine Rezeption zu Beginn der Neuzeit zählte er nie zu den großen Fortschritten auf dem Wege zur Staatssouveränität und zur modernen Kultur. Dagegen steht sein Geschichtsbild, wie wir es aufgrund seiner Schrift aus der Münchner Zeit kurz skizzierten, in anderer Hinsicht in starkem Gegensatz zu seinen späteren Auffassungen: In dieser Schrift rühmt er in der Nachfolge Boulainvilliers und Montesquieus die altgermanische Freiheit, als deren legitime Vertreter er in Mittelalter und Neuzeit die Stände ansieht, und bedauert, daß diese Freiheit immer weiter eingeschränkt wurde durch das Aufsteigen zuerst des Kaisertums, dann des Landesfürstentums, deren Werkzeuge der Klerus, die Doktoren des römischen Rechts und, schon früher, ausgerechnet das Lehenrecht gewesen sein sollen.

Der Eindruck, daß seine damaligen politischen Ansichten stark von denen abwichen, die er bereits zu Ende der achtziger Jahre in Zweibrücken vertreten hat – etwa in der analysierten Denkschrift über die Kirchenhoheitsrechte der Herzöge von Bayern – dieser Eindruck verstärkt sich, wenn man die eingehenden Darlegungen über die Stände in dem vorliegenden Fragment betrachtet. Seine Korrekturen daran zeigen, daß bereits kurz nach der Niederschrift seine Ansichten sich weiter entwickelten. Bei der Niederschrift des Fragments mag ihm vielleicht noch vorgeschwebt haben, ein bayerischer Montesquieu zu werden, denn er wendet dessen Theorien auf die Verfassungsgeschichte des Herzogtums bzw. Kurfürstentums an.

Die in Frankreich nie schriftlich fixierten, von fast jedem bedeutenden französischen Staatstheoretiker des 16. bis 18. Jahrhunderts erörterten und individuell ausgelegten Grundgesetze der Monarchie (lois fondamentales)[9] regen Montgelas dazu an, festzustellen, welche Gesetze als bayerische ‹lois fondamentales› gelten könnten. Den Begriff in der Anwendung auf Bayern umschreibt er so: «Die Gesetze, welche die Art und Weise regeln, in der die öffentliche Gewalt ausgeübt werden soll, in einem Wort, deren Zusammenspiel die Verfassung des Landes ausmachen, nennt man ‹lois fondamentales›, ungeachtet der Anschläge, die de facto (‹de fait›) auf die politische Freiheit unserer Nation verübt worden sind. Diese Freiheit existiert rechtlich noch immer. Die Urkunden und Verträge (actes), welche sie garantieren, sind nach wie vor in voller Geltung. Unsere Herrscher (souverains) können sich des schönsten aller Titel schmeicheln, desjenigen, an der Spitze einer freien Nation zu stehen». Später setzte Montgelas (mit anderer Tinte) hinzu: «Der fortgesetzte Widerspruch zwischen Theorie und Praxis, dem man begegnet, macht es sehr schwierig, diese Materie zu behandeln».[10]

Im ursprünglichen Text hatte Montgelas dargelegt, für alle Nationen sei das übliche Mittel, Willkürakte der Fürsten und Veränderungen der Verfassung zu verhindern, das, den Fürsten das Besteuerungsrecht zu entwinden. Später scheint ihm dieser Satz, der zum Beispiel den Widerstand gegen Karl I. von England zu rechtfertigen schien, zu radikal zu sein, denn er streicht ihn durch und ersetzt ihn (mit anderer Tinte) durch den Passus: «Wenn der Monarch die

[9] Grundlegend noch: A. *Lemaire,* Les lois fondamentales de la monarchie française d'après les théoriciens de l'Ancien Régime, Paris 1907.

[10] Als Grundgesetze Bayerns bezeichnet Montgelas vier cartae für die Provinzialstände. Vgl. dazu G. Frhr. von *Lerchenfeld,* Die altbaierischen landständischen Freibriefe mit den Landesfreiheitserklärungen, mit Einleitung von L. *Rockinger,* München 1853. Welche der Freibriefe hier Montgelas speziell mit diesen vier cartae meint, geht aus dem Text nicht klar hervor, wahrscheinlich handelt es sich um die Urkunden, die in dem Ausstellungskatalog von R. *Kloos,* Bayerns Weg zum modernen Staat, Ausstellung des Bayer. Hauptstaatsarchivs München zum 150. Jahrestag der Verfassung des Königreichs Bayern vom 26. Mai 1818, München 1968, mit Inhaltsangabe, Drucken und Archivsignaturen unter Nr. 1 (Ottonische Handfeste, 1311/VI/15), Nr. 2 (Verbot der Verpfändung von Landesteilen, Niederbayern, 1355/X/9), Nr. 6 (Oberbayerische Steuerordnung, 1396/VIII/23) und Nr. 8 (Landesordnung in Oberbayern, 1500/I/20) zusammengestellt sind. Montgelas führt noch zahlreiche weitere ‹Grundgesetze› an, darunter die durch den Frieden von Teschen bestätigten Erbverträge zugunsten der Zweibrückener. Montgelas widmet dieser Materie eine eigene Arbeit unter dem Titel ‹Essai sur l'histoire de la succession de Bavière destiné à mon usage particulier, tiré de mémoires manuscrits et imprimés› (K. bl. 427/5/2, 51 eng beschriebene Seiten, geht bis 1786).

Erhebung von Steuern auf andere Weise als mit Zustimmung der Stände anordnet, so gibt es keine Freiheit mehr, denn er wird nun der einzige und völlig unabhängige Gesetzgeber in diesem wichtigsten Punkt der Gesetzgebung». Unsere Vorfahren, die Germanen, haben nur unter der Voraussetzung des Mitwirkungsrechts bei der Festsetzung der öffentlichen Abgaben dem Staat (!) mit ihrer Person gedient. «Die Idee der Knechtschaft durch die Besteuerung wäre diesen freien und stolzen Seelen unerträglich gewesen».

Sodann wird er historisch präziser und legt dar, daß die mittelalterlichen Fürsten von ihren Domänen und freiwilligen Geschenken gelebt hätten. Erst später werden die Steuern eingeführt. Er sucht nachzuweisen, daß die Erwähnung von Steuern in frühen Urkunden sich nur auf lokale Abgaben, nicht aber auf eine allgemeine Besteuerung (contribution générale) bezögen. Den in der Neuzeit wachsenden Geldbedarf der Fürsten erklärt er allein aus der Geldentwertung durch den Zustrom von Edelmetallen. Er sieht noch keine Notwendigkeit, die Finanzierung der Staaten auf eine ganz neue Grundlage zu stellen. Wie ein roter Faden zieht sich durch seine Darstellung die Überzeugung, daß die Stände die Garanten der Freiheit seien. Die Fürsten, so meint er, seien verfassungsmäßig verpflichtet, die ständischen Freiheiten auch gegen ihre eigenen Beamten zu schützen. Montgelas mag in den Jahren, als er sich – von 1799 bis 1807 – mit den bayerischen Landständen auseinandersetzte, sie entmachtete und dann auflöste, froh gewesen sein, daß er diese Schrift seiner Jugend nie hatte drucken lassen. Er hätte hiermit seinen späteren Gegnern gute Argumente in die Hand gegeben. Von der Freiheit der alten Germanen hat man ihn später ebenfalls nie mehr schwärmen hören.

Schon einige Jahre nach der Niederschrift dieser Arbeit, im März 1789, ergriff Montgelas, wie oben gezeigt wurde, in seinen Briefen eindeutig die Partei des sonst von ihm völlig abgelehnten Kurfürsten gegen die bayerischen Stände. Die Stände erschienen ihm bereits jetzt nur noch als brauchbare Verbündete des Augenblicks für den Herzog von Zweibrücken, auf die Dauer jedoch als ein veralteter und gefährlicher Fremdkörper im Gemeinwesen, der der Souveränität und den finanziellen Erfordernissen des modernen Staats im Wege stand.[11]

Hinsichtlich der Gewaltenteilung bleibt er schon in dieser frühen Arbeit hinter Montesquieu zurück. Jener hatte als Parlamentspräsident wenigstens einen Teil der Legislative nicht dem König, sondern den Parlamenten zuerkannt. Montgelas bezeichnet, nicht anders als beispielsweise die Enzyklopädie[12], entsprechend der Verfassungswirklichkeit auf dem Kontinent, es als allein notwendig, daß die

[11] Vgl. z. B. oben Kap. 6 Anm. 39.

[12] E. *Weis*, Enzyklopädie, S. 199.

Rechtsprechung unabhängig sei, während die beiden ersten Gewalten, Legislative und Exekutive, dem Fürsten gehörten. Allein von der Unabhängigkeit der Justiz hänge es ab, ob es Freiheiten gebe oder Despotie wie in der Türkei. Die bayerischen Landesherrn hätten diese Wahrheit so gut verstanden, daß sie niemals versucht hätten, den Gerichten die Rechtsprechung in Zivil- oder Strafsachen zu entreißen.[13] Im Grunde blieb dies die Konzeption des Montgelas'schen Staates bis zur Verfassung von 1818, wie überhaupt die der deutschen Staaten der Reformzeit (Österreichs und Preußens bis 1848): Legislative und Exekutive streng vereinigt in der Hand des Königs, ja durch den Wegfall der Stände in vielen deutschen Staaten noch unumschränkter als im Zeitalter des Absolutismus, dagegen Unabhängigkeit der Rechtsprechung, strenge Wahrung des Rechtsstaates, der sogenannten ‹bürgerlichen› Freiheiten, wie Montgelas sich ausdrückte, jedoch noch ohne die ‹politischen› Freiheiten.

Auch in einem anderen Punkt noch blieben Montgelas' Auffassungen seit diesem frühen Entwurf im ganzen unverändert: in der Ablehnung des Gottesgnadentums der Fürsten. «Das göttliche Recht der Souveräne», so heißt es in dem Fragment, «ist heute erkannt als das, was es ist: eine Chimäre, die erfunden worden ist zur Schmeichelei, und aufrechterhalten wird durch den Despotismus zum Unglück des Menschengeschlechtes. Jede Gewalt geht ursprünglich von der Gesamtheit der Nation aus; nur die Nation hat sich rechtmäßig einen Herrn geben, eine Regierungsform einrichten können. Wenn sie zugestimmt hat, einen Monarchen anzuerkennen, so hat sie dies nur zu ihrem eigenen Wohle und unter gewissen Bedingungen getan, die man betrachten kann als den ursprünglichen Vertrag zwischen den Führern und den Mitgliedern des politischen Gemeinwesens (corps politique). Jedes Volk, das eine Regierungsform gewählt hat, ist berechtigt, dieselbe aufrechtzuerhalten. Ein jeder Staat hat infolgedessen die Vorkehrungen getroffen, die ihm am weisesten erschienen. Unsere Verfassung sorgt für die Erhaltung der Freiheit».

Ursprünglich hatte der letzte Satz gelautet: «Unsere Verfassung hat 1. die feierliche Bestätigung der Souveräne beim Regierungsantritt, 2. die Garantie der Kaiser, 3. die Bündnisse der Stände unter sich, den Widerstand der Untertanen und die Bestrafung der (gegen die Verfassung) Verstoßenden als die besten Mittel betrachtet, die Freiheit der Völker zu erhalten». Dieser weitgehende Satz, der die Garantie des Kaisers, das Bündnisrecht der Stände und ein Widerstandsrecht der Untertanen hereinbringt, ist schon in einem sehr frühen Zeit-

[13] Er geht unter anderem auf die Unterschiede im Recht zwischen Ober- und Niederbayern, zwischen kodifiziertem und Gewohnheitsrecht, ein. Vgl. H. *Lieberich*, Rechtsgeschichte Baierns und des bayerischen Schwaben, in: Heimatgeschichtl. Ratgeber, München 1953, 80–110, hier: 88 f.

punkt der eigenen Revision des Verfassers zum Opfer gefallen. Statt dessen schildert er im folgenden die Verfassungswirklichkeit des Zusammenspiels zwischen Herzögen und Landständen, wie es sich in den bayerischen Teilherzogtümern seit dem Beginn des 14. Jahrhunderts herausgebildet hat, einschließlich der Beschwörung der ständischen Freiheiten durch jeden Fürsten bei seinem Regierungsantritt.

Wenn auch Montgelas die Ablehnung des Gottesgnadentums und die Hypothese eines ursprünglichen Vertrages, der den Fürsten ebenso wie das Volk bindet, später nicht mehr so kraß formuliert hat wie hier in seiner Frühzeit, so ist er dieser Überzeugung doch auch als königlicher Minister treu geblieben. Romantische Ansichten, wie sie dann wieder Ludwig I. und Ludwig II. vertraten, waren ihm und anscheinend auch seinem König Max I. fremd. Damit hängt es auch, neben der allgemeinen Zeitentwicklung, zusammen, daß beide Schluß machten mit der Betrachtung des Staates als eines Privateigentums und dann als eines Fideikommisses des Fürsten, und daß 1804 eine Trennung zwischen dem Eigentum des Staates und dem der Dynastie durchgeführt wurde. Auch sonst kommt der Gedanke des Herrschaftsvertrages, der nach dem oben erwähnten ursprünglichen Zusammenschluß der Familien, dem Gesellschaftsvertrag, zu denken ist, in Montgelas' Worten gelegentlich wieder zum Ausdruck, so 1801, als er dem hierüber entrüsteten österreichischen Gesandten Seilern sagt, bei Fortdauer der durch Österreich mit verursachten Notlage der bayerischen Bevölkerung bestehe in Bayern die Gefahr einer Auflösung des «pacte social».[14]

Wenn auch der Fortgang der Geschichte und die eigenen wachsenden Aufgaben und Erfahrungen Montgelas' außen- und innenpolitischen Vorstellungen und Plänen bis 1799 noch viel hinzufügen sollten, so war es doch hinsichtlich gewisser Grundüberzeugungen über Staat, Kirche und europäische Politik nicht unberechtigt, wenn er am 27. 1. 1789, also noch vor Ausbruch der Französischen Revolution, an Seinsheim schrieb: «Il y a longtemps que j'ai formé mon système».

[14] Staka Bayern 96, Seilern an Cobenzl 3. 1. 1801. Über die Fortentwicklung von Montgelas' politischem Denken unten Kap. 14, 17, 20–22.

11. Montgelas als Historiker

Die einzigen veröffentlichten Arbeiten von Montgelas sind die beiden posthum gedruckten Bände seiner Denkwürdigkeiten.[1] Beide haben natürlich auch, wie wohl alle Memoiren von Staatsmännern, Rechtfertigungscharakter. In den von Laubmann-Doeberl veröffentlichten Memoiren zur Innenpolitik, die Montgelas 1817, schon kurz nach seinem Sturz, an den König sandte, ist die Rechtfertigung,

[1] Denkwürdigkeiten des Grafen Maximilian Joseph v. Montgelas über die innere Staatsverwaltung Bayerns (1799–1817), hg. von G. *Laubmann* und M. *Doeberl*, nebst einer Einleitung über die Entstehung des modernen Staates in Bayern von M. *Doeberl*, München 1908. Montgelas selbst gab diesem Manuskript die Überschrift ‹Compte rendu au Roi sur la gestion des départemens des affaires étrangères, des finances et de l'intérieur depuis le 16 février 1799 jusqu'au 1er février 1817›. Dieser Titel bezieht sich jedoch auf die Gesamtplanung; der vorliegende Band behandelt nur den Bereich des Innenministeriums. Die Außenpolitik wird in dem im folgenden angegebenen Teil behandelt. Seinen Plan, auch noch die Finanzverwaltung zu behandeln, hat er offenbar später fallen lassen. Während die Manuskripte zu den beiden veröffentlichten Teilen (innere Verwaltung und Außenpolitik) von seiner Hand in Schloß Egglkofen geschlossen vorliegen, ist über die Finanzverwaltung nichts vorhanden. Wie in Egglkofen festzustellen war, hat Montgelas den von Laubmann und Doeberl 1908 veröffentlichten Teil über die innere Verwaltung nicht wie den über die Außenpolitik geheimgehalten, sondern noch im Jahr seines Sturzes, 1817, als Rechenschaftsbericht an König Max Joseph geschickt (S. unten S. 266 ff.).

Der andere Teil der Denkwürdigkeiten, der die Außenpolitik behandelt, aber auch am Schluß die namentliche Auseinandersetzung mit den Persönlichkeiten enthält, die gegen ihn intrigiert und ihn gestürzt hatten, wurde in deutscher Übersetzung im Auszug schon früher herausgegeben: Denkwürdigkeiten des bayerischen Staatsministers Maximilian Grafen von Montgelas (1799–1817), im Auszug aus dem französischen Original übersetzt von Max Freiherrn von *Freyberg-Eisenberg* und herausgegeben von Ludwig Grafen von *Montgelas*, Stuttgart 1887. Ein Vergleich dieser Ausgabe mit dem Original in Schloß Egglkofen zeigte, daß Herausgeber und Übersetzer – beide Enkel des Ministers – wirklich nur Unwesentliches ausgelassen haben – meist nur längere Erörterungen über geschichtliche Ereignisse in fremden Ländern, die allgemein bekannte Tatsachen enthalten und weder über die Auffassungen noch über die persönlichen Erlebnisse und Handlungen des Verfassers etwas aussagen. Die einzige Stelle, die, soweit ich sehen konnte, aus persönlichen und politischen Rücksichten ausgelassen wurde, ist die Schilderung eines mißglückten Versuchs des Kronprinzen Ludwig, die Gräfin Montgelas für ein amoureuses Abenteuer zu gewinnen, eine Begebenheit, mit der Montgelas die Feindschaft des Kronprinzen gegen ihn und seine Gemahlin zu erklären versuchte.

oder besser gesagt, die Rechenschaft, wenn auch nicht aufdringlich und nicht wahrheitswidrig, viel stärker spürbar als in den viel umfangreicheren Denkwürdigkeiten zur Außenpolitik, die 1887 gekürzt und in deutscher Übersetzung von Freyberg und L. Montgelas herausgegeben wurden. Diese Denkwürdigkeiten, die erst, laut Montgelas' Anordnung, nach dem Tod der darin erwähnten Personen veröffentlicht werden durften, entwarfen nach dem Willen des Verfassers ein Bild von der gesamten politischen Geschichte Europas in dem Zeitraum seiner Regierung, 1799–1817. Vieles daran sind ziemlich eingehende, auf Geschichtsdarstellungen gestützte Schilderungen der allgemeinen Ereignisse, die zum Teil bereits von den Herausgebern nicht mit ediert worden sind. Wesentliche Züge der Montgelas'schen Geschichtsschreibung sind jedoch darin enthalten: Er sieht Europa als Ganzes, hält Vorgänge etwa in der Türkei, in Spanien und den Niederlanden für ebenso wichtig und erwähnenswert wie solche in Deutschland, wenn sie allgemeine Folgen gehabt haben; er sieht die enge Verkettung des politischen Geschehens, die Wechselwirkungen, die nicht nur zwischen den verschiedenen Ländern, sondern gelegentlich auch zwischen Volksbewegungen, wirtschaftlichen und gesellschaftlichen Vorgängen einerseits und den politisch-militärischen Ereignissen andererseits bestanden. Er sucht, die Ursachen und Wirkungen zu zeigen; er ist jedoch kein Determinist, sondern will deutlich machen, vor welchen Alternativen die Staatsmänner standen, warum sie sich so und nicht anders entschieden und welches die Folgen ihrer Entschlüsse waren.

Seine Darstellung ist stets von einer vornehmen Distanz im Stil der klassischen Diplomatie geschrieben. Sie ist etwas kühl, der Verfasser sucht keine Effekte, deutet vieles Persönliche, das er weiß und das manchmal den Leser besonders interessieren würde, nur diskret an oder verschweigt es. Auch der Gesichtspunkt der Selbstrechtfertigung tritt zurück, er liegt vor allem in den Akzenten und manchmal wohl darin, daß Montgelas nicht alle Motive nennt, die er weiß, sowohl bei sich als bei seinen Gegnern. Aber auch in dieser Hinsicht sind die Memoiren kühl, zurückhaltend, streckenweise sehr trocken. Der Verfasser liebt die Gesamtschau und nicht das farbige Detail. Er weist zwar auf das für Bayern Geleistete hin, aber seine Ausführungen sind doch dem Understatement viel näher als der Überheblichkeit und Übertreibung. Man merkt, daß Montgelas die Dinge viel mehr als Historiker sieht denn als auf Rechtfertigung, Anerkennung und Popularität bedachter Politiker oder als Schriftsteller, der seine Person zum Maß aller Dinge machen möchte. Ein Hauptmotiv bei der Abfassung dieser für spätere Generationen bestimmten Memoiren war es zweifellos, nicht nur dem eigenen Nachruhm, sondern auch der Geschichtsschreibung zu dienen.

Im Gegensatz zu diesem Alterswerk sind die zahlreichen historischen und staatsrechtlichen Aufzeichnungen, Abhandlungen, Gutachten und Denkschriften, die

Montgelas verfaßt hat, unveröffentlicht, ja, da sie meist unter anderen Betreffen in den Archiven liegen, völlig unbekannt und wegen der paläographischen Schwierigkeiten ungelesen geblieben.[2]

Allein aus der Zeit vor 1799 konnten wir in den Archiven mehr als 60 solcher Abhandlungen und Gutachten von Montgelas – die mehreren tausend von ihm verfaßten Instruktionen, Briefe, Noten und Vertragsentwürfe nicht mitgerechnet – feststellen. Eine Anzahl weiterer, die nicht überliefert sind, werden in seinen Briefen erwähnt. Von den erhaltenen Arbeiten aus der Zeit vor 1799 haben wir die wichtigsten bereits besprochen oder werden sie, soweit sie sein politisches Programm von 1796/97 betreffen, noch behandeln.[3]

In einem Fall scheint Montgelas an die Abfassung einer zur Veröffentlichung bestimmten Geschichtsdarstellung gedacht zu haben. Es handelt sich um den Entwurf zu einer ‹Histoire moderne›, der dem Inhalt nach eine wohl ebenfalls geplante Geschichte des Mittelalters fortsetzen sollte.[4] Er stammt der Schrift nach aus der Münchner oder der frühen Zweibrückener Zeit vor 1789. Der Entwurf besteht aus einem Fragment von drei Seiten. Er ist deshalb bemerkenswert, weil er die Interessenrichtung des Autors zeigt. Die vorhandenen Seiten geben die Periodisierung der neueren Geschichte an, wie sie Montgelas vorgesehen hatte.

1. Von der Entdeckung Amerikas bis zum Frieden von Vervins, 1598,
2. 1598 bis zum Frieden von Oliva, 1660,
3. vom Pyrenäischen Frieden und vom Frieden von Oliva bis zum Frieden von Rastatt, 1714,
4. 1714 bis 1763,
5. 1763 bis zur Gegenwart (um 1785).

Als das Besondere der neuzeitlichen Geschichte gegenüber derjenigen der früheren Epochen betrachtet er den Reichtum des Quellenmaterials, die Vielfalt und gegenseitige Verknüpfung der Ereignisse (l'enchaînement des événements), sowie die Ausbildung und das Eigenleben der einzelnen Staaten. «Es handelt sich nicht mehr um isolierte Barbaren, deren Namen kürzer im Gedächtnis bleiben als die

[2] Nur M. und L. *Doeberl* zitieren einige Male aus dem sog. Ministerialnachlaß des Ministers, der im 19. Jh. an das Geheime Staatsarchiv abgegeben wurde, und zwar nur aus den wenigen Denkschriften, die als Arbeiten von Montgelas dort ausgewiesen sind, aber auch unter ihnen nicht aus den eigenhändigen, sondern nur aus den von Schreiberhand kopierten. Der Jurist Ludwig *Doeberl* hat für seine in der Gesamtauffassung gute Arbeit: Maximilian von Montgelas und das Prinzip der Staatssouveränität, München 1925, überhaupt keine schwer lesbaren, vor allem keine von Montgelas' Hand geschriebenen Archivalien benützt.

[3] Kap. 8–10, 20, 21, 25–28.

[4] MA 58.

Spuren der Verwüstungen, die sie angerichtet haben; es sind vielmehr gesittete Nationen, von denen wir sprechen. Die Vielfalt der zu behandelnden Tatsachen erlaubt uns nicht mehr, die Ordnung fortzusetzen, der wir bisher gefolgt sind. Die großen Umwälzungen hören auf. Jeder Staat hat eine feste Existenz angenommen, besteht aus sich selbst heraus mit mehr oder weniger Glanz, aber immer unabhängig, jeder hat seine Erfolge und Mißerfolge, seine Momente von Größe, Verfall und Erniedrigung, die sich auf die Allgemeinheit ausgewirkt haben oder diesem Staate eigen geblieben sind. Diese Veränderungen, die sich im System der uns bekannten Welt zugetragen haben, zwingen uns, von jedem Staat im einzelnen zu sprechen». Die allgemeine Geschichte wird zur Summe und zur Zusammenschau dieser Einzelgeschichten.

Die Geschichte der einzelnen Staaten will Montgelas jeweils innerhalb der oben genannten Zeiträume darstellen. An den Anfang setzt er jedoch die Behandlung bestimmter «wichtiger Grundtatsachen, die am meisten zu der allgemeinen Veränderung der Sitten, des Geistes, der Regierungsformen der Staaten beigetragen haben und die durch ihren allgemeinen Einfluß gleichermaßen der Geschichte aller Völker angehören»: der Erfindung der Buchdruckerkunst, der Entdeckung Amerikas und des Seewegs nach Indien, der Reformation. Ausgeführt wird nur ein kurzer Abschnitt über die Buchdruckerkunst. Die Entstehung der ‹renaissance des lettres› nach der Barbarei des Mittelalters – mit der sich Montgelas hier näher befaßt – sei durch diese Erfindung stark begünstigt worden. «Der Schatz unserer modernen Entdeckungen wird so an die Nachwelt weitergegeben, und was auch kommen mag, es wird schwer sein, ihn der Menschheit zu rauben».

Dieser Entwurf einer Geschichte der Neuzeit ist – wenn auch nicht ohne Vorbilder seit Voltaire, Gibbon und Robertson, seinem Lehrer Koch, sowie der Göttinger Schule[5] – doch selbständig, vernünftig und sachgerecht konzipiert; der Verfasser hat Verständnis und Interesse für das Wesentliche, für die Zusammenhänge und Wechselwirkungen der europäischen Geschichte, aber auch für die Bedeutung der Einzelstaaten in der Neuzeit, er ist universalgeschichtlich orientiert, auch in der Zusammenschau von politischer Geschichte mit Kultur-, Religions-, Rechts- und Wirtschaftsgeschichte. In seinen Arbeiten zur Geschichte einzelner Institutionen und der bayerischen Kirchenhoheitsrechte kommt dies noch deut-

[5] Von Koch kann ihn hier nur die erste Ausgabe des Tableau des révolutions de l'Europe . . ., 1771 beeinflußt haben, aber die Ähnlichkeiten sind sehr gering (s. S. 9 Anm. 29). Wie *Buech* betont (Titel oben Kap. 1 Anm. 24), brachte Koch seine modernen Gesichtspunkte in der Geschichtsschreibung gleichzeitig mit den Göttingern Gatterer und Schlözer zur Anwendung (125). Koch erhielt übrigens 1779 einen Ruf nach Göttingen, den er ablehnte (*Schweighaeuser*, Vie de Chr. G. Koch, 1813 Titel oben Kap. 1 Anm. 24).

licher zum Ausdruck. Wäre Montgelas als wohlhabender Bürgersohn geboren, so daß ihm der Aufstieg in die höheren Ränge der Staatsverwaltung, vor allem der Diplomatie, verschlossen gewesen wäre, so wäre er höchstwahrscheinlich von Beruf Historiker oder Staatsrechtler geworden. Seine Geburt aber ermöglichte ihm – wenn er auch nicht begütert war – seiner vorherrschenden Neigung zur Politik zu folgen, ohne ganz seiner Liebe zur historischen Forschung zu entsagen. Er trieb gewissermaßen angewandte Geschichte.

Die Geschichte galt ihm wie seiner Zeit als eine für die Praxis der Staatskunst unentbehrliche Sammlung von Erfahrungen. In gewisser, etwas weniger vordergründiger Weise, als viele damals glaubten, muß sie dies auch sonst für jeden ernsthaften Staatsmann, jede Nation und jedes Zeitalter sein. Aber sie war zugleich bis zum Ende des alten Reiches und des Ancien Régime mit ihren jahrhundertealten, ungebrochenen staats- und völkerrechtlichen Verhältnissen in ganz konkreter Weise ein Arsenal von Rechtstiteln. Montgelas war ein geschulter Archiv-, das heißt Urkunden- und Aktenforscher und ein guter Kenner der historischen Literatur. Er wußte, daß sowohl rechtliche Ansprüche als auch allgemeine politische Erfahrungen und Kenntnisse zunächst einmal aus dem Rohmaterial der Quellen herausdestilliert werden mußten, daß man sich aber, sollte dies Erfolg haben, dabei nicht durch das Detail den Blick für die größeren Zusammenhänge verstellen lassen durfte.

In Zweibrücken, wie auch schon früher in München, hatte er bereits, wie erwähnt, durch Benützung ungedruckter Dokumente wie z. B. der Protokolle des Geistlichen Rates seit dem 16. Jahrhundert, der Landstände des 16. und 17. Jahrhunderts und von Urkunden und Akten über die Beziehungen Bayerns zu Österreich und anderen Nachbarländern, sowie Zweibrückens zu Frankreich seine staatsrechtlich-historischen Gutachten vorbereitet. Wenige Staatsmänner haben so genau auf die laufende Ergänzung, die Ordnung und Sicherung der Archive geachtet wie er. Bereits in seinen frühen Briefen aus Zweibrücken erwähnt er oft, daß er alle wichtigen Stücke, die ihm Seinsheim verschafft, nach der Auswertung sorgfältig zum Archiv (dépôt) legt.[6]

Im Frühjahr und Sommer 1793 blieb er nach seinen Angaben hauptsächlich deshalb unter der französischen Besetzung in Zweibrücken, weil er das politische Archiv retten wollte, das er verborgen hatte und das auch größtenteils später geborgen wurde[7]. Als Minister reorganisierte er das bayerische Archivwesen. Mit einer noch heute feststellbaren Gewissenhaftigkeit und Konsequenz unterschied er – der letzte bayerische Außenminister, der sein Amt in seinem privaten Palais

[6] Z. B. an Seinsheim 6. 9. 87; 9. 10. 87; 18. 4. 90.

[7] S. unten Kap. 18.

ausübte – zwischen Akten des Staates, die er zurückgab, und wenigen vertraulichen Privatbriefen seiner Untergebenen an ihn, die in seinem persönlichen Nachlaß blieben.

Montgelas stützt sich bei seinen Arbeiten gleichermaßen auf die gedruckten Quellen. Mit großer Aufmerksamkeit verfolgt er den Fortgang der ‹Monumenta Boica›, die er in seinen Gutachten oft zitiert. Mehrfach bittet er Seinsheim, ihm die neuerschienenen Bände und andere Veröffentlichungen der Bayerischen Akademie der Wissenschaften zu senden, deren korrespondierendes Mitglied er 1785 geworden war, die ihm aber seit seinem Fortgang nach Zweibrücken direkt nichts mehr zusandte, was er sehr bedauerte. Die Erinnerung an die Akademie sei ihm teuer, schreibt er[8]. Aber er kann die Arbeiten der Akademie nur für die Darstellung mittelalterlicher Verhältnisse und Rechte verwerten. Montgelas befindet sich jedoch in der Lage, «einige hundert Meilen von den (Münchner) Archiven entfernt», für die Zweibrückener Regierung laufend Gutachten über staatsrechtliche Verhältnisse Bayerns vom 16. bis zum 18. Jahrhundert anfertigen zu müssen. Er betont selbst, daß seine Ausarbeitungen, die er an Seinsheim schickt, deshalb nicht vollständig sein könnten. Sie seien vielmehr dazu bestimmt, «den Eifer und den Fleiß derjenigen anzuregen, die sich an der Quelle befinden», das heißt, der Münchner Beamten, die heimlich Material nach Zweibrücken lieferten, wie Eisenreich, Eckartshausen und andere. «Wir wären nicht so unwissend», fährt Montgelas fort, «wenn unsere pedantischen Akademiker, anstatt ihre Zeit mit schwerfälligen Untersuchungen über die Reisen des Brennus und mit der ermüdenden und überflüssigen Genealogie trister Klostergründer zu vergeuden, die Güte hätten, sich mit der wahrhaft nützlichen Gelehrsamkeit zu befassen, die sich auf die Gesetzgebung und die Sitten bezieht.»[9]

Da finden schon mehr Gnade vor seinem Urteil Westenrieders ‹Beiträge›[10], sowie andere Arbeiten des gleichen Verfassers, der neben Montgelas als aufgeklärter Bücherzensor in München tätig gewesen war, bis 1799 in Opposition gegen die Reaktion Karl Theodors stand, aber nach 1799 eine heftige Kritik aus konservativer Sicht an dem Minister Montgelas übte, der ihn gleichwohl 1808 persönlich auszeichnete[11]. In seiner Zweibrückener Zeit läßt sich Montgelas durch Seinsheim die meisten auf die bayerische Geschichte und Statistik bezüglichen Werke Westenrieders schicken[12]. Er ist jedoch keineswegs mit allem einverstanden. Von

[8] 20. 1. 89; Bitte um Bücher außerdem: 22. 12. 89; 14. 6. 91.

[9] 12. 1. 90.

[10] Genauer Titel oben Kap. 7 Anm. 20.

[11] Vgl. A. *Grassl,* Westenrieders Briefwechsel mit einer Darstellung seiner inneren Entwicklung, München 1934, 143.

[12] 10. 12. 87/II; 14. 1. 88; 6. 2. 91.

den ‹Beyträgen zur vaterländischen Historie›, 1788 ff., sagt er: «Les Beyträge de Westenrieder sont un amas de rapsodies dont je ne me soucie pas»[13].

Der Geistliche Westenrieder, übrigens damals Illuminat, hatte 1782 in der anonymen Schrift ‹Dringende Vorstellungen an Menschlichkeit und Vernunft um Aufhebung des ehelosen Standes› die Aufhebung nicht nur des Zölibats, sondern auch sämtlicher Klöster gefordert. 1787 dagegen verteidigte er in einer Rede ‹Welche waren die Grundursachen der in Bayern gestifteten Abteyen?›, sowie in einer anonymen Schrift ‹Briefe eines Baiern› die Klöster. In der letzteren schreibt er: «Das Corpus der Abteyen würde ich nicht aufheben, sie lassen sich sehr nützlich machen, wenn man den Verstand dazu hat»[14]. Die Rede über die Abteien schickte Seinsheim an Montgelas. Dieser antwortete ihm: «Ich habe mir soeben die Mühe gemacht, Westenrieders Rede nochmals zu lesen, die Sie mir geschickt haben. Es ist wahrhaft ein flaches Werk (un plat ouvrage), schlecht geschrieben und verdaut, angefüllt mit niedrigen Schmeicheleien, die des 18. Jahrhunderts unwürdig sind»[15]. Und noch deutlicher: «... die platteste Sache, die je geschrieben worden ist, weder Ordnung noch Folgerichtigkeit, keine Verknüpfung der Gedanken, schlecht ausgewählte und noch schlechter dargestellte historische Fakten, lächerliche Schmeicheleien, die Wort für Wort aus den Anmerkungen zum Codex Kreittmayrs geschöpft sind, aus diesem Werk, das juristisch abscheulich, politisch noch schlechter ist»[16]. Kreittmayr war damals noch Staatskanzler. Montgelas wird später als Minister dessen nicht mehr zeitgemäßen Codex criminalis[17], der noch die Folter und Hexenprozesse kennt, durch das Kriminalgesetzbuch Feuerbachs ersetzen. Kreittmayrs Codex civilis[18] allerdings, eine bedeutende Leistung, wird später aus außenpolitischen Gründen trotz langer Vorarbeiten unter Montgelas nicht mehr ersetzt werden können und bleibt bis zum BGB von 1900 in den altbayerischen Gebieten geltendes Recht.

Ins allgemeine gewendet, fährt Montgelas mit seiner Kritik an Westenrieder fort: «Ich wünschte, daß unsere Gelehrten ihre Feder nicht verkauften für solche Albernheiten (fadaises). Wenn man es als gefährlich erachtet, eine Frage zu be-

[13] 22. 12. 89. Montgelas sagt hier, daß er nur an den (im Rahmen der gleichen Veröffentlichung Westenrieders erscheinenden) Beiträgen zur Statistik interessiert sei (nicht aber an denen zur vaterländischen Historie usw.).

[14] Zitiert nach A. *Grassl*, Westenrieders Briefwechsel ..., 50.

[15] 5. 2. 1788/I.

[16] «ouvrage détestable en jurisprudence, plus mauvais encore en politique», 5. 2. 88/II.

[17] Codex Juris Bavarici Criminalis, 1751, ‹Anmerkungen› dazu: 1752.

[18] Codex Maximilianus Bavaricus Civilis, 1756, ‹Anmerkungen› dazu: (5 Bde.) 1758 bis 1768. Außerdem erschien von Kreittmayr noch der Codex Juris Bavarici Judiciarii, 1753, ‹Anmerkungen›: 1754.

handeln, so empfiehlt die Klugheit, davon nichts zu sagen. Aber die Vernunft und die Tugend fühlen sich gleichermaßen verletzt, wenn sie sehen, wie respektable Talente sich zu niedriger Schmeichelei hergeben»[19].

Montgelas läßt sich von Seinsheim laufend mit Literatur zur bayerischen Geschichte versorgen[20]. Ferner bittet er um die Übersendung von z. T. anonymen Schriften gegen die kaiserliche Regierung[21] und gegen die Jesuiten[22]. Er schickt dafür dem Freunde gelegentlich Arbeiten, die man in Zweibrücken leichter bekommen kann als in München, zum Beispiel Robertsons Geschichte Karls V.[23] Seiner Freundin, Frau von Hofenfels, liest Montgelas die Änäis Vergils vor[24], versorgt sie aber auch mit bayerischer Literatur, z. B. den zwei Bänden von Westenrieders ‹Baierischem historischen Kalender›, 1787/88, denn sie – eine in Frankreich aufgewachsene geborene Freiin von Closen – «liebt unsere Literatur und unser Vaterland, das sie als das ihre betrachtet»[25].

Von Urkundenbüchern bis zu aufklärerischen Traktaten, innerhalb der Geschichtsschreibung von Montesquieu und Robertson bis zu Westenrieder, reicht also Montgelas' historisches Interesse. Wenn er auch alles irgendwie in seine politische Arbeit für den bayerischen Staat einordnet, schon in Zweibrücken, so ist er doch ebensosehr an der Geschichtsschreibung an sich interessiert und erkennt wichtige Anforderungen, die an sie zu stellen sind, wie etwa die historische Kritik und den Sinn für die Entwicklung und den Bedeutungswandel von Institutionen.

Für die Kritik, die er an historische Arbeiten anlegt, kommt Montgelas, neben seiner Logik, seine praktische Erfahrung zugute. Er weiß, daß man unterscheiden muß, was der wahren Meinung des Autors entspricht und was er nur aus Furcht oder aus Opportunismus schreibt. «Als eine sorgfältige und wichtige Darstellung überall da, wo die persönliche Situation des Verfassers seinen Bericht nicht beeinflußt», beurteilt er die ‹Deutsche Geschichte› von Schmidt[26]. Die Mitteilungen

[19] 5. 2. 88/II.

[20] Z. B. C. *Meichelbeck*, Historia Frisingensis, 1724 (6. 9. 87), eine Geschichte von Straubing (15. 10. 87), die Geographische Beschreibung der Kurpfalz von J. G. *Widmer*, 4 Teile, Frankfurt–Leipzig 1786/88 (15. 1. 88). Vgl. die Liste der in seiner Denkschrift über die Kirchenhoheitsrechte der Herzöge von Bayern zitierten Arbeiten oben Kap. 8 Anm. 15–25.

[21] 4. 12. 88.

[22] Z. B. 7. 5. 89, 10. 5. 92.

[23] 18. 3. 92.

[24] 12. 2. 88.

[25] 5. 2. 88/I.

[26] Michael Ignaz *Schmidt*, Geschichte der Deutschen, 5 Bde., Ulm 1778–1783. Über ihn: A. *Kraus*, Vernunft und Geschichte, laufend. bes. 63 und 184, mit Lit. Das zitierte Urteil von Montgelas in MA 54, Mémoire instructif ... (s. oben Kap. 8), S. 4.

von Diplomaten, so schreibt er einmal an Seinsheim, betrachte er als die beste Informationsquelle, «en y mettant la critique et les nuances nécessaires»[27]. Montgelas bildet sich stets sein Urteil über ein Buch auf Grund seines persönlichen Eindruckes.

Institutionen, die in einer Zeit gut und notwendig waren, können nach Montgelas' Meinung in einer anderen Epoche veraltet, überflüssig und der Entwicklung des Gemeinwesens hinderlich sein. Diesen Gedanken sprach er einmal in bezug auf die vielen und überreichen Klöster aus[28]. Ebenso beurteilte er das Lehenrecht verschieden, je nachdem um welche Epoche es sich handelte. Während der Vorverhandlungen zum Rohrbacher (Ansbacher) Familienvertrag von 1797[29] antwortete er auf eine Anregung Herzog Wilhelms, auf Grund alter Hausverträge solle man den Lehenhof wieder einführen: Zur Zeit dieser Hausverträge habe «die Landeshoheit noch nicht ihre ganze Ausbildung erhalten», daher habe die Lehenshoheit öfters deren Stelle ersetzen müssen. Nichts verbiete, daß man heutigentages heimgefallene Lehen zum allgemeinen Besten einziehe und nicht wieder ausgebe. Mißbräuche durch allmähliche Verdunkelung der Leheneigenschaft seien sonst immer möglich. «Wenn die allmähliche Aufhebung des Lehenbandes, welches heutzutage nach Abschaffung der Lehenmiliz ganz zwecklos ist, keinen anderen Nutzen brächte, als die Zahl der Prozesse zu mindern, so wäre der Gewinn schon rein und groß für das gemeine Wesen»[30]. Auch als Minister ist Montgelas später der Meinung, «daß das Lehenswesen nicht in das heutige System passe», wie es Zentner einmal formulierte[31]. Man läßt es nur im Lehenedikt von 1808 und in der Verfassung von 1818 fortbestehen, weil der König es wünscht, um einige verdiente Adelige zu belohnen, und weil die Lehenseigenschaft solcher Besitzungen (Thronlehen) dem Staat immer noch ein größeres Mitspracherecht hinsichtlich ihrer Verwendung sichert als ihre Vergabe als Allodien, also als veräußerbares Eigentum der Beschenkten.

Montgelas' Geschichtsauffassung ist aus der Aufklärung erwachsen. Auch er mißt eine große Rolle der Erkenntnis und dem Willen der Staatsmänner zu. Das Werk des aufgeklärten Absolutismus wie auch später seine eigene Ministerzeit und die gleichzeitigen Reformen in den anderen deutschen Staaten zeigten, was damals an Umstürzendem erreicht werden konnte, wenn ein Monarch oder ein

[27] 18. 12. 87/II.
[28] S. oben S. 125.
[29] S. unten Kap. 21.
[30] K. bl. 427/5/7.
[31] Staatsrat.-Man erblickte im Lehenswesen ein «Hindernis der Kultur und Industrie» (M. *Seydel*, Bayer. Staatsrecht I, München 1884, 301).

durch seinen Fürsten gestützter Minister grundlegende Reformen in Angriff nahm. Dieser Glaube an die Macht des Staates und die Möglichkeiten des Staatsmannes waren später Montgelas' Stärke und Schwäche.

Andererseits war sich Montgelas doch über die gewaltige Rolle von Faktoren wie Wirtschaft, Staatsfinanzen, Bevölkerungszahl (gerade hierüber forderte er immer wieder Unterlagen an), nationale und regionale Vorstellungen und Gebräuche, öffentliche Meinung, allgemeine Zeitanschauungen, von außen kommende Anstöße der Weltpolitik im klaren. Er forderte vom Staatsmann, daß er all diese Faktoren genau analysiere und in seine jeweilige Berechnung einbeziehe. Nur seine Vorstellungen von Religion und religiösen Motiven blieben stets etwas an der Oberfläche, im Institutionellen, haften. Er erkannte zwar, daß die Religiosität eine natürliche Grundanlage des Menschen sei[32]. Er hatte ein großes Einzelwissen von der Geschichte und vom Kirchenrecht. Dies unterschied ihn von so vielen aufklärerischen Schriftstellern. Aber bei seinen Urteilen über Vorgänge und Bewegungen der Religionsgeschichte – etwa die Christianisierung, den Aufbau der Reichskirche und der Klöster im Mittelalter, die Reformation – blieb er doch stark in den Grenzen der aufklärerischen Vorstellung, die als Ursache für solche Vorgänge allein den Machthunger und die vorsätzlichen Täuschungsmanöver der Priester, den Fanatismus, die Dummheit oder das wohlberechnete Eigeninteresse der Laien sahen. Seine persönliche Geringschätzung religiöser Motive ging jedoch nie so weit, daß er etwa je für möglich gehalten oder versucht hätte, an den bestehenden religiösen Verhältnissen etwas zu ändern oder gar die Kirche zu beseitigen. Auch lehnte er konsequent jeden Versuch des Staates ab, das Gewissen zu reglementieren. Diesen Bereich nahm er stets von dem sonst sehr weit ausgedehnten Raum der Staatssouveränität aus[33].

Von dem flachen Schematismus mancher Aufklärer bei der Betrachtung der Geschichte war er dank seiner historischen und staatsrechtlichen Kenntnisse und seiner praktisch-politischen Erfahrungen weit entfernt. Auch ein Satz wie dieser spricht nicht dagegen: «Da die Menschen aller Zeitalter und Jahrhunderte sich ähneln, ist stark zu befürchten, daß gleiche Ursachen gleiche Wirkungen hervorbringen werden»[34]. Es wird nur von «ähneln» (se ressemblent) gesprochen und kein mechanischer Automatismus behauptet. Man wird heute auch über solche Sätze, die aus dem auf das Allgemeine und die Erkenntnis von Gesetzmäßigkeiten gerichteten Denken der Aufklärung und aus der Erfahrung des Politikers zu erklären sind, weniger lächeln als im Zeitalter des Historismus. Wissen-

[32] S. oben S. 139.
[33] Oben Kap. 9.
[34] MA 54, Mémoire instructif ... § 5 (oben Kap. 8).

schaften wie Soziologie, Psychologie, Verhaltensforschung, Wissenschaft von der Politik, vergleichende Sprachwissenschaft oder die Jahrtausende und verschiedene Völker umgreifenden Weltreligionen wären nicht möglich ohne eine gewisse Grundlage von Gleichartigkeit der Menschen.

Montgelas ist keineswegs der Meinung – und auch schon Montesquieu war es nicht –, daß man allen Nationen eine nach philosophischen Gesichtspunkten vorfabrizierte, allgemein anwendbare Verfassung und Gesetzgebung überstülpen könnte. Er faßte seine Stellung zu dieser Frage zusammen in dem Satz: «Die besonderen lokalen Bedingungen kennen, die Menschen aufgrund dieser Kenntnis beurteilen und seine eigenen (geplanten) Operationen nach diesen Bedingungen modifizieren – dies ist nach meiner Meinung die wahre Politik und das Meisterstück der Verwaltung»[35].

12. Das Herzogtum Pfalz-Zweibrücken und sein Hof vor und während der Französischen Revolution

Über den Hof dieses Herzogtums in der Abendröte des alten Reiches und über die so verschiedenartigen Persönlichkeiten seiner drei letzten Herzöge, Christians IV. (1735–1776), Karls II. August (1775–1795) und Max Josephs (1795–1799), der erst nach dem Verlust seines Landes im Exil zur Regierung kam, um bald darauf das bayerische Erbe anzutreten, haben uns ein Augenzeuge, der Maler und Hofmann Johann Christian von Mannlich, und ein Nachkomme und Historiker, Prinz Adalbert von Bayern, ein lebendiges Bild gezeichnet[1]. Montgelas erlebt von 1787 bis 1793 die letzten 6 Jahre dieses Herzogtums und seinen Untergang als Staat in den Wirren der Revolutionskriege. Herzog war damals noch Karl II. August[2].

Obwohl Mannlich in Karl II. eines persönlichen Gönners gedenkt, lassen doch seine Memoiren den Eindruck eines zwar wohlwollenden, mit politischem Sinn begabten, doch ganz ichbezogenen Autokraten aus der Spätzeit des deutschen

[35] 27. 10. 89/II.

[1] *Adalbert* Prinz von Bayern, Max I. Joseph . . ., München 1957; J. Chr. von *Mannlich*, Rokoko und Revolution . . ., hg. von F. Matthaesius, Stuttgart 1966. Das Original dieser Memoiren (französisch) liegt in der Handschriftenabteilung der Bayer. Staatsbibliothek als Cod. Gall. Gall. 618. (3.Vor der auszugsweisen, übersetzten Ausgabe von 1966 wurde bereits eine andere von E. *Stollreiter*, Berlin 1910 und 1913, veranstaltet.)

[2] Er selbst unterschrieb sich stets nur «Karl». Sein amtlicher Name war «Karl II.».

Absolutismus zurück: selbstsüchtig, in allen Nebensächlichkeiten ängstlich auf die Manifestation seiner Herrschergewalt bedacht, mißtrauisch, empfindlich, nachtragend, hemmungslos verschwenderisch und unrealistisch in seiner Ausgabenpolitik, hilfsbereit, wohlwollend, daneben auch wieder kleinlich und hart.

Da steht neben der sympathischen, ganz vernachlässigten Herzogin, einer Prinzessin von Sachsen, die intrigante, macht- und geldgierige ‹grande maîtresse›, Frau von Esebeck, die Gemahlin des Ministers, der zu mißfallen jedermann am Hofe fürchtet. Karl macht sie zur Obersthofmeisterin seiner Gemahlin; gleich der Pompadour unter Ludwig XV. muß sie auch die sonstigen Vergnügungen des Herzogs arrangieren. Da ist eine Fülle von korrupten Höflingen und Karrieremachern, darunter der noch zur Zeit von Hofenfels entlarvte und geflohene Finanzminister und Hochstapler Kreutzer und der aalglatte Weltmann und Genießer Abbé Salabert, den schon Christian IV. zum Abt des einzigen bedeutenden Kloster seines Herzogtums, Tholey, gemacht hatte, aus dem Salabert – ohne sich sonst darum kümmern zu müssen – jährlich 30 000 livres bezieht; 1793 wird Karl nach der Verhaftung Esebecks durch die Franzosen Salabert, der viel von Wein, eleganter Konversation und Hofetikette, aber nichts von Politik und Verwaltung versteht und nicht einmal deutsche Schriftstücke lesen kann, zu seinem Minister ernennen.

Als im Mai 1790 der auch für Zweibrücken akkreditierte kaiserliche Gesandte Graf Schlick seinen Antrittsbesuch macht, wird er von Esebeck auf den Karlsberg zur Audienz beim Herzog geführt. Er findet bei dem Fürsten «sehr viel Lebhaftigkeit des Geistes, Kenntnisse in der Naturgeschichte und in den Künsten, einen angenehmen und richtigen Vortrag in beiden Sprachen und vielen Anstand in seinem Betragen»[3]. Im übrigen bestätigt er Mannlichs Berichte über die Geheimhaltung der aufwendigen Sammlungen vor jedermann, über die Ablösung der Esebeck durch die Montigny als Hauptmaîtresse, während gleichwohl die Esebeck den Herzog noch immer in vielen Dingen beherrsche und als Obersthofmeisterin alle Schritte der verehrungswürdigen Herzogin im Auftrag des eifersüchtigen Fürsten in demütigender Weise kontrolliere. Kein Fürst, so meint Schlick, sei so unzufrieden, unglücklich und gelangweilt wie Karl, da die Kassen leer seien, von den französischen Ämtern kein Geld mehr komme und selbst die Aussicht auf das bayerische Erbe durch die ausgezeichnete Gesundheit Karl Theodors und die schlechte seiner Gemahlin, welche eine zweite Ehe erwarten lasse, immer mehr

[3] Staka Reich, Berichte 232, an Kaunitz, Mainz, 14. 6. 1790. Auch das Folgende ist diesem Bericht entnommen. Über Schlick und seine Tätigkeit bei den fränkischen Reichsständen: E. *Riedenauer*, Gesandter des Kaisers am Fränkischen Kreis. Aus der Korrespondenz des Grafen Schlick zwischen Fürstenbund und Reichskrieg, Zs. für bayer. Landesgesch. 28, 1965, 259–367.

schwinde. Kein Hof sei so traurig wie der von Zweibrücken. In Gegenwart des Herzogs wage niemand zu sprechen. Die charmante Herzogin habe von ihrem Bruder, dem Kurfürsten von Sachsen, und ihrer Heimat erzählt, aber dabei immer ängstliche Blicke auf ihren Gemahl geworfen, der sie dann brüsk unterbrochen habe. Der Herzog sei beständig mißtrauisch gegen alle seine Diener und lasse sich jede Kleinigkeit, selbst über durchreisende fremde Kaufleute, heimlich berichten. Bei Esebeck drängten sich täglich Geschäftsleute, die um Bezahlung ihrer Rechnungen bäten. Esebeck habe nach der Audienz aufgeatmet, daß der Fürst nicht den Grafen Schlick, so wie andere Diplomaten, durch unhöfliche Behandlung vor den Kopf gestoßen habe. So das Porträt, das der kaiserliche Gesandte entwirft. Man könnte diesen Stil als ‹böswillige Objektivität› bezeichnen[4].

Von 1778 bis 1785 muß Mannlich dem Herzog an der Stelle eines Gutes auf dem die Landschaft überragenden Karlsberg, über drei Meilen von der Hauptstadt Zweibrücken entfernt, zu dessen Kauf ihn die Esebeck veranlaßt hat, ein Prunkschloß erbauen. «Merken Sie sich, daß für mich nichts zu gut ist», sagt der Herzog, als Mannlich vorschlägt, die Öfen und die darauf stehenden Statuen aus billigerem einheimischen Material herzustellen. Sie werden, wie vieles andere, in Paris in Auftrag gegeben. Dem Schloß angeschlossen sind Stallungen für 1000 Pferde, Kasernen für 1400 Mann Leibwache nebst Offizierswohnungen, ein Hundezwinger für 1000 Hunde, die durch besondere Agenten in ganz Europa eingekauft werden, ein Haus mit 400–500 meist exotischen Katzen, mit Meuten von Wölfen, Hirschen und Wildschweinen, einem Arsenal von Waffen und Richtschwertern aus den verschiedensten Jahrhunderten, mit einer ständig wachsenden Gemäldegalerie, für die der Herzog den einzigen Schlüssel stets bei sich trägt, einem Naturalienkabinett mit 1200 ausgestopften Vögeln, mit einem

[4] Die Berichte des österreichischen Gesandten in München und Mannheim über die Interna des Zweibrückener Hofes sind zwar feindselig, aber instruktiv, z. B. Frhr. von Lehrbach an Kaunitz, 1785–1787: Staka Bayern Nr. 63–73. Behauptungen über Fälle von Brutalität des Herzogs können auf ungeprüfte Gerüchte zurückgehen, so der, der schwerkranke Karl habe einen seiner Diener auf grausamste Weise zu Tode foltern lassen, weil dieser – aus Furcht, die Mittagsruhe des Herzogs könne gestört werden – junge Hunde wegen ihres Bellens geprügelt hatte (Beilage zu einem Bericht Lehrbachs nach Wien, Staka Bayern 72, 27. 4. 1789). Ein anderer Fall, als ein Hofnarr wie eine Fackel brannte, nachdem ihn der Herzog mit Kölnisch Wasser übergossen hatte, wird von Mannlich als Folge eines Unfalles erklärt. – M. *Springer*, Die Franzosenherrschaft in der Pfalz, 1792–1814, der S. 20 gewichtige Zeugnisse von H. C. E. von Gagern und von Rebmann über die Güte der zweibrückischen Verwaltung bringt, meint, man könne sich das völlig unterschiedliche und unberechenbare Verhalten Herzog Karls nur durch eine Geisteskrankheit erklären (S. 21).

Park, der ‹Karlslust›, der lebende Vögel aus aller Welt beherbergt, einem Wintergarten, aus dem heraus man durch Glasfenster einen weiten Überblick über die verschneite winterliche Landschaft hat, während im Inneren, das belebt ist durch Springbrunnen und Affen, bei tropischer Temperatur erlesene Pflanzen Afrikas gedeihen, schließlich mit einem lautlosen Heer von Dienern, Tierpflegern, Gärtnern, Köchen und Mohren und mit einem eigenen Theater und Orchester.

Das Schloß kostet 14 Millionen fl., das Vierzehnfache der jährlichen Brutto-Einkünfte des Herzogtums. Bald können fast keine Gehälter mehr ausgezahlt werden, aber der Herzog schränkt seine Ausgaben kaum ein, selbst als seit dem ersten Revolutionsjahr durch das Ausbleiben der Gefälle aus den elsässischen Besitzungen die Staatseinnnahmen um ¼ zurückgehen. Er gibt sich der von Höflingen genährten Illusion hin, Karl Theodor sei dem Tode nahe und habe in seiner Münchner Residenz ungeheure Goldschätze gehortet. Man will auf dem Karlsberg wissen, daß in einigen Zimmern der Residenz, wegen der Überbelastung durch das Gold, die Balken immer neu abgestützt werden müssen. Dabei sammelt Montgelas in Zweibrücken, unter Leitung Esebecks, die nüchternen Unterlagen über die bayerischen Staatsfinanzen, aus denen sich ein völlig entgegengesetztes Bild ergibt. Mannlich sieht es noch als das kleinere Übel an, daß der Herzog in immer gesteigerter Form in die Leidenschaft des Bilder- und Kunstankaufs fällt - wobei er ganz auf das fachmännische Urteil seines Beraters angewiesen ist –, denn dies hindert ihn, das Geld weiterhin an Günstlinge und unwürdige Bittsteller zu verschwenden.

Die befreundeten Großmächte, wie der Herzog selbst, vertrauen auf den baldigen Anfall des pfalzbayerischen Erbes und halten diese Anwartschaft für bedeutend genug, um immer neue Kredite nach Zweibrücken zu pumpen, die übrigens bis zur Okkupation des Herzogtums dort Gewerbe und Handel beleben. 1785 gewährt Ludwig XVI. Karl II. eine Anleihe von 6 Millionen livres und seinem Bruder Max, aus Anlaß von dessen Verehelichung mit Auguste von Hessen-Darmstadt, 945 000 livres zur Bezahlung seiner früheren Schulden. Das sind zusammen rund 7 Millionen livres oder 3,2 Millionen fl.[5]. Vom Kanton Bern nimmt Karl 650 000 fl. auf; diese, ebenso wie die französischen Kredite, zu 5%. Der König von Preußen gewährt ihm 1788 eine Anleihe als Hypothek auf die gegenwärtigen und zukünftigen Besitzungen des Hauses Pfalzbayern in Höhe von 1,275 Millionen fl. zu 4½%; andere preußische Anleihen erhöhen diesen Betrag auf 1,5 Millionen fl.

Für diese Schulden von rund 5,35 Millionen fl. – das entspricht fünf Brutto-Jahreseinkünften Zweibrückens oder einer Jahreseinnahme Bayerns – kann der

[5] K. s. 7789.

Herzog seit 1792 keine Zinsen mehr zahlen. Das 14-Millionen-Schloß Karlsberg wird nach 8jährigem Bestehen 1793 durch die Revolutionsarmee bis auf die Grundmauern zerstört[6] samt seinem kostbaren Inventar, das Herzogtum hört im gleichen Jahr als Staat zu bestehen auf, Karl II. stirbt 1795 im Exil in Mannheim 48jährig an dem von seiner Umgebung seit langem vorausgesehenen Schlaganfall. Mit seinen Schulden ebenso wie mit denen Max Emmanuels, Christians IV. von Zweibrücken, Karl Theodors und des nachmaligen Königs Max I. aus seiner Pfalzgrafen- und Herzogszeit in Höhe von zusammen rund 30 Millionen fl. – mehr als fünf Jahreseinnahmen des bayerischen Staates – wird sich die Regierung Montgelas nach 1799, zusammen mit den Kosten der Kriege und der Neuorganisation Bayerns, auseinanderzusetzen haben.

In einem Promemoria, das Bayern 1801 wegen der Entschädigungsfrage den Großmächten übergibt, wird die Größe des zu dieser Zeit längst französischen ehemaligen Herzogtums Zweibrücken mit 45 Quadratmeilen (rund 2300 qkm) mit 96 000 Einwohnern und 1 092 Millionen fl. jährlicher Einnahmen angegeben[7]. Nach den Angaben, welche 1797 die Räte der Zweibrückischen Exilregierung in Heidelberg als Unterlagen für ihren Gesandten am Rastatter Kongreß zusammenstellten, hätten sich die Einnahmen des Herzogtums belaufen auf:

a) Aus den Reichslanden (Oberämter Zweibrücken, Homburg, Lichtenberg, Schaumburg, Trarbach (mit Cröverreich) Kastellaun, Meisenheim, Bergzabern, Ämter Nohfelden, Allenbach, Schönau (bzw. Weglenburg), Vogtei Falkenburg 614 582 fl.

b) Aus den unter französischer Souveränität stehenden zweibrückischen Besitzungen (Ämter Kleeburg, Hagenbach, Selz, Gutenberg, Bischweiler, Lützelstein) 417 854 livres = 191 516 fl.

zusammen: 806 098 fl.

Hierbei ist die elsässische Grafschaft Rappoltstein (Ribeaupierre) offenbar nicht mitgezählt. Schon ohne sie betrugen die Einnahmen Zweibrückens aus den unter französischer Souveränität befindlichen Herrschaften fast ¼ der Gesamteinkünfte. Dieser Teil fiel in den letzten Jahren des Herzogtums, 1789 bis 1793, infolge der Französischen Revolution bereits aus.

Mit der Grafschaft Rappoltstein zusammen wurden die Gesamteinkünfte Zweibrückens in einer anderen Zusammenstellung auf 1 038 Millionen fl. angegeben. Dort wird die Gesamtfläche der zweibrückischen Besitzungen, einschließ-

[6] Über das Schloß: Wilh. *Weber*, Bildnerische Darstellungen des Schlosses Karlsberg, Mitteilungen des Hist. Vereins der Pfalz 67, 1969, 362–374, mit zeitgenöss. Abbildungen.

[7] Wien, Staka Bayern 96.

lich der französischen Souveränitätslande, mit 70 Quadratmeilen, die Gesamteinwohnerzahl mit 159 000 Menschen errechnet[8].

Man kann also die obigen Angaben des bayerischen Promemoria von 1801 als einigermaßen zuverlässig ansehen, muß sich jedoch im klaren sein, daß mit etwa 45 Quadratmeilen und 96 000 Einwohnern nur die reichsunmittelbaren Lande Zweibrückens erfaßt sind (zu denen noch etwa 25 Quadratmeilen mit etwa 63 000 Einwohnern der zweibrückischen Herrschaften kamen, die schon vor 1789 unter französischer Souveränität lagen), während die mit 1 092 Millionen fl. angegebenen jährlichen Einnahmen diejenigen aus dem Elsaß und aus Lothringen mit einschließen[9].

In Zweibrücken waren alle drei Konfessionen vertreten. Das Zahlenverhältnis der Pfarreien war: reformiert: 57; katholisch: 52; lutherisch: 40[10]. Der Herzog von Zweibrücken war, obwohl sein Haus mit seinem Onkel Christian IV. 1765 katholisch geworden war, nach wie vor Landesbischof für seine protestantischen und katholischen Untertanen. Die benachbarten Bischöfe von Speyer, Worms usw. konnten über die Katholiken in Zweibrücken keine Diözesanrechte ausüben, ein Zustand, den Montgelas damals mit Berufung auf das Normaljahr 1618 auch für die Kurpfalz einzuführen vorschlug[11].

Der Herzog hatte, wie wir sahen, den Illuminatenorden zwar abgelehnt, aber mehrere prominente in Bayern verfolgte Mitglieder in seinen Dienst gestellt, sie geschützt und alle Gewaltmaßnahmen verurteilt, wobei freilich der Einfluß Esebecks und Herzog Wilhelms, sowie die Tatsache bestimmend mitwirkten, daß

[8] Dies ebenso wie die zuvor zitierten Zahlen in K. s. 7789, Beilage 10, zur Instruktion für Rechberg in Rastatt von 1797. Verfasser: Reg.-Rat. Wernher und drei andere zweibrückische Hof- bzw. Hofkammerräte: von Fürstenwärther, Horstmann und Pfender. Dort etwa 50 Seiten statistische Tabellen über die zweibrückischen Reichslande, mit Angaben über die Dörfer, Familien und Höfe, sowie die Einnahmen und Ausgaben der einzelnen Oberämter und Ämter. Für Mühlen, wie auch für andere Spezialangaben fehlte den Verfassern damals im Exil das Material. Hierüber finden sich genauere Unterlagen nach einer Erhebung aus den frühen siebziger Jahren in K. bl. 401/1 und ad 1. Allerdings sind auch in dieser Zusammenstellung nicht alle Herrschaften und Kondominate erfaßt.

[9] Als zu niedrig sind jedenfalls die Zahlen anzusehen, die Zentner als Mitglied der kurbayerischen Delegation in Rastatt in seinem Entschädigungsplan für Bayern angibt: Zweibrücken 36 Quadratmeilen, 96 000 Einwohner, 915 618 fl. jährlicher Einkünfte: K. s. 9902. Der Mannheimer Bibliothekar Traitteur schätzte: 50 Quadratmeilen, 96 000 Einwohner und nur 510 000 fl. Einkünfte: K. bl. 416/3. Nur die Angabe für die Bevölkerungszahl (96 000) ist überall gleich. Sie war in einem kleinen, überschaubaren Territorium mit geordneter Verwaltung auf Grund von Herdstättenzählungen, Steuer- und Bürgerlisten usw. weit genauer zu errechnen als – mangels Vermessungsmethoden – die Flächengrößen. Und die Einkünfte waren ein Geheimnis der Regierungen, die oft selbst nicht ganz hindurchsahen, da das Finanzgebahren der absoluten Fürsten in jedem Staats-

unter den Vertrauensleuten Zweibrückens in München sich zahlreiche ehemalige Illuminaten befanden. 1793 arbeitete man nicht nur mit der ständischen Opposition, sondern sogar mit fast jakobinischen Elementen in Bayern zusammen[12]. Aus der Widmung antijesuitischer und aufklärerischer Werke an den Herzog, aus Seinsheims Auslassungen über den Klerus, insbesondere die Ex-Jesuiten, in seinen Berichten an Esebeck, aus dem Zweibrückener Verhalten in der Freisinger Bischofswahl geht hervor, daß in Zweibrücken im Vergleich zu München ein aufklärungsfreundlicher Geist herrschte. Es gab auch im Gegensatz zur Kurpfalz in Zweibrücken keine Beschwerden einer Konfession über Bevorzugung einer anderen. Die Zweibrückener Zeitung war nach Meinung von Montgelas dasjenige Presseorgan in Deutschland, das am raschesten, am zuverlässigsten und am unparteiischsten über die politischen Vorgänge in Europa, vor allem in

haushalt eine Unbekannte darstellte. Über die Stellung Zweibrückens innerhalb der anderen, durch die Ereignisse von 1792/1798 an Frankreich gefallenen linksrheinischen zum Reich gehörenden Territorien gibt eine Aufstellung des Regierungsrats und Kammerdirektors Wernher die folgenden Zahlen an, wobei wir daraus nur die größten Territorien anführen (K. s. 7789, Beilage 31). Wo nicht anders erwähnt, beziehen sich diese Angaben nur auf die linksrheinischen Gebiete:

	Quadratmeilen	Einwohner	jährl. Einnahmen:
Hochstift Lüttich:	100	200 000	400 000 fl.
Erzstift Trier	100	180 000	500 000
Kurpfalz, linksrhein.	80	200 000	1 200 000 links- und rechtsrheinisch: 2,7 Millionen
Herzogtum Jülich	77	210 000	1 225 000
Zweibrücken mit französischen Gebieten	70	159 999	1 038 000
wittelsb. Gebiete: links des Rheins zusammen	227	569 000	3 463 000
Kleve, Mörs, Mark, Geldern (preuß.)	69	200 000	1 500 000
Erzstift Köln	50	75 000	400 000
Reichsstadt Köln	3	50 000	400 000
Reichsstadt Aachen	3	27 000	400 000
Baden	30	60 000	251 000
Erzstift Mainz	13	68 000	350 000

[10] Ebd., dort genaue Angaben über die Einkünfte dieser Pfarreien.

[11] S. Kap. 8.

[12] Vgl. z. B. K. bl. 427/5/17, von 1793.

Deutschland und im Frankreich der Revolution, unterrichtete. Noch nach Ausbruch des ersten Koalitionskrieges brachte sie zum Ärger der Österreicher, neben derjenigen der Verbündeten, stets auch die Darstellung der französischen Seite[13].

Daß der Fürst eines Staates, der von Preußen und Frankreich und von der ‹Gegenseite›, Österreich und Rußland, umworben wird, der in München eine einflußreiche Partei unterhält, in der sich alle Kräfte der Opposition gegen Karl Theodor und Wien sammeln, der seine Mitarbeiter Pläne für eine völlige Kursänderung der Außen- und Innenpolitik Bayerns ausarbeiten läßt, der seit 1789 die am nächsten an dem französischen Brandherd liegende deutsche Residenz bewohnt – daß ein solcher Fürst sich bei allen Eigenarten nicht nur um ausgestopfte Vögel, Hofnarren, Bilder und Mätressen kümmert – die Seite, von der ihn Mannlich kennt – sondern auch um Politik, unterliegt keiner Frage. Zwar geht wohl auf diesem Feld die Initiative in der Regel nicht von ihm aus, sondern von Hofenfels, später von dem durch Montgelas beratenen Esebeck, zwar unterrichtet sich der Herzog über viele Fragen der Staatsgeschäfte nicht mit dem gleichen Interesse wie über seine Bauten und Tierparks, aber ohne seine Zustimmung, von der er selbst unwichtige Entscheidungen abhängig machte, und ohne seine Unterstützung hätte doch seine Regierung ihre Politik nicht durchsetzen können. Daß die österreichischen Versuche von 1777/78, Bayern in den Griff zu bekommen, scheiterten, war das Verdienst von Hofenfels, der in München den Tauschplan nicht unterschrieb, obwohl er vom Herzog den Auftrag dazu hatte[14]. Auch für die Ablehnung des von dem russischen Gesandten Romanzoff überbrachten Tauschangebots von 1784/85 hatte Hofenfels den Herzog nur durch einen großen Einsatz von diplomatischer und psychologischer Taktik gewinnen können[15]. Trotz allem war es ein Verdienst Karls, daß er sich von seinen Mitarbeitern überzeugen ließ und ihnen dann Rückendeckung gewährte.

Montgelas spricht in seinen Privatbriefen an Seinsheim, besonders wenn er die Zeit hat, zu chiffrieren, sehr offen. «Je parle dans mes lettres confidentielles d'une franchise peu diplomatique», bemerkt er gegenüber dem Freund, als er ihn um Diskretion bittet[16]. Man kann also seinen sehr positiven Urteilen über den Herzog in den Jahren 1787 bis 1792 einigen Zeugniswert beimessen, zumal er 1793 auch mit Kritik an seinem ‹Maître› nicht zurückhält. Die guten Absichten, die Großzügigkeit und die Festigkeit dieses Fürsten verdienten den Respekt aller Gutgesinnten, auch in Bayern, meint er[17]. «Man dient ihm ebenso aus

[13] 16. 12. 92.

[14] S. oben Kap. 4 Anm. 1. – *Mittelberger* 19–23, *Aretin*, Tauschprojekt, 764.

[15] *Aretin* ebd. 788–791.

[16] 2. 4. 93.

[17] 18. 1. 89.

Neigung wie aus Pflicht»[18]. Er lasse sich durch alle Intrigen, die ihn im Interesse des Tauschplanes mit Karl Theodor in Mannheim zusammenbringen wollen, nicht beirren. Seine Festigkeit und sein gesunder politischer Blick würden ihn davor bewahren, so daß «le bon système sera contenu»[19]. Am Patriotismus, der Festigkeit und der Zuneigung des Herzogs zu Bayern sollte man nach den bisherigen Proben in München keinen Zweifel haben[20]. Auf die Eifersucht Karls gegenüber seinem Bruder Max und seinem Vetter und Schwager Wilhelm anspielend, schreibt Montgelas: «Ich glaube, daß alles, was S. Fürstl. Durchlaucht zu allen Zeiten für die Nation getan hat, ihr ein Anrecht auf eine Rückkehr des Respekts und auf einige Bezeugungen von Anhänglichkeit geben. Ich schmeichle mir, daß die Bayern, die so viel Interesse an den anderen Prinzen des Hauses zeigen, die Genesung des Herzogs mit einigen Bekundungen der Freude zur Kenntnis nehmen werden»[21]. Noch 1791 bemerkt er im Hinblick auf die Perspektiven der europäischen Politik: «Was auch immer kommen mag, unser Meister (der Herzog) ist in der Lage von allem zu profitieren, ohne sich zu irgend etwas verpflichtet zu haben, und man muß sich beglückwünschen über die würdige, weise und maßvolle Haltung, die er einnimmt»[22].

Dieses letztere Lob gilt wohl mehr der Regierung als dem Herzog. Denn an anderer Stelle kritisiert Montgelas die unklug zur Schau getragene schroffe Ablehnung des Herzogs gegenüber der Revolution und die Aufnahme zahlreicher Emigranten in Zweibrücken, Dinge, die sich nach seiner Auffassung ein deutscher Fürst nicht leisten dürfte, der nur wenige Meilen von der Grenze zu Frankreich residiert, der auf eine Regelung seiner umfangreichen Besitzansprüche im Elsaß nur bei gutem Einvernehmen mit dem westlichen Nachbarn hoffen kann und dessen bayerisches Erbe bisher nicht von Frankreich, sondern nur von Österreich in Frage gestellt worden ist[23]. Auf Esebecks und Montgelas' Schwierigkeiten, den Herzog zu einer flexibleren Haltung gegenüber Frankreich zu bestimmen, wirft ein zufällig erhaltener Brief vom 27. 9. (1791) ein Schlaglicht, in dem Esebeck Montgelas bittet, in seinem Auftrag dem Herzog Vor-

[18] 15. 3. 89/II.

[19] 1. 4. 89 chiffr.

[20] 23. 4. 89.

[21] 30. 4. 89.

[22] 13. 11. 91.

[23] *Montgelas*, Denkwürdigkeiten (Freyberg) 1887, 3 f.; an Seinsheim 11. 10. 89; 27. 10. 89/I. Die politischen Bedenken wegen der Aufnahme und bevorzugten Behandlung der Emigranten schließen nicht aus, daß unter den hübschen Damen des französischen Adels sich auch gute Bekannte von Montgelas befinden, deren Besuch ihn freut, wie z. B. ein Fräulein von Closen, mit dem gemeinsam er Seinsheim schreibt (4. 9. 91). Über die Ausgelassenheit vieler dieser Damen: *Mannlich* 242–246.

stellungen zu machen, er möge von seinem bisherigen ablehnenden Standpunkt abgehen und endlich den französischen Geschäftsträger Cussy empfangen, der vom Außenminister Montmorin beauftragt sei, dem Herzog ein Exemplar der vom König sanktionierten neuen französischen Verfassung zu überreichen[24]. Es gelingt trotz allem Esebeck und Montgelas, den Herzog dazu zu bestimmen, daß Zweibrücken nicht den Reichstagsbeschlüssen gegen Frankreich zustimmt, und zu bewirken, daß seine Neutralität zunächst von der Revolutionsregierung anerkannt wird[25].

Während die äußere Haltung des Herzogs gegenüber dem revolutionären Frankreich starr ist, rühmt Montgelas die soziale Aufgeschlossenheit des Fürsten. In Zweibrücken wurde bei der Vergabe von Staatsstellungen – im Gegensatz zu Preußen, Österreich und Bayern – kein Unterschied zwischen Adeligen und Nichtadeligen gemacht[26]. Noch vor der Revolution setzte der Herzog den Richter von Kastellaun, der seine Gerichtsuntertanen gequält hatte, ab und bestrafte ihn, obwohl er, wie Montgelas schrieb, ein guter Edelmann war und eine hübsche Tochter hatte. Montgelas hofft, daß die Gerechtigkeit, die der Herzog auch bei seinem Einschreiten gegen den Finanzminister Kreutzer und einen anderen korrupten Beamten bewies, auch «unseren pfalz-bayerischen Spitzbuben» (frippons) zu denken gebe[27].

Im Mittelpunkt der bauernfreundlichen Maßnahmen Herzog Karls steht die Öffnung (déparquement) des riesigen Jagdparks, der von einem Zaun von mehreren hundert Kilometern Länge umgeben, einen guten Teil des Herzogtums und die Residenzstadt einschloß und dem in anderen Ämtern ähnliche, kleinere Parks zur Seite standen. Bereits 1787, also lange vor der französischen Revolution, ließ der Herzog mit der Öffnung im Amt Lichtenberg beginnen[28]; 1789 beschloß er, den Rest des Parks aufzuheben. Dies bedeutete zwar auch Ausgabenverminderungen für den Staat durch Fortfall des ungeheuren Zaunes, Einsparungen an Jägern und Hunden, Einnahmen durch den Verkauf des Wildes, das man jetzt großenteils abschoß, vor allem aber Erleichterungen für die Bauern, die nun von den zeitraubenden unbezahlten Jagdfronden und von der Plage der Wildschäden befreit wurden[29].

[24] Egg.

[25] K. s. 7789.

[26] S. oben S. 55.

[27] 25. 1. 89.

[28] 4. 10. 87.

[29] 10. und 14. 9. 89; hierzu *Mannlich* 240. Daß die Verwaltung in Zweibrücken weit besser und beliebter war als in den Nachbarterritorien einschließlich der Kurpfalz, bestätigt auch auf Grund von zeitgenössischen Zeugnissen M. *Springer*, Die Franzosen-

Während im September 1789 die Unruhen von Frankreich auf den deutschen Westen übergreifen, die Bauern vielerorts bereits die Entrichtung grundherrschaftlicher Abgaben und Steuern verweigern – ein Vorgang, der von der deutschen Geschichtsforschung noch kaum untersucht worden ist – bleibt, wie Montgelas berichtet, allein Zweibrücken noch ruhig. In den pfälzischen Gebieten Hessen-Darmstadts, dessen Landgraf sich in Pirmasens aufhält, Hessen-Kassels und in der Kurpfalz gärt es, in Zweibrücken dagegen gibt es nicht nur keine Beschwerde, sondern die Einwohner zahlreicher Städte und Dörfer schicken Deputationen zum Herzog, um ihm zu danken[30]. Bei einem Mahl, das man ihnen gibt, unterhalten sich der Herzog und die Herzogin mit jedem einzelnen der Bauern und versichern sie ihrer Zuneigung und ihrer unentwegten Fürsorge[31]. Montgelas regt bei Seinsheim an, man solle in diskreter Form über diese Vorgänge in Augsburger und Bayreuther Zeitungen berichten lassen, damit sie auch in Bayern bekannt würden[32]. Das Herzogtum war auch vor der restlosen Beseitigung des Parks stets ruhig, ausgenommen ein Zwischenfall im Amt Schaumburg, der durch Sansculotten verursacht worden war, und eine Revolte in Bergzabern[33]. Dagegen hat im Oktober die benachbarte Gräfin von der Leyden, «unsere gute Freundin», so berichtet Montgelas, nur mühsam eine fragwürdige Ruhe wieder herstellen können, nachdem ihre Bauern sich beschwert haben, daß man hierzulande die französischen mit den deutschen Einrichtungen kombiniere, um sie zu unterdrücken. Der Fürst von Nassau-Saarbrücken hat seine sämtlichen Berater entlassen und ein demütigendes Dokument unterzeichnen müssen, nachdem sogar sein eigener Sohn sich gegen ihn aufgelehnt hatte. Die Kurpfalz ist in Bewegung, die Reformierten haben in den einzelnen Ämtern vom Hof untersagte Synoden abgehalten, Alzey, Neustadt und Simmern sind unruhig, Heidelberg hat Beschwerden vorgetragen. «Dies scheint eine ansteckende Krankheit zu sein, trotz der endlichen völligen Annahme des Necker-Planes durch die Nationalversammlung»[34].

Für diejenigen, die in München erzählen, Zweibrücken stehe schon ebenso in Flammen wie Frankreich, schreibt Montgelas: «Die Ruhe, deren sich das Herzog-

herrschaft in der Pfalz ..., Stuttgart 1926, 20, allerdings auch, daß die Mißstände der fürstlichen Jagden in keinem dieser Staaten so schlimm und für die Bauern so drückend waren (bis zur Aufhebung des Parks, die Springer nicht erwähnt) wie in Zweibrücken: 21 f.

[30] 14. 9., 11. 10. 89.

[31] 21. 9. 89.

[32] 14. 9. 89.

[33] 11. 10. 89; dafür, daß auch 1788 «alles zufrieden» war: 4. 12. 88.

[34] 11. 10. 89.

tum inmitten der allgemeinen Wirren erfreut, ist eine überzeugende Antwort auf alle Verleumdungen. Diese einzigartige Tatsache spricht für die Regierung. Unterdrückte sagen niemals, daß sie zufrieden sind, besonders wenn sie das schlechte Beispiel so nahe vor Augen haben. Was die Neuerungen (in Frankreich) anbetrifft, so darf man sie niemals auf die leichte Schulter nehmen, aber man darf sich auch nicht erschrecken lassen durch Bewegungen, die ganz spezielle Ursachen haben». Der wahre Staatsmann müsse die örtlichen (und nationalen) Gegebenheiten erkennen und daraus seine Folgerungen ziehen[35]. Es war kein Irrtum, wenn Montgelas annahm, die Revolution werde sich in Deutschland ohne fremde Nachhilfe nicht auf die gleiche Weise durchsetzen wie in Frankreich, da die besonderen Gegebenheiten der beiden Länder verschiedene seien.

Doch Montgelas weiß, daß es noch andere soziale Probleme gibt. Durch den Ausfall der Einnahmen aus den französischen Ämtern gerät der Staat in zunehmende Finanzschwierigkeiten[36] in einem Augenblick, in dem er weitere Reformen zugunsten der Bauern dringend ins Auge fassen müßte. «Il faudra parler à M. Richard (=Herzog Karl) pour les paysans», schreibt Montgelas am 8. 12. 1789. Wenn es auch zu weiteren grundsätzlichen Reformen nicht mehr gekommen zu sein scheint, ebensowenig wie zu einem Erfolg der vom Herzog mehrmals zunächst energisch begonnenen Sparmaßnahmen[37], so sucht die Regierung doch, noch unter den schwierigen Bedingungen des Jahres 1792, den vielfachen Klagen der Untertanen in jedem einzelnen Falle durch wirksame Maßnahmen zu begegnen. Sie erläßt trotz ihrer Finanzmisere den Bauern, die durch die Mißernte von 1792 und die enormen bisher unbezahlten Requisitionen der beiderseitigen Armeen gelitten haben, sofort ihre Steuern und Abgaben, während sie offenbar Adel und Klerus stärker heranzieht. «Unsere höheren Stände in Bayern erhalten hier von ihrem zukünftigen Souverän ein Beispiel, das sie zur Nachahmung ermahnt. Gerechtere Vertretung des Volkes, Ausweitung der wesentlichen Menschenrechte auf alle Klassen der Gesellschaft, gleiche Besteuerung ohne irgendwelche Ausnahmen, dies sind die weisen Opfer, zu denen ich nicht aufhöre, die Bayern zu ermahnen»[38].

Wenn Montgelas hier auch seine eigenen zeitgemäßen Reformideen vielleicht zu stark in die Maßnahmen des Herzogs hineinprojiziert, so ist es doch bezeichnend für das soziale Klima in Zweibrücken, daß selbst während des Feldzuges vom Winter 1792/93, in dem Zweibrücken zwar neutral war, die Franzosen aber in Teilen des Landes standen, die Einwohner immer noch nichts von Auf-

[35] 27. 10. 89/I.

[36] 3. 8. und 6. 10. 89.

[37] Die Montgelas durchaus ernst nimmt, z. B. 6. 9. 92.

[38] 6. 9. 92.

ruhr und Umsturz wissen wollten[39]. Montgelas berichtet, der Aufruhr, der nur in Bergzabern herrscht, nehme allein deshalb einen alarmierenden Charakter an, weil sich tausend Franzosen den Rebellen angeschlossen hätten, diese ermutigten und den anständigen Leuten die Möglichkeit zum Eingreifen nähmen[40]. Auch seine Berichte vom Sommer 1793 sprechen immer nur von wenigen emigrierten und dann zurückgekehrten Revolutionären, die sich im Lande allein unter dem Schutz der französischen Waffen halten könnten. Montgelas faßt 1793, als er im Kriegsgebiet lebt und von Versuchen erfährt, den Herzog in Mannheim von seiner bisherigen politischen Linie abzubringen, sein Urteil über Karl zusammen: «Er ist immer gerecht und klarsichtig, wenn er seinen eigenen Gedanken folgt»[41]. Und als er selbst in Ungnade gefallen ist, charakterisiert er seinen bisherigen Herrn: «ein Fürst, der tausend Qualitäten besitzt und dem nur, um vollkommen zu sein, ein wenig mehr Fleiß, Sparsamkeit, Vertrauen und ein kühleres Blut fehlen»[42].

Das Verdienst des Ministers Ludwig Frhr. von Esebeck an den positiven inneren Maßnahmen und an der konsequenten Außenpolitik des Herzogtums unter Karl II. scheint sehr viel größer zu sein, als man bisher gemeint hat. 1776 hatte Karl ihn, der bisher Oberstjägermeister gewesen und nur als guter Jäger und Hofkavalier hervorgetreten war, zu seinem Minister ernannt. Seit der Absetzung des betrügerischen Kreutzer 1786 leitete Esebeck auch die Finanzen, seit dem Tode von Hofenfels 1787 mit Hilfe von Cetto und Montgelas auch die Außenpolitik. Er war ängstlich bemüht, alle Kompetenzen nach außen hin allein in der Hand zu behalten, zeigte sich in vielen Einzelfragen nicht unterrichtet, mußte erst von seinen Untergebenen Informationen einholen und machte durch seine Gesprächigkeit – selbst gegenüber dem Gesandten des Zweibrücken feindlichen Wiener Hofes – manches Konzept seiner Büchsenspanner Cetto und Montgelas zunichte. So schildert ihn uns der kaiserliche Gesandte Graf Schlick 1790[43], dem er z. B. 1790 erzählte, der Herzog sei völlig isoliert, mit Frankreich außer Kontakt, stehe mit Karl Theodor und mit seinem eigenen Bruder Max auf denkbar schlechtem Fuß und sei finanziell wegen seiner böhmischen Güter zur Zeit vom Wohlwollen des Kaisers abhängig. Undiplomatischer ging es fast nicht. Als Schlick das Gespräch auf die Beziehungen zum Kaiser und die gegenwärtige Lage Europas bringt, ist Esebeck «in seinen Bemerkungen so seucht, daß ich ihn wirk-

[39] *Mannlich* 247–255.

[40] 5. 11. 92.

[41] Zweibrücken, 23. 5. 93; ähnlich positiv in weiteren Briefen an Seinsheim vom 30. 6. und 10. 8. 1793.

[42] Mannheim, 7. 3. 93.

[43] Staka Reich, Berichte 232, 14. 6. 1790.

lich, seiner Ministerial-Würde ohngeachtet, für keinen in Geschäften bewanderten Mann ansehen kann». Dieses Urteil dürfte nur zum Teil stimmen; Esebecks Aussagen waren wohl vorwiegend darum so «seucht», weil er sich auf keine Gespräche oder Verhandlungen mit Wien, die vom Kaiserhof dann in Berlin und München ausgespielt werden konnten, einlassen wollte. Schlick glaubte außerdem festzustellen, daß die sehr verschlossenen Legationsräte Cetto und Montgelas ihren Vorgesetzten Esebeck mehr zu fürchten als zu lieben schienen.

Doch ein ganz anderes Bild tritt uns in den vertraulichen Briefen Montgelas' an Seinsheim entgegen. Hiernach hatte wohl Esebeck – durch Montgelas und Cetto beraten – das Verdienst, den Herzog auf seiner außenpolitischen Linie als Gegner der Tauschpläne in Zusammenarbeit mit Preußen zu halten, in Bayern mit der inneren Opposition gegen Karl Theodor zusammenzuarbeiten – der Kurfürst ließ auch Korrespondenzen Esebecks heimlich erbrechen und abschreiben[44] – die Entwürfe und Anregungen seiner beiden politischen Mitarbeiter sich zu eigen zu machen und sie beim Herzog zu unterstützen. Er verdankte auch nicht, wie man gemeint hat, seinen Einfluß der Stellung seiner Frau als ‹Grande Maîtresse›. Als der Stern der Frau von Esebeck gesunken ist, teilt Montgelas Seinsheim chiffriert mit: «Der Herzog sieht seine Gemahlin wieder öfter seit seiner Krankheit. Er ist der Frau von Esebeck, deren Charme vorbei ist, überdrüssig. Es ist möglich, daß er außer für die Herzogin eine Neigung für eine de Montigny gefaßt hat». Madame de Montigny war in der Tat die nächste Maîtresse. Montgelas betont jedoch, daß Frau von Esebeck trotzdem weiterhin das Vertrauen des Herzogs besitze. Wichtiger ist aber: «Der Kredit des Ministers ist in jeder Hinsicht unabhängig von dem seiner Frau»[45]. Montgelas spricht stets mit Anerkennung von seinem Minister.

Er schildert Esebeck als «vernünftig und gerecht», als unwandelbar in seiner politischen Zuverlässigkeit, z. B. gegenüber Tauschplänen der Höfe von München und Wien[46]. Er beschreibt Esebeck in zahlreichen Briefen als einen Mann, der vernünftigen Argumenten stets zugänglich ist, wenn sie ihm in der richtigen Form, sachlich, respektvoll und ohne parteiische Übertreibung dargestellt werden. In dieser Richtung gibt Montgelas Seinsheim immer wieder Ratschläge für die Abfassung seiner Berichte, ermahnt ihn auch, die Neuigkeiten stets zuerst dem Minister und nicht ihm, dem Freunde, zu schreiben, weil dies Esebeck übelnähme. Montgelas selbst entwickelt im Umgang mit seinem Minister bereits die Kunst der Menschenbehandlung, die später fast 22 Jahre lang seinen Einfluß auf

[44] Z. B. MA 379, Unterakt 3.
[45] 28. 6. 89; 7. 7. 89.
[46] 18. 10. 87; 4. 4. 89/II.

Herzog, Kurfürst und König Max sichern wird. «Man muß der Empfindlichkeit der Leute in höheren Stellungen in den geringfügigsten Dingen Rechnung tragen. Dies verleiht manchmal das Recht, ihnen wichtige Wahrheiten in den großen Angelegenheiten offen zu sagen. Das ist mein Grundsatz, dem ich stets gefolgt bin und mit dem ich bisher gut gefahren bin»[47]. Er verfaßt nicht nur viele Briefe für Esebeck, er wacht auch über das Funktionieren des kleinen aber aktiven Zweibrückener Außenministeriums. Wenn er einmal abwesend ist, so klappt es in der Zweibrückener Kanzlei nicht; die Anfragen und Berichte der Gesandten bleiben unerledigt[48]. Montgelas billigt nicht den Vorschlag, gewisse Äußerungen Karl Theodors über Seinsheim vor Esebeck geheimzuhalten. Sie werden ihm doch zugetragen werden. «Vertrauen verdirbt nichts. Ein vorbereiteter Mann zählt für zwei (Un homme préparé en vaut deux). Im übrigen verlangen es meine persönlichen Bindungen an den Minister, daß ich ihm nichts verheimliche»[49].

Als die Franzosen Ende März 1793 Esebeck in Zweibrücken arretieren und in strenge Einzelhaft nach Saarlouis, dann nach Metz schaffen, ist Montgelas, von dem seine Gegner am Mannheimer Hof 1794 ausstreuten, er habe Esebeck den Jakobinern in die Hände gespielt, der einzige Beamte des Herzogs, der sich – auf eigene Faust – zusammen mit der Familie Esebeck bei den Franzosen immer wieder um die Freilassung des Ministers bemüht[50]. Als die zweibrückische Exilregierung in Mannheim sich als völlig arbeitsunfähig erweist und der Herzog keinerlei Briefe mehr beantwortet, nicht einmal von den bayerischen Ständen, von denen er 900 000 fl. entleihen will[51], würdigt Montgelas immer wieder die Verdienste Esebecks, «notre cher Ministre», dessen Anwesenheit so nötig wäre. «Man muß Himmel und Erde in Bewegung setzen für diesen anständigen und ehrenhaften Mann, der mit seiner Person und seinem Eigentum für die gute Sache leidet»[52]. Der König von Preußen hat dem Herzog zwar versprochen, sich für Esebeck zu verwenden, aber auch sein Arm reicht nicht in das feindliche Lager. Man kann aus dem bereits besetzten Zweibrücken noch eher mit französischen Dienststellen ins Gespräch kommen. Für diese Verhandlungen wäre aber Geld das wirksamste Argument und dieses fehlt[53]. «Niemand kann bestreiten, daß seit der Verhaftung unseres ehrenhaften und unglücklichen Baron Esebeck die Verwaltung sich in einem so katastrophalen Zustand wie nur möglich befin-

[47] 12. 2. 88.
[48] Z. B. Sept./Okt. 1789; Sept. 1790.
[49] 16. 2. 90.
[50] 4., 8. und 25. 4.; 5. und 19. 5. 93. Vgl. unten Kap. 18.
[51] Seinsheim an Mo., 5. 5. 93, Egg.
[52] 21. 4. 93.
[53] 5. 5. 93.

det»[54]. Erst jetzt, so schreibt Montgelas, könne man ermessen, was Esebeck, dieser «honnête homme», trotz seiner Eigenheiten für Zweibrücken und Bayern geleistet habe[55]. Als Montgelas sich im Sommer 1793 bereits nach Mannheim durchgeschlagen hat, steht er noch in geheimem Briefwechsel mit dem deportierten Minister, der ihm mitteilt, er hoffe in Kürze freizuwerden und ihn wiederzusehen[56]. Beim Mannheimer Hof, wo man Montgelas als angeblichen Jakobiner ausgeschaltet hat, setzt sich der verhaftete Esebeck ebenfalls brieflich für die Ehrenhaftigkeit seines bisherigen Mitarbeiters ein, zunächst ohne Erfolg. Auch seine Hoffnung auf baldige Entlassung wird nicht erfüllt. Esebeck bleibt Montgelas auch später bis zu seinem Tod (27. 9. 1798) freundschaftlich verbunden[57]. Esebecks Platz als Minister hat inzwischen der politisch wenig befähigte Abbé Salabert, der nominelle Abt von Tholey, eingenommen, «ein anerkannter Intrigant»[58], ein «damné de profession»[59], wie ihn Montgelas bezeichnet, unter dem die Außenpolitik des Herzogs von Zweibrücken fast zum Erliegen kommt[60]. Wie später die Korrespondenz des 1795 als Unterhändler nach Basel entsandten Cetto zeigt, bekam dieser, der auf eigene Faust suchte, für sein Haus herauszuholen, was möglich war, von Salabert statt Instruktionen und Antworten auf seine Anfragen nur kleinliche Vorwürfe, weil er die Ehren und Titel-Rechte des Ministers und Abtes nicht genügend gewahrt habe[61].

Es ist bezeichnend für das blinde Wüten der Gewalt im Kriege, daß von den beiden aufeinanderfolgenden Ministern des Herzogs von Zweibrücken ausge-

[54] 19. 5. 93.

[55] 4. 4. 93. «C'est un vrai malheur pour cet honnête homme qui est la victime de son zèle et de son patriotisme. C'en est un pour la Cour aussi qui aurait besoin de sa présence, car avec bien des imperfections, il vaut sûrement le mieux de tous». – Vgl. auch oben Kap. 6.

[56] 29. 7. 93.

[57] Noch wenige Monate vor seinem Tod lud der ehemalige Minister Ludwig von Esebeck, der zu dieser Zeit wieder unter französischer Herrschaft in Zweibrücken lebte, Montgelas ein, ihn zu besuchen. Der freundschaftliche Brief vom 6. 5. 97 trägt die Überschrift «Mon cher ami». Sein Bruder Eberhard von Esebeck teilt Montgelas am 28. 9. 98 den Tod des Ministers mit (beides Egg.). Über den Tod Esebecks am 27. 9. 1798 auch: MF 13 292 Nr. 3. In dem Brief vom 28. 9. 98 (Egg.) erinnert Eberhard von Esebeck an die langjährige Freundschaft, die seinen Bruder und ihn mit Montgelas verband und daran, daß Montgelas schon in einem sehr frühen Zeitpunkt die Bedeutung der ausbrechenden Französischen Revolution klar erkannt habe. Diese Briefe widerlegen ebenso wie alle in Kap. 18 angegebenen Tatsachen die spätere Behauptung, Montgelas habe 1793 zur Verhaftung Esebecks durch die Franzosen beigetragen.

[58] 28. 6. 89.

[59] 8. 11. 89/II.

[60] 29. 6. 93. Vgl. unten Kap. 18.

[61] K. bl. 197/12 a.

rechnet Esebeck, der stets für eine maßvolle Politik der Verständigung gegenüber dem revolutionären Frankreich eingetreten war, von den Franzosen deportiert wurde, während sein Nachfolger, Abbé Salabert, der, ein gebürtiger Franzose, jetzt Emigrant, alles angebliche Jakobinertum bekämpfte und – soweit er überhaupt etwas tat – sich für ein größeres Entgegenkommen gegenüber Österreich einsetzte – 1795 von den Österreichern verhaftet und bis Ende 1797 gefangengehalten wurde, weil sie ihn zu Unrecht bezichtigten, er habe mit den Franzosen zusammengearbeitet und ihnen Mannheim in die Hände gespielt.

Noch bis zum Ausbruch des Krieges von 1792 herrscht in Zweibrücken das rege gesellschaftliche Leben einer kleinen Residenz, in der sich seit den Tagen Christians IV. die Ansässigen mit Diplomaten und Durchreisenden aus Frankreich und dem Reich, aus Preußen, Bayern, Sachsen und dem Rheinland, treffen, in dem – im Gegensatz zu den meisten deutschen Staaten – Adelige und Bürgerliche, Geistliche und Christen aller drei Konfessionen, jüdische Hoffaktoren und atheistische Aufklärungsphilosophen bunt und friedlich durcheinandergewürfelt sind.

Die Höhepunkte des Feierns waren in jedem Jahr der Karneval und der Namens- und Regierungsantrittstag des Herzogs, der Karlstag am 4. November. Noch 1791, bereits nach dem Ereignis von Varennes, als man auf dem Karlsberg das Paradebett für Ludwig XVI. bereitgehalten und eine Nacht gewacht hatte für den Fall, daß ihm die Flucht gelänge[62], feierte man diesen Tag in Zweibrücken und Homburg im alten Stil. «Wir haben ein so glänzendes St. Karlsfest gehabt», berichtet Montgelas, «daß es mich für zweimal 24 Stunden in Atem gehalten hat. Alle nur erdenklichen (Fürsten und Prinzen von) Nassau waren da, große Gala, enormes Dîner, also mehr als nötig ist, um mir den Kopf zu verdrehen. Ich bin wie jene Pilger, die sich nur selten der Nische ihres Heiligen nähern, aber umsomehr von seinem Ruhm geblendet sind»[63]. Drei Jahre früher war das Fest von noch sorgloserer Heiterkeit gewesen: Dîner auf dem Karlsberg, dann Ball und Souper in Homburg. Montgelas war durch die vielen gepflegten und eleganten Schönheiten fasziniert. Prinz Max fuhr anschließend mit seiner jungen Gemahlin nach Straßburg ab und dann weiter nach Versailles, um dieselbe dem französischen Hof zu präsentieren[64]. Montgelas wohnt in dem Gebäude, in dem die häufigen Bälle stattfinden – es handelt sich wohl um das vom Hof den Behörden überlassene Stadt-Schloß – daher bleibt er stets bis eine Viertelstunde vor Räumung des Saales[65]. Diese Nähe seines Zimmers beim Ballsaal

[62] *Mannlich* 245 f.
[63] 8. 11. 91.
[64] 6. 11. 88.
[65] 13. 1. 89.

bringt ihm die Ehre ein, es eine Nacht an die Herzogin abtreten zu müssen. «Wie ist Euer Fasching zu Ende gegangen? Unser Karneval war brillant bis zum Schluß. Der Hof hat den letzten Ball mit seiner Anwesenheit geehrt. Der Herzog hat sich früh zurückgezogen, die Herzogin ist bis ½8 Uhr morgens geblieben, immer tanzend mit der Anmut, die ihr eigen ist. Da ich ihr mein Zimmer abgetreten habe, war es mir unmöglich, mich danach niederzulegen. Um mich dafür zu entschädigen, habe ich Hombre gespielt und dabei 50 fl. gewonnen»[66]. Immer wieder lobt er die damals 32-jährige Herzogin Amalie, diese «charmante princesse»[67], die froh gewesen sein mag, wenn sie einmal dem traurigen Luxusgefängnis auf dem Karlsberg entkam.

In der Fastenzeit, die Montgelas offenbar nicht liebte, – «wir sind von der Bewegung in die Apathie gefallen», schreibt er einmal[68] – war die einzige Unterhaltung der Gesellschaft die «deutsche Komödie» Zweibrückens, über deren schlechte Qualität er immer klagt[69]. Eine Sitzung in diesem Theater am Karlstag beschreibt er zur Unterhaltung der Familie Seinsheim so: «Seine Durchlaucht der Herzog war gestern in der Komödie, deren Saison wieder begonnen hat. Wir haben eine passable Schauspielerin, Madame Günther, alles übrige ist entsetzlich. Gestern hat man die ‹Familie› von Gemmingen massakriert, morgen wird man Romeo und Julia quälen. Ich saß zwischen einem Offizier der Infanterie, einem notorischen Gecken, ferner Kinkel, dessen meiner Linken zugewandtes Ohr taub war, und dem Abt von Tholey (Salabert), dessen eingeschlafene Gnaden sich ungescheut auf meine Knie stützten. War ich da nicht gut plaziert zwischen einem Beschränkten, einem Tauben und einem berufsmäßig Verdammten?»[70]

Unweit Zweibrückens gab es eine kleinere, aber noch lustigere und unbeschwertere Residenz: den Hof der reichsunmittelbaren Gräfin Marianne von der Leyen «einer entzückenden Frau», wie Mannlich schreibt[71]. In den Anfängen der Zeit Karls II. ging Mannlich nach dem Dienst abends jagend in 5/4 Stunden über den Berg von Zweibrücken hinüber nach Blieskastel, wo er noch rechtzeitig zum Souper an der Tafel der Gräfin eintraf. Am nächsten Morgen nach dem Frühstück nahm er den gleichen Weg zurück. Auch Abbé Salabert fühlte sich dort so wohl, daß man ihm im Schloß der Gräfin eine Wohnung einräumte. Doch die Idylle

[66] 1. 3. 89/II.
[67] Z. B. 11. 10. 89.
[68] 3. 3. 89/II.
[69] Z. B. 3. 3. 89.
[70] 8. 11. 89.
[71] *Mannlich* 199. Über sie: L. *Eid*, Reichsgräfin Marianne von der Leyen geb. von Dalberg, hg. von W. *Krämer*, Saarbrücken 1937.

beider wurde jäh beendet, als sie erfuhren, daß sie sich durch ihre häufigen Besuche in der Nachbarresidenz die Ungnade des Herzogs zuzogen. Dieser beschäftigte sie von da an so stark am Hofe, daß sie kaum mehr Zeit fanden, in ihre eigenen Stadtwohnungen zurückzukehren[72].

Montgelas lernte diesen Hof ein Dutzend Jahre später kennen als Mannlich und Salabert. Er berichtet hierüber: «Die Gräfin von der Leyen begeht die Tollheit, anläßlich der Heirat ihres Sohnes Feste zu geben, welche ihre Einnahmen eines ganzen Jahres verschlingen. Ich weiß noch nicht, ob ich hingehen werde. Der Koadjutor und die (anderen) Dalbergs werden dort sein. Manchmal habe ich Lust, mich dorthin zu begeben aus Müdigkeit an der Politik, dann wieder möchte ich hierbleiben aus Verachtung für die Welt. Vereinbaren Sie für mich diesen Widerspruch, wenn Sie können. Ich glaube, daß ich mich allmählich zum Einsiedler entwickle ...»[73]. Er entschließt sich doch zu gehen. «Das Fest von Blieskastel ist großartig gewesen. Man trug herrliche Verse vor auf den Herzog (von Zweibrücken), die Herzogin, den Koadjutor (Dalberg), das junge Ehepaar und die alte Gräfin, die sich indessen noch jung genug fühlt, um wirkliche Liebhaber zu besitzen. Ich werde Ihnen die Worte und die Musik (der Couplets) mitbringen ... Zu den Veranstaltungen erschien ein Haufen französischer Beamter und Offiziere, die eine solche Menge bildeten, daß ich nur ein Wort mit dem Koadjutor und zwei mit Frau von Dalberg aus Mannheim sprechen konnte. Ein Gichtanfall des Ministers (Esebeck), mit dem ich zusammen war, zwang mich, vor dem Abendessen zurückzukehren. Ich werde Sonntag wieder nach Blieskastel fahren und freue mich, an diesem wahrhaft charmanten Fest erneut teilnehmen zu können»[74]. Ein gutes Jahr nach dieser Feier im sonnigen Spätherbst des deutschen Ancien Régime begannen die Bauern im Territorium von der Leyen unruhig zu werden. Die Gräfin erfüllte ihre Bedingungen. Nach drei weiteren Jahren brach die Sturmflut der Revolutionsarmee über die Grenze. Als der Rauch von den Trümmern des einst so fröhlichen Schlosses abzog, stand nur noch die Orangerie, der letzte Zeuge der einstigen Residenz, so wie von den benachbarten Schlössern des Herzogs von Zweibrücken die Revolution und den Zweiten Weltkrieg nur die Fassade und die Umfassungsmauern des Stadtschlosses überlebt haben.

[72] *Mannlich* 199 f.
[73] 12. 6. 88.
[74] 19. 6. 88.

13. Ratschläge für den Staatsdiener

Montgelas' private Äußerungen lassen von Anfang an bereits sehr entschiedene Vorstellungen von den Aufgaben und Pflichten des Staatsdieners, von den Eigenschaften einer wirksamen, geordneten Verwaltung erkennen, die er auch konsequent zur Richtschnur seines eigenen Verhaltens macht.

Über allem steht der ‹service du Maître› oder auch einfach ‹service›, der Dienst am Fürsten, der für ihn, wenigstens in seinen damaligen Äußerungen, noch identisch ist mit dem Dienst am Staat, jedoch nur solange der Fürst nicht gegen die Interessen des Staates handelt, wie es Karl Theodor nach Montgelas' und der bayerischen Patrioten Ansicht in wichtigen Punkten tut.

Zu den Grundsätzen, die Montgelas gegenüber Seinsheim in seinen Briefen vertritt und die er entweder als gute Ratschläge oder als Ergebnisse seiner Erfahrungen und Überlegungen ausspricht, gehören: Absolute Pflichterfüllung, ganz gleich, ob die Arbeit, mit der man gerade befaßt ist, eine unmittelbare Erfolgsaussicht erkennen läßt oder nicht[1], strenge Trennung von Dienstlichem und Privatem[2], Zulassung nur charakterlich völlig einwandfreier Personen zum Richteramt[3], konsequente Beachtung des Dienstweges: keinen Bericht an den Herzog, der nicht zuvor durch die Hand des Ministers[4] gegangen ist. Im absoluten Fürstenstaat bestand stets die Gefahr, daß meist adelige Bittsteller oder Intriganten durch Immediateingaben an den Fürsten, der es zuweilen unter seiner Würde fand, den Minister zu konsultieren, die Regierungsarbeit und alle Sparmaßnahmen untergruben. Was der Gesandte dem Minister berichtet, muß objektiv, fundiert und bereits nachgeprüft sein, um Fehlbewertungen und -entscheidungen in der Zentrale zu vermeiden[5]. In seinen eingehenden Anweisungen auch für die äußere Form der Berichte und die Titulatur des Herzogs bemerkt Montgelas: «Dies sind gewiß Kleinigkeiten in den Augen des Philosophen, aber viele Leute legen Wert darauf; auch ein Mann von hohen Verdiensten wird oft vom Eintritt in seine Karriere an nach ihnen beurteilt»[6]. Wie Montgelas sich eine

[1] Z. B. 13. 11. 91.
[2] Z. B. 6. 9. 87, 6. 11. 87.
[3] 4. 4. 89/I.
[4] 16. 8. und 25. 12. 87.
[5] 18. 12. 87/II.
[6] 16. 8. 87.

Eingabe in persönlichen Dingen an den Fürsten vorstellt, beschreibt er einmal so: «Gut formuliert, kurz, energisch, respektvoll ... Die unnötigen Vertraulichkeiten sind zu nichts gut. Sie wissen, daß sie selten einen günstigen Eindruck machen und daß ich sie nicht liebe»[7]. Andererseits macht Montgelas sein Ideal einer straff organisierten, rasch und sicher funktionierenden Verwaltung damals nicht blind für den Wert der klärenden Aussprache, auch zwischen Vertretern verschiedener Meinungen[8]: «Les lumières naissent de la discussion»[9], ein Grundsatz, den er später, in den letzten Jahren seiner Ministerzeit, zu sehr vernachlässigen wird.

Seinem Freunde Seinsheim, dessen Art und Ansichten er als völlig anders als seine eigenen bezeichnet[10], gibt Montgelas in vielen Briefen Anweisungen und Ratschläge. Seinsheim seinerseits muß nicht nur Montgelas in München dauernd neue Dokumente für den Dienst des Herzogs beschaffen, von Plänen von Landshut und Straubing[11] bis zu Verhandlungen der Landstände und Aufstellungen über die Finanzen Bayerns, der Hochstifte und Malteserniederlassungen und bis zu Konkordatstexten[12], er muß auch dem anspruchsvollen Freunde persönlich vielerlei Dinge besorgen, von Büchern bis zum feinen Landshuter Mehl und zum Kakaopulver, ja schließlich Kredite und – wenn möglich – eine Frau. Dennoch bekommt Seinsheim, wenigstens 1787–1789, von Montgelas in Privatbriefen oft herbe Kritik zu lesen an der Inhaltlosigkeit oder der nonchalanten Form seiner Berichte nach Zweibrücken, an seinen von geringer politischer Erfahrung zeugenden Ansichten oder an seinem leichtsinnigen Verhalten in München und Regensburg. Dabei ist zu bedenken, daß Seinsheim 8 Jahre älter ist als Montgelas und vor der Illuminatenaffäre in München bereits Hofratsvizepräsident war.

Gegenüber den unaufhörlichen Aufträgen und der häufigen Kritik mit ihrem erzieherischen Unterton scheint Seinsheim zwar in manchen Briefen aufbegehrt zu haben – Montgelas beschwichtigt ihn dann – aber im ganzen akzeptiert er die Ratschläge des Freundes. Montgelas hat ihm den Gesandtschaftsposten in Regensburg vermittelt, er berät ihn in vielen persönlichen Angelegenheiten, er insinuiert dem etwas ideenarmen Freunde gute Gedanken für seine Berichte und weist ihn an, diese als seine, Seinsheims, eigenen Ansichten und Vorschläge dem Herzog und Esebeck vorzutragen, er legt in Zweibrücken stets gute Worte für den Freund ein – auch für dessen Bezahlung – und versichert ihm, er habe noch

[7] 18. 11. 87.
[8] 30. 4. 89.
[9] 24. 9. 89.
[10] 30. 4. 89.
[11] 4. und 9. 10. 87.
[12] Vgl. oben Kap. 6.

nie eine der vielen Unterlagen, die Seinsheim in München besorgt hat, dem Herzog vorgelegt, ohne zu erwähnen, wem man sie verdanke. «Ich suche nur das allgemeine Wohl und trachte in keiner Weise Ehre einzuheimsen auf Kosten anderer. Kein Schriftstück läuft hier ein, von dem ich nicht sage, woher es kommt. Alles selbst machen zu wollen, wäre im übrigen eine Chimère, die eines vernünftigen Mannes unwürdig wäre und meiner Denkungsart recht wenig entsprechen würde»[13]. Er wolle ihm zu einer Karriere verhelfen, so versichert Montgelas dem Freunde; deshalb sage er ihm seine Fehler[14].

Eine der wichtigsten Tugenden, die Montgelas für den Staatsdienst unentbehrlich erscheint und zu deren Beachtung er Seinsheim ständig ermahnt, ist die Verschwiegenheit. Immer wieder rügt er den Freund wegen seiner Vertrauensseligkeit und seines unbedachtsamen Redens, über das die Zweibrückener Agenten aus München und Regensburg berichten[15]. Diese Gefahr besteht für Montgelas selbst kaum: «Je ne suis pas né confiant, je le deviens tous les jours moins»[16]. Im Gegenteil verleitet ihn übertriebenes Mißtrauen manchmal zu Fehlurteilen über Personen, von deren Zuverlässigkeit und Tüchtigkeit er sich dann langsamer als andere überzeugen läßt. Andererseits gehört die Verschwiegenheit, wie später in seiner Ministerzeit alle neuigkeitsbegierigen ausländischen Gesandten feststellen müssen, zu seinen auffallendsten Fähigkeiten. Schon 1789 formuliert er seinen Grundsatz: «Les paroles ne font rien aux affaires. Bien agir et se taire, c'est là le grand principe»[17].

Auf der anderen Seite ist Montgelas kein abstrakter Fanatiker, sondern sucht, die Menschen realistisch zu begreifen. Man muß die kleinen Eitelkeiten seiner Vorgesetzten schonend behandeln, damit man ihnen in wichtigen Dingen auch einmal widersprechen kann, war sein Grundsatz hinsichtlich seines Verhältnisses zu seinem Minister Esebeck. Als er Seinsheim abrät, in der Krise von 1793 einen Urlaub zu beantragen, bemerkt er: «Sie wissen besser als ich, daß es Zeiten gibt, wo man unbedingt anwesend sein und den Anschein von Beschäftigung erwecken muß, auch wenn man nichts zu tun hat»[18]. Allerdings passiert es auch ihm einmal, daß er Schwierigkeiten mit seinem Minister bekommt. «Ich habe Ihnen mit Freimut und Vertrauen den Charakter der Leute geschildert, mit denen ich es zu tun habe. Wie alle Menschen, haben sie ihre guten und ihre schlechten Seiten. Im

[13] 6. 11. 87.

[14] 3. 1. 88.

[15] 2. 10. 87, 20. 11. 87/I, 2. 12. 88, 4. 4. 89/II; 18., 23. 4. 89.

[16] 6. 11. 87.

[17] 4. 4. 89/I. Er fährt an Seinsheim fort: «Pardonnez-moi cette observation; la tendresse et l'attachement l'ont dictée».

[18] 5. 5. 93.

übrigen sehen Sie, daß ich meinen Weg gehe in den Dingen, mit denen ich beauftragt bin, ohne mich in das Übrige einzumischen ... Wir stehen gegenwärtig ziemlich gut. Wenn wir in Streit geraten sollten, so wird es nicht an mir, sondern an ihm liegen. Jeder hat sein System. Ob gut oder schlecht, ich führe meine Feder wie ein Jurist, und ich liebe nicht, daß man mich bevormundet»[19]. Über die eigentlich rechtlose Stellung der Beamten unter dem Absolutismus meint er im Hinblick auf die Schwierigkeiten Seinsheims, seine Auslagen von der herzoglichen Regierung erstattet zu bekommen: «Die Kosten dürfen nicht zu Ihren Lasten gehen, aber Sie kennen diese Welt. Man will um alles gebeten werden. Das, was wir leisten, ist immer eine Pflicht, was man uns gewährt, ist immer eine Gnade»[20]. Er wird später durch die Staatsdienerpragmatik von 1804 dem Beamten eine ganz neue Rechtsstellung geben.

Man habe es im Leben nicht nur mit den Fehlern seiner Feinde, sondern auch mit denen seiner Freunde zu tun, meint er: «Man muß die Schwächen seiner Freunde tolerieren, wenn sie dieselben durch Tugenden ausgleichen. Man soll geradewegs auf das Gute zuschreiten trotz der Hindernisse, die einem die eigenen Gesinnungsgenossen wie auch die Gegner in den Weg legen. Die ersteren richten aus Unwissenheit oft nicht weniger Übel an als die letzteren aus Bosheit. Ein vernünftiger Mensch kennt die einen wie die anderen, beobachtet ihren Weg, bringt sie vorsichtig davon ab, erreicht sein Ziel manchmal etwas später als er es sonst tun würde, aber mit doppelter Sicherheit. Dies ist der Weg des anständigen Politikers (‹voilà la marche de l'honnête homme politique›), derjenige, den ich mir zum Ziel gesetzt habe. Ich weiß nicht, ob meine Schwäche es mir erlauben wird, dieses Ideal der Vollkommenheit je zu erreichen»[21].

Als es sich Herzog Karl im Frühjahr 1789 in den Kopf setzt, seinen Truppen eine neue Uniform zu verleihen, die sich von den bisherigen bayerischen Farben unterscheidet, wird dies von seinen Anhängern im Staate Karl Theodors als Abkehr des voraussichtlichen Thronerben von der bayerischen Sache empfunden und erregt große Entrüstung. Seinsheim berichtet hierüber und rät, von dieser Maßnahme Abstand zu nehmen. Montgelas antwortet, selbst wenn der Herzog sich nicht von seinem Entschluß abbringen ließe, «so würde die Maschine hierdurch nicht zerstört. Geld, Truppen, eine von der Weisheit geformte, mit Festigkeit unterstützte Verfassung, gut (und gerecht) angelegte, maßvoll verteilte und eingehobene Steuern sichern die Dauer und das Ansehen der Staaten. Ein Stück

[19] 17. 4. 91. Er glaubt in diesem Zeitpunkt, der Herzog oder Esebeck wollten ihn loswerden, sobald sie ihn nicht mehr benötigten bzw. sobald ein Kriegsausbruch den Hof zur Flucht zwinge.

[20] 10. 6. 88.

[21] 30. 10. 87/II.

roten, schwarzen, blauen oder weißen Tuches bedeutet demgegenüber nichts. Indessen, gerade weil es sich um eine Bagatelle handelt, glaube ich, wäre es weise, hier dem Vorurteil ein Opfer zu bringen. Ich werde alle meine schwachen Kräfte einsetzen, um meinen (bayerischen) Landsleuten dieses Ärgernis zu ersparen».[22] Und 5 Wochen später schreibt er, es sei in Zweibrücken in dieser Sache noch nichts entschieden, er empfehle Seinsheim, seine Einwände gegen diese Maßnahme in seinen Bericht an den Herzog «schonend und diskret einfließen zu lassen, sozusagen in rein historischer Weise». «Ich weiß, daß das Volk von Bagatellen beherrscht wird, daß es an dem hängt, was die Sinne beeindruckt, daß eine Farbe infolgedessen imstande ist, es bis zum Enthusiasmus zu bewegen. Die Großen einer Nation indessen sind erhaben über solche vulgären Vorstellungen oder sollten es zumindest sein».[23]

14. Montgelas' Patriotismus und politische Ziele

Aus den bisherigen Zitaten ging bereits hervor, daß Montgelas unter ‹ma patrie› bzw. ‹notre patrie› immer Bayern versteht. An die Heimat seiner Vorfahren väterlicherseits, Savoyen, band ihn nichts außer einigen Verwandten und einem anscheinend kleinen Anteil am Familienbesitz bei Chambéry, der in der Revolution verlorenging. Es ist zweifelhaft, ob er überhaupt vor 1817 jemals Savoyen besucht hat. Frankreich war nur das Land, in dessen Kultur und Sprache er vom 6. bis zum 17. Lebensjahr erzogen worden war, und zwar an zwei Plätzen, die mehr europäisch als typisch französisch waren: 1764–1770 in Nancy, bis 1766 Residenz des Herzogtums Lothringen und Bar, und von 1770 bis 1776 in Straßburg, dem Vereinigungspunkt französischer Politik und Verwaltung mit deutscher Kultur und reichsstädtischer Tradition. Das Reich war ihm als Vaterland zu groß, zumal er ganz auf dem Boden der Landeshoheit (souveraineté territoriale) stand und sein politisches Streben darauf gerichtet war, den Einfluß und die Annexionsabsichten des Kaisers gegenüber Bayern mit Hilfe Preußens und Frankreichs zu bekämpfen. Pfalz-Zweibrücken dagegen war ihm zu klein und – trotz aller von ihm gerühmten Vorzüge – zu fremd, um es jemals als ‹Vaterland›, ‹patrie›, zu bezeichnen. Er ist hier nur der loyale und eifrige Diener

[22] 15. 3. 89/II.
[23] 23. 4. 1789.

des Fürsten, der ihn aufgenommen hat. Er ermahnt Seinsheim, sich zu erinnern, «daß wir nur einen ‹Maître› auf der Welt haben, von dem allein wir abhängen und zu dem wir ausschließlich halten müssen»[1], an diesen, nämlich den Herzog von Zweibrücken, den zukünftigen Herrn Bayerns, habe er sich in allen wichtigen Dingen zu wenden.

Trotz dieser Loyalität zu seinem Fürsten, trotz der Vorzüge, die er im politischen und geistigen Klima des Herzogtums gegenüber dem Bayern Karl Theodors zu sehen glaubt, fühlt er sich doch in Zweibrücken im Exil[2], «in einem fremden Land»[3]. Seine berufliche Arbeit und seine persönliche Sehnsucht richten sich auf sein Geburtsland Bayern, «notre patrie», «notre chère patrie», wie er in zahlreichen Briefen an den Freund sagt[4]. Als Karl Theodor wegen seiner Auseinandersetzungen mit den Ständen, insbesondere mit der Hauptstadt München, seinen Hof vorübergehend wieder nach Mannheim verlegt hat, um die Münchner zu bestrafen, vermerkt Montgelas: «Man sagt, daß man sich in München amüsiert, obwohl der Hof nicht mehr dort ist. Ich bin sehr froh darüber. Da ich mit Herz und Seele meinen Landsleuten zugetan bin, freut es mich zu sehen, daß sie das Übel guten Mutes ertragen. Dies wird ihnen erleichtert werden, wenn sie Patriotismus, Mut und Festigkeit besitzen»[5]. Es ist ein bayerischer Patriotismus, der sich gegen den derzeit regierenden Kurfürsten von Bayern richtet. Hierin ist sich Montgelas mit der Zweibrücken eng verbundenen Partei der ‹Patrioten› in Bayern einig, in deren Augen infolge des Versagens Karl Theodors der Staat nicht mehr mit dem Fürsten identisch ist, sondern das Staatsinteresse sogar im Widerspruch zu dem des regierenden Fürsten steht[6].

Montgelas betont, er sage in Zweibrücken so wenig wie möglich Nachteiliges über Bayern. «Ich habe es mir zum Grundsatz gemacht, mich bei jeder Gelegenheit für das Ansehen des geliebten Vaterlandes einzusetzen. Ich tue, was ich kann, um einen hohen Begriff davon zu vermitteln (en donner une haute idée). Aber wenn die Dinge sich nicht ändern, wenn niemand daran arbeitet, durch Taten das zu rechtfertigen, was ich aus reinem Patriotismus hier als Idealbild mit den besten Absichten vorwegnehme, so fürchte ich, daß früher oder später die Schändlichkeit ganz offenkundig wird und daß das Ansehen meiner Urteilsfähigkeit darunter leidet». Dann: «Man bemüht sich umsonst um Leute,

[1] 20. 11. 87/I.
[2] 12. 6. 88.
[3] 14. 3. 90.
[4] Z. B. Anfang Dezember 87; 18. 12. 87/II; 5. 2. 88; 6. 11., 7. 12. 88; 18. 2. 93, 7. 9. 93.
[5] 25. 11. 88.
[6] *Aretin,* Tauschprojekt (oben Kap. 4 Anm. 2).

die sich selbst aufgeben. Ich rechne es mir als Verdienst an, mich beständig anzustrengen für undankbare Individuen, die nur den Augenblick erwarten, mich davonzujagen».[7]

Bayern – das ist sein ‹Vaterland›, auf das er nichts kommen läßt. Aber über ‹die Bayern› findet er in Momenten des Unmuts und der Enttäuschung sehr kritische Worte. Sie sind neidisch und gehässig[8]. «Die Gerüchte, die in München über meine Person im Umlauf sind, haben mich weder niedergedrückt, noch gekränkt, noch entmutigt. Sie wissen, daß ich immer der Meinung bin, daß man auf dieser Welt nichts tun kann ohne Widerstände. Das einzige, was mich überrascht, ist die außergewöhnliche Verbissenheit, welche die Bayern zeigen, wenn es darum geht, ihre Landsleute in Verruf zu bringen, widerwärtige Folge eines niedrigen Neides, dessen Opfer sie selbst früher oder später sein werden»[9]. Er kritisiert ferner an ‹nos gros Bavarois› ein Unverständnis gegenüber den Formen und dem Takt der Höfe und der Diplomatie[10], er vermutet bei gewissen Helfern Zweibrückens in München «une petite dose d'indiscrétion bavaroise»[11]. Als er von den Rosenkreuzern um Pater Frank spricht, die seiner Meinung nach nach blutiger Rache an ihren Gegnern, besonders den ehemaligen Illuminaten, trachten, meint er: «Ich fürchte nicht die Verleumdung, weil ich mir nichts vorzuwerfen habe, und ich setze mich hinweg über Schikanen, Gemeinheit und Dummheit der Mehrheit euerer Bayern, die mich nur insoweit beschäftigen, als das Interessse ihres Fürsten und des Hauses es erfordert»[12].

Doch solche Äußerungen scheinen vorwiegend die Reaktion auf momentane Anfeindungen aus München zu sein, die dem in der Fremde Lebenden wohl ernstzunehmender und allgemeiner vorkommen, als sie es tatsächlich sind. Daß sie wahrscheinlich mehr den Ausdruck einer enttäuschten Liebe darstellen, zeigen die Äußerungen der Freude und des Optimismus, wenn er etwas Gutes erfährt. Als die Kunde eintrifft, Minister Hompesch sei in Ungnade bei Karl Theodor gefallen – sie war tatsächlich nur vorübergehend –, weil er sich der verhängnisvollen Regierungsweise des Kurfürsten und dem neuen Tauschprojekt widersetzt habe, und daß in München Manifestationen des Protestes gegen Karl Theodor stattgefunden haben, meint Montgelas: «Es spricht für Hompesch, daß er als Ehrenmann gegangen ist, ohne sich dem korrupten System anzupassen. Die Humanität hätte dabei (sonst) Schaden gelitten, ohne daß die Bayern noch Ener-

[7] 15. 4. 89/II.
[8] 12. 10. 87; 30. 10. 87/II; 18. 12. 87; 15. 1. 89.
[9] 30. 8. 87/II.
[10] 7. 10. 91.
[11] 6. 2. 91.
[12] 2. 12. 90.

gie und Charakter besitzen. Ich bin stolz auf mein Vaterland, wenn ich sehe, daß es sich der allgemeinen Achtung würdig erweist. Zwar mißbillige ich immer die Exzesse des Pöbels, aber ich zolle der Sehweise der Bayern vollen Beifall ...»[13]. Sehr skeptisch äußert er sich im Hinblick auf zahlreiche (nicht im einzelnen genannte) Persönlichkeiten der Münchner Gesellschaft und Beamtenschaft, ja auf das gesamte öffentliche Leben Bayerns: «Das Leben ist so kurz, daß man es für das Wesentliche verwenden muß. Man wird nie etwas anfangen können mit diesen Leuten und nur sehr wenig mit der großen Zahl der anderen. Nicht weil sie Jesuiten, Rosenkreuzer oder Illuminaten gewesen sind, sondern einfach, weil es bei uns weder Geist noch Erziehung noch Kenntnisse gibt, weil das Interesse für die öffentlichen Dinge gleich null ist, das Privatinteresse schlecht verstanden wird und ein jeder in niedriger Weise einem System des kleinen Vorteils folgt, ohne die Scheinwelt zu erkennen, der er nachjagt, weil über allem die Eitelkeit noch stärker ist als die Habsucht, was von allen Graden der Korruption der letzte und schlimmste ist. Ich habe eine wohlüberlegte Studie über die dortigen Verhältnisse verfaßt. Es ist das Ergebnis meiner Beobachtungen, das ich Ihnen in letzter Analyse präsentiere. Sie haben oft gesagt, daß ich recht hätte. Dies hat mich nur bestärkt in meiner Auffassung. Ich glaube, je tiefer Sie in die Dinge eindringen, desto mehr werden Sie die Richtigkeit meiner Überlegungen anerkennen. Unser Land muß regeneriert werden, aber es wird es niemals aus sich selbst heraus werden. Sie haben mir Ihr System entwickelt, ich schulde Ihnen das meine. Es wird Ihnen in seiner ganzen Ausdehnung dargelegt werden, sobald ich die Zeit dazu finde»[14]. Ob diese grundsätzlichen Äußerungen von Montgelas über sein ‹System› damals noch für Seinsheim niedergeschrieben worden sind, ist zweifelhaft. Vielleicht waren schon damals Gedanken gemeint, die in präziserer und ausgereifterer Form 8 Jahre später im Ansbacher ‹Mémoire au Duc› niedergelegt worden sind.

Auch aus anderen Äußerungen dieser Zeit spricht das Bewußtsein, eine politische und vielleicht erzieherische Mission zu haben. Montgelas ist nicht nur überzeugt, daß die innen- und außenpolitischen Verhältnisse Bayerns grundlegend geändert werden müssen; er glaubt auch zu wissen, wie dies zu geschehen habe. «Ich bin sehr froh, mein lieber Freund», schreibt er am 15. 2. 1789 an Seinsheim, daß Sie sich mit unseren Landsleuten vertragen, daß Sie versuchen, aus ihnen Nutzen zu ziehen. Man muß die Menschen nehmen wie sie sind, muß danach trachten, sie für seine eigenen geraden und richtigen Wege zu gewinnen, muß trotz aller Schwierigkeiten mit ihnen leben. Niemand fühlt besser als ich die

[13] 10. 12. 87; 18. 12. 87/II.
[14] 7. 12. 88.

Richtigkeit dieses Grundsatzes, und ich wage zu sagen, daß es nicht leicht sein dürfte, ihn mehr zu verwirklichen (als ich es tue). Dies ist das Verdienst der Umstände, nicht das meine. Es gebührt mir kein Ruhm dafür. Ich liebe unsere Landsleute sehr, so wie sie sind. Ich würde sie aber gern verändert sehen, zum Wohl der Allgemeinheit wie zu ihrem eigenen. *Ich sehe seltsame Folgen voraus, wenn dies nicht eintritt. Sie wissen, daß meine Ansichten auf einem gewissen Überblick beruhen, der mich die Dinge in ein wenig größerem Abstand sehen und (das Kommende) manchmal richtig erraten läßt. Ich spreche für das Vaterland.* Sie, der Sie meine persönliche Lage kennen, Sie wissen, wie gleichgültig mir dies sein kann in bezug auf meine eigene unbedeutende Existenz»[15].

Immer wieder überkommt ihn die Bitterkeit, daß man in München keinen Gebrauch von seinen Einsichten und seiner Arbeitskraft zum Wohl des Staates machen will, ja daß man ihn als gefährlichen illuminatischen Verschwörer und Landfremden verfemt. Von den Beratern Karl Theodors schreibt er: «Ich habe persönlich nichts von dieser Rasse zu erwarten als Haß und Verfolgung. Sie sind die Urheber jenes schönen Grundsatzes, daß ein Fürst sich seiner alten Diener zu entledigen habe, um sie durch Leute zu ersetzen, denen nicht nur die großen Interessen seines Hauses, sondern überhaupt die Elemente der Politik unbekannt sind, und daß dieser Wechsel nur darum vorzunehmen sei, weil die Vorfahren der einen (derjenigen die er neu einstellt) als Räuber auf den Verkehrswegen des eigenen Landes tätig waren, während die Vorfahren der anderen» – er meint damit die Entlassenen, darunter sich selbst – «dasselbe Handwerk 300 Meilen entfernt ausgeübt haben, als ob das Verdienst vom Herkunftsort abhinge und als ob man einem Lande nicht auch gut dienen könnte, wenn man nicht schon seit 400 Jahren darin ansässig ist».[16]

Diese aufklärerisch-realistische und ganz unromantische Definition des Adels und seiner Herkunft ist übrigens bezeichnend für seine Ansichten über diesen privilegierten Stand. Der Gedanke, daß seine Vorschläge als die eines angeblich Landfremden auch von seinen Freunden in Bayern nicht ganz ernst genommen werden könnten, bewegt Montgelas auch bei den folgenden Ausführungen vom 6. 12. 1792, als er, unter dem Eindruck der Französischen Revolution, seinem Freunde Seinsheim sein soziales Reformprogramm entwickelt: «Gleichmäßigere Vertretung, Ausdehnung der wesentlichen Menschenrechte auf alle Klassen der Gesellschaft, gleiche Steuerpflicht ohne irgendeinen Unterschied, dies sind die weisen Opfer, die zu bringen ich nicht aufhöre sie (die privilegierten Stände Bayerns) zu ermahnen. Sie sind durch die Gerechtigkeit diktiert und durch die Umstände geboten. Der Angehörige der führenden Stände, der als erster den

[15] Unterstreichung von Montgelas.

[16] 15. 1. 89.

Mut haben wird, sich diesen Grundsätzen zu unterwerfen, wird sich ein unsterbliches Recht auf die Dankbarkeit seines Vaterlandes erwerben. Ich wage nicht, mich hierüber mit all dem Feuer auszusprechen, mit dem mich meine persönliche Überzeugung erfüllt, da ich selbst über keinen Grundbesitz im Lande (in Bayern) verfüge. Ich erwecke sonst den Eindruck, mich für eine Sache einzusetzen, zu deren Kosten ich nicht beitrage. Dies ist das erste Mal, daß ich bedauert habe, kein Grundeigentum zu besitzen. Diese Lage beraubt mich der Genugtuung, durch mein eigenes Verhalten zu beweisen, daß ich denke, wie ich spreche. Also noch einmal: Großzügigkeit, Freigebigkeit, allgemeine Vereinigung für das Gute, keine Kämpfe aus schmutziger Knauserei, keine halben Entschlüsse. Solche werden nur die Schwäche offenbaren, ohne irgendjemanden zufriedenzustellen».

Und wenig später, am 16. 12. 1792, nimmt er nochmals das gleiche Thema auf: «Ich habe dem nichts hinzuzufügen, mein guter und alter Freund, was ich Ihnen schon gesagt habe über meine Ansichten zur inneren Verfassung unseres Vaterlandes. Ich wünschte, daß man den Augenblick benützte, um belastende und veraltete Vorrechte zu opfern, die man nicht einmal vor Gericht wirksam verteidigen könnte, wenn dies zur Diskussion stände. Die Motive, aus denen man diese Vorrechte gewährt hat, existieren nicht mehr. Gleichzeitig würde man aus den gegenwärtigen Umständen Nutzen ziehen, um eine Monarchie zu begründen auf der echten Grundlage der Macht und der Majestät des Thrones, einer gleichmäßigen Ständevertretung und der politischen und zivilen Freiheit aller Bürger, ein jeder entsprechend dem Rang, zu dem er berufen ist und bei Vermeidung der Gefahren der Übertreibung. Ich wage zu glauben, daß die Persönlichkeiten, welche die Hand zu einem solchen Projekt bieten würden, sich ein unsterbliches Recht auf die Dankbarkeit des Fürsten und seiner Untertanen erwerben würden, und für ihre Leistungen auf schöne Weise entschädigt würden durch das so erfreuliche und eindrucksvolle Schauspiel der allgemeinen Freude und Zufriedenheit». Er billigt die Grundsätze, aber nicht die schwächliche Art der Durchführung an einigen nicht genannten Maßnahmen der bayerischen Regierung. «Aber wozu mische ich mich hier ein? Ich habe keinen Grundbesitz im Lande. Ich vergesse, daß ich infolgedessen gar kein Verständnis für das öffentliche Wohl haben kann ... Verzeihen Sie mir mein Gerede, betrachten sie es als die krausen Träumereien eines Phantasten, der es allerdings nicht bereuen kann, diese Wünsche ausgesprochen zu haben».

In den durch die Revolution beeinflußten, hier noch sehr allgemein formulierten Gedanken dieser beiden zuletzt zitierten Briefe an Seinsheim haben wir bereits einige Grundgedanken der inneren Reformen vor uns, die Montgelas später als Minister verwirklichte. Aber er ist hier noch etwas liberaler, als er es später als Minister wegen des napoleonischen, dann österreichischen Einflusses und wegen der gesellschaftlichen und verfassungsmäßigen Wirklichkeit – vielleicht auch wegen seiner eigenen Sinneswandlung – in Bayern sein konnte. Unter den Ständen versteht er hier, 1792, eine Art von Nationalversammlung. Zur zivilen Freiheit – das heißt zur Gleichheit vor dem Gesetz, zur Gleichheit der Besteuerung, zur Rechtsstaatlichkeit, wie er sie später verwirklichte – tritt hier noch die politische Freiheit, die unter seiner Ministerzeit nicht mehr realisiert wurde.

Bereits im März 1790 hatte Montgelas sich in einem Brief an Seinsheim mit einem heute nicht mehr erhaltenen Entwurf seines Altersgenossen, Joseph August Graf Törring-Gronsfeld,[17] für eine künftige Verfassung Bayerns, auseinandergesetzt. In diesem Plan, den Törring privat dem Herzog von Zweibrücken zugesandt hatte, fand Montgelas vor allem, wie er schrieb[18], «ausgezeichnet» den Gedanken einer «Regeneration Bayerns durch einen Landtag», aber mit folgender entscheidender Veränderung: «Ich würde ihn (den Landtag) jedoch anders zusammensetzen (als Törring), indem ich Adel und Klerus in einer Kammer vereinigen würde und den Abgeordneten der Städte und Märkte, die nicht mehr nur durch die Magistrate allein zu wählen wären, sondern durch die Gesamtheit der Bürger dieser Gemeinden, noch Abgeordnete der kleinen bäuerlichen Eigentümer oder Miteigentümer hinzufügen, die in jedem Kreis nach Maßgabe ihres Anteils an der Gesamtsteuerleistung und der Bevölkerungszahl zu wählen wären». Montgelas schlägt also hier zusätzlich zu Törrings Entwurf die Bildung einer Nationalversammlung vor, an der Bürger und Bauern nach Maßgabe ihres Anteils am Gesamtsteueraufkommen und an der Bevölkerungszahl beteiligt sein sollen, also ein starkes Übergewicht gegenüber den Vertretern des Adels und des Klerus hätten. Die bäuerlichen Abgeordneten sollen aus dem Kreis «des petits propriétaires libres et des paysans domaniaux» kommen. Dieser Kreis ist also nach Montgelas' Vorstellung sehr weit zu ziehen, da er offenbar nicht nur die 4 bis 6% Bauern umfassen soll, die ihre Höfe damals noch als ‹freies Eigen› besaßen, sondern die ‹Urbarsbauern›, d.h. die Bauern, die ein Miteigentum an ihren dem Kurfürsten im Obereigentum gehörenden Höfen hatten. Wahrscheinlich verstand er unter dem Ausdruck ‹paysans domaniaux› auch sinngemäß die den Urbarsbauern entsprechenden sehr viel zahlreicheren Bauern, die zu Erbrecht oder Leibrecht auf Höfen saßen, deren Obereigentümer kirchliche Institute oder der Adel waren.

[17] S. unten Kap. 20 Anm. 17.

[18] Dieses und die folgenden Zitate stammen aus einem Brief Montgelas' an Seinsheim, dessen erste Seiten fehlen und der in Egglkofen einem Brief an Seinsheim mit dem Datum Zweibrücken (Deuxponts), 23. 3. 1790 beiliegt. Wie aus einem inhaltlichen Hinweis in diesem letzteren Brief (hinsichtlich des Planes von Törring) hervorgeht, muß der hier zitierte Brief dem vom 23. 3. 1790 unmittelbar vorangegangen sein, also etwa um den 12.–15. März 1790 geschrieben worden sein.

Montgelas fährt fort, er stimme den übrigen Vorschlägen Törrings zu, insbesondere der Einteilung des Landes in Kreise (nach dem Vorbild der französischen Départements), der Vereinfachung der Besteuerung, der Einführung der Toleranz. Er würde darüber hinaus gern dem Landtag die gesetzgebende Gewalt zubilligen unter der Voraussetzung, daß der Souverän die Gesetze bestätigen müßte, daß er ein Vetorecht dagegen hätte und daß alles in seinem Namen und unter seiner Autorität verkündet würde, jedoch auch im Namen und mit Zustimmung der Stände (des Landtags). Er hebt hervor, für die Freiheit sei der Grundsatz wesentlich, daß der Souverän ohne Zustimmung der Stände kein Gesetz erlassen dürfe, dieses Prinzip sei neu und nicht durch die bayerische Verfassungsgeschichte vorgebildet. «Es gibt viele Beispiele dafür, daß unsere Souveräne die Stände konsultiert haben, aber niemals haben sie eigentlich die gesetzgebende Gewalt mit ihnen geteilt. Indessen würde ich dazu neigen, (dem Souverän) zu raten, dieses Opfer dem allgemeinen Wohl zu bringen. Sie sehen durch dieses politische Credo, daß ich weder für den Despotismus noch für die Willkür bin. Ich weiß nicht, ob ich die Zeit finden werde, meine Arbeit (zu diesem Thema) abzuschliessen für die Zeit, wo es mir in den Sinn kommen wird, nach Bayern zurückzukehren, aber wenn es bis dahin der Fall wäre, so könnte ich diese Arbeit unter der Hand einigen aufgeklärten, unparteiischen Grundbesitzern in Bayern mitteilen, wie A(rc)o, Ihnen und einem oder zwei anderen. Wenn man Einverständnis erzielte über diese Grundsätze, so könnte man eines Tages auf dieser Grundlage aufbauen. Ich würde in dieser Richtung mein Möglichstes tun. Ich sehe nur dieses Mittel, um eine friedliche, heilsame Erneuerung (une réforme douce et salutaire) zu erreichen ... Wenn ich auf der anderen Seite an den Mangel an Aufklärung, an den bösen Willen, den Haß, die Eifersucht, die Uneinigkeit unserer Landsleute denke, so bin ich versucht, den Plan Törrings und den meinen als eine Utopie zu betrachten und mich daran zu erinnern, daß die Revolutionen nichts anderes sind als das Ergebnis von Unruhe und Uneinigkeit, weil die Souveräne selten genügend Bürger und die Völker selten genügend weise sind, um ihre beiderseitigen Interessen friedlich auszugleichen». Von seinen Hoffnungen auf eine Volksvertretung, die durch Umwandlung der alten Stände zu einer wirklichen Nationalversammlung entstehen sollte, sprach Montgelas später nur noch in sehr hypothetischer Form.

Andere hier ausgesprochene Reformpläne wird Montgelas später voll verwirklichen. Dazu gehört auch der folgende, der im Bayern Karl Theodors noch nicht zu diskutieren war: Montgelas kritisiert den Reformplan Törrings als nicht weit genug gehend in folgendem Punkt: «Mir scheint», so schreibt er, «daß jeder Bayer das Recht haben sollte, zu allen öffentlichen Ämtern zu gelangen ohne Unterschied der Herkunft, ausgenommen zu einigen rein repräsentativen und sehr kostspieligen Hofstellungen, die der Glanz des Hofes gewissen Familien zuweist (dies war vielleicht eine Konzession an den Empfänger des Briefes, Seinsheim, der einer dieser Familien angehörte, ebenso wie die Familien Törring und Preysing). Es gibt im übrigen keine Stelle, bei der es der Verwaltung gestattet sein sollte, das Verdienst auszuschließen. Anders zu handeln, hieße, den ersten Grundsätzen des Gesellschaftsvertrages zuwiderhandeln (manquer aux premières règles du contrat social), es hieße, die Talente entmutigen, die Gerechtigkeit verletzen»[19].

An all diesen Äußerungen zeigt sich, daß Montgelas bereits in den ersten Jahren der Französischen Revolution, zum Teil schon früher, wie wir an einigen Beispielen zeigen können, sehr weitgehende Reformen für Bayern plant, über die er mit einigen jüngeren Angehörigen des bayerischen Adels in Gedankenaustausch steht. Alle seine Überlegungen richten sich auf den konkreten Fall Bayern.

Noch im Tiefpunkt seiner Laufbahn, am 7. 9. 1793, als seine Gegner in Mannheim seine Kaltstellung beim Herzog erreicht haben, schreibt er dem Freunde: «Wenn die Krise andauert, wie es den Anschein hat, wird man» – er meint sich – «einen anderen Posten suchen müssen, wenn sich ein solcher bietet, woran ich nicht zweifle. Ich fürchte jedoch, daß es mir sehr schwer werden wird, ein Haus zu verlassen, unter dessen Herrschaft ich geboren bin, auf dessen Interessen ich alle meine Studien abgestellt habe», einen Fürsten, dem zur Vollkommenheit nur ein wenig mehr Fleiß und Sparsamkeit, Vertrauen und Mäßigung fehlen. «Ich finde eine Art von Feigheit darin, von meinem Posten zu desertieren inmitten der Übel, die bereits über uns gekommen sind und derjenigen, die ich noch kommen sehe. Dies ist es, ich schwöre es Ihnen, in erster Linie, das mich noch hier zurückhält. Vielleicht spielt dabei auch, ohne daß ich es bemerke, der Gedanke eine Rolle, diejenigen zu ärgern, die mich gerne weit weg sehen würden ...». Und er blieb im Dienst ‹des Hauses› und arbeitete, nachdem er 1796 leitender Berater des neuen Herzogs Max geworden war, mit größtem Elan daran, die Rettung, Abrundung und innere Erneuerung Bayerns vorzubereiten, dessen Regierung er mit seinem Fürsten 1799 antritt.

Doch Montgelas' Denken beschränkte sich keineswegs auf sein ‹Vaterland› Bayern, dem er mit einem zu engen Horizont nichts hätte nützen können. Er verfolgte vielmehr, wie bereits gezeigt wurde, mit brennendem Interesse die Vorgänge in ganz Europa. Er wußte, daß hier alles mit allem aufs engste verknüpft war. Und er war sich auch im klaren, daß noch etwas zwischen diesen beiden Polen, Europa und deutscher Einzelstaat, lag: das Reich, Deutschland. Montgelas, der erst in den achtziger Jahren in Zweibrücken gelernt hatte, sich schriftlich korrekt

[19] Ebd.

in Deutsch auszudrücken, bekannte im April 1789 seinem Freunde im Zusammenhang mit einem Heiratsplan, er wäre eventuell bereit gewesen, auf Wunsch der in Paris lebenden Eltern der jungen Dame einen Posten als Gesandter in der französischen Hauptstadt anzustreben. «Es wäre leicht gewesen, sich in dieser glücklichen Metropole des Reiches der Grazie, der Mode und der Perücken niederzulassen und dort mit dem ausgezeichneten Rang eines Diplomaten zu leben. Ich gestehe Ihnen indessen, daß mein persönlicher Geschmack dem widerstrebt, dort für immer meine Wohnung aufzuschlagen, daß ich mich dazu nur im Rahmen größerer Gesichtspunkte entschließen könnte. Ich bin immer in der Seele Deutscher gewesen und ich werde es täglich mehr»[20].

Bis zur französischen Kriegserklärung an Österreich (20. April 1792) hat Montgelas im Zusammenhang mit seiner Einstellung zur Revolution starke Sympathien für Frankreich und würde nichts für verhängnisvoller halten als eine Intervention der deutschen Großmächte in die inneren Angelegenheiten dieses Landes. Doch als Frankreich seinerseits den Krieg beginnt und mehr noch, als sich die französischen Verhältnisse zunehmend radikalisieren und andererseits Montgelas die Revolutionsarmeen aus der Nähe kennenlernt, wandelt sich seine Einstellung. Als er Seinsheim berichtet, die Kommissäre des Nationalkonvents in Mainz hielten das linke Rheinufer bereits für erobert und seien damit beschäftigt, ihm eine neue Regierungsform zu geben, bemerkt er dazu: «Mein deutscher Patriotismus schmeichelt sich, daß man ihnen nicht die Zeit lassen wird, diese Operation zu vollenden. Der unbesiegbare Dumouriez ist seit dem 1. (Januar) in Paris. Seine Truppen beginnen, ebensoviele Ausschreitungen zu begehen wie die anderen französischen Armeen aus Mangel an Lebensmitteln und Futter. Die Bauern erheben sich hier und da und schlagen so viele tot als sie können. Ich hoffe, daß diese Verhältnisse unsere Deutschen vom französischen Traum heilen werden, und unter diesem Gesichtspunkt schadet es nichts, daß sie den Teufel aus der Nähe sehen»[21].

Montgelas erfüllt es als Augenzeuge mit Stolz und Freude, als er am 3. April 1793 erlebt, daß etwa 10 österreichische Husaren in einem kühnen Handstreich die französische Besatzung von Homburg in Stärke von mindestens 200 Mann überfallen und aus der Stadt jagen. Er meint, «nos Allemands» hätten hier eines der kühnsten Bravourstücke dieses Krieges vollbracht, und sieht darin einen Beweis für die Überlegenheit der leichten deutschen Truppen, für die Erschöpfung der Franzosen – «ohne die Überraschung wäre kein einziger österreichischer Husar lebend entkommen» – und für die Bedeutung der leichten Reiterei[22].

[20] 18. 4. 89. «J'ai toujours été Germain dans l'âme et le deviens tous les jours davantage».

[21] 10. 1. 93. [22] 4. 4. 93.

Doch die Affekte schalten nicht die Fähigkeit zur kühlen Analyse der politischen Lage aus. So meint er im gleichen Monat bei der Erörterung der britischen Politik: «Wenn es England gelingt, sich die französischen Kolonien zu sichern, so wird es einen prächtigen Fang gemacht haben. Es wird auch schön sein, den Tod Ludwigs XVI. zu rächen, allein das nationale Interesse gewinnt dabei wenig. Die anderen Punkte scheinen mir für Verhandlungen geeignet zu sein, und ich glaube nicht, daß eine derart gut organisierte Monarchie, wo das Volk so wahrhaft frei und glücklich ist, im übrigen nicht die Mittel hätte, ihre Verfassung auf andere Weise zu bewahren als durch den Krieg. So würde ich denken, wenn ich Engländer wäre. Als Deutscher hingegen muß ich alles wünschen, was die Franzosen noch mehr in Schwierigkeiten versetzen und sie von meinem Vaterland fernhalten kann».

Die Not und die Erlebnisse des Krieges bestärken Montgelas in seinem deutschen Patriotismus. Andererseits bleibt er immer genügend kühl denkender Politiker, Europäer, Vertreter einer bayerischen Staatsraison, Humanist und Gegner einer primitiven konservativen Reaktion, um sich sein nüchternes Urteil etwa durch Nationalhaß oder Fanatismus verstellen zu lassen. Dies zeigt die Geschichte seiner Haltung gegenüber der Französischen Revolution.

15. Montgelas' persönliches Leben in Zweibrücken, 1787–1792

Montgelas liebt zu allen Zeiten seines Lebens die Bälle, die Gesellschaft, die geistvolle und witzige Plauderei, vor allem mit charmanten Damen, die Freuden der Tafel, korrekte und vornehme Kleidung, Malerei, Kupferstiche und Skulpturen, Bücher, vor allem politischen, geschichtlichen, naturwissenschaftlichen, philosophisch-literarischen und volkswirtschaftlichen Inhalts, an denen er aber auch bibliophile Werte zu schätzen weiß, wie seine noch heute erhaltene Bibliothek beweist, die eine der größten und wertvollsten deutschen Privatbibliotheken des frühen 19. Jahrhunderts sein dürfte. Allerdings bleibt all dies seiner Leidenschaft zur Politik und seinem Eifer für den Dienst des Fürsten, d. h. des Staates, untergeordnet, und es ist wenigstens teilweise eine scherzhafte Übertreibung im Ton der Salons, wenn er an Seinsheim einmal schreibt: «Weder die Spekulationen der Politik noch das Spiel des Ehrgeizes und der Intrige noch die Neuigkeiten der Zeitung noch selbst das Vergnügen, gravitätisch den Mond anzubellen unter den

[23] 24. I. 93.

Vertretern der deutschen Fürsten (am Reichstag), wiegen eine einzige Viertelstunde auf, die man angenehm in einem liebenswürdigen Kreis verbracht hat»[1]. Das gesellschaftliche Leben in Regensburg in diesen letzten Jahrzehnten des alten Reiches muß ‹brillant› gewesen sein; Montgelas sagt Seinsheim immer wieder, wie sehr er ihn darum beneide, und bestellt ihm Grüße an eine Reihe von Gesandten, die er persönlich kennt, vor allem die Preußens und Hannovers[2].

Aber auch in Zweibrücken fehlt es nicht an Bällen und Festen, wie wir sahen, an denen er auch gern teilnimmt, jedoch ohne zu tanzen. Nach der Schilderung der glänzenden Festlichkeiten am Karlstag 1788 bemerkt er: «Ich habe dabei nicht getanzt, weil ich auf diese Übung für mein ganzes Leben verzichtet habe. Es gibt Dinge, hinsichtlich derer es gut ist, sich einen festen Grundsatz zu bilden und ihn einzuhalten»[3]. Und am 8. 11. 1789: «Prinz Max ist immer noch hier. Gestern hat der Herzog die Komödie besucht, heute betätigen sich die Tänzer in Homburg. Was mich anbetrifft, der ich auf diese reizende Übung verzichtet habe, so bevorzuge ich die Ecke meines Kamins»[4]. Ob diese Abneigung gegen den Tanz, die keineswegs mit einer Abneigung gegen Feste, Gesellschaften und Frauen verbunden war, mit seiner damals etwas schwachen Gesundheit zusammenhing oder ob er sich als Tänzer nicht sicher genug fühlte, ist unbekannt, jedoch ist das erstere wahrscheinlich[5]. In seiner Ministerzeit nahm er an den Hofbällen teil.

Oft erklärt Montgelas dem Freunde, daß er sich in Zweibrücken einsam, als «armer Verbannter»[6] und gelangweilt fühle, da er nicht in Bayern leben könne. Der von ihm häufig gebrauchte französische Begriff «ennuyé» bedeutet ‹unbehaglich›, ‹von Weltschmerz und Heimweh geplagt›, eventuell ‹verärgert›, jedoch keineswegs ‹unbeschäftigt›, denn im gleichen Brief betont er meist, er sei zeitlich so stark durch den laufenden Dienst in Anspruch genommen, daß er viele Aufgaben, deren Erfüllung ihm ebenfalls wichtig erscheine, wie seine Denkschriften, immer wieder zurückstellen müsse. Im Vergleich zu den vergnügten Reichstagsgesandten in Regensburg führe er das Leben der «Büroratten»[7]. Seine auf einem Fest in Blies-

[1] 28. 8. 91.

[2] Z. B. 6. 11., 2. 12. 88; 27. 10. 89; 28. 8. 91.

[3] 6. 11. 88.

[4] 8. 11. 89/I und II.

[5] Besonders 1789 klagt Montgelas öfters über gesundheitliche Beschwerden. Wegen einer Unterfunktion der Speicheldrüsen leidet er oft unter Brechreiz. (15. 2. 89, 16. 3. 89/II). Als Ausgleich gegen die sitzende Tätigkeit macht er häufig Spaziergänge (15. 4. 89/I). Erst 1790 berichtet er, es gehe ihm dank Baaders Mitteln gegen seine «maux degorge» gesundheitlich viel besser als früher (12. 1. 90).

[6] «pauvre ésilié», 12. 6. 88.

[7] «rats de bureau», 2. 12. 88/I. Er arbeitet täglich 8 bis 10 Stunden in seinem Büro (23. 3. 90).

kastel gemachte unbedachte Äußerung, sich in Zweibrücken zu langweilen, wird durch die Indiskretion des preußischen Gesandten Graf Brühl der Gräfin von der Leyen und über diese dem Zweibrückener Hof mitgeteilt. Montgelas ist außer sich über diesen peinlichen Vorfall, bestätigt jedoch in einem vertraulichen Brief dem Freunde, diese Bemerkung habe seine wahren Gefühle wiedergegeben, er langweile sich hier in der Tat, soweit ihm die Arbeit Zeit zum Weltschmerz lasse[8]. «Was mich anbetrifft, so vegetiere ich weiterhin recht und schlecht. Ich arbeite, ich lese, ich schreibe an einige Freunde ...»[9].

Im übrigen charakterisiert er sich selbst als Feinschmecker, der Verständnis hat für Leute, die durch gutes Essen ihrer Gesundheit schaden[10]. Er spielt und verliert hier und da, auch in Zeiten, in denen er nur wenig Geld hat, und ärgert sich dann über den Verlust[11]. Doch gehört er nicht zu den Leuten, die sich durch Lotterie und Glücksspiele ruinieren. Er ist kein Freund des Weidwerks. «Ich beneide Sie nicht um ihre schöne Jagd», schreibt er an Seinsheim, «sondern nur um die Gesellschaft der Gräfin Seilern. Sie wissen, daß ich sehr meine Ruhe, dagegen wenig die Anstrengung liebe»[12]. Ein Zeugnis, das er sich selbst ausstellt, muß man angesichts der vielen tausend Seiten von Briefen, Instruktionen, Denkschriften usw., die er bereits vor 1799 geschrieben hat, voll bestätigen: Von der Faulheit sagt er: «ce sentiment honteux n'entre pas dans mon caractère»[13].

Eine seiner liebsten Abwechslungen sind Reisen. Doch läßt ihm der Dienst des Herzogs hierzu nicht viel Zeit, und wenn er einmal fortfahren kann, so sind seine Tage und Nächte erfüllt von strapaziösen Wagenfahrten[14], von Arbeit, schwierigen Besprechungen und Audienzen. Der Plan einer gemeinsamen Fahrt in die Schweiz mit Seinsheim muß auf günstigere Zeiten vertagt werden, die für Montgelas erst 30 Jahre später kommen[15] und dann auch nicht mehr als besser empfunden werden. Nach seinen Besuchen in München mit Audienz bei Karl Theodor, in Landshut bei Herzog Wilhelm, in Schönaich und Regensburg bei Seinsheim und Goertz von Juni bis Oktober 1788, kann Montgelas vor dem Revolutionskrieg nur noch zwei Reisen unternehmen: Dem Aufenthalt in Frankfurt aus Anlaß der Königs- und Kaiserwahl von 1790[16] vorausgegangen war von Ende Juli bis zum 30. August 1789 eine fünfwöchige Rundreise nach Mainz, Frankfurt, Wilhelmsbad,

[8] 23. 11. 89.
[9] 7. 12. 88.
[10] Z. B. 17. 4. 91.
[11] 21. 9. 90.
[12] 14. 12. 88.
[13] 13. 1. 89.
[14] 28. 10. 88/II.
[15] 13. 1., 5. und 26. 2., 11. 3. 88.
[16] S. Kap. 16.

Aschaffenburg, Dieburg (kurzmainzisch), Darmstadt und Mannheim[17]. Über Zweck und Verlauf dieser Reise ist nichts bekannt. Sie hing wahrscheinlich mit der Haltung der westdeutschen Reichsstände gegenüber dem revolutionären Frankreich im Hinblick auf die Abtrennung der unter französischer Souveränität stehenden elsässischen Herrschaften und auf die Bauernunruhen im deutschen Westen, sowie gegenüber der Politik Kaiser Josephs II. und dem Aufstand in den österreichischen Niederlanden und im Hochstift Lüttich zusammen.

Montgelas' Verständnis und Sympathie für die Französische Revolution in ihren ersten drei Jahren ist um so bemerkenswerter, als ihn persönlich diese Revolution in die größten Schwierigkeiten versetzt. Als Hofrat in München hatte er bereits 9 Jahre ohne Gehalt arbeiten müssen. Er hatte in dieser Zeit von dem nicht großen Vermögen gelebt, das ihm sein Vater als Offizier und redlicher Beamter hinterlassen hatte[18].

[17] Am 7. 10. 91 erwähnt er eine weitere Reise, von der er zurückgekommen ist; ihr Ziel geht nicht aus den Briefen hervor.

[18] Montgelas' Vater Janus erhielt am Ende seines Lebens, bis 1767, als bayerischer Generalmajor jährlich 1727 fl., als Kammerherr außerdem 600 fl., letzteres jedoch erst seit 1764 (E. *Weis*, Montgelas' Vater ..., Zs. für bayer. Landesgesch. 26, 316, Anm. 226). Wie im 18. Jh. üblich, mußte er dem Staat oft seine Auslagen und sein Gehalt jahrelang vorschießen. Das Vermögen hatte sich lt. Testament des Vaters von 1766 (Personenselekt Nr. 252) auf 17 946 fl. belaufen, die Janus in vier gewerblichen Betrieben, sowie bei der Ständekasse, bei seinem Bruder in Chambéry, beim Richter von Ismaning und bei Frhr. von Rechberg angelegt hatte. Ob hiervon etwas für die 2. Gemahlin Auguste von Schönberg, die selbst vermögend war, und wieviel für die Schwester Josepha von Montgelas abgezogen wurde, geht aus den Akten nicht hervor, ebensowenig, ob die beiden französischen Renten aus diesem Vermögen oder aus einer anderen Erbschaft stammten. Ungeklärt ist auch die Herkunft einer Forderung von 8000 fl., die Montgelas an Captana Freiin von Hegnenberg verehelichte Gräfin Seiboltsdorff wegen der Herrschaft Helfenstein hatte, eine Forderung, auf die er 1784 ein Kirchenanlehen von 8000 fl. von den Kirchen der Landgerichte Dingolfing, Reisbach, Kirchberg und Rottenburg aufnahm. Der Kurfürst von Bayern zog 1793 die Herrschaft Helfenstein ein. Das Kirchenanlehen wurde 1799 ordnungsgemäß zu einer Forderung der Kirchen an das Ärar umgebucht. Montgelas schied aus dem Anleiheverhältnis aus: MA 9269. In einer 1803 erschienenen Druckschrift ‹Ein paar Worte über die schamlose Schmähschrift: Gallerie der merkwürdigsten baierischen Staatsbeamten, drittes Heft: Max Freyherr von Montgelas, Minister der auswärtigen Angelegenheiten, bei J. P. Volbert, Mainz, im 8ten Jahre der französischen Republik, 1803›, die wegen der genauen Detailkenntnis von Montgelas selbst oder nach seinen Angaben verfaßt sein muß, wird als Widerspruch zu der Behauptung, Montgelas stamme aus einer ganz verarmten Familie, über Montgelas' Vater u. a. gesagt: «Von seinen zwey ansehnlichen Stellen in München bezog er einen guten Gehalt; zugleich auch vom fürsttaxisschen Hof, weil er mit dem izt regierenden Fürsten auf Reisen war, eine ansehnliche lebenslängliche Pension: und da er immer ordentlich wirtschaftete, so wird sich niemand wundern, daß er seinen zwey Kindern, dem dermaligen Minister und dessen

In Zweibrücken bekam Montgelas 1787 als Besoldung 700 fl. jährlich[19], 1792: 1037 fl.[20]. Außerdem erhielt er Zinsen in geringer Höhe aus Bayern und aus Savoyen. Seine wichtigste Einnahme waren zwei französische Renten von 1555 und 1296, zusammen 2851 livres, das waren etwa 1296 fl.[21]. Mit dem Ausbruch der Revolution hört die Zahlung der französischen Renten auf. Gleichzeitig verliert aus dem gleichen Grunde das ganze Herzogtum Zweibrücken seine Einnahmen aus den unter französischer Souveränität stehenden Besitzungen. Hierdurch und infolge der Verschwendungen des Herzogs können die Gehälter immer seltener noch in Bargeld, meist nur noch in Anweisungen ausgezahlt werden, die nur mit größten Verlusten zu realisieren sind[22].

Bereits vor der Revolution teilt Montgelas dem Freunde mit, seine finanzielle Situation sei delikat; schon damals kommen die Einnahmen aus Frankreich wegen der dortigen Unruhen und der Unsicherheit mit 4 bis 6 Monaten Verspätung an. Zu diesem Zeitpunkt hat Montgelas bereits fast 1000 fl. Schulden, ohne verschwenderisch zu sein. Trotzdem macht er weiter Anschaffungen für seine Privatbibliothek[23]. Auf seine Bitte hin vermittelt ihm die Gräfin Seinsheim in Bayern zweimal einen Kredit von je 1000 fl.[24]. Als einen der Gründe für seine Schulden gibt er an, er habe seinen alten, schwerkranken Diener in seiner Not im fremden Land nicht im Stich lassen können, da er ein solches Verhalten als ehrlos angesehen hätte[25]. Im Oktober 1789 ist die Finanzlage infolge der ausbleibenden Einkünfte aus Frankreich für ihn bereits katastrophal. Er kann nicht einmal mehr die Zinsen für die früheren Darlehen begleichen und bittet Seinsheim, der aus den gleichen Gründen selbst in Schwierigkeiten gerät, um Stundung[26]. «Noch nie war

Frau Schwester, ein Vermögen gegen fünfzigtausend Gulden hinterlassen habe» (12). Es wird noch der guten Verwaltung des Vermögens durch die beiden Vormünder der Kinder, Oberstjägermeister Graf Waldkirch und General von Livizzani, «rechtschaffene Männer», gedacht, die das Vermögen «ansehnlich vermehrten» und die ihren Pflegekindern eine sehr gute Erziehung zukommen ließen. (Über die Beziehungen zu den Thurn und Taxis siehe auch oben Kap. 1 Anm. 11).

19 Urkunden Egg.

20 Staatsarchiv Speyer Zweibrücken, Dienerbuch 1792, Fasz. 243 Nr. 1196.

21 Gesandschaft Paris Nr. 6947. Montgelas ließ 1802 durch den Gesandten Cetto mit der Regierung des Ersten Konsuls über Anerkennung dieser beiden Renten verhandeln; die Anerkennung der zweiten Rente gelang ihm jedoch damals nicht, da er im Krieg die Urkunde darüber verloren hatte.

22 Hierzu *Mannlich* 212 u. ö. Hiernach bestanden solche Zustände auch schon vor der Revolution.

23 21. 12. 88; 28. 1. 89.

24 10. 2., 22. 2., 3. 3., 18., 30. 4., 23. 6., 3. 8. 1789/I.

25 3. 3. 89/II.

26 3. 8., 21. 9., 6. 10./I, 11., 13., 27. 10. 89/II; 10. 11. 89.

ich, wie in diesem Augenblick, auf das zum Leben Nötige reduziert. Es ist wahr, daß die Umstände in jeder Hinsicht einzigartig sind und sich so bald nicht ändern werden. Man gibt immer aus und nimmt nichts ein»[27].

Dies wird im nächsten Jahr kaum besser. Die Lage sei, so schreibt er, äußerst schwierig «in einem fremden Land, fern von meinem Kredit, von meinen Freunden. Ich erwarte den nächsten Monat mit einer Ungeduld, von der Sie sich keine Vorstellung machen können»[28]. «Ich erwarte Geld von Savoyen, von hier, von Frankreich ... Sie können sich die Stagnation vorstellen, welche die finanzielle Aktionsunfähigkeit eines Reiches wie Frankreich hervorrufen muß. Hier (in Zweibrücken) ist daher nicht der Ort, Kredit zu suchen»[29]. «Man schuldet mir von allen Seiten; niemand zahlt. Man verspricht mir Geld, wenn ich hinkomme, ist keines da. Noch nie hat es eine solche Situation gegeben. Wie Tantalus verhungere ich inmitten meiner Papiere ... Hier kann von Kredit keine Rede sein. Die anderen sind noch ärmere Teufel als ich»[30].

Mit diesen Erklärungen muß er den Freund vertrösten, der auf Zahlung der Schulden und Zinsen drängt, da seine eigenen Einnahmen ins Stocken geraten. Dennoch erlöst ihn Seinsheim aus der ärgsten Not, indem er ihm in Bayern einen Kredit zur Rückzahlung der dringendsten Schulden besorgt[31]. Doch werden die Verhältnisse auch in den beiden letzten Jahren des Herzogtums kaum besser. Kurz vor dem ersten Einfall der Franzosen schreibt Montgelas an den Freund, er bekomme keine Bezüge, sondern müsse alles vorschießen. Als er aus München die Rückzahlung einer für den Herzog gemachten Auslage von 188 fl. erhält, schreibt er bildlich: «Ich versuche, die Geldstücke im Luftsprung zu erhaschen, denn man muß schließlich leben»[32]. Aber die schlimmste Notzeit wird für ihn mit der Besetzung des linken Rheinufers durch die Franzosen erst noch beginnen.

Das Kapitel ‹Montgelas und die Frauen›, soweit es in den Briefen zur Sprache kommt, besteht in diesen Jahren aus einer großen Liebe, die mit Enttäuschung endet, nämlich der zu Frau von Hofenfels, und aus einer Reihe von Seinsheim vermittelter Eheverhandlungen, die, mit dem Rechenstift kalkuliert, ein Ergebnis von Montgelas' finanzieller Notlage sind und von den angestrebten Schwiegereltern, wohl vorwiegend wegen des mangelnden finanziellen Hintergrundes des Kandidaten, zum Scheitern gebracht oder durch die Zeitumstände verhindert werden. Außerdem hat er – wie Briefe seiner Freunde an ihn erwähnen – in Zweibrücken, in Frankfurt bei der Kaiserwahl und später in Ansbach nicht wenige charmante Damenbekanntschaften.

Von September 1787 bis Anfang 1789 spricht Montgelas gegenüber Seinsheim in fast jedem Brief von einer Madame de Crillon und bestellt Grüße von ihr.

[27] 27. 10. 89/II.
[28] 14. 3. 90.
[29] 2. 3. 90.
[30] 9. 5. 90.
[31] 11. 5. 90.
[32] 6. 1. 93.

Diese Dame, deren wirklichen Namen er fast nie erwähnt, ist Friederike Freifrau von Hofenfels, die 1787 23jährige Witwe des zweibrückischen Staatsmannes. Sie ist die 1764 geborene Tochter des Generals von Closen, eines Freundes Christians IV. von Zweibrücken, der als Kommandeur des Regiments Royal Deuxponts in Straßburg einer der Vorgänger des Pfalzgrafen und späteren Königs Max gewesen war. Ihre Mutter, eine Schwester des Ministers Esebeck, war in zweiter Ehe mit einem Freiherrn von Strahlenheim verheiratet, der den Besitz der Stieftochter verbrauchte, so daß diese bei ihrer Heirat mit dem um 19 Jahre älteren Hofenfels ohne Vermögen war[33]. Aus ihrem väterlichen Besitz stammte der Luisenhof auf dem Karlsberg bei Homburg, den ihre Mutter an Herzog Karl verkaufte, der dort sein Prunkschloß baute[34].

Montgelas lernt Friederike von Hofenfels näher kennen, als er nach dem Tode ihres Mannes dessen Aktennachlaß ordnet[35] und der Witwe seines Lehrmeisters, die Anfang September 1787 posthum dessen zweites Kind, eine Tochter, zur Welt bringt[36], in geschäftlichen Dingen beisteht[37]. Mit Hilfe seiner bayerischen Freunde Seinsheim und Leyden sammelt er Material, das Frau von Hofenfels die Wiederaufnahme eines Prozesses um die niederbayerische Hofmark Haidenburg gestatten soll, die 1762 in Ablehnung einer Klage ihres Vaters, des Generals Frhr. von Closen, diesem Geschlecht ab- und den Tauffkirchen zugesprochen worden war. Anfänglich ermutigt Montgelas die widerstrebende Frau von Hofenfels, den Prozeß wiederaufzunehmen[38], aber je mehr Unterlagen er aus Bayern erhält, desto skeptischer wird er über die Erfolgsaussichten[39]. In der ersten Zeit ist ihm diese Rechtsberatung ein angenehmer Anlaß, mit Frau von Hofenfels zusammen zu sein[40]. Bald bezeichnet er sie als «jolie femme»[41] und nach einer Erkrankung als «frischer, hübscher, interessanter als jemals» und als «femme charmante»[42]. Und zwei Wochen später: «Ich sehe Madame de Crillon so oft, als es mir meine Arbeit

[33] *Mittelberger*, Hofenfels, 61 f., 201.

[34] *Mannlich* 202.

[35] 23. 10., 6. 11. 87.

[36] *Mittelberger* 201.

[37] 11. 9. 87.

[38] 2. 10. 87.

[39] Briefe an Seinsheim November 1787 bis Februar 1788, Egg.

[40] «Il n'y a rien que je ne sois disposé à faire et pour la mémoire de feu son mari qui me sera toujours chère et pour l'intérêt qu'elle inspire par elle-même». 2. 10. 87/II.

[41] 4. 10. 87.

[42] 15. 10. 87. Cetto beschreibt Madame de Hofenfels 11 Jahre später in einem Brief an Montgelas, in dem er diesen bittet, sich um das auf die Abtei Tholey im ehemals Zweibrückischen plazierte Vermögen von Hofenfels' Kindern zu kümmern, folgendermaßen: «a certain pretty Lady with deep blue eyes, black brows and rosy cheeks». 3. 12. 1797, Egg. Cetto bedient sich hier ausnahmsweise des Englischen.

erlaubt, häufiger als irgendjemand anders hier. Um ihr Loblied zu singen, genügt es, sie zu kennen. Ich gestehe ihnen sogar daß, wenn jemals eine Frau mich mit leidenschaftlicher Liebe erfüllen kann, es nur sie ist ... Von Weiterem ist zur Zeit nicht die Rede»[43]. Er bittet Seinsheim, über die Sache strengstes Stillschweigen zu bewahren. Auch in den folgenden Monaten ist in jedem Brief von dieser Frau die Rede, die Seinsheim ebenfalls gut kennt. Als sie wegen einer Augenentzündung vorübergehend fast erblindet ist, liest ihr Montgelas Vergil vor[44], besorgt ihr aber auch Westenrieders Baierisch-Historischen Kalender, da sie sich trotz ihrer französischen Erziehung als Bayerin fühlt.

Doch bald bittet er Seinsheim, zu erkunden, ob die Gerüchte, er werde Frau von Hofenfels heiraten, in München von Rosenkreuzern oder Illuminaten ausgestreut würden und ob sie das Ergebnis guter oder schlechter Absichten seien. Nichts sei gegenwärtig so unrichtig wie diese Behauptung[45]. Ja, er tadelt den Freund, daß man in seinem Hause diesen angeblichen Heiratsplan diskutiert habe[47]. Als Montgelas sich von Juni bis Oktober 1788 in Bayern aufhält, reist ‹Madame de Crillon› zu den Wassern von Pyrmont, kommt aber unpäßlicher als zuvor zurück. Das Verhältnis zwischen beiden ist erkaltet. Seit Oktober 1788 plant Montgelas andere Heiraten. Und bald berichtet er[48] Seinsheim: «Madame de Crillon läßt sie grüßen. Sie ist eine charmante Frau. Ich habe ihr für immer Hochachtung, Vertrauen und die zarteste Freundschaft gewidmet. Indessen, aus Gründen, die ich Ihnen gesagt habe und aus anderen, die ich niemand anvertrauen kann, behagt mir diese Liaison auf die Dauer nicht; sie kann niemals zu etwas führen». Bald bittet er Seinsheim um Hilfe als Berater und Vermittler hinsichtlich anderer Heiratspläne. Etwas später veranlaßt er, daß Graf Montezan nicht mehr Pakete für Montgelas an die Adresse von Frau von Hofenfels schicken solle. «Wir stehen nichts weniger als gut miteinander. Man muß sich indessen, so weit es geht, arrangieren»[49].

Noch ein halbes Jahr lang lebt Frau von Hofenfels nach dieser beiderseitigen Enttäuschung in Zweibrücken. Trotz allem ist Montgelas sehr betroffen, als er erfährt, daß sie plötzlich abgereist sei: «Was sagen Sie von unserer lieben Madame de Crillon. Sie ist abgereist ohne ein Wort zu sagen, um ohne Wissen und gegen den Widerstand ihrer Familie einen Grafen Ludolf, Legationssekretär bei der

43 30. 10. 87/I.
44 3. 1., 12. 2., 19. 2., 8. 4. 88.
45 5. 2. 88.
46 25. 3. 88/I.
47 15. 4. 88.
48 2. 12. 88/II.
49 21. 12. 88.

Kaiserlichen Gesandtschaft in Mainz, zu heiraten, ohne von anderen Verrücktheiten zu sprechen. Ich hätte in ihr wirklich eine charmante Frau besessen. Habe ich nicht richtig gehandelt, mit ihr zu brechen? Dieser Skandal wird binnen kurzem allgemein bekannt werden. Ich glaube indessen, Sie werden gut daran tun, ihm nicht allzuviel Publizität zu geben. Sie sind dies dem Andenken ihres Gemahls und der Freundschaft schuldig, die Sie für Madame de Crillon gehabt haben»[50]. Skandalös an diesem Fall findet Montgelas offenbar – außer der Tatsache, daß er als ehemaliger Freund nicht informiert worden war – vor allem, daß die Witwe von Hofenfels und Nichte des Ministers Esebeck ohne dessen Zustimmung einen Diplomaten der ‹Gegenseite›, nämlich Österreichs, heiratet. Nachdem er die Antwort Seinsheims hierauf erhalten hat, meint er: «Ich bin sehr froh, mein lieber Freund, daß Sie meinen Entschluß hinsichtlich Madame de Crillons gebilligt haben. Sie sehen, daß ich wenigstens manchmal recht habe. Zumindest schmeichle ich mir, daß Sie mir zustimmen werden. Diese Dummheit war nicht die erste; ich fürchte stark, daß es auch nicht die letzte bleiben wird. Ich war sehr überrascht, Madame de Crillon ganz anders kennenzulernen, als Sie sie mir beschrieben hatten. Ich gestehe Ihnen, daß ich sehr verwundert war über den Respekt, den sie Ihnen eingeflößt hatte. Ich weiß nicht, wo sie sich niederlassen wird, ich vermute, daß ihr selbst dies noch nicht klar ist. Sie will hier alles verkaufen und nie hierher zurückkehren. Ich glaube, sie schwankt zwischen Wien und Paris[51].

Montgelas stand später als Minister mit der Gräfin Ludolf in Briefwechsel und verwandte sich 1802 dafür, daß Frankreich wieder die einst von Ludwig XVI. ausgesetzte Pension von 6000 livres jährlich für die beiden Kinder von Hofenfels zahlte[52].

Es ist nicht ausgeschlossen, daß eine Ehe zwischen Montgelas und Frau von Hofenfels von deren Onkel, dem Minister Esebeck, nicht gern gesehen worden wäre, weil darin vielleicht eine Art Anwartschaft auf die Nachfolge von Hofenfels gelegen hätte. Montgelas nahm de facto zusammen mit Cetto die Aufgaben von Hofenfels wahr, Esebeck wollte aber keinen seiner Untergebenen mehr nach außen so stark ausgezeichnet wissen, wie es Hofenfels gewesen war[53]. Vielleicht

[50] 23. 6. 89.

[51] 7. 7. 89.

[52] Briefwechsel mit Comtesse Simone de Ludolf (sie hatte offenbar den ins Französische nicht übertragbaren Vornamen Friederike abgelegt und stattdessen in Erinnerung an den ursprünglichen Familiennamen von Hofenfels, Simon, den Vornamen Simone angenommen) u. a. in MA 7937/2, aus dem Jahr 1808. Verwendung für die Kinder von Hofenfels: Gesandtschaft Paris 6947. Vgl. auch Anm. 42.

[53] Die Behauptung, daß Esebeck die Ehe verhindert hätte, findet sich bei Prinz *Adalbert*, Max Joseph, 294, auf Grund eines Tagebucheintrags von Gravenreuth vom 14. 11. 1796, also 9 Jahre nach diesen Vorgängen.

sprachen auch bei Montgelas, möglicherweise auch bei Frau von Hofenfels, materielle Bedenken gegen eine solche Heirat. Entscheidend für den Bruch war jedoch, wie aus den vorstehenden Äußerungen hervorgeht, die rasch fortschreitende innere Entfremdung.

Seit Herbst 1788 bittet Montgelas Seinsheim immer wieder, ihm bei der Vermittlung einer Heirat behilflich zu sein. Bei seiner Reise nach Bayern hat er sich für eine Nichte Seinsheims in München begeistert[54], die er am liebsten heiraten würde, «wenn die Neigung allein meine Wahl bestimmen könnte, wenn ich reich genug wäre, um allein die Kosten eines Haushalts bestreiten zu können. Aber da dies nicht der Fall ist, da man in dem Handwerk, das ich betreibe, sich nicht durch eine unglückliche Wahl leichtfertig die Schlinge um den Hals legen darf (geht es nicht). Es hieße einer Frau einen schlechten Dienst erweisen, sie in Not zu stürzen. Diese Erwägungen vereint lassen mich zu einer anderen Partie neigen ...»[55]. Er denkt dabei an eine der beiden jüngeren Töchter des verstorbenen bayerischen Gesandten in Paris, von Eyck[56]. «Man sagt, sie seien hübsch und gut erzogen». Er hat erfahren, die jüngste, von 18 Jahren, habe wegen besonders guter Verwaltung ihres Erbteils das größte Vermögen. Er stellt Seinsheim einen ganzen Katalog von Fragen, die er durch Ermittlungen in München und Paris zu beantworten versuchen soll, natürlich unter dem Siegel der Verschwiegenheit. Mit einer fast beängstigenden Systematik, die allerdings auch durch die Unmöglichkeit für ihn, in dieser Zeit selbst zu reisen, bedingt ist, bedrängt Montgelas ein halbes Jahr lang den Freund mit immer neuen Fragen und Aufträgen in dieser Sache, die Seinsheim geduldig erledigt. Das Vermögen, aber auch die äußeren und charakterlichen Qualitäten der beiden Schwestern stehen dabei im Vordergrund. Bezeichnend für die patriarchalische Struktur des Herzogtums, aber auch für die damaligen guten Beziehungen von Montgelas zu seinem Fürsten, ist, daß der Herzog sich auf seine Bitte persönlich einschalten und über den König von Frankreich (der damals vermutlich andere Sorgen hat) oder direkt bei der Mutter zu Gunsten von Montgelas intervenieren würde. Allerdings müßte er dann im Interesse seines Prestiges sicher sein, daß der Antrag nicht abgelehnt würde[57]. Montgelas ist mit der Mutter entfernt verwandt. «J'ai quelque perspective» meint er daher[58]. Aber er irrt sich. Ihre Mutter will nichts von der Verbindung wissen.

[54] 28. 10. 88/II; 2. und 14. 12. 1788.

[55] 2. 12. 88/II.

[56] Maximilian Emanuel Graf (Frhr.) von Eyck war bayerischer Gesandter in Paris von 1755–1777 (Geheimes Staatsarchiv, Repertorium der bayerischen Gesandtschaft Paris).

[57] 21. 11. 88, 2. 12. 88, 21. 12. 88, 13. 1. 89.

[58] 2. 12. 88/II.

Montgelas erklärt, er sei darüber nicht zu Tode betrübt, da er die Dame doch nicht gekannt habe[59], aber Seinsheim beginnt mit der Mutter noch eine zweite Verhandlungsrunde. Montgelas erklärt sich bereit, einen Posten als Gesandter in Paris anzustreben, falls die betreffende Dame lieber in Paris leben möchte[60], obwohl er sich damit wahrscheinlich seine Karriere abschneiden würde.[61] Er bittet aber Seinsheim um Diskretion, «damit mich eine zweite Absage nicht in meinem Vaterland kompromittiert.» Im September 1789 betrachtet er das Projekt als vollkommen gescheitert. Die Mutter möchte keinen Deutschen zum Schwiegersohn[62]. Montgelas mag bald darauf froh gewesen sein, nicht in das brodelnde Paris gezogen zu sein. Ein bayerischer Minister wäre in diesem Fall vermutlich nicht aus ihm geworden. Er ist froh, daß er den Herzog nicht eingeschaltet hat und tröstet sich leicht. «Il faut se consoler et chercher autre chose»[63]. Bereits während dieser Verhandlungen hatte er Seinsheim geschrieben: «Ich wünschte mir einen Erfolg der Angelegenheit, weil ich einen Vorteil darin sehe. Das Persönliche spielt dabei keine Rolle, weil ich das Objekt nicht kenne. Dies wird ein Grund des Trostes sein, wenn, wie es gegenwärtig sicher scheint, die Sache fehlschlagen wird. Jeder andere Plan, der denselben Nutzen bietet, macht mir das gleiche Vergnügen»[64]. Seine Hauptgesichtspunkte für einen eventuellen Alternativplan sind: Er darf politisch keinen schlechten Eindruck machen, und Montgelas darf nicht Gefahr laufen, durch Einwirkung Dritter einen Korb zu bekommen[65].

Seinsheim, der wie ein rühriger, uneigennütziger Makler auftritt, macht seinem Freunde bald weitere Heiratsvorschläge. Einer davon betrifft eine 16jährige, in den Briefen ungenannte Dame der Münchner Gesellschaft. In seiner Antwort[66] entwickelt Montgelas seine Ansichten über die Ehe. Er bedankt sich für des Freundes Bemühungen, erklärt sich bereit, den vorgeschlagenen Bewerbungsbrief zu schreiben, bittet jedoch zuvor um die Beantwortung einiger Fragen: Ob er glaube, daß die junge Dame mit 16 Jahren schon die Bedeutung eines so wichtigen Entschlusses wie desjenigen, eine Ehe einzugehen, erkennen könne. Oft folge in solchen Fällen später Bedauern über den übereilten Entschluß, Unglück und Uneinigkeit. Dies sei schon möglich bei einer Liebesheirat (mariage d'inclination), noch viel mehr aber, wie in diesem Falle, bei einer Konventionsehe (mariage de

[59] 15. 4. 89/I.
[60] 18. 4. 89.
[61] 10. 9. 89.
[62] 21. 9. 89.
[63] 29. 9. 89.
[64] 14. 6. 89.
[65] Ebd.
[66] 26. 10. 90.

convenance). Ferner: «Ob sie mir zugetan sein kann. Ich bin, wie es sich gehört, durchdrungen von der Größe meiner erhabenen Verdienste, aber ich verstehe sehr gut, daß diese nicht denselben Eindruck auf jedermann machen können ... Die trübe Erfahrung dessen, was ich mit zunehmender Weltkenntnis um mich sehe, zwingt mich zu dieser Überlegung. Es würde mir leid tun, den traurigen Opfern ähneln zu müssen, die ich oft Gelegenheit hatte zu betrachten und zu beklagen. Beruhigen Sie mich bitte darüber, ich schwöre Ihnen, daß Sie mir damit einen wahren Dienst erweisen. Wenn es Ihnen möglich ist, so lassen Sie mich wissen, ob sie im Grunde ihres Charakters ebenso sanft ist, wie sie Ihnen erscheint. Glauben Sie nicht, daß die Heuchelei und Gezwungenheit (la gêne), notwendige Folgen der Erziehung unserer Frauen, dazu beitragen, ihr einen äußerlichen Anstrich von Güte zu geben, der nicht in ihrer Wesensart liegt und den oberflächlichen Beobachter für die Wirklichkeit halten?»

Er fragt weiter, ob sie bereit und fähig wäre, die Manieren der großen Welt anzunehmen, wie es notwendig sei in der Karriere, die er verfolge. «Hat sie Charme? Geist? Interesse an Musik, Tanz, Zeichnen und überhaupt an allem, was man ihr beibringt? ... Ist sie wohlgestaltet? Hat sie Vernunft genug, um es gleichermaßen zu verstehen, sich in der großen Welt zu bewegen, aber auch dieselbe zu entbehren; das Leben ist hier, wie in allen kleinen Städten, notwendigerweise ein wenig monoton. Ich sage nichts vom Gesicht, dies ist das letzte der Dinge, auf die ich Wert lege». Er erkundigt sich ferner nach ihren nächsten Verwandten, sowie danach, ob sie sofort über ihr Vermögen verfügen könne. «Was gibt man ihr mit? Ich bin weit davon entfernt, durch niedriges Interesse geleitet zu werden», aber in einem Augenblick, wo man mit einem Bankrott Frankreichs rechnen müsse, sei diese Frage verständlich. «Das Geld macht bei weitem nicht das Glück aus, aber es vermittelt Möglichkeiten und Ansehen, die man nur schwer entbehren kann.»

Schließlich bittet er Seinsheim um Auskunft, ob die junge Dame «in den Ideen einer vernünftigen Sparsamkeit lebe, die wesentlich sind für die Mutter einer Familie. Ich will nicht, daß eine Frau von Stand sich in alle kleinen Details einer Haushälterin einlasse, aber eine allgemeine Übersicht ist nötig, die sie lehrt, aus allem Nutzen zu ziehen, aus jeder Sache das herauszuholen, was möglich ist und ohne Mühe und Ärger ihre Ausgaben den Einnahmen anzupassen. Ohne diese unentbehrliche Fähigkeit schmelzen die großen, noch viel mehr die mittelmäßigen Vermögen rasch zu einem Nichts zusammen».

Er selbst wolle versuchen, so sagt er weiter, durch eine Vereinbarung mit seinen beiden kinderlosen Vettern in Savoyen, an die er Forderungen zu stellen habe, die Reste des vernachlässigten Familienbesitzes wieder zu vereinigen. Auch der Herzog werde vielleicht im Heiratsfalle etwas für ihn tun. Aber dies alles seien noch keine Sicherheiten, deswegen könne er den von Seinsheim empfohlenen Antragsbrief an die Vormünder der Dame noch nicht schreiben.

Solche Erwägungen zeigen den soliden Hausverstand eines nüchtern rechnenden bürgerlichen Geschäftsmannes, zugleich aber eine vernünftige, durch Erfahrungen erhärtete Einsicht in wichtige menschliche Vorbedingungen für eine aus beruflichen und finanziellen Erwägungen geschlossene Ehe – an eine Neigungsehe hat Montgelas damals nicht gedacht – die doch gut gehen soll und nicht zur Qual wird. Dieser hausväterliche und auch geschäftstüchtige Zug tritt bis ins hohe Alter bei dem gleichen Mann immer wieder hervor, der andererseits stets empfänglich war für Gesellschaften, Vergnügungen, weiblichen Charme und für den, wie für den größten Teil der guten Gesellschaft des Ancien Régime, Liebe und Ehe zwei grundsätzlich getrennte Begriffe darstellten, die sich trotzdem keineswegs ausschlossen.

Ein anderes Heiratsprojekt scheitert, weil Montgelas nicht das Geld hat, nach München bzw. Regensburg zu reisen, um sich dem Vater der in Aussicht genommenen Dame vorzustellen und wohl auch, weil dieser mißtrauisch gegen einen ehemaligen Illuminaten ist. Schon vorher hatte Montgelas erklärt, wenn dieser Herr Vorurteile solcher Art hätte, so würde er ohne Zögern auf dessen Verwandtschaft und dessen Millionen verzichten, da er es müde sei, das unglückliche Wort Illuminat seit 6 Jahren immer wieder zu hören[67]. Der Kriegsausbruch von 1792 setzt allen weiteren Planungen ein Ende; erst als Minister nach 1799 wird Montgelas wieder an das Heiraten denken.

16. Als Gesandter bei der Kaiser- und Königswahl von 1790

Am 20. Februar 1790 stirbt Joseph II., jener aktive, tragische Kaiser, der sein eigenes Werk teilweise zugrunderichtete und dessen Tod seit längerer Zeit von seinen eigenen Mitarbeitern und von den deutschen Fürsten vorausgesehen und fast sehnlich erwartet wurde[1]. Ein Umschwung der deutschen Politik ist die Folge. Österreich und Preußen, die soeben am Rande eines Krieges gestanden

[67] 2. 12. 90; 7. 2. 91.

[1] Das vernichtende Urteil seines Lehrmeisters Kaunitz über Joseph II. vgl. *Aretin*, Höhepunkt und Krise . . ., HZ 196, 1963, S. 73; *Aretin*, Heiliges Römisches Reich . . . I, 1967, 216 ff. u. ö. Auch schon *Ranke*, Die deutschen Mächte und der Fürstenbund, Kap. 28. Selbst Josephs enger Verbündeter Karl Theodor erwartete den Tod des Kaisers mit Ungeduld: K. bl. 197/10.

haben, wobei der eine Staat der Unterstützung Rußlands, der andere derjenigen der Türkei sicher gewesen und auch von England begünstigt worden ist, versöhnen sich in der Konvention von Reichenbach vom 27. Juli. Leopold hat gegen den Willen des alten Kaunitz in eine realistische Politik eingelenkt. Diese macht gleichzeitig den Weg frei für die Wahl Leopolds zum deutschen König und römischen Kaiser, eine Wahl, die nicht ernstlich angefochten ist, weil König Friedrich Wilhelm II. nicht daran denkt, für die Kaiserkrone zu kandidieren, wenn auch Preußen seine Zustimmung zunächst vorsichtig zurückhält.

Kein Krieg, keine antihabsburgische Kaiserkandidatur. Aber in den Einzelheiten der deutschen Politik bestehen weiterhin erhebliche Gegensätze, von denen der wichtigste weiterhin der ist zwischen Preußen mit dem Fürstenbund auf der einen, Österreich und seinen Anhängern auf der anderen Seite. Wenn man auch nicht das habsburgische Kaisertum in Frage stellen will, wenn auch von tiefgehenden Reichsreformen – wie sie viele Reichsstände wünschen – letztlich keine Rede mehr ist, so gibt es doch ein Feld, auf dem der Fürstenbund und viele andere Reichsstände dem Kandidaten Leopold, dessen Stellung infolge der Unruhen in Belgien und Ungarn und der außenpolitischen Lage zunächst schwach ist, zuzusetzen gedenken: die Wahlkapitulationen.

Jedoch werden auch hier weitgehende Neuerungen, wie z. B. die damals vieldiskutierte Verbesserung der Reichsgerichte, aber auch gewisse Schwächungen der kaiserlichen Autorität, verhindert durch eine Stimmengleichheit von 4 : 4 im Kurfürstenkollegium. Die Vorschläge der Anhänger des Fürstenbundes: Brandenburg, Hannover, Sachsen, Mainz, von denen die beiden letzteren unter sich in Streit liegen, werden großenteils zunichte gemacht durch die vier Stimmen, die Leopold sicher sind: Böhmen, Köln, dessen Kurfürst Maximilian Franz Leopolds Bruder ist, Trier und Pfalz. Karl Theodor führt, da die bayerische Stimme mit dem Aussterben der jüngeren Linie des Hauses Wittelsbach als erloschen betrachtet wird, nur diese eine Stimme. Er erweist sich allen Versuchen, ihn zu einer von Wien weniger abhängigen Haltung zu veranlassen, als unzugänglich[2].

Zweibrücken steht in diesen Fragen ganz auf der Seite Preußens und des Fürstenbundes, dem es angehört, und sucht in Berlin für seine eigenen Ziele zu werben. Schon seitdem sich der Tod Josephs II. voraussehen läßt, macht man sich in

[2] Vgl. das Zitat von Goertz bei *Ranke*, Die deutschen Mächte und der Fürstenbund, Kap. 30 (in Ausg. 1875[2] S. 450 A). – Über Bestrebungen zu einer 9. Kurwürde meldet Montgelas, der Landgraf von Hessen-Kassel wende Mittel der Korruption an, um Bayern für die Befürwortung seiner Erhebung in den Kurfürstenstand zu gewinnen. Montgelas meint, wenn Hessen-Kassel Kurfürstentum würde, so hätte Zweibrücken Grund zur Zufriedenheit, denn dieses Ereignis «renforcerait la bonne cause au collège des Electeurs». K. bl. 423/6 b, 7. 10. 1790.

Zweibrücken – mehr als in München – Gedanken darüber, welche Position für das Haus Pfalz und die Erhaltung Bayerns die vorteilhafteste wäre. Schon am 31. 5. 1789 teilt Montgelas Seinsheim chiffriert mit, wie er sich im Fall eines neuen Reichsvikariats verhalten solle. Eine pfalzbayerische Kandidatur für die Kaiserkrone hält man in Zweibrücken zu recht für unrealistisch[3] – Karl Theodor wäre dazu ohnehin nicht bereit – aber man ist entschlossen zu versuchen, mit Unterstützung Preußens und des Fürstenbundes in den Wahlkapitulationen einige Vorteile zugunsten Bayerns herauszuschlagen. Dazu gehört in erster Linie der Verzicht Österreichs auf die Landeshoheit über die böhmischen Lehen in der Oberpfalz. Montgelas hat darüber schon mit dem preußischen Gesandten am Reichstag, Graf Goertz, Fühlung aufgenommen[4]. Er arbeitet Vorschläge hierüber aus, die auch in München überreicht, aber von Kreittmayr in Übereinstimmung mit der österreichhörigen Haltung seines Kurfürsten verworfen werden[5]. Als die Verhandlungen in Frankfurt bereits im Gange sind, sendet der Herzog von Zweibrücken an den König von Preußen eine zweifellos von Montgelas ausgearbeitete 11seitige Note über die Anliegen des Hauses Pfalzbayern in der gegenwärtigen Situation[6].

Am 1. Juli 1790 treten die Wahlbotschafter der 8 Kurfürsten in Frankfurt zusammen. Da sich Preußen bis zur Konvention von Reichenbach vom 27. Juli noch darüber ausschweigt, ob es Erzherzog Leopold die brandenburgische Kurstimme

[3] Über Pläne, Karl Theodor zum Kaiser zu wählen, und ihren reichsgeschichtlichen Hintergrund: K. O. Frhr. von *Aretin*, Heiliges Römisches Reich ..., 1967, I, 229–237.

[4] An Seinsheim 31. 5. 89.

[5] Briefe an Seinsheim von Januar–März 1790.

[6] K. bl. 423/6 b; Schrift des Sekretärs Rivet ‚der auch sonst meist Montgelas' Denkschriften ins reine schrieb. Montgelas' Stil. Ähnlichkeit mit den Denkschriften in K. s. 15 377 und K. bl. 427/5/19. Überschrift: ‹Carlsberg, 25 juillet 1790, Note sur les demandes que pourrait former la Sérénissime Maison Bavaro-Palatine dans les conjonctures actuelles›. Montgelas erwähnt diese Denkschrift in K. bl. 423/6 b, Bericht vom 8. 9. 1790. Eine andere, dem gleichen Akt beiliegende umfangreiche deutsche Denkschrift ‹Projekt pfalzbayerischer Monitorien zur Wahlkapitulation Kaiser Leopolds II.› dürfte wegen ihres barock-umständlichen, etwas verworrenen Stils keinesfalls von Montgelas sein. Sie trägt den Randvermerk: «1790 ausgesetzt, 1792 bei bevorstehender Wahl reproduziert». – Wie Karl Theodor persönlich zu den Ratschlägen seiner Berater und der Zweibrückener stand, seine Schlüsselstellung bei der Wahl zum Vorteil Bayerns zu benützen, zum Beispiel das Innviertel zurückzuverlangen, zeigt die beruhigende Antwort, die er durch Frank dem Gesandten Lehrbach geben ließ, der sich über solche Forderungen, die bereits ausgesprochen worden waren, beschwerte: Der Kurfürst ließ erklären, er hätte das nur tun müssen, «um die dummen und bösen Bayern zu befriedigen, die immer die Rückerhaltung des Innviertels im Kopfe hätten und ihm in den Ohren lägen, er solle etwas für seine Kurstimme verlangen»: zit. bei *Aretin*, Heiliges Römisches Reich ... 1967, I, 232, nach Bericht Lehrbachs v. 27. 7. 1790.

geben will, spricht man zunächst nur über die Wahlkapitulationen. Die Kurfürsten betrachten sich als allein befugt, über diese Fragen zu verhandeln und zu beschließen und sehen Vorschläge anderer Fürsten an den Wahlkonvent als unzulässig an. Zweibrücken muß daher seine Vorschläge im Interesse der bayerischen Staatsräson an die Adresse der anderen Kurfürsten richten. Es kann nur schwer etwas für Bayern tun, wenn der derzeitige Kurfürst von Bayern sich seinen Anregungen widersetzt. Daher muß man danach trachten, auf dessen Wahlbotschafter einzuwirken. Wenn sie sich versagen, so kann man nur versuchen, über ihre Köpfe hinweg mit Hilfe Preußens, Sachsens und Hannovers sowie von Mainz und Trier, zur Einschränkung des kaiserlichen Einflusses einige Bestimmungen, die für Bayern günstig sind, in die Kapitulationen hineinzubringen. In jedem Fall, auch wenn Bayern sich aufgeschlossen zeigt, benötigt man die Unterstützung der drei anderen weltlichen und wenigstens eines geistlichen Kurfürsten.

Um diese diplomatisch nicht einfach zu bewältigenden Aufgaben durchzuführen, entschließen sich Herzog Karl und Esebeck nach längerem Zögern, das wertvolle Zeit kostet[7], Montgelas als ihren Gesandten nach Frankfurt zu entsenden. Sein Vater hat 1764 bei der Wahl Josephs II. zum römischen König der bayerischen Wahlbotschaft angehört[8]. Erst am 10. August erhält er den Befehl zur Reise. Am 12. richtet Herzog Karl an Karl Theodor eine Note mit der Mitteilung über Montgelas' Mission und drückt die Hoffnung aus, der Kurfürst werde diese dem Geist der Hausverträge entsprechende Absicht nicht nur billigen, sondern seine Wahlbotschafter anweisen, «den Vortrag meines Legationsrates in Überlegung zu ziehen, solchen bei seinem Wahlkonvent zu unterstützen und überhaupt mit demselben hausunionsmäßig, soviel Unseres Pfalzbayerischen Hauses Interesse betreffend, gemeinschaftlich zu Werk zu gehen»[9].

Entsprechende Empfehlungsschreiben oder Mitteilungen ergehen an den bayerischen Außenminister Vieregg, an die bayerischen Wahlbotschafter Oberndorff und Hertling, sowie an die preußischen Wahlbotschafter Fürst Karl von der Osten, genannt von Sacken, und Graf Goertz. Während Karl Theodor die Note nicht beantwortet – er verbreitet vielmehr die Behauptung, Montgelas wolle in Frankfurt nur Loge halten[10] – antwortet König Friedrich Wilhelm II., seine Vertreter seien angewiesen, Zweibrücken zu unterstützen. Der preußische Wahlbotschafter von Sacken äußert sich in einem Brief an Herzog Karl sehr lobend über Montgelas, «ministre aussi éclairé que prudent»[11]. Auch die bayerischen

[7] 6. 7. 90.
[8] *Weis,* Montgelas' Vater . . ., 317 ff.
[9] K. bl. 423/6 b.
[10] S. oben S. 73.
[11] K. bl. 423/6 b, Schr. v. 31. 8. 90.

Minister antworten höflich. Ihre Haltung erläutert Seinsheim gegenüber Esebeck: «Die Mission von Herrn von Montgelas in Frankfurt kann uns sehr nützlich sein, umsomehr als ich hoffe, daß der König von Preußen und der Kurfürst von Sachsen die Interessen unseres dl. Fürsten und des pfälzischen Hauses energisch verteidigen werden. Ich glaube nicht, daß Baron Oberndorff und Baron Hertling (die pfalzbayerischen Wahlbotschafter) uns in vielen Punkten Schwierigkeiten machen werden. Sie sind zu sehr Politiker, um unseren Herrn und seine Interessen offen anzugreifen»[12].

Montgelas kann auch tatsächlich Einfluß auf die bayerischen Wahlbotschafter nehmen, soweit diese nicht fürchten, ihre Instruktionen zu überschreiten. Dennoch beklagt sich Montgelas öfters über die blinde Ergebenheit Karl Theodors gegenüber dem Hause Habsburg, den Haß des bayerischen Außenministers Vieregg und des alten Staatskanzlers Kreittmayr gegen den Zweibrückener Hof und die Furchtsamkeit Hertlings[13], ferner darüber, daß die bayerische Wahlbotschaft entgegen ihrer Instruktion aus München einen Geheimbefehl erhält, nicht mit Zweibrücken zusammenzuarbeiten[14]. Noch am Schluß des Konvents meldet er: «Die Kurpfälzer haben niemals einige Gebete sprechen wollen, die ich für sie aufgesetzt hatte», obwohl sie dies aufgrund ihrer Instruktionen hätten tun können[15]. Der bayerische Wahlbotschafter Frhr. von Hertling, der noch im gleichen Jahr als Nachfolger Kreittmayrs Staatskanzler wird, erklärt Montgelas vertraulich, der Hof Karl Theodors leide an zwei unheilbaren Krankheiten, der Gleichgültigkeit und der Österreichhörigkeit[16].

Dagegen arbeitet Montgelas während seines gesamten Frankfurter Aufenthalts aufs engste mit den preußischen Wahlbotschaftern, Sacken und Goertz, und teilweise mit denen Sachsens und Hannovers zusammen. Die beiden ersteren heben, ebenso wie Seinsheim, der gleichfalls in Frankfurt weilt, in ihren Schreiben an Herzog Karl stets das gute und fruchtbare Zusammenwirken mit Montgelas sowie dessen Verdienste hervor[17]. Die Antworten Esebecks an sie und an Montgelas selbst sind ebenfalls lobend und zustimmend hinsichtlich der Tätigkeit des zweibrückischen Gesandten.

Während seines Aufenthaltes in Frankfurt richtet Montgelas vom 21. August bis zum 19. Oktober 1790 rund 300 Seiten eigenhändiger Berichte an Herzog

[12] K. s. 15 377, chiffr. Ber. v. 18. 9. 90.
[13] K. bl. 423/6 b, z. B. Ber. v. 21. 8. 1790.
[14] Ebd. 8. 9. 90.
[15] Ebd. 22. 9. 90.
[16] Ebd. 8. 9. 90.
[17] Ebd., z. B. Goertz 29. 8., Sacken 31. 8. 90. Vgl. *Aretin*, Heiliges Römisches Reich . . .; I, 229–238.

Karl und Esebeck[18]. Sie enthalten stets konkrete, knappe Mitteilungen über den Gang der Verhandlungen, die Aussprüche und Absichten der einzelnen Fürsten und Diplomaten, die eigene Tätigkeit, die letzten Nachrichten, sowie Vorausschau auf die kommende Entwicklung und persönliche Vorschläge. Bei seinen Analysen der Politik und der Motive der einzelnen Regierungen, aus denen er dann seine Kombinationen für die Zukunft zieht, hat Montgelas stets das Ganze der europäischen Politik im Auge, von Frankreich bis Rußland, von Schweden bis zur Türkei. Diese Zuammenschau zeichnet auch später all seine Berichte, ebenso wie auch den außenpolitischen Teil seiner Memoiren aus. So beurteilt er die Bemühungen der deutschen Fürsten, von Frankreich wieder ihre Güter und Einkünfte im Elsaß, sei es durch Verhandlungen oder durch Gewalt, zurückzubekommen, überaus skeptisch[19], ebenso andererseits das Bestreben der dem Fürstenbund nahestehenden Reichsstände, die Autorität des Kaisers bei diesen Kapitulationsverhandlungen wesentlich einzuschränken[20] oder den Plan Hannovers, zusammen mit Sachsen, Mainz, Köln und anderen deutschen Staaten einen ‹tiers parti›, eine dritte Partei, zu begründen, um die beiden deutschen Großmächte im Zaum zu halten[21].

Trotz aller Tatsachenmitteilungen und Analysen ist das Bestreben unverkennbar, dem Herzog und Esebeck beizubringen, was sie nach seiner, Montgelas' Ansicht tun oder unterlassen müssen, die Bemühung, sie im Interesse der bayerischen Staatsräson auf ihrem bisherigen österreichfeindlichen und preußenfreundlichen Kurs zu halten und auch vor abenteuerlichen Projekten anderer Fürsten zu warnen. Er schmeichelt dabei in geschickter Weise dem Selbstbewußtsein seines Fürsten und spielt es gegen Habsburg aus, etwa, wenn er vor einem Versuch der österreichischen Diplomatie warnt, mit Hilfe des schon erwähnten Mittelstaatenbundes, der sich nach seiner Meinung nur zum Schein auch gegen Österreich richtet, die kleineren deutschen Staaten von Preußen zu trennen. «Seine» (d. h. Herzog Karls) «aufgeklärte Politik wird Seine Durchlaucht die plumpe Falle erkennen lassen, die zu vermeiden ihm seine Weisheit und seine hohen Einsichten die Mittel an die Hand geben werden. Ich begnüge mich daher damit, über die Tatsache zu berichten, ohne irgendeine Überlegung anzufügen»[22]. Er erinnert, indem er Prinz Max zitiert, der ebenfalls in Frankfurt ist, den Herzog an die «unverschämten Worte» Graf Romanzoffs, des russischen Unterhändlers, der mehrfach versuchte, Zweibrücken auf die österreichische Seite zu ziehen[23].

[18] Alles K. bl. 423/6 b.
[19] Ebd.
[20] Ebd.
[21] Ebd., 29. 9. 90.
[22] Ebd. 29. 9. 90.
[23] S. oben Kap. 6 Anm. 43.

An den Bericht, der neue Kaiser Leopold habe Prinz Max zu verstehen gegeben, er beabsichtige, seiner Schwester Marie Antoinette und seinem Schwager Ludwig XVI. zu Hilfe zu kommen, knüpft Montgelas die Bemerkung: «Es ist sehr zu wünschen, daß diese guten Absichten mit Reinheit, Uneigennützigkeit und wahrhaft zum Vorteil der beteiligten Parteien verwirklicht werden, damit jedermann sie unterstützen kann und niemand gezwungen wird, sich ihnen zu widersetzen.

Ich persönlich bin jedoch noch immer sehr in Versuchung, all dies für eine Komödie zu halten und für eine Folge des politischen Ränkespiels, das (die Fürsten damit beschäftigen will), den Berliner Hof öffentlich zu verdammen, während man gleichzeitig sich ausschweigt über andere Fragen und die begründeten Klagen des Hauses Pfalz über die böhmischen Usurpationen in der Oberpfalz nicht einmal einer Antwort würdigt. Ich kann ... nicht die Überlegung unterdrücken, daß man eine sehr geringe Meinung von den deutschen Fürstenhöfen haben muß, um sie für fähig zu halten, sich durch solche Listen irreführen zu lassen. Man glaubt dies am kaiserlichen Hof indessen so sicher, daß Graf Cobenzl sagen kann, die Lütticher Affäre habe dem regierenden Kaiser ebenso gute Dienste geleistet wie einst der bayerische Tauschplan König Friedrich von Preußen. Wie damals Preußen, so sei es heute Österreich gelungen, die andere Macht zu demaskieren und ihre Partei zu zerstören»[24]. Solche Darlegungen waren geeignet, den Herzog und Esebeck trotz der Abneigung Karls gegen die Revolution von einer Annäherung an Österreich abzuhalten.

Die Punkte, in denen Montgelas in Frankfurt besonders tätig ist, sind die gleichen, die ihn auch in Zweibrücken beschäftigen: Verhinderung aller künftigen Tauschpläne, Sanktionierung der wittelsbachischen Hausverträge und somit auch des Erbanspruchs des Herzogs von Zweibrücken durch Anerkennung des Friedens von Teschen – beides findet tatsächlich mit Hilfe Preußens Aufnahme in die Wahlkapitulationen Leopolds II. – ferner, ebenfalls gemeinsam mit Preußen, Bemühungen um eine Einschränkung des kaiserlichen Postregals zugunsten der Fürsten und Vorstöße in Richtung auf eine Mediatisierung der Reichsritterschaft. Montgelas schlägt Esebeck aus eigener Initiative energische Schritte am Reichstag in dieser Sache vor. Man solle die Klagen des Bischofs von Speyer über die rheinischen Reichsritter sowie den Haß des Markgrafen von Ansbach oder vielmehr von dessen Gemahlin, Lady Craven, gegen die fränkischen Reichsritter, die Gemmingen und Seckendorf, ausnützen und sich des Einflusses des Markgrafen in Ber-

[24] Ebd. 7. 10. 90, zum Teil chiffriert. Preußen war in Lüttich kompromittiert worden, weil es zunächst den Aufständischen Hilfestellung und Versprechen gegeben hatte, die es dann, nach der Niederwerfung des Aufstands durch die Österreicher und der Wiedereinsetzung des Fürstbischofs, nicht einhalten konnte.

lin bedienen. Man müsse «von dem Bestreben profitieren, uns gut zu behandeln, solange wir nur Energie und Konsequenz zeigen»[25]. Während Preußen nach der Erwerbung Ansbachs und Bayreuths (1791) unter der Administration Hardenbergs die reichsritterschaftlichen Besitzungen in den Markgrafschaften, ohne nach dem Reichsrecht zu fragen, mediatisieren wird[26] – versagen sich die Diplomaten Karl Theodors jeder Anregung in dieser Richtung. In der Frage der Territorialhoheit über die böhmischen Lehen in der Oberpfalz kommt man nicht weiter, weil die bayerische Vertretung dies nicht zu einer Forderung für die Wahlkapitulationen gemacht hat, wie Preußen und wie auch Montgelas ihr geraten hat. Vielmehr hat sie erst, nachdem die pfälzische Stimme bereits für Leopold abgegeben worden ist, nachträglich den Österreichern ein Memorandum in dieser Frage überreicht, die nun keine Eile mehr zeigen, es zu beantworten, und die Frage weiterhin (bis 1805/06) beim alten lassen. Daß München überhaupt noch einen Schritt in dieser Sache unternahm, geht auf Montgelas' Vorstellungen bei Oberndorff zurück[27]. Dennoch ist bei den Wahlkapitulationen für den Kurfürsten von Pfalzbayern hinsichtlich des Vikariatsrechts, der Anerkennung der Hausverträge und der Privilegien des Hauses weit mehr herausgekommen, als dieser «Fürst ohne Geld, ohne Truppen und ohne Verbündete» erwarten konnte. Montgelas schreibt dies vorwiegend dem Ansehen und der Politik des Herzogs von Zweibrücken zu. Die Wahlbotschafter Brandenburgs hätten den pfälzischen offen erklärt, nur im Interesse Herzog Karls habe sich der König von Preußen für Bayern eingesetzt[28].

Montgelas überreicht das Glückwunschschreiben Herzog Karls dem neugewählten Kaiser Leopold II. in einer Audienz[29]. Mit Prinz Max, seinem späteren König, den er bisher in seinen Privatbriefen wegen seiner Schulden immer sehr skeptisch beurteilt hat, hat er in Frankfurt erstmals näher zusammengearbeitet[30]. Esebeck drückt sich sehr zufrieden über die Wahlkapitulationen aus[31]. In einem Schlußbericht an ihn sagt Montgelas, zwar seien die Wahlkapitulationen in mehrfacher Hinsicht günstiger für das Haus Wittelsbach ausgefallen als man hätte erhoffen können, «doch, wenn jemals die Umstände die Wiederholung einer derart kostspieligen Mission erfordern sollten, so wäre es notwendig, sie mehr zu beschleunigen, als es diesesmal geschehen ist und dafür zu sorgen, daß der mit ihr

[25] Alles K. bl. 423/6 b, Ber. an Esebeck v. 8. 9. 90.

[26] H. *Haussherr,* Hardenberg, eine polit. Biographie, Bd. 1, 1750–1800, hg. von K. E. Born, Köln 1963.

[27] K. bl. 423/6 b, 8. 9. 90.

[28] Ebd.

[29] Ebd., 7. 10. 90.

[30] Ebd., 28. 9. 90.

[31] Egg., Lettres de 1790, 26. 9./3. 10. 90.

Beauftragte ebenso früh hier eintreffe wie der erste der kurfürstlichen Wahlbotschafter, damit man Zeit hat, schon vor der Eröffnung der Konferenzen zu verhandeln»[32]. Dies ist nicht eigentlich die Sprache eines Karrieremachers, sondern eines jungen Mannes, der sich im Interesse der von ihm vertretenen Sache sehr deutlich ausdrückt.

Die zwei Monate in Frankfurt sind für Montgelas eine arbeitsreiche Zeit. Außer seinen 300 Seiten Berichte nach Zweibrücken und vielen anderen Korrespondenzen gilt es – und dies ist seine Hauptaufgabe – ständig mit den wichtigsten Delegationen und Persönlichkeiten des Konvents in Kontakt zu bleiben, von ihnen ihre Ansichten zu erfahren und sie für die eigenen Ziele zu gewinnen. Dazwischen Sitzungen, zahlreiche Feste, die vor allem die rheinischen Kurfürsten geben, Feuerwerk, Bälle und auffallend hübsche Frauen, um die er sich nicht so viel kümmern kann, wie er gerne möchte, ebenso wie er nicht dazu kommt, seinen Bekannten in Zweibrücken, vor allem den Damen von Luxburg und von Closen, die ihn vermissen, genügend zu schreiben[33]. «Wir haben hier viele Menschen, viel Hitze und viele Unkosten. Man sieht alle Welt, ohne die Zeit zu haben, mit jemand zu sprechen. Die Versammlungen sind zum Ersticken. Der Kaiser kommt am 30. nach Aschaffenburg, am 2. (Oktober) hält er seinen Einzug, wird am 7. gekrönt und reist am 14. wieder ab»[34]. Er, Montgelas, sei froh, wenn die Kaiserwahl ihn bald wieder «von dieser Galeere befreite»[35]. Am allerwenigsten kommt es ihm in den Sinn, in Frankfurt, wie Kurfürst Karl Theodor behauptet hatte, sich wieder als Illuminat zu betätigen. Mit diesem ‹Unfug› hat er seit langem gebrochen[36].

Die Entsendung von Montgelas und Seinsheim nach Frankfurt hat ein solches Loch in den angeschlagenen Zweibrückener Staatshaushalt gerissen, daß man sich im Winter bemühen muß, einen Kredit des Münchner Bankhauses Nockher dafür bis zur nächsten Anleihe der bayerischen Landschaft an den Herzog im Mai 1791 zu erhalten[37]. Die sich verschlechternde Finanzlage des Herzogtums und die immer drohender werdende Kriegsgefahr sind wohl die Gründe, daß Zweibrücken zu der 1½ Jahre später bereits wieder notwendigen Königs- und Kaiserwahl keinen eigenen Gesandten mehr nach Frankfurt schickt. Esebeck läßt dieses Mal nur ein zweifellos von Montgelas verfaßtes Memoire über Forderungen des Hauses Pfalzbayern an den Kaiser dem bayerischen Außenminister Vieregg überreichen,

32 K. bl. 423/6 b, 2. 10. 1790.
33 Egg., Lettres de 1790.
34 An Seinsheim 21. 9. 90, Egg.
35 Ebd., 4. 9. 90.
36 30. 12. 90, Egg., vgl. oben Kap. 5.
37 Ebd. an Seinsheim, 6. 2. 91.

der es dem Kanzler Hertling zur Vorlage an den Kurfürsten weitergibt[38]. Die Denkschrift schlägt 6 Forderungen an den Kaiser vor: 1. Beanspruchung der Grafschaft Neuburg am Inn für Bayern. Ihre Bedeutung für die Kontrolle der Innschiffahrt und ihre Geschichte werden dargelegt, letztere unter Anführung von Urkunden bis ins 13. Jahrhundert zurück. 2. Die Landeshoheit Bayerns über die böhmischen Lehen in der Oberpfalz. 3. Verzicht des Kaisers auf die jeweilige besondere Belehnung der Kurfürsten von Bayern mit eigenen kleinen Reichslehen in Bayern und Schwaben[39]. 4. Vorsichtshalber Erneuerung des Privilegiums über das Ius de non appellando für den Kurfürsten, seine Erben und Agnaten. 5. Man soll verhindern, daß Österreich von Zeit zu Zeit wieder die ungerechtfertigte Forderung nach Zahlung einer angeblichen bayerischen Schuld an die Kirchen des Innviertels in Höhe von 893 455 fl. stellt. 6. Rückgabe der Grenzstreifen in der Oberpfalz mit 60 000 fl. Einkünften, die sich Böhmen 1707–08 angeeignet und nicht zurückgegeben hat, wie es Art. 14 des Friedens von Baden (Restitution Max Emanuels) verlangt hätte.

Der Münchner Hof wagt es offenbar nicht, diese Forderungen, außer der auf die böhmischen Lehen bezüglichen, zu stellen. All diese Fragen werden erst nach dem Frieden von Preßburg geregelt.

Wenn man Montgelas' wirkliche Meinung über die beiden bedeutenden Kaiser Josef II. und Leopold II. erfahren will, so vermitteln seine privaten Äußerungen gegenüber Seinsheim darüber bessere Aufschlüsse als seine offiziellen Berichte; im letzten ist er einerseits bemüht, das Mißtrauen des Herzogs und Esebecks gegenüber dem Kaiserhof wach zu halten, kann es sich als Untergebener andererseits nicht leisten, in Berichten an seinen Fürsten einen anderen, den höchsten Fürsten des Reiches, unbefangen wie es ein später lebender Historiker tut, zu beurteilen und mit Zensuren zu belegen.

Joseph II. ist einerseits der gefährlichste Feind Bayerns, der 13 Jahre lang danach trachtet, durch Annexion oder Tausch sich in den ganzen oder teilweisen Besitz des Nachbarlandes zu setzen, was, wie die deutschen Fürsten richtig erkennen, das Gleichgewicht im Reich zu Gunsten des Kaisers verschieben würde. Die gesamte Außenpolitik der Zweibrückener Regierung, in der nach Hofenfels Montgelas eine so wichtige Rolle spielt, gilt in diesen Jahren der Abwehr dieser Pläne. Hinzukommen die zahlreichen anderen Differenzen zwischen Österreich und Bayern, die zwar infolge der Inaktivität und Fügsamkeit Karl Theodors vorübergehend ziemlich auf Eis gelegt sind, aber in den Planungen der Zweibrückener eine wesentliche Rolle spielen.

[38] K. s. 15 377, mit Aktenvermerk vom 15. 3. 1792.

[39] Denkschrift von Montgelas K. bl. 427/5/19 und 423/6 b. Vgl. Anm. 6.

Andererseits steht Montgelas' späteres staatsmännisches Werk in Bayern dem Josephs II. sehr nah, allerdings nicht so nah, wie man meinen könnte, wenn man nur die kirchenpolitischen Maßnahmen in Betracht zieht. Es liegen wesentliche Erfahrungen zwischen beiden: der teilweise Zusammenbruch des josephinischen Systems beim Tode seines Schöpfers, die Französische Revolution und das Empire. Auch in Montgelas' Denkschriften zum Staatskirchenrecht[40] spielt das Beispiel des Josephinismus nicht die hervorragende Rolle, die man erwarten könnte. Die allgemeinen Ideen der Aufklärung, vor allem aber das historische Staatskirchenrecht Bayerns, das Kirchenregiment in den protestantischen Staaten und Ideen des Gallikanismus und dann der Revolution sind wichtigere Vorbilder.

Auch in seinen privaten Briefen nimmt Montgelas – soweit wir feststellen konnten – nur einmal zu Josephs II. Regierung Stellung und dies sehr kritisch: «Unser moderner Caesar verletzt alle Welt, ohne dabei etwas zuwege zu bringen. Viel Lärm und wenig positive Leistung, das ist es, was die ganze Monarchie ärgert»[41]. Er wünschte gleichwohl, daß der Kaiser jetzt nicht sterben würde[42].

Auch über Leopold II. überwiegen anfänglich die skeptischen Urteile, besonders in Montgelas' Berichten aus Frankfurt. Das alte System, nur sanftere und klügere Methoden, so meint er zuerst[43]. In der Haltung des Kaisers gegenüber dem revolutionären Frankreich und gegenüber den Aufständischen in Lüttich sieht er zunächst nur geschickte Manöver, Preußen in Verlegenheit zu bringen und zu isolieren[44]. Er meint, in Reichenbach habe Leopold König Friedrich Wilhelm II. geschickt überspielt und Preußen in eine schwierige Lage gebracht[45]. Der Kaiser bediene sich einer sanften und einschmeichelnden Sprache[46] und lege Wert auf den Eindruck, daß sich Formen und Grundsätze gewandelt haben, berichtet er, als er den Monarchen bereits persönlich kennt. Die Zukunft müsse lehren, ob dies stimme, oder ob es nur Augenblickstaktik sei. Doch das folgende Jahr überzeugt Montgelas. Er, der sonst dem Kaiserhaus so skeptisch, oft feindlich gegenübersteht, schreibt nach der Nachricht vom Tode Leopolds II. an seinen Freund Seinsheim: «Man muß ihn bedauern als Philosophen, liebenswürdigen Menschen und Genie erster Ordnung, man kann besten Gewissens sagen, daß dies ein unersetzlicher Verlust ist für seine Monarchie, die nun in Hände fällt, welche sich stark von den seinen unterscheiden. In ebenso kurzer Zeit wie Julian hat er großartige Taten vollbracht. Umgeben von Feinden, mit einem verheerenden Krieg als Erb-

[40] Oben Kap. 8.
[41] An Seinsheim 25. 12. 88, Egg.
[42] Ebd., 13. 1. 89.
[43] K. bl. 423/6 b, Ber. v. 29. 9. 90.
[44] Ebd. 2. 10. 90.
[45] Ebd. 2. 10. 90.
[46] «Langage doux et mieilleux», ebd., 14. 10. 90.

teil, mit Untertanen, die zum Aufstand bereit waren, ohne Geld, ohne Kredit – in diesem Zustand einen ehrenhaften Frieden zu erreichen, die Niederlande zurückzugewinnen, Ansehen und selbst Vertrauen zu gewinnen, den heftigsten Aufruhr zu beschwichtigen, ohne etwas Wesentliches preiszugeben, das ist nicht das Werk eines mittelmäßigen Mannes. Ich glaube indessen nicht, daß sein Tod unmittelbare, drastische Folgen haben wird. Es scheint, daß der Plan festliegt. Man wird einige Zeit von seinem Kapital zehren und von seiner Richtung nicht abweichen. Der Bündnisvertrag ist durch den verstorbenen Kaiser und den König von Preußen ratifiziert ...»[47]. Für keinen Monarchen der neueren Zeit, nicht einmal für den von ihm hoch geschätzten Friedrich den Großen, hat Montgelas je so lobende Worte gefunden wie für diesen Kaiser.

17. Montgelas und die Französische Revolution

Wie reagiert Montgelas, der als Politiker in den Bahnen des aufgeklärten Absolutismus und der klassischen Diplomatie, als Persönlichkeit im Gedankengut der Aufklärung mit ihren humanitären Grundsätzen und ihrer Vertragstheorie herangebildet worden war, auf das säkulare Ereignis seiner Zeit, das er aus nächster Nachbarschaft jenseits der Grenze verfolgt?

Als er dem Freunde über Nachrichten von der Eröffnung der Generalstände am 5. Mai 1789 berichtet, bemerkt er kritisch: «Die Rede des Königs spricht nur von Geld und Finanzen, kein Wort von Verfassung und Organisation. Die Unzufriedenen haben sie kalt, trocken und wenig väterlich gefunden». Im Zusammenhang mit dem Beharren der beiden privilegierten Stände auf getrennter Beratung und Abstimmung meint er: «Man glaubt, bei den beiden ersten Ständen einen aristokratischen Zündstoff festzustellen, der einen zittern läßt für die öffentliche Ruhe, die so notwendig ist»[1]. Mit großer Anteilnahme spricht er von den Vorgängen des 22. bis 24. Juni, dem Übergang der Mehrheit des Klerus und der Minderheit des Adels zum Dritten Stand. «En France, le torrent à la démocratie paraît irrésistible»[2]. Und nachdem auf Wunsch des Königs am 27. Juli auch die Reste der

[47] 18. 3. 92, Egg., grundlegend über Leopold: A. *Wandruszka*, Leopold II., 2 Bde., Wien 1963/65, hier besonders Bd. 2.

[1] An Seinsheim, 15. 5. 89.

[2] An Seinsheim, 30. 6. 89. Von jetzt ab beziehen sich wieder alle in den Anmerkungen angegebenen Daten auf Briefe Montgelas' an Seinsheim, Egglkofen. Zu den politischen Auffassungen von Montgelas siehe auch Kap. 10, 14, 20 bis 22.

beiden privilegierten Stände sich mit der Nationalversammlung vereinigt haben, kommentiert er: «Die Art von Lit de justice, dem man versucht hat, die ganze Nation zu unterwerfen, ist in ein Nichts zerronnen. Man fragt sich nur, was aus der Autorität geworden ist»[3].

Bei allen Berichten berücksichtigt Montgelas stets einen besonderen Aspekt, nämlich, wie die Aussichten stehen, daß er, Seinsheim, viele ihrer Kollegen und im großen schließlich auch der Herzog selbst wieder ihre französischen Kapital- und Grundrenten ausbezahlt bekommen. Aus diesem Grund beobachtet er mit besonderer Sorge alle Zeichen, die für oder gegen einen Staatsbankrott sprechen. In fast jedem der Berichte, die er über die Ereignisse in Frankreich bis 1792 seinem Freunde gibt, berührt er auch diese Frage, ohne daß der persönliche Gesichtspunkt sein politisches Urteil dabei merklich beeinflußt.

Im August 1789 läßt er erstmals seiner Meinung über die Revolution freien Lauf. Während er bisher mit Sympathie beobachtet hat, nimmt er jetzt eindeutig Stellung: «Die Revolution war notwendig, sie wird vollständig sein, sie wäre ruhiger, überlegter, vielleicht weiser verlaufen ohne die schauderhaften Pläne, welche sie begleitet haben. Die Einzelheiten überschreiten die Grenzen eines Briefes und sind nicht von der Natur, daß sie dem Papier anvertraut werden können ... Die großen Errungenschaften (le grand bien) sind ... nicht ohne Erschütterungen einzuführen. Es hat deren heftige gegeben in allen Provinzen, besonders im Elsaß und in Lothringen. Die dortigen Besitzungen des Herzogs haben sie verspürt. Aber all dies ist nur ein vorübergehendes Feuer. Die Flamme wird erlöschen und das solide Gute (der Revolution) wird Bestand haben»[4]. Mit den «schauderhaften Plänen», über die er nicht sprechen will, meint Montgelas ohne Zweifel die Absicht des Königs und der Aristokraten, Konzessionen nur zum Schein zu machen und insgeheim Truppen um Paris zusammenzuziehen, jene Bestrebungen, welche, in ihrer Gefährlichkeit weit übertrieben, die Gemüter im Lande erhitzten und, zusammen mit anderen Erscheinungen, die ‹grande peur› des Sommers 1789 auslösten[5].

Aber schon bald zeigt er sich skeptisch und besorgt. In Westdeutschland, rings um das noch ruhige Zweibrücken, kommt es zu Bauernunruhen[6]. Im Elsaß und in Lothringen allerdings wird es wieder stiller. «Es ist ... schwer, richtig vorauszusehen, was sich aus der Gärung der Geister und dem Aufeinanderprall so vieler sich widersprechender Ansichten ergeben wird. Ich wünsche das Beste mehr als ich

[3] 3. 7. 89/I.

[4] 3. 8. 89.

[5] G. *Lefebvre,* La Grande peur de 1789, Paris 1932; Ders.: La Révolution française, Paris 1951, 138 ff., [8]1968.

[6] 10. 7. 89.

es zu hoffen wage. Der Sieg der Demokraten war vollständig. Sie haben es nicht verstanden, ihn zu nützen»[6].

Noch bedenklicher wird er nach dem Aufstand in Paris vom 5. Oktober, der den König und die Nationalversammlung der Kontrolle der Straße unterwirft. «Der Staat kann noch gerettet werden, obwohl die königliche Autorität für lange Zeit zerstört ist»[7]. Ob Frankreich dem allgemeinen Bankrott entgegen treibt oder nicht, hänge «von der Stärke der guten Geister, von der Mäßigung der Demokraten ab, die sich zu weit nach vorn gewagt haben und die ein wenig Wasser in ihren Wein gießen müssen, und vor allem von der Art und Weise, in der die Provinzen die letzte Revolution und die neuen Steuern sehen». Mit allen Anzeichen des Abscheus und der Verwunderung berichtet Montgelas über die Unruhen und Exzesse des 5. Oktober und über den raschen Wechsel zwischen Begeisterung, Furcht und Gewaltanwendung[8]. «Ich habe Ihnen gesagt, daß in Frankreich alles auf den Angeln der Provinzen rollt. Ich beharre auf dieser Meinung. Leider scheint es, daß die Gärung dort Fuß faßte»[9]. Er referiert dem Freunde über die Entwicklung in einzelnen Teilen des Landes. Auch später behält er stets die Provinzialstände und die Provinzen im Auge[10]. Die Enteignung des Kirchengutes und die Übernahme der Kosten für Kultus und Geistlichkeit bei gleichzeitiger Erhöhung der Besoldung der Pfarrer scheint er zu billigen[11]. Zur ‹Constitution civile du Clergé› enthalten seine vorhandenen Briefe keine Stellungnahme. Im übrigen beurteilt er Ende 1789 die Revolution pessimistischer als früher und auch als in der folgenden Zeit. «Wie wird das alles ausgehen? Ich weiß es nicht. Eine Legislative ohne Ansehen, eine Exekutive, die gleich null ist, eine Menge von Narren und Unzufriedenen, wenige vernünftige Leute, noch weniger Patrioten, Tatsachen, die auf den ersten Augenschein hin keine baldige und friedliche Regeneration erhoffen lassen»[12].

Im Gegensatz zu Seinsheim glaubt Montgelas an die gute Grundidee, die Notwendigkeit und den Nutzen der Französischen Revolution, sofern dieselbe ohne Exzesse verläuft und zu einer Gesundung des Staates führt[13]. Aus zuverlässiger französischer Quelle habe er erfahren, daß sich der ‹parti populaire› sicher fühle, den Sieg ohne Unordnung und Bürgerkrieg davonzutragen, schreibt er[14]. Montge-

[7] 13. 10. 89.
[8] 27. 10. 89/II.
[9] 1. 11. 89/II.
[10] 22. 11. 89.
[11] 8. 11. 89/I und II.
[12] 8. 11. 89/II, ähnlich 24. 11. 89.
[13] Bezugnahme auf Kritik Seinsheims, z. B. an diesen 15. 11. 89.
[14] 19. und 22. 11. 89.

las hält eine friedliche Stabilisierung der Revolution in Gestalt einer konstitutionellen Monarchie für wahrscheinlich, sofern sich nicht fremde Mächte einmischen, womit er in naher Zukunft noch nicht rechnet[15]. «Wenn die Nationalversammlung massakriert wird, bleibt uns nichts anderes übrig, als unser Schicksal zu beweinen und das De profundis für sie zu singen. Aber ich zweifle, daß es so weit kommen wird»[16]. Eindeutig denkt er hier mehr an eine Bedrohung vonseiten der konservativen Kräfte und des Auslandes als von links, denn anschließend berichtet er, dem französischen Emigranten und späteren preußischen Diplomaten General Heymann habe man – das ist offenbar Esebeck und Montgelas – in aller Klarheit untersagt, in Zweibrücken offen revolutionsfeindliche Reden zu führen und ihm mitgeteilt, daß in diesen Fragen «seine Sprache nicht die unsere ist. Gott schütze ihn, wenn er uns nur verläßt»[17].

Bis zur französischen Kriegserklärung vom April 1792 bleibt Montgelas bei seinem Glauben, daß sich die Revolution in positiver und aufbauender Weise auswirken werde und daß Gewalttaten und Zerstörungen im wesentlichen vermieden werden könnten. Die Gefahren für eine gesunde Weiterentwicklung des Neuen scheinen ihm von drei Seiten zu drohen: von den Radikalen, den Reaktionären und von einer ausländischen Intervention. Er hofft, daß die «gemäßigtere, klügere, patriotischere Partei», die eine «monarchie limitée à l'anglaise» fordert, sich gegenüber den «enragés», welche die Dinge bis zum äußersten treiben wollen, durchsetzen wird. Er kritisiert gleichzeitig schwächliche Protesterklärungen der Reichsstände wegen der im Elsaß gelegenen Besitzungen deutscher Fürsten. «Ich sehe darin keinen Vorteil, aber sichere Unkosten. Dies heißt, den Leuten sagen: ‹Hütet euch, ich will euch angreifen›. Man muß entweder entschlossener vorgehen, oder man darf sich überhaupt nicht einmischen»[18].

Daß er die Französische Revolution als geschichtliches Phänomen ersten Ranges begreift und sie persönlich bejaht, ihre bleibende Bedeutung sieht, bringt Montgelas noch deutlicher mit folgenden Worten zum Ausdruck: «Es ist möglich, mein lieber Freund, daß Frankreich zum Despotismus zurückkehren wird. Niemand kann genau den Ausgang der gegenwärtigen Wirren vorhersagen. Aber immer wird die Revolution das wirklich Gute bewirkt haben, den Despotismus gedämpft und gewisse Grundsätze zur Anerkennung gebracht zu haben. Dies ist ein echter Gewinn für die arme Menschheit! Man wird nicht wagen, ein Volk zu tyrannisieren, das solche Beweise von Energie geliefert hat. Was die Gegenwart

[15] 22. 11. 89.

[16] 18. 12. 89.

[17] 8. 12. 89. Heymann, in den Briefen stets ‹M. Heil› genannt, verließ Zweibrücken jedoch noch lange nicht. Dazu 10., 17., 19. 11., 20. 12. 89.

[18] 9. 2. 90.

anbelangt, so wage ich zu hoffen, daß alles ins Gleichgewicht kommen wird, vorausgesetzt, daß man die Staatsfinanzen nicht vernachlässigt»[19]. Die Erwartung, daß die Revolution bald endgültig in stabile, konstitutionelle Bahnen einlenken werde, findet sich immer wieder[20]. Im entgegengesetzten Fall fürchtet er auch für Deutschland die Reaktion: «Der Kampf scheint mir ziemlich unverhüllt zwischen dem Hof und der Nationalversammlung. Ich wünschte, man nähme auf beiden Seiten Vernunft an und dieser vorübergehende Streit führte zu einer weisen, angemessenen, den Umständen Rechnung tragenden Verfassung, die zum allgemeinen Wohl geschaffen wäre. Man fürchtet, daß die französische Wut (la rabbie française) noch zunimmt und daß dann üble Elemente diese Gelegenheit benützen, um die Aufklärung zu diffamieren (décrier les lumières), das Joch des Volkes noch schwerer zu machen und eine Unwissenheit zu verewigen, die ihnen zugutekommt. Ich sehe den Fortgang des Geschehens voraus, ich fürchte die Folgen und wünsche, daß man ihnen begegnen kann ... Es ist wesentlich, daß Philosophie und Literatur nicht zu leiden haben unter dem Mißbrauch, den einige Narren mit ihnen getrieben haben. Es kommt darauf an, daß man uns nicht unter dem Vorwand, uns den Frieden zu bewahren, zum Stumpfsinn zurückführt. Diese beiden Extreme zu vermeiden, muß also das Ziel aller vernünftigen und anständigen Menschen sein. Das Extreme taugt nie etwas. Medium tenuere beati»[21]. Dieser Gedanke, der auch schon in einer ganz anderen Situation bei den Illuminatenverfolgungen anklang[22], ist charakteristisch für Montgelas' Beurteilung der Französischen Revolution. Er hält sie an sich für gut und unvermeidbar, fürchtet aber die Exzesse des Volkes und – dies ist wesentlich – noch mehr die Reaktion, sowohl die im Inneren Frankreichs als die der anderen europäischen Mächte, welche die Wiederherstellung des Friedens zum Vorwand für die Unterdrückung der Aufklärung, der geistigen Freiheit und der modernen politischen und humanitären Ideen benützen möchte.

Bereits seit der Konvention von Reichenbach, stärker aber seit Anfang 1791[23], fürchtet Montgelas eine Intervention der beiden deutschen Großmächte in Frankreich, die nach seiner Ansicht die Stellung der Radikalen in Frankreich und der Reaktionäre in Deutschland nur verstärken und zu keinem anderen Ergebnis als zu einem langen, blutigen Krieg führen kann. Falls eine solche Invasion Erfolg hätte, so könnte man zwar vielleicht das Elsaß nach dem Stand der Zeit vor 1648 zurückgewinnen, was Montgelas ebenso angenehm wäre wie seinem Herzog und

[19] 9. 3. 90.
[20] Z. B. 13. 4. 90; 7. 10. 91.
[21] 6. 7. 90.
[22] S. oben Kap. 5.
[23] Z. B. 17. 4., 1. 5. 91.

den anderen dort begüterten deutschen Fürsten. Bei einem Mißerfolg aber, den Montgelas für wahrscheinlicher hält, «werde ich trauern um das Blut und das Geld, die eine solche Unternehmung kosten, und um das Unglück, das sie über die Menschheit bringen wird – jene Menschheit, die immer das sichere und unschuldige Opfer jener Anfälle von Ehrgeiz, Eitelkeit und Habsucht derjenigen sein wird, die eigentlich für das allgemeine Wohl arbeiten sollten»[24].

Vom bevorstehenden Fluchtplan der französischen Königsfamilie hat man in Zweibrücken durch geheime Boten erfahren. Der Herzog, Salabert und Mannlich erwarten das Königspaar eine ganze Nacht lang; für Ludwig XVI. steht ein bisher nie benütztes Paradebett bereit[25]. In erregter, flüchtiger Schrift kritzelt Montgelas dem Freunde einen Bericht über den Verlauf der Ereignisse auf das Papier. «Die größeren Städte setzten ihre Garden und ihre Kanonen in Bewegung, um Jagd zu machen auf das Oberhaupt der Nation, das seine getreuen Untertanen im Stiche ließ ... Ich darf Ihnen sagen, daß ich den Plan kannte, daß ich aber niemals die Sache zuversichtlich beurteilen konnte»[26]. Montgelas sieht richtig, daß die Aussichten einer Gegenrevolution von innen heraus jetzt für lange Zeit zerstört sind. Über die adeligen Emigranten meint er in diesem Zusammenhang: «Die Aristokraten, obwohl sehr erlaucht durch ihre Ahnenreihen, werden, unter uns gesagt, (durch eigene Leistungen) kaum den Glanz vermehren, den sie aus ihrer Abstammung ziehen. Man muß sich entweder mit der Revolution arrangieren oder Krieg führen. Wir (die Reichsstände) haben vorher starke Worte ausgesprochen. Wir erwarten nun, daß euere Perücken (in Regensburg) endlich in Tätigkeit treten und auch so freundlich sind, irgend etwas zu sagen, und daß sie vor allem uns nicht verschlingen lassen, was schließlich eintreten wird, wenn man in Paris sieht, daß man (am Reichstag) absolut nicht tut»[27]. Montgelas setzt sich mit den bisherigen Fehlern der Reichsstände auseinander, die, anstatt mit Frankreich über die elsässischen Besitzungen und Einkünfte zu verhandeln, drohende und starke Worte gesprochen haben, hinter denen, wie jedermann weiß, keine Macht und kein Handlungswille steht. Nur deshalb habe die Nationalversammlung das für die deutschen Fürsten ungünstige Dekret vom 20. 6. verabschiedet, das jedoch, wie Montgelas zu wissen glaubt, die Türe zu Verhandlungen keineswegs zuschlägt.

Seit der Französischen Revolution und dem preußisch-österreichischen Einverständnis von Reichenbach ist Montgelas' außenpolitische Grundkonzeption für Bayern und Zweibrücken: Verteidigung gegen Annexionspläne Österreichs mit

[24] 17. 5. 91.
[25] *Mannlich* 246.
[26] 26. 6. 91.
[27] 26. 6. 91.

Hilfe Preußens und Frankreichs, nicht mehr in dieser einfachen Form aufrechtzuerhalten. Sie wird erst wieder vom Frieden von Basel 1795 an anwendbar werden; doch glaubt er, daß trotzdem nach wie vor Möglichkeiten für Bayern und Zweibrücken bestehen, aus der außenpolitischen Lage Vorteil zu ziehen, indem man Verhandlungsmöglichkeiten mit Frankreich ausschöpft. Nur bei guten Beziehungen zu beiden Seiten werden die wittelsbachischen Staaten für beide Parteien als Verbündete oder Vermittler interessant sein. Auch ist er sicher, daß Preußens Freundschaft zu Österreich nicht so bedingungslos ist, daß Preußen etwa Bayern und Zweibrücken deswegen fallen ließe oder dem Kaiser als Geschenk darbrächte. So ermahnt er immer wieder eindringlich Seinsheim, in München zu warnen und den Ministern Karl Theodors nahezulegen, aus der gegebenen politischen Situation durch eine konziliante Haltung gegenüber Frankreich Nutzen zu ziehen[28]. «Es scheint mir, daß das bayerische Ministerium hartnäckig darauf beharrt, in der ganzen Verhandlung über die französischen Angelegenheiten das Thema zu verfehlen. Es geht nicht darum zu erkunden, ob es tatsächlich eine Revolution gibt oder nicht, sondern vielmehr, ob diese Revolution uns Vorteil bringen kann, ob es nicht angebrachter ist, aus der neuen Ordnung der Dinge zu profitieren, um aus einer Knechtschaft ‹(gegenüber Österreich)› herauszukommen, die große Nachteile hat und künftig größere haben wird». Die französischen Minister sähen diese Chance für Bayern genau und suchten daher, die Verhandlungen in die Länge zu ziehen, bis die innere Lage Frankreichs gefestigter wäre und es nicht mehr veranlaßt sein würde, Bayern für eine entgegenkommende Haltung einen hohen Preis zu zahlen. Zweibrücken sehe diese Dinge klarer und allein im Zusammenhang mit den politischen Interessen des Hauses, ebenso wie es bereits der Kurfürst von Mainz und der Markgraf von Baden täten[29]. Der Herzog läßt mit Paris gütlich wegen Auszahlung der rückständigen Einkünfte aus den elsässischen Besitzungen verhandeln. «Ich neige immer zu einem vorteilhaften Frieden. Ich fürchte, daß ein Krieg uns eine politische Revolution bringen wird, deren Opfer unser armes Vaterland sein wird»[30]. Er könne sich nicht vorstellen, daß die deutschen Fürsten für ihr wirkliches Interesse so blind seien, daß sie, statt die Differenzen durch Verhandlungen beizulegen, gegen Frankreich einen ungewissen Krieg beginnen würden, um dort das Ancien Régime wiederherzustellen, daß man sich für die Sache des Klerus und des Adels

[28] Z. B. 1. 5., 14. 6., 26. 6., 3. 7., 28. 8., 13. 11. 1791.

[29] 1. 5. 91.

[30] 14. 6. 91. Das französische Wort ‹révolution› bedeutete im 18. Jh. nicht nur inneren Umsturz – einen solchen hielt Montgelas für Deutschland nicht für wahrscheinlich – sondern jede große politische Veränderung, auch außenpolitischer Art, selbst dann, wenn sie sich allmählich vollzog.

totschlüge. «Aber es gibt heute keine Regel mehr in der Politik», man muß mit allem rechnen[31].

Den Nutzen der Revolution für die deutschen Staaten – sofern es keinen Krieg gibt – sieht Montgelas natürlich nicht nur in außenpolitischen Möglichkeiten. Einmal vertraut er dem Freunde an: «Welch ein großes Schauspiel, mein Freund, vorausgesetzt, daß wir das Glück haben, daraus Nutzen zu ziehen, zu sehen, daß unsere Fürsten gerecht, fleißig, sparsam werden, und daß die französischen Lehren nicht verloren sind. Frankreich wird einen Teil der Leiden, die es uns zufügt, und der Moden, mit denen es uns vergiftet, wieder gutmachen dadurch, daß wir auf seine Kosten klüger werden»[32]. Im Spätsommer 1791 glaubt Montgelas Frankreich auf dem Wege zur Stabilisierung, auch in finanzieller und militärischer Hinsicht[33]. Er sieht in monarchistischen Gesten der auseinandergehenden Constituante ein hoffnungsvolles Omen für die von ihm gewünschte Entwicklung zur konstitutionellen Monarchie, er bejaht die Verfassung. «Die vernünftigen Beobachter beginnen zu glauben, daß der Rahmen der Revolution allen Belastungen standhalten wird»[34].

In zahlreichen Briefen, schon seit 1789, übt Montgelas heftige Kritik an den Emigranten, vor allem an den Aristokraten, die noch ebenso überheblich und hochfahrend sind wie früher, die nichts dazugelernt haben und zu unfähig sind, um politisch irgend etwas Konstruktives zu bewirken[35]. Er hält ihren Aufenthalt in Zweibrücken ebenso wie in München für eine große außenpolitische Gefahr im Hinblick auf die Beziehungen ihrer Gaststaaten zu Frankreich. Er bittet Seinsheim, dem beiderseitigen Freunde, dem französischen Gesandten in München und seit 1793 Emigranten Graf Montezan, der aus dem Parlamentsadel stammt, sein vernichtendes Urteil über seine Standes- und Schicksalsgenossen zu verheimlichen, um ihm nicht weh zu tun. «Wir haben hier eine Menge von Aristokraten beiderlei Geschlechts, die essen, trinken, spielen, lieben, Neuigkeiten erfinden. Die absurdesten Behauptungen sind ihnen gerade recht, wenn sie nur eine Änderung in Frankreich anzukündigen scheinen. Ich bin wie Thomas inmitten dieser Enthusiasten . . .»[36]. Zwar ist auch Montgelas fast geblendet durch die Schönheit mancher dieser Damen, und wenigstens mit einer von ihnen, einer Baronin von Closen, wohl einer Verwandten von Frau von Hofenfels, steht er auf sehr gutem Fuß[37].

[31] 28. 8. 91.
[32] 3. 7. 91.
[33] 28. 8. 91.
[34] 7. 10. 91.
[35] S. oben Kap. 12.
[36] 28. 8. 91, dazu *Mannlich* 234–246.
[37] S. oben Kap. 12 Anm. 23 und Kap. 16 Anm. 33.

Aber die politischen Bestrebungen dieser Kreise, an ihrer Spitze des Grafen von Artois, hält er für gefährlich und verhängnisvoll und wünscht ihnen einen vollen Mißerfolg[38].

Natürlich bleibt in der Gesellschaft der kleinen Residenz diese seine Einstellung nicht verborgen, die Aristokraten setzen ihn auf die schwarze Liste und versuchen, ihn auch bei seiner Regierung als Revolutionär zu verdächtigen. Sicher hat dies später, nach den Ereignissen von 1793, dazu beigetragen, daß gerade der Abt Salabert, dessen Haus einen besonderen Sammelpunkt der aristokratischen Damen bildete[39], dazu beitrug, Montgelas als angeblichen Jakobiner aus dem Dienst des Herzogs zu entfernen. Salabert ließ auch in dieser Zeit bereits Montgelas' Briefe heimlich kontrollieren[40]. «Unsere hier lebenden Aristokraten», so berichtet Montgelas[41], «werden täglich wütender. Sie führen Buch über diejenigen, von denen sie glauben, daß sie nicht in allen Punkten ihrer Meinung sind. Sie klagen diese demokratische Einstellung an, suchen auf ihre Häupter die Rache des Himmels und der Erde und selbst die Mißbilligung der Regierung herabzubeschwören. Ich arbeite, so gut ich kann, daran, diesen Sturzbach aufzuhalten und, soweit möglich, die Philosophie und die Literatur vor den Ausschreitungen derer zu bewahren, welche diese Dinge mißachten. Ich denke, wenn man Gesetzgeber ist, so muß man deshalb nicht vom Teufel besessen sein, und daß ein Mann von Stand nicht auf die niedrige Stufe des Denunzianten herabsteigen soll. Muß ich mein ganzes Leben von üblen Priestern, Jesuiten und Schurken bedrängt werden? Oh ihr Welschen, nachdem ihr uns mit eueren Moden vergiftet habt, müßt ihr uns nun noch mit eueren Streitigkeiten behelligen?»[42]

Montgelas begrüßt es, daß der König am 14. September 1791 trotz des Protestes des Grafen von Artois die revidierte Verfassung beschworen hat. Er hält es für einen schweren Fehler der im Elsaß begüterten deutschen Fürsten, daß sie in der trügerischen Hoffnung auf eine Gegenrevolution nicht in echte Verhandlungen mit Frankreich eingetreten sind, sondern sich auf Drohungen beschränkt haben. «Auch wenn es zehn Gegenrevolutionen gäbe, so würde unsere Dummheit dadurch nur noch klarer. Die Aristokraten singen Allelujah; sie glauben, daß man ihre Arbeit getan hat. Meiner persönlichen Meinung nach, die ich Ihnen nicht mitteile, ist die Sache durchaus nicht so klar ...» Sein Urteil über das bisherige Werk der Constituante faßt Montgelas nach der Sanktionierung der Verfassung folgendermaßen zusammen: «Offen gesagt, ich liebe den philanthropischen Rah-

[38] Z. B. 4. 9., 20. 9., 7. 10. 91.

[39] *Mannlich* 245.

[40] Erwähnt in den Briefen an Seinsheim von 1793.

[41] 4. 9. 91.

[42] Ebd.

men der neuen Regierungsform. Ich zolle Beifall dem Ruin des Klerus» (als Korporation), «der uneingeschränkten Gewissensfreiheit, der Gleichheit der Besteuerung, der Permanenz der Gesetzgeber, den getroffenen Vorkehrungen zur Sicherung der persönlichen Freiheit. Ich liebe nicht die Abschaffung des Adels, die Erniedrigung des Thrones, die zu häufige Wiederkehr der Wahlen, den periodischen Wechsel der Richter, und ich verachte vor allem wie Sie die Schurken, die sich die Ausschweifungen der Übertreibung zunutze machen und in der kurzen Zeit, in der sie dazu in der Lage sind, auf den kostbaren Grundsätzen herumtrampeln, welche das Glück der Staaten und die Würde des Menschen ausmachen»[43]. Diese Worte des Für und Wider umreißen in rudimentärer Form Grundsätze, nach denen Montgelas selbst später den bayerischen Staat neu aufbauen wird.

Montgelas weiß sehr wohl zwischen Idee und Wirklichkeit der Revolution zu unterscheiden. «Die französischen Angelegenheiten bieten immer dasselbe Bild: Ein wenig gefestigter König, der sich recht und schlecht gegen eine Versammlung von Narren wehrt, aus den Kolonien weder Soldaten noch Geld, dazu viel Papier und Schulden, undisziplinierte Truppen, ungeschickte oder übelwollende Verwaltungsorgane. Ich glaube indessen, daß, wenn der französische König nicht noch ein zweites Mal flieht – eine Absicht, die ihm viele Leute zuschreiben – so wird sich niemand in die Angelegenheiten der Monarchie einmischen und man wird sich eines Tages arrangieren müssen»[44].

Aber die europäische Auseinandersetzung wirft immer mehr ihre Schatten voraus. «Die Legislative begeht Dummheit über Dummheit. Man könnte meinen, daß diese Leute bezahlt werden, um alles zu verderben»[45]. Die Gefahr eines Krieges, die er früher von den beiden deutschen Großmächten ausgehen sah, droht nun, wie er richtig erkennt, vor allem von der Legislative, die fast alle europäischen Staaten provoziert. Den Zweibrückenern ist im Gegensatz zu den Bayern die Lust am Karneval vergangen. Sie fühlen sich von den französischen Festungen Bitsch, Landau und Weißenburg, von den im Elsaß und in Lothringen stehenden französischen Truppen umgeben, «mehr als genug, um ausgelöscht zu werden»[46]. Es wird auch schwer sein, die Neutralität zu bewahren, denn wenn man einmarschierenden französischen Armeen nicht freiwillig die Lebensmittel verkauft, die sie benötigen, so werden sie nehmen, was sie brauchen, aber dann ohne Bezahlung. Montgelas meint, die deutschen Großmächte, die im Westen noch nicht zur Stelle sind, wollten den pfalzbayerischen Staaten dieselbe Rolle zuschieben, die 1756 Sachsen gegen Preußen gespielt habe, und sie hätten dabei vielleicht den Hintergedanken, nach dem Kriege diese Staaten nicht wieder herzustellen[47]. Er ist

[43] 20. 9. 91.
[44] 8. 11. 91.
[45] 13. 11. 91.
[46] 17. 1. 92.
[47] Ebd.

besorgt über die aufflammende Aktivität der Emigranten in Koblenz, Berlin, Petersburg und Wien nach dem Tode Kaiser Leopolds II[48].

Die Kriegserklärung Frankreichs an Europa und der sich zunächst offenbarende miserable Zustand der französischen Armee veranlassen Montgelas zu affektgeladenen Sätzen des Ärgers über die Franzosen und der Hoffnung auf die preußischen Waffen, wie man sie an diesem kühlen Beobachter sonst nicht kennt[49]. Doch bald gewinnt wieder die um nüchtern-objektives Abwägen bemühte Betrachtungsweise die Oberhand. Ausgehend von der Feststellung: «Es hat den Anschein, daß dieses unglückliche Königreich (Polen) ein Opfer des Hasses wird, den die französischen Verrücktheiten erzeugt haben gegen alles, was sich Revolution nennt», meint er: «Ich teile aus vollem Herzen den Zorn, den Sie zum Ausdruck bringen gegen all diese Lumpen» – er meint die Jakobiner – «solange nur die Rede von ihren Verbrechen und Ausschreitungen ist. Aber man muß sich hüten, seinerseits etwa auch einen Exzeß zu begehen und gegen die ewigen Grundsätze der Gerechtigkeit, der Vernunft und der gesunden Freiheit (de la saine liberté) zu verstoßen unter dem Vorwande, deren Mißbrauch zu verhindern. Dieses Prinzip scheint trivial, aber es ist nötiger als je, es zu wiederholen. Nur insoweit, als man sich peinlich an diesen Grundsatz hält, wird Frankreich bald beruhigt und wahrhaft glücklich werden. Wenn man sich aber davon entfernt, wenn man den Haß der Interessen und den Mißbrauch des Sieges bis zur Grausamkeit gegen die Besiegten und zur Übertreibung der entgegengesetzten (konservativen) Prinzipien treibt, dann wird das Ganze in zwei oder drei Jahren von neuem beginnen. Dann muß man sehen, ob man wieder zwei Großmächte findet, die gerade genug Muße und Gefälligkeit haben, um ihr Geld und ihre Truppen zu opfern»[50]. Es ist nicht anzunehmen, daß die Verbündeten, wenn sie damals, wie es zunächst den Anschein hatte, Frankreich besiegt hätten, so viel staatsmännischen Weitblick gezeigt hätten, wie Montgelas hier fordert.

Als die Franzosen im zweibrückischen Bergzabern eine Revolte aktiv unterstützen[51] und man beim französischen Gesandten protestiert, indem man an den Grundsatz der Revolution erinnert, daß jede Nation ihre Geschicke und ihre Regierungsform selbst bestimmen sollte, bekräftigt Montgelas gegenüber Seinsheim seine Einstellung: «Ich hasse die Umstürzler ebenso wie die (antirevolutionären) Übertreiber»[52]. In dieser Zeit hat sich das Kriegsglück bereits zugunsten der Franzosen gewendet. Ähnlich wie Goethe nach der Kanonade von Valmy (20. September 1792), die er erlebt hat, und natürlich ohne dessen Meinung zu kennen, urteilt Montgelas etwas später, wobei er den politischen Aspekt noch ein-

[48] 18. 3. 92.
[49] 10. 5. 92.
[50] 2. 9. 92.
[51] S. oben S. 172 f.
[52] 15. 11. 92.

gehender hervorhebt, in einem pessimistischeren Ton als jener: «Das Menschengeschlecht ist wahrhaft unglücklich. Es befindet sich am Vorabend eines totalen Umbruches in seiner Regierungsform und seiner Politik. Welches auch immer das Ergebnis des Kampfes sein wird, der jetzt anhebt, die Zeitgenossen werden die Leidtragenden sein, und es ist nicht entschieden, ob ihre Nachkommen darum glücklicher sein werden. Oh, daß die Menschen die Mißstände zerstören und dabei doch ihre Souveräne achten und nicht alles vernichten möchten!» Den bayerischen Ständen wünscht er, daß Gott ihnen Mäßigung gebe «und uns schütze vor den Wirren und dem Unglück einer Revolution»[53]. Der Wunsch nach einer unblutigen, im Namen der legitimen Autorität durchgeführten Reform, einer ‹Revolution von oben›, wie Montgelas sie tatsächlich später in Bayern durchführte, wird in diesen frühen Zeilen bereits deutlich.

Dabei bejaht er unbeschadet aller Kriegswirren und persönlichen harten Erfahrungen nach wie vor die Grundanliegen und Reformwünsche, welche am Anfang der Revolution standen oder durch diese verwirklicht wurden, wie er sie in dieser Zeit zusammenfaßte: Gleichmäßigere Vertretung des Volkes, Ausdehnung der wesentlichen Menschenrechte auf alle Klassen der Gesellschaft, politische und zivile Freiheit aller Bürger, gerechte Besteuerung[54].

Diese Bejahung der meisten Grundideen der Revolution, die Unterscheidung zwischen ihnen und dem Radikalismus, den negativen menschlichen Begleiterscheinungen, ferner der optimistische Glaube, daß zum Schluß doch alles in vernünftige Bahnen gelenkt werde, all dies hält bei Montgelas den härtesten Belastungsproben und den Anflügen des eigenen Pessimismus stand. Eine solche Belastungsprobe sind der Prozeß und die Hinrichtung Ludwigs XVI. «Das Schicksal des unglücklichen Monarchen ist unwiderruflich entschieden», schreibt Montgelas an Seinsheim[55]. «Man hat ihn verurteilt, ohne die Stimmen der Vernunft, der Gerechtigkeit und der Menschlichkeit zu hören ... Man wird ihn enthaupten wie Karl I., dem er zweifellos weit überlegen ist an Einsicht, an Kenntnissen, an vernünftiger Liebe zum Guten, allerdings unterlegen an Energie. Beide Könige sind die Opfer eines Hasses, den ursprünglich ihre Frauen hervorriefen, sie sind die Opfer eines Schleiers von Falschheit, den man sich bemüht hat über sie zu legen, und des Mißtrauens, das sich daraus ergeben hat. Die Jakobiner haben viel Ähnlichkeit mit Cromwells Independents. Es bestehen erstaunliche Analogien in den Mitteln und Zielen, die vermuten lassen, daß auch die Hingabe die gleiche sein wird und daß man, nach vielem Kampf und Blutvergießen, schließlich wieder zu einer Monarchie zurückkehren muß, die auf der soliden Grundlage weiser Grund-

[53] 30. 12. 92.
[54] 6. 12., 16. 12. 92. Vgl. Kap. 14.
[55] 24. 1. 93.

gesetze ruht und von der man sich niemals entfernt hätte, wenn jene Erregung zweier Parteien, die man Haß nennt, eine vernünftige Sache sein könnte. Übrigens ist nicht die geringste Bewegung weder in der Hauptstadt noch in den Départements festzustellen ...».

Aber mehr als die Hoffnung, daß man in einer ferneren Zukunft wieder zur Vernunft zurückkehren wird, bewegen Montgelas die drohenden Perspektiven der Gegenwart für ganz Europa: «Diese schreckliche Katastrophe wird ein Schauspiel abgeben ... Die gesamte Menschheit hat Grund, zu seufzen. Die Hinrichtung kündigt einen bewußt gefaßten Entschluß an, bis zum äußersten zu kämpfen. Die Köpfe werden sich erhitzen, eine Übersteigerung der Prinzipien wird nicht auf sich warten lassen. Man wird für einige und vielleicht für lange Zeit vor der traurigen Alternative stehen: Despotismus oder Anarchie. Man hat Grund, den Franzosen böse zu sein, sowohl wegen des Üblen, das sie angerichtet, als auch wegen des Guten, das sie kompromittiert haben. Wo findet sich ein Herrscher, der jetzt noch freiwillig die Eisen der Knechtschaft lockern, die Steuerpflichtigen entlasten, seiner eigenen Macht eine Vertretung der Nation zuordnen, die Wünsche seines Volkes über die besten Wege zu seinem Glück konsultieren wird nach dem schrecklichen Los, das Ludwig XVI. nach solchem Entgegenkommen zuteil geworden ist»[56]. Die Revolutionäre haben durch ihre Exzesse – dies ist seine Meinung – die Verwirklichung der großen Prinzipien von 1789 im übrigen Europa zunächst unmöglich gemacht. Und in der Tat hat dieser Schreck, wie in den meisten europäischen Monarchen und Staatsmännern bis 1848 und darüber hinaus, so auch in ihm selber nachgewirkt. Wahrscheinlich ist es diesem Umstand zuzuschreiben, daß Montgelas, der als Minister so viele der ursprünglichen, rechtsstaatlich-humanitär-liberalen Grundsätze von 1789 verwirklichte, wie es in Deutschland damals nur möglich war, die Einberufung eines allgemeinen Landtages vor 1806 und die Schaffung einer Nationalrepräsentation von 1808 bis zu seinem Sturz 1817 immer wieder verschob.

Dennoch: er betrachtet die Dinge auch damals politisch, nüchtern, nicht affektgeladen: «Ganz Europa teilt den Abscheu gegenüber diesem schrecklichen Attentat gegen seine (Ludwigs XVI.) Person, es ist die monströseste Handlung nach Form und Inhalt, welche die Geschichte kennt. Gewiß gibt es keine Strafe, welche diese Ungeheuer nicht verdienten. Das Schlimme ist nur, daß hinter ihnen 27 Millionen Franzosen stehen und daß es die Menschheit viel Blut und Tränen kosten wird, bis man in der Lage ist, diese Leute ihrer angemessenen Strafe zuzuführen, und daß überhaupt der Erfolg eines Angriffes nicht sicher ist ...»[57]. Er beurteilt die militärischen Aussichten Frankreichs, besonders wenn es den Krieg zu-

[56] 24. 1. 93.

[57] 7. 2. 93.

nächst vorsichtig und defensiv führt, als keineswegs schlecht. Der Kriegseintritt Englands und Hollands scheine die «Matadoren des Tages» in Paris nicht zu beeindrucken; auf ihre Kolonien legten sie ohnehin wenig Wert. Mit Hilfe der neugedruckten Assignaten könnten sie «die Maschine weiterlaufen lassen» und den Staatsbankrott auf die Zeit nach dem Krieg verschieben. Von politischem Weitblick zeugt der Satz: «Ich glaube nicht, daß die Franzosen Deutschland revolutionieren werden, aber ebensowenig, daß man ihnen – sofern es nicht innere Unruhen gibt – in ihrem eigenen Land viel wird schaden können. Wolle Gott, daß ich mich täusche . . .»[58]. Für die Unzuverlässigkeit der Ostmächte scheint ihm auch zu sprechen, daß sie nun, statt nachdrücklich gegen die Franzosen Krieg zu führen, über die Polen herfallen, für die Montgelas viel Sympathie besitzt [59] und deren Schicksal ihm als warnendes Beispiel für Bayern stets vor Augen steht. Was er in Frankreich als die größte Stärke eines Staates sieht, die Unterstützung der Regierung durch die Bevölkerung, das bezeichnet er auch für den Politiker allgemein als einen der wichtigsten Faktoren, der zum Beispiel Bayern immer unendlich wertvoller für seine Fürsten mache als noch so viele ertragreichere Provinzen, die man dagegen eintauschen könnte[60].

18. Zwischen den Fronten des Revolutionskrieges 1793/94. Anklage und Verteidigung

Seit der Wendung des Kriegsglücks am Tag von Valmy (20. 9. 1792) wird die Situation der westlichen deutschen Staaten immer ernster. Den Zweibrückenern steht nicht mehr der Sinn nach Karneval und Bällen, wie den Deutschen im Innern des Reiches. Montesquiou besetzt Savoyen, die Truppen unter Custine erobern Speyer, Worms, Mainz und vorübergehend Frankfurt ohne große Mühe; die preußischen Truppen, vor allem ihre Kavallerie, sind, wie sich jetzt zeigt, in schlechtem Zustand. Im November erobert Dumouriez nach seinem Sieg bei Jemappes ganz Belgien. Nur die Österreicher in der Südpfalz behaupten sich noch. Zweibrücken ist, ebenso wie Pfalzbayern, zunächst neutral und wird von den französischen Truppen um- und überspült, ohne zunächst als Feindesland behandelt zu werden. Jedoch muß es die fremden Heere verpflegen. Dabei macht sich auch hier die Not des deutschen Westens immer stärker bemerkbar: Truppen-

[58] Ebd.

[59] 31. 1., 7. 2., 5. 5. 93.

[60] 7. 2., 25. 4. 93.

durchzüge beider Parteien, zunehmende Geld-, Lebensmittel- und Futterknappheit, Ungewißheit über das Morgen, Revolten, die zwar nur von zahlenmäßig kleinen Gruppen getragen, aber von den französischen Truppen gegen die Mehrheit der Bevölkerung unterstützt werden, wie zum Beispiel in Bergzabern, während die anderen Teile des Herzogtums Zweibrücken nach wie vor ruhig bleiben[1].

[1] Niederschlag dieser Vorgänge in Montgelas' Briefen an Seinsheim vom 15. 11., 6., 16., 23., 30. 12. 1792; Unruhen in Bergzabern, ihre Unterstützung durch 1000 Franzosen, bevorstehende Einquartierung von 6000 Franzosen im Herzogtum Zweibrücken: 15. 11. 92. – Über die geistige, politische und militärische Auseinandersetzung Deutschlands mit der Französischen Revolution: M. *Braubach* in: B. *Gebhardt*, Handbuch der deutschen Geschichte, hg. von H. *Grundmann*, Bd. 3, Stuttg. 1970^9, 1–27 (bis 1799) mit Lit.; K. von *Raumer*, Handbuch der deutschen Geschichte, hg. von L. *Just*, Bd. 3 Abschn. 1: Deutschland um 1800, Krise und Neugestaltung, hier 1./2. Lieferung, Konstanz 1958/59: Geistige Auseinandersetzung mit der Franz. Revolution 24–69, politische Auseinandersetzung 69–119. Arbeiten zur geistigen Auseinandersetzung: G. P. *Gooch*, Germany and the French Revolution, London 1920; A. *Stern*, Der Einfluß der Französischen Revolution auf das deutsche Geistesleben, Stuttgart 1928; J. *Droz*, L'Allemagne et la Révolution française, Paris 1949; M. *Boucher*, La Révolution de 1789, vue par les écrivains allemands, ses contemporains, Paris 1954; R. *Ayrault*, La genèse du romantisme allemand, 2 Bde., Paris 1962; J. *Droz*, Le romantisme allemand et l'Etat, Paris 1966; Kl. *Epstein*, The Genesis of German Conservativism, Princeton 1966; H. Scheel, Süddeutsche Jakobiner. Klassenkämpfe und republikanische Bestrebungen im deutschen Süden Ende des 18. Jh., Berlin (Ost) 1962; dazu H. *Scheel*, Jakobinische Flugschriften aus dem deutschen Süden Ende des 18. Jh., Berlin (Ost) 1965; Hedwig *Voegt*, Die deutsche jakobinische Literatur und Publizistik, Berlin (Ost) 1955.

Die außenpolitischen und militärischen Vorgänge im deutschen Westen, soweit sie für das folgende Kapitel wichtig sind, sind dargestellt bei: H. von *Sybel*, Geschichte der Revolutionszeit, Bd. 1 und 2 (bis Ende 1793), Düsseldorf 1859^2; A. *Sorel*, L'Europe et la Révolution française, Bd. 2 und 3, Paris 1901, 1903. Die Edition von J. *Hansen*, Quellen zur Geschichte des Rheinlandes im Zeitalter der Französischen Revolution, 1780–1801, 4 Bde., Bonn 1931–1938, bezieht sich zwar in erster Linie auf das Gebiet der späteren preußischen Rheinprovinz, enthält aber auch für die Vorgänge in Zweibrücken wichtiges Material. – S. S. *Biro*, The German Policy of Revolutionary France, 1792–1797, 2 Bde., Cambridge, Mass. 1957. Die Vorgänge in Zweibrücken dort Bd. 1, 161–165. Allgemein wichtig: J. *Godechot*, La Grande Nation, L'expansion révolutionnaire de la France dans la monde, 2 Bde., Paris 1956. Eberh. *Naujoks*, Die Französische Revolution und Europa, 1789–1799, Stuttgart 1969. Vorgänge im Reich: K. O. Frhr. von *Aretin*, Heiliges Römisches Reich 1776–1806, 2 Bde., Wiesbaden 1967. – Für die Geschichte der Pfalz und Zweibrückens während der Französischen Revolution sind speziell wichtig: Ch. *Schmidt*, Les sources de l'histoire des territoires rhénans de 1792 à 1814 dans les archives rhénanes et à Paris, Paris 1921 (mit Einleitung über die Verwaltungsgeschichte); F. X. *Remling*, Die Rheinpfalz in der Revolutionszeit, 1792–1798, 2 Bde., Speyer 1865/66; A. *Conrady*, Die Rheinlande in der Franzosenzeit (1750–1815), Stuttgart 1922; M. *Springer*, Die Franzosenzeit in der Pfalz, 1792–1814 (Département Donnersberg), Berlin 1926; L. *Klipfel*,

Doch die Zeichen stehen auf Sturm. Seit Februar 1793 liegen französische Truppen in Homburg, in der Nähe des Karlsberges. Sie nehmen die deutsche Post in ihre Verwaltung[2]. Ihre Versuche, in verschiedenen Teilen des Herzogtums die Einwohner zur Erhebung zu ermuntern, bleiben im ganzen erfolglos. Doch beunruhigen die Hinrichtung Ludwigs XVI. und die allmählich bekanntwerdenden drei Edikte des Nationalkonvents vom 19. 11. und 15. 12. 1792 und vom 8. 1. 1793, welche die Revolutionierung und praktisch die Annexion der besetzten Gebiete festsetzten[3], auch den Zweibrückener Hof. Eine Neutralitätsakte vom 21. 11. 1792, die dem Herzog durch den Conseil exécutif zugesandt wird, wird durch die Ereignisse überholt[4]. Der Herzog bleibt äußerlich unerschüttert, um die Bürger zu beruhigen, in seiner Residenz. Die einzige Vorbereitung, die man für den Notfall trifft, ist, daß man die Juwelen und Münzen heimlich verpackt und nach Mannheim sendet[5]. Am 18. 2. 1793 teilt Montgelas dem Freunde mit, er könne ihm von jetzt ab für längere Zeit nicht anworten, bäte ihn aber, ihn weiterhin über die Ereignisse in Bayern auf dem laufenden zu halten. «Sie wissen,

Les débuts de l'occupation française sur la rive gauche du Rhin, 1793/95, Paris 1933; J. *Godechot;* Les commissaires aux armées sous le Directoire. Contribution à l'étude des rapports entre les pouvoirs civils et militaires, 2 Bde., Paris 1937; H. E. F. *Bayrhoffer,* Die Organisation der Rechtspflege im Gebiete der heutigen Pfalz durch die Franzosen vom Beginn der Französischen Revolution 1789 bis zum 2. Pariser Frieden vom 20. 11. 1815, Diss. München 1942; L. *Just,* Der Mittelrhein im Zeitalter der französischen Revolution und Napoleons, Jahrb. f. Gesch. u. Kunst des Mittelrheins und seiner Nachbargebiete 10, 1958, 52–66; R. *Cobb,* Les armées révolutionnaires, instruments de la Terreur dans les départements (avril 1793 – floréal an II), 2 Bde., Paris 1961/63; R. *Dufraisse,* Les populations de la rive gauche du Rhin et le service militaire à la fin de l'Ancien Régime et à l'époque révolutionnaire, Revue Historique 231, 1964, 103–140; L. *Uhlig,* Georg Forster, Einheit und Mannigfaltigkeit in seiner geistigen Welt, Tübingen 1965. – Aufschlußreich neuerdings: K. G. *Faber,* Andreas van Recum, 1765–1828, ein rheinischer Kosmopolit, Bonn 1969. – Für den fränkischen Raum: H. H. *Hofmann,* Adelige Herrschaft und souveräner Staat ..., München 1962; E. *Riedenauer,* Reichsverfassung und Revolution. Zur Persönlichkeit und Politik des fränkischen Kreisgesandten Friedr. Ad. v. Zwanziger, Zs. für bayer. Landesgesch. 31, 1968, 124–196; 501–574.

Über die weitere Entwicklung im Herzogtum Zweibrücken und in der linksrheinischen Pfalz ferner: *Mannlich*; *Adalbert* Prinz von Bayern, Max I. Joseph ..., 1957, 224–249; derselbe: Der Herzog und die Tänzerin. Die merkwürdige Geschichte Christians IV. von Pfalz-Zweibrücken und seiner Familie, Neustadt/Weinstraße 1966, 169–183; H. *Bolle,* Der kurpfälzische Beamtenstab der linksrheinischen Gebiete in der zweiten Hälfte des 18. Jh., Mitt. des Histor. Ver. der Pfalz 53, 1955, 87–224; O. *Jung,* Die pfälzische Kirche und die französische Herrschaft (1793–1814), Grünstadt 1939. K.-G. *Faber,* Verwaltungs- und Justizbeamte auf dem linken Rheinufer während der französischen Herrschaft. Eine personengeschichtl. Studie. Aus Gesch. und Landeskunde (Festschr. f. F. Steinbach), Bonn 1960, 350–388; Ders., Die Übernahme von A. G. F. Rebmann in den

wie ich mein Vaterland liebe und wie sehr mich alles, was sich dort zuträgt, interessiert.» Sein nächster Brief ist erst vom 4. April.

Was sich dazwischen ereignet, kennen wir durch die Schilderung Mannlichs[6]. Am 9. Februar nachts meldet ein Leibjäger, daß französische Reiterei sich durch einen Führer unter Vermeidung der Straßen durch den Wald nach dem Karlsberg bringen lasse. Der Herzog will es nicht glauben und kann nur mit Mühe zum überstürzten Aufbruch in Begleitung der Herzogin und Salaberts bewogen werden. Kurz nachdem sie auf Jagdwegen das Schloß verlassen haben, trifft die französische Truppe unter General Landremont ein und durchsucht mit gezogenen Säbeln das Schloß nach dem Fürsten. Landremont sieht noch im Wald am Fuß des Berges Fackeln der herzoglichen Begleitung leuchten. Auf seine Frage, was dies für Feuer seien, antwortet ein Handwerker: «Brennende Kalköfen.» Ohne diese geistesgegenwärtige Erklärung wäre wahrscheinlich der Herzog von Zweibrücken in einem Kerker des Nationalkonvents verschwunden, hätte vielleicht sogar das Schicksal des Grafen Salm geteilt, auf dem Schafott zu enden. Mannlich

bayerischen Dienst, Ein Beitrag zur Gesch. der bayerischen Personalpolitik in der Pfalz 1814–1816, Mitt. des Histor. Ver. der Pfalz, 56, 1958, 137–157. L. *Lévy-Schneider,* Le Conventionnel Jeanbon Saint-André, Paris 1901; Ders., Les habitants de la rive gauche du Rhin et la France sous le Premier Empire, in: La Révolution française, 42, 1902; Ders., L'oeuvre administratif de Jeanbon Saint-André dans les pays rhénans, in: La revue rhénane 5, 1925, 364–73; E. Graf von *Westerholt,* Lezay Marnésia, Sohn der Revolution und Präfekt Napoleons, Meisenheim/Glan 1958; Ph. *Sagnac,* Le Rhin français pendant la Révolution et l'Empire, Paris 1917; F. *Schmitt,* Die provisorische Verwaltung des Gebietes zwischen Rhein, Mosel und französischer Grenze durch Österreich und Bayern in den Jahren 1814–1816, Meisenheim/Glan 1961; A. *Becker,* Die Wiedererstehung der Pfalz ... (oben Kap. 3 Anm. 12).

Ungedruckte Berichte über die militärischen Ereignisse und die Leiden der Bevölkerung in Zweibrücken in den Jahren 1793 und 1794: MA 292: Observations sur l'expédition du Carlsberg ... 1er février 1793–7 mars 1793, par un Français témoin oculaire, reicht in Wirklichkeit bis zur Zerstörung des Schlosses Karlsberg am 28. Juli 1793. – Ein Tagebuch der merkwürdigsten Begebenheiten vom 9. Februar bis zum 29. Julius (also ebenfalls bis zur Zerstörung des Karlsbergs) liegt nach Prinz Adalbert, Max I. Joseph, S. 231, Anm. 3, im Geheimen Hausarchiv unter *Nr. 23 g.* – Zeitlich schließen sich an: Geh. Staatsarchiv *MA 293:* Berichte über Zerstörungen und Brandschatzungen etc. im Herzogtum Zweibrücken vom 1. 1. bis 9. 4. 1794. – Fürstensachen 1262: Bericht über die dermalige Lage in Zweibrücken 1794, von Thil (Deckname?), ein offenbar an den zweibrückischen Hofrat in Mannheim unter Gefahr gesandter Bericht über die Verhältnisse in Zweibrücken seit 21. 11. 1793.

2 Montgelas an Seinsheim 3. 2. 93.

3 *Godechot,* La Grande Nation, I 84.

4 K. s. 7789.

5 *Mannlich* 248.

6 Ebd. 249 ff., das Datum nach K. s. 7789.

schildert anschaulich das drei Wochen währende Treiben der Sansculotten in Zweibrücken bei dieser ersten Besetzung und die Machtlosigkeit ihrer Offiziere[7].

Erst im April kann Montgelas durch einen Kurier des Herzogs, Freiherrn von Gumppenberg[8], wieder Verbindung mit dem herzoglichen Hof, der nach Mannheim ausgewichen ist, und mit seinem Freunde Seinsheim in Regensburg aufnehmen. Für längere Zeit liegt Zweibrücken zwischen den feindlichen Armeen, die sich beide nicht stark genug zu einem allgemeinen Angriff fühlen, sondern nur örtliche Vorstöße und Aufklärungsritte ihrer Reiterei durchführen. Der kühne Handstreich, mit dem österreichische Dragoner und Husaren am 3. April Homburg eingenommen haben, veranlaßt Montgelas gegen seine sonstige Art zu Äußerungen eines begeisterten deutschen Patriotismus[9].

Die Franzosen haben Esebeck, den maßvollen und frankreichfreundlichen Minister Herzog Karls, verhaftet und deportiert. Alle Bemühungen um seine Freilassung bleiben fruchtlos. «Es ist ein wahres Unglück für diesen anständigen Mann (honnête homme), der das Opfer seines Eifers und seines Patriotismus geworden ist. Es ist auch ein Unglück für den Hof, der seiner Gegenwart notwendig bedürfte. Denn mit vielen Unvollkommenheiten ist er sicherlich doch der Beste von allen». Am Mannheimer Hof des Herzogs Karl, an dem nur der wenig fähige Abt Salabert als Minister amtiert, lebt man, als ob Frieden wäre; die Katastrophe hat dort nach Auskunft von Augenzeugen nur geringen Eindruck gemacht[10]. Die Verwaltung des Herzogtums und die Korrespondenz mit seinen diplomatischen Vertretern funktionieren von nun an nicht mehr, da außer Esebeck auch Montgelas keinen Einfluß mehr darauf nehmen kann.

Am 21. März räumen die Franzosen nach siebenwöchiger Besetzung Zweibrücken, am 30. kommen sie zurück, am 2. April ziehen sie abermals ab, nachdem ihre Kavallerie zunächst den von Preußen besetzten Karlsberg nur umschwärmt hat. Die Franzosen haben die Ämter Zweibrücken und Homburg «munizipalisiert»[11], die Lebensmittel beschlagnahmt. Sie haben Besitzungen des Herzogs und Esebecks verwüstet. Man – anscheinend Montgelas selbst – hat Esebecks Möbel und die wertvolleren Teile seiner 4000 Stücke umfassenden Wappensammlung, ja sogar seinen Weinkeller, durch Bestechung eines französischen Kommissars mit

[7] Ebd. 251–255.

[8] Gumppenberg war als ehemaliger Illuminat (‹Proteus›) wie Montgelas, Seinsheim, Zwack und der Legationssekretär Purkard in zweibrückische Dienste aufgenommen worden.

[9] 4. 4. 93, s. oben S. 193.

[10] 4. 4. 93.

[11] 8. 4. 93. Vgl. J. *Godechot*, Les institutions ..., 1951, 282–309, weitere Entwicklung dort 410–414.

Geld gerettet. «So wird der Republik gedient. Sie werden sich im klaren sein», schreibt Montgelas an Seinsheim, «daß Leute, die so wenig von den Tugenden der alten Römer haben, nicht dazu geschaffen sind, deren Staatsform zu übernehmen» – Montgelas beobachtet aufmerksam die strategischen Fehler der Franzosen, die Verzettelung ihrer Kräfte, den Abfall des ihm unbesiegbar erscheinenden Dumouriez, der seit langem über Hertzberg mit dem König von Preußen korrespondiert hat[12], die Zwistigkeiten zwischen den anderen Generälen, wie Custine und Bournonville. Er freut sich, daß man vor den Franzosen mehr wertvolle Dinge retten konnte, als zu erhoffen war. Nach dem Rückzug des Gegners stürzen preußische und österreichische Husaren den Freiheitsbaum in Zweibrücken und verhaften einige der ‹schlechtesten Subjekte› der Stadt, andere können sich nach Frankreich retten, wo sie die Bevölkerung weiter tyrannisieren[13].

Allein schon zwei Wochen darauf, am 15. April, besetzen die Franzosen unter Landremont erneut Zweibrücken und Homburg. Die wenigen preußischen Truppen ziehen sich zurück und halten nur die Wälder unterhalb des Karlsberges weiterhin besetzt. Ihr Befehl, das Schloß zu verteidigen, ist eine Gefälligkeit König Friedrich Wilhelms II. gegenüber Herzog Karl, den er in Mannheim öfters besucht. Montgelas ist froh, daß man die Bildergalerie, die Möbel und das Naturalienkabinett nach Mannheim abtransportieren konnte[14] und daß die Franzosen ihren in Zweibrücken bisher durch die Verbündeten eingekerkerten oder emigrierten deutschen Parteigängern, den ‹Patrioten›, nicht freie Hand gegeben haben, um sich an der ihnen feindlichen Bevölkerung zu rächen. Zwei Versuche der Franzosen, den Karlsberg zu stürmen, werden von den Preußen blutig abgeschlagen; über 400 französische und 20 preußische Tote bleiben zurück. Montgelas meint, der Sturm der Franzosen sei nur gescheitert, weil ihre Kanoniere betrunken waren, weil ihre Kanonen zum Teil zu kleinkalibrig für die mitgeführte Munition waren und weil die Zweibrückener Stadtväter die französische Infanterie drei Stunden lang auf die geforderte Lieferung der Verpflegung hatten warten lassen, dies nicht nur aus patriotischen Überlegungen, sondern zum Teil darum, weil der betrunkene Stadtrichter den Requisitionsbefehl eine Stunde lang in seiner Tasche spazierengetragen hatte. General Landremont traktiert die Mitglieder des Magistrats dafür eigenhändig mit Ohrfeigen, verletzt zwei durch Säbelhiebe und läßt alle vorübergehend fesseln[15].

Montgelas glaubt nicht, daß die Preußen, die offenbar den Befehl ihres Königs kritisieren, den Karlsberg lange verteidigen werden. Herzog Karl ist optimi-

[12] 6., 8. 4. 93.
[13] 14. 4. 93; zum Freiheitsbaum: *Mannlich* 253.
[14] 21. 4. 93; *Mannlich* 256 ff.
[15] Alles 21. 4. 93.

stisch, hält jeden Tag in Mannheim in kurpfälzischer Uniform eine Parade ab, will von sich aus 600 Mann Fußvolk und 60 Reiter bewaffnen und ist bereits mit seinem Gefolge auf dem Rückweg in seine Residenz gewesen, als er die Nachricht von dem erneuten Einfall der Franzosen erhielt. Die allgemeine Unsicherheit hält an. Französische und preußische Patrouillen beschießen sich in den Straßen von Zweibrücken[16].

Warum bleibt Montgelas in diesen schwierigen Tagen in Zweibrücken, warum ist er nicht seinem Hofe in das zunächst noch sichere Mannheim gefolgt? Diese Frage, die später auch seine Ankläger stellen, sucht er sich selbst und seinem Freunde Seinsheim in seinen Briefen zu beantworten. Er habe auf Sicherheit, das Angenehme des Lebens und die Freude, seine Freunde wiederzusehen, nach reiflicher Überlegung verzichtet, schreibt er, weil er glaube, den Ort, an dem er am notwendigsten gebraucht werde, nicht verlassen zu dürfen. Er halte sich am Schauplatz der kriegerischen Ereignisse jederzeit bereit, Befehle und Hinweise zu befolgen. Er glaube, hier «von einiger Nützlichkeit sein zu können, und wenn es nur die wäre, Möbel und Akten zu retten»[17]. Er sei für seinen Teil sehr gelassen und könne sein Verhalten vor jedermann verantworten, meint er[18]. Da Montgelas

[16] Ebd.

[17] 8. 4. 93.

[18] Montgelas, der nur noch wenig Kontakt mit seinem Hof hat, hat gar keinen mit dem einzigen in seiner Nähe lebenden hohen Beamten des Herzogs, Chr. Fr. Pfeffel, der sich seit seiner Rückkehr aus Frankreich in Zweibrücken aufhält und auf die Nachfolge Esebecks hofft: 14. 4., 5. 5. 93. Von Pfeffel sind keine positiven Leistungen mehr zu erwarten; er hat seine erfolgreiche Zeit als Historiker, Jurist und Außenpolitiker bereits hinter sich. Als Direktor der Historischen Klasse der Bayerischen Akademie der Wissenschaften von 1763 bis 1768 war er, der protestantische Elsässer, zugleich deren bedeutendstes Mitglied gewesen. Unter seinem maßgebenden Einfluß erschienen die ersten 10 Bände der Monumenta Boica und 4 Bände der Abhandlungen. Über seine originellen Beiträge zur Geschichtsforschung des 18. Jh. s. A. *Kraus,* Vernunft und Geschichte, 1963, laufend, u. a. 265 ff.; Ders., Die historische Forschung an der Churbayer. Akademie der Wissenschaften 1759–1806, München 1959« Ders., Die bayerische Historiographie z. Zt. der Gründung der Bayer. Akademie der Wiss., Zs. f. bayer. Landesgesch. 21, 1958, 69–109; L. *Hammermayer,* Sammlung, Edition und Kritik der Monumenta Boica (1765–1768). Zur Frühgesch. der Bayer. Akademie der Wiss., Oberbayer. Archiv 80, 1955, 1–44; Ders., Gründungs- und Frühgeschichte der Bayer. Akademie der Wiss., München (Kallmünz) 1959. – Über Pfeffel als Politiker bis 1784: L. *Bergsträsser,* Christian Friedrich Pfeffels politische Tätigkeit in französischen Diensten, 1758–1784, Heidelberg 1906. Bis 1791 war Pfeffel gleichzeitig im Dienst Frankreichs und des Herzogs von Zweibrücken in Paris tätig gewesen. Seine Gutachten, zum Beispiel dasjenige über die Erbansprüche des Hauses Zweibrücken auf Bayern, die Kurpfalz und deren Nebenlande, spielten für die Politik Zweibrückens eine wichtige Rolle, und auch Montgelas hatte aus ihnen gelernt, wenn er auch in der Zeit seiner Korrespondenz mit Seinsheim

von der Politik seines Herzogs in Mannheim nicht mehr unterrichtet ist – es gibt eine solche in Wahrheit kaum mehr –, teilt er Seinsheim auf dessen Briefe hin seine private Meinung zu den politischen Fragen und Aufgaben mit[19]. Der Herzog hat in Mannheim seit dem Ausscheiden Esebecks und Montgelas' nur noch einen Mann, der überhaupt in der Lage ist, Instruktionen zu verfassen, Cetto, aber auch dieser wird bald durch Salabert kaltgestellt.

Als im April die Franzosen wieder in Zweibrücken stehen und General Landremont die Mitglieder des Magistrats in der erwähnten Weise mißhandelt, greift Montgelas, der einzige am Ort befindliche Beamte des formell noch neutralen Herzogs, als zweisprachiger Vermittler ein. «Es ist uns mit vieler Mühe geglückt, die Verhandlungen zwischen der Stadtverwaltung und den französischen Generälen so zu lenken, daß wir die formellsten Erklärungen zu Gunsten der öffentlichen Sicherheit erhalten und die Gemüter ein wenig beruhigen konnten, die ein Blutbad und Verwüstung erwarteten. Ich habe den ganzen gestrigen Tag im Rathaus verbracht, obwohl ich dort keinerlei Auftrag habe und obgleich es kein Vergnügen war. Ich schwöre Ihnen, mein guter Freund, daß dies beginnt, mir unangenehm zu werden, und daß ich, wenn dies so weitergeht, wahrhaft alles andere als ein beneidenswertes Leben führe; nicht für eine Million würde ich das Dasein noch einmal leben wollen, das ich seit 20 Monaten friste. Alles, was ich esse, verwandelt sich in Galle. Sie sehen, daß man sich unter diesen Umständen sehr beeilen müßte, um meinem Patriotismus einen Epitaph zu setzen»[20].

Aber die nächsten Monate werden noch Schlimmeres bringen. Zunächst stehen die Franzosen längere Zeit auf dem einen, die Preußen auf dem anderen der Zweibrücken umgebenden Höhenzüge, ihre Patrouillen beschießen sich in den Straßen. Oft beherrschen die Preußen die Stadt bei Nacht, ihre Feinde bei Tag. Montgelas kann von seinem Fenster aus einen preußischen Vorposten sehen. Während er seinen Brief schreibt[21], kämpft man in den Straßen bereits seit 5 Uhr morgens. Alle herzoglichen Bediensteten, darunter Cetto, der einen kurzen Besuch gemacht hat, haben das Weite gesucht. Die französischen Generäle kommen Montgelas' Vorstellungen zu Gunsten der Stadt weit entgegen, aber die Soldaten leisten sich trotz aller Verbote hier und da Exzesse. Das Mindeste ist, daß sie

nichts Gutes mehr über Pfeffel zu berichten wußte. Nach seiner unrühmlichen Flucht aus Zweibrücken 1793 gelangt Pfeffel nicht wieder zu Einfluß. Herzog Max hat kein Vertrauen mehr in seine Fähigkeiten, da Pfeffel in einer Abhandlung 1793 (!) allen Ernstes den Austausch Bayerns gegen Elsaß-Lothringen vorgeschlagen hat (Prinz *Adalbert,* Max I. Joseph, 298).

[19] Z. B. 21. 4. 93.

[20] 21. 4. 93.

[21] 25. 4. 93.

Waren aus den Läden entnehmen, ohne zu bezahlen. Viele kleine Schikanen «verdienten keine Beachtung im großen, sind aber darum nicht weniger schmerzlich für die armen Menschen, welche ihre Opfer sind. Man wird versuchen müssen, für sie Gerechtigkeit und Schadenersatz zu erreichen»[22]. Trotz aller Schrecken und Wechselfälle sagt Montgelas von sich: «Meine Gesundheit ist passabel, ich bin ganz ruhig für meine Person, mein Eigentum und das, was mich am meisten interessiert, das Depót (Archiv), das mir anvertraut ist». Doch die Situation ist kritisch. «Ich fürchte sehr, daß wir hier an Hunger und Entbehrungen sterben. Zwei Armeen zu ernähren, ist eine drückende Last für ein kleines Land, das nicht reich ist»[23]. Der Abfall des Dumouriez, den Montgelas wegen seiner strategischen Fähigkeiten und der Disziplin seiner Truppen respektiert hat, hat keine wesentlichen günstigen Folgen für die Gegner Frankreichs gehabt, auch vom Aufstand in der Vendée und an der unteren Loire erwartet Montgelas dies nicht. «Beobachten wir die Ereignisse, vertrauen wir uns der Vorsehung an, vielleicht hat sie Mitleid mit uns»[24].

Die Franzosen behalten Blieskastel in der Hand und machen von dort aus täglich Überfälle auf preußische Vorposten, die oft zu sorglos sind. Die preußischen Soldaten verlassen gelegentlich leichtsinnig ihre Stellungen, um zu trinken. Es gibt auch Szenen des Friedens. So haben Soldaten der ‹grande nation› einer preußischen Abteilung als Geschenk ein Brot, Fleisch und eine Flasche Schnaps gebracht und friedlich mit den Gegnern geplaudert[25]. 12 000 Franzosen stehen im Herzogtum und werden ständig verstärkt, dazu wohl ebensoviel Preußen. «Das Land ist erschöpft, Freund und Feind essen uns auf»[26]. «Es ist wahr, mein lieber Freund, daß das Ausmaß der Schwierigkeiten, mit denen es der Vorsehung gefallen hat, uns heimzusuchen, sehr groß ist und daß ich kaum weiß, wie meine Gesundheit das ausgehalten hat. Jedermann leidet Not»[27]. Eine Schätzung der Kosten, welche der Krieg bisher, also in noch nicht einem halben Jahr, dem neutralen Herzogtum gebracht hat an Verwüstungen, Truppenlieferungen usw. beläuft sich auf 700 000 fl., also fast die Gesamteinnahmen eines Jahres nach Fortfall der elsässischen Besitzungen.

Unterdessen beteiligt sich Prinz Max am Feldzug der preußischen Armee im Rheinland, der Herzog und er nehmen teil an der mecklenburgisch-preußischen Doppelhochzeit in Darmstadt, König Friedrich Wilhelm II. besucht das berühmte

[22] 25. 4. 93.
[23] 25. 4. 93.
[24] Ebd.
[25] 5. 5. 93.
[26] Ebd.
[27] 12. 5. 93.

Mannheimer Theater und ist dann Gast Herzog Karls in Rohrbach. Montgelas meint dazu: «Ich hoffe, daß diese intime Verbindung zwischen den Häusern Pfalz und Preußen dem armen Bayern dienen wird. Das Beispiel Polens ist erschreckend ... Es ist nötig, daß die Mittelstaaten zu sich selbst kommen und sich daran gewöhnen, durch Mut, Geist und Sparsamkeit ihr Schicksal in die eigenen Hände zu nehmen; andernfalls werden sie von den großen Fischen verschlungen ...»[28].

Bald richtet sich Montgelas' Kritik ebenso gegen die Truppen des befreundeten Preußen wie gegen die Revolutionsarmee. Anknüpfend an die Mitteilung, daß die Preußen die Belagerung von Mainz, auf dessen Einnahme man große Hoffnung für die Kriegführung der Verbündeten links des Rheins setzte, immer noch nicht begonnen haben, schreibt er: «Eine Sache bereitet mir schmerzliche Sorge: Ich bin der preußischen Monarchie sehr zugetan wegen der Dankbarkeit, welche wir ihr schulden, ferner weil sie ein eindrucksvolles Denkmal eines überragenden Genies darstellt, sodann wegen des Wertes und der Güte des regierenden Königs, der so freigebig seine Tage für die Ruhe Europas und die Beseitigung der Anarchie opfert, schließlich, weil sich dort eine Heimstätte des aufgeklärten Geistes (foyer de lumière) erhalten hat. Was mich bekümmert ist nur, daß der Stand der preußischen Truppen nach dem, was alle Welt mir sagt, keineswegs der Vorstellung entspricht, zu der wir uns berechtigt glaubten. Man beklagt sich auf dem Karlsberg allgemein über ihre Zügellosigkeit, vor allem der Angehörigen des Regiments Hertzberg, die das Menschenmögliche an Disziplinlosigkeit leisten. Sie haben dem Förster Chigius und dem Gouverneur der Pagen Rheinwald haarsträubende Schmähungen an den Kopf geworfen und die Frau des ersteren sah sich gezwungen, ihnen an ihrer eigenen Tafel sehr harte Dinge zu sagen. Ich habe kürzlich gesehen, wie ein betrunkener Offizier auf offener Straße einen Soldaten ohne einen vernünftigen Grund mißhandelte, und von einer Gesellschaft von zwanzig anderen, die sich in dem gleichen schönen Zustand befanden, fielen zwei vom Pferd auf eine Weise, daß diejenigen, die es sahen, zitterten ...» Die Preußen sind unzufrieden mit der Bevölkerung und der Verwaltung, weil man ihnen nach der Ausplünderung durch die Franzosen nicht alles geben kann, was sie verlangen. «Der General Wolfrath hat uns erbaut mit dem schönen Ausdruck: ‹ein Lumpennest, das man zerstören müßte›» (diese Worte im Original deutsch), «das ist weder höflich noch trostvoll. Ich selbst habe auch eine lächerliche Geschichte mit einem Major Wirgowitzky gehabt, dem mein Gesicht nicht gefiel und der es sich einfallen ließ, mich als suspekt, gefährlich oder ich weiß nicht was, zu betrachten. Sie sehen, daß man sich ständig zwischen Scylla und Charybdis befindet,

[28] 5. 5. 93.

und es ist schon geradezu eine Prädestination nötig, damit man dem einen und dem anderen entgeht. Die Franzosen wollten mich als Aristokraten verhaften, nun werde ich als Volksverhetzer verdächtigt durch einen Windbeutel von der anderen Seite. All dies bekümmert die gut Gesinnten und gibt Anlaß zu (gegen Preußen) feindseligen Vergleichen, welche durch die Österreicher, ihre Gegenspieler, genährt werden, die nur allzu oft auch unsere Feinde gewesen sind. Wenn dies so weitergeht, werde ich meine Ansicht darüber dem Grafen Goertz schreiben. Vielleicht kann er meine Überlegungen verwenden»[29].

Montgelas lobt Seinsheim, daß er den Herzog über die Gerüchte hinsichtlich eines neuen Tauschplanes unterrichtet habe[30]. Er hat Angaben darüber erhalten, daß dieser Plan jetzt auch bei der Regierung Karl Theodors keine Chance hat und betont: «Ich hoffe, daß dieses traurige Ereignis, über das ich mich niemals trösten würde und das meinen zukünftigen Weg und meine Pläne ebenso durchkreuzen würde wie die aller anderen Leute, niemals stattfinden wird». Er begrüßt es, daß der Münchner Hof sich an England gewandt habe[31]. «Diese Macht scheint mir ein erklärter Feind solcher Operationen zu sein; die Art, wie sich Pitt in der Sitzung (des Unterhauses) vom 25. über die Teilung Polens ausgesprochen hat, beweist es ... Das Kabinett von St. James wirft ein Gewicht in die Waagschale, das ihm eine gewichtige Stimme im Kapitel verleiht».

Hinsichtlich der verpaßten Chancen des Krieges erwähnt Montgelas einen Brief der Gräfin Königseck an Herzog Karl, in dem die Gräfin über ein Gespräch berichtet, das sie mit dem übergelaufenen General Dumouriez in Stuttgart gehabt habe. Dumouriez habe darin versichert, er habe dem Prinzen von Coburg vorgeschlagen, in Frankreich bei Bewahrung der Integrität des Landes die konstitutionelle Verfassung des Jahres 1791 wieder herzustellen, den Nationalkonvent zu zerstreuen und Ludwig XVII. zum König auszurufen. Er sei sicher gewesen, den Plan ohne allzugroße Schwierigkeiten ausführen zu können. Der österreichische Befehlshaber Prinz von Coburg sei einverstanden gewesen und habe seine erste Proklamation veröffentlicht, doch dann habe sich der Kongreß von Antwerpen gegen Coburgs Willen zwar auch für eine Anerkennung der Verfassung, aber mit Gebietsabtretungen von seiten Frankreichs ausgesprochen. Dumouriez, der sich daraufhin zurückgezogen habe, glaube fest, daß sich auf die Dauer die erste Lösung durchsetzen werde: Anerkennung der Verfassung durch die verbündeten Mächte, ohne Frankreich Gebietsabtretungen aufzuerlegen. Dies werde jedoch erst nach schweren Opfern erfolgen[32].

29 12. 5. 93.
30 Über diesen Plan s. *Aretin*, Heiliges Römisches Reich ..., I, 274–286.
31 S. oben S. 90 f.
32 12. 5. 93.

Immer wieder bewegt Montgelas die Besorgnis, Bayern könne doch noch von Österreich geschluckt oder aufgeteilt werden, dann nämlich, wenn Preußen sich im Interesse des Bündnisses gegen das revolutionäre Frankreich an der Selbständigkeit Bayerns desinteressiere. «Es kostet mich viel Anstrengung zu glauben, daß Preußen seine wahren Interessen, den geheimen Artikel des Fürstenbundes, so weit vergessen haben sollte, daß es die Hand reichte zu einer Ungerechtigkeit, durch welche sein Rivale (Österreich) einen größeren realen Machtzuwachs bekäme, als Preußen selbst durch all seine Erwerbungen in Polen. Ich zähle immer noch ein wenig auf England und die Notwendigkeit für die Koalition, es zu schonen . . .»[33]. Dies ist einer der Gründe, warum Montgelas stets mißtrauisch gegen den Kreuzzug der Ostmächte gegen das revolutionäre Frankreich ist: Preußen verleugnet damit nach seiner Meinung seine eigenen wie auch die Interessen der von ihm gegen den Kaiser geschützten deutschen Mittelstaaten. Die Regeln der klassischen Diplomatie und des Gleichgewichts innerhalb des Reiches, in deren Kategorien Montgelas sozusagen aufgewachsen ist, versagen in dieser Situation ohne Präzedenzfall, in der ideologische Fronten anstelle des vielgleisigen Spiels der herkömmlichen Politik treten: «Es ist wahr, daß man sich auf nichts mehr verlassen kann, und daß die Franzosen durch ihre Verbrechen und Übertreibungen die Außenpolitik nicht weniger durcheinandergebracht haben als ihr eigenes Vaterland»[34]. Obwohl er den Franzosen grollt, weil sie die Gegebenheiten der herkömmlichen Diplomatie und die Möglichkeiten des europäischen und deutschen Gleichgewichts über den Haufen geworfen haben, hat er doch, wie wir sahen, viel Verständnis und Sympathie für die großen Ausgangsanliegen der Französischen Revolution; auch darum ist er innerlich ein Gegner des Feldzuges gegen Frankreich, dem er überdies nur sehr wenig Chancen einräumt.

Für Zweibrücken und für Montgelas selbst dreht sich das Karussell des Krieges weiter. «Das kleine, arme Land, das ich bewohne, ist soeben Zeuge und Opfer eines neuen Wechsels der Dekoration geworden», schreibt Montgelas. Am 17. und 18. Mai drängt ein starker französischer Vorstoß die Preußen unter Hohenlohe aus dem Herzogtum. Zum Erstaunen von Montgelas haben die Franzosen nicht den vom Gegner aufgegebenen Karlsberg besetzt. Das Schloß ist bis auf drei Bedienstete des Herzogs menschenleer. Am Abend zuvor noch hatte man auf dem Schloß ein Fest gefeiert, bei dem neben der Fürstin Hohenlohe sieben Fürsten anwesend waren. Die Militärs erklären, die Gründe des plötzlichen preußischen Rückzugsbefehls seien ihnen rätselhaft. Montgelas fürchtet für das Schloß und die kostbaren Möbel. Er selbst ist mehr noch als früher seinem Schicksal überlassen: «Alle unsere Beamten und die Hälfte des Bürgertums sind auf der

[33] 19. 5. 93.
[34] Ebd.

Flucht. Ich habe mich noch einmal überreden lassen, alle Risiken einzugehen, um zu helfen, die Stadt zu retten und dem Magistrat als Sekretär zu dienen. Ich erlebte gestern nach dem Mittagessen einen ziemlich rauhen Schrecken. Eine Gendarmerie-Abteilung rückte an, um von mir eine geographische Karte zu verlangen. Ich hatte geglaubt, sie wollten mich einsperren. Bis jetzt bin ich noch davongekommen, ebenso wie die Stadt, welche die Franzosen noch nicht betreten haben»[35]. Eine französische Armee von 80 bis 100 000 Mann nimmt auf den Höhen über Zweibrücken Stellung ein, hat aber bisher nur Wein und Bier verlangt und in Assignaten bezahlt. Sie scheinen die Behandlung der Stadt von der Rückgabe des Besitzes der nach Frankreich geflohenen ‹Patrioten› und von der Freilassung der von den Preußen in Königstein gefangengehaltenen politischen Häftlinge abhängig zu machen. Montgelas hat deswegen beim Herzog und bei Hohenlohe nachdrückliche Vorstellungen erhoben und den letzteren an seine früheren diesbezüglichen Versprechungen erinnert, nachdem seine Truppen schon das Herzogtum so schmählich im Stich gelassen haben. Nachdem alle anderen – voran Pfeffel – geflohen waren, hat auch Montgelas schließlich seinen Reisewagen packen lassen, «aber die Furcht, die wichtigen Akten im Stich zu lassen, die meiner Obhut anvertraut sind, die Sorge um das Gebäude des Fürsten, in dem ich wohne (das Stadtschloß), die Bitten der Bürgerschaft, das Bewußtsein, nützen zu können, haben mich zurückgehalten. Ich bin im übrigen so erschöpft von den Übertreibungen und Prahlereien der Aristokraten, den Verbrechen der Demokraten, den Verleumdungen, Lügen und Intrigen jeder Art, daß es mir, ich schwöre es Ihnen, ziemlich gleichgültig ist, ob sie mich einkerkern. Was mich bedrückt, ist das traurige Los des kleinen Landes, in dem ich lebe ...»[36]. In einem weiteren Brief ergänzt er diese Schilderung: «Alle Welt, Bürger, Ratsherren, Beamte haben die Hauptstadt im Stich gelassen. Es bleiben nur die verlassenen hübschen Frauen. Die Bürger haben mich geradezu auf den Knieen gebeten, sie nicht zu verlassen»[37]. Während er sich von ihnen umstimmen läßt, hat sich sein beladener Reisewagen schon in Bewegung gesetzt und wäre fast, wie eine gleichzeitig abgehende andere Karosse, den Franzosen in die Hände gefallen. Montgelas organisiert aus einigen zurückgebliebenen Ratsherrn und Beamten ein provisorisches Verwaltungskomitee, dessen Sekretär er ist. Er hat dem Herzog über alles berichtet, bekommt aber von ihm keine Weisungen. Die Polizei zusammen mit einer freiwilligen Bürgergarde hält durch Patrouillen in der Stadt die Ruhe und Ordnung leidlich aufrecht. «Man sucht vor allem, Haßausbrüche der einen gegen die anderen und die daraus sich ergebenden gegenseitigen Anklagen zu

[35] Alles 19. 5. 93.
[36] Ebd.
[37] 23. 5. 93.

verhindern, denn Sie müssen wissen, daß unsere Einheimischen von einem so schönen Eifer für die jeweilige Meinung des Tages erfüllt sind, daß sie hingehen und sich gegenseitig bei den verschiedenen Armeen denunzieren ... Ich lebe hier wie der verlorene Sohn der Regierung. Ich bin über nichts mehr unterrichtet. Vielleicht werde ich nach Mannheim gehen, um meinen Hof zu machen, alles zu erklären und zu sehen, was ich mit den Papieren tun soll, mit deren Bewachung ich betraut bin»[38].

Bereits am 20. Mai kehren die Preußen auf den Karlsberg zurück, den die Franzosen zum allgemeinen Erstaunen noch nicht besetzt hatten. Preußische Patrouillen erscheinen wieder, wie früher, in den Straßen von Zweibrücken, aber Montgelas glaubt, daß die Franzosen eindeutig die Stärkeren sind und daß sich die Preußen beim ersten größeren Angriff wieder zurückziehen werden. Er bemüht sich, die Anerkennung Zweibrückens als neutraler Staat von beiden Parteien zu erreichen, und hofft auch, daß die Franzosen nun keine Geiseln mehr mitnehmen werden, nachdem der König von Preußen seinerseits die inhaftierten Zweibrückener ‹Patrioten› freigelassen hat.

Montgelas bleibt wieder in Zweibrücken trotz der Warnungen seiner Freunde. Seinsheim hat ihm geraten, mit dem Chiffrenschlüssel sich sobald wie möglich unauffällig nach Mannheim abzusetzen. Cetto warnt ihn davor, den ehrenhaften Zusagen des französischen Generals Frégeville zu stark zu trauen, denn die Kommissare und die Sansculotten würden sich nicht daran halten, sondern als Spion verdächtigen und verhaften, wen sie wollten. Er warnt ihn ferner davor, in dem städtischen Komitee mit einem politisch zweifelhaften Mann namens Préville zusammenzuarbeiten, und deutet an, daß am Hofe des Herzogs in Mannheim nicht jedermann so verständnisvoll über Montgelas' Aufenthalt in Zweibrücken denke wie er, Cetto[39]. Doch aus Montgelas' Sicht liegen die Dinge anders: «Es ist wesentlich, daß ich noch ein wenig hierbleibe. Der Dienst des Meisters (des Herzogs) erfordert es durchaus. Gewiß ist mein Platz nicht angenehm. Man scheint auf verlorenem Posten zu stehen. Keiner will hierher kommen. Irgendwer muß sich aber opfern. Bis zur Stunde hat mir hier niemand den geringsten Anlaß zur Klage gegeben. Alle behandeln mich mit Anstand. Die Franzosen benehmen sich sehr gut und bezahlen alles, was sie nehmen. Auch die Preußen haben seit einigen Tagen strengen Befehl erhalten, ihr Verhalten zu ändern. Seitdem geht es uns hier besser und wir fühlen uns ruhiger. Der Kleinkrieg nimmt seinen Lauf, fast täglich gibt es kleinere Angriffe, die Menschenleben auf beiden Seiten kosten, ohne irgend etwas zu entscheiden ...»[40].

[38] Ebd.

[39] Cetto an Montgelas, Mannheim 26. 5. 93, Egg.

[40] 9. 6. 93.

Bezüglich der Weltlage meint Montgelas, wenn es nicht den Engländern in Verbindung mit dem Aufstand in der Vendée gelinge, der Revolution den Todesstoß zu versetzen – was er sehr bezweifelt –, so werde dieser Todesstoß seiner Ansicht nach nie erfolgen. Auf jeden Fall müsse man die Lage auch unter dem speziellen Gesichtspunkt der Interessen Bayerns betrachten, dessen Gewicht in Friedensverhandlungen bei Befolgung einer geschickten Politik nicht unbeträchtlich in die Waagschale fallen könnte. Daß die deutschen Großmächte ihre eigenen Interessen bei solchen Verhandlungen in den Vordergrund stellen würden, daran könne kein Zweifel sein. Wie leicht wäre es, Europa Frieden zu geben, wenn beide Parteien es nur wollten: «Gebt Korsika dem König von Sardinien als Ersatz für Savoyen, England einige Kolonien, Holland Handelsvorteile und die Barriere und Frankreich eine solide, monarchische Regierung, und die Welt wird Frieden haben. Es wird leicht sein, sich über die Besitzungen im Elsaß zu einigen, wenn man es nur will. Wie wünschte ich, daß dies alles so gemacht würde, denn der Krieg bringt so viel Elend mit sich, daß man unbedingt sein Ende wünschen muß . . .»[41]. Aber er fühlt selbst, daß der europäische Konflikt sich nicht so einfach lösen wird.

Drei Wochen später finden wir Montgelas noch immer in der gleichen Situation in Zweibrücken. Die Franzosen beherrschen die Stadt; die Vorposten der Preußen stehen auf den Höhen in nächster Nähe der Stadtgrenze. Fürst Hohenlohe hat sein Hauptquartier in Ramstein, der Herzog von Braunschweig in Kaiserslautern, die Österreicher ersetzen die Preußen in Edenkoben. «Wir stecken noch immer bis zum Hals im Schlamm». Die Franzosen haben viele Dinge beschlagnahmt, vor allem Wein und Reitpferde. Die besten Weine des Herzogs und der Bürger hat man allerdings retten können. Einen Teil hat die protestantische Kirchenadministration als den ihren ausgegeben, weshalb ihn die Franzosen nicht beanspruchten. Der Wein als Handelsware ist hier die Existenzgrundlage vieler Menschen.

Einer der Hauptgründe, weshalb Montgelas in Zweibrücken zurückgeblieben ist, ist – neben der Hilfe für die Bevölkerung und der Sorge für das Archiv – das Bestreben, durch Verhandlungen schließlich den in Metz inhaftierten Minister Esebeck zu befreien. Man steht jetzt unmittelbar vor einem entsprechenden Abkommen. Der frühere französische Gesandte in Zweibrücken Desportes hat zugesagt, Esebeck nach Zweibrücken zu bringen, wenn Preußen ihm ein militärisches Geleit stellt. Dies wird zugesichert, jedoch bezeichnet Desportes das angebotene Geleit als zahlenmäßig zu gering und verlangt doppelt soviele Soldaten zu seinem Schutz, was wiederum der König von Preußen abschlägt. So scheitert trotz aller Bemühungen Herzog Karls von Mannheim und Montgelas' von Zwei-

[41] Ebd.

brücken aus die Befreiung Esebecks. Montgelas kann ebensowenig wie Seinsheim politische Instruktionen vom Hof des Herzogs bekommen – Salabert versagt vollkommen[42]. «Was man nach Mannheim berichtet, versinkt wie in einem unergründlichen Schlund»[43]; das Schweigen der Mannheimer Regierung ist «eine Krankheit ohne Heilmittel»[44]. Montgelas plant bei passender Gelegenheit einen Besuch in Mannheim, um eine «cour décente», zu machen und dann wieder zu seinem Vorposten in Zweibrücken zurückzukehren. «Ich bin hier unendlich nützlicher gewesen, als ich es dort hätte sein können. Der Mannheimer Hof ist eine Heimstätte für Leute mit hohler Betriebsamkeit, wo es absolut nichts Wesentliches zu tun gibt»[45].

Aus Montgelas' Briefen ist nicht klar zu erkennen, ob er über die geheimen Verhandlungen unterrichtet war, die Desportes mit dem gefangenen Esebeck führte. Esebeck erklärte sich bereit, um freizukommen und auch weil dies seiner politischen Überzeugung entsprach, über Zweibrücken und München eine Verbindung zwischen Frankreich und dem damals mit ihm im Krieg liegenden Preußen herzustellen[46]. Sybel verweist auf die große Bedeutung, die dieser von Frankreich (Desportes) angeregte Plan im Falle des Gelingens für Deutschland hätte haben können: Die drei geistlichen Kurfürstentümer sollten säkularisiert werden. Dies war seit Kaiser Karl VII. der erste konkrete Plan zur Säkularisation geistlicher Reichsstände. Preußen sollte das Kurfürstentum Köln, die Hälfte von Trier und die von Bayern abzutretenden Herzogtümer Jülich und Berg erhalten, Bayern die andere Hälfte von Trier und das Kurfürstentum Mainz ohne dessen Hauptstadt, die Frankreich bereits zur Republik zu machen versprochen hatte. Wäre dieser Plan damals, 1793, verwirklicht worden, so wäre das linke Rheinufer deutsch geblieben, wenn auch vielleicht noch nicht, wie Sybel meint, auf die Dauer. Der preußische Sondergesandte Frhr. von Luxburg, ein Zweibrückener, verhandelte darüber in Metz mit Desportes. Der Plan scheint nicht weiter verfolgt worden zu sein, weil andere Berater Dantons damals einem Abkommen Frankreichs mit Österreich den Vorzug vor einem solchen mit Preußen gegeben hätten und weil noch vor einer endgültigen Entscheidung Danton gestürzt wurde. Auch Herzog Karl von Zweibrücken scheint sich damals der Vermittlung versagt zu haben. Es fällt auf, daß gerade die angebliche, von Montgelas bestrittene Freundschaft mit Desportes unter den Hauptanklagepunkten war, die man spä-

42 Seinsheim an Montgelas 5. 5. 93; Montgelas an Seinsheim 30. 6. 93.

43 9. 6. 93.

44 30. 6. 93.

45 Ebd.

46 *Sybel* Bd. 2, 310–315; *Sorel* Bd. 3, 421 ff.; *Biro* Bd. 1, 161–165 (die Titel oben Anm. 1).

ter am Zweibrückener Hof in Mannheim gegen Montgelas erhob. Da Montgelas ständig mit Esebeck in Verbindung stand und da eine Säkularisation der geistlichen Kurfürstentümer zu Gunsten Preußens und Bayerns und die Herstellung guter Beziehungen zwischen Preußen und Frankreich und damit die Sprengung des für Bayern so gefährlichen Bündnisses zwischen Wien und Berlin durchaus den politischen Zielen von Montgelas entsprachen, ist es wahrscheinlich, daß er von diesen Geheimverhandlungen gewußt hat. Natürlich konnte er eine derart wichtige Mitteilung in dieser unsicheren Zeit nicht einem Brief an Seinsheim anvertrauen, den er ohnehin oft wegen seiner Redseligkeit tadelte.

Der weitere Gang der Ereignisse wird Montgelas nicht gestatten, zu seinen Zweibrückenern zurückzukehren. Er benötigt über die Hälfte des Monats Juli, um sich aufs rechte Rheinufer nach Mannheim durchzuschlagen. Doch wie ist er erstaunt, daß man hier kein Wort über Politik mit ihm spricht, obwohl, wie er erfährt, die Grundsätze des Herzogs sich nicht geändert haben. Alles geht nur noch durch die Hand Salaberts, der jedoch die meisten Schreiben unbeantwortet läßt, seiner Aufgabe nicht gewachsen und der deutschen Sprache nicht mächtig ist und sich nur für den Ausbau seiner persönlichen Stellung beim Herzog interessiert. Der Herzog kommt oft mit dem König von Preußen zusammen, aber Montgelas bezweifelt, daß man diese Chancen politisch im Interesse Bayerns und Zweibrückens nutzt. Man scheint sich nur darüber zu unterhalten, was man tun will, wenn Zweibrücken erst wieder in den Besitz seiner elsässischen Herrschaften kommt; «dies also ist alles, was wir an Politik treiben!», schreibt Montgelas verächtlich[47].

Beim Besuch König Friedrich Wilhelms II. und Herzog Karls in Rohrbach Ende Juli gab es einige Pannen. Man hatte bei Tisch das Besteck für den König vergessen, und er mußte längere Zeit warten, bis die Gastgeber merkten, daß er nicht essen konnte. Als man dann nach Mannheim zum Theaterbesuch zurückfuhr, brach ein Rad der Kutsche, und König und Herzog – beide korpulent – fielen auf die Straße und mußten staubbedeckt das letzte Stück zum Theater, begleitet von einer großen Menge Neugieriger, zu Fuß zurücklegen. Danach machte die ‹Princesse palatine›, die erste Gemahlin des Pfalzgrafen Max (und Mutter König Ludwigs I.), Auguste Amalie von Hessen-Darmstadt, eine tränenreiche Szene, weil sie gezwungen gewesen war, in einer anderen Karosse als ihr Gemahl zu fahren, der im Wagen des Königs von Preußen gesessen hatte, worauf ihr der Fürst von Nassau-Dillingen zu verstehen gab, daß er sie für nicht zurechnungsfähig hielt. Das folgende Dîner «gehörte nicht zu den heitersten»[48].

[47] 29. 7. 93.
[48] 10. 8. 93. Zu dem Unfall: *Mannlich* 262.

Die Nachricht, der König wolle den ganzen Winter zusammen mit dem Herzog in Mannheim verbringen, erfüllt Montgelas mit Freude, nicht nur, weil dies eine brillante gesellschaftliche Saison für das sonst als Etappenstadt eintönig gewordene Mannheim verspricht, sondern vor allem, weil es «unserem lieben gemeinsamen Vaterland (Bayern) zum Vorteil gereichen würde, das nie in einer unmittelbareren Gefahr geschwebt hat als jetzt». Diese Gefahr sieht Montgelas, wie bereits gezeigt, nicht von Frankreich, sondern nach wie vor von Österreich drohen (man spricht in dieser Zeit von einem neuen Tauschplan). Er fürchtet ferner die Möglichkeit, daß Preußen, das nun mit Österreich verbündet ist und die Furcht vor dem jakobinischen Frankreich und das Bestreben, es zu besiegen, über alle anderen Überlegungen zu stellen scheint, Bayern nicht mehr wie früher schützen würde. Doch hält er die Haltung Herzog Karls, seinen Widerstand gegen alle Tausch- und Verkleinerungspläne, für unerschütterlich und über jeden Zweifel erhaben trotz der «Pygmäenseelen» unter seinen Beratern[49]. Auch auf England mit Hannover sowie auf Sachsen setzt Montgelas in dieser Hinsicht große Hoffnung. Hannover und Sachsen müssen im eigenen Interesse verhindern, daß etwa Preußen sie einmal verschlingen könnte, wenn es Österreich zugestanden hätte, sich Bayern einzuverleiben.

Über die inneren Verhältnisse Preußens, für die er sich stark interessiert, berichtet Montgelas dem Freunde, gegen die polnische Teilung, die das gefährliche Rußland zum unmittelbaren Nachbarn habe werden lassen, und gegen die Kriegs- und Bündnispolitik des Königs bestehe in Preußen eine starke Opposition, die der Meinung sei, ohne die Teilnahme am französischen Krieg wäre Preußen jetzt der Schiedsrichter Europas. Nach dem Bekanntwerden großer Verschwendungen und Unterschlagungen in der Militärverwaltung sei die Stimmung der preußischen Offiziere und Soldaten sehr schlecht. Um sie von der Desertion abzuhalten, müsse der König mit Hilfe holländischer Anleihen ihren Wünschen weit entgegenkommen. Über König Friedrich Wilhelm II. urteilt Montgelas gegenüber Seinsheim so: «Um Ihnen offen meine private Meinung zu beschreiben: Ich glaube, daß der König kein Automat ist, wie man es behauptet, daß er, ohne ein Genie wie Friedrich II. zu sein, doch eigene Ideen hat, die zu befolgen er seine Minister zwingt, daß er noch dazu mutig, gut, gerecht und menschlich ist, von einer charmanten Einfachheit der Lebensart und sehr höflich, daß er sich durch die französischen Prinzen und Emigranten hat täuschen und weiter mitreißen lassen als er wollte in ein Labyrinth, aus dem wieder herauszukommen ihm große Verlegenheit bereitet, daß er die Ruhe, aber nicht die Zerstörung Frankreichs wünscht, nur weiß er ebensowenig wie alle anderen ein Mittel, dahin zu gelangen. Er liebt von Natur aus den Frieden, er kann durchaus aktiv und fleißig sein,

[49] 10. 8. 93.

die Maschine mit ein wenig Anstrengung in Bewegung setzen, bis sie in Schwung ist und von allein läuft. Ich habe Grund zu der Annahme, daß wir Feinde an seinem Hof haben und daß Bischoffwerder und der Herzog von Braunschweig uns nicht mehr so günstig gesonnen sind wie früher»[50]. Während ihrer Fahrten durch die rechtsrheinische Pfalz erhalten der König, der Herzog und Pfalzgraf Max an manchen Orten begeisterte Ovationen von der Bevölkerung. Montgelas meint dazu: «Ich habe für mich privat aus vollem Herzen mitgeklatscht, denn ich gestehe, daß die zur Zeit herrschende enge Verbindung mir das größte Vergnügen bereitet. Wenn wir uns» – er meint Zweibrücken und mehr noch die Existenz Bayerns als Staat – «retten können, so ist es nur auf diese Weise».

Wie gefährlich die Lage tatsächlich wieder für Bayern ist, zeigen die neuen Besuche des russischen Gesandten Graf Romanzoff, der schon 1784 der beinahe erfolgreiche Anwalt für Österreichs Tauschplan in Zweibrücken gewesen war,[51] bei Herzog Karl in Mannheim[52].

Erst allmählich gelangt nach Mannheim die Kunde von der Zerstörung der Schlösser des Herzogs von Zweibrücken: Petersheim am 24., der Karlsberg am 28. Juli, die Fasanerie am 2., Monbijou am 18. August 1793. Vom Stadtschloß, in dem auch Montgelas gewohnt hatte, bleiben nur die Außenmauern stehen. Um das riesige Schloß auf dem Karlsberg in Flammen zu setzen, hatten die Sansculotten Stroh aus der ganzen Umgebung, selbst aus Lothringen, herangeschafft und die Gemächer des Erdgeschosses damit ausgestopft. Ein Kommissar hatte dann im Namen der Nation die Fackel daran gelegt, begleitet von den Gesängen der Sansculotten. Damit verbrannte auch das bereits in Kisten verpackte Naturalienkabinett[53]. Erst 1953/55 legte man durch Ausgrabungen die Grundmauern wieder frei. Aber auch die Preußen saugten mit ihren zahlreichen Truppen das befreundete Land aus, meist, ohne etwas zu bezahlen, und die Österreicher unter dem Fürsten von Waldeck plünderten einen zweibrückischen Ort, in dem angeblich auf sie geschossen worden war, vier Stunden lang und begingen dabei unerhörte Grausamkeiten[54].

Es kommt Montgelas in Mannheim hart an, zu sehen, wie der neue Minister Salabert seiner Meinung nach den Herzog zu einem Fehler nach dem anderen verleitet, während man ihn selbst von den Geschäften ausgeschlossen hat. So verspielt man jetzt ein für den Herzog und den Fiskus sehr vorteilhaftes Abkommen

[50] Ebd.

[51] *Aretin,* Tauschprojekt, 776–797.

[52] 21. 8. 93.

[53] *Mannlich* 265. Zu diesen Vorgängen vgl. auch Prinz *Adalbert,* Max I. Joseph, 238 und Kap. 12 Anm. 6.

[54] 21. 8. 93.

mit dem Hause Thurn und Taxis, das Montgelas ausgearbeitet hatte, obwohl er wußte, daß er damit eine Pension des Fürsten Thurn und Taxis, die er bis dahin genossen hatte, aufs Spiel setzte. Nun macht der Herzog viel größere Zugeständnisse an den Fürsten und seine Post, um sich kleine momentane Vorteile zu erkaufen. «Es ist gefährlich, die Fürsten an Geldgeschäfte zu gewöhnen und daran, für klingende Münze ihre wesentlichen Regalienrechte zu opfern»[55]. Ähnlich ist es mit den Beziehungen zum Malteserorden, gegen den man jetzt nachgiebiger ist als unter der Federführung von Montgelas, und mit den Religionsbeschwerden der Reformierten in der Kurpfalz. In dieser Frage hatte Montgelas damals bereits sein später fortgeführtes Versöhnungswerk begonnen und ein Abkommen zwischen dem Herzog und der Reformierten Kirche der Pfalz vorbereitet, das die Klage der Reformierten beim Wiener Reichshofrat gegenstandslos machen und den Religionsstreit «d'une manière glorieuse» beenden sollte[56]. Nun muß er zusehen, wie diese Klagen lauter werden und mehr Aufsehen erregen als je, während ihm die Hände gebunden sind, so daß er nicht vermittelnd eingreifen kann[57]. Und noch etwas später, als man ihn schon praktisch aus dem Dienst entlassen hat, schreibt er, die Vorurteile der Regierung gegen die Reformierten schmerzten ihn. Hätte man seine Arbeit weitergeführt, so wäre dem religiösen Frieden, der Regierung und dem Lande gedient gewesen. «J'avais mis mon cœur à cette opération» – «der Kummer, sie nicht vollenden zu können, ist, wie ich Ihnen gestehe, einer der größten, die ich empfinde, wenn ich diese Verwaltung verlasse – falls ich diesen Entschluß fasse; ich habe noch keine Antwort auf meinen Brief»[58].

Wie ein bitterer Hohn erscheint es ihm, daß gerade in diesem Augenblick eine dem Freiherrn von Reibelt zugeschriebene anonyme Broschüre über den Zweibrückener Hof und seine Politik erscheint, in der zum Ausdruck gebracht wird, der Herzog besitze in Montgelas einen «feinen, verschmitzten Kopf»[59]. Esebeck wäre jetzt nötiger denn je, um die Dinge in Ordnung zu bringen, aber man hält ihn in Paris gefangen; erst Ende September wird er plötzlich nach Mannheim entlassen. Salabert, der nun Esebecks Platz besetzt hält, versagt nicht nur politisch vollkommen; Montgelas hat auch persönlich von ihm nichts Gutes zu erwarten; er weiß jetzt, daß Salabert bereits 1792 zahlreiche Briefe von ihm heimlich hat öffnen lassen, in denen Montgelas sich über Persönlichkeit und Fähigkeiten des Abtes kritisch geäußert hat[60].

55 Ebd. Die Pension des Hauses Thurn und Taxis hatte er von seinem Vater geerbt, der Reisebegleiter eines Prinzen dieser Familie gewesen war.

56 Vgl. unten Kap. 23.

57 31. 8. 93.

58 24. 10. 93.

59 Diese Worte in Deutsch zitiert, 21.8. 93.

60 7. 9. 93.

Und in der Tat trifft Montgelas bald noch Schlimmeres als nur politische Kaltstellung; man entzieht ihm seine bereits wegen der Notlage des Herzogs sehr bescheidenen Bezüge; er weiß nicht mehr, wovon er leben soll. Seine Gegner, an ihrer Spitze offenbar Salabert, haben eine ganze Serie von Anklagen gegen ihn formuliert. Sein schon erwähntes Entgegenkommen gegenüber den Reformierten scheint dabei auch am Rande mitzusprechen[61]; vor allem aber bezichtigt man ihn der Zusammenarbeit, der Collaboration hätte man im 20. Jahrhundert gesagt, mit den Franzosen, den Jakobinern und den Königsmördern, während seines Zweibrückener Aufenthalts. Bei einem Besuch in München im September hat offenbar Salabert diese Anklagen mündlich Seinsheim mitgeteilt, der sofort den Freund, so gut er es auf Grund von dessen vertraulichen Briefen aus Zweibrücken kann, dagegen in Schutz nimmt. «Welcher Trost ist es, seine echten Freunde kennenzulernen inmitten der Angriffe der Verleumdung und der finsteren Unternehmungen der Intrige. niemals ist mir eine Freude des Herzens notwendiger gewesen...» schreibt Montgelas[62]. «Man möchte meinen, daß in dieser Stunde der allgemeinen Gefahr die Berechnungen des niedrigen Eigennutzes aufgehört hätten, aber die Raben der Höfe lassen nicht ab, im Schmutz zu graben. Sie, mein Freund, haben ausgezeichnet auf die Anschuldigungen geantwortet, die man Ihnen auseinandergesetzt hat».

Über die Vorwürfe, die gegen Montgelas von seinen Gegnern erhoben wurden und die der Herzog sich anscheinend zueigen machte, sowie über seine eigene Verteidigung dagegen geben zwei Schriftstücke Aufschluß: Ein am Ende seines Aufenthalts in Zweibrücken geschriebener eigenhändiger Bericht an den Herzog vom 27. 6. 1793, in dem er die Gründe für sein Verbleiben unter der französischen Besatzung zusammenfaßt[63], sowie eine ‹Griefs et réponses› überschriebene Aufzeichnung über die schließlich übriggebliebenen Anklagepunkte seiner Gegner, die Montgelas offenbar mit seinem Brief vom 24. 10. 1793 an Seinsheim gesandt hat[64]. Die Anklagen beziehen sich auf folgende Punkte:

1. Montgelas habe im März 1793 nicht von einer Erlaubnis des Herzogs Gebrauch gemacht, sich nach Bayern zu begeben, sondern sei ohne Auftrag in dem zeitweise von den Franzosen besetzten Zweibrücken zurückgeblieben.

2. Er habe im Hause eines suspekten d'Epreville (de Préville) verkehrt. Dieser Mann muß dann in der von den Franzosen begründeten provisorischen Verwaltung eine Rolle gespielt haben. Schon Cetto hatte in einem Brief aus Mannheim

[61] 24. 10. 93.
[62] 2. 10. 93.
[63] K. bl. 440/34.
[64] Egglkofen. Der Schluß ab S. 4 fehlt. Einige der dortigen Argumente erwähnt Montgelas auch in seinem Brief an Seinsheim vom 2. 10. 93.

vom 26. 5.[65] Montgelas angedeutet, daß man ihm am Hofe den Verkehr und die Zusammenarbeit mit d'Epreville übelnähme.

3. Montgelas habe enge Verbindungen zu den beiden französischen Gesandten in Zweibrücken de Naillac und Desportes unterhalten.

Alle drei Punkte enthielten den Vorwurf, mit den Jakobinern zusammengearbeitet zu haben, Punkt 1 außerdem den Verdacht, bei der Verhaftung und Deportation des Ministers Esebeck eine zwielichtige Rolle gespielt zu haben.

Punkt 1 war der eigentliche Kern der Anklage, auf den Montgelas ausführlich eingeht, während er die Vorwürfe Nr. 2 und 3 kurz abtut.

Mit de Préville sei er seit seiner ersten Ankunft in Zweibrücken eng verbunden gewesen und habe ihn als ehrenhaften Charakter und loyalen Untertan des Herzogs kennengelernt. In seinem Urteil über ihn sei er dadurch bestätigt worden, daß der Herzog diesem Manne sein Wohlwollen bezeuge. Den Gesandten de Naillac, der doch ein Diplomat des Königs Ludwig XVI. gewesen sei, habe er, Montgelas, seit seiner Kindheit gekannt. Er hätte die Beziehungen zu ihm nicht plötzlich abbrechen können, ohne den Herzog von Zweibrücken gegenüber Frankreich zu kompromittieren. Naillac habe zu ihm fast nie von der Revolution gesprochen, und wenn, dann äußerst höflich und gemäßigt. Mit dessen Nachfolger, dem politisch und persönlich weniger gut beleumundeten Desportes[66], sei er offen verfeindet gewesen, seitdem ihm Desportes vorgeworfen habe, er, Montgelas, verlasse offenkundig alle Einladungen, auf denen Desportes erscheine. Esebeck besitze Originalschriftwechsel zwischen Montgelas und Desportes hierüber.

Zur Entkräftung des Hauptvorwurfes, seines scheinbar unbegründeten Zurückbleibens und zweideutigen Verhaltens in Zweibrücken unter der französischen Herrschaft, holt Montgelas weiter aus. Vom 9. bis zum 23. Februar 1793, dem Tag der Verhaftung Esebecks, habe er dessen Haus kaum verlassen. Auf Anweisung Esebecks habe er damals die feierliche Verwahrung gegen die Übergriffe der Franzosen im neutralen Herzogtum Zweibrücken, gegen den Überfall auf den Karlsberg und die Eingriffe in die Verwaltung des Landes verfaßt. Die Veröffentlichung dieses Dokuments zog die Verhaftung und Verschleppung Esebecks nach Saarlouis, Metz und Paris nach sich. Diejenigen, die dem Protest zuerst Beifall zollten, kritisierten ihn später, als sich die Folgen zeigten. Montgelas vertritt den Standpunkt, daß ein dirigierender Minister (ministre dirigeant), ohne sich und seinen Fürsten zu kompromittieren, nicht untätig zusehen konnte, wenn man die legitime Autorität von außen gewaltsam zerstörte. Da die

[65] Egg. – 1797 stand Préville wieder im zweibrückischen Dienst.

[66] S. oben S. 245. Nicolas Félix Desportes war Mitglied des Wohlfahrtsausschusses gewesen und wurde, 1795 Leiter der französischen Verhandlungsdelegation in Basel.

Depeschen aus Paris bis unmittelbar vor den in Esebecks Protest kritisierten Dekreten der Besatzungsbehörden nur immer von Frieden, Freundschaft und Neutralität gesprochen hätten, habe man die Anordnungen und Ausschreitungen der französischen Militär- und Zivilbehörden nur als Eigenmächtigkeiten angesehen und den Nationalkonvent durch den Protest auf diese Mißstände aufmerksam machen wollen. Montgelas sagt selbst, daß seine Verleumder behaupten, er habe diese Proklamation für Esebeck entworfen, um den Franzosen einen Vorwand zu liefern, den Minister zu verhaften. Er weist als Gegenbeweis daraufhin – und wir wissen es auch bereits aus seinen in diesen Wochen geschriebenen Briefen an Seinsheim – daß er sich unablässig für die Freilassung Esebecks eingesetzt hat. Als die Bürger von Zweibrücken eine Deputation nach Saarlouis entsenden wollten, die bei den französischen Behörden die Freilassung Esebecks und die Beibehaltung der hergebrachten Verfassung erbitten sollten, da war es Montgelas, der ihnen die Ansprache verfaßte, die sie dort und – nach dem Brauch der Revolution – eventuell an der Barriere des Nationalkonvents halten wollten. Das Unternehmen scheiterte, weil der General Destournelles die Delegation an der Abreise hinderte. Doch wurde Montgelas' eigenhändiger Schriftsatz nach seiner Angabe bei der Stadtverwaltung hinterlegt[67]. Der beste Beweis für die Richtigkeit dieser Darstellung ist – neben Montgelas' Privatbriefen an Seinsheim von Februar bis Juni 1793 – die Tatsache, daß sich Esebeck nach seiner Freilassung durch die Franzosen im Oktober 1793 warm für Montgelas einsetzte[68].

Erst als Montgelas erkannte, so sagt er weiter, daß alle Bemühungen erfolglos blieben, sich dem Strom entgegenzustemmen und die Anerkennung der Neutralität und der inneren Verfassung des Herzogtums von seiten der Revolutionsarmee zu erreichen, und als man ihn zwingen wollte, einen vom Herzog verbotenen Loyalitätseid auf die neue Verfassung des von den Franzosen verwalteten Gebiets zu schwören, entschloß er sich, einen Paß zu beantragen. Er berief sich dabei auf seine Eigenschaft als fremder Staatsangehöriger (Bayer), der nicht dem Herzogtum Zweibrücken angehörte, sondern nur dem Herzog und seinem Kabinett persönlich diente: Den französischen Generälen erklärte er nach seiner Aussage, daß der geforderte Eid «ne s'accordait ni avec mes principes ni avec mon existence». Der Brigadegeneral Destournelles wollte ihm den Paß für das Verlassen des französischen Verwaltungsgebiets verweigern, Montgelas konnte jedoch den Kommandierenden General der Moselarmee dazu bewegen, Destournelles die Ausstellung des Passes zu befehlen[69].

[67] Die alten Teile des Stadtarchivs Zweibrücken existieren heute nicht mehr.

[68] S. Kap. 12 Anm. 58.

[69] Die bisherigen Ausführungen stützen sich auf die Aufzeichnung für Seinsheim ‹Griefs et réponses› von Oktober 1793, Egg., die an dieser Stelle, nach S. 3, abbricht.

Während diese Darlegung für Seinsheim, die eine Abschrift des für Esebeck bestimmten Originals darstellte, dazu bestimmt war, gezielte Vorwürfe gegen Montgelas zurückzuweisen, befaßte sich sein früherer Bericht vom 27. 6. 1793 an Herzog Karl mit den positiven Zielen, die Montgelas mit seinem immer wieder verlängerten Aufenthalt in Zweibrücken verfolgt hatte[70]. Solange es schien, als würden die Preußen das ganze Herzogtum zurückerobern, so heißt es da, habe sich Montgelas nicht veranlaßt gesehen, das Land zu verlassen, zumal er das Einverständnis des Herzogs voraussetzen mußte, da er keine gegenteiligen Befehle erhielt. Als bei dem unerwarteten Wechsel der militärischen Stellungen am 17. Mai plötzlich alles, was Rang und Namen hatte, fluchtartig Zweibrücken verließ, «entschloß ich mich, ihnen zu folgen, als ich zurückgehalten wurde durch die Bitten, mit denen man mich im Rathaus bestürmte, wohin ich gekommen war, um einen Paß zu erbitten. Nicht zuletzt die Überlegung, daß, wenn ich aushielte in diesem Augenblick der Not und der allgemeinen Flucht, ich vielleicht so glücklich wäre, dem Dienst Euerer Durchlaucht zu nützen, bestimmte mich, zu bleiben.» Er habe sich verpflichtet gefühlt, die guten Absichten derjenigen zu unterstützen, «die für den Frieden, die bestehende Ordnung und die legitime Autorität in ihrer ganzen Unverletzlichkeit arbeiteten». Er habe es sorgfältig vermieden, direkt an der provisorischen, durch die Not gebotenen Verwaltung teilzunehmen. «Da dieselbe nicht von der einzigen Gewalt ausging, die ich anerkennen kann, wäre es mir unmöglich gewesen, dies mit meinen Grundsätzen zu vereinbaren». Sein Name und seine Unterschrift befänden sich unter keiner Bekanntmachung oder Urkunde dieser Verwaltung. «Im übrigen hat man den Vorteil gehabt, auf diese Weise ebenso die Ruhe zu erhalten wie die Achtung, die Treue und den Gehorsam, den man Euerer Durchlaucht schuldet – dies ist eine Feststellung, von deren Wahrheit sich alle überzeugen konnten, die Gelegenheit hatten, die Ereignisse aus der Nähe zu erleben.»

Ferner verweist Montgelas auf die Rettung und Ordnung des in der Orangerie verbliebenen herzoglichen Archivs, die sein Werk ist. Unter diesen Papieren befänden sich so wichtige Akten wie diejenigen über die vorbereiteten Maßnahmen zur Besitzergreifung Pfalzbayerns, die Jülich'sche Erbfolge, die Hausverträge von 1783, die Erbfolge in Bayern und die Tauschpläne, den Fürstenbund, sowie schließlich die speziellen Korrespondenzen mit den Höfen von Versailles und Berlin. Er habe die Stücke numeriert, inventarisiert und in vorbereitete Kästen eingelegt auf eine Weise, daß der Eingeweihte sie ohne Schwierigkeiten wiedererkennen könnte. Alles hat er bei einer Witwe Bessé in Zweibrücken untergestellt, welche den Inhalt der verschlossenen Kisten für Bestandteile von Möbeln hält.

[70] K. bl. 440/34.

Die Chiffren und die Korrespondenzen des laufenden Jahres befinden sich versiegelt bei der Witwe Bastian, wo Montgelas sie am Tage der Verhaftung Esebecks untergebracht hat. Alles was «les affaires du moment» behandelt, wurde wenige Tage vor dem Eintreffen der Franzosen im Einvernehmen mit Esebeck in Sicherheit gebracht. Montgelas besitzt ein Verzeichnis darüber[71]. Montgelas bittet den Herzog, ihm seine Befehle hinsichtlich des Aktendepots zukommen zu lassen und ihm dann zu erlauben, von der im März erhaltenen Genehmigung Gebrauch zu machen, «bis zu ruhigeren Zeiten» das Land zu verlassen. «Die Umstände, die mich bisher hier zurückgehalten haben, sind nun fortgefallen, und ich sehe jetzt nicht mehr, auf welche Weise ich hier nützlich sein könnte»[72].

Dieser Bericht zeigt, ebenso wie die an Esebeck und Seinsheim gesandte Verteidigungsschrift, die für Montgelas typische Verbindung von überzeugender Argumentation bei Vermeidung des Aufschneidens oder Bittens mit geziemender Höflichkeit und Ergebenheit gegenüber dem Fürsten und doch geschicktem, klarem Vorbringen seiner Meinung. Wiederholt deutet er an, daß er von allen seinen Schritten den Herzog durch Berichte ins Bild gesetzt, aber niemals «Befehle», d.h. Antworten, erhalten habe. Dies ist ein Seitenhieb gegen Salabert, der alle Berichte der zweibrückischen Beamten und Diplomaten unbeantwortet ließ oder durch unverbindliche Phrasen «erledigte». Ferner erinnert er den Herzog auf fast unmerkliche Art, daß er, Montgelas, den Zugang zu allen geheimen, hochpolitischen Akten gehabt habe und deren Bearbeiter war, während der nunmehrige Minister, Abbé Salabert, da er nichts von den Staatsgeschäften versteht, anscheinend noch gar nicht bemerkt hat, daß sich diese wichtigen Akten nicht bei ihm befinden.

Als Antwort liegt dem Regierungsakt ein Entwurf von der Hand Salaberts für ein undatiertes Schreiben des Herzogs an Montgelas in Zweibrücken bei: «Ich wiederhole, Monsieur, die Erlaubnis, die ich Ihnen im vergangenen März gegeben habe: Sie können nach Bayern abreisen, wann Sie wollen. Die kluge Maßnahme, welche Sie getroffen haben, die das Departement des Auswärtigen betreffenden Papiere zu inventarisieren und in Sicherheit zu bringen, können nur meine Billigung und Dankbarkeit verdienen. Ich werde den Hofrat Cetto absen-

[71] Die Mehrzahl dieser Akten befindet sich heute im Geheimen Staatsarchiv, Bestand ‹Kasten blau›. Einiges scheint jedoch auch während der Revolutionskriege verloren gegangen zu sein. Größere Verluste sind bei den Zweibrückener Akten aus der Zeit vor dem Frieden von Teschen zu verzeichnen (die Akten seit diesem Frieden scheinen unter der besonderen Obhut von Montgelas gewesen zu sein). Der unwissende Minister Abbé Salabert verbrannte planmäßig fast die gesamte Korrespondenz Herzog Christians IV. (Prinz *Adalbert,* Max I. Joseph, 259; Ders., Der Herzog und die Tänzerin (Christian IV.), 1966, 179).

[72] K. bl. 440/34.

den, um das Depot zu übernehmen; ihm ist es daher auszuhändigen»[73]. Man hat das Archiv anscheinend abgeholt, als sich seit Herbst 1793 das Kriegsglück vorübergehend wieder auf die Seite der Verbündeten neigte und die Franzosen das Herzogtum für kurze Zeit wieder räumten. Mit diesem Schreiben war Montgelas' Zurückbleiben in Zweibrücken in Wahrheit nicht sanktioniert; die heftigsten Anschuldigungen gegen ihn wurden von seinen Gegnern am Mannheimer Hof erst in den Monaten Juli bis Oktober vorgebracht. Die Erlaubnis, sich nach München zurückzuziehen, bedeutete eigentlich die Entlassung aus dem Dienst des Herzogs, ob mit oder ohne Bezüge, wird nicht gesagt.

Ende Oktober 1793 ist Montgelas auf dem Tiefpunkt der Hoffnungslosigkeit. Man hat ihn nicht nur von den Geschäften ausgeschlossen, fast als Verräter behandelt, man hat ihm offenbar auch seine ohnehin geringen Bezüge noch geschmälert oder gestrichen, so daß er jetzt schon allein aus finanziellen Gründen von der Reiseerlaubnis nach München nicht Gebrauch machen könnte, selbst wenn er es wollte. Er denkt daran, gegen seinen Herzog am Reichskammergericht zu klagen, und spricht bei dieser Gelegenheit ein Lob der Reichsverfassung aus, wie wir es später in seiner Ministerzeit nicht mehr von ihm hören, wie es aber in seiner Zweibrückener Periode nicht ungewöhnlich ist. Er ist damals als bayerischer Patriot zwar ein Feind des Wiener Hofes, der Bayern ertauschen oder annektieren möchte, aber er ist kein Gegner des Reiches. An Seinsheim, der ihn offenbar vor übereilten Schritten gewarnt hat, schreibt er am 24. 10. 1793 von Mannheim aus: «Fürchten Sie übrigens nicht, daß ich etwas Voreiliges unternehme. Ich habe mir zuviel Anhänglichkeit an meinen Fürsten (Maître) bewahrt, um mir Torheiten zu erlauben; ich bin sehr entschlossen, alle Möglichkeiten des Respekts und der Ehrfurcht auszuschöpfen, bevor ich mich auf einen gerichtlichen Schritt einlasse. Nur, wenn man mich dazu zwingt, werde ich trotz dieses Respekts nicht umhin können, meine Zuflucht zu den Hilfsmitteln zu nehmen, welche die Reichsverfassung der gekränkten Ehre läßt – jene Verfassung, die so schön und solide ist trotz der Deklamationen schlecht unterrichteter Kritiker. Ich habe Ihre gewohnte Freundschaft wiedererkannt in dem Anerbieten, das Sie mir machen, zu meiner Rechtfertigung beizutragen und bis zur Quelle der dunklen Intrigen vorzudringen, die so viele anständige Menschen in Verdacht gebracht haben. Ich schicke Ihnen eine kleine Aufzeichnung, die ich Herrn von Esebeck übergeben habe. Sie wird Sie instand setzen, mich zu verteidigen. Die zwei anderen Schriften sind zu umfangreich, und ich habe keine Abschreiber. Ich werde Sie Ihnen ein anderes Mal schicken oder geben, wenn wir uns wiedersehen ...»

[73] Ebd.

Bei der hier erwähnten Aufzeichnung handelt es sich ohne Zweifel um die oben analysierte Drei-Punkte-Verteidigungsschrift[74]. Die ausführlicheren Ausarbeitungen sind nicht erhalten, sofern nicht etwa die eine von ihnen die Abschrift des besprochenen Berichts an den Herzog vom 27. 6. 1793 war. Zu gleicher Zeit bereiten Montgelas noch andere Dinge Ärger und Sorge. Zum Beispiel, daß man den von ihm angebahnten Ausgleich mit der Reformierten Kirche der Pfalz nun verwirft und den Reformierten Anlaß gibt, ihre Klagen über die pfälzische Regierung an die Öffentlichkeit Deutschlands zu tragen und so dem Wiener Hof zu einer Gelegenheit verhilft, sich im Interesse der Reichsverfassung mit Hilfe des Reichshofrates in die inneren Verhältnisse Pfalzbayerns einzumischen. Ferner, daß die Französische Revolution so stark ausgeartet ist. «Die arme Königin ist guillotiniert worden. Welche Verbrechen, mein guter Freund, welche Abscheulichkeiten! Es wäre wahrhaft besser, die Menschen würden ruhig ihre Felder bebauen, als sich all diesen Exzessen und ebensovielen Übertreibungen hinzugeben»[75]. In der damaligen Terminologie von Montgelas' Privatbriefen waren mit «Übertreibungen» (exagérations) stets die Worte und Taten der Feinde der Revolution, vor allem der Emigranten gemeint, deren politischen Einfluß auf die europäischen Mächte er für kaum weniger gefährlich hielt als die Exzesse der Jakobiner.

Zu allem Überfluß wird durch eine neue, mit Genehmigung und Unterstützung der bayerischen Zensur erscheinende anonyme Schrift auch wieder die Stimmung gegen den seit 6 Jahren nicht mehr existenten Illuminatenorden angefacht. Diese Broschüre, «Die neuesten Arbeiten des Spartacus und Philo in dem Illuminaten Orden, jetzt zum ersten Mal gedruckt und zur Beherzigung bei gegenwärtigen Zeitläuften herausgegeben», 1793, veröffentlicht die Anweisungen für den Priester- und den Regentengrad des ehemaligen Geheimbundes. Unter Hinweis auf die Tatsache, daß der eine Verfasser dieser Instruktionen, Knigge, einige Jahre später, als der Geheimbund nicht mehr bestand, die Französische Revolution begrüßt hatte – worin er bekanntlich mit berühmteren Deutschen übereinstimmte – suchen die Verfasser der Schrift und mehr noch diejenigen, die sich darauf berufen, die Illuminaten zu Urhebern der Französischen Revolution zu erklären[76]. Montgelas bittet Seinsheim um diese mit Regierungshilfe weit verbreitete Schrift und bemerkt dazu: «Man sollte die Toten ruhen lassen und nicht ihre Asche umherstreuen, um anständige Leute zu schikanieren. Der unglückliche Augenblick, die Auflösung der gesellschaftlichen Bande, sind nicht passend, um sich dem Haß und kleinen Racheakten hinzugeben. Ich glaube, daß man eine

[74] Egglkofen, bei den Briefen Montgelas' an Seinsheim.

[75] Ebd.: 24. 10. 93.

[76] Hierzu *Le Forestier* 632–675.

Gegenschrift verfassen und daß ein langer Krieg der Federn die Folge sein wird». Er weiß zu dieser Zeit noch nicht, ob er endgültig die Verwaltung des Herzogs verlassen wird oder nicht[77]. Wie wir aus den Aufzeichnungen Gravenreuths wissen[78], blieb Montgelas bis zu seinem Aufstieg 1796 am Hof der Zweibrückener Herzöge, auch zunächst Max Josephs, als Illuminat verfemt, welches Odium erneuert und verstärkt worden war durch die hinzugekommene Beschuldigung, mit den Jakobinern sympathisiert zu haben.

Montgelas' Ausführungen über seine Rettung des Archivs und anderer Werte, die er auch in seinen Briefen aus dieser Zeit an Seinsheim schilderte, konnten nicht bestritten werden. Daß er keinen Verrat an Esebeck begangen hatte, bestätigte dieser ihm nach seiner Freilassung im September selbst; Esebeck setzte sich überhaupt beim Herzog eindeutig für Montgelas ein, jedoch ohne Erfolg. Er war während seiner Gefangenschaft durch Salabert verdrängt worden, und es gelang ihm nicht wieder, Einfluß auf die Geschäfte zu erhalten. Vielleicht war das Vorgehen Salaberts gegen Montgelas, den einstigen Berater Esebecks, auch dazu bestimmt, Esebeck selbst von der Rückkehr in seine frühere Stellung fernzuhalten.

Wenn jedoch ein Schleier von Zweideutigkeit hinsichtlich Montgelas' Verhalten zu bleiben schien, so galt das für seine Vermittler- und Dolmetschertätigkeit zugunsten der Bürger von Zweibrücken, für seine Verhandlungen mit den französischen Besatzungsoffizieren. Diese Handlungen, als deren Motiv Montgelas durchaus glaubhaft angibt, er habe der Bevölkerung auf deren Bitten hin helfen wollen, wurden von seinen Gegnern in gewollter Unklarheit mit einigen anderen Tatsachen vermengt: der einstigen Zugehörigkeit zum Illuminatenorden vor 1787, seinen positiven Äußerungen über die Französische Revolution in den Jahren 1789 bis 1792, die in Zweibrücken nicht geheim geblieben waren, seinen Differenzen mit den Emigranten, die ihn schon früh als Jakobiner verdächtigt hatten, weil er ihre reaktionären Ansichten und ihr provozierendes politisches Verhalten in Zweibrücken mißbilligt hatte. Hinzu kamen sein bevorzugter Gebrauch der französischen Sprache, sein französischer Name, sein kritischer Verstand und seine spitze Zunge gegenüber Leuten, die kein anderes Verdienst als adelige Geburt aufzuweisen hatten, seine Sympathien für die Reformierten, seine Gegnerschaft gegen Österreich, vor allem die Gefährlichkeit seines Talents und seiner politischen Kenntnisse für den ehrgeizigen, aber unerfahrenen und politisch wenig fähigen Abbé Salabert. Daß die elementaren Interessen der Bevölkerung ein gewisses Zusammenwirken mit den französischen Behörden erforderten, sahen die geflohenen Höflinge in der Umgebung des Herzogs nicht ein. Viel-

[77] 24. 10. 93.
[78] S. unten Anm. 86.

leicht waren die 1793 in Zweibrücken gesammelten Erfahrungen noch mitbestimmend dafür, daß die Regierung Montgelas 1816 beim Anfall der linksrheinischen Pfalz nicht nur, wie Preußen, das Recht und die Institutionen aus der französischen Zeit übernahm, sondern auch – dies im Gegensatz zu Preußen – die einheimischen Beamten im Amt ließ. Montgelas hatte 1793 erfahren, daß der Bevölkerung in solchen Notzeiten nicht abstrakte, an sicherem Ort formulierte Grundsätze, sondern Zugeständnisse an die politische Wirklichkeit und ein Arrangement mit der erobernden Macht helfen können zu überleben.

Daß für sein Bleiben in Zweibrücken außer dem Dienst am Herzog und an der Bevölkerung noch andere, wenn auch wohl weniger entscheidende Motive mitsprachen, ist durchaus möglich. Vielleicht die einmal von ihm erwähnten «jolies femmes délaissées»[79], die nach der Flucht des Adels und der sonstigen Honoratioren allein zurückgeblieben waren. Für charmante Frauen hatte Montgelas stets etwas übrig; manchmal als Liebhaber, oft als Gesellschafter im Stil des ‹honnête homme›, als geistreicher Plauderer und auch als Berater in rechtlichen und geschäftlichen Dingen, das letztere eine Rolle, die ihm bis ins hohe Alter hinein gefiel. Möglicherweise auch rechnete er, der überaus skeptische Beurteiler der preußischen Armee, mit einem baldigen Vordringen der Franzosen bis zum Rhein. Verschiedene Äußerungen lassen darauf schließen, daß er glaubte, man müsse sich schließlich bei einem Friedensschluß doch mit den Franzosen arrangieren, und es könne dann für den Herzog und das Haus Pfalzbayern nur günstig sein, wenn man bereits die Beziehungen angeknüpft und andererseits durch die Tätigkeit von Montgelas die Rechte des Herzogs und die Kontinuität seiner Verwaltung in Zweibrücken gewahrt haben werde. Wenn Montgelas nach Ansicht seiner Freunde auf verlorenem Posten stand und gefährliche und überflüssige Nachhut-Operationen ausführte, so hoffte er selbst vielleicht, bereits die Politik von übermorgen vorzubereiten und später dafür Rechtfertigung und Anerkennung zu finden. Schließlich bedeutete die Erlaubnis, ohne Auftrag nach Bayern «bis zu ruhigeren Zeiten» zu gehen, selbst wenn Montgelas ein geringes Gehalt weitergezahlt worden wäre, eine Kaltstellung, fast eine Entlassung. Montgelas hätte sozusagen als Mittelloser und in Zweibrücken Gescheiterter in das Land des ihm übelgesinnten Kurfürsten, das er 1787 verlassen hatte, zurückkehren müssen, wo man für ihn, den Vertreter einer Österreich und dem Kurfürsten entgegengesetzten Politik, sicher kein Staatsamt bereitgehalten hätte. Daß Montgelas lieber in Zweibrücken blieb und sich dort für die Befreiung Esebecks einsetzte, entsprach neben menschlichen Gesichtspunkten und alter Anhäng-

[79] 23. 5. 93. S. oben Anm. 37. Dazu *Mannlich* 267 über das ausgelassene Verhalten der Damen der guten Gesellschaft.

lichkeit, die ohne Zweifel vorhanden waren, auch seinem persönlichen Interesse. Nur wenn Esebeck wieder Minister wurde, hatte Montgelas am Hof Herzog Karls eventuell noch eine Chance. All diese Motive mögen bei seinem Verhalten im französischen Besatzungsgebiet mitgesprochen haben; falsch war jedoch ohne Zweifel die Anschuldigung des Verrates oder der Illoyalität gegenüber seinem Herzog.

Es gelingt Montgelas nicht, bis zum Tode Herzog Karls (1. 4. 1795) dessen Gunst wiederzugewinnen. Er bleibt zwar an seinem Hof in Mannheim, wird aber nicht zu den Staatsgeschäften hinzugezogen, sondern höchstens hinter vorgehaltener Hand einmal befragt, wenn Salabert sich nicht auskennt, ist aber dann sehr zurückhaltend mit seinen Auskünften. Esebeck bleibt ebenfalls ausgeschaltet und läßt sich zu Montgelas' Bedauern kaum mehr am Hofe sehen. Salabert heimst trotz seines Versagens ständig das Lob des Herzogs ein. Montgelas schreibt über die eigene Lage: «Es ist schon bizarr, durch die Demokraten arm gemacht und durch die Aristokraten verfolgt zu werden»[80]. Er weiß nicht einmal, ob die allgemeine politische Linie des Herzogs von Zweibrücken überhaupt noch dieselbe geblieben ist wie seit dem Frieden von Teschen, und bittet Seinsheim, dies von Herzog Wilhelm in Erfahrung zu bringen, zumal sich Karl Theodors Ende wieder einmal anzukündigen scheint, was Montgelas in diesem Moment der Schwäche der zweibrückischen Politik und auch des eigenen Ausgeschaltetseins besonders aufregt[81].

Ein halbes Jahr später muß Seinsheim Montgelas mitteilen, daß bisher alle seine Versuche erfolglos geblieben seien, den Herzog davon zu überzeugen, daß man Montgelas unrecht getan habe. Erst eine fernere Zukunft werde dem Fürsten vielleicht die Augen öffnen. «Ich versichere Ihnen, daß diese Machenschaften mich entmutigen und bekümmern und mir den Dienst gänzlich verleiden. Ich sehe leider keine glückliche Zukunft für mein Vaterland voraus ... Da ich, wie Sie wissen, nicht meines Vorteiles halber (dem Herzog) diene, gibt es nichts mehr, das mich hält, wenn man weiterhin jede Ordnung in den Staatsgeschäften, jedes System und jeden Plan vermissen muß»[82]. Tatsächlich quittiert Seinsheim im Dezember 1794 den Dienst des Herzogs, um die ihm von Karl Theodor angebotene Stelle des Hofratspräsidenten anzunehmen. Allerdings wird er zunächst zum Präsidenten der Regierung des Herzogtums Neuburg ernannt[83]. Die Zahlungsun-

[80] 1. 1. 94.
[81] 9. 2. 94.
[82] Seinsheim an Mo., 13. 7. 94.
[83] K. bl. 420/2, Personalakt Seinsheim: Bitte um Entlassung vom 13. 12. 94, darauf Schreiben des Herzogs von der Hand Gravenreuths (21. 12. 94) und Salaberts (27. 12. 94) usw.

fähigkeit des Herzogs von Zweibrücken[84], das Fehlen jeglicher Politik unter Salabert, die ungerechte Behandlung Montgelas' und anderer Freunde haben ihn dazu bestimmt. Seinsheim wie Montgelas haben den Glauben verloren, daß von Herzog Karl noch neue Impulse und eine bessere Zukunft Bayerns zu erhoffen seien.

Die Zeit bis zum Tode Herzog Karls, der in Mannheim am 1. 4. 1795 mit 49 Jahren am Schlage stirbt, und die ersten 17 Monate des neuen Herzogs Max bringen für Montgelas keine Wende. Er ist als suspekt von jeder Mitwirkung an der Außenpolitik ausgeschlossen, wird jedoch, wohl gegen sehr niedrige Bezahlung, in der inneren Verwaltung beschäftigt. Über Montgelas' Situation am herzoglichen Hof in Mannheim in dieser Zeit 1793 bis 1795 schreibt Gravenreuth in seinen Aufzeichnungen, in denen er in späteren Jahren seinem seit 1805 aufgestauten Groll gegen den Minister Ausdruck verleiht[85]: «Während dieser ganzen Zeit befand sich Herr von Montgelas in der tiefsten Ungnade. Man wagte nicht, seinen Namen auszusprechen; man bezichtigte ihn des Jakobinismus, des Illuminatentums ... Er hatte um Verwendung in der Umgebung Salaberts gebeten, aber weder der verstorbene noch der neue Herzog wollten ihre Zustimmung hierzu geben. Er wurde abgewiesen, was er niemals vergaß. Er hatte indessen einen gewissen Einfluß in den Geschäften ... behalten»[86]. Gravenreuth fährt in

[84] Dieser muß im September seinen Hofstaat auflösen: Mo. an Seinsheim 14. 9. 94.

[85] Ich kenne diese Aufzeichnungen aus einer maschinenschriftlichen Abschrift, die im Geheimen Hausarchiv unter ‹Nachlaß Gravenreuth› (B VI) Nr. 25 liegt und wahrscheinlich von H. K. von Zwehl gefertigt wurde. Das Original war bei meinem Besuch im Frhr. von Gravenreuth'schen Archiv Schloß Affing nicht mehr zu finden, ebensowenig wie ein ausführlicheres Tagebuch Gravenreuths, das noch *Zwehl*, Kampf um Bayern (1937), und Prinz *Adalbert*, Max I. Joseph (1957) benützt haben. Karl Ernst Frhr. von Gravenreuth, der hoch in der Gunst Herzog Karls gestanden hatte, von dessen Gemahlin erzogen worden war und dann ein enger, außer Cetto der einzige geschäftskundige, Mitarbeiter Salaberts war, bringt interessante Einzelheiten über das servile Verhalten Salaberts gegenüber den Franzosen in Mannheim, desselben Ministers, der Montgelas der Zusammenarbeit mit den Jakobinern anklagte. Gravenreuth berichtet ferner von sich, daß er später den von Salabert schlecht behandelten Cetto verdächtigte, er habe nach der Verhaftung Salaberts durch die Österreicher wegen der Übergabe Mannheims an die Franzosen die Befreiung Salaberts hintertrieben, da Herzog Max Cetto zum Nachfolger Salaberts gemacht hatte, eine Unterstellung, die Cetto zu Ohren kam. Die Feindschaft zwischen Cetto und Gravenreuth, die 1806 beim Eintritt Bayerns in den Rheinbund so heftig aufbrach und fast politische Folgen gehabt hätte, hat hier ihre Wurzel.

[86] Der Satz heißt in der von mir benützten Abschrift: «Il avait cependant conservé une influence dans les affaires de la Cour des ...» Hier konnte der Abschreiber ein Wort nicht lesen; wegen Verlust des Originals konnte ich es nicht ergänzen. Da aus dieser Zeit fast keine Briefe und Aktenstücke von Montgelas erhalten sind, die über seine damalige Tätigkeit Auskunft geben, kann die Lücke auch nicht sinngemäß ergänzt werden.

seiner Schilderung fort: «Herr Cetto konsultierte, sei es in dem Gefühl der eigenen Unzulänglichkeit, sei es aus Freundschaft, Herrn von Montgelas in jeder wichtigen Angelegenheit. Ich wußte dies, aber gewarnt durch die erste Unannehmlichkeit, die ich mit Herrn von Cetto gehabt hatte, bewahrte ich darüber das tiefste Stillschweigen. Ich war indessen begierig, die Bekanntschaft eines Mannes zu machen, über den man mir so viel Gutes wie Schlimmes erzählt hatte: Ich besuchte ihn (Montgelas) in Heidelberg. Der Herzog (Max) machte mir, als er dies aus meinem Mund erfuhr, nach einem Dîner in Rohrbach die allerheftigsten Vorwürfe. Seit diesem Tag wagte ich nicht mehr, zu ihm zu gehen, und ich sah ihn nicht mehr wieder bis zu dem Tag, an dem er die Leitung der Geschäfte übernahm».

So führte also Montgelas, obwohl nicht ganz aus dem Staatsdienst entlassen, in dieser Zeit die Existenz eines Verfemten. Als er Seinsheim ein in Mannheim umlaufendes Gerücht mitteilt, Seinsheims Ernennung zum bayerischen Hofratspräsidenten sei gescheitert, vermerkt er: «Ich bitte Sie nur, sorgfältig zu vermeiden, mich auch nur im entferntesten zu kompromittieren. Sie wissen es am besten. Ich muß verständlicherweise Rechenschaft über mein Verhalten ablegen. Die Intrige wird bis zu einem Grad getrieben, von dem Sie sich keine Vorstellung machen können»[87].

Am 11. Juni 1795 ernennt jedoch der neue Herzog Max Montgelas «zum wirklichen Regierungsrat mit Sitz und Stimme bei Unserem herzoglichen Regierungs-Collegio». Die Urkunde erwähnt, daß Montgelas nach wie vor Kammerherr und Legationsrat ist und sich durch Geschicklichkeit, Fleiß und andere gute Eigenschaften ausgezeichnet habe. Ferner heißt es, daß er nach Wiederherstellung des Friedens und Rückverlegung der Collegia nach Zweibrücken die ihm übertragene Stelle antreten und ein höheres Gehalt als bisher erhalten solle[88]. Am 20. September 1795 fällt Mannheim kampflos in die Hände der Franzosen[89]; der Herzog weicht mit seinem Hof in das ihm von Karl Theodor überlassene Schlößchen Rohrbach aus. Montgelas wird nicht nach Rohrbach mitgenommen, sondern in das nahegelegene Heidelberg versetzt, wo er sich vorwiegend um die Regelung der Angelegenheiten der Reformierten Kirche der Pfalz bemüht[90].

[87] 7. 2. 95.

[88] Urkunde in Egglkofen.

[89] K. Th. von *Heigel,* Die Übergabe der pfalzbayerischen Festung Mannheim an die Franzosen am 20. 9. 1795 und die Verhaftung der Minister Graf Oberndorf und Salabert am 23. 11. 1795, Abh. der Bayer. Akademie der Wissenschaften, Phil.-Histor. Klasse, X, München 1893; Ders., Der angebliche Mannheimer Verrat von 1795, in: Geschichtl. Bilder und Skizzen, München 1897. Dazu *Mannlich* 272 ff.

[90] S. Kap. 23.

19. Ernennung zum politischen Berater des neuen Herzogs Max (September 1796)

Am 23. November 1795 verhaften die wiedervorgedrungenen Österreicher den bayerischen Minister für die Rheinpfalz, von Oberndorff, und den zweibrückischen Minister Abbé Salabert, denen sie die Schuld an der übereilten Auslieferung Mannheims an die Franzosen geben. Salabert bezeichnen die Österreicher überdies als blinden Anhänger Preußens[1]. Cetto, der sich als bayerischer Beobachter und Vertreter bei den Baseler Friedensverhandlungen 1795 trotz Behinderung durch Salabert erneut als politisch fähig gezeigt hatte[2], führt nun die Außenpolitik des Herzogs, konsultiert aber dabei, wie wir aus den zitierten Aufzeichnungen Gravenreuths wissen, häufig Montgelas.

Nachdem Österreich 1795 einen Reichsfrieden verhindert hat und auch Karl Theodor trotz der Warnungen von Herzog Max nicht zu einer Neutralitätspolitik gebracht werden konnte, die vielleicht auch wegen der Nähe Österreichs undurchführbar gewesen wäre[3], dringen die Franzosen unter Moreau im Juni 1796 über den Rhein vor und besetzen bis zum September Bayern und die Oberpfalz. Herzog Max begibt sich auf Einladung König Friedrich Wilhelms II. und Hardenbergs im Juli mit seiner Familie ins Exil nach Ansbach, das seit 1791 preußisch ist[4].

Die Tatsache, daß Bayern in der Hand der Franzosen ist und seine Existenz als Staat auf dem Spiel steht – am 7. September schließen die bayerischen Landschaftsverordneten mit General Moreau die später von Karl Theodor verworfene Konvention von Pfaffenhofen[5] – bestimmt Herzog Max, nicht länger zu zögern, einen Sondergesandten nach Paris zu Verhandlungen mit dem Direktorium zu entsenden. Cetto erklärt sich zu dieser Mission bereit und empfiehlt dem Herzog, Montgelas während seiner Abwesenheit als Vertreter zu bestellen. Wenigstens

[1] Prinz *Adalbert,* Max I Joseph, 279.

[2] K. bl. 197/12 a. Dort z. B. Cettos Mémoire für die Botschafter der Französischen Republik, Vgl. Prinz *Adalbert* 276.

[3] Die Warnungen von Max: *Adalbert* 284–286.

[4] S. Kap. 24.

[5] R. Graf *Du Moulin Eckart,* Der Waffenstillstand von Pfaffenhofen, Forschungen zur Gesch. Bayerns 6, 1898, 55–76; *Doeberl* 2 376; C. *Hammermayer* in: M. Spindler, Handbuch der bayer. Geschichte, Bd. 2, 1969, 1059, 1087 f.

schildert Gravenreuth so die Vorgänge in seinen Aufzeichnungen[6]. Wie sein Bruder 1793, so hatte Herzog Max 1796 bei seiner Flucht ins Exil Montgelas da gelassen, wo er war, in diesem Fall in Heidelberg. Er mußte sich nun auf die Anforderung des Herzogs hin nach Ansbach durchschlagen. Gravenreuth vermerkt: «Ich erinnere mich noch, wie der Herzog mir bei dieser Gelegenheit sagte: ‹Ich lasse Montgelas kommen, er ist ein Mann von Geist (un homme d'esprit), aber ich werde ihn nur bis zur Rückkehr Cettos behalten›». Auf welche Bedingungen Montgelas bei seiner Ankunft in Ansbach traf, schildert Gravenreuth so: «Er (Montgelas) fand den gesamten Hof und die Stadt voreingenommen gegen sich. Es gab nichts Abscheuliches, das man nicht von ihm sagte, keine Unhöflichkeit, die man ihm nicht antat. Ich war der einzige, der ihn gut aufnahm. Sein Benehmen ist angenehm, seine Formen sind höflich. Bald zog ich sie dem herrischen Ton Cettos vor ... Alle Persönlichkeiten des Hofes weigerten sich, ihn in den Gesellschaften der Stadt vorzustellen. Ich unternahm es. Dies hatte für mich zur Folge, daß man mich auf die Liste der Jakobiner setzte. Bis zu Montgelas' Eintreffen hatte ich die Gunst des Hofes genossen; von diesem Tag an wurde man mißtrauisch gegen mich, man betrachtete mich als seinen Nacheiferer. Wir nahmen beide im Gefolge des Herzogs an der Reise nach Berlin und Dresden teil ...» Sehr rasch etablierte sich Montgelas so fest in der Leitung der Geschäfte und erwarb so stark das Vertrauen des Herzogs, daß dieser nach der Freilassung Salaberts 1797 nicht mehr daran dachte, den Abbé, der sich darum bemühte, wieder zum Minister zu machen, und Gravenreuth bezeichnet trotz seiner Feindschaft gegen Montgelas diese Entscheidung als die allein richtige.

Eine andere Frage ist, ob Cetto freiwillig von da an in Paris blieb – sein vorübergehend gedachter Aufenthalt von 1796 sollte sich mit kurzen Unterbrechungen bis zum Jahr 1813 verlängern – oder ob Montgelas, wie Gravenreuth behauptet, eine Rückberufung Cettos verhinderte. Die Vermutung einer Intrige wird widerlegt durch den ununterbrochenen privaten freundschaftlichen und offenen Briefwechsel, den Cetto mit Montgelas seit seinem Fortgang nach Paris führte[7]. Nach 1799 erhält Cetto dank der Verwendung von Montgelas, der sich auch zuvor in jeder Hinsicht stets für Cetto eingesetzt hatte[8], mit einem Jahresge-

[6] Kap. 18 Anm. 86.

[7] Die persönlichen Briefe Cettos an Montgelas befinden sich in Egglkofen; die Gegenbriefe Montgelas' wie überhaupt der Nachlaß Cettos sind nach Mitteilung von Rosemarie Freifrau von Cetto, Schloß Oberlauterbach (Ndb.), nicht mehr vorhanden. – Hier besonders Cetto an Montgelas 9. 12. 97; 11. 3., 6. 5., 7. 7., 17. 7. 98.

[8] Z. B. K. bl. 427/5/27 (28. 3. 1797), Egg.; Cetto an Montgelas 28. 3. 1797, 1. 7. 1798 u. ö. Von Innenpolitik verstand Cetto dagegen wenig, wie auch seine Mitarbeit in der Verfassungskommission von 1814/15 zeigt.

halt von 30 000 fl. als bayerischer Gesandter in Paris doppelt so viel wie ein bayerischer Minister, bzw. ebensoviel wie später Montgelas für die Führung zweier Ministerien.

Aber der Aufstieg Montgelas' zum leitenden Berater Herzog Max Josephs im September 1796 war außer durch Cettos eigene Empfehlung noch durch Fürsprache von mindestens zwei Seiten begünstigt worden: Der preußische Reichstagsgesandte Graf Goertz, der in dieser Zeit nach Ansbach kam, erklärte dem Herzog, nur Montgelas und Gravenreuth verständen unter seinen Mitarbeitern etwas von den Geschäften[9]. Nicht minder schwer wog wohl das Wort der bayerischen Landschaftsverordnung, die der stärkste Verbündete des Herzogs in München war und ihn zum Teil finanziell über Wasser hielt. In einem Augenblick, als dieselbe im Hinblick auf das erwartete Vordringen der Franzosen nach Süddeutschland in ihrem eigenen wie im Interesse des Landes auf ein Neutralitätsabkommen mit Frankreich drängte und durch angebliche neue Tauschpläne Karl Theodors beunruhigt war, richtete ihr allgemein angesehenstes Mitglied, Johann Maximilian Graf von Preysing[10], am 20. 6. 1796 aus München an Herzog Max einen Brief. Er spricht darin im Namen der Landschaftsverordnung den Wunsch aus, der Herzog möge schnellstens nach Paris, vor allem aber nach Basel, wo die noch laufenden Verhandlungen durch die Möglichkeit eines Ausgleichs zwischen Frankreich und Österreich neues Gewicht zu erhalten schienen, eine fähige, mit den Verhältnissen und Interessen des Hauses Pfalzbayern «et de la nation bavaroise» vertraute Persönlichkeit senden, welche ihn auf dem laufenden halten und den Kongreßdelegierten alle nötigen Mitteilungen machen könne. «Darf ich es wagen, Euerer Hoheit den Baron Montgelas in Erinnerung zu bringen, der bereits die Ehre hat, in Ihren Diensten zu stehen. Seine diplomatischen Fähigkeiten sind auch hier sehr bekannt; er kennt Bayern, seine Verfassung, seine inneren und äußeren Verhältnisse und beherrscht vollkommen die französische Sprache. Ich möchte glauben, daß er ein sehr fähiger Mann ist, wie er auch den Interessen seines Fürsten und seines erlauchten Hauses äußerst ergeben ist». Preysing bittet ferner, daß der nach Basel Entsandte auch der bayerischen Landschaft von Zeit zu Zeit Berichte übermittle über den Stand der Verhandlungen; die Landschaft sei bereit, die Kosten für seine Mission vorzuschießen. Auf jeden Fall müsse jetzt gehandelt werden. Der Herzog antwortet zwar zunächst mit Rücksicht auf Karl Theodor mit einem von Cetto entworfenen, etwas un-

[9] Prinz *Adalbert* 298 nach dem nicht mehr auffindbaren Tagebuch Gravenreuths.

[10] Über ihn und die damalige Landschaftsverordnung: *Steinwachs*, Ausgang der Landschaft, Obb. Archiv 55, 294–332; F. *Zimmermann*, Bayer. Verfassungsgeschichte ..., 1940, 44–48 u. ö. Preysing in seiner Eigenschaft als bayer. Delegierter in Rastatt s. unten Kap. 25, 27 b.

gnädigen Schreiben vom 26. 6. 1796: Er habe bereits alles Nötige veranlaßt; die Stände sollten vor allem ihrem Kurfürsten «freiwillig Opfer anbieten, die dem Geist des Jahrhunderts und der Dringlichkeit der Umstände entsprächen». Der Kurfürst werde sicher, sobald es zu Friedensverhandlungen komme, eine über alle wittelsbachischen Staaten unterrichtete Persönlichkeit entsenden (es wurde später im Falle Rastatt der Adressat, Graf Preysing). «Ich meinerseits werde jemanden entsenden, der mit den notwendigen Kenntnissen der Interessen meines Hauses und meiner Person das Vertrauen der französischen Diplomaten zu verbinden weiß, und ich zögere nicht, den Baron Montgelas in die engere Wahl zu ziehen, die ich zu gegebener Zeit treffen werde»[11]. Es war also Graf Preysing als Vertreter der bayerischen Landschaft, der Herzog Max nachdrücklich auf die Fähigkeiten von Montgelas aufmerksam machte und wohl wesentlich dazu beitrug, ihn dem Herzog wieder annehmbar, ja sogar unentbehrlich erscheinen zu lassen.

Am 10. September 1796, 3 Tage nach der Konvention von Pfaffenhofen, welche die bayerischen Landstände unter zweibrückischer Vermittlung[12] mit den Franzosen abgeschlossen haben, läßt Herzog Max die Ernennungsurkunde ausstellen, mit welcher der Regierungsrat Frhr. von Montgelas zum wirklichen Geheimen Legationsrat ernannt wird[13]. Daß diese Ernennung, die wohl zunächst noch nicht die Funktion des dauernden leitenden politischen Beraters des Herzogs einschließt, tatsächlich der Anfang einer 21jährigen Stellung als ‹dirigierender› Staatsmann werden soll, ist noch nicht vorauszusehen; daß sie jedoch zu einer Lösung für längere Zeit wird, dazu tragen die Ausarbeitung eines grundlegenden Reformprogramms für die künftige Regierung Bayerns bei (das Montgelas seinem Fürsten bereits 20 Tage später vorlegt), die rastlose und erfolgreiche politische Tätigkeit, die Montgelas nach so langer Kaltstellung nun entfaltet, sowie seine Meisterschaft in der Menschenbehandlung.

[11] Beides K. bl. 197/23. Dieser Akt mit weiteren Korrespondenzen, u. a. mit Herzog Wilhelm, Rechberg, Kaeser, Graf Ignaz Arco, wirft, wie so viele andere Akten, ein höchst ungünstiges Licht auf die Zustände unter Karl Theodor und das völlige Fehlen einer politischen Linie am Münchner Hof.

[12] Allerdings soll lt. Montgelas der zweibrückische Vertreter bei diesen Verhandlungen der bayerischen Landschaft geraten haben, die Unterzeichnung noch um 10 Tage hinauszuzögern: K. bl. 196/5 d, Max (Montgelas) an Kaeser 4. 12. 98. – Lit. oben Anm. 5.

[13] Egg. – Ein gleichfalls dort liegendes herzogliches Reskript vom 15. 3. 1797 bestimmt, daß Montgelas ab 31. 3. 1797 ein jährliches Gehalt von 876 fl. durch den Bankier Schmaltz von Münchner Zinsen auszuzahlen sei.

20. Montgelas' innenpolitisches Reformprogramm: Das Ansbacher Memoire für den Herzog vom 30. 9. 1796

In Montgelas' Nachlaß in Schloß Egglkofen befindet sich eine bisher unbekannte Denkschrift mit dem Titel ‹Mémoire présenté à M(onsei)g(neu)r le Duc le 30 septembre 1796›. Sie liegt im eigenhändigen Entwurf ihres Verfassers und in einer Abschrift von der Hand des langjährigen zweibrückischen, dann bayerischen Sekretärs für die französische Korrespondenz, J. Rivet[1] vor. Diese Schrift besitzt für Montgelas' Reformwerk eine vergleichbare Bedeutung wie das Nassauer Programm von 1807 für das Werk Steins[2] und das Rigaer Programm aus dem gleichen Jahr für das Hardenbergs[3].

Aus einer eigenhändigen Aktennotiz von Montgelas, datiert Schloß Zeizkofen, den 11. Oktober 1819, die sich noch heute bei dem Mémoire in seinem Nachlaß befindet, geht hervor, daß entgegen der Meinung M. Doeberls[4] Montgelas den innenpolitischen Teil seiner Mémoiren[5] nicht nur für die Nachwelt geschrieben,

[1] Jakob Rivet, Wirkl. Rat und Geheimsekretär, anscheinend ein Elsässer, arbeitete von 1787 bis zu seinem Tod 1808 mit Montgelas zusammen (sein Personalakt MA 9280). Er war auch der Schreiber des Ansbacher ‹Mémoire au Duc› v. 30. 9. 1796.

[2] Steins Nassauer Denkschrift zuletzt abgedruckt in: Frhr. vom Stein, Briefe und amtliche Schriften, hg. von W. *Hubatsch*, Bd II/1, bearb. von P. G. *Thielen*, Stuttgart 1959, 380–398. Dazu G. *Ritter*, Stein, Stuttgart 1958³, 179 ff.

[3] Gedruckt bei G. *Winter*, Die Reorganisation des preußischen Staates unter Stein und Hardenberg, I, 1931, 302–363. Dazu: H. *Haussherr*, Hardenbergs Reformdenkschrift Riga 1807, HZ 157, 1937, 267–308, auch H. *Haussherr*, Hardenberg, eine politische Biographie, Teil III: Die Stunde Hardenbergs, Köln 1965. Dazu ferner: E. *Klein*, Von der Reform zur Restauration. Finanzpolitik und Reformgesetzgebung des preußischen Staatskanzlers K. A. von Hardenberg, Berlin 1965; P. G. *Thielen*, Hardenberg, eine Biographie, Köln 1967.

[4] Entwicklungsgeschichte II, 389 und Vorwort zu den von *Laubmann* und ihm herausgegebenen Denkwürdigkeiten (s. Anm. 5). S. IV f.

[5] Denkwürdigkeiten des Grafen Maximilian Joseph von Montgelas über die innere Staatsverwaltung Bayerns (1799–1817), hg. von G. *Laubmann* und M. *Doeberl*, München 1908. – Der sehr viel umfangreichere Teil der Memoiren, der die Außenpolitik betrifft, wurde nicht dem König vorgelegt, sondern durfte erst nach dem Tod aller Beteiligten publiziert werden. Er wurde in unwesentlich gekürzter Fassung unter dem Titel ‹Denkwürdigkeiten des bayerischen Staatsminister Maximilian Grafen von Montgelas (1799–1817)› herausgegeben von Ludwig Graf von *Montgelas*, übersetzt von Max Frhr. von *Freyberg-Eisenberg*, Stuttgart 1887. Vgl. oben Kap. 11.

sondern tatsächlich 1817 an König Max gesandt hat. Montgelas richtet sich außer an den Monarchen offenbar auch bewußt an zukünftige Erforscher seines Nachlasses und fordert diese auf, die Denkschrift von 1796 mit dem innenpolitischen Teil seiner Mémoiren von 1817, das Programm mit dem Rechenschaftsbericht über die Durchführung zu vergleichen. Die Aktennotiz, zum Schluß in eigenartig unklarem Deutsch, lautet: «Beiliegendes Mémoire ist das Resultat der Meinung des Endesunterzeichneten über das Regierungssystem, welches in Bayern zu befolgen wäre. Was darüber und außerdem geschehen ist, gehört entweder den früher eingekommenen Umständen zu oder ist einem anderen Einfluß zuzuschreiben.

Die verschiedenen Veränderungen, die später stattfanden, sind so, wie alles, was in den Systemen der Gesellschaft und in den verschiedenen Zweigen derselben geschehen ist, in dem Teil des Compte rendu, welchen ich 1817 nach Veränderung des Minsteriums S. Maj. dem König übergab und sich noch in rotem Saffian mit goldenem Schnitt gebunden in allerhöchstdero Kabinett befinden muß. Der Minister Graf von Rechberg besitzt auch einige Exemplaire davon.

Hierin liegt das meinige bei dem Beweggrund, welchem eine jede dieser Änderungen sind darinnen treu angegeben.

Schloß Zeizkofen, 11. Oktober 1819 Gr. von Montgelas».

Das im ersten Abschnitt dieser Aktennotiz erwähnte Memoire kann nur das ihr beiliegende von 1796 sein. Das im zweiten Abschnitt genannte ‹Compte rendu› ist das im französischen Originaltext (nicht ohne Transskriptionsfehler) von G. Laubmann und M. Doeberl, München 1908, veröffentlichte ‹Compte rendu au Roi›, wobei diese Edition nur den Rechenschaftsbericht über die innere Staatsverwaltung enthält[6]. Unter dem, was «darüber und außerdem geschehen ist» und was entweder den bereits beim Regierungsantritt bestehenden oder nachwirkenden Verhältnissen (etwa Finanznot, Verlust des linken Rheinufers, Krieg von 1799) oder einem anderen Einfluß zuzuschreiben ist, mag Montgelas auch die totale Säkularisation der innerbayerischen Klöster (Mediatklöster) verstehen, die in diesem Umfang im Mémoire von 1796 tatsächlich nicht vorgesehen war und die 1819, als er die Aktennotiz verfaßte, seit langem weithin kritisiert wurde, vor allem von den nun vorherrschenden, der Romantik und dem Kronprinzen nahestehenden Kreisen.

Das in Saffian und Goldschnitt gebundene Exemplar seines ‹Compte rendu› von 1817 konnte ich weder im Geheimen Haus- noch im Geheimen Staatsarchiv feststellen. An gewöhnlichen Exemplaren des lithographierten (von Laubmann-

[6] Siehe Anm. 5.

Doeberl 1908 herausgegebenen) Textes gibt es jedoch noch weit mehr als dasjenige der Bayer. Staatsbibliothek, das Doeberl als einzig erhaltenes ansah[7].

Betrachten wir den Inhalt der Programmschrift, die Montgelas am 10.September 1796, zu Beginn seiner Tätigkeit als Leiter der politischen Angelegenheiten des Herzogs, seinem damals im Ansbacher Exil lebenden Fürsten als dem künftigen Erben Bayerns vorlegte und die identisch sein dürfte mit dem ‹Cahier de notes pour l'administration de la Bavière›, das Montgelas bereits vor dem Regierungsantritt des Herzogs in Bayern ausgearbeitet hatte und als dessen erste Folge bereits am 21. 2. 1799, 6 Tage nach dem Regierungsantritt, der Mißbrauch der Vererblichkeit von Ämtern und der Anwartschaften auf Lehen (survivances, expectances) abgeschafft wurde[8].

Das Mémoire vom 30. 9. 1796 zerfällt in 9 Teile: 1. Allgemeine Grundsätze der Ministerialorganisation und der Verwaltung, Rechtsstellung und Auswahl der Beamten, 2. Ministerium des Äußern, 3. Ministerium der Finanzen, 4. Ministerium der Justiz, 5. Ministerium der geistlichen Angelegenheiten, 6. Kriegsministerium, 7. Gesamtministerium, Staatsrat, 8. Personalvorschläge für die höchsten Staatsstellen, 9. Gehälter der höheren Beamten[9].

Die Arbeit ist natürlich in Kenntnis der staatlichen und institutionellen Entwicklung und der Reformansätze in Frankreich, Preußen und Österreich wäh-

[7] S. IV des Vorworts zur Ausgabe von 1908. Solche Exemplare befinden sich z. B. im Bayer. Geheimen Staatsarchiv MA 65, im Allgemeinen Staatsarchiv, im Badischen Generallandesarchiv Karlsruhe, in Schloß Egglkofen.

[8] *Laubmann-Doeberl*, Denkwürdigkeiten, 14. Daß es sich um diese Denkschrift handeln dürfte, geht auch daraus hervor, daß Montgelas gleich darauf von einem anderen Aktenstück aus dem Jahr 1796 spricht, das nicht mehr festgestellt werden konnte und wahrscheinlich ein Vorläufer der Niederschrift zum Rohrbacher Hausvertrag von 1797 war. Das vom Herzog eigenhändig paraphierte Exemplar der programmatischen Denkschrift von 1796 ist ebenfalls in den Archiven nicht mehr vorhanden; das einzige mir bekannte Exemplar liegt in Schloß Egglkofen. – Ein Teil der im folgenden behandelten Denkschrift, nämlich der größte Teil des Abschnitts über das Justizministerium (Egglkofener Reinschrift S. 14 unten bis S. 20 oben), sowie ein Teil des Kapitels über das Ministerium der geistlichen Angelegenheiten (Egglkofen S. 21 unten bis S. 35 oben) befindet sich in einer späteren Abschrift im Geheimen Staatsarchiv MA 57 und wurde an einer Stelle von L. *Doeberl*, M. von Montgelas und das Prinzip der Staatsouveränität, 1925, 12 Anm. 26, erwähnt, der es für aus dem Jahr 1799 stammend hielt. Tatsächlich muß diese partielle Abschrift entstanden sein, als Montgelas bereits Minister war, denn im Gegensatz zum Original von 1796 wird Karl Theodor hier als «feu l'Electeur» bezeichnet.

[9] Ich habe dieses Mémoire vom 30. 9. 1796 ediert als Anhang zu: E. *Weis*, Montgelas' innenpolitisches Reformprogramm: Das Ansbacher Mémoire für den Herzog vom 30. 9. 1796, Zs. für bayer. Landesgesch. Bd. 33, 1970 Heft 1 (Festschrift für H. Lieberich) S. 219–256 (Text 243–256).

rend des 18. Jahrhunderts geschrieben – welche ernsthafte Reformdenkschrift hätte diese Vorgänge ignorieren können! – aber sie ist, wie alle Memoranden von Montgelas, doch auf die konkreten Gegebenheiten Pfalzbayerns zugeschnitten. Die Berechtigung der Kritik an den Verhältnissen unter Karl Theodor, die er dabei übt, wird durch das Zeugnis fast aller Beobachter[10], selbst der dem Kurfürsten eng verbundenen österreichischen Gesandten, bestätigt, wenn auch andere Zeitgenossen nicht wie Montgelas so klare Reformvorstellungen dazu entwickeln.

Einer der größten Mängel des bayerischen Regierungssystems, so führt er aus, sei die unzulängliche Organisation der Zentralbehörden. Eine ordentliche Geschäftsverteilung mit geregelten Zuständigkeiten sei unbekannt. Die meisten Minister nähmen nur pro forma am Rate teil; alle Angelegenheiten, die sich der Kurfürst vorbehalte, gingen durch die Hand des Kanzlers (bis 1790 Kreittmayr, dann Frhr. von Hertling); dieser sei eigentlich der einzige Arbeiter in der Regierung. Ein solches Regierungssystem mag für die Verhältnisse des Mittelalters gut gewesen sein; für die komplizierteren Verwaltungsverhältnisse der modernen Zeit ist es untauglich. Die Folge sei, daß der Kanzler sich in vielen Dingen auf subalterne, meist ungenügend unterrichtete, oft korrupte Beamte stützen müsse. Nicht selten liege die Entscheidung über Wohl und Wehe einer angesehenen Familie – Montgelas mag dabei auch an die Zeit der Illuminatenverfolgung gedacht haben – in der Hand eines Schreibers. Diesen Mißständen könne eine vernünftige Trennung der Kompetenzen zwischen den Ministerien und eine klare Geschäftsverteilung abhelfen. Man müsse dabei die Paradefiguren an der Spitze der Behörden durch intelligente, arbeitsame und fähige Persönlichkeiten ersetzen.

Gleich am Anfang stellt Montgelas einen Punkt in den Vordergrund, der ihm – vielleicht auch aufgrund seines eigenen Erlebens – für die Reorganisation der Verwaltung und des Staates besonders wichtig erscheint: eine bessere Besoldung und rechtliche Sicherung der Beamten. «Jeder, der seine Zeit dem Dienst des Staates» (er sagt nicht: des Fürsten) «widmet, besitzt ein Recht auf einen ehrenhaften Unterhalt während seines Lebens, abgestuft nach dem Rang, den er in der Gesellschaft einnimmt, sowie, nach seinem Tode, auf ein anständiges Auskommen für seine Frau und seine Kinder. Bisher hat man ein gegenteiliges Prinzip verfolgt: Man hat geglaubt, unerhört viel zu gewinnen, wenn man seine Diener schlecht bezahlte». Und mit der folgenden Bemerkung zeigt er, daß er bei dieser Forderung auch daran denkt, weniger vermögenden, aber begabten Kräften den Aufstieg im Staatsdienst zu ermöglichen: Aus der schlechten Entlohnung der Staatsdiener habe sich der Brauch ergeben, zumindest die höheren Stellungen mehr nach Besitz als nach Leistung zu vergeben. «Wenn es durch einen seltenen Zufall ein-

[10] Vgl. Kap. 6, 14, 16, 27 und 28.

mal einem arm geborenen Bürger gelungen ist, seinen Weg nach oben zu machen, so ist er darauf angewiesen, selbst dafür zu sorgen, daß er auf seine Kosten kommt und sich das mit unlauteren Mitteln zu verschaffen, was ihm die Regierung aus ungerechtfertigter Sparsamkeit vorenthalten hatte». Die Regierung habe die Veruntreuungen stillschweigend geduldet und sich mit ihnen abgefunden, ohne von ihrer bisherigen Methode abgehen zu wollen. «Der absolute Verlust aller Grundsätze, die völlige Lockerung der politischen Moral, welche dieses verderbte System in den pfalz-bayerischen Provinzen eingeführt hat, lassen einen zittern und bangen. Mehrere Jahre einer gerechten und strengen Verwaltung werden schwerlich genügen, um Menschen zu gesunden Grundsätzen zurückzuführen, die durch die Gewohnheit einer langjährigen Käuflichkeit korrumpiert sind».

Der Wechsel des Systems seit 1799, der mit einem Wechsel in der Besetzung der meisten Beamtenposten verbunden war, kündigt sich hier bereits als Programmpunkt an. Wenn auch die Feststellung über die Unterbezahlung und Korruption so vieler Beamten im Staat Karl Theodors kaum übertrieben gewesen sein dürfte – bekanntlich ein allgemeines Problem des 18. und beginnenden 19. Jahrhunderts – so gab es doch viele Ausnahmen. Die drei Ministerkollegen Montgelas' nach dem Regierungsantritt Max Josephs, Hertling, Hompesch und Morawitzky sowie Zentner, Krenner und die meisten anderen Geheimen Referendäre, kamen aus der Verwaltung Karl Theodors, wenn auch einige von ihnen dort zeitweise in Ungnade gewesen waren.

Es hat den Anschein, als denke Montgelas schon an seine künftige Rolle in diesem bayerischen Staat, wenn er dann die Frage diskutiert, ob ein künftiger ‹ordonnateur en chef› das Recht haben solle, sich seine Mitarbeiter, besonders die Referendäre[11], selbst auszuwählen, oder ob die Auswahl dem Souverän – diese Bezeichnung bevorzugt er gegenüber dem Wort Fürst – vorbehalten bleiben solle. Nach Meinung der Minister[12] sei es für die Arbeit nötig, daß sie sich mit Mitarbeitern ihres eigenen Vertrauens umgäben, die sich ihrer Autorität unterordneten. Andererseits glaube er, Montgelas, daß diese Argumente stark an Bedeutung verlören, wenn es erst einmal möglich sein würde, für die Besetzung freier Stellen einen Wettbewerb zwischen qualifizierten und vorgebildeten Bewerbern, denen der Fürst eine gesicherte Existenz garantiert, durchzuführen. Im übrigen – und

[11] Die Geheimen Referendäre waren später unter Montgelas, wie auch schon teilweise unter Karl Theodor, die höchsten und wichtigsten Beamten der Ministerien. Sie redigierten in der Reformzeit seit 1799 persönlich viele wichtige Gesetzentwürfe und hielten darüber Vortrag in der Geheimen Staatskonferenz, nach 1808 (nicht immer) im Staatsrat.

[12] Anscheinend der mit Zweibrücken zusammenarbeitenden: Hertling und Hompesch.

hiermit rührt er an ein Problem sogar der heutigen Demokratie – sei die Stabilität der nachgeordneten Beamten ein wichtiges Gegengewicht gegen den unvermeidbaren Wechsel der Minister und «bewahrt in jedem Verwaltungszweig jene Einheitlichkeit der Grundsätze, jenen Geist des Systems und der konsequenten Verwirklichung, welcher die Seele einer Verwaltung darstellt»[13].

Eine Brücke vom herkömmlichen gemischten Sach- und Territorialprinzip zum reinen Sachprinzip schlägt Montgelas durch den Vorschlag, aus jeder Provinz solle je ein Referendär in jedem Ministerium tätig sein wegen der notwendigen Lokalkenntnisse sowie um Eifersucht und Beschwerden einzelner Provinzen zu vermeiden. Aus dem nächsten Abschnitt geht hervor, daß er dabei nur an je einen Vertreter der Kurpfalz, Jülich-Bergs und Altbayerns denkt. Woher er diese Anregung bezieht, sagt er deutlich: «Preußen besitzt in seinem Generaldirektorium eine Einrichtung, die nahezu so ist, wie die von uns vorgeschlagene. Die fortgesetzte Erfahrung seit 1723 hat ihre Nützlichkeit gezeigt. Indem so durch die genaue (sachliche) Abgrenzung der Ressorts alle Vorteile der französischen Bürokratie gewahrt werden, wird doch deren schlimmster Mißstand vermieden: die Einführung des ministeriellen Despotismus, der unmerklich dahin tendiert, die (verfassungsmäßigen) Formen zu untergraben und an ihre Stelle die Willkür der Ressortchefs und das Spiel des Glücks und der Gunst zu setzen».

Montgelas schlägt eine Fünfzahl von Ministerien (Departements) vor: Auswärtiges, Finanzen, Justiz, Geistliche Angelegenheiten, Krieg. Diese Einteilung – mit Ausnahme des Kriegsministeriums, dessen Aufgaben der Kurfürst/König bis 1814 mit einigen Mitarbeitern selbst wahrnahm – wurde dann nach dem Regierungsantritt Max Josephs durch Dekret vom 25. 2. 1799 tatsächlich eingeführt und durch Dekret vom 26. 5. 1801 klarer gestaltet. Mit Dekret vom 29. 10. 1806 wurde dann die Polizei (Verwaltung) vom Justizministerium getrennt und zusammen mit den geistlichen Angelegenheiten dem neu gebildeten, von Montgelas selbst geleiteten Innenministerium unterstellt[14].

Für jedes dieser künftigen Ministerien macht Montgelas hier, 1796, verhältnismäßig detaillierte Angaben über Aufbau und Aufgaben, die nach 1799 größtenteils verwirklicht werden.

Dem *Außenministerium* weist er fünf Hauptaufgaben zu: 1. Korrespondenz mit den ausländischen und deutschen Höfen und Regierungen sowie mit den bayerischen Gesandten bei denselben; 2. Staatsverträge; 3. Angelegenheiten des

[13] Über die Referendäre und die Macht der Minister macht er weitere Ausführungen: E. *Weis* (s. Anm. 9) 224 f.

[14] Über die Ministerialorganisation vgl. H. *Raffael*, Ausbau und Entwicklung der Ministerialverfassung Bayerns unter Maximilian von Montgelas (1799–1808). Ungedr. jur. Diss. München 1952, besonders ab 65.

Reiches und der Reichskreise; 4. Angelegenheiten des kurfürstlichen Hauses (im Gegensatz zum Protokoll des 18. und 19. Jahrhunderts setzt er diesen Punkt nur an die 4. Stelle); 5. Leitung und Neuorganisation des Zentralarchivs und der Provinzialarchive, eine Aufgabe, die tatsächlich durchgeführt wurde, so wie in Frankreich unter den Revolutionsregierungen und Napoleon, in Preußen unter Hardenberg. Für das Außenministerium fordert er zwei geheime Legationsräte im Rang von Referendären, einen für die Außenpolitik und einen für die Angelegenheiten des Reichstags und der Reichskreise sowie Grenz- und Rechtsangelegenheiten. Für die Außenpolitik war nach 1799 kurz Gravenreuth als Referendär tätig, dann versah Montgelas diese Aufgaben stets allein mit Hilfe seines Geheimsekretärs und Legationsrates Ringel. Referendär für die Rechtsangelegenheiten wurde und blieb seit 1799 Zentner. Von Anfang an fallen auch die anderen personellen Vorschläge für das Außenministerium, das Montgelas wohl schon damals als seine künftige Domäne ansah, großzügiger aus als für die anderen Ressorts.

Für die Führung der Außenpolitik einer künftigen Regierung Pfalzbayerns entwickelt Montgelas hier keine Richtlinien. Das hat er in vielen anderen Berichten und Denkschriften an Herzog Max aus den Jahren 1796 bis 1798 getan. Nur ein einziger allerdings bezeichnender politischer Hinweis findet sich hier: Bayern sollte auch mit Hilfe der Vermittlung Preußens in Verbindung zur Türkei treten. «Diese Macht ist der natürliche Feind Österreichs; sie kann aus diesem Grunde für Bayern nicht gleichgültig sein». Dagegen stellt Montgelas einige Grundsätze für die künftige Organisation des bayerischen diplomatischen Dienstes auf, die in komplexerer Form später ebenfalls verwirklicht werden.

Die Gesandtenposten bei den größeren ausländischen und deutschen Staaten sollen offenbar Adeligen vorbehalten bleiben – er spricht dies nicht direkt aus, scheint es aber vorauszusetzen, so wie er auch später nicht bereit war, von dieser damaligen Gepflogenheit aller monarchischen Regierungen abzugehen. Zweibrücken hatte auch Nichtadelige verwandt; sie wurden nach 1799 entweder aus dem diplomatischen Dienst herausgezogen wie Käser oder in den Freiherrnstand erhoben wie Cetto und Posch. Die Legationssekretäre, die nicht als Gesandte bei fremden Höfen in Betracht kommen, also wahrscheinlich vor allem die bürgerlichen, sollen eine Vorrückungsmöglichkeit als Gesandte bei den Reichskreisen erhalten. Außerdem regt er an, nach dem Vorbild der venetianischen Diplomatie solle jeder bayerische Diplomat vor der Abberufung von einem Hofe oder mindestens alle 8 Jahre einen umfassenden Bericht über den politischen und finanziellen Zustand des Landes, bei dessen Regierung er akkreditiert ist, anfertigen, was dann auch fast das ganze 19. Jahrhundert hindurch in Form der sogenannten Hauptberichte von den bayerischen Diplomaten praktiziert worden ist. Die Ausbildung des diplomatischen Nachwuchses soll nach seinen Vorstellungen bei den

Gesandtschaften, nicht im Außenministerium erfolgen, um die Geheimnisse der Zentrale besser zu sichern. Später errichtet er dann in München doch eine ‹pépinière diplomatique›, eine, wie sie damals heißt, ‹diplomatische Pflanzschule›.

Dem *Finanzministerium* weist er in seinem Mémoire die folgenden Aufgaben zu, von denen einige in den Bereich der inneren Verwaltung gehören und seiner damals noch nicht ausgereiften Auffassung über diese Dinge nach «in Konkurrenz» mit dem Justizministerium erledigt werden sollen: 1. Festsetzung, Verteilung und Einhebung aller Steuern und Zölle; 2. Generaldirektion der Zölle und indirekten Steuern; 3. Allgemeine Verwaltung der Domänen, Forste und Salinen; 4. Betreuung von Handel, Industrie und Manufaktur; 5. Verwaltung der ‹Brücken und Straßen› nach dem Vorbild der berühmten französischen Behörde der ‹Ponts et Chaussées›; 6. Die allgemeine Polizei (Verwaltung) des Landes, wobei die in die Justiz einschlagenden Materien dem Justizministerium überlassen bleiben sollen; 7. Inspektion des Rechnungswesens; 8. Oberste Leitung und Beaufsichtigung aller Finanzkammern und Finanzbeamten; 9. Beziehungen und Verhandlungen mit den Provinzialständen.

Wichtiger als diese organisatorischen Fragen sind die Grundsätze der Aufhebung der finanziellen Vorrechte der beiden privilegierten Stände, also die Gleichheit der Besteuerung, auf der Grundlage eines zuverlässigen Steuerkatasters, die Beseitigung einiger für die Untertanen zu drückender Rechte – er mag hier zum Beispiel an Scharwerk (Fron) denken – sowie «das Aufhören des verderblichen bayerischen Zollsystems», womit er vor allem die Binnenzölle meint. All diese Programmpunkte verwirklichte er später, am vollständigsten den Grundsatz der gleichen Steuerpflicht für alle Stände.

Als Aufgaben des *Justizministeriums* bezeichnet er: 1. Oberste Aufsicht über alle Gerichte und deren Personal; 2. Vorbereitung der Gesetzgebung auf dem Gebiet der Justiz; 3. Bearbeitung aller Rechtsfälle, die durch die Gerichte dem Fürsten vorgelegt werden; 4. Entscheidung in Kompetenzkonflikten zwischen verschiedenen Gerichten; 5. Gnadenwesen, Legitimation unehelicher Kinder, Zulassung von Advokaten, Staatsanwälten und Notaren; 6. Aufsicht über die Polizei und über die Gemeinden und deren Vermögensverwaltung, beides in Konkurrenz mit dem Finanzministerium; 7. Innere Verwaltung und die Gesetzgebung hierzu, in Konkurrenz mit dem Finanzministerium; 8. Verteidigung strittiger Regalrechte; Regelung von Streitfällen mit den Ständen in bezug auf Verfassungsfragen. Für die Verhandlungen mit den Ständen sind der Finanz- und der Justizminister zuständig (commissaires nés); 9. Lehenswesen; 10. Grenzstreitigkeiten, soweit sie keinen politischen Charakter haben; 11. Leitung und Organisation der Archive, offenbar hier der Archive der inneren Behörden im Gegensatz zu denen, die er schon dem Außenministerium zugeteilt hatte.

Zu einer klareren Abgrenzung der Kompetenzen gelangt Montgelas, wie erwähnt, durch die Neuordnung der Ministerien von 1806, sodann mit der Konstitution von 1808, die auch wenigstens auf der oberen und mittleren Ebene eine Trennung zwischen Justiz und Verwaltung bringt.

Im Bereich des Justizministeriums seien, so führt er weiter aus, grundlegende Reformen besonders dringend geboten. «Die Art, wie die Richter ihre Gerichtsuntertanen quälen, die übermäßigen Gebühren, die sie ihnen abnehmen, übersteigen alle Worte. Man würde das arme Volk bedeutend entlasten, wenn man den Richtern feste Gehälter zahlte, in welchem Falle man sie zwingen könnte, der Hofkammer über ihre Gebühren genau Rechnung zu legen». Herzog Christian IV. habe diese Regelung im Herzogtum Zweibrücken eingeführt; in Bayern habe man sie 1779 und 1780 gleichfalls zu verwirklichen versucht, jedoch ohne Erfolg. «Die Sophismen des persönlichen Interesses erstickten damals die Stimme der Vernunft, das Ministerium war ermattet von den Protestrufen, denen zu widerstehen es nicht die Kraft besaß. Die Provinz wurde durch den Kleinmut der Regierung um die Wohltat gebracht, die man ihr zugedacht hatte».

Weiter schlägt er die Abschaffung von Ämtern ohne wirkliche Funktion vor, die, gleich zahlreichen Posten im Frankreich des Ancien Régime, allein zur Versorgung von Adeligen dienten und ihren Inhabern «auf Kosten des Souveräns und der Öffentlichkeit» hohe Bezüge eintrugen. Die Einsparung dieser Gehälter könnte zur ordnungsgemäßen Besoldung der wirklichen Richter beitragen.

Vielleicht wäre es empfehlenswert, Bayern eine neue politische Einteilung auf der mittleren Verwaltungsebene zu geben durch Vereinigung von jeweils mehreren Gerichten oder durch eine Einteilung in Kreise nach dem Vorbild Preußens, Österreichs, Sachsens und Hessens. Montgelas nennt nicht das Vorbild des revolutionären Frankreich, vielleicht, um nicht erneut zu großer Sympathien für dieses Land und sein Regierungssystem verdächtigt zu werden. Graf Törring habe 1788 dem Zweibrückener Ministerium eine Denkschrift zu dieser Frage vorgelegt[15]. Noch einmal betont er die Notwendigkeit der Abschaffung des Sportelwesens, das auch bei den höchsten Gerichten in München und Mannheim besteht. «Es wäre würdig der wohltätigen Einsichten einer humanen und aufgeklärten Regierung, das Volk von dieser Last zu befreien»[16].

Zurückhaltend spricht sich Montgelas über das Verhältnis zu den Ständen aus. Sein Herzog war damals finanziell und politisch auf die Unterstützung der bayerischen Landschaft angewiesen. Auch Montgelas besaß im Lager der Stände Freunde, wie zum Beispiel Graf Preysing in München oder Graf Taxis in Neu-

[15] S. oben S. 190 und unten Anm. 17.

[16] Zur Ausbildung des juristischen Nachwuchses s. E. *Weis* (oben Anm. 9) 229 f.

burg. Andererseits hatte er seit etwa 1789, wie wir sahen, in seinen Briefen alle Versuche der bayerischen Landschaftsverordnung, sich in die Regierung, selbst die des ihm unsympathischen Karl Theodor, einzumischen, im Interesse des Staates rundweg abgelehnt. Er erwähnt, daß die Auseinandersetzungen zwischen Regierung und Ständen in den Provinzen der Staatsführung «einen guten Teil der Liebe und des Vertrauens der Regierten rauben». Besser als die bisherige Praxis beider Parteien, ihre Ansprüche bis zum Exzeß zu treiben, wäre es, einen dauerhaften Kompromiß zu schließen, auszuschneiden (élaguer), was dem Jahrhundert nicht mehr entspricht, einige wesentliche Bestimmungen bestehen zu lassen, die den Untertanen wirklich nützlich sind, im gemeinsamen Einvernehmen über gewisse Punkte zur Tagesordnung zu schreiten, über die man sich bisher erhitzt hat und die doch meist nur private Interessen betreffen. Er bezieht sich hier gleichfalls vorsichtig auf ein Mémoire, das Graf Törring, eine führende Persönlichkeit des bayerischen Adels, 1789 über eine Reform der bayerischen Verfassung und der Landschaft eingereicht habe, von dem man jedoch seiner Ansicht nach einige Abstriche machen müsse[17]. Daß Montgelas sich hier in dem Mémoire von 1796 in zwei Punkten, der neuen Kreiseinteilung und einer Reform der Landschaftsverfassung, auf ein Memorandum Törrings beruft, deutet daraufhin, daß er, der bisher als Freund der Revolution Kompromittierte, sich hier selbst nicht zu weit ‹vorwagen› wollte, daß er andererseits in Törring keinen Konkurrenten in der Gunst des Herzogs zu sehen brauchte.

Als weitere Gegenstände notwendiger künftiger Reformen nennt Montgelas die Abschaffung oder wenigstens Neuregelung der Fronen (Scharwerk, corvée), die Ausschaltung der Willkür bei der Einhebung derjenigen grundherrlichen Ab-

[17] Dieses Mémoire Törrings von 1789, das mit dem oben (Anm. 15) erwähnten von 1788 identisch sein dürfte, scheint verloren zu sein. Seinen Inhalt referiert jedoch Montgelas kritisch in einem Brief an Seinsheim vom März 1790 (s. S. 190 u. 282). Der Verfasser, Joseph August Graf von Törring-Gronsfeld (1753–1826) war derjenige, den Graf Montezan in seinem Brief an Hofenfels von 1786 (s. oben Kap. 4) als den neben Montgelas begabtesten jungen Mann in München bezeichnet hatte. Törring war bis 1801 als Hofkammerpräsident Leiter der bayerischen Finanzen nach dem Minister (vgl. unten Kap. 28). In Briefen an den Regensburger Bankier Dittmar vom 1. 8. 1800 und 16. 3. 1801 übt er heftige Kritik an der Finanzpolitik von Montgelas (Fürstensachen 844). Vielleicht war er auch verärgert darüber, daß er nicht 1800 nach Hompeschs Tod dessen Nachfolger als Finanzminister geworden war. In den Beratungen der Kommission für die Revision der Verfassung von 1814/15 gehörte er zum ‹konservativen› Flügel und vertrat die Interessen der Grundherren. Nach Montgelas' Sturz 1817 wurde er Präsident des Staatsrates. Vgl. ADB 38, 458–61, wo er nur als Dichter behandelt wird. Wie seine Landsleute, die Grafen Soden, Savioli-Corbelli, Morawitzky und Törring-Seefeld (1725–1812, der einstige Vorsitzende der Loge St. Theodor zum guten Rat), schrieb er Theaterstücke.

gaben, die bei Besitzerwechsel oder Erbfall des verstifteten Gutes zu entrichten waren, wie Mortuarium (Todfall oder Besthaupt) und Laudemium (Anfahrt), ebenso wie die aller anderen grundherrschaftlichen Leistungen und Abgaben. Dieser Punkt bedürfe umso gründlicherer Überlegung, als es hier gelte, das Interesse des Steuer- und Abgabepflichtigen und den Fortschritt der Landwirtschaft mit dem zu vereinbaren, was man «dem geheiligten Recht des Eigentums» schuldig sei. Auch hier will Montgelas offenbar nicht als Revolutionär erscheinen, der einen Frontalangriff auf die Eigentumsrechte der Grundherren vorschlägt, sondern nur als vorsichtiger, aber entschiedener Befürworter nötiger Reformen, deren Einzelheiten und Ausmaß er noch der Zukunft überlassen muß. Immerhin sind seine Vorschläge damals neu und revolutionär genug, zumal, wenn man sie mit den folgenden, nur kurz angedeuteten Punkten zusammenhält: Abschaffung der Fideikommisse und Majorate und Aufhebung «einer Menge kleiner Niedergerichtsbarkeiten, die unnötigerweise das Rechtswesen komplizieren», also ebenfalls tiefgehende Eingriffe in die Gerichtsbarkeit der drei Stände, wenn auch offenbar nicht deren gänzliche Beseitigung. Er wolle nicht von der Notwendigkeit sprechen, so fährt Montgelas fort, die bayerische Gesetzgebung, das Zivilrecht und vor allem das Strafrecht zu reformieren. Ein neues Strafrecht werde – hier wiederholt er seine oft von ihm vorgebrachte und berechtigte Kritik an Kreittmayrs Werk – seit langem gefordert durch alle «humanen und aufgeklärten Persönlichkeiten». Abgesehen von dem unter ihm später fertiggestellten, aber aus außenpolitischen Gründen nicht mehr zum Abschluß gebrachten neuen Zivilrecht und von der Beibehaltung des Rechts des Adels, Majorate anstelle von Fideikommissen zu errichten, sind alle in diesem Abschnitt konzipierten Reformen tatsächlich in der Ära Montgelas verwirklicht worden.

Als zum Geschäftskreis des *Ministeriums der geistlichen Angelegenheiten* (Ministère des Affaires ecclésiastiques) gehörend bezeichnet Montgelas: 1. Wahrnehmung der Rechte des Fürsten gegenüber dem katholischen und protestantischen Klerus, sowie Korrespondenz mit den bischöflichen Ordinariaten, jedoch unter Zwischenschaltung des Außenministeriums; 2. Vorschlagsrecht für alle freiwerdenden geistlichen Benefizien beider Konfessionen, für die der Landesherr das Patronatsrecht besitzt; 3. Leitung der frommen und gemeinnützigen Stiftungen, Prüfung des Rechnungswesens der Kirchen und Klöster; Aufsicht über die kirchliche Verwaltung aller Konfessionen; 4. Landesherrliche Aufsicht über und Verkehr mit dem Geistlichen Rat in München und dem reformierten Kirchenrat der Pfalz in Heidelberg, sowie über die Regierungen der anderen Herzogtümer mit deren geistlichen Behörden; 5. Leitung des gesamten Bildungswesens, wobei der Ausdruck ‹éducation nationale› für die umfassende Konzeption bezeichnend ist, mit Universitäten, Akademien, Kollegien, Schulen, Bibliotheken,

Bücherzensur und der einschlägigen Gesetzgebung; 6. Leitung der Aufsicht über die Vermögensverwaltung und das Rechnungswesen der Kirchen durch je einen katholischen und einen reformierten Referendär; 7. Ehedispensen, die von Protestanten erbeten werden.

Auch für den Bereich dieses Ministeriums, für den er neben der Außenpolitik persönlich am meisten Erfahrung besitzt, macht Montgelas wesentliche und für seine spätere Regierung programmatische Reformvorschläge.

Eine der ersten Entscheidungen, die zu treffen seien, sei die, ob die 1786 in München errichtete Nuntiatur bestehen bleiben solle. «Das Für und Wider der Frage ist lebhaft diskutiert worden. Was man mit aller Sicherheit behaupten kann, ist, daß diese Neuschöpfung zumindest äußerst überflüssig war und daß sie auf die Gegnerschaft von Höfen trifft, zu denen gute Beziehungen zu unterhalten in unserem wesentlichen Interesse liegt». Das Haus Zweibrücken habe es bisher vermieden, sich in der Frage festzulegen, und habe den Nuntius einfach als Botschafter (ambassadeur) des Heiligen Stuhles behandelt. Zu gegebener Zeit würden das Außenministerium und das der geistlichen Angelegenheiten in der Lage sein, durch Gutachten genaue Unterlagen für die künftige Entscheidung des Fürsten zu liefern. Montgelas konnte nach 1799 seinen negativen Standpunkt in dieser Angelegenheit um so leichter durchsetzen, als der letzte Nuntius sich in München nicht mehr halten konnte von dem Augenblick an, wo sich der bayerische Staat weigerte, ihn zu unterhalten und seine persönlichen enormen Schulden zu bezahlen.

In einer längeren Darlegung, die auf seinen früheren staatskirchenrechtlichen Denkschriften beruht, fordert er, daß bezüglich des Verhältnisses zwischen Kurbayern und den benachbarten, in geistlichen Angelegenheiten zuständigen Bischofssitzen die einmal aufgestellten Grundsätze strikt beobachtet werden sollten. Sie betreffen das Verhältnis zwischen weltlicher und kirchlicher Gerichtsbarkeit, besonders in Kriminalfällen von Priestern. Durch die dauernden Auseinandersetzungen mit den bischöflichen Offizialaten, die von seiten der staatlichen Beamten bald zu nachlässig, bald übertrieben hart geführt worden seien, je nachdem, welche persönlichen Interessen dabei im Spiel waren, sei ein Zustand der Rechtsunsicherheit entstanden, der disziplinlose Kleriker begünstigt habe. Man müsse in Zukunft die in der Ordonnanz vom 16. 8. 1779 aufgestellten, 1783 aufgegebenen, 1788 erneut bekräftigten Grundsätze korrekt beachten. «Indem man sich strikt daran hält, vereinigt man die gewissenhafte Strenge, welche die Wahrung der Souveränitätsrechte erfordert, mit den Rücksichten, die die katholische Religion noch gegenüber den geistlichen Oberen verlangt». Er geht sodann auf die von Bayern abweichenden staatskirchenrechtlichen Verhältnisse in der Oberpfalz, Neuburg, Sulzbach und Schwaben ein, wo die bayerischen Rezesse mit den Bischöfen[18] nicht gälten und daher der Staat «seine ursprünglichen Vorrechte in ihrer ganzen Ausdehnung» behalten habe, wie in Schwaben, oder wo durch Art. IV § 6 des Friedens von Osnabrück (Normaljahr 1618) ein bischöfliches Diözesanrecht ausgeschlossen sei, wie in der Pfalz. «Man hat seit langem den früheren Irrtum eingesehen, der in dem Glauben gelegen hatte, ein katholischer Fürst dürfe nicht in die kirchliche Jurisdiktion eingreifen. Jedermann weiß heute, daß der Bereich der Kirche sich auf die Lehre (le dogme) beschränkt, daß alles, was man ihr sonst noch gestattet, auf staatlicher Bewilligung beruht und nur insoweit rechtmäßig ist, als es in formellen Rechtstiteln begründet ist». Er kommt sodann auf die mit seinem Staatsbegriff zusammenhängende Lieblingstheorie nochmals zurück, wonach auf Grund des Westfälischen Friedens das Herzogtum Zweibrücken (wo dies unbestritten war) und die Kurpfalz und Neuburg (wo die Rechtslage nicht so klar ist) von der geistlichen Zuständigkeit der benachbarten katholischen Bischöfe, also fremder ‹Souveräne›, ausgenommen seien.

Sodann kommt er auf die Klagen der Pfälzer Protestanten zu sprechen, mit denen er sich seit 1790 und auch nach Abfassung dieses Mémoire zu befassen hatte. Er sagt, sie seien «in den Einzelheiten vielleicht übertrieben, im wesentlichen jedoch berechtigt gewesen». Die Gerechtigkeit und das öffentliche Interesse erforderten, daß man ihnen Rechnung trage. «Die Anarchie ist vollständig. Aufgehetzt durch ihre Pastoren, gekränkt, weil sie sehen, daß Bürger ihres Bekenntnisses selbst von den kleinsten und unbedeutendsten Ämtern ausgeschlossen sind, sind diese Leute der Regierung stark entfremdet. Der (katholische) Geistliche Rat und der (reformierte) Kirchenrat handeln fast, als seien sie unabhängig. Es ist mehr als höchste Zeit, dieser Unordnung ein Ende zu bereiten. Man wird zu einer endgültigen und fundierten Regelung nur gelangen auf den tragfähigen Grundlagen *der Toleranz und der Vernunft*, die, ohne *der Ausübung der katholischen Religion* Abbruch zu tun» (Hervorhebungen von Montgelas) «und ohne den Protestanten etwas Unvernünftiges zu gewähren, den letzteren doch all das zusichert, was sie von der Gerechtigkeit ihres Souveräns erwarten können». Montgelas erwähnt dann, daß er 1791 in dieser Frage zwei Denkschriften für Herzog Karl verfaßt habe, der damals (wohl auf Grund von Montgelas' Vorschlägen) bereit gewesen sei, den Protestanten Zusicherungen hinsichtlich ihrer Wünsche zu geben, wenn sie sich verpflichteten, auf die beim Reichshofrat in Wien angestrengte Klage gegen den Kurfürsten zu verzichten und sie ohne seine Zustimmung nicht wieder aufzunehmen[19]. Auch müsse sich der künftige Kurfürst mit den Klagen der Protestanten des Herzogtums Sulzbach, daß man ihre durch die Deklaration von 1652 garantierten Rechte verletze, befassen.

Der Staat, so fordert Montgelas weiter, müsse Sorge tragen für die Abstellung

[18] Vgl. Kap. 8.

[19] Vgl. Kap. 23.

der groben Mißstände in der Verwaltung des Kirchengutes, die vor allem beim reformierten Kirchenrat in Heidelberg und den katholischen Krankenhäusern und Kirchenstiftungen in Bayern trotz kurfürstlicher Ordonnanzen vom 16. bis zum 18. Jahrhundert beständen.

Sodann kommt er auf die Klöster zu sprechen. «Die Abteien und anderen Klöster erforderten eine Reform, welche sie nützlicher für die Gesellschaft macht, als sie es in der Vergangenheit gewesen sind. Die Bettelorden sollten ganz aufgehoben werden. Sie fallen der Gesellschaft zur Last, indem sie auf deren Kosten leben und Unwissenheit und Aberglauben verbreiten». Hinsichtlich der anderen Ordensniederlassungen empfiehlt er die Beschränkung der Mitgliederzahl auf den Stand der Gründung. Die dann noch verbleibenden Mitglieder sollten die Verwaltung ihres Klostergutes behalten, jedoch nur bis zu einem bestimmten Höchstbetrag pro Kopf von den Einkünften verbrauchen dürfen. Der Rest solle nach Abzug der Regiekosten in die Kirchenkasse abgeführt werden, um für die Bedürfnisse des Staates verwendet zu werden. Montgelas beruft sich dabei auf Frankreich, genauer gesagt mag er die Amortisationsgesetze, vor allem das vom August 1749, und das Wirken der großenteils aus Geistlichen zusammengesetzten Commission des Réguliers (1766–1780), die 458 von 2966 Klöstern aufhob, im Auge gehabt haben. Ferner verweist er auf die Maßnahmen Venedigs von 1768/69 und die Tanuccis im Königreich Neapel von 1770. Er hätte auch auf das Beispiel anderer Staaten der Appeninenhalbinsel, sowie Spaniens und Portugals, nicht zuletzt aber der bayerischen Amortisationsgesetzgebung unter Max III. Joseph hinweisen können, was er im letzteren Fall an anderer Stelle genauestens getan hatte. Es fällt auf, daß Montgelas hier wie auch sonst unter den Vorbildern seiner kirchenpolitischen Vorstellungen nie den Josephinismus erwähnt, obwohl dieser doch, freilich ebenfalls auf Grund älterer Vorbilder, mit seinen Maßnahmen der späteren Montgelas'schen Kirchenpolitik besonders nah gekommen war. Wir sahen bereits, daß Montgelas Joseph II. aus außenpolitischen Gründen stets feindselig, aber auch im Gegensatz zu Leopold II. abschätzig beurteilt hatte. Auch auf die gewaltsamen Säkularisationen der Legislative in Frankreich kann er hier nicht als Vorbild hinweisen.

Hinsichtlich der ständischen Klöster in den wittelsbachischen Herzogtümern, vor allem in Bayern, findet er sich damit ab, sie seien nun einmal integrierender Bestandteil der jeweiligen Verfassung, man müßte sich mit ihnen gütlich über die durchzuführenden Reformen verständigen. Auf die Sonderstellung der nicht durch die Reichs- und die landständische Verfassung geschützten Abteien der Oberpfalz, denen er bereits in seinen Studien viel Aufmerksamkeit geschenkt hatte, geht er hier nicht ein.

Wie bei den Reformen im Frankreich Ludwigs XV. und im Österreich Josephs

II., so geht auch bei Montgelas das Ziel der stärkeren Belastung oder teilweisen Einziehung des Klostergutes und der personellen Beschränkung oder Aufhebung von Klöstern Hand in Hand mit dem Bestreben, das Netz der Pfarreien dichter zu gestalten und das bildungsmäßige, aber auch das wirtschaftliche Niveau der Pfarrer zu verbessern. Dies zeigt, daß die Reformpläne von Montgelas ebenso wie die von Machault, Choiseul, Joseph II. oder in Bayern von Osterwald, nicht eigentlich christentumsfeindlich waren – sei es aus Überzeugung, sei es aus der Einsicht des Politikers –, sondern nur klosterfeindlich und daß sie die Kirche, auch wieder in alten staatskirchenrechtlichen Bahnen, in rechtlicher und administrativer Hinsicht so stark wie möglich in den Staat einbauen wollten. Was Montgelas hinsichtlich der Pfarreien fordert, ist ein vernünftiger Ausgleich zwischen den so unterschiedlichen Größen und Einkünften der einzelnen Pfarreien, der durch eine mit den Bischöfen zu vereinbarende neue Pfarrorganisation erzielt werden soll. Die Mittel hierfür seien vorhanden; sie müßten nur gerecht verteilt werden. Der Unterricht und der geistliche Beistand müßten durch eine solche Neuorganisation in die Reichweite aller Untertanen gerückt werden. Nach Möglichkeit solle in Zukunft niemand weiter als eine halbe Meile (3,7 km) zum Sitz seiner Pfarrei zu gehen haben. Der auch schon von früheren Regierungen ohne Erfolg bekämpfte Zustand, daß Bischöfe, Kapitel und Klöster sich Pfarreien inkorporiert haben, deren Einkünfte sie vereinnahmen, während sie die Seelsorge durch schlecht besoldete Priester wahrnehmen lassen (Tafelpfarreien), müsse beseitigt werden. Montgelas vergleicht ihn mit dem Mißbrauch der nur nominellen Pfleger bzw. Landrichter, die auswärts residieren, die Einkünfte ihres Amts in Anspruch nehmen und ihre Arbeit durch kärglich besoldete Hilfskräfte (Pflegsverwalter) ausführen lassen.

Aus Montgelas' Staats- und Souveränitätsbegriff ergibt sich, daß er es nicht länger dulden möchte, daß die bayerischen und pfälzischen Geistlichen in ‹ausländischen› Seminaren, d. h. in benachbarten Territorien, im Falle der Bayern in den Hochstiften, erzogen werden. Sie nähmen dort eine Fülle von «Vorurteilen in sich auf, die zwar günstig für ihren Stand, aber schädlich für die Autorität des Souveräns und die Einordnung in die Gesellschaft» seien. Er fordert die Errichtung «nationaler Seminarien, deren Erziehungsplan und Disziplin sich besser mit den Grundsätzen des Staates vertragen». Den Bischöfen könne man nicht die Überwachung der Lehre verweigern; um zwischen ihnen keine Kollisionen entstehen zu lassen, solle je ein solches Seminar in jeder Diözese begründet werden. Die Mittel hierzu seien verfügbar, wenn man die Rückstände der ausgeliehenen Kirchenkapitalien eintreibe – er hatte sie vorher auf 3 Millionen fl. geschätzt – und wenn man die aus den Klöstern zu ziehenden Überschüsse in der rechten Weise verwende.

Die Idee Karl Theodors, bayerische Bistümer mit Hilfe des römischen Hofes zu gründen, sei gescheitert, seitdem die Wahlkapitulation Leopolds II. das bischöfliche Recht, da wo es legitim besteht, verfassungsmäßig garantiert habe. «Ich weiß nicht, ob der Plan sehr nützlich gewesen wäre». Wie wir sahen, hoffte Montgelas selbst vielmehr, es werde sich früher oder später doch eine Möglichkeit bieten, die bestehenden für das bayerische Territorium zuständigen Bischöfe zu mediatisieren, zuerst den von Freising. Einstweilen verbiete kein Gesetz, so schreibt er, die Bischöfe nach dem Vorbild Österreichs und Preußens zu zwingen, auf bayerischem Gebiet einheimische, vom Kurfürst zu bestätigende Generalvikare zu unterhalten.

Sodann wendet sich Montgelas dem Bildungswesen zu. Die Universitäten Heidelberg und Ingolstadt befänden sich in einem beklagenswerten Zustand, sowohl hinsichtlich ihrer Einkünfte als der Qualität ihrer Professoren[20]. Um die Schulen in den Städten und auf dem Lande sei es noch schlechter bestellt[21]. «Die Schulmeister, meist Sakristane, fristen ihr Dasein in Unwissenheit, ermangeln des Notwendigsten und genießen infolgedessen keinerlei Ansehen. Die Bauern weigern sich, ihre Kinder zur Schule zu schicken; die meisten von ihnen können weder lesen noch schreiben». Briefprotokolle des ersten Drittels des 19. Jahrhunderts zeigen in der Tat, daß ein hoher Prozentsatz der Bevölkerung nicht einmal seinen Namen schreiben konnte. «Dies gilt vor allem für Bayern; in der Pfalz sind die Verhältnisse in dieser Hinsicht weniger schlimm. Man wird eines Tages nicht um eine absolute Umgestaltung (refonte) auf diesem Gebiet herumkommen ... und vor allem darum, den *Elementarschulen in Stadt und Land* die fortgesetzteste Aufmerksamkeit zu schenken. Denn sie sind es eigentlich, welche die Fähigkeiten der interessantesten (wichtigsten) Klasse der Gesellschaft entwickeln und dem Nationalgeist ihr Siegel aufdrücken».

Schließlich begründet er die Notwendigkeit der *religiösen Toleranz*. Sie ziehe Fremde an, die durch ihren Gewerbefleiß wertvoll seien, begünstige die Fortschritte der Industrie und der Bildung (des lumières) und rege den Wettbewerb an. Sie sei absolut unumgänglich da, wo eine religiöse Minderheit lebt. «Niemand bezweifelt heute mehr, daß die Toleranz auch da nützlich ist, wo ein einziges Bekenntnis vorherrscht». Sie bestehe faktisch in der Pfalz, Jülich-Berg und Sulzbach. Die Oberpfalz, die im Normaljahr 1618 noch ein protestantisches Land war, dürfe von der Wohltat der Toleranz nicht ausgenommen werden,

20 Über Heidelberg vgl. z. B. F. *Schnabel,* S. von Reitzenstein, Heidelberg 1927, 83 ff. Über Ingolstadt C. *Prantl,* Geschichte der Ludwigs-Maximilians-Universität in Ingolstadt, Landshut, München, 2 Bde., München 1872.

21 Über das Schulwesen in Bayern im 18. und frühen 19. Jh. ist eine Arbeit von H. *Dollinger* in Vorbereitung.

ebensowenig Neuburg, wo die lutherische Religion 1624 erlaubt war. «Was die bayerischen Staaten im engeren Sinne anbetrifft, so behaupte ich laut, trotz des entgegenstehenden Vorurteils, daß in diesem Punkt kein Gesetz die Hand des Landesherren bindet». Aus den Protokollen der Ständeversammlungen des 16. Jahrhunderts, mit denen er sich eingehend befaßt hat[22], weiß Montgelas, wie er weiter ausführt, welche Fortschritte die Reformation damals in allen Ständen Altbayerns gemacht hatte und wie es «der ganzen Kraft der (landesherrlichen) Autorität bedurfte, um das ausschließliche Vorrecht der römischen Kirche zu bewahren». Die Protokolle seien erfüllt von «Beschwerden gegen den Geist der Intoleranz und der Verfolgung. Niemand kann dem Souverän das Recht bestreiten, die Ordonnanzen zu widerrufen, die allein aus seiner Autorität heraus erlassen worden sind und niemals einen Teil der Landesverfassung gebildet haben». Die Bestimmung des Westfälischen Friedens hinsichtlich des Normaljahrs 1624 verpflichte nur zur Aufrechterhaltung der kirchlichen Einkünfte und der öffentlichen Ausübung der katholischen Religion; sie schließe jedoch nicht – und auch die Katholiken hätten diesen Grundsatz immer wieder vertreten – die Zulassung einer anderen Religion neben der vorherrschenden aus. Und noch einmal beruft er sich auf Törring: Dieser habe in dem erwähnten Mémoire vorgeschlagen, nicht nur alle drei christlichen Religionen zuzulassen, sondern auch ihren Mitgliedern ohne Unterschied den Zugang zu allen öffentlichen Ämtern zu eröffnen. Montgelas stellt noch zur Diskussion, einem solchen Toleranzgesetz durch Beteiligung der Landschaft eine für die öffentliche Meinung besonders wirksame Form zu geben, ferner, die Protestanten zunächst einmal, um die Öffentlichkeit an sie zu gewöhnen, mit individuellen Toleranzpatenten in Bayern zuzulassen und allmählich einige Lutheraner oder Reformierte in der Außenpolitik und dann nach und nach weitere auch in der Verwaltung zu beschäftigen.

Schließlich entwickelt er noch einen anderen Gedanken, mit dem er sich bereits 17 Jahre früher befaßt hat: Einführung der Presse- und Veröffentlichungsfreiheit. «Eines der großen Mittel, diese glückliche Revolution der Toleranz in den Geistern zu beschleunigen, sie aus der Lethargie herauszureißen, in der sie dahindämmern, und das Licht zu verbreiten, wird die Befreiung des Buchhandels von diesen geradezu kindischen Fesseln sein, denen man sie unter dieser Regierung (Karl Theodors) unterworfen hat». Er schlägt vor: Gänzliche Abschaffung des Zensurkollegs, Gestattung einer «vernünftigen Freiheit der Presse», wobei mögliche Vergehen präzis definiert werden und Autoren und Verleger, deren Namen ersichtlich sein müssen, die Verantwortung für etwaige Gesetzesüberschreitungen tragen. Ein entsprechendes Gesetz, so sagt er, bedürfe umfassender

[22] Vgl. Kap. 11.

Überlegung und Diskussion. «Das große Problem, wo die Freiheit endet und die Zügellosigkeit beginnt, ist noch in keinem Staat gut gelöst worden». Möglicherweise bedürfe es einiger Zeit der Vorbereitung, um die Menschen an den Genuß der Presse- und Meinungsfreiheit zu gewöhnen und sei diese Freiheit erst als letzte der vorgeschlagenen Reformen zu verwirklichen. «Ich halte mich nicht bei den Einwänden auf, die viele Menschen versucht sein könnten, gegen das Prinzip der Pressefreiheit überhaupt zu erheben. Es ist heute erwiesen, *daß es nicht die vernünftige und dem Stande eines jeden angemessene Bildung, sondern vielmehr die krasse Unwissenheit der Völker ist, welche die Revolutionen hervorruft und die Reiche umstürzt* (Hervorhebung von Montgelas). «Je aufgeklärter die Menschen sind, desto mehr lieben sie ihre Pflicht und stehen zu einer Regierung, die sich wirklich um ihr Glück bemüht».

Hier zeigt sich, daß hinter dem kühlen Machtpolitiker Montgelas, dem rücksichtslosen Vertreter der Staatssouveränität, ein aufklärerischer Idealist steht, der sich jedoch bemüht, seine Pläne mit den Ergebnissen der Erfahrung und den gegebenen Möglichkeiten abzustimmen. Es spricht auch für Herzog Max, daß er ein solches Programm, das an den meisten Höfen der damals im Krieg mit Frankreich befindlichen deutschen Fürsten einen Skandal hervorgerufen hätte, billigte und den Verfasser zum ständigen Leiter seiner Politik machte, einen Mann, der fast nie vom Fürsten, sondern immer nur vom Souverän oder vom Staat spricht, der die Aufhebung der finanziellen und zahlreicher anderer Vorrechte des Adels fordert, was in Frankreich erst durch eine blutige Revolution ermöglicht worden war, der die «unvorstellbare Ausbeutung» der Untertanen durch die Inhaber der niederen Gerichtsbarkeit beseitigen, die grundherrlichen Abgaben einschränken und fixieren, die Gleichberechtigung der Konfessionen, auch hinsichtlich des Zugangs zu Staatsämtern, herstellen, das Bildungswesen in den Städten und auf dem Land auf eine neue Grundlage stellen, die Presse- und Meinungsfreiheit verwirklichen möchte. Dagegen hätte Montgelas auch bei den meisten anderen deutschen Höfen Zustimmung mit seinen kirchenpolitischen Forderungen gefunden wie: Ausdehnung der landesherrlichen Kirchenhoheit, Einschränkung der geistlichen Gerichtsbarkeit, bessere Kontrolle der kirchlichen Vermögensverwaltung, Reduzierung der Klöster und teilweise Verwendung ihres Einkommens für öffentliche Zwecke, stärkerer staatlicher Einfluß auf die Ausbildung der Priester und die Organisation der Diözesen und Pfarreien, Herstellung der Toleranz. Dies waren Forderungen, die auch sonst von mehreren europäischen Regierungen aller Konfessionen vertreten wurden.

Im letzten Teil seiner Denkschrift kommt Montgelas wieder auf rein administrative Fragen zurück. In genauer Kenntnis der Psyche seines neuen Herzogs, dessen persönliches Steckenpferd das Militär ist – er war ja bis zu seinem 33.

Lebensjahr Oberst des französischen Regiments Royal d'Alsace – erklärt sich Montgelas für absolut unzuständig für den Bereich des Kriegsministeriums; er habe auf diesem ihm unbekannten Gebiet «keine Überlegung anzubieten». Bei dieser Arbeitsteilung blieb es bis zur Ernennung eines Kriegsministers im Jahr 1814. Montgelas interessierte sich nur soweit für das Militär, als es das Staatsbudget belastete und als er es andererseits als Aktivposten der Außenpolitik einsetzen konnte. Erst in der Rheinbundzeit wurde die bayerische Armee reorganisiert und zu einem beachtlichen militärischen Faktor gemacht.

Es folgen Anregungen für die Organisation und das Rechnungswesen der Ministerien und die Arbeit eines nach seiner Vorstellung dreimal wöchentlich zusammentretenden Staatsrates, der aus den Ministern und Referendären des Justiz-, des Finanz- und des Kultus-, jedoch nicht des Außenministeriums, gebildet werden und den der Kurfürst, wenigstens gelegentlich, selbst leiten soll.

Schließlich unterbreitet Montgelas dem Herzog personelle Vorschläge für die künftige Besetzung der bayerischen Ministerien. Der entscheidende Punkt kommt gleich zu Anfang: der Außenminister. Montgelas ist viel zu geschickt und dezent, um in die von ihm jetzt dem Herzog präsentierte Vorschlagsliste seinen eigenen Namen zu setzen. Er handelt vielmehr bereits hier nach seinem später oft bewährten, vom Ritter von Lang beschriebenen Rezept, dem Fürsten zunächst einige ‹Schreckensmänner› vorzuschlagen, von denen er wußte, daß sie abgelehnt würden, in der Gewißheit, daß Max Joseph danach auf einen Alternativvorschlag, den Montgelas schließlich wie widerwillig in die Debatte warf, dankbar eingehen würde, noch dazu mit dem Bewußtsein, hier den eigenen fürstlichen Willen durchgesetzt zu haben. So empfiehlt er für den Posten des Außenministers entweder Freiherrn von Leyden, einen bisher nur in der inneren Verwaltung, und da nicht einmal sehr rühmlich tätigen Mann, dessen Onkel dem Herzog von Zweibrücken stets geheime Berichte aus München geschickt hatte, oder den Grafen Lerchenfeld-Köfering, der politisch ein völlig unbeschriebenes Blatt war[23]. Herzog Max müßte von Sinnen gewesen sein, hätte er eine dieser beiden politischen Nullen zum Außenminister machen wollen. Es bedurfte also hier nicht einmal des zweiten Teiles des bei Lang geschilderten Verfahrens, nämlich der zögernden Nennung eines Alternativvorschlages. Nachdem Montgelas die Geschäfte einige Zeit geführt hatte, dürfte der Herzog an keine andere Persönlichkeit als an ihn für das Außenministerium mehr gedacht haben.

Dagegen sind die beiden Persönlichkeiten, die Montgelas als Referendäre für das Außenministerium vorschlägt, nach ihm die fähigsten, über die das Haus

[23] Es handelte sich weder um den bayerischen Gesandten am Reichstag, Joseph Karl Ignaz Graf Lerchenfeld, noch um den damals noch jungen, späteren bayerischen Finanzminister Maximilian Frhr. von Lerchenfeld.

Pfalzbayern damals verfügte, nämlich Cetto für die politischen und Zentner für die rechtlichen Angelegenheiten (einschließlich von Grenz-, Reichs- und Kreis-Fragen). Beide sind Bürgerliche, deren Name nur mit einem einfachen ‹von› versehen worden ist, weshalb sie damals für ein Ministeramt nicht in Frage kommen.

Auch die anderen von Montgelas als Minister vorgeschlagenen Persönlichkeiten stammen aus Adelsfamilien: Frhr. von Hompesch für das Finanzministerium, Graf Morawitzky für das der geistlichen Angelegenheiten. Beide erhalten tatsächlich 2½ Jahre später, beim Regierungsantritt Max Josephs in Bayern, diese Posten. Für das Justizministerium benennt Montgelas den Präsidenten der Regierung der Pfalz, Frhr. von Lamezan, und den Vizepräsidenten und führenden Kopf dieser Regierung, Frhr. von Reibelt. Davon war der erstere unbedeutend, der zweite ein fähiger Beamter, der mit den Zweibrückenern zusammenarbeitete[24]. Vielleicht war Max Joseph nicht gleich für Reibelt zu gewinnen, so daß ihm Montgelas an erster Stelle Lamezen präsentierte, um ihn dadurch für den Alternativkandidaten geneigter zu machen. Tatsächlich wurde 1799 Karl Theodors bisheriger Kanzler Frhr. von Hertling Justizminister, womit außer dem Außenministerium (Montgelas) alle Ministerien mit bisherigen Mitarbeitern Karl Theodors besetzt wurden, die unter der Hand mit Zweibrücken zusammengearbeitet hatten und von denen Morawitzky einige Monate vor Karl Theodors Tod bei diesem in Ungnade gefallen war.

Abschließend entwirft Montgelas eine Besoldungsskala für die höheren Beamten, welche die Gehälter ziemlich reichlich bemißt und nach 1799 mit nur unwesentlichen Abänderungen zur Anwendung gelangt ist.

Nahezu alle in dem Mémoire von 1796 in allgemeiner Weise vorgeschlagenen Maßnahmen sind zwischen 1799 und 1817 von der Regierung Montgelas in Bayern trotz der dazwischenliegenden umwälzenden politischen Ereignisse in irgendeiner Form verwirklicht worden. Sind darüber hinaus wichtige Reformen durchgeführt worden, die Montgelas in seiner Denkschrift von 1796 noch nicht vorgesehen hatte?

Hierzu gehört zum Beispiel die völlige Aufhebung der ständischen Klöster, die durch den Reichsdeputationshauptschluß von 1803 ermöglicht und sanktioniert durch die französisch-russischen Entschuldigungspläne von 1802 und endgültig worden ist. Doch hatte Montgelas, wie auch vor ihm viele Staatsmänner, schon 1796 die Aufhebung der Bettelorden und die Verwendung eines Teils des Ein-

[24] Vgl. über beide unten Kap. 26, die unterschiedliche Stellung beider zur Entschädigungsfrage und Reibelts Briefwechsel mit Zentner, beides nach K. s. 9902. Reibelt wurde 1802/03, als Bayern die rechtsrheinische Kurpfalz, deren Regierungspräsident er gewesen war, an Baden abtrat, zum bayerischen Gesandten in Karlsruhe ernannt.

kommens sämtlicher Klöster für staatliche Zwecke angeregt; 1801/02 hob dann die bayerische Regierung sämtliche nichtständischen Männerklöster, vor allem die der Bettelorden, auf. 1802/03 wurden gleichzeitig im ganzen Reich die Besitzungen der mediatisierten Hochstifte einschließlich der Domkapitel sowie die Reichsabteien eingezogen, so wie es schon seit dem Rastatter Kongreß und dem Frieden von Lunéville beschlossene Sache war. Insofern stellte die Säkularisation auch der landständischen Klöster in Bayern 1802/03 nichts prinzipiell Neues dar.

Die völlige Beseitigung der Landstände, die durch die Auflösung des alten Reiches und seiner Gerichtsbarkeit ermöglicht wurde, sowie die Vereinheitlichung des arrondierten bayerischen Staates durch die Konstitution von 1808 gehörten gleichfalls zu den Veränderungen, die durch die geschichtliche Entwicklung ermöglicht wurden und über das 1796 Geplante hinausgingen, aber doch eine konsequente Fortsetzung der dort entwickelten Gedanken darstellten.

Nichts finden wir in der Denkschrift von 1796 angedeutet über die später wenigstens vorübergehend durchgeführte völlige Beseitigung der städtischen Selbstverwaltung, aber auch über die teilweise Einführung der Gewerbefreiheit, die vorbildlichen Leistungen auf den Gebieten des Gesundheitswesens, der Landesvermessung, des Straßen- und Brückenbaus, der Landesbrandversicherung, der Förderung von Land- und Forstwirtschaft sowie Salzbergbau, Binnen- und Außenhandel.

Anderes schließlich, wie die rechtliche Trennung zwischen Dynastie und Staat, die Neuorganisation der Akademie, der Universitäten, Schulen und staatlichen Sammlungen, die Förderung der Ablösung der Grundherrschaft für einen großen Teil der Bauern, die Einschränkung und Fixierung der grundherrlichen Abgaben, die Abschaffung der letzten Reste von Leibeigenschaft, die Einführung eines humaneren Strafrechts ohne Folter, eine neue Gerichtsorganisation, auch hinsichtlich der Patrimonialgerichte, die Gleichheit aller vor dem Gesetz, der Aufbau einer neuen Verwaltung, all das hat Montgelas zwar 1796 nicht detailliert in seinem Programm behandelt, aber diese Maßnahmen entsprechen doch dem Geist und den Grundsätzen des Ansbacher ‹Mémoire au Duc›.

Die spätere Regierung Montgelas leistete also noch mehr, als der Minister am Beginn seiner Zusammenarbeit mit seinem Herzog und künftigen König 1796 vorgeschlagen hatte. Aber die Grundrichtung und die wichtigsten Reformen sind in diesem Mémoire bereits mit großer Sicherheit gezeigt, obwohl der Herzog, an den er sich wandte, in diesem bewegten Kriegsjahr als Flüchtling in Ansbach lebte, seit langem über keinen Fußbreit Bodens mehr gebot und nichts besaß als eine – damals durch die zweite Heirat Karl Theodors in Frage gestellte – Erbanwartschaft, obwohl ferner der Verfasser des Mémoire damals nicht mehr war als der soeben angestellte politische Berater eben dieses landlosen Fürsten, ein

Mann übrigens, der noch in dieser Zeit von vielen als Jakobiner angegriffen und auch beim Herzog verdächtigt wurde. Um so erstaunlicher ist dieses klare und entschiedene Eintreten für Reformen, die weiter gingen als das, was man sonst in dieser Zeit deutschen Fürsten vorzuschlagen pflegte.

21. Weitere Reformvorschläge in der Niederschrift zum Rohrbacher (Ansbacher) Hausvertrag von 1797 (1796)

Das dargelegte Reformprogramm wurde in einigen Punkten ergänzt durch die Bestimmungen des sogenannten Ansbacher Hausvertrages zwischen Herzog Max von Zweibrücken und seinem Agnaten Herzog Wilhelm von Birkenfeld, den Montgelas entworfen hat. Noch klarer treten die Intentionen dieses Vertragswerks in einer einige Monate zuvor verfaßten Niederschrift zutage, die H. Rall erstmals bekanntgemacht hat[1].

Der Ansbacher Hausvertrag wurde zwischen Herzog Max von Zweibrücken und dem einzigen Agnaten seiner Linie, Herzog Wilhelm von Birkenfeld, tatsächlich erst am 30. Juni 1797 in Rohrbach bei Heidelberg geschlossen, aber auf den 12. Oktober (Max Josephs Namenstag) 1796 vordatiert, die Zeit, als beide Herzöge – Wilhelm war der Gemahl von Max Josephs Schwester – im Exil in Ansbach zusammengewesen waren[2]. Die Vordatierung erfolgte, weil Max Joseph am 9. März 1797 in zweiter Ehe die um 20 Jahre jüngere Prinzessin Karoline von Baden geheiratet hatte, die normalerweise, im Falle seines Ablebens, die Vormundschaft über seinen damals 10-jährigen Sohn aus erster Ehe Ludwig (I.) erhalten hätte. Das Haus Baden, besonders Karoline und ihre Mutter, war aber kaiserfreundlich. Gravenreuth, der damals als Privatsekretär des Herzogs die Entwürfe von Montgelas für den Vertrag zum Teil ins reine zu schreiben hatte, bemerkt in seinen gegen Montgelas zornigen Memoiren in der Rückschau: «Dieser

[1] H. *Rall*, Pfalzbayerns Probleme im Urteil der Zweibrücker Reformer, Eine Studie zur Entstehung des Ansbacher Hausvertrages, Zs. f. bayer. Landesgeschichte 18, 1955 (Festgabe für M. Spindler), 408–434. Das Schriftstück von der Hand Gravenreuths befindet sich im herzoglichen Archiv in Tegernsee. Einen ersten, nicht ganz vollständigen Entwurf dieser Niederschrift, von Montgelas eigenhändig, konnte ich in den Zweibrückener Akten (K. bl. 427/5/26) feststellen.

[2] Die Tatsache der Vordatierung allgemein hat H. *Rall* nachgewiesen. Daß der Vertrag am 30. 6. 1797 abgeschlossen wurde, entnehme ich einem Mémoire von Montgelas vom 17. 9. 1798 in MA 2 und MA 112.

Vertrag war einzig und allein dazu gemacht worden, um im Fall des Todes des Herzogs die neue Herzogin um jedes Recht der Vormundschaft zu bringen und alle Macht in die Hände des Herzogs von Birkenfeld zu legen, ferner, dessen Apanage zu verdoppeln. Herr von Montgelas war diesem Herzog verbunden. Es gab in diesem Vertrag eine Anzahl von Bestimmungen, die ich nicht billigen konnte. Herr von Montgelas war sehr unzufrieden über meine Opposition, verstand es aber, auf meine Jugend Eindruck zu machen»[3].

Es war richtig, daß Montgelas mit Herzog Wilhelm auf vertrautem Fuß stand, wie die persönlichen Briefe des Herzogs an ihn von 1791 bis 1801 zeigen[4]. Schon 1788 war Montgelas bei Wilhelm in Landshut zu Gast gewesen[5]. Die Verbindung wurde auch fortgesetzt, als Montgelas 1794/95 am Mannheimer Hof in Ungnade stand. Möglicherweise gehörte Herzog Wilhelm zu den Persönlichkeiten, die im Sommer 1796 in Ansbach Herzog Max geraten haben, Montgelas zu seinem politischen Berater zu berufen. Andererseits war es vor allem eine politische Zusammenarbeit: Herzog Wilhelm, der seit 1780 in Landshut wohnte, war in Bayern der Platzhalter der Herzöge von Zweibrücken für den Fall des Ablebens Karl Theodors. Er sandte fast zwei Jahrzehnte lang laufend geheime Berichte nach Zweibrücken bzw. Rohrbach und war einer der wichtigsten Exponenten der antiösterreichischen Partei in Bayern. Seit Montgelas die Leitung der Geschäfte des Herzogs Max oblag, also seit September 1796, bis zu dessen Regierungsantritt in Bayern im Februar 1799, bei dem Wilhelm eine entscheidende Rolle spielte, entwarf Montgelas eine große Anzahl von Instruktionen und Briefen des Herzogs von Zweibrücken für Wilhelm[6].

Der Ansbacher/Rohrbacher-Hausvertrag stellt in der Betrachtung der pfalzbayerischen Staaten als eines unteilbaren Fideikommiß die Fortsetzung der früheren wittelsbachischen Verträge des 18. Jahrhunderts dar. Diese Rechtsform war eine Klammer für den Zusammenhalt der so verschiedenartigen Herzogtümer vom Niederrhein bis zu den Alpen; sie bildete zugleich – und dieser Gedanke war bei der Abfassung des Vertrages ausschlaggebend – eine Barriere gegen die Verschleuderung von staatlichen Hoheitsrechten oder gar Territorien durch Karl Theodor oder einen seiner Nachfolger. Insofern bedeutete sie einen großen Fortschritt gegenüber einer veralteten rein patrimonialen Staatsauffassung. Jedoch ging die Zeit rasch auch über diese Rechtskonstruktion hinweg. Die

[3] Übersetzt nach der Abschrift im Geheimen Hausarchiv Nachlaß Gravenreuth, B. VI Nr. 25 (vgl. Kap. 18 Anm. 86).

[4] Egg.

[5] S. oben S. 65.

[6] Besonders K. bl. 196/4 a–d; MA 2; MA 112; Erwähnungen in MA 1. Zu Wilhelms politischer Rolle vgl. auch Kap. 6, 7, 22, 27c, d, 28, 29.

Konstitution von 1808 sollte den Abschluß der rechtlichen Trennung zwischen Dynastie und Staat und der Verwandlung des Fürsten in ein Organ des Staates bringen[7].

Montgelas selbst hebt in seinem 1817 geschriebenen ‹Compte rendu au Roi›[8] das Wesentliche des Vertrags, bei dessen Abfassung nach seiner Angabe das Vorbild der Braunschweigischen Hausordnung von 1791 sowie allgemein ‹l'esprit du siècle› eine Rolle gespielt haben, hervor. Er erwähnt dabei nicht mehr den eigentlichen Anlaß des Vertrages von 1796/97, die Vormundschaftsfrage und die (1817) längst überholten hausrechtlichen Bestimmungen, um so mehr als nach 1801 Kurfürst Max Joseph und auch er selbst sich mit Herzog Wilhelm überworfen hatten[9], sondern zählt die in die Zukunft weisenden Reformgedanken des Vertrages, der Zusatzartikel und (implicite) der im Zusammenhang damit entstandenen Niederschrift auf.

Die Niederschrift über die Punkte, in denen die Herzöge Max und Wilhelm Übereinstimmung erzielt haben und die dem Rohrbacher Vertrag zugrundegelegt worden ist, ist das Werk von Montgelas, der bei den Verhandlungen und dem Abschluß des Vertrags die entscheidende Arbeit geleistet hat[10].

[7] Das Original des Ansbacher Vertrages befindet sich im Hausarchiv als Hausurkunde Nr. 5328, der Zusatzvertrag als Nr. 5329 – *Rall* a. a. O. 434 und *Rall,* Kurbayern, 518. Vollständige Drucke gibt es nicht. Abschriften mit Zusatzvertrag: Allg. Staatsarchiv Fürstensachen 1302, ebd. 841½; Geheimes Staatsarchiv K. bl. 427/5/26 und 196/6b, Entwürfe von der Hand Montgelas', der letztere mit Unterschr. Max Josephs und dem Vermerk Montgelas': «ad acta, Rohrbach, den 20t Juli 1797», dazu auch K. bl. 196/4 a–c. In der Lit. wird der Vertrag lobend, doch nur sehr summarisch, erwähnt bei *Du Moulin Eckart,* Bayern, 48; L. *Doeberl* 6 und 11; M. *Doeberl,* Entwicklungsgesch. II, 527, Prinz *Adalbert,* Max I. Joseph, 298.

[8] Hg. *Laubmann-Doeberl,* 1908, S. 85 f.

[9] Max hatte seit etwa 1801 eine starke Antipathie gegen Wilhelm, der sich seit dieser Zeit, wie seine eigenen Lebenserinnerungen zeigen (Abschr. Fürstensachen Fasz. 147 Nr. 1314 ½), fast nur noch mit der Frage beschäftigte, wie er besser entschädigt werden könnte, und sich wiederholt erfolglos bei Napoleon über seinen König und Schwager beschwerte. Es gibt Beweise, daß die Abneigung gegen Wilhelm von Max persönlich ausging und daß Wilhelms Ausschaltung nicht erst, wie man gemeint hat, planmäßig durch Intrigen von Montgelas herbeigeführt werden mußte. Über Wilhelm außer in den oben in Anm. 6 angegebenen Kapiteln dieser Arbeit auch: Montgelas, Compte rendu *(Laubmann- Doeberl),* 93 ff.; *Dunan* 95 f., 102.

[10] Demgegenüber tritt nach den mir vorliegenden, bisher nicht bekannten Quellen die Rolle der Herzöge Max und Wilhelm und von Wilhelms Rat Theodori ganz zurück. In K. blau 427/5/26 befinden sich Montgelas' eigenhändige Entwürfe für die ihm selbst durch Max Joseph erteilten Instruktionen vom 9. 3. 1797 (dem Tag von Max Josephs Heirat), die Vollmacht für Montgelas als Unterhändler vom gleichen Datum, eine Niederschrift zum Ansbacher (Rohrbacher) Hausvertrag, vordatiert auf 12. 10. 1796

Sieht man von den im Augenblick des Abschlusses für beide Fürsten zwar wichtigen, aber schon nach wenigen Jahren im wesentlichen überholten, auf jeden Fall in der Folgezeit nie durch ein Aussterben der regierenden Linie aktuell gewordenen Erörterungen hinsichtlich der Vormundschaft und der hausrechtlichen Bestimmungen ab, in denen Montgelas in geschichtlichen und staatsrechtlichen Deduktionen von seinen früheren historischen Studien und Gutachten zehrt[11], so bleiben die eigentlichen Reformvereinbarungen übrig, die für die Zeit nach dem erwarteten Regierungsantritt Max Josephs als Kurfürst von Bayern beschlossen wurden.

Vergleicht man diese sehr partiellen Vorschläge mit dem großzügig konzipierten Reformprogramm von Montgelas' ‹Mémoire au Duc› vom 30.9.1796, so wird klar, daß der Rohrbacher (Ansbacher) Hausvertrag oder die diesem vorausgehende Verhandlungsniederschrift[12] weit davon entfernt sind, das eigentliche innenpolitische Programm Max Josephs bzw. Montgelas' darzustellen, wie man bisher gemeint hat. Die Rohrbacher Verhandlungen haben zunächst den damals aktuellen Zweck, die Verschleuderung von Staatsgut und staatlichen Hoheitsrechten,

(36 Seiten), anscheinend eine erste Fassung, mit anderer Reihenfolge der Punkte des von Rall dem Inhalt nach wiedergegebenen, am 6. 2. 1797 abgeschlossenen Schriftstücks, und ein Vertragsprojekt und Entwurf des ‹acte séparé›, also der Zusatzartikel für den Fall, daß das linke Rheinufer abgetreten werden muß. Außer diesen vier von Montgelas verfaßten Schriftstücken liegen noch einige Blätter-Fragmente zu einem Vertragsentwurf von der Hand Theodoris bei, die inhaltlich meist peripherer Natur sind, aber in einigen Punkten in der Endredaktion von Montgelas berücksichtigt worden sind. In einem von der Hand Montgelas' geschriebenen vierseitigen Schriftstück ‹Gegenbemerkungen über die eingereichten Anmerkungen›, datiert Rohrbach 10. 3. 1797 (K. bl. 427/5/7) nimmt Montgelas zu Punkt 2 bis 9 von Theodoris Gegenvorschlägen Stellung. – Für den beherrschenden Einfluß von Montgelas sprechen auch noch folgende Zeugnisse: Herzog Wilhelm schreibt in seinen Erinnerungen (Abschr. in Fürstensachen Fasz. 147 Nr. 1314 ½) bei Erwähnung des Ansbacher Vertrages: «den der Freiherr von Montgelas konzipiert und der Herzog mir angetragen hat, einzugehen. Daß der Plan zu so wesentlichen künftigen Veränderungen in Bayern nicht von meiner Seite gekommen ist, bemerke ich hier...» In einem bald nach dem Abschluß des Rohrbacher Vertrages geschriebenen eigenhändigen Brief an Montgelas vom 14. 8. 1797, in dem auch die Vordatierung erwähnt wird, bedankt sich Herzog Wilhelm in überschwenglichen Worten für die Verdienste, die sich Montgelas um das Gesamthaus, aber auch insbesondere um seine Linie, erworben habe (Egg.). Und sein Rat Theodori richtet am gleichen Tage, ebenfalls von Landshut aus, an Montgelas einen devoten Dankesbrief und preist das «Glück, mit einem Manne von so erhabener Seelengröße nähere Bekanntschaft gemacht zu haben» (Egg.).

[11] Diese hausrechtlichen Erörterungen stellt H. *Rall*, Pfalzbayerns Probleme..., 410–417 dar, ebenso wie er die geschichtlichen Darlegungen hinsichtlich der landesherrlichen Güter und Rechte auf S. 417–425 würdigt.

[12] K. bl. 427/5/26.

die Karl Theodor im Interesse von Günstlingen und illegitimen Kindern praktizierte, rückgängig zu machen, die badische Vormundschaft zu verhindern und die Stellung des verdienten Herzogs Wilhelm zu sichern. Aber auch hinsichtlich der staatlichen Rechte sind die Pläne nur sehr begrenzt. Sie wollen zum Beispiel in Zukunft nur keine *neuen* Steuerprivilegien, Niedergerichtsbarkeiten und Edelmannsfreiheiten mehr verleihen oder anerkennen; bereits ordnungsgemäß erworbene Rechte auf diesen Gebieten wollen sie nicht antasten. Rückwirkend sollen die nach dem 13. 3. 1779 veräußerten Domänen (kurfürstlichen Güter), aber auch nur soweit die Inhaber keine begründeten Rechtstitel vorweisen können, wieder für den Staat eingezogen werden können. Die Bestimmung hinsichtlich der Ausgabe der *in Zukunft* verliehenen kurfürstlichen Urbarsgüter zu Erbrecht ist nur sehr zaghaft und bedingt. Schon in dieser Form erregten die Pläne 1799 bei den bayerischen Landständen einen Sturm der Entrüstung. Entschieden ist man vor allem hinsichtlich der bereits 1795 beschlossenen Aufhebung des Malteserordens in Bayern[13] und hinsichtlich der Ausgabe künftiger Bräugerechtigkeiten nur an Bürgerliche, sodann aber auch in zwei wichtigen Punkten aus Montgelas' großem Reformprogramm von 1796: Abschaffung der Anwartschaften auf Ämter[14] und Beteiligung aller an den öffentlichen Lasten ohne Ausnahmen. Über das ‹Mémoire au Duc› vom 30. 9. 1796 hinaus ging nur ein Abschnitt der Niederschrift: Die Erwägungen zur Schuldentilgung und zur gesetzlichen Begrenzung der Fälle, in denen der Staat neue Kapitalien aufnehmen konnte – Grundsätze, an die man sich nach 1799 wegen der Kriege nicht immer halten konnte. Es waren also gegenüber dem eigentlichen Reformprogramm zunächst nur einige erste konkrete Anfänge, die den noch vorhandenen Besitzstand des Staates retten sollten, ohne ständische Interessen und wohlerworbene Rechte zu verletzen. Warum diese Vereinbarungen doch nach Lage der Dinge trotzdem einen großen Fortschritt bedeuteten, erläutert Montgelas selbst im ‹Compte rendu› von 1817[15]. Er dürfte bei der Abfassung einen Text seines Entwurfes zur Hand gehabt haben, denn fast mit denselben Worten wie dort begründet er, wie wichtig die Abschaffung der Anwartschaften auf Ämter war, einen Punkt, den er an die Spitze setzt. Unverhüllter als damals spricht er einen anderen wesentlichen Grundsatz aus, der ihn bei der

[13] S. unten Kap. 29. Daß man gerade diesen Beschluß 1799 blind durchführte, was eigentlich auf ein Versehen zurückzuführen war, sollte sich als schwerer außenpolitischer Fehler gegenüber Rußland erweisen, der wieder gutgemacht werden mußte.

[14] Der «survivances». – Auch die Abzweigung eines Teiles der Klostereinkünfte nach allmählicher Verringerung der Zahl der Mönche hatte er nach ausländischem Vorbild in seinem Mémoire vorgeschlagen; die besondere Rechtslage der oberpfälzischen Abteien hatte ihn bereits früher beschäftigt.

[15] *Laubmann-Doeberl* 85, im folgenden übersetzt.

Abfassung geleitet habe. «Die Verpflichtung des Souveräns, mit den öffentlichen Einkünften sparsam umzugehen, deren Verwalter, nicht deren Eigentümer er war, und dieselben allein für das öffentliche Wohl zu verwenden, diese Wahrheit wurde hier so zum Ausdruck gebracht, wie es noch nie zuvor geschehen war». Die Aufnahme von Anleihen durfte nur erfolgen, wenn die maßgebenden Beamten die Notwendigkeit und Zweckmäßigkeit anerkannt hatten und wenn Zeit und Möglichkeiten der Rückzahlung festgelegt waren. Die Domänen wurden unter gewissen Einschränkungen zum ersten Mal als veräußerbar anerkannt. Heimfallende Lehen sollten unter keinen Umständen wieder ausgegeben werden. Diese strengen Bestimmungen sollten den Ertrag der landesherrlichen Güter so steigern, daß zusätzliche Belastungen des Volkes vermieden werden konnten. Die Erblichkeit der Ämter sollte «als gleichermaßen ungerecht, schädlich und unvereinbar mit der öffentlichen Ordnung» abgeschafft werden; auch sonst sollten keine neuen Privilegien mehr verliehen werden, die einzelne Familien begünstigten, aber die Gemeinschaft schädigten, wie zum Beispiel ein besonderer Gerichtsstand für einzelne, Verleihung weiterer Niedergerichtsbarkeiten und Steuerbefreiungen. «Im Interesse der öffentlichen Sitten, der sozialen Angemessenheit und der Würde der Souveränität» führte man obere Grenzen für die finanzielle Versorgung natürlicher Kinder der Fürsten und solcher aus morganatischen Ehen ein. Diese Summen durften überdies nicht der Staatskasse zur Last fallen.

Montgelas geht noch kurz auf die Verwirklichung dieser Grundsätze nach dem Regierungsantritt von 1799 ein. Als er auf Befehl des Kurfürsten den Inhalt des Familienvertrages den anderen Ministern und den Landständen der verschiedenen Provinzen mitteilte, erhob sich heftige Kritik. Einige Minister fanden, daß durch die Bestimmungen über die Aufnahme neuer Anleihen die Handlungsfähigkeit der Finanzverwaltung zu stark eingeschränkt wurde. Die Stände glaubten, in den Beschlüssen die Vorbereitung einer allgemeinen Aufhebung aller Privilegien zu erkennen. Nur Montgelas' nachmaliger Schwiegervater, Graf Ignaz von Arco, konnte sie von Remonstrationen abhalten und davon überzeugen, daß der Kurfürst bisher seine Rechte nicht überschritten habe. «Diese Vorurteile schwanden mehr und mehr ... Die verschiedenen Bestimmungen gelangten zur Ausführung, manche vielleicht mit zu großer Eile. Die Pragmatik vom 20. Oktober 1804 über die Domänen und die öffentlichen Schulden, sowie der Beitritt des Kurprinzen vom 4. November des gleichen Jahres vollendeten die Gesetzgebung auf diesem Gebiet». Während, wie Montgelas weiter darlegt, die hausrechtlichen Bestimmungen in der Folge noch mehrfach geändert wurden, während die Stände bald verschwanden, wurden die in der Niederschrift zum Rohrbacher Vertrag und in weitgespannterem Rahmen in dem Mémoire von 1796 vorgezeichneten Wege weiter beschritten. Errungenschaften wie die Steuergleichheit, die wenigstens prinzipielle Gleichheit aller vor dem Gesetz und der freie Zugang zu öffentlichen Ämtern, die in der Rohrbacher Niederschrift von 1797 nur angedeutet, in dem Mémoire von 1796 aber schon gefordert worden waren, wurden verwirklicht.

22. Reformpläne aus Bayern

Im Freiherr von Gravenreuthschen Schloßarchiv Affing bei Augsburg fand sich ohne Zusammenhang mit anderen Akten ein Schriftstück höchst merkwürdigen Inhalts, aus dem hervorgeht, daß bereits 1778 – 11 Jahre vor der Französischen Revolution – in München ein Kollegium von drei Männern einen Plan ausgearbeitet hatte, der nicht weniger bezweckte, als sämtliche ‹Feudalrechte› – womit die grundherrschaftlichen Rechte und Abgaben gemeint sind – gewissermaßen über Nacht zu beseitigen[1]. Turgot war kurz zuvor in Frankreich mit sehr viel geringfügigeren Teilreformen am Widerstand der alten Gesellschaft gescheitert, und auch andere europäische Reformer wie Joseph II. oder sein Bruder Leopold als Großherzog von Toscana verfolgten keineswegs derart weitgesteckte Ziele. Und ebenso überraschend wie die Tatsache an sich sind die Namen der drei Verfasser des Projekts: der Finanzminister Karl Theodors, Franz Karl Frhr. von Hompesch, ein Graf Arco – zweifellos das langjährige führende Mitglied der Landschaftsverordnung Ignaz Graf Arco[2], der ein Vierteljahrhundert später Montgelas' Schwiegervater wurde – und als Dritter Montgelas selbst, der damals 18- oder 19jährige angehende Hofrat.

Die zweiseitige Aufzeichnung ist französisch geschrieben von der Hand des schon öfters erwähnten Karl Ernst Frhr. von Gravenreuth, der von 1796 bis 1799 als Hofrat und Privatsekretär des Herzogs Max von Zweibrücken die Berichte von Montgelas an den Herzog großenteils ins reine schrieb. Gravenreuth war 1778 erst 9 Jahre alt gewesen und hatte überdies in Zweibrücken gelebt. Die vorliegenden sehr detaillierten Angaben kann er, zwei Jahrzehnte später, praktisch nur von Montgelas selbst erfahren haben, ja die mehrfachen Streichungen im Text lassen ein Diktat von Montgelas vermuten, worauf auch schließen läßt, daß,

[1] Das Schriftstück im Gravenreuth-Archiv Schloß Affing trägt mit Bleistift von einer modernen Hand den auf völliges Mißverständnis seines Inhalts deutenden Vermerk: «1778, kalter Säkularisationsplan Montgelas – Arco – Hompesch».

[2] Über Hompesch s. Kap. 6, 25 c, d, 27, 28. Daß Arco als reformfreundlich, ja vielen als ‹Jakobiner› galt: *Hammermayer*, Handbuch der bayer. Gesch. Bd. 2, 1088; vgl. auch oben S. 309 b und unten Kap. 27 c Anm. 5.

wie in der damaligen Aktensprache üblich, die genannten Personen mit abgekürzten Adelstiteln oder wenigstens M(onsieur) genannt werden, während es dann nur heißt «et Montgelas». So schrieb man nur von sich selbst. Sogar in seinen Erinnerungen erwähnt Gravenreuth den von ihm inzwischen gehaßten Montgelas immer nur als: M(onsieur) de M(ontgelas). Daß die Niederschrift in den Jahren 1796 bis 1799 entstanden sein muß, wird auch dadurch wahrscheinlich gemacht, daß Gravenreuth, im Gegensatz zu seinen späteren Aufzeichnungen, hier keine Kritik an Montgelas übt. Der reformerische Schwung, der im ersten Jahr der Regierung Karl Theodors noch herrschte[3], bevor er sich in das Gegenteil verkehrte, läßt es als möglich erscheinen, daß damals, 1778, amtlich oder halbamtlich solche Pläne erwogen wurden. Der aus Berg kommende Franz Karl Frhr. von Hompesch, «dieser atheistische, frankophile, aber antirevolutionäre Grandseigneur»[4], der später bis zu seinem Tode am 1. 8. 1800 noch 1½ Jahre als Ministerkollege von Montgelas gewirkt hat und auch 1798 an den einschneidenden Reformprojekten, welche unter Karl Theodor hinsichtlich der Mediatklöster entwickelt wurden, maßgebenden Anteil hatte, war der Leiter dieses Dreiergremiums. Montgelas muß damals in seiner Nähe gearbeitet haben, denn er spricht nicht nur in seinem Mémoire au Duc vom 30. 9. 1796 davon, daß der bayerische Finanzminister 1779/80 mit dem Plan scheiterte, das für das Volk so drückende Sportelwesen abzuschaffen[5]; er hebt auch – 20 Jahre nach der Ausarbeitung dieses ersten Planes 1798, als ihm die Münchner Akten noch nicht zur Verfügung stehen – hervor, wie ausgezeichnet der Kassenstand zur Zeit des ersten Rücktritts Hompeschs als Finanzminister im Juli 1779 war – er nennt die genaue Zahl – und wie rapid es danach mit den bayerischen Finanzen abwärts ging[6]. Daß Montgelas in seinem nach seinem Sturz 1817 dem König gesandten ‹Compte rendu au Roi›[7] dieses kühne Projekt seiner Lehrlingszeit, dessen Ziele erst ab 1848 vollständig verwirklicht werden sollten, nicht erwähnt, ist verständlich. Es hatte sich als nicht praktikabel erwiesen, und die Zeit und mit ihr Montgelas war wieder konservativer geworden. Trotzdem ist dieses Programm von 1778 so bemerkenswert für die Geschichte der europäischen Reformen, Bayerns und der drei Verfasser, daß sein Grundgedanke trotz mancher Fragezeichen über Art und Weise der Entstehung hier wiedergegeben sei.

[3] Vgl. *Doeberl* Entwicklungsgesch. II, 347, 349; *Steinwachs,* Oberbayer. Archiv 55, S. 69.

[4] *Dunan* 448.

[5] S. oben S. 274. «Les sophismes de l'intérêt personnel étouffèrent alors la voix de la raison».

[6] MA 2, Mémoire envoyé au Duc de Birkenfeld le 9 septembre 1798, S. 2.

[7] Hg. von *Laubmann-Doeberl* 1908.

Die aus Minister Hompesch, Arco und Montgelas bestehende ‹société› wollte alle ‹Feudalrechte›, womit die grundherrschaftlichen Rechte gemeint sind, auch die der Klöster, Städte und Märkte, ohne große Erschütterung in einem Tage beseitigen. Deren Ablösung hätte etwa 80 Millionen fl. gekostet (die damaligen Staatseinkünfte betrugen im Vergleich 4 bis 5 Millionen fl. jährlich). Eine solche Summe hätte man als Anleihe niemals aufbringen können. Daher schlug das Gremium die Errichtung einer Bank durch den Staat vor, einer ‹hypothèque nationale›. Man wollte für 80 Millionen fl. Anweisungen ausgeben, mit denen man an einem Tage alle Feudalrechte zurückgekauft «und allen Bauern dieselben Rechte als Grundeigentümer verliehen hätte, wie sie der Adel besitzt», hätte also das Obereigentum der Grundherren abgelöst. Jedem Inhaber solcher Anweisungen hätten jährlich 5 % Zinsen zugestanden. Die Zinsen wären durch die Bank zu zahlen gewesen, der ihrerseits das Geld aus den Erträgnissen der abgelösten Feudalrenten zugeflossen wäre, die nun in den Besitz des Fürsten (Souveräns) übergegangen wären. Man glaubte, die Erträge der Feudalrenten würden den zu zahlenden 5prozentigen Zins um jährlich eine Million fl. übersteigen, welche die Bank zur Amortisation des Kapitals, also der zunächst durch Schatzanweisungen erkauften Renten, verwenden sollte. Unter Zuhilfenahme der Überschüsse anderer staatlicher Kassen, die man durch Sparmaßnahmen zu erzielen hoffte, glaubte man, nach 50 Jahren die 80 Millionen getilgt zu haben. Man hoffte ferner, durch pünktliche Rentenzahlung den Kredit der Bank so zu erhöhen, daß die Schatzanweisungen als sichere Einnahme immer begehrter würden, so daß man schließlich den Zins von 5 auf 3 % senken könnte. Hiermit gleichzeitig wollte man den Plan einer gleichen, allgemeinen Besteuerung verwirklichen. «Auf diese Weise wäre die vollkommene Gleichheit und das System der (freien) Grundeigentümer in Bayern eingeführt worden ohne Erschütterung und ohne daß jemand Grund zur Klage gehabt hätte».

Die Aufzeichnung spricht sich nicht genau darüber aus, wie die Bauern, die nunmehr rechtlich das ungeteilte Eigentum (Allodialeigentum) an ihren Gütern besitzen sollen, auch von der weiterlaufenden Verpflichtung loskommen, die bisherigen grundherrschaftlichen Abgaben, die nunmehr an den Staat gehen, zu entrichten. Gedacht ist natürlich an eine solche Entlastung; sie ist sogar eines der Hauptziele des Planes. Klar wird jedoch nur, daß die Bank ihr Kapital aus den Differenzbeträgen (jährlich eine Million fl.) erhalten soll, die zwischen den bisherigen grundherrschaftlichen Einnahmen des Adels, der Klöster und anderen kirchlichen Institutionen, der Städte und Märkte und den an diese Institutionen künftig durch die Bank zu zahlenden 5 % Zinsen bestehen. Die Einnahmen dieser privilegierten Personen bzw. Institutionen würden also zunächst um etwa 20 % geschmälert; der Unterschiedsbetrag käme der Bank zugute, die ihn ihrerseits zur Amortisation verwenden sollte. Die Bauern müßten zunächst für eine hier nicht näher bestimmte Zeit dieselben Abgaben zahlen wie bisher, wobei die ungemessenen Leistungen und Fronen in Geld fixiert würden; den größten Gewinn hätte – zumindest vorläufig – der Staat, wenn er auch auf den kurfürstlichen Urbarsgütern dieselbe Einnahmenminderung von 1/5 hinnehmen müßte wie die anderen Grundherren.

Dem möglichen Einwand, «daß durch den Rückkauf der Feudalrechte der größte Teil der Privatvermögen in die Hände des Staates fiele, und daß ein despotischer Souverän dies mißbrauchen könnte», stellt der Verfasser der Aufzeichnung, also wahrscheinlich Montgelas, entgegen, daß die zu gründende Bank unter der Aufsicht, direkten und unabhängigen Verwaltung der Landschaft stände, so daß kein Akt des Despotismus zu fürchten wäre.

Selbst wenn sich die privilegierten Stände diesem Plan von 1778 nicht widersetzt hätten, was sie bei seinem Bekanntwerden jedoch mit Sicherheit getan hätten, so barg er doch größte Risiken und Unsicherheiten, vielleicht auch Unmöglichkeiten. Wo etwa war der Verwaltungsapparat, der die grundherrschaftlichen Rechte und Abgaben im ganzen Land objektiv festgestellt hätte und nunmehr die Zahlungen der Bauern für den Staat in Empfang genommen, andererseits jedem Grundherrn seine 5 %-Zinsen ausgezahlt hätte? Und wer hätte der Bank in der Anlaufzeit, bevor allenfalls Abgaben der Bauern eingegangen wären, die Mittel für den Zinsendienst vorgeschossen? Wie hätte die Bank mit ihren Anweisungen bald zu Kredit kommen und wie hätte überhaupt die Währung stabil gehalten werden können?

Dennoch ist dieser Vorschlag einer schlagartigen Ablösung der Grundherrschaft und aller anderen ‹Feudalrechte› sowie einer verhüllten Teilenteignung der Privilegierten, zunächst zugunsten des Staates, später zugunsten der Bauern, sowie der Herstellung der gleichen Steuerpflicht im Jahre 1778, von einem kurfürstlichen Finanzminister und anderen Persönlichkeiten der Praxis gemacht, beinah revolutionär. Er geht auch weit über das hinaus, was dann tatsächlich das kurfürstliche Edikt vom 3. Mai 1779 – wohlgemerkt nur für die kurfürstlichen Urbarsbauern, die 18 % aller Höfe besaßen – anordnete, nämlich die Einräumung der Möglichkeit, ungünstigere Leiheformen, die ohnehin nicht mehr sehr häufig waren, in Erbrecht zu verwandeln und die unständigen Abgaben bei Besitzwechsel (Laudemien) in eine feste Rente umzuwandeln. Selbst bei den verhältnismäßig wenigen Höfen, auf die sich dieses Edikt bezog, und bei den noch wenigeren, deren Besitzer von der gebotenen Möglichkeit Gebrauch machen wollten, war also von einer Ablösung der Grundherrschaft, wie sie der Entwurf Hompesch-Arco-Montgelas vorgesehen hatte, keine Rede. Eine derartige Möglichkeit wurde erst nach der Säkularisation von 1802/03 für die Bauern geschaffen, deren Grundherrn bisher Klöster gewesen waren und die nun zunächst landesherrliche Grunduntertanen waren. Hompesch kam auf diesen seinen Plan 1778 in seinem letzten Lebensjahr, im Oktober/November 1799, nunmehr als Finanzminister Max Josephs, nochmals in einem großen Gutachten zur Sanierung der bayerischen Staatsfinanzen zurück. Er übt darin vernichtende Kritik an der Regierung Karl Theodors, der er so lang gedient hatte, und legt erneut einen Plan einer Staatsbank vor, die Papiergeld ausgeben solle, welches durch eine Spezialhypothek auf Grund und Boden abzusichern sei. Wie in seinem Entwurf von 1778 soll auch jetzt diese Bank zunehmend privatisiert werden. Den Grundstock für ihr Kapital sollen die Klöster durch Verschreibung von Liegenschaften, Übernahme von Aktien und Bareinlagen schaffen. Von Maßnahmen gegen die Grundherrschaft und gegen die Rechte des Adels allgemein ist hier zum Unterschied von 1778 keine Rede mehr. Hierzu waren die Verhältnisse erst 1848 reif. Man will jetzt, 1799, nur für die leere Staatskasse rasch 5 Millionen beschaffen. Außerdem empfiehlt Hompesch in diesem Mémoire von 1799 Steuergleichheit, Einsparungen bei Hof und beim Militär. Kurfürst Max Joseph, beraten durch Montgelas, lehnt sein Projekt ab[8].

Ebensowenig wie Hompeschs Plan von 1799 war der frühe von 1778 realisiert worden. Montgelas' eigene Vorstellungen hatten sich gewandelt und konkretisiert, wie sein oben dargelegtes Reformprogramm von 1796/97 zeigt.

Dem Herzog von Zweibrücken wurden jedoch auch aus dem Lande, dem alle Überlegungen für die Zukunft in erster Linie galten, aus Bayern, immer wieder Analysen gegenwärtiger Mißstände, verbunden mit Vorschlägen für künftige Reformen, übermittelt. Hierzu muß der Plan des Grafen Joseph August von Törring, Hofkammerpräsident in München unter Karl Theodor, gehört haben, den Montgelas in seiner Denkschrift von 1796 erwähnt und der bereits 1788 oder 1789 Herzog Karl von Zweibrücken für die Regierung in Bayern eine neue Kreiseinteilung, die Herstellung der Gleichberechtigung der christlichen Konfessionen und die unterschiedslose Zulassung ihrer Mitglieder zu allen Staatsstellungen vorgeschlagen hatte.

Ein späteres Beispiel solcher in Bayern entstandenen Reformpläne, die dem Herzog von Zweibrücken zugesandt wurden, liegt bei der Korrespondenz der Herzöge Max und Wilhelm, in der alle Briefe des ersteren von Montgelas entworfen sind, aus den Jahren 1797/98[9]. Auf den letzten Bericht Wilhelms, der vom 2. 3. 1798 datiert ist, folgt, ohne erkennbaren Zusammenhang, eine 7-seitige deutsche Denkschrift, die mit den Worten beginnt: «Bey der künftigen Reformation der schreyendsten Mißbräuche kommen zwey Gegenstände in Betrachtung:

[8] MA 8003.

[9] K. bl. 196/4 d, Provenienz Zweibrücken.

1. Was für Mißbräuche sind der ersten und vorzüglichsten Obsorge der Regierung zu unterziehen? 2. Wie ist ihre Abstellung und Verbesserung mit Erfolg zu unternehmen?» Die nicht unterzeichnete Denkschrift, die hier wahrscheinlich in Abschrift vorliegt, ist am Rande von Herzog Max abgezeichnet mit dem eigenhändigen Vermerk «approbatur». Die Schrift ist auf keinen Fall von Montgelas, wie sich aus dem Lob, das an einer Stelle dem Kaiser Joseph II. erteilt wird, sowie aus einer gewissen schriftstellerischen Weitschweifigkeit ergibt, besonders am Schluß, ferner aus der Tatsache, daß die Schrift offenbar durch Herzog Wilhelm aus Bayern an Max nach Karlsruhe gesandt worden ist. Andererseits ist der Verfasser ein Kenner der Probleme der bayerischen Bauern; er dürfte im Kreise der aufgeklärten Agrarreformer um Simon Rottmanner, der in Wilhelms Nähe in Ast bei Landshut lebte, und den langjährigen Bekannten und Berater von Montgelas, Pfarrer Bermiller[10] zu suchen sein.

Der Verfasser dieser von Herzog Max gebilligten Reformdenkschrift von 1798, etwa 1½ Jahre nach Montgelas' Mémoire und etwa 1 Jahr nach der Ausarbeitung des Ansbacher Hausvertrages, schlägt vor:

1. Der Landesherr sollte mit gutem Beispiel vorangehen und auf seinen Domanial- oder Privatgütern auf die Scharwerke (unbezahlte Fronen), außer in Fällen äußerster Landesnot, verzichten. Die Scharwerke für die Landstände sollten ebenfalls aufhören oder wenigstens in jährliche Geldabgaben umgewandelt werden. Die ungemessenen Scharwerke, die es bisher neben den gemessenen gab, bezeichnet er als «barbarisch». Der Verfasser fordert weiter:

2. Abschaffung des Bierzwangs oder Biermonopols der ständischen und kurfürstlichen Brauhäuser, das mittels «Notwirten» ausgeübt werde und eine wahre «causa turpis» sei.

3. Die Edelmannsfreiheit[11] müsse durch Überlassung neuer Konzessionen, durch Zurückführung auf das Normaldekret von 1641 und durch eine «auf ächte staatswirtschaftliche Grundsätze gebaute Forst- und Jagdordnung in unschädliche Schranken verwiesen werden».

[10] Daß Wilhelm mit Rottmanner korrespondierte, ergibt sich z. B. aus K. bl. 196/4d, Ende 1797. Über Dr. Simon Rottmanner vgl. L. *Hammermayer*, Handbuch der bayer. Gesch., Bd. 2, 1020 (mit Lit.), 1088; H. *Scheel*, Süddeutsche Jakobiner, 449–452 und öfter. – Mit Pfarrer Bermiller stand Montgelas während seiner gesamten Zweibrückener Zeit in Verbindung; als Minister machte er ihn zu seinem Mitarbeiter auf kirchlichem Gebiet. Bermiller wurde unter Karl Theodor verfolgt. 1790 hatte man Briefe von ihm geöffnet (MA 379 Unterakt 3; Briefe Montgelas' an Seinsheim von 1790, Egg.; ferner MA 1, z. B. Berichte Montgelas' vom 5. und 12. 6. 1798; MF 13 292 Nr. 22, 30, 31).

[11] Die Edelmannsfreiheit war mit dem 60. Freibrief von 1557, Dezember 22, dem landständischen Adel in Bayern bewilligt worden. Sie verlieh ihm die niedere Gerichts-

4. Die Zehnten, «dieses fürchterliche Hindernis der so notwendigen Kultur des Landes», müßten wenigstens für die Neubrüche (in jüngerer Zeit urbar gemachte Fluren) abgeschafft werden. Die weltlichen Zehnten könnten abgelöst, die geistlichen Zehnten durch Einführung der Besoldung auch in geistlichen Ämtern und Reduzierung der Klöster ganz aufgehoben werden. Dies ist ein Gegenstand einer eigenen Behandlung».

5. Aufhebung der Leibeigenschaft. Die unfreien Grundleiheformen sollten wenigstens in Erbgerechtigkeit verwandelt werden.

6. Revision des Rechts: Das Strafrecht müsse «dem Geist der Zeiten und gesunden Moral angemessen», die Prozeßordnung abgekürzt und vereinfacht werden.

7. «Herstellung einer allgemeinen ächten Landespolizei» durch zeitgemäße Modifizierung der alten Polizeiordnung und Neuordnung des Armenwesens mit Errichtung von Arbeits- und Waisenhäusern, Industrieschulen, Verbesserung der Spitäler für Alte und Kranke, Heranziehung der «Arbeitsscheuen und Müßiggänger» zu opera publica; ihre Unterbringung in Zuchthäusern.

8. Verbesserung der öffentlichen Erziehung, «um wenigstens die künftige Generation nach Grundsätzen zu bilden, die sich mit der allgemeinen gesellschaftlichen Ruhe und Wohlfahrt verbinden».

9. Abteilung der zu großen Bauerngüter, Vermehrung des Wiesen- und Futterbaus durch Nutzung der Brachfelder und Gemeinteilungen, Neukultivierung verödeter Bauernhöfe durch Wiederbesiedelung, Nachlassung der Gerichtstaxen und Barvorschüsse aus der Kirchenkassa.

10. Aufhebung des ständischen Vorkaufsrechts an den Erzeugnissen der Untertanen.

11. Abschaffung der Kollekten der Bettelmönche.

12. Anstellung öffentlicher und approbierter Geburtshelferinnen auf dem Lande.

Diese genannten Reformen könnten im Gegensatz zu anderen, die ebenfalls notwendig seien, ohne lange Vorbereitung und Planung ins Werk gesetzt werden.

barkeit und Verwaltungshoheit auch über die außerhalb der geschlossenen Hofmarken liegenden sogenannten einschichtigen Güter. Die administrativen, jurisdiktionellen, wirtschaftlichen und sozialen, für den Bauern meist sehr nachteiligen Folgen dieser Einrichtung werden erst klar, wenn man bedenkt, welche vielfältigen Rechte (z. B. auch Jagd, Fischerei, Polizei, Militär, Fron, Monopolrechte verschiedenster Art) mit der Niedergerichtsbarkeit verbunden waren und welch ein Durcheinander und welch eine Rechtsunsicherheit entstehen mußten, wenn Nachbarhöfe verschiedensten Gerichtsherrn unterstanden, die ihre Differenzen im Zweifelsfall auf dem Rücken der Bauern austrugen und deren Ansprüche sich überall zu Lasten der Bevölkerung kreuzten oder kumulierten.

Abschließend ergeht sich der Verfasser in längeren Ausführungen über die Notwendigkeit, die Menschen durch publizistische Wirksamkeit zunächst einmal für derartige Reformen vorzubereiten, ihnen deren Nützlichkeit und die zu erwartenden günstigen Auswirkungen klar zu machen. Weil er nicht auf solche Weise die «öffentliche Meinung» für sich gewonnen habe, sei Joseph II. nicht zum Wohltäter der Menschheit geworden. Schließlich empfiehlt der Verfasser, zur Einführung in die Reformprobleme, die Lektüre mehrerer bayerischer Autoren unter denen je zweimal die Namen Rottmanner und Bermiller rangieren[12].

Diese Forderungen waren natürlich nicht neu; sie waren in Frankreich seit 40 bis 50 Jahren diskutiert und durch die Revolution gewaltsam gelöst worden, soweit sie nicht schon vorher erfüllt worden waren. Dennoch stellt dieses Programm keine abstrakte Imitation dar; besonders die Punkte 1-4 sind auf die damalige bayerische Agrarverfassung abgestellt[13]. Es sind einige Punkte darin enthalten, die das in dem Mémoire von 1796 und der Niederschrift zum Ansbacher Hausvertrag niedergelegte Programm noch ergänzten und die unter Montgelas später tatsächlich ganz oder teilweise verwirklicht worden sind, wie die Aufhebung bzw. Umwandlung in Geld und die Fixierung der Scharwerke, die Abschaffung des Biermonopols, der Edelmannsfreiheit, der Leibeigenschaft, die Reform des Strafrechts, die Einschränkung der Zehnten, die Verbesserung der

[12] Am Schluß heißt es: Der beste Weg zur Vorbereitung der öffentlichen Meinung auf die Reformen sei der der Publizität. «Wenige und gute Schriftsteller – Männer von Vaterlandsliebe und ächten, das gesellschaftliche Gleichgewicht und die Ruhe des Staates bezielenden Grundsätzen, die diese ihre Ideen in einem populären Stile, in einer dem gemeinen Menschenverstande wohlfaßlichen natürlichen Beredsamkeit vortragen, können dies leicht bewirken, nur muß eine Übereinstimmung in ihren Grundsätzen herrschen ... Zu solchen Schriftstellern schlage ich nachfolgende Männer vor und stelle gleich jeden unter die Rubrik, die ihm meines Wissens angemessen ist: Öffentliche Moral und Gesetze: von Eckartshausen, Stock. – Stadt- und Landwirtschaft: Bermiller, Rottmaner. – Publizistik: Seifried, Danzer, Rottmaner, Löwenthal. – Geistliche Verfassung und Kirchenwesen: Bermiller, Mayerhofer». Aus dem Gesamtzusammenhang geht hervor, daß sich diese Aufzählung nicht auf bestimmte, bis dahin bereits publizierte Arbeiten dieser Autoren bezieht, sondern auf solche, zu denen sie nach vorheriger Planung und gegenseitiger Abstimmung durch die zukünftigen Reformer ermutigt und aufgefordert werden sollten.

[13] Vgl. H. *Lieberich*, Die Rechtsformen des bäuerlichen Besitzes in Altbayern, in: Mitteilungen für die Archivpflege in Oberbayern, Nr. 6, 1947, 159–176e (vervielfältigt); Ders., Die Leibeigenschaft im Herzogtum Baiern, ebd. Nr. 28, 1948, 741–761. – F. *Lütge*, Die bayerische Grundherrschaft, Untersuchungen über die Agrarverfassung Altbayerns im 16.–18. Jh., 1949; Ders., Die landesherrlichen Urbarsbauern in Ober- und Niederbayern, Quellen und Forschungen zur Agrargeschichte, 2, 1943; Ders., Geschichte der deutschen Agrarverfassung, 1963, 134–158, 163 f., 211–215 (hier Bauernbefreiung).

Landespolizei (einschließlich des Armen- und Krankenhauswesens) und des Schulwesens. Sowohl auf zweibrückischer als auch auf bayerischer Seite gab es Persönlichkeiten, die sich Gedanken machten und die eine ziemlich klare Vorstellung besaßen von den Reformen, die nach dem Tode Karl Theodors durchgeführt werden sollten. Und alle diese Pläne, vor allem die wichtigsten, die von Montgelas stammten, waren bereits vom künftigen Kurfürsten Max Joseph gebilligt worden.

23. Montgelas' Verhandlungen mit der Reformierten Kirche der Pfalz, 1790–1799; die Vorbereitung der kurpfälzischen Religionsdeklaration vom 9. 5. 1799

Fast 9 Jahre lang, vom September 1790 bis zur kurpfälzischen Religionsdeklaration vom 9. Mai 1799, verhandelte Montgelas – mit Intervallen – als zweibrückischer Beamter, zuletzt noch einige Monate als bayerischer Minister, mit dem Reformierten Kirchenrat der Pfalz in Heidelberg, um im Auftrag des Erben des Kurfürstentums Pfalzbayern eine alle drei Konfessionen befriedigende Regelung der religiösen Verhältnisse in der Pfalz zu finden. Hierdurch sollte der religiöse Friede in diesem Gebiet, der durch die intolerante Haltung der Regierung Karl Theodors und die Gegenmaßnahmen der Reformierten gestört war, wiederhergestellt und gleichzeitig die Autorität des Staates gegenüber den Kirchen aller drei Bekenntnisse gewahrt werden. Montgelas wollte hier ein Meisterwerk aufgeklärter Staatskunst und ein Modell für die Zukunft schaffen. Es hatte ihn besonders geschmerzt, daß ihm kurz vor dem vermeintlichen Abschluß des Friedenswerkes 1792/93 – während er in dem umkämpften Zweibrücken saß – diese Aufgabe aus der Hand genommen worden war[1]. Doch schon 1795, nach dem Regierungsantritt von Herzog Max, ist er in Heidelberg erneut mit dieser Aufgabe befaßt. Und in seinem ‹Mémoire au Duc› vom 30. 9. 1796 geht er wiederum auf die ‹Anarchie› in den Religionsverhältnissen der Pfalz und die zwingende Notwendigkeit ein, den berechtigten Klagen der dortigen Protestanten Abhilfe zu schaffen durch eine dauerhafte Regelung «auf den tragfähigen Grundlagen der Toleranz und der Vernunft», die den Interessen aller drei Konfessionen Rechnung trägt, die Rechte des Staates sichert und die bisherigen Mißstände in der Verwaltung des Kirchenguts beseitigt[2].

[1] S. oben S. 249 f. [2] S. oben S. 278.

Der Gang dieser Verhandlungen ist auf Grund der in Karlsruhe befindlichen Akten in vorbildlicher Weise durch Gerhard Pfeiffer dargestellt worden[3]. Wir beschränken uns daher darauf, einige Züge des Staatsmannes Montgelas hervorzuheben, die sich dabei gezeigt haben.

Als Montgelas von August bis Oktober 1790 als zweibrückischer Gesandter bei der Königs- und Kaiserwahl in Frankfurt weilte, trat als Beauftragter des reformierten Kirchenrats Kirchenrat Scheidt in Heidelberg an ihn heran, um Herzog Karl von Zweibrücken für die Anliegen und Klagen der Reformierten zu gewinnen. Montgelas blieb als Sachbearbeiter des Herzogs mit der Vorbereitung und Führung der Verhandlungen betraut, die vor dem eigentlich zuständigen Landesherrn, Kurfürst Karl Theodor, geheimgehalten wurden, da sich sonst sein Groll sowohl gegen die Reformierten als auch gegen seinen Zweibrückener Verwandten und Erben und dessen Mitarbeiter noch gesteigert hätte. Für das Zweibrückener Territorium selbst, das am Ende dieses Zeitraumes verlorenging, gab es nichts zu verhandeln, weil die dortige Religionsfreiheit bei keiner der drei Konfessionen zu Beschwerden Anlaß gab. Mit Karl Theodors Regierung liefen zu gleicher Zeit Verhandlungen bzw. Auseinandersetzungen, in deren Verlauf die Reformierten die sonst allgemein anerkannte und auch von Montgelas (von diesem mit Spitze gegen die katholischen Bischöfe) unterstützte These bestritten, daß «ein katholischer Landesherr den Bischof über seine protestantischen Untertanen machen könne».

Der Zweibrückener Hof schlug dem Kirchenrat im April 1791 vor, die Zusicherungen des zukünftigen Kurfürsten nach Vereinbarung des Textes mit einem Vertreter des Kirchenrats in einer Urkunde niederzulegen und dieselbe in Regensburg unter der Autorität des preußischen Reichstagsgesandten Graf Goertz auszutauschen. Montgelas unterbreitete Scheidt im März 1792 Vorschläge für Verhandlungen auf der Grundlage des Normaljahrs 1618 für die Pfalz einer-, der Wahrung des status quo für den katholischen Gottesdienst andererseits. «Weder die Ehre des Regenten noch einigermaßen die Billigkeit selbst erlauben, daß man von diesen Grundsätzen im geringsten abweiche». «Stürmische Don Quichottes» im Kirchenrat, die mehr erhofften, sollten sich beruhigen, sonst sähe Montgelas «mit Schmerzen voraus, daß alle bisher angewandte Mühe verloren sein würde und denen Bedrängten zur einzigen Zuflucht die langsame Reichsjustiz übrig bleibt»[4].

[3] G. *Pfeiffer*, Die Umwandlung Bayerns in einen paritätischen Staat, in: Bayern, Staat und Kirche, Land und Reich, W. Winkler zum Gedächtnis, München (1961), 35–109; dieser Abschnitt 35–64.

[4] Zitiert nach *Pfeiffer* 39.

Der Kirchenrat antwortete, er sei gezwungen, beim Reichshofrat Klage auf «Herstellung der reformierten Kirche nach ihrem im Normaljahr 1618 geübten Besitz» zu erheben, erbitte jedoch auch eine Anerkennungsurkunde des Herzogs in diesem Sinne. Dies aber war es gerade, was Montgelas für unvereinbar mit der staatlichen Kirchenhoheit hielt, daß Untertanen des Kurfürsten von der Pfalz, statt sich mit dessen voraussichtlich bald zur Regierung gelangenden Erben zu vereinbaren, der bereit war, ihre Rechte zu sichern, sich klagend an den Reichshofrat in Wien wandten; er sah hierin die Autorität des Staates und außerdem die antiösterreichische Politik Zweibrückens gefährdet, die gerade alle Wiener Einmischungen in pfalzbayerische Angelegenheiten verhindern wollte. Er bezeichnete den Verzicht auf den Prozeßweg als die condicio sine qua non für die Ausstellung des herzoglichen Religionspatents. «Als ein wahrer Freund des evangelisch reformierten Kirchenwesens» würde er es bedauern, wenn die Verhandlungen an dieser Frage scheiterten. Auch Montgelas' Freund, der preußische Gesandte am Reichstag Graf Goertz, schaltete sich wiederholt ein, nachdem sich der Kirchenrat auch an ihn gewandt hatte. Er war bereit, die Garantie der preußischen Krone für die bei ihm zu hinterlegende Urkunde zu erwirken, bis die Umstände erlaubten, davon öffentlich Gebrauch zu machen, wenn der Kirchenrat auf den Prozeßweg verzichtete. Die den Reformierten günstigen Pläne des Zweibrückener Hofes, die er voll unterstützte, würden durch einen Prozeß beim Wiener Reichshofrat unmöglich gemacht. «Der Herzog ist und bleibt einmal ein pfälzischer Prinz», schrieb Goertz; er würde diese Eigenschaft verleugnen, wenn er den reformierten Pfälzern Zusicherung über ihren kirchlichen Besitzstand machte, ihnen aber gleichzeitig freie Hand zu einem Prozeß gegen ihren Landesherren ließe, der geeignet sei, «ihm den ganzen evangelischen Reichsteil auf den Hals zu hetzen»[5].

Da der Kirchenrat nicht auf den Prozeß verzichten wollte, scheiterte diese Runde der Verhandlungen im Sommer 1792. Montgelas hätte ihre Aussichten dennoch optimistisch beurteilt, wenn man ihn hätte weiter verhandeln lassen, wie er ein Jahr darauf, am 21. 8. 1793, an Seinsheim schrieb[6]. Statt den Religionsstreit, wie er sich zugetraut hatte, «d'une manière glorieuse» zu beenden, müsse er nun zusehen, wie die Klagen der Reformierten lauter würden und mehr Aufsehen erregten als je und ihm die Hände gebunden seien, vermittelnd einzugreifen.

Die Klage des Kirchenrates beim Reichshofrat, die der Göttinger Professor Pütter durch ein als Buch veröffentlichtes Gutachten (‹Systematische Darstellung der pfälzischen Religionsbeschwerden›, Göttingen 1793) unterstützte und zu de-

[5] *Pfeiffer* ebd.

[6] S. oben S. 249.

ren Gunsten auch Preußen in Wien und München vorstellig wurde, blieb erfolglos. In der Kurpfalz erschwerte sie zunächst die Situation der Reformierten, da man ihnen das Recht, über den Kopf des Landesherrn hinweg Verhandlungen zu führen, absprach und ihnen außerdem übelnahm, daß einige ihrer Gemeinden in der linksrheinischen Pfalz mit den Jakobinern gemeinsame Sache gemacht hatten[7].

Der nächste wichtige Abschnitt der Verhandlungen[8], bei dem Montgelas im Auftrag des neuen Herzogs Max, nunmehr mit weit stärkerer Stellung als früher, wieder federführend war, fand in Rastatt statt. Der Kirchenrat in Heidelberg entsandte im Dezember 1797 eine Delegation zu den Verhandlungen des Rastatter Kongresses, die versuchen sollte, mit Hilfe der Vertretungen Preußens und anderer protestantischer Reichsstände Entschädigung für linksrheinisches Kirchengut der Reformierten Kirche der Pfalz zu erhalten, ferner die Wiederherstellung des Status des Normaljahres 1618 in der Pfalz durchzusetzen, womit der Kirchenrat mehr erreichen wollte, als daß die Reformierten wieder gleichberechtigt zu allen öffentlichen Ämtern zugelassen wurden, ein Recht, das ihnen im 18. Jahrhundert zunehmend vorenthalten worden war[9]. Dem radikalen Teil dieses Gremiums schwebte darüber hinaus vor, nunmehr seinerseits, unter Berufung auf das Normaljahr 1618, die Katholiken aus allen Ämtern und Kirchen zu verdrängen und auch die Lutheraner nicht hochkommen zu lassen. Diese unversöhnliche Haltung einer Mehrheit des Kirchenrates, die immer wieder die mühevoll

[7] *Pfeiffer* 41 Anm. 30. Über die Haltung der Reformierten zur Revolution spricht z. B. auch Montgelas in einem Brief an Seinsheim vom 21. 9. 1789 Egg. Hierzu (für 1793) L. *Stamer*, Kirchengeschichte der Pfalz, III/2, 1959, 198 ff.

[8] Auch in der Zeit seiner Ausschaltung aus der Außenpolitik, 1794–96, war Montgelas weiter mit Religionsfragen befaßt. In einem vertraulichen Brief, den er aus Heidelberg am 7. 1. 1796 an Seinsheim richtet, beglückwünscht er diesen, daß er jetzt Neuburg an der Donau verlassen könne: «... denn ich gestehe, daß ich zu der Zahl der ungläubigen Häretiker gehöre, die zu glauben wagen, daß Neuburg, selbst in seinem glänzendsten Zustand, nicht der erstrebenswerteste Aufenthaltsort ist.» Aber, so schreibt er weiter, die Stadt, in der zu leben er selbst zur Zeit verurteilt sei, Heidelberg, sei auch kaum besser. Er meint offenbar eine Versammlung des reformierten Kirchenrates, wenn er fortfährt: «Gestern abend habe ich einer Versammlung beigewohnt, die mich an den Totentanz von Holbein erinnert hat. Per omnia saecula saeculorum, es gibt Leute, deren Epitaph mir lieber ist als ihre Gesellschaft.»

[9] Auch die österreichische Diplomatie kritisierte die krasse Benachteiligung der Reformierten in der Pfalz unter Karl Theodor: Vgl. den bei *Pfeiffer* 41 Anm. 26 zitierten Bericht. Graf Lehrbach tadelt auch die Religionspolitik in Bayern trotz seiner guten Beziehungen zu Karl Theodor, z. B. in dem Bericht an Kaunitz vom 6. 5. 1788, in dem er Bayern ein «brutal katholisches Land» nennt, oder am 7. 5. 1788, als er berichtet, in einem Lande wie Bayern errege es Verwunderung, daß der preußische Gesandte Graf Brühl als Katholik sich für die Protestanten in Jülich-Berg einsetze (Staka Bayern 69).

erarbeiteten Vertragsentwürfe ihrer Unterhändler mit dem Herzog von Zweibrücken und alle zur Kompromißbereitschaft mahnenden Vorschläge der preußischen Kongreßdelegation verwarf, stellte die eine Schwäche der reformierten Sache dar. Eine andere war der ständige Streit zwischen den beiden wichtigsten Organen der reformierten Kirche der Pfalz, dem Kirchenrat und der reformierten geistlichen Güteradministration, beide in Heidelberg. Und der dritte wunde Punkt war, daß die reformierte Kirche – da sei keinen Staat darstellte – in Rastatt gar nicht verhandlungsfähig war, noch dazu ohne Zustimmung, ja gegen den Willen ihres Landesherrn. Diese letztere Schwierigkeit suchte sie durch die Erklärung zu lösen: «Die evangelisch-reformierte Kirche in der untern ... Pfalz bildet unter der dermaligen katholischen Regierung einen statum im Lande; sie ist in Rücksicht dessen unabhängig von der landesherrlichen Gewalt, indem sie unter einem eigenen Kirchenregime stehet, das die mächtigsten Protektoren zur Seite hat»[10]. Dieser Rechtsauffassung, «daß die protestantische Kirche in der Pfalz ein status in statu wäre», versagte die preußische Delegation in Rastatt ihre Unterstützung, ja sie bezeichnete sie als untragbar[11]; hieran vor allem scheiterte der Vorstoß des Kirchenrats auf dem Rastatter Kongreß.

Aber auch die zu gleicher Zeit mit Unterstützung der preußischen Delegierten geführten Verhandlungen zwischen dem Kirchenrat und dem Erben Pfalzbayerns, Herzog Max von Zweibrücken bzw. dessen Unterhändler Montgelas, kamen immer wieder ins Stocken trotz der Bereitschaft der Zweibrückener, volle Gleichberechtigung der drei Konfessionen zu garantieren. Die strittigen Punkte, an denen die Verhandlungen Anfang 1798 bereits zu scheitern drohten, waren: Herzog Max behielt sich die freie Wahl seiner zukünftigen Minister ohne Rücksicht auf deren Konfession vor, war aber in jedem Fall zur Berufung eines reformierten Referendärs bereit, der für die reformierten Kirchensachen zuständig sein und von seinem Minister unabhängig votieren sollte; der Herzog wollte den Reformierten in der Pfalz auch die Verwaltung des katholischen Kirchenvermögens mitübertragen, womit sie allerdings auch die Mitverantwortung hierfür übernommen hätten. Für die Besetzung der pfälzischen Regierungsämter hatte er bereits früher vorgeschlagen: die Hälfte Protestanten, darunter ein Drittel (der Gesamtzahl) Reformierte. Der Kirchenrat sollte nach preußischem Vorbild als besonderer Senat mit der Regierung verbunden werden. Dieser letzte Punkt war ein entscheidender: Montgelas, der Verfasser all dieser Vorschläge, wollte die reformierte Kirche, so wie es die lutherische in anderen Fürstentümern war, in den Staat einbauen; der Kirchenrat aber begriff sich als vom Staate unabhängiger

10 *Pfeiffer* 46.
11 Ebd. 53.

Repräsentant einer Kirchengemeinschaft. Entgegen den Empfehlungen seiner Unterhändler lehnte der Kirchenrat diesen, aber auch die anderen zweibrückischen von Preußen unterstützten Vorschläge ab, nämlich die über den angeregten Proporz bei den Pfälzer Regierungsstellen und die Mitverwaltung des katholischen Kirchenvermögens, die man wohl zu recht als im beiderseitigen Interesse nicht zweckmäßig ansah, die man aber überdies auch nicht wünschte, weil man nicht für die katholischen Kirchenbedürfnisse sorgen, sondern vielmehr das katholische Kirchengut vermindert sehen wollte.

Der preußische Gesandte, Graf Goertz, erklärte den Reformierten nunmehr, «daß, angesichts der ständigen Änderungswünsche der beiden reformierten Körperschaften nicht nur der König von Preußen, sondern sicher auch die anderen evangelischen Reichsstände die Pfälzer Kirche ihrem Schicksal überlassen würden. Auch Montgelas drohte nunmehr mit dem Abbruch der Verhandlungen: ‹Die evangelische Kirche wird seinerzeit diejenigen zu beurteilen wissen, welche durch unzeitige Stüfflichkeit die gütliche und gewiß sehr billige Beilegung der Religionsirrungen verhindert haben›»[12].

Montgelas schlug den Reformierten auf ihre Einwände hin als Alternative für die nicht gewünschte gemeinsame Verwaltung des reformierten und katholischen Kirchenguts durch die Reformierte Geistliche Administration vor: Aufteilung des gesamten Kirchenguts nach dem Schlüssel 5 : 2 zu Gunsten der reformierten Kirche. Als dies dem Unterhändler des Kirchenrats noch zu ungünstig erschien, rief Montgelas, seine Verhandlungspartner seien wohl «närrisch geworden». Sie jagten einem Phantom nach, wenn sie meinten, der Friede würde die Wiedereinsetzung der Pfälzer reformierten Kirche in die Alleinherrschaft bringen, die sie im Normaljahr 1618 ausgeübt hatte. Der Kirchenrat legte die Vorschläge einer Kirchenversammlung vor, die sie ablehnte. «Werden iura sacrorum als dem Souverän zugehörig anerkannt ...», behauptete die Versammlung, «so entsteht ein Papsttum von der fürchterlichsten Art, weit gefährlicher als die Hierarchie der römischen Kirche»[13]. Der Zorn der Mehrheit der Kirchenversammlung und des Kirchenrats ergoß sich über die beiden bisherigen Unterhändler des Kirchenrats, Bettinger und Höffelein, die in Erkenntnis der realen Möglichkeiten bereits im Herbst 1797 einen Entwurf für eine Religionsdeklaration des zukünftigen bayerischen Landesherrn verfaßt hatten, der – zusammen mit den Zusätzen von Montgelas – wie Pfeiffer nachgewiesen hat, schließlich zur Grundlage der pfälzischen Religionsdeklaration vom 9. 5. 1799 geworden ist.

Der Kirchenrat war in der nächsten Zeit gespalten, die Auseinandersetzung in

[12] Zit. nach *Pfeiffer* 47.
[13] Ebd. 48.

seinen Reihen und auch nach außen mit Montgelas drehten sich nun um die Veränderungen, die der letztere in den Entwurf Bettingers und Höffeleins hineingebracht hatte. Sie betrafen, außer den schon genannten Bedingungen, vor allem der Einordnung des Kirchenrats in die Regierung, noch andere wichtige Punkte. Zum Beispiel zur Frage der Gewissensfreiheit. Zufällig ist dieses Blatt von Montgelas' eigenhändigem Entwurf mit der Stellungnahme und den Ergänzungen zu den einzelnen Artikeln des Schriftsatzes von Höffelein und Bettinger erhalten[14]. Durch alle seine Bemerkungen zieht sich wie ein roter Faden einerseits das Prinzip der Toleranz, andererseits das der landesherrlichen Rechte und des staatlichen oder besser gesagt öffentlichen Interesses am religiösen Frieden. Sein Vorschlag zu Artikel 55 lautet:

«*Art. 55.* Soviel die Gewissensfreiheit der Untertanen betrifft, worüber sich verschiedene Beschwerden erhoben haben, sollen zukünftig

a) die vermischten Heiraten weder verboten noch sonst durch irgendein Hindernis erschwert werden. Wegen der Erziehung der Kinder bleibt es bei denen Ehepakten, wo keine vorhanden sind, folgen die Söhne der Religion des Vaters, die Töchter jener der Mutter. Dieser Grundsatz erstreckt sich auch auf die lutherische (Religion);

b) an denen bloß katholischen Feiertagen bleibt es denen Protestanten beiderlei Kommunionen frei, alle Feld- und Hausarbeiten ohne irgendeine Hinderung oder Ausnahme zu verrichten, jedoch versiehet man sich gegen solche, sie werden dabei die gehörige Bescheidenheit gebrauchen und allen Zwiste und unnütze Ärgernis zu vermeiden suchen;

c) sollen beide Religionen bei der ausgedehntesten Gewissensfreiheit belassen werden und zu keinem öffentlichen Akt irgendeiner Art gezwungen werden, der sich mit ihren kirchlichen Grundsätzen nicht vereinbaren ließe».

Diese Grundsätze waren in der Praxis bereits im Herzogtum Zweibrücken verwirklicht gewesen. Die Regelung der Kindererziehung bei Mischehen entsprach auch dem Allgemeinen Preußischen Landrecht von 1794, dessen Vollender, Großkanzler Carmer, übrigens ein Pfälzer war.

Der durch Montgelas ergänzte Entwurf sah unter anderem die Errichtung einer Kasse für die Witwen und Waisen der Geistlichen vor und drohte Strafen für Geistliche und Lehrer aller Konfessionen an, die den «Unfug» begingen, den religiösen Frieden durch gehässige Reden und Predigten gegen andere Konfessionen zu stören.

[14] K. bl. 416/3, ein vierseitiges Fragment, das Montgelas' Bemerkungen zu den Artikeln 42 bis 55 enthält.

Der reformierte Kirchenrat lehnte den Entwurf erneut ab; Montgelas seinerseits war zu keinen neuen Zugeständnissen grundsätzlicher Art bereit und betonte, alle Fragen seien seit 1790 besprochen worden, 1797 sei man sich bereits einig gewesen. Die wesentlichen Streitpunkte waren nach wie vor die vom Kirchenrat geforderte Autonomie dieses Kollegiums, sowie die Forderung der Reformierten nach einem für sie günstigeren Proporz an Staatsstellen. Montgelas erklärte: «Ich kenne keine anderen Volksrechte als Religions- und Gewissensfreiheit in dem weitesten Sinne des Worts, Genuß des Rechts, welches jeder Staatsbürger hat, seinem Vaterland zu dienen und zu denen Staatsbedienungen nach Verdienst zu gelangen, die Befugnis zu verlangen, daß die Religions- und milde Stiftungen gewissenhaft verwaltet und richtig verwendet werden»[15]. Er drohte, er werde die Verhandlungsakten der preußischen Gesandtschaft am Rastatter Kongreß vorlegen lassen, damit sie sich überzeugen könnte, wer die Schuld an einem Abbruch der Verhandlungen habe, «wie weit der Kurnachfolger gegangen und wie wenig man dessen menschenfreundlichen Gesinnungen entsprochen habe».

Bei diesem Standpunkt blieb Montgelas in allen folgenden Besprechungen, die der Kirchenrat nur fortsetzte, weil auch die preußische Gesandtschaft sich auf den gleichen Standpunkt stellte wie Montgelas. Graf Goertz erklärte den Vertretern des Kirchenrats, er wisse, daß Montgelas sich ihrer Sache «aus innerer Überzeu-

[15] Zit. nach *Pfeiffer* 51. – Hierzu Berichte Montgelas' an den Herzog vom 3. 9. 1798, dann, wohl ebenfalls September 1798 (liegt bei 27. 9. 98) in MA 1. Montgelas betont darin, nachdem die Vertreter des Kirchenrats immer noch nicht nachgiebiger geworden seien, obwohl ihnen die preußische Gesandtschaft «den Kopf gewaschen» habe, sei er entschlossen, in dieser «fastidieuse affaire» den gordischen Knoten zu durchhauen. Wenn die Herzöge Max und – als Agnat – Wilhelm zustimmten, werde er seinen Entwurf der Religionsdeklaration versiegelt beim preußischen Reichstagsgesandten Graf Goertz (z. Z. Rastatt) hinterlegen «pour n'être ouvert qu'au moment d'en faire usage». Den Reformierten werde er dies mitteilen und – ohne auf ihre Einwände noch einzugehen – sie beglückwünschen «anläßlich eines Ereignisses, das ebenso vorteilhaft für die Protestantische Kirche» sei, wie es der «Philosophie des Jahrhunderts Ehre mache» (MA 1, an den Herzog, 3. 9. 98). Kurz darauf, am 27. 9. 1798 (Brief undatiert, Mannheim, liegt zwischen zwei anderen vom 27. 9.) berichtet Montgelas, die preußischen Gesandten drängten, zum Abschluß zu kommen. Er habe mit Goertz beraten und wolle noch den Regierungspräsidenten der Pfalz, von Lamezan, über die Einzelheiten konsultieren, bevor er letzte Hand an die Arbeit lege. Am 22. 9. 1798 berichtet Rechberg in einem Privatbrief aus Rastatt an Montgelas, sein Schwiegervater Goertz habe den Reformierten gründlich die Meinung gesagt («bien lavé la tête») und sie ein- für allemal an Herzog Max und Montgelas verwiesen. Goertz halte es allerdings im Interesse des Friedens für wünschenswert, den durch die Reformation begründeten Kirchenrat bestehen zu lassen (Egg.). Im Bericht an den Herzog vom 7. 11. 98 (MA 1) erwähnt Montgelas, daß die Reformierten sich erneut an die preußische Mission in Rastatt gewandt und daß diese mit Montgelas ihre Antwort besprochen hätten.

gung» annehme. Der preußische Legationsrat von Dohm wies die Reformierten auf die Hebung des Ansehens des Kirchenrats hin, die eintreten würde, wenn dessen weltliche Mitglieder zugleich Mitglieder der Regierung wären. Die preußische Gesandtschaft warf dem Kirchenrat vor, er habe Schwierigkeiten und Anstände gemacht, «wodurch notwendigerweise auch der weiseste Fürst bei seinen wohlgemeinten Absichten zuletzt erkalten müßte». Sie verbat sich alle weiteren Anträge. Montgelas selbst schrieb am 30. 11. 1798, er könne «auf Ehre und mit ganzem Ernst versichern, daß es sich mit der größten Macht von Europa leichter unterhandeln lasse als mit den Herren Ihrer vereinigten Collegien»[16]. Und er faßte kurz darauf, am 9. und 12. Januar 1799, seinen Standpunkt noch einmal zusammen: Der von ihm aufgestellte Grundsatz, daß der Kirchenrat ein staatliches Amt sei, bleibe richtig; «wenn man ihn verdunkelt, so sät man den Keim künftiger Streitigkeiten und opfert die Zukunft dem Augenblick». Der Sinn der Deklaration sei: «Gewissensfreiheit in dem weitesten Umfange, Besitz der Kirchen-, Schulen- und anderen milden Stiftungen nebst denen dazu gewidmeten Realitäten, Gütern und Einkünften, der Schutz der Geistlichen bei deren Würde, Ansehen und Amtsverrichtungen machen die Hauptbestandteile derselben aus. Es sind unverletzliche Rechte und ein wahres Nationaleigentum. Unter diese Klasse gehören aber keineswegs zufällige Veränderungen in der Art der Aufsicht über die Kirche: Dieselben hängen von den Umständen ab und bleiben den landesherrlichen Verfügungen unterworfen. Nur kann man von ihm (dem Landesherrn) fordern, daß die Ausübung desselben Rechtes nur Mitgliedern der protestantischen Kirche anvertraut werde, und dafür ist hinlänglich gesorgt»[17]. Die Mitglieder des Kirchenrats sollten auf die Kirchenratsordnung für die Kurpfalz von 1564 verpflichtet werden. Diese sei ein geltendes Gesetz; als ein Staatsgrundgesetz könne man sie jedoch ebensowenig ansehen wie jede andere landesherrliche Verordnung.

Worum ging es also bei diesen beiden sich schroff gegenüberstehenden Standpunkten? Gewiß waren für Montgelas Toleranz, Gleichberechtigung der Konfessionen und religiöser Frieden Gebote der Vernunft und Humanität und nicht zuletzt der Staatsräson; sie waren ihm auch persönliche Anliegen. Er trat für sie so eindeutig und nachhaltig ein wie nur wenige Staatsmänner des 18. und 19. Jahrhunderts. Und gerade weil er für ihre berechtigten Klagen und Wünsche so aufgeschlossen war und sich ohne Hintergedanken für die Abstellung der Mißstände einsetzte, nahm er den Mitgliedern des reformierten Kirchenrats ihre ständigen Erschwerungen der Verhandlungen durch kleinliches Beharren auf unhaltbaren Positionen und durch immer neue Forderungen übel. Er glaubte, hinter ihnen nur konfessionelle Machtpolitik und Unduldsamkeit, sowie Mangel an Weitblick und

[16] *Pfeiffer* 53. [17] Ebd. 54.

Aufgeschlossenheit für die Forderungen der Zeit zu sehen, was unleugbar auch zum Teil der Fall war, ebenso wie bei denjenigen Mitgliedern der katholischen Geistlichkeit, die in der Tonart des 17. Jahrhunderts später gegen die Religionsdeklaration wetterten[18]. Auch war Montgelas' Argumentation historisch und rechtlich zweifellos richtig, daß der Kirchenrat eine Gründung der (damals, 1564, reformierten) Kurfürsten von der Pfalz war.

Andererseits war ihm als Vertreter eines, wenn auch rechtstaatlich begrenzten, Staatsabsolutismus das Bedürfnis einer Religionsgemeinschaft, ihre kirchlichen und administrativen Angelegenheiten unabhängig vom Staat zu führen, unverständlich und verdächtig. Eine staatsfreie Sphäre wollte er den Religionsgemeinschaften nur auf dem schmalen Gebiet der Lehre, des ‹Dogmas›, wie er sagte, zuerkennen. Die Reformierten der Pfalz erstrebten aber damals bereits die Emanzipation vom Bischofsamt des nunmehr katholischen Landesherrn, zumindest aber wollte der Kirchenrat unabhängig von der Regierung bleiben. Montgelas, in dessen Programm die Mediatisierung und stärkere Kontrolle der katholischen Bischöfe und die äußerste Ausschöpfung aller Möglichkeiten des bayerischen und pfälzischen Staatskirchenrechts gegenüber der katholischen Kirche stand, war entschlossen, auch der reformierten Kirche keine Emanzipation vom Landesherrn bzw. vom Staat zu gestatten. Wenn ihm bei der katholischen Kirche die Bindung an ausländische Mächte: den Papst, die Bischöfe und Ordensoberen und an den Kaiser sowie die landständische Verankerung des Prälatenstandes gefährliche Gegenkräfte der staatlichen Kirchenhoheit bedeuteten, so bei den Reformierten das Kollegialprinzip und demokratische Institutionen, die besonders während der Französischen Revolution manches Mißtrauen erregt hatten. Die Verfassung der lutherischen Kirchen schien ihm vom Standpunkt des Staates aus am vernünftigsten zu sein; an ihr hat er nie Kritik geübt, sie vielmehr in vielem als Vorbild betrachtet[19]. Tatsächlich waren wohl die Voraussetzungen für eine Ausklammerung des reformierten Kirchenrats der Pfalz aus der Landesregierung damals noch nicht gegeben, wie das spätere gute Funktionieren der von Montgelas konzipierten Lösung (rechtsrheinisch in Baden, linksrheinisch in der bayerischen Pfalz) im 19. Jahrhundert sowie auch die eindeutige Unterstützung, die Preußen von 1791 bis 1801 dem Standpunkt von Montgelas gewährte, zeigen.

[18] Vgl. hierzu Compte rendu *(Laubmann-Doeberl)* 121 f.

[19] In einer erregten Aussprache mit den Vertretern des Kirchenrats rief er aus, wie er mit Leuten verhandeln könne, «deren Verfassung demokratisch, aristokratisch, oligarchisch ist» und die dem Phantom nachjagten, der Friedensschluß würde die Restitution der Pfälzer Kirche nach dem Stand von 1618 – also unter Ignorierung der Tatsache, daß es nunmehr auch viele Katholiken im Lande gab – bringen *(Pfeiffer* 47). – Zu Montgelas' Sympathie für die Verfassung der Lutherischen Kirche s. oben Kap. 8.

Auch als bereits Max Joseph und Montgelas in München regierten, lehnte der Heidelberger Kirchenrat nochmals mit Mehrheit die Religionsdeklaration ab, weil er darauf bestand, daß die Kirchenratsorganisation von 1564 als unabänderliches Grundgesetz des Staates anerkannt werde und weil er weder 2/7 des Kirchenguts an die Katholiken abtreten wollte, wie es auch von Preußen für billig gehalten wurde, noch dasselbe für jene mitzuverwalten bereit war. Die weiteren Verhandlungen wurden, da Montgelas inzwischen Außenminister geworden war, nach den von ihm erarbeiteten Grundzügen, unter der Oberaufsicht des Ministers für die geistlichen Angelegenheiten Graf Morawitzky, von Zentner geführt, der schließlich, nach Anhörung auch des lutherischen Konsistoriums, der Deklaration eine gestraffte Form gab und einige Bedenken der drei Konfessionen noch zusätzlich berücksichtigte, jedoch die landesherrlichen Rechte wahrte[20]. Am 25. Juni 1799 wurde die kurfürstliche Religionsdeklaration für die Rheinpfalz vom 5. Mai 1799 veröffentlicht und in Kraft gesetzt[21]. Obwohl die rechtsrheinische Pfalz bereits 1802 an Baden abgetreten wurde, wurde die Deklaration, wie G. Pfeiffer nachgewiesen hat, zur Grundlage für das bayerische Toleranzreskript vom 26. August 1801 und das Toleranzedikt vom 10. Januar 1803 und somit zu einer Gesetzgebung, die erstmals die Parität der Konfessionen herstellte, also viel weiter ging als die Toleranzgesetze in Preußen und Österreich, und die zum Vorbild für die einschlägige Gesetzgebung Württembergs und (in geringerem Maße) Badens wurde[22].

24. Leiter der Geschäfte des Herzogs. Ansbach. Diplomatische Reise nach Dresden und Berlin 1796/97

Mit Eifer stürzt sich Montgelas nach so langer Entfernung von den ihm am Herzen liegenden außenpolitischen Geschäften auf seine neuen Aufgaben. Die Akten zeigen uns für die Zeit vom September 1796 bis zum Regierungsantritt Max Josephs als Kurfürst von Bayern im Februar 1799 das eigenartige Bild, daß die auf die Zukunft gerichtete Außenpolitik des Kurfürstentums Pfalzbayern nicht durch den Münchner Hof, sondern – gegen den Willen des Kurfürsten – durch dessen im Exil lebenden, landlosen Erben, Herzog Max von Zweibrücken, ge-

20 Über die weitere Entwicklung *Pfeiffer* 56–64.

21 Gedruckt bei G. K. Mayr, Sammlung der Churpfalz-Baierischen Landesverordnungen, I, München 1800, 256–266.

22 *Pfeiffer* 65–109.

führt wird. Diese Politik ist das Werk des Geheimen Legationsrats Frhr. von Montgelas. Aus den 30 Monaten liegen weit über 1000 in der Regel mehr- oder vielseitige Instruktionen, Weisungen und Briefe des Herzogs Max an seine diplomatischen Vertreter in München (Kaeser), Regensburg bzw. Rastatt (Rechberg), Berlin (Posch), Paris (Cetto) und an Herzog Wilhelm in Landshut, München, Wien oder wo sonst man seine Hilfe benötigte, vor, ferner Briefe und Noten an den König von Preußen, das französische Direktorium, den Zaren, den Kurfürsten von Bayern, Korrespondenzen mit Hardenberg in Ansbach, mit dessen Vertrauten und Verbindungsmann zu Herzog Max, General Heymann[1], mit Graf Goertz in Regensburg bzw. Rastatt und zahlreichen weniger bedeutenden Persönlichkeiten, alle aufgesetzt in der kleinen französischen Handschrift von Montgelas, mit Unterstreichung der Worte und Sätze, auf die er besonderen Nachdruck legte und nahezu immer ohne jede Änderung vom Herzog gebilligt und unterschrieben[2]. Hinzu kam die heimliche Zusammenarbeit mit führenden Mitarbeitern Karl Theodors: den Ministern Hertling, Hompesch, später sogar Vieregg, dem Hofkammerpräsidenten Törring, dem Referendär Stengel, dem stellvertretenden Regierungspräsidenten der Pfalz, Reibelt, den Leitern der bayerischen Delegation in Rastatt, Preysing, dann Morawitzky und ihren Mitarbeitern Zentner und Branca, dem Gesandten in Wien Reichlin und vielen anderen, sowie mit den Ständen Bayerns, Neuburgs und Bergs. All diese Kontakte laufen in der Hand von Montgelas zusammen. Die genannten Beamten Karl Theodors versuchen, in Befolgung der ihnen von Herzog Max und dessen Mitarbeitern gegebenen Hinweise, für Bayern an künftigen Entschädigungen zu retten, was trotz der Indolenz und Österreichhörigkeit des Kurfürsten und seines außenpolitischen Beraters Graf Leiningen zu retten ist, müssen aber dabei ein Doppelspiel treiben, da der Kurfürst eine Zusammenarbeit mit Zweibrücken, Preußen und Frankreich gegen die Pläne Wiens hart bestraft und nicht verzeiht.

Daneben nimmt Montgelas noch andere Aufgaben wahr. Neben der Planung der künftigen inneren Reformen Bayerns und der Beobachtung der gegenwärtigen Verhältnisse in den Staaten Karl Theodors sind es vor allem die Finanzen des Herzogs Max, die ihn beschäftigen. Zu den Millionenschulden der Zweibrücker Herzöge Christian IV. und Karl II.[3], sowie zu denen von Max selbst aus seiner leichtlebigen Pfalzgrafenzeit – für all dies konnte man nicht einmal mehr den Zinsendienst wahrnehmen – kommt die verzweifelte Lage der Gegenwart: Das Herzogtum Zweibrücken ist an Frankreich verloren; Max lebt gewissermaßen als

[1] MA 4 und Egg.

[2] Z. B. innerhalb der umfangreichen Aktengruppen in K. bl., Kästen 194–198 und 444 bis 440, ferner K. s. 7789, 7796, MA 1–4, 38, 39, 112 und andere (vgl. unten Kap. 24–28).

[3] S. oben S. 164 ff.

Gast Karl Theodors in Rohrbach und Mannheim oder während des Herbstes und Winters 1796 des Königs von Preußen in Ansbach. Er hat nicht nur seinen zwar kleinen, aber effektiven diplomatischen Apparat, sowie seine Agenten und Mitarbeiter in Bayern zu finanzieren, sondern trägt außer für sein Hofpersonal auch die Verantwortung für zahlreiche ebenfalls vertriebene und besitzlose zweibrückische Beamte und Diener sowie deren Familien und Hinterbliebenen, die in ihrer Not ganz im Stich zu lassen die Ehre und auch die Menschlichkeit des Fürsten verbietet. Es ist also viel Geld nötig. Preußen hilft, wo es geht, aber es hat selbst einen Krieg hinter sich. Hardenberg versucht, private Kredite zu vermitteln[4]. Frankreich fällt seit der Revolution als Geldgeber aus. Österreich ist der Feind des Hauses Zweibrücken. Es hat obendrein die Besitzungen der Herzöge in Böhmen, deren Einkünfte für Jahre im voraus verpfändet waren, in seiner Hand. Karl Theodor hängt seinem verhaßten Neffen den Brotkorb bewußt hoch; daß er ihn nicht völlig abzieht, liegt wohl außer an der gebotenen Rücksicht auf die Stände und die öffentliche Meinung vor allem daran, daß der Kurfürst für seine eigenen Anleihen, die sich immer rascher wiederholen, den agnatischen Konsens seines Erben benötigt. In solchen Fällen pflegt Montgelas einzuhaken und seinen Herzog zu veranlassen, den Konsens zwar nach einigem Zögern zu geben, aber dabei doch mit zunehmender Deutlichkeit an die Verpflichtung des Kurfürsten zu erinnern, das Staatsgut nicht zu verschleudern. Karl Theodor nützt auch noch aus einem anderen Grunde seine Stellung «am längeren Hebelarm» gegenüber seinem derzeit besitzlosen Erben nicht voll aus: Seine illegitimen Kinder bitten ihn darum, weil sie wissen, daß Max nach seinem Amtsantritt ihre Versorgung mit Domanialgut, staatlichen Rechten und Ämtern als rechtswidrig widerrufen kann.

Wie Montgelas in einem Gutachen über die Finanzen des Herzogs Ende 1796 oder Anfang 1797[5] ausführt, belaufen sich die Zuwendungen Karl Theodors an Max aus den Zinsen einer 4-Millionen-Anleihe, die der Kurfürst 1796 auf die rechtsrheinische Pfalz aufgenommen hat[6], nach Abzug der großen Einlösungsverluste für die geringwertigen vom Kurfürsten übermittelten Obligationen jährlich auf 100 000, während der Finanzbedarf des Herzogs etwa 200 000 fl. beträgt[7].

Es bleiben Max im Augenblick nur zwei Arten von Kreditgebern: die altbaye-

[4] Z. B. im Oktober 1797 besorgt er 30 000 fl.: Heymann an Montgelas 15. 10. 97, Egg., ferner MA 4.

[5] Egg., Schluß fehlt. Es ist das erste erhaltene eigenhändige Schriftstück, das Montgelas auf deutsch und in deutscher Schrift geschrieben hat.

[6] Als Hypothek auf die Gerichte Heidelberg und Moosheim: MA 4 Unterakt Hardenberg/Heymann; vgl. unten Kap. 28a.

[7] Hierzu auch K. bl. 427/5/6, Gutachten von Montgelas.

rischen und neuburgischen Landstände und private Bankiers. Zu beiden ist Montgelas der Verbindungsmann – zu den Bankiers bleibt er es auch während seiner späteren Ministerzeit[8]. Kurz nach Bewilligung einer neuen Anleihe von 96 000 fl. an Max weilt der Archivar der bayerischen Landschaft, Panzer, zu geheimen Verhandlungen mit Montgelas in Karlsruhe[9]. Er soll die bayerische Landschaftsverordnung und diese soll die Regierung und den Kurfürsten von der Notwendigkeit überzeugen, sich um Entschädigungen durch Säkularisationen zu bemühen, ganz gleich, ob man ein Gebiet links des Inns abtreten muß oder nicht[10]. Wenig später bekommt Karl Theodor Nachricht, daß Max insgeheim mit den bayerischen Ständen verhandelt, um eine Anleihe auf den Kredit der reichsten Grundbesitzer in Bayern zu bekommen, nachdem sein eigener Kredit erschöpft ist. In der Umgebung des Kurfürsten wird sogleich behauptet, Max brauche dieses Geld, um führende Beamte in Berlin und Paris zu bestechen.

In einer von Montgelas entworfenen Weisung beauftragt Max seinen Gesandten in München, Kaeser, in Gesprächen mit den Münchner Ministern diesen Zweck der Anleihe in Abrede zu stellen. Das Berliner Ministerium sei unbestechlich, und dem Directoire könne man solche Angebote nicht ohne Gefahr machen. Der Grund sei einfach, dem absoluten Mangel an Mitteln in der gegenwärtigen Lage zu begegnen. Der Herzog werde von der Bewilligung der bayerischen Grundbesitzer nur im äußersten Notfall Gebrauch machen. «Ich verfüge weder über Staaten noch über feste Einnahmen. Alle Welt weiß, daß meine Ansprüche bescheiden sind und ich keine kostspieligen Launen besitze (‹que mes besoins sont très bornés, mai fantaisies nulles›) und daß dasjenige, was mich am meisten kostet, der fortgesetzte Kampf ist, den ich seit drei Jahren ohne Macht und ohne Geld gezwungen bin zu führen gegen die maßlosen Ambitionen unserer Nachbarn und die völlige Unfähigkeit (l'inepte nullité) des Münchner Hofes»[11]. Die Zusammenarbeit zwischen Max bzw. Montgelas und den bayerischen bzw. neuburgischen Landständen bleibt bis zum Tode Karl Theodors eng, wenn auch Max eine zu offene Opposition der Stände nicht wünscht[12]. Der Herzog denkt daran, daß er sowohl von Karl Theodor als von den Ständen finanziell abhängig ist; er und noch mehr Montgelas, der diese Ideen schon seit 1789 vertreten hat[13],

[8] Über Anleihen bei den Ständen z. B. K. bl. 197/23; 196/5 c, Bericht Kaesers vom 9. 12. 97.

[9] Ebd. Mo. an Kaeser 23. 12. 97.

[10] Rechberg an Mo., 16. 12. 97, Egg.

[11] Max an Kaeser, eigenhändig von Mo., 10. 12. 98, K. bl. 196/5 d.

[12] «Il faut empêcher la levée de bouclier des états. Elle ne sert qu'à aigrir dans un moment où on n'est pas le plus fort». Max eigenhändig an Mo., 21. 12. 1798, Egg.

[13] S. Kap. 6, 17, 19, 20, 29.

wünschen im Hinblick auf die Zukunft und die Unabhängigkeit des Souveräns nicht, den Ständen zu sehr den Rücken gegen ihren Kurfürsten, nicht einmal gegen Karl Theodor, zu stärken, und Montgelas schließlich hat dabei noch den außenpolitischen Gesichtspunkt, daß Wien wahrscheinlich nichts erwünschter wäre, als bei Unruhen in Bayern, mit oder ohne Zustimmung Karl Theodors, durch seine bereits im Lande stehende Armee die Regierung an sich zu reißen, was er unter allen Umständen verhindern möchte.

Der unentbehrliche Bankier der Herzöge von Zweibrücken ist zunächst Schmalz in Mannheim[14]. Nach seinem Tode, den Montgelas seinem Herzog schonend beibringen muß, um ihn nicht zu sehr zu erschrecken, taucht in den Korrespondenzen immer häufiger der Name des anderen Bankiers auf, der nunmehr für Jahrzehnte der wichtigste Financier zunächst des landlosen Herzogs von Zweibrücken, dann Bayerns unter Max Joseph und Ludwig I. wird: des jüdischen Hoffaktors Aaron Elias Seligmann, später zum Baron erhoben, dessen Nachkommen den Namen Freiherrn von Eichthal führten. Zu ihm hat Montgelas im Auftrag seines Fürsten, vielleicht gelegentlich auch in eigener Sache, stets sehr gute Beziehungen unterhalten[15].

[14] Mo. an Seinsheim 21. 12. 1788, 13. 1. 1789, Egg.; MA 4 (in der dortigen Korrespondenz Max Josephs mit Hardenberg und Heymann ein Schreiben von Schmalz in Abschr., Mannheim 16. 10. 97). Schmalz lieh dem Herzog u. a. 1795 die Summe von 91 660 fl. (Fürstensachen 844, Mannheim 31. 10. 95); in dem oben in Anm. 5 erwähnten Fragment von Montgelas, Egg., wird erwähnt, daß Schmalz auf die Rückzahlung von 70 000 fl. sehr dringt. In einem Brief vom 17. (27.?) 10. 1796, Ergänzung 19. (29.) 10. teilt der mit den Finanzen beauftragte zweibrückische Regierungsrat Colson Montgelas den plötzlichen Tod des Mannheimer Bankiers Schmalz mit und bittet, die Nachricht dem Herzog schonend beizubringen: «... nehme zu Euer Hochwohlgeboren bekannter Geistesstärke meine Zuflucht, daß wohl dieselbige bei guter Gelegenheit Ser[mo] diesen schnellen Unfall nach dero großen Geschicklichkeit zur Wissenschaft anzubringen und diesen theuren Fürsten von allem Nachsinnen abzubringen geneiget seyn wollen ...» Das Bankhaus, das die Herzöge von Zweibrücken seit der Jahrhundertmitte finanziert hatte, spielte nach diesem Todesfall noch etwa ein Jahrzehnt eine Rolle. Montgelas selbst erhielt sein Zweibrückener Gehalt durch das «Schmalzische Comptoir» ausgezahlt (Urk. v. 15. 3. 97, Egg.). Über das Bankhaus ferner: K. bl. 407/33 (darin Autograph des Bankiers Schmalz an Christian IV. vom 21. 6. 1749), K. bl. 84/29 (1776/77); Gesandtschaft Paris 6026 (1802), Gesandtschaft Paris 1051 (1820). Vgl. auch: C. *Speyer*, Zur Geschichte des Mannheimer Bankhauses Schmalz, Mannheimer Geschichtsblätter Heft IV, 1926, sowie *Mannlich*.

[15] In einem Empfehlungsschreiben an den Citoyen Hatry, Général en chef de l'armée de Mayence, vom 20. 2. 1798, das Montgelas für den Herzog aufsetzt und das übrigens die guten Beziehungen beider zu den französischen Stellen zeigt, heißt es, Seligmann sei einer der Agenten des Herzogs. Er habe seit mehreren Jahren die kurpfälzischen Salinen links des Rheins gepachtet, seit der französischen Besetzung mit Kontrakt der Admini-

Montgelas benützt Seligmann als Überbringer vertraulicher politischer Mitteilungen[16]. Als der Herzog vergißt, Montgelas einen Wagen in Karlsruhe zu lassen, um damit zum Kongreß nach Rastatt zu fahren, leiht ihm Seligmann einen. «Ich erwarte Seligmann wie die Leute seiner Religion (den Messias, durch drei Punkte ersetzt), um mit ihm über die Angelegenheit der Obligationen zu verhandeln»[18]. Seligmann muß für alles sorgen, ebenso für den rückständigen Sold der Zweibrückener Reiterei[19], wie drei Jahre später, nun im Auftrag des kurfürstlichen Ministers Montgelas, innerhalb weniger Tage für eine Tabatière für Talleyrand im Wert von 13 000 livres, die aber teurer aussehen soll, für 2500 Flaschen Wein und für 50 000 livres Belohnungen für Talleyrands Mitarbeiter und schließlich für viele Millionen Gulden, mit denen er während der napoleonischen Kriege zeitweise den bayerischen Staat über Wasser hält. Und er löst alle Aufgaben diskret und zuverlässig.

Doch die Aufgabe des Geldbeschaffens ist für Montgelas nur eine, für den Herzog und seine Mitarbeiter allerdings lebenswichtige, Nebenbeschäftigung[20]. Es geht darum, dem vereinigten Kurfürstentum Pfalzbayern, dessen noch nicht gesicherter Erbe Herzog Max ist, das Schicksal zu ersparen, das drei anderen Mittelstaaten ähnlicher Größe: Polen und – im Frieden von Campo Formio – Venedig und schließlich 1798 dem Königreich Sardinien hinsichtlich seines Hauptgebietes Piemont (nachdem Savoyen und Nizza schon 1792 annektiert worden waren) widerfahren war. So wie die zweite und dritte Teilung Polens Montgelas stark bewegt hatten[21], so auch das Schicksal des Staates seiner Vorfahren, Savoyen-Piemont-

stration des pays conquis, und arbeite hierbei mit dem Citoyen Rudler zusammen. «Vous me ferez grand plaisir, si vous voulez bien, Citoyen Général, lui rendre tous les services qui dépendent de vous. Il m'a toujours servi avec beaucoup de zèle et de fidélité. Je vous le garantis homme probe, d'une grande fortune, et très solide dans ses affaires, et on aura certainement tout sujet d'être satisfait de lui» (K. bl. 416/3). Vgl. H. *Schnee*, Die Familie Seligmann-Eichthal als Hoffinanciers an süddeutschen Fürstenhöfen, Zeitschr. für bayer. Landesgeschichte 25, 1962; Ders., Die Hoffinanz und der moderne Staat, 4, Hoffaktoren an süddeutschen Fürstenhöfen, nebst Studien zur Geschichte des Hoffaktorentums in Deutschland, Berlin 1963, 213–241.

[16] Cetto an Montgelas, Paris, 11. 3. 98, Egg.

[17] Mo. an den Herzog, 5. 6. 98, MA 1.

[18] Mo. an den Herzog, 3. 9. 98, MA 1.

[19] Ebd. 15. 9. 98.

[20] Z. B. 23. 6. 98, Max an Mo., Egg.; Der Herzog ist bereit, nach Berlin zu reisen gemäß Montgelas' Vorschlag, wenn dieser ihm hierfür einen Vorschuß von den bayerischen Landständen beschafft. Montgelas muß zwar Geld besorgen, bekommt jedoch seit Mai 1797 keinen Einblick mehr in seine Verwendung (in die ‹comptabilité›). Der Herzog fürchtet offenbar Kritik: Mo. an Max 10. 12. 1798, MA 1.

[21] S. oben Kap. 17 und 18.

Sardinien[22]. Bereits in Basel und dann durch die Berliner preußisch-französische Geheimkonvention vom 15. 8. 1796 hatte Preußen praktisch das linke Rheinufer preisgegeben und dafür auf die Karte von Entschädigungen durch Säkularisation geistlicher Fürstentümer gesetzt. Im Frieden von Campo Formio vom 17./18. 10. 1797 ließ Österreich das Reich fast ebenso im Stich, wie es Preußen in Basel getan hatte. Es verzichtete auf das linke Rheinufer, ein Verzicht, der nur, um Preußen um Entschädigungsansprüche zu bringen, auf die Pfalz und den Mittelrhein beschränkt wurde, und ließ sich als Entschädigung Teile Bayerns und das Erzstift Salzburg in Aussicht stellen. Hier schien sich also die Teilung Bayerns nach der Art Polens, die Montgelas seit 1793 stets gefürchtet hatte, bereits anzukündigen. Die Schuld hierfür gab er wie die meisten anderen Leute, die sich um Bayern und die Pfalz Gedanken machten, der Vogelstraußpolitik Karl Theodors. Der Kurfürst sei unbeteiligt am Schicksal Mannheims und der Kurpfalz, als handle es sich um Gebiete des Großtürken, schrieb Herzog Max 1796[23]. Statt die Zeichen der Zeit zu erkennen und sich durch Herstellung erträglicher Beziehungen zu Preußen und Frankreich einen politischen Spielraum zu verschaffen, der ihm gestattet hätte, Bayern vor dem von Thugut stets beabsichtigten österreichischen Zugriff zu retten und sich um rechtsrheinische Entschädigungen zu bemühen, sprach er lediglich von seiner Hoffnung, das linke Rheinufer wiederzugewinnen, brüskierte Frankreich, lehnte Entschädigungsverhandlungen ab und schloß sich in allem bedingungslos an Österreich an, das ihn und seine Verwaltung, wie die Berichte der österreichischen Gesandten zeigen, nur verachtete. Gegen diese Apathie entfaltete Herzog Max, von Montgelas beraten und getrieben, in Berlin und Paris eine fieberhafte Aktivität, suchten beide mit wachsendem Erfolg, hinter dem Rücken des Kurfürsten dessen Minister aufzurütteln und auf die politische Linie der Zweibrückener zu bringen.

Im Dezember 1796, als die Gefahr wieder aktuell wird, daß Österreich von Frankreich als Preis des Friedens Bayern zugesagt erhält, begleiten Montgelas und Gravenreuth Herzog Max nach Dresden und Berlin[24]. Ein überlieferter Merkzettel ‹Note sur le voyage de S(on) A(ltesse) S(érénissi)me› von der Hand Montgelas' zeigt, wie eng damals bereits die Zusammenarbeit beider Männer ist und in welchem Maße Montgelas in politischen Dingen der Mentor seines Herzogs geworden ist[25]. Auf diesen drei Seiten gibt er Max sozusagen genaue Instruktionen,

[22] K. bl. 196/5 d, 1. 8., 14. 9. 98; MA 1, 11. und 16. 12. 98.

[23] K. bl. 196/5c, Max (Montgelas) an Kaeser, Karlsruhe, 16. 12. 1797.

[24] Erinnerungen Gravenreuths (oben Kap. 18 Anm. 86). Die Reise schildert Prinz *Adalbert*, Max I. Joseph, 303–312.

[25] K. bl. 427/5/5.

wie er sich an den beiden Höfen verhalten soll, was er sagen, andeuten oder verschweigen, wofür er danken und worum er bitten soll. Der Besuch bei Kurfürst Friedrich August III. von Sachsen ist vorwiegend familiärer Natur. Friedrich August ist mit Max Josephs Schwester verheiratet; eine seiner Schwestern wiederum ist die Witwe von Max' Bruder und Vorgänger Karl von Zweibrücken. Dennoch: Sachsen ist neben Pfalzbayern und Hannover der bedeutendste deutsche Mittelstaat. Der Herzog, so heißt es unter anderem in Montgelas' Merkzettel, soll hervorheben, daß er seine Hoffnung hinsichtlich der Rettung Bayerns auf England-Hannover, Preußen und Sachsen setze und sich deshalb an die beiden erstgenannten Mächte gewandt habe; er soll sondieren, wie Sachsen im Augenblick zu Preußen steht, ob es sich aufrichtig für einen Reichsfrieden mit Frankreich einsetzen würde und unter welchen Bedingungen es in die norddeutsche Neutralitätszone aufgenommen worden sei. Der Herzog soll «jeter des propos vagues» über eine mögliche Neutralität des deutschen Südens und erkunden, wie Dresden dazu stehe und ob es sich etwaigen Schritten zugunsten des Friedens beim Kaiser anschließen würde. Montgelas legt Max ans Herz, seine Schwägerin, die Witwe Karls, sehr gut zu behandeln, da sie die Lieblingsschwester des Kurfürsten sei. Auch soll er dem österreichischen Gesandten «Freundlichkeiten und Schmeicheleien von der Art sagen, die zu nichts verpflichtet», aber jede Unterhaltung über die Zeitereignisse vermeiden und mit der größten Sorgfalt geheimhalten, daß die Reise politischen Zwecken dient. Schon hier ist die Sorge zu spüren, die Montgelas 21 Jahre lang hatte, die joviale und sorglose Gesprächigkeit seines Fürsten zu zügeln und ihm einzuhämmern, worüber er nicht sprechen dürfe. Der Besuch bei dem kalten und zurückhaltenden Kurfürsten von Sachsen führt anscheinend zu nichts anderem, als zu einem für Max unannehmbaren Heiratsangebot in einem Augenblick, als Max bereits seine zweite Eheschließung mit der Prinzessin Karoline von Baden vorbereitet.

Weit wichtiger ist der Besuch in Berlin. Hier lauten die Verhaltensmaßregeln: Nichts vergessen, um die so günstige Gesinnung des Königs «zu pflegen und zu vermehren», sich freimütig aussprechen, ihn bei passender Gelegenheit über einige Punkte eines von Montgelas ausgearbeiteten Mémoires unterhalten, ihn um die Erlaubnis bitten, seine Gedanken niederschreiben zu dürfen und sodann mit diesem Mémoire herausrücken. In dieser Denkschrift, von der je ein Exemplar für den König von Preußen und für Haugwitz vorbereitet ist, hat Montgelas niedergelegt, was Zweibrücken bzw. Bayern damals an preußischer Hilfe zur Erhaltung der Unabhängigkeit Bayerns und zur Erlangung von Entschädigungen erhofft[26]. Wie aus der von Max überreichten Note hervorgeht, hatte er bereits im

[26] K. bl. 427/5/9, eigenhändiger Entwurf des 8seitigen Mémoire von Montgelas.

Juli die ebenfalls von Montgelas verfaßte Denkschrift über die Nachteile einer Angliederung des Erzstifts Salzburg und des Hochstifts Passau an Österreich vorgelegt[27].

Während also Montgelas die konkreten politischen Darlegungen und Wünsche nach preußischer Unterstützung in der überlegten und fixierten Form seines Mémoires vorlegen lassen will, hat er für seinen Herzog andere Aufgaben vorgesehen: Es sind neben der allgemeinen günstigen Beeinflussung des Königs vor allem Pflege der Beziehungen zu Bischoffwerder, von dem man die nötigen «notions locales» zu erfahren hofft, vorsichtige und respektvolle Behandlung von Haugwitz, sowie Hinweis auf die enge Freundschaft, die Max mit Hardenberg verbinde. Der Herzog soll Hardenberg loben, so sehr er es tun kann, ohne denselben zu kompromittieren. Er solle keinesfalls ahnen lassen, daß man dies mit Hardenberg abgesprochen hat. Bei allem möge Max korrekt zu den Interessen und der Person des Königs stehen, ohne den verschiedenen Hofparteien Gehör zu schenken. Montgelas ermahnt den Herzog, nicht zu früh wieder abzureisen, auf keinen Fall bevor man eine präzise Antwort auf die in dem Memorandum ausgesprochenen Bitten habe. Man müsse das System, dem Preußen zu folgen gedenke, genau zu erkunden versuchen, besonders auch, ob es einen Bund der süddeutschen Staaten zum Zweck einer Neutralisierung des deutschen Südens unterstützen und ihm beitreten würde. Über diese Fragen könne der Herzog am Berliner Hof – anders als am sächsischen – ganz offen sprechen. Schließlich folgen Anweisungen für ein nach außen freundliches, jedoch tatsächlich neutrales, Benehmen des Herzogs gegenüber den Gesandten Österreichs und Frankreichs. Sollte der Herzog aber mit dem letzteren in ein vertrauliches Gespräch kommen, so soll er ihm erklären, sein, Max Josephs, Hinneigen zum preußischen System sei der sicherste Beweis für seinen Wunsch, auch mit der Republik in beste Beziehungen zu gelangen, was man durch Entsendung eines zweibrückischen Gesandten, nämlich Cettos, nach Paris bekräftigt habe. Der Herzog soll seiner Hoffnung Ausdruck geben, daß das Direktorium bald zu einem (ebenfalls von Montgelas verfaßten) Mémoire über die Interessen des Hauses Pfalz-Bayern Stellung nehmen möge, das ihm am 10. Oktober 1796 übergeben worden war.

Mit dieser ordentlich in Paragraphen eingeteilten ‹Instruktion› mutet Montgelas seinem Herzog mehr zu, als dieser zunächst leisten kann. Keinesfalls gelingt Max Joseph der an die Quadratur des Kreises grenzende Versuch, sich mit allen preußischen Hofparteien, mit Haugwitz und Bischoffwerder gleich gut zu stellen und dabei noch als Freund des von den Berliner Ministern wenig geliebten Hardenberg zu gelten. Max mischt sich vielmehr unbeschwert in die internen Berliner In-

[27] Unten Kap. 25 b.

trigen ein und greift an der Tafel des Königs Haugwitz einmal laut an[28]. Der Zweck des Besuches wird außerdem auch schon durch die Umstände fast vereitelt, denn als Max und seine Begleiter am 23. 12. 1796 in Berlin eintreffen, ist der zweite Sohn König Friedrich Wilhelms II. (der selbst im nächsten Jahr stirbt), Prinz Ludwig, schwer erkrankt und stirbt am 28. Dezember. Ausgerechnet kurz vor Ludwigs Tod drückt Max dessen Vater, dem König, sein Mémoire in die Hand. Und er macht einen weiteren schweren Fehler, indem er in dem Moment, als seine Angelegenheiten doch noch eine günstige Wendung zu nehmen versprechen und der König nur noch eine Nachricht aus Rußland abwartet, um dann auf die Wünsche des Herzogs eingehen zu können, am 17. 1. 1797 nach Besichtigung Potsdams, Hals über Kopf abreist, zum Ärger auch der russischen und französischen Diplomaten. Gutgemeinte Vorstellungen seiner Berater betrachtet er als eine Intrige, durch die man ihn in Berlin festhalten will. Auch sonst macht Max, obwohl er bei seiner Nichte, der späteren Königin Luise, wegen seiner Freundlichkeit gern gesehener Gast ist und sich auch sonst Sympathien erwirbt, bei diesem diplomatischen Besuch nicht eben den Eindruck eines sehr fähigen Mannes. Der britische Gesandte Lord Elgin äußert an der Tafel: «Heymann ist gerade mit seinem Schüler eingetroffen, aber er wird nie etwas aus ihm machen können». Heymann, der ehemalige französische General und Freund Hardenbergs, begleitet Max als dessen Verbindungsmann zum preußischen Hof. Und der russische Gesandte und spätere Außenminister Graf Nesselrode nimmt Heymann bei der Hand und sagt: «Mein lieber Heymann, Ihr Prinz ist nur eine Maske»[29]. Die Zukunft zeigt, daß diese Ansicht nicht zutrifft. Montgelas gibt nicht auf, weder hinsichtlich der Hoffnung auf Preußen, noch erst recht in seiner politischen Einflußnahme auf den Herzog. Ein zweites Mémoire an den preußischen Hof vom 9. 1. 1797 hat die allerdings sehr allgemeine Zusicherung zum Ergebnis, Preußen trete in Paris und Petersburg für die territoriale Unantastbarkeit Pfalz-Bayerns ein[30]. Montgelas ist jedoch sicher, daß man sich auf die Freundschaft des Königs von Preußen und die ausgezeichneten Dispositionen Hardenbergs verlassen

[28] Prinz *Adalbert,* Max I., 309, nach Tagebuch Gravenreuths.

[29] Ebd. 306.

[30] K. bl. 195/9; Abschriften Gesandtschaft Berlin Nr. 453. Kopien der beiden Briefe König Friedrich Wilhelms II. vom 30. 12. 1796 und 12. 1. 1797 auch in K. s. 7789 Beilage 1. Diese beiden Schreiben versichern dem Herzog das Interesse und die Unterstützung Preußens als Garantiemacht des Friedens von Teschen hinsichtlich der Unabhängigkeit und Integrität bzw. Entschädigung der pfalzbayerischen Staaten (30. 12. 96) und sagen entsprechende Instruktionen an die preußischen Gesandten in Wien, Petersburg und Paris zu. Eine direkte Berichterstattung des preußischen Gesandten in Wien an Max, wie sie der Herzog bzw. Montgelas etwas unpassend erbeten hatten, wird jedoch abgelehnt. (12. 1. 97).

könne[31]. Die Zusammenarbeit zwischen dem Herzog und Montgelas wird immer enger und spielt sich immer besser ein, obwohl beide noch viel dazulernen müssen. Max macht auch in der Zukunft manchmal durch unüberlegtes Reden Seitensprünge von der vereinbarten politischen Linie, auf der ihn jedoch Montgelas grundsätzlich stets zu halten versteht, und Montgelas selbst lernt immer mehr kennen, daß sorgfältig ausgeklügelte Denkschriften und Instruktionen, so unentbehrlich sie auch als Grundlage jeder zielbewußten Politik sind, nicht alles bedeuten und erst in die Wirklichkeit umgesetzt werden müssen, wobei man ständig auf Überraschungen und unvorhergesehene menschliche Imponderabilien stößt.

Die in Dresden und Berlin anscheinend ohne Echo angeregte Idee eines süddeutschen Fürstenbundes, der nicht mehr am Krieg des Kaisers gegen Frankreich teilnimmt, scheint in Ansbach geboren worden zu sein, wo auch der Markgraf von Baden mit dem Erbprinzen und der Herzog von Württemberg Zuflucht gefunden haben, jeder mit einem Gefolge von kaum weniger als 100 Personen. Cetto gibt in einem Brief an Montgelas vom 31. Juli 1796[32], in dem er diesem mitteilt, der Herzog habe erlaubt, daß er nach Ansbach komme, ein kleines Stimmungsbild aus dieser Stadt, von der aus Hardenberg die neugewonnenen fränkischen Markgrafschaften regiert und reformiert und die unter dem Schutz der preußischen Neutralität zu einer Oase des Friedens im kriegsdurchtobten und leidenden Süddeutschland geworden ist. «Diese Stadt, Zuflucht einer enormen Menge von Flüchtlingen aus allen Ländern, liegt in ziemlich angenehmer Lage in einem Becken ähnlich dem Zweibrückens, aber weniger offen und weniger malerisch. Die Gesellschaft ist hier wie in allen Kleinstädten Deutschlands: Jeder möchte repräsentieren, aber jeder zerbricht sich den Kopf über die Kosten». Da Hardenberg stärker als je beschäftigt sei und seine Gemahlin, die Cetto an einer anderen Stelle als «ein wahres Wunder» bezeichnet[33], nur selten in die Stadt komme, falle das gastfreie Zentrum aus, so daß die Fremden sich nur beim Spaziergang und in ihren Privatwohnungen, die wegen der hohen Mieten und der Wohnungsknappheit unzureichend seien, begegnen könnten. In verschiedenen Teilen des Schlosses haben Herzog Max von Zweibrücken, der Erbprinz von Baden und der Fürst zu Hohenlohe mit ihren Familien Unterkunft gefunden, ein weiterer großer Flügel wird durch ein ganzes Volk von Handwerkern für Hardenberg und seine Kanzlei eingerichtet[34].

[31] Briefe an Kaeser ab Januar 1797, K. bl. 156/5 c.

[32] Egg. Wie fast alle hier zitierten Briefe im Original französisch.

[33] An Mo. aus Paris, 23. 12. 1796, Egg.

[34] Über Hardenburg in Ansbach siehe H. *Haussherr*, Hardenberg, Eine polit. Biographie, I. Teil 1750–1800, hg. von K. E. *Born*, Köln 1963, 117–141, 189–224; Prinz *Adalbert*, Max I., 287–302, 312, mit weiterer Lit.

Montgelas, der soeben wieder einmal ein neues Heiratsprojekt, diesmal mit einer der Nichten des pfälzischen Regierungspräsidenten von Lamezan, aufgegeben zu haben scheint[35], findet bei all seiner rastlosen Arbeit doch genügend Zeit, sich eingehend um einige Damen in Ansbach zu kümmern[36], so wie er auch früher in Zweibrücken bei der Königswahl in Frankfurt und im nächsten Jahr, 1798, in Karlsruhe Gelegenheit findet, zarte Freundschaften zu knüpfen. Diese bleiben jedoch seinem politischen Ehrgeiz untergeordnet. Wenn es die Umstände verlangen, löst er sie anscheinend kühl und ohne innere Bewegung.

Auch weiterhin arbeitet Montgelas umfassende politische und historisch-staatsrechtliche Denkschriften aus, wie die über die Erbfolge in Jülich, Berg und den anderen niederrheinischen Herrschaften Karl Theodors vom 16.11.1796[37], ein zur Vorbereitung eventueller Verhandlungen mit dem Kaiser dienendes wohlgegliedertes Mémoire von etwa 50 Seiten über die Privilegien und Prärogativen, die das Haus Pfalz-Bayern im Lauf der Geschichte von den Kaisern und vom Reich erhalten hat, das übrigens auch historische Abhandlungen über die Rechtslage der Juden in Bayern und über die Reichritterschaft enthält[38]. Außerdem verfaßt er die weiter unten behandelten Denkschriften über die von Bayern lebenswichtigen Salzverträge mit der Fürstpropstei Berchtesgaden und dem Erzstift Salzburg.

Am 17. Februar 1797 verläßt Max – wiederum zu abrupt, so daß Hardenberg und Heymann glauben, der antipreußische Einfluß des badischen Hofes sei hierfür die Ursache – Ansbach, um nach der Zurückwerfung der Franzosen über den Rhein nach Rohrbach zurückzukehren und bald darauf die Prinzessin Karoline von Baden zu heiraten. Der verstimmte Hardenberg weiß nicht, daß eben in diesen Monaten der Ansbacher/Rohrbacher-Hausvertrag zwischen Max und Wilhelm durch Montgelas vorbereitet wird, der gerade den Zweck hat, den badischen Einfluß auszuschalten. Dieses bereits oben behandelte Vertragswerk mit seinen Reformbeschlüssen kommt am 30. Juni 1797 zum Abschluß.

Inzwischen wirft der Friedensschluß zwischen Frankreich und Österreich mit der endgültigen Abtretung des linken Rheinufers, geheimen Zusagen[39] an Öster-

[35] Cetto an Mo., 31.7.96, Egg.

[36] Cetto an Gravenreuth, Paris, 23.12.96, Egg.

[37] K. bl. 427/5/4, 23 Seiten, eigenhändig, französisch, mit Abschr. von der Hand Gravenreuths, bezieht sich auch auf die Herrschaften Ravenstein, Erkelenz, Winnendahl und Breskesant.

[38] K. bl. 427/5/25. Das undatierte französische Mémoire ist möglicherweise schon vor 1796 entstanden. Es liegt vor in der Handschrift des Sekretärs Rivet mit eigenhändigen Korrekturen von Montgelas. Der Schluß fehlt.

[39] Beider Bestimmungen in dem zweibrückischen Akt K. s. 7789, Beilage 8.

reich auf Kosten Bayerns und der Frage der Entschädigungen seinen Schatten voraus. Bayerns Existenz als Staat steht auf dem Spiel, gleichzeitig bieten sich einmalige Chancen zu einer Arrondierung seines Territoriums. Beides will der Kurfürst von Bayern nicht begreifen. Statt seiner entfaltet sein Erbe, Herzog Max, genauer gesagt, entfaltet dessen kleiner, durch Montgelas gesteuerter diplomatischer Dienst eine wohlüberlegte und wirksame Aktivität zur Rettung und Entschädigung des ihnen noch gar nicht gehörenden Bayerns und zur Regelung der Entschädigungsfrage im Einvernehmen mit Frankreich, mit Preußen und den mittleren weltlichen deutschen Staaten.

25. Die Grundsätze der Montgelas'schen Entschädigungspolitik

a) Allgemeines. Nach der Geheimklausel des Friedens von Campo Formio vom 17./18. 10. 1797 steht fest, was Montgelas bereits seit dem Frieden von Basel und seit dem preußisch-französischen Geheimvertrag von Berlin vom 5. 8. 1796 und den österreichisch-französischen Verhandlungen von Montebello vom 24. 5. 1797 und Udine vom 2. bis 7. 10. des gleichen Jahres weiß, daß nämlich das einzige Mittel der weltlichen Fürsten, Ersatz für ihre unwiderruflich verlorenen linksrheinischen Besitzungen zu erhalten, das nunmehr auch von Österreich anerkannte Prinzip der Säkularisation der geistlichen Fürstentümer ist. In dieser Richtung gilt es nun, wenn schon der Kurfürst von Bayern selbst passiv bleibt, im Namen seines Erben, des Herzogs von Zweibrücken, die Großmächte auf die Entschädigungsinteressen Bayerns aufmerksam zu machen.

Im Frühjahr und Sommer 1797, der Zeit der letzten Redaktion des Ansbacher/Rohrbacher-Hausvertrages, scheint Montgelas in außenpolitischen Fragen mit seinem eigenen Herzog Schwierigkeiten gehabt zu haben. Nach der Vertreibung der Franzosen aus Süddeutschland durch Erzherzog Karl im Winter und Frühjahr 1797 und nach der Ehe mit der badischen Prinzessin Karoline (9. 3.) verbrüdert sich Max in allgemein auffallender Form mit den österreichischen Generälen, was der Sache Bayerns und Zweibrückens – nachdem schon der Kurfürst vollkommen im österreichischen Schlepptau segelt – bei Frankreich und Preußen schadet. Karoline und ihre Familie sind österreichfreundlich; sie selbst wird es auch später unbeirrt bleiben. Um den Einfluß der badischen Verwandtschaft auszugleichen, kehrt im Juli im preußischen Auftrag General Heymann, der Freund Hardenbergs, an den Hof des Herzogs nach Rohrbach zurück; um diesen zu überwachen, verlängert andererseits Max Josephs badische Schwiegermutter, die gleichzeitig auch die Schwiegermutter des künftigen Zaren Alexander I. und des konservativen Königs Gustav IV. von Schweden ist – die ‹Schwiegermutter Europas›, wie man sie nennt – ihren Aufenthalt in Rohrbach[1].

Dennoch scheint die zur Schau getragene Freundschaft mit den Österreichern mehr ein Zugeständnis an die Sympathien seiner neuen Gemahlin gewesen zu sein als eine Änderung von Max' wirklicher politischer Überzeugung, sonst hätte er nicht gleichzeitig den Rohrbacher Hausvertrag geschlossen, der die Regentschaft seiner badischen Gemahlin unmöglich machte. Und schon am 2. und 13. 5., nach der Kunde vom französisch-österreichischen Waffenstillstand von Leoben, bezeichnet Max in Briefen an Wilhelm die Entschädigungen durch Säkularisation als das Wichtigste[2].

Montgelas selbst blieb nach wie vor unverändert auf dem Standpunkt, daß, wollte Bayern als selbständiger Mittelstaat überleben und dem Schicksal Polens, Venedigs und Savoyens entgehen, es nur einen Weg gab: den Absichten des Kaisers auf bayerisches Gebiet mit Hilfe Frankreichs, Preußens und Rußlands Widerstand zu leisten, den Verlust des linken Rheinufers als endgültig hinzunehmen, wie es die beiden deutschen Großmächte bereits getan hatten, und schließlich Entschädigungen durch Säkularisation geistlicher Fürstentümer anzustreben in der Weise, daß man, wenn nötig, unhaltbare Außenposten wie Berg und eventuell die rechtsrheinische Pfalz aufgab, um dafür umso stärker Altbayern zu vergrößern und abzurunden. Nur so, meinte er, könne man in die Lage gesetzt werden, sich gegen den Kaiser zu behaupten, in den Augen Frankreichs und Preußens nützlich und erhaltenswert zu sein, einen geschlossenen modernen Staat aufzubauen, die notwendigen Reformen durchzuführen und allen Untertanen «une même patrie et un seul intérêt» zu geben[3]. Diese Grundsätze erscheinen einfach; Montgelas selbst spricht dies ein Jahr später in einem Mémoire für Herzog Wilhelm aus: «Das Ziel des Hauses Pfalz ist so einfach, daß keine Diskussion nötig ist, um es zu finden: das Haus muß danach streben, die umfangreichen Verluste auszugleichen, die der Krieg ihm verursacht hat. Der einzige Weg, der dorthin führen kann, ist derjenige der *Entschädigung durch Säkularisation,* die durch die *Franzosen* gefordert, durch die *Reichsdeputation* angenommen, durch den *kaiserlichen Kommissär* namens des Reichsoberhauptes gebilligt worden ist ... Alles,

[1] Über diese Vorgänge Prinz *Adalbert,* Max I., 319–321.

[2] Ebd. 319. Hierzu die von Montgelas entworfenen Weisungen an Kaeser K. bl. 196/5 c, ferner ein (undatierter) Brief des Herzogs an Montgelas, der nach einem Brief vom 20. 5. 1797 folgt: Max hat gegenüber Rumford den Grundsatz der Säkularisation vertreten. Egg.

[3] K. bl. 196/5 c, Weisung an Kaeser vom 27. 10. 97, eigenh. von Mo.

was der Erreichung dieses Zieles dienen kann, muß mit Eifer verfolgt (embrassé avec ardeur) werden, und diejenige Macht, die uns am sichersten hierzu verhilft, muß diejenige sein, an die man sich vornehmlich anschließt»[4]. Es macht wohl meistens den erfolgreichen Staatsmann aus, daß er die lebensnotwendigen Interessen seines Landes klar erkennt, unbeirrbar, doch realistisch, verfolgt und in der Ausführung dieses meist auf einfache Grundsätze zurückführbaren Programmes die Gefahren und Chancen der stets wechselnden politischen Situationen zu erkennen und zu nützen versteht.

Doch kehren wir noch einmal zum Sommer 1797 zurück. Die von Montgelas erkannten Grundsätze des bayerischen Staatsinteresses waren keineswegs unbestritten. Der sie sich am ersten hätte zu eigen machen müssen, Kurfürst Karl Theodor, wollte von ihnen nichts wissen und ging nicht auf die Briefe ein, die ihm sein Erbe Max, auf Vorschlag von Montgelas, hierüber schrieb[5]. Karl Theodors Minister, mit Ausnahme von Graf Leiningen, sahen die Richtigkeit dieser Ansichten ein, wagten aber im Interesse ihrer Stellungen nicht, dem Kurfürsten offen zu widersprechen. Preußen hatte bereits 1796, Österreich 1797 das Prinzip der Säkularisationen zur Entschädigung der weltlichen Fürsten anerkannt, vor allem der eigenen Herrscher. Der Kaiser suchte seine Durchführung jedoch im Reich noch bis 1802 mit allen Mitteln zu hintertreiben, weil die geistlichen Fürsten neben den Reichsstädten und Reichsrittern seine Anhängerschaft im Reich darstellten und er kein Interesse an einem Machtzuwachs für Preußen oder Bayern hatte. Preußen seinerseits befürwortete zwar die Säkularisationen, beanspruchte aber für das ihm verbundene Haus Oranien die Hochstifte Würzburg und Bamberg. Hardenberg hatte zeitweise auch für Preußen selbst ein Auge auf diese beiden größten geistlichen Fürstentümer des süddeutschen Raumes geworfen, auf deren Erwerb andererseits auch Bayern angewiesen war, wenn es zu ausreichenden und sein Gebiet abrundenden Entschädigungen gelangen wollte. Und schließlich war auch Frankreich, der entschiedenste Verfechter des Grundsatzes der Säkularisationen, damals für die Ziele des Herzogs und Montgelas' kein ganz zuverlässiger Helfer. Während der siegreiche Bonaparte in den Verhandlungen mit Österreich von Montebello im Mai und von Udine Anfang Oktober 1797 unerbittlich um jeden Fußbreit italienischen Bodens kämpfte, sprach er Österreich ohne die geringsten Schwierigkeiten die Erwerbung des Erzstifts Salzburg, des Hochstifts Passau und in Udine – nachdem er sich von Cobenzl kurz die betreffenden Ge-

[4] Ma 112, Beilage zum ‹Procès-verbal tenu au château de Rohrbach› mit Herzog Wilhelm, vom 19. 9. 1798. Die Hervorhebungen sind aus dem französischen Original übernommen. Vgl. hierzu auch unten Kap. 27 d.

[5] Vgl. hierzu Denkwürdigkeiten (*Montgelas-Freyberg*, 1887), 22.

biete auf der Karte hatte zeigen lassen – noch den Teil Bayerns zu, der rechts des Inn bis zur Salzach hin liegt, mit Traunstein, Reichenhall, Burghausen und einschließlich des militärisch wichtigen, links des Inn gelegenen Wasserburg[6].

Von München war gegen diese Abmachungen keinerlei Widerstand zu erwarten. Montgelas war also gezwungen, den Kampf um die Integrität und die Entschädigungen Bayerns mit Hilfe seines landlosen und nicht immer vom Erfolg dieser Politik ganz überzeugten Herzogs allein zu führen. Er erkannte die Gefährlichkeit der Lage, längst bevor der neue französische Außenminister Talleyrand die sonst streng geheim gehaltenen Territorialbestimmungen von Udine und Campo Formio für den Fall der Abtretung des linken Rheinufers in einer gezielten Indiskretion dem zweibrückischen Gesandten in Paris, Cetto, mitteilte[7]. Talleyrand war erst am 15. Juli 1797, unter dem Einfluß seiner Freundin Madame de Staël Außenminister geworden. Hier, in der Behandlung der bayerischen Frage, zeigt sich bereits damals gelegentlich der Gegensatz Talleyrands zu Bonaparte, der 1802 sehr viel stärker sichtbar wurde, wobei der Einfluß des Außenministers sich in beiden Fällen und auch bis 1805 zugunsten Bayerns auswirkte, während Talleyrand in den Plänen und Verhandlungen, die dem Frieden von Preßburg im Herbst 1805 vorangingen, zugunsten Österreichs (mit Spitze gegen Preußen und Rußland) arbeitete und Bayern seine Vorteile in diesem Vertrage nunmehr Napoleon selbst zuzuschreiben hatte[8]. Wie eine Korrektur an der Politik Bonapartes klingt es, wenn Talleyrand in seinen ‹Considérations pour servir de base aux instructions des Plénipotentiaires de la République au Congrès de Rastatt› vom 2. 11. 1797 schreibt: «Ich gestehe, daß man mich erst noch überzeugen muß von dem großen Interesse, das wir daran haben sollen, das Haus Österreich in den Genuß der Verlassenschaft des deutschen Klerus gelangen zu lassen, um nicht zu sagen, daß ich erschrocken bin über den Artikel, der dem Kaiser das Erzstift Salzburg, die Fürstpropstei Berchtesgaden und den Teil Bayerns bis zum Inn mit den reichen Salinen von Traunstein und Reichenhall zuspricht, ohne etwas darüber zu sagen, für welche Abtretung zu unseren Gunsten dieser unge-

[6] H. *Hüffer*, Oestreich (!) und Preußen gegenüber der französischen Revolution bis zum Abschluß des Friedens von Campo Formio, Bonn 1868: Montebello: S. 329–340, insbes. 334, 336; Udine, auf Grund der Berichte Cobenzls: 414 (Angebot Salzburgs durch Bonaparte am 4. 10., nachdem er zuvor gesagt hatte, man könne den Kurfürsten von Mainz durch Würzburg und Bamberg entschädigen 413), ferner 421 f. (Gebiet rechts des Inn) in der Sitzung vom 7. 10. 97, ferner 441.

[7] Montgelas Denkwürdigkeiten *(Montgelas-Freyberg)* 23.

[8] Dieser Gegensatz in den Entschädigungsverhandlungen von 1802 wird in Teil II behandelt werden. Über das gewissermaßen umgekehrte Verhältnis zu Bayern in den Vorverhandlungen für Preßburg: Rudolfine Freiin von *Oer*, Der Friede von Preßburg, Münster 1965.

heure Gewinn die Belohnung darstellen soll»[9]. Diese Ausführungen Talleyrands für die französischen Delegierten in Rastatt bezweckten, daß die leichtfertig gegebenen Zusagen Bonapartes auf dem Verhandlungsweg zurückgezogen bzw. durch hohe Kompensationen an Gebieten wettgemacht würden, die Frankreich für sich selbst oder zur Verteilung an andere Staaten zur Verfügung gestellt würden. Dies war zweifellos ein Ergebnis der von Montgelas verfaßten Memoranden über diese Frage, die im Namen des Herzogs dem Direktorium bzw. Talleyrand übergeben worden waren. Montgelas weiß im November, daß Bonaparte vom Direktorium wegen der Zusage des bayerischen Gebietes an Österreich schwer gerügt worden ist und sich kaum rechtfertigen konnte[10]. Hiermit sind wir – wenn man vom Kampf um die Existenz Bayerns überhaupt absieht – bei der einen der beiden Fragen, welche die Außenpolitik von Montgelas während des Rastatter Kongresses und darüber hinaus am meisten beschäftigte: die Sicherung des für Bayern lebenswichtigen Salzhandels und, damit verbunden, der auch strategisch bedeutsame Verlauf der bayerisch-österreichischen Grenze. Die andere Frage war die der Abrundung des bayerischen Staatsgebietes durch Säkularisation (wie man damals sagte, besser wäre: ‹Mediatisierung›) der inklavierten und benachbarten geistlichen Fürstentümer (Hochstifte und Reichsabteien) und – was erst ab 1801 aktuell wurde – Erwerbung der Reichsstädte, der kleineren weltlichen Fürstentümer und der Reichsritterschaft.

b) Die Bedeutung des Salzhandels für Bayern. Mit dem wirtschaftlichen Lebensnerv Bayerns, dem *Salzhandel,* auf den ein Fünftel bis ein Viertel der Einnahmen des Landes entfallen, hat sich Montgelas bereits vor seiner Ernennung zum leitenden Berater von Herzog Max in zwei großen Denkschriften vom Juli 1796 befaßt. Schon damals, also ein Jahr vor den genannten französisch-österreichischen Verhandlungen, in einer Zeit, als die französische Armee unter Moreau immer tiefer nach Bayern und das Heer Bonapartes in Oberitalien vordrangen, rechnete er damit, daß Frankreich bei einem künftigen Friedensschluß Salzburg, Berchtesgaden und Passau Österreich als Preis der Zustimmung zur Abtretung der Niederlande und des linken Rheinufers anbieten werde, so wie es ein

[9] 12 brumaire an VI (2. 11. 1797), Paris, Affaires Etrangères, Correspondance politique, Allemagne t. 674, No 7–20. Die Instruktion betont, der Kaiser habe auf dem nunmehr seit drei Jahren fest in Frankreichs Händen befindlichen linken Rheinufer weiter nichts verloren als die unbedeutende Grafschaft Falkenstein, das letzte noch übrige Erbteil des Hauses Lothringen. Auf keinen Fall könne man einer so bedeutenden Gebietsvergrößerung Österreichs zustimmen, ohne daß Frankreich ein Äquivalent auf deutschem Boden erhalte, das es nach Belieben verteilen könne.

[10] K. s. 7789, Instruktion für Rechberg vom 20. 11. 1797.

Jahr später auch geschah[1]. Montgelas sieht also sehr früh die Gefahr, die hier auf Bayern zukommt: Der bayerische Salzhandel steht und fällt mit der Aufrechterhaltung der uralten Salz- und Holzlieferungsverträge Bayerns mit der Fürstpropstei Berchtesgaden und dem Erzstift Salzburg. Erhält Österreich diese Gebiete, so steht es in seinem Belieben, den bayerischen Salinen in Traunstein und Reichenhall die Zulieferung über die Soleleitungen aus den Salzquellen der Fürstpropstei Berchtesgaden und des salzburgischen Hallein abzudrehen oder ihren weiteren Zufluß an politische und wirtschaftliche Bedingungen zu knüpfen, die bedeuten könnten: entweder Zusammenbruch des bayerischen Handels und Staatshaushalts oder Unterwerfung unter Österreich. Dieser Gefahr, gegen die Montgelas im Grunde bis zu ihrer endgültigen vertragsmäßigen Bannung 1816 kämpft, gelten also zwei im Juli 1796 in Heidelberg verfaßte Denkschriften, die bereits sein starkes Verständnis für wirtschaftliche Zusammenhänge zeigen: Eine vom 1. Juli 1796 datierte 38-seitige Ausarbeitung ‹Extrait des actes sur les rapports de la Bavière avec la Prévôté Princière de Berchtolsgaden›[2], sowie eine 15-seitige eigenhändige Denkschrift vom 6. Juli 1796, welche die Nachteile und Gefahren darlegt, die für Bayern, aber auch für alle anderen Gegner Österreichs in einer Abtretung Salzburgs, Berchtesgadens und Passaus an Österreich liegen würden[3]. Die letztere Denkschrift wurde auf Anordnung des Herzogs den Regierungen in Paris und Berlin übermittelt[4]. In ihr geht Montgelas auf die Rolle Bayerns als Kornkammer eines Teiles Deutschlands und auf seine strategische Bedeutung ein, letzteres unter Hinweis auf seinen Nutzen als Barriere gegen Österreich. Sodann weist er in bemerkenswert unverblümter Form auf den Wert hin, den Bayern als die idealste Ausgangsbasis für jeden Angriff auf den Kaiserstaat bietet und untermauert diesen strategischen Wert mit Beispielen aus früheren Kriegen, wie den Erfahrungen der Feldzüge von Villars von 1703, der, hätten ihn nicht kleine Eifersüchteleien gehindert, frei nach Wien und Pest hätte vordringen können, und von Belle Isle im Österreichischen Erbfolgekrieg. Diese strategische Bedeutung sei das Hauptmotiv für das österreichische Streben nach dem Besitz Bayerns. Montgelas sagt beschwörend, er zweifle nicht, daß das revolutio-

[1] Diese französische Absicht ist zumindest 5 Monate nach Montgelas' Mémoire, im November 1796, in einer Instruktion des Direktoriums für den Unterhändler Clarke nachzuweisen: *Hüffer* (Kap. 25 a Anm. 6) S. 224; damals war Frankreich außerdem bereit, Österreich die Oberpfalz anzubieten.

[2] K. bl. 427/5/10, K. bl. 427/5/10, eigenhändig, als Verfassungsort hat Montgelas Heidelberg angegeben.

[3] MA 112, eigenh. Entwurf, Überschrift: ‹Mémoire remis à S(on) A(ltesse) S(érénissme) le 6 juillet 1796 et communiqué par son ordre à la France et à la Prusse›.

[4] Dies geht nicht nur aus der Überschrift hervor, sondern auch aus dem im Dezember 1796 in Berlin übergebenen Mémoire des Herzogs (K. bl. 427/5/9).

näre Frankreich ebenso wisse, was die Existenz Bayerns für es bedeute, wie es das monarchische getan hat. Er betont noch besonders den Wert des von Bayern 1779 verlorenen Innviertels für Angriffe auf Österreich, andererseits die bedrohte Lage des bayerischen Gebiets zwischen Salzach und Inn, in dem gerade die bayerischen Salinen liegen, seit dieser Abtretung von 1779. Sodann legt er dar, wie stark das Gewicht der Donaumonarchie wachsen würde, wenn man dieser die drei geistlichen Fürstentümer zuteile: in bezug auf Einkünfte, Wirtschaftskraft, Verkehrsverbindungen (Salzburg als notwendiges Verbindungsstück zwischen den Hauptlanden und Tirol-Vorderösterreich) und auf die strategische Ausgangssituation für Angriffe nach Norden und Westen[5].

Sodann wendet sich Montgelas seinem Hauptthema zu, dem Salzhandel. Die in dem Mémoire vom 6. 7. 1796[6] niedergelegten Gedanken hierzu ergänzt er noch durch Zahlenmaterial, strafft und präzisiert sie in einer Denkschrift, die er an Cetto für dessen Verhandlung mit Talleyrand am 20. 8. 1797 sendet: ‹Mémoire sur les salines et le commerce des sels de Bavière›[7]).Wir berücksichtigen im folgenden den Inhalt beider Denkschriften. Er betont zunächst die Bedeutung Bayerns als eines der reichsten Länder an Salz, das für den Fortschritt des Ackerbaus, die Ernährung des Viehs und die Konservierung von Lebensmitteln so notwendig war.

Auf Grund jahrhundertealter Verträge wird das Salz der Salinen Hallein im Erzstift Salzburg sowie Schellenberg und Frauenreut in der Fürstpropstei Berchtesgaden allein in Bayern über die bayerischen Salinen und Vertriebsstätten Reichenhall und Traunstein abgesetzt. Montgelas behandelt die Geschichte der bayerischen Salzgewinnung und des Salzvertriebs, die im 15. und 16. Jahrhundert in staatliche Regie überführt wurden, den Bau der gewaltigen Soleleitung von Reichenhall nach Traunstein durch Reifenstuel 1617/19, sowie technische Details der Verbesserung der Anlagen im 18. Jahrhundert. Er legt die Ursachen der geringeren Erträgnisse der Salinen von Schellenberg und Frauenreut im Vergleich zu Hallein und zu den bayerischen Salinen dar und geht auf die günstigen Mög-

[5] Mehr von der historisch-rechtlichen Seite, jedoch für fremde Staatsmänner weniger eindrucksvoll, geht zwei Jahre später eine in München, wahrscheinlich von einem bayerischen Beamten verfaßte, aber bei den Zweibrückener Akten befindliche Denkschrift die Frage an: ‹Bemerkungen und Beweise, daß die salzburgischen Staaten denen österreichischen nie einverleibt werden können›, München, den 28. März 1798, 18 S.: K. bl. 427/5/24 a, zweifach.

[6] MA 112. Zum Stand der Forschung; E. *Schremmer,* Das Salzwesen, in: Handbuch der bayer. Geschichte, Bd. 2, 1969, 673–677.

[7] Eigenh. Entwurf von Montgelas, K. bl. 427/5/24 b, 6 Seiten. Die Überschrift trägt den Zusatz «envoyé à Paris à Mr. Cetto à l'usage de sa négociation, le 20 août 1797». Abschrift dieser Denkschrift von der Hand Gravenreuths: K. s. 7789, Beilage 4.

lichkeiten der Zukunft ein. Als die unschätzbaren Vorteile des Salzes für Bayern gibt er an[8]:

1. Reingewinn des Staates aus dem Inlandsverkauf (den vor allem die Salinen von Reichenhall und Traunstein bestreiten) 485 590 fl., der durch in Vorbereitung befindliche Maßnahmen auf 600 000 gehoben wird.

2. Einkünfte, die der Staat als «négociateur principal» aus der Ausfuhr zieht: 343 576 fl. Hinzukomme der Nutzen für die Familien, die von Herstellung, Transport und Ausfuhr des Salzes leben und die daraus «et même une honnête existence» ziehen. Durch all diese Faktoren zusammen betrage der Nutzen des Salzhandels für Bayern jährlich fast 2 Millionen. 1794 habe allein der Handelsmann Dittmar in Regensburg dem Staat 800 000 fl. ausgezahlt für die Salzausfuhr, mit der er betraut war.

3. Weiter bestehe der Vorteil des Salzhandels für Bayern in der «immensen Geldquelle», die man in Zeiten der Geldnot durch Aufnahme von Hypotheken auf diesen einträglichen Vertrieb erschließen könne, wie es Karl Theodor im Verlauf dieses Krieges schon mehrfach erfahren habe.

4. Das Salz verbinde den fränkischen und den schwäbischen Kreis sowie die Schweiz wirtschaftlich mit Bayern, was sich an der Unruhe der Regierungen in diesen Gebieten gezeigt habe, als 1778 und 1785 die politische Existenz Bayerns bedroht schien. Diese Gebiete fürchteten, daß Österreichs Bemühungen, das Salzmonopol in Oberdeutschland zu erlangen, doch noch erfolgreich sein könnten.

Und nun weist er auf die Folgen hin, die es nach sich ziehen würde, wenn Österreich die drei geistlichen Fürstentümer erhielte. Der Besitz Salzburgs würde, wenn schon nicht de jure, dann doch de facto den Berchtesgadens nach sich ziehen, das von salzburgischem Gebiet größtenteils umschlossen ist. Die Produktion von Reichenhall und Traunstein würde nicht ausreichen, um den bayerischen und süddeutschen Markt zu versorgen. Mit dem Besitz Halleins und eventuell Berchtesgadens könnte Österreich durch Nichteinhaltung der alten Lieferverträge den bayerischen Salzhandel innerhalb von einem bis zwei Jahren zum Erliegen bringen. Der Kaiser beliefert bereits von seinen Salinen in Wibliska in Polen aus einen Teil Preußens; außerdem besitzt er die Salzgewinnung von Hall am Inn. Wenn er auch nur einen Teil der bayerischen oder an Bayern liefernden Salinen dazuerhielte, so wäre er außerhalb jeder Konkurrenz, da auch die kleinen Salinen der Pfalz, Schwabens und Frankens nicht ins Gewicht fielen. Er würde die Preise diktieren und Oberdeutschland wirtschaftlich beherrschen. Österreich hat daher seit langem nach dem Besitz der bayerischen Salzbergwerke oder einer Einschrän-

[8] K. s. 7789, Beilage 4.

kung ihres Handels gestrebt und hat den Vertrag von 1795[9] bekämpft, durch den Bayern die Berchtesgadener Salinen erwarb. Bekäme Österreich auch Passau, so hätte es ein weiteres Mittel in der Hand, den bayerischen Salzhandel zu kontrollieren und durch hohe Zölle zu drosseln, da der Salzhandel auf dem Wasserweg über den Inn läuft und in Passau in die Donau einbiegt.

Seinem Mémoire von 1796 fügt Montgelas noch die Bemerkung bei: Wenn jedoch das Interesse der Menschheit, für die der Friede dringlich ist, unabweisbar die Zuteilung der genannten Fürstentümer an Österreich geböte, so würde dies der Existenz Bayerns, die für die Aufrechterhaltung des Gleichgewichts in Deutschland so nötig ist, weit weniger gefährlich, wenn man Bayern dabei folgende Zugeständnisse machte: Die Stadt Passau mit Inn- und Ilzstadt und Oberhaus, die Grafschaft Neuburg als einzigen österreichischen Brückenkopf diesseits des Inn, ein Gebiet links der Salzach, das für die Salzgewinnung so wichtige Hallein und zusätzliche Waldungen für die Salinen einschlösse, sämtliche Mediatgüter Salzburgs und Passaus auf bayerischem Territorium, sowie Verzicht auf die österreichische Souveränität über die Lehen in der Oberpfalz, Neuburg und Sulzbach. Abgesehen von Hallein hat Bayern tatsächlich unter Montgelas später alle diese Ziele erreicht.

Das Mémoire von Montgelas über den bayerischen Salzhandel, von dem Cetto in seiner Besprechung mit Talleyrand am 20. 8. 1797 Gebrauch machte, und andere Schritte haben dann das bereits zitierte Ergebnis gezeitigt, daß Talleyrand die französischen Unterhändler in Rastatt in seinen ‹Observations› vor der Erfüllung des Artikels von Udine warnte, nach dem Österreich Salzburg, Berchtesgaden, Passau und den Teil Bayerns zwischen Inn und Salzach mit den Salinen von Reichenhall und Traunstein erhalten sollte. Dennoch gab es noch Zeiten neuer Gefahren, so Anfang Dezember des gleichen Jahres, als der Herzog aus Paris, Rastatt und dem österreichischen Hauptquartier gleichzeitig erfuhr, daß französische und österreichische Unterhändler wiederum an einem Plan arbeiteten, nach dem Österreich[10] eben diese Gebiete doch erhalten sollte. Trotzdem verstand es Montgelas, durch ständige Schritte in Paris und Berlin trotz der Untätigkeit des Kurfürsten von Bayern diese Gefahr abzuwenden oder zumindest zu ihrer Abwendung wesentlich beizutragen.

Was ihm als Berater eines Herzogs ohne Land gelang, das brachte er erst recht als bayerischer Minister nach 1799 zuwege, als er auch persönlich gelegentlich die Salinen besuchte und für ihre Reorganisation und ihren Absatz tätig wurde. Nur von 1803 bis 1810 war Österreich bzw. bis 1805 Erzherzog Ferdinand von Tos-

[9] Salinenvertrag von 1795 mit Verhandlungen: MA 4644, 4645.

[10] Max (Entwurf von Mo.) an Kaeser, 9. 12. 97, K. bl. 196/5 c.

cana im Besitz der Salinen von Hallein und Berchtesgaden, ohne indessen die alten Verträge brechen zu können. Im größten Teil dieser Zeit, nämlich von 1806 bis 1814, besaß Bayern in Hall in Tirol einen Ersatz. 1810 erwarb es Berchtesgaden für immer und Salzburg für 6 Jahre.

Und seit der erfolgten Abtretung Salzburgs an Österreich, auf Grund des Münchner Vertrages vom 14. 4. 1816, waren unter nunmehr ganz veränderten politischen Bedingungen die bayerischen Salzinteressen endgültig vertraglich gesichert[11].

c) Die Frage der Säkularisation (Mediatisierung) der geistlichen Fürstentümer. Schon die Diskussion der Frage, ob Österreich die für den Salzhandel so wichtigen Hochstifte Salzburg, Berchtesgaden und Passau erhalten sollte, war eine Folge des in Basel, Berlin und Campo Formio bereits formulierten Grundsatzes der *Säkularisation* der geistlichen Fürstentümer. Dieses Prinzip hatte aber noch viel weitreichendere Bedeutung für Bayern, wie auch für die anderen weltlichen deutschen Fürsten, die links des Rheins Gebiete verloren hatten. Es war der einzige Weg, auf dem man Entschädigungen erhoffen konnte. Für Bayern bot es in Montgelas' Sicht noch die weiteren Vorteile, sein Territorium abzurunden, einen geschlossenen Staat zu schaffen, der sich gegen Österreich behaupten und für Preußen und Frankreich als Verbündeter interessant sein könnte. Schließlich begrüßte Montgelas die Säkularisation der geistlichen Fürstentümer, weil sie den Einfluß des Kaisers im Reich entscheidend schwächte – hier war er mit Frankreich und Preußen einig – und weil sie die Verwirklichung eines von ihm seit langem geplanten Zieles erlaubte, daß nämlich Bayern seine Bischöfe mediatisieren und damit seine staatskirchenrechtlichen Möglichkeiten besser ausschöpfen konnte. Seine weltanschauliche Abneigung gegen den Klerus, die übrigens von Herzog Max geteilt wurde, spielte dafür ebensowenig eine entscheidende Rolle, wie umgekehrt der Wiener Hof die Säkularisation der geistlichen Fürstentümer etwa aus religiösen Gründen zu verhindern suchte: Wien, das in seiner inneren Verwaltung den Josephinismus nicht abgeschafft hatte, hatte seit langem ein begehrliches Auge auf die geistlichen Fürstentümer Salzburg, Passau und Berchtesgaden geworfen. Es wünschte jedoch nicht, daß Preußen und Bayern ihrerseits durch Hochstifte eine Abrundung und Stärkung erführen, während Österreich im Falle einer allgemeinen Säkularisation seine zuverlässigsten Anhänger am Reichstag verlieren würde. Und Karl Theodor seinerseits wollte nicht oder erst sehr spät etwas von Entschädigungen durch Säkularisationen hören, da er fürch-

[11] Die Salinenkonvention vom 18. 3. 1829: Bayern Urkunden Nr. 3582, die Verhandlungen darüber: MA 86 424a–86 427.

tete, sonst Österreich zu mißfallen, und da er überhaupt zu keiner politischen Aktivität irgendeiner Art mehr bereit war; religiöse Skrupel hatte er sicher nicht dagegen[1].

Das Wort ‹Säkularisation›, das erstmals im Westfälischen Frieden erscheint, hat, auf die Verhältnisse des 18. und frühen 19. Jahrhunderts angewandt, zwei staatsrechtlich verschiedenartige Bedeutungen: 1. Die Mediatisierung der geistlichen Fürstentümer zugunsten weltlicher Fürsten, 2. Die Aufhebung von Klöstern, die nicht reichsunmittelbar waren (Mediatklöster) durch ihre Landesherren. Die Mediatisierung der geistlichen Fürstentümer, zumindest der geistlichen Kurfürstentümer und Hochstifte (Erz- und Fürstbistümer) war im Grunde ein ausschließlich reichsrechtlicher Vorgang, der die Verfassung des alten Reiches, wie sie sich seit Otto dem Großen herausgebildet hatte, veränderte. Diese Art der Säkularisation war bereits im Interesse Bayerns 1742 durch Kaiser Karl VII., vielleicht auf preußischen Vorschlag, jedenfalls aber mit preußischer und englischer Unterstützung, angeregt worden. Seit 1792 mehrten sich die Stimmen im Reich, die für eine Aufhebung der geistlichen Fürstentümer eintraten[2]. Vor allem Preußen war daran interessiert, da es nach dem Besitz des großen Hochstifts Münster und der weniger wichtigen Hochstifte Paderborn, Hildesheim, des kölnischen Herzogtums Westfalen und des mainzischen Eichsfeld strebte. Österreich hatte die in seinem Bereich gelegenen Bistümer gar nicht erst reichsunmittelbar werden lassen oder, wie Triest, Bozen und Brixen, praktisch längst mediatisiert. Auch gewisse Kreise in Bayern, ebenso wie der von Montgelas beratene Herzog Karl von Zweibrücken, hatten 1788 und 1790 mit dem Gedanken gespielt, die Hochstifte Freising und, wenn möglich, Regensburg auf die eine oder andere Art mit Zustimmung einer Kapitelmehrheit unter die bayerische Landeshoheit zu bringen. In den Verträgen von Basel, Berlin (5. 8. 1796) und Campo Formio nun war das Prinzip der Entschädigungen durch Säkularisationen von Frankreich, Preußen und vom Kaiser anerkannt worden, wenn auch der letztere noch hoffte, seine Anwendung stark einschränken zu können.

In der Frage der Aufhebung der Fürstbistümer waren religiöse Empfindungen nicht engagiert; die Existenz der Bistümer als kirchliche Institutionen war auch

[1] Zusammenfassende, kurze, sehr abgewogene Überblicke über die Kirchenpolitik Karl Theodors geben G. *Schwaiger,* Die altbayer. Bistümer ..., 1959, 5–12, und L. *Hammermayer,* Handbuch der bayer. Gesch., Bd. 2, 1969, 1096–1102.

[2] Zur Vorgeschichte der Säkularisation: M. *Braubach,* Maria Theresias jüngster Sohn Max Franz, letzter Kurfürst von Köln und Fürstbischof von Münster, Wien 1961; P. *Wende,* Die geistlichen Staaten und ihre Auflösung im Urteil der zeitgenössischen Publizistik, Lübeck 1966; Kl. *Epstein,* The Genesis of German Conservativism, Princeton 1966, 276–285, und vor allem K. O. Frhr. v. *Aretin,* Heiliges Römisches Reich 1776–1806, Wiesbaden 1967, Bd. 1, 34–51, 76–89, 137–163, 375–447.

nicht in Frage gestellt bzw. wo sie später auf Grund des Reichsdeputationshauptschlusses von 1803 aufgehoben wurden, verpflichteten sich die Nachfolgestaaten, neue Bischofssitze zu schaffen und zu dotieren. Von einer Opposition größeren Ausmaßes der katholischen Bevölkerung gegen die Abschaffung der weltlichen Herrschaft der Bischöfe vor oder nach 1803 ist nichts bekannt[3]; wo ein Bedauern festzustellen ist, da rührt es eher von einer traditionellen Anhänglichkeit der Bewohner der Hochstifte an die althergebrachte, meist milde Regierung der Fürstbischöfe, die zwar in ihrer Administration vielerorts veraltet war, es aber doch in größeren geistlichen Territorien wie Würzburg und Bamberg zu hervorragenden Leistungen der Kultur in Renaissance, Barock und Aufklärung gebracht hatte.

Lange Zeit unklar, dann umstritten, war dagegen die Frage, ob die der Landeshoheit unterstehenden Klöster innerhalb der alten und der zu erwerbenden neuen Staaten, also die Mediatklöster, ganz oder teilweise aufgehoben oder reduziert werden sollten. Zum Unterschied zu der Mediatisierung der Fürstbistümer ging es hier um eine echte ‹Säkularisation›, da die mittelbaren Klöster, ebenso wie übrigens auch die Reichsabteien, auch in ihrer Eigenschaft als kirchliche Institutionen ausgelöscht werden sollten und es tatsächlich auch 1801 bis 1803 wurden.

Wie stark man auch in kirchlichen Kreisen bereits mit einer Säkularisation der geistlichen Fürstentümer rechnete, zeigt eine Äußerung des letzten Fürstbischofs von Freising und Fürstpropstes von Berchtesgaden gegenüber Rechberg. Nach Montgelas' Darstellung sagte Fürstbischof Joseph Konrad Frhr. von Schroffenberg, Rechberg könne sicher sein, daß er, der Bischof, fühle, wie gerecht es sei, daß das Haus Pfalz entschädigt werde und daß es ihm ganz natürlich erscheine, daß diese Entschädigung vorwiegend von den von ihm verwalteten geistlichen Fürstentümern zu tragen sei. Man werde niemals hören, daß er sich dem etwa entgegenstemme (parler d'opposition de sa part); er sei vielmehr bereit, sich in alles zu fügen, was der Kurfürst in der Sache des Berchtesgadener Salzes wünsche. Er habe nur den einen Wunsch, daß man in München den Referendär Utzschneider entferne, der die Ordnung in allem störe und sogar die Untertanen zur Revolution aufhetze[3a].

[3] Dies war übrigens anders als beim Ende des Kirchenstaates 1870, als viele Katholiken protestierten und versuchten, ihre Regierungen zum Eingreifen gegen den italienischen Staat zu bewegen, da sie glaubten, mit dem Kirchenstaat werde dem Papst ein unentbehrliches Attribut seiner geistlichen Funktion und seiner Unabhängigkeit entrissen, wie die zahlreichen in den Archiven enthaltenen Adressen an die Regierungen zeigen. Hierzu auch N. *Miko*, Das Ende des Kirchenstaates, 4 Bde., Wien 1962–1970.
Vgl. die Bemerkung, die *Schwaiger* 14 unter Berufung auf *Aretin*, Die Konfessionen ..., 202–209 macht: «Am Ende des zerrüttenden Nuntiaturstreites zeigte sich ziemlich un-

Auch wenn Preußen, Bayern oder zumindest dessen Erbe, der Herzog von Zweibrücken, Hessen-Kassel, Württemberg, Baden[4], sowie andere weltliche Fürsten für die Mediatisierung der geistlichen Fürstentümer eintreten, auch wenn sie Mehrheiten in der Reichsdeputation und im Reichstag finden, so bleibt dies doch erfolglos, solange der Kaiser einem einschlägigen Reichsgesetz Zustimmung und Ratifikation versagt. Und er wird sie, solange er in seiner Entscheidung frei ist, verweigern, da die politischen Nachteile, die ihm der Verlust seines Haupteinflusses im Reich einbringt, nicht aufgewogen werden durch die Aussicht auf Erwerb Salzburgs und Passaus, zweier Hochstifte, die er auch früher schon machtpolitisch ‹im Griff› gehabt hatte. Wien mußte damit rechnen, daß einer Mediatisierung der geistlichen Fürstentümer bald auch eine solche seiner übrigen Anhänger: der Reichsstädte, der kleineren weltlichen Fürsten und der Reichsritter, folgen würde.

Den Kaiser dennoch zur Anerkennung des Prinzips der Säkularisation zu bringen (in Campo Formio und Lunéville) und ihn trotz allen Sträubens auf dieser Linie zu halten, dazu ist allein Frankreich stark genug. Daß aber Frankreich diese Linie konsequent einhält und sie anderen machtpolitischen Vorteilen, die ihm Österreich in Deutschland und Italien anbietet, vorzieht, dazu haben zweifellos die freilich Schwankungen unterworfenen Bemühungen Preußens, sowie die zähen und unbeirrbaren diplomatischen Schritte Hessen-Kassels, Württembergs und nicht zuletzt des Herzogs von Zweibrücken beigetragen.

Allerdings lag diese Richtung auch in der Logik der Politik des revolutionären Frankreichs.

Worum es dem Direktorium ging, zeigt die Instruktion des neuen Außenministers Talleyrand für die beiden französischen Unterhändler am Rastatter Kongreß, Bonnier und Treilhard vom 7. November 1797[5]. Von der Säkularisation heißt es dort: «Es ist evident, daß es im Interesse der Republik, in demjenigen

verhüllt, daß weder der Kaiser noch Preußen und die Fürstenbund-Mächte, am allerwenigsten der Heilige Stuhl, ein echtes Interesse an der Erhaltung der geistlichen Reichsfürsten hatten».

[3a] Montgelas an Kaeser, Karlsruhe 21. 7. 1798, K. bl. 196/5 d. Montgelas beauftragt Kaeser, über diesen Gegenstand mit den Ministern des Kurfürsten, besonders aber mit dem Hofkammerpräsidenten Graf Törring, zu sprechen. Er ist also nicht bemüht, Utzschneider zu schonen. Über Utzschneiders Tätigkeit für die bayerischen Salinen: Hans Peter *Sang*, Joseph von Utzschneider (1763–1801), Diss. München 1985, 82–101.

[4] Über das Zusammengehen Zweibrückens mit Baden in der Säkularisationsfrage z. B. MA 1, Bericht Montgelas' an den Herzog v. 30. 9. 1798, mit Hessen-Kassel ebenfalls eine Reihe von Berichten in MA 1. – S. auch unten Kap. 27 f.

[5] 17 brumaire an VI, Affaires Etr., Corr. politique, Allemagne, t. 674, Nr. 50–55. Da diese Instruktion m. W. nirgends gedruckt ist, seien hier die einschlägigen Sätze übersetzt wiedergegeben.

Deutschlands, betrachtet als Nation, und in demjenigen der Wahrheit liegt, daß diese Operation vollständig sei und daß man die Gunst eines Augenblicks benützt, der vielleicht niemals wiederkehren wird, ebenso wie die günstige Einstellung der öffentlichen Meinung, um unwiderruflich ein heilsames Werk zu vollbringen, das mit dem Frieden von Münster begonnen worden und während 1½ Jahrhunderten unvollendet geblieben ist. Alle Anstrengungen unserer Bevollmächtigten müssen daher auf die vollständige Säkularisation der geistlichen Reichsstände der einen und der anderen Religion gerichtet sein, von den Kurfürstentümern bis zu den (Reichs-)Stiften ... Der gesamte Reichsklerus, der einen erheblichen Teil seines Einflusses verloren, aber seine Macht und seine Stimmen (am Reichstag) bewahrt hat, wird sich geschickter durch seine Intrigen als durch seine Waffen zu verteidigen wissen. Das Haus Österreich wird ihn solange unterstützen, bis der Fall der geistlichen Fürsten unvermeidlich geworden sein wird und es sich darum handelt, ihre Erbschaft zu teilen. Die Hilfstruppen der Republik bei dieser Unternehmung werden Preußen und nahezu alle protestantischen Fürsten Deutschlands, aber auch die weltlichen katholischen Fürsten sein, die Entschädigungen für ihre Verluste links des Rheins zu beanspruchen haben». Auch unter diesem Gesichtspunkt betrachtet sei die Säkularisation der geistlichen Reichsstände eine absolute Notwendigkeit, denn Frankreich sei entschlossen, die in den Geheimartikeln von Campo Formio ihm zugestandenen linksrheinischen Gebiete zu beanspruchen. Allein die Säkularisation jedoch erschließe die Quelle, aus der die Entschädigungen geschöpft werden könnten. Dieser Umstand werde im übrigen dazu dienen, die deutschen weltlichen Fürsten um Preußen gegen Österreich zu scharen. Für den Fall zu starker Schwierigkeiten oder zu großer Lauheit von seiten Preußens wird den Unterhändlern ein weniger radikaler Ausweichplan mitgegeben, der nur Teilsäkularisationen vorsieht.

Die Säkularisation der geistlichen Fürstentümer als einziges Mittel der Entschädigung für die verlorenen Gebiete, als Weg zur Verminderung des kaiserlichen Einflusses und zu einer ‹vernünftigeren› Gestaltung der Reichsverfassung – das war auch und lange vor dieser Instruktion das Ziel von Montgelas. In seiner Instruktion für Frhr. von Rechberg in Rastatt vom 20. 11. 1797 bedient er sich dann bei der Angabe des Verhandlungszieles: «la sécularisation générale et complète» fast der gleichen Ausdrucksweise wie Talleyrand in seiner eigenen Instruktion für die französischen Kongreßbevollmächtigten vom 7. November 1797.[6]

Im Juni 1797, bereits 4 Monate vor dem österreichisch-französischen Vertrag von Campo Formio, der auch von seiten des Kaisers die Abtretung des linken Rheinufers und den Grundsatz der Entschädigung durch Säkularisationen sank-

[6] Montgelas: K. s. 7789; Talleyrand: s. oben Anm. 5.

tioniert und 5 Monate vor der Instruktion Talleyrands für die französischen Bevollmächtigten am Rastatter Kongreß, verfaßt Montgelas zum Gebrauch des zweibrückischen Gesandten in Paris, Cetto, einen *Entschädigungsplan* für die pfalz-bayerischen Staaten, dessen Grundgedanken noch erweitert werden in einer umfassenden *Instruktion* für den Bevollmächtigten des Herzogs von Zweibrücken am Rastatter Kongreß, Alois Frhr. von Rechberg, vom 20. Nov. 1797. Beide Schriftstücke zusammen stellen das *Programm für die Außen-, Reichs- und Entschädigungspolitik* des Herzogs von Zweibrücken dar, der 1799 Kurfürst von Bayern wird und diese Politik durch den Verfasser beider Entwürfe, Montgelas, verwirklichen läßt. Dieser Plan und diese Instruktion zeichnen den Weg für die territoriale Entwicklung Bayerns bis 1803 und darüber hinaus bis zum endgültigen Zustand vor[7].

[7] Der *Entschädigungsplan vom Juni 1797* liegt in einer nicht datierten und nicht unterzeichneten Abschrift eines zweibrückischen Schreibers beim Handakt des Vizepräsidenten der Regierung der Kurpfalz, Frhr. von Reibelt, K. s. 9902. Die Überschrift lautet: ‹Mémoire instructif sur les intérêts de la Maison palatine à la pacification générale›, 35 Seiten. Abgesehen davon, daß der französische Stil, die Ausdrucksweise und die Gedanken jeden Zweifel an der Urheberschaft von Montgelas ausschließen, wird dieselbe auch durch folgende Schreiben bestätigt: Cetto an Montgelas, Paris, 15. 7. 1797, dankt für Montgelas' Mémoire mit den drei Hypothesen. Er kann je nach den Umständen nicht genau nach diesem Fahrplan vorgehen. Veldenz ist in dem Mémoire vergessen worden. Speyer kommt in der 3. Hypothese (Abtretung des gesamten linken Rheinufers) mit Sicherheit an Baden. Egg. – Ferner: Reibelt bedankt sich am 25. 7. 1797 bei Montgelas für ein «écrit important», das er von diesem erhalten hat. Der Entwurf dieses Schreibens von Reibelt folgt im Akt K. s. 9902 (Handakt Reibelt) auf die Abschrift des ‹Mémoire instructif›. Schließlich: Montgelas an Reibelt, Karlsruhe 27. 7. 1797: Montgelas will in der nächsten Woche nach Mannheim und Rohrbach reisen und in Mannheim mit Reibelt sprechen. Er wäre dankbar, wenn Reibelt ihm unter Diskretion seine (Reibelts) Arbeit zeigte. Dies wird dazu dienen, die Berechnungen in Montgelas' Arbeit, die nur approximativ sein konnten, zu berichtigen (Tatsächlich sind die Zahlen in der Instruktion für Rechberg von November gegenüber dem Mémoire von Juni korrigiert). Der Herzog hat an den Kurfürsten in dem Sinn geschrieben, den Reibelt und Montgelas vereinbart haben. K. s. 9902. – Die *Instruktion für Rechberg* als zweibrückischen Bevollmächtigten in Rastatt, Mannheim den 20. 11. 1797, 54 Seiten mit 31 Beilagen, befindet sich in Reinschrift von der Hand Gravenreuths in dem Band K. s. 7789 (Handakt Rechbergs in Rastatt). Als Unterschrift trägt sie den Vermerk von der Hand des Herzogs: «Approuvé dans toute son étendue, Max C(omte) P(alatin), Duc de Deux-ponts». Auch hier wird die Verfasserschaft von Montgelas außer durch inhaltliche und stilistische Kriterien und die Tatsache, daß in der Umgebung des Herzogs sonst niemand als Verfasser in Betracht kam (Gravenreuth war damals reiner Sekretär, wie die Akten MA 1 und K. s. 7796 klar beweisen), noch bekräftigt durch die Art und Weise, in der Montgelas in seinem Bericht an den Herzog vom 31. 12. 1798, MA 1, über diese Instruktion spricht. – Der *Entschädigungsplan Zentners* vom 14. März 1798 schließlich liegt

Im ‹Mémoire instructif sur les intérêts de la Maison palatine› von Juni 1797 stellt Montgelas fest, durch den dichten Schleier, der noch immer über den französisch-österreichischen vorläufigen Vereinbarungen von Udine vom 18. April liege, sei bereits mit Sicherheit zu erkennen, daß der Kaiser umfangreichen Gebietsabtretungen links des Rheins zugestimmt habe, welche den weltlichen Fürsten, vor allem dem Hause Pfalz, schwere territoriale Opfer auferlegten. Würde man den weltlichen Fürsten allein die Last dieser Abtretungen aufbürden, so bedeute dies nicht nur eine Ungerechtigkeit, sondern auch einen Umsturz der Reichsverfassung, deren Erhaltung der erste Grundsatz eines künftigen Friedens sein müsse. Anders sei es mit den reichsunmittelbaren geistlichen Fürstentümern. «Ihre Inhaber, einfache Nutznießer eines Vermögens, das der gesamten Gesellschaft gehört, haben darauf nur während ihres Lebens Anspruch. Sie hinterlassen weder Erben noch notwendigerweise Nachfolger (successeurs). Die Bande, welche ihre Untertanen mit der Person des Fürsten verbinden, sind gewöhnlich schwach und haben keine Zeit, sich zu festigen während der normalerweise nur sehr kurzen Regierungszeiten. Verschiedene Ursachen, die auseinanderzusetzen hier zu lang dauern würde, verhindern diese kleinen staatlichen Einheiten, den Grad der Prosperität zu erreichen, dessen sie fähig wären und den sie auch erreichen würden unter der aufgeklärteren Herrschaft eines erblichen Souveräns. Das Beispiel des Westfälischen Friedens hat bereits gezeigt, daß das Reich seine Rechte an diesen Provinzen an seine weltlichen Mitglieder abtreten konnte ohne irgendwelche Erschütterung, ohne Störung der bestehenden Ordnung und bei gleichzeitiger Stärkung der Verfassung». Überzeugend konnten hier nur Gründe der Zweckmäßigkeit und politischen Notwendigkeit wirken, nicht aber des Rechts.

Mit dieser etwas willkürlichen Unterscheidung zwischen geistlichen und weltlichen Fürsten – die ersteren müssen im Interesse der Reichsverfassung verschwinden zugunsten der letzteren – leistet Montgelas zwar kein staatsrechtliches Meisterstück; der Inhalt der viel tiefer gehenden staatskirchenrechtlichen Abhandlungen der früheren Zeit wird hier nicht auch nur andeutungsweise wiederholt, so daß die obige Behauptung ziemlich in der Luft hängt. Ebenso beruft sich Montgelas hier einfach auf das Legitimitätsprinzip hinsichtlich der weltlichen Fürsten und verbindet damit beiläufig die Behauptung, daß diese eo ipso auch aufgeklärter seien. Der Hinweis auf den Westfälischen Frieden als Präzedenzfall

außer in dem eigenhändigen Entwurf in MA 54 auch im Handakt Reibelts, K. s. 9902, vor, unter der Überschrift ‹Offizielle Vorschläge über einen dem Verluste, welchen das dl. Haus Pfalzbaiern durch die Abtretung des linken Rheinufers leidet, angemessenen Entschädigungsplan›, 21 Seiten. Vgl. hierzu Kap. 25 und 27 b. Der Plan Zentners ist in Deutsch verfaßt. Zum Plan Zentners: F. *Dobmann*, Gg. Fr. Frhr. von Zentner, 1962, 36–39.

reichsgesetzlich verfügter Säkularisationen ist dagegen weniger anfechtbar. Er kehrt nicht nur in Montgelas' Darlegungen immer wieder; wir sahen, daß ihn auch Talleyrand in seiner Instruktion vom 7. 11. 1797 verwendet, und er bleibt wichtig in der Diskussion der Frage bis zum Reichsdeputationshauptschluß. Nur besteht ein gewisser Unterschied darin, daß – wenigstens in der praktischen Ausführung von 1802–1803 – zwar die Domkapitel und Reichsabteien und die weltliche Herrschaft der Fürstbischöfe aufgehoben werden sollten und auch wurden, nicht aber das geistliche Amt der Bischöfe, von einigen Ausnahmen abgesehen, da ja in den katholischen Gebieten die Landesherren nicht, wie in den protestantischen, dieses Amt übernehmen konnten. Auch Montgelas selbst forderte die Ersetzung der Bischöfe durch den Landesherrn nur dort, wo es ihm auf Grund des Normaljahrs 1618 rechtlich vertretbar schien, nämlich in der Kurpfalz und der Oberpfalz.

Georg Friedrich von Zentner spricht als Mitglied der bayerischen Vertretung beim Rastatter Kongreß in seinem 3/4 Jahr später verfaßten Mémoire vom 14. 3. 1798 von der Säkularisation der geistlichen Fürstentümer in ähnlicher Weise wie Montgelas, dessen Denkschrift ihm bei der Abfassung vorliegt, führt diese Gedanken aber breiter und teilweise fundierter aus[8]. Das Reich befinde sich, so sagt er, in einer ähnlichen Notlage wie in den Zeiten des Westfälischen Friedens, und es sei nur natürlich, daß man zu demselben Rettungsmittel greife wie damals. Die öffentliche Meinung stehe jedoch heute der Ausführung weniger als damals entgegen. Die geistlichen Fürsten fühlten gegenwärtig sogar selbst, «daß die geistlichen Regierungen zu dem Geist unseres Jahrhunderts nicht mehr passen». «Wenn die Frage über Rechtmäßigkeit der Säkularisationen noch vorkommen kann», so sei sie vorzüglich unter folgenden Gesichtspunkten zu betrachten: 1. Sie ist das einzige Mittel, das Reich zu retten «durch zweckmäßige Aufopferungen einzelner Teile und eine festere und verhältnismäßigere Zusammenfügung der übrigen». 2. Der mächtige Feind macht sie zur Friedensbedingung, um die weltlichen Staaten entschädigen zu können. 3. Kaiser und Reich sind den geschädigten weltlichen Ständen zum Ersatz «aus dem Societäts-Verbande» verpflichtet. 4. «Daß das Eigentum der Geistlichkeit schon nach der Natur der Sache der höchsten Gewalt des Staats genauer untergeordnet ist als das Eigentum physischer Personen weltlicher Familien. Daher hat man in allen Staaten im Notfalle nach dem Kircheneigentum gegriffen. Daher haben selbst geistliche Regenten in ihren Staaten Säkularisationen sich erlaubt». 5. «Durch Säkularisationen erleidet die deutsche Verfassung weniger nachteilige Veränderungen als durch den Umsturz weltlicher Häuser, besonders solcher, welche als Mittelmächte zur Erhal-

[8] K. s. 9902 (und MA 54).

tung des Gleichgewichts in Deutschland zeithero beigetragen haben». 6. Deutschlands innere Kräfte, die Stärke seiner Verfassung und der Schutz seiner Grenzen würden durch eine Säkularisation nur gestärkt. 7. Vorzüglich die geistlichen Fürsten haben Deutschland durch den lauten Ruf nach Rache verletzter geistlicher und weltlicher Rechte in den gegenwärtigen unglücklichen Krieg verwickelt. 8. Der kaiserliche Hof kann nur mit Hilfe der geistlichen Stimmen sein Hausinteresse zum Reichsinteresse erheben. 9. Das Reich ist bisher nur immer in seinen Interessen fremde politische Kriege hineingezogen worden, weil es selbst kein politisches Gewicht besaß und von den mächtigen Mitständen, die im Range unabhängiger Mächte stehen, für ihre Zwecke mißbraucht worden ist. Erst nach dem Verschwinden einer Anzahl kleiner Staaten kann sich «ein eigentliches Staatensystem» in Deutschland bilden, ein jeder Teil bekommt für sich eine verhältnismäßigere Selbständigkeit und das Ganze mehr Haltbarkeit. Deutschland ist «dermalen eine lästige, unförmliche, in seinen Teilen übel zusammengesetzte Masse». 10. Da durch die Säkularisation die Verwaltung der bisherigen geistlichen Staaten nur verbessert werden kann, sind «gefährliche Mißvergnügungen der Untertanen» nicht zu befürchten. «Die geistlichen Regierungen sind nicht so beliebt, als neue gemietete Schriftsteller dermalen absichtlich ausposaunen»[9].

Bei beiden Begründungen der Säkularisation der geistlichen Fürstentümer, der von Montgelas und der von Zentner, handelt es sich nicht um historisch-staatskirchenrechtliche Abhandlungen, wie sie Montgelas früher verfaßt hatte, sondern nur um kurze politische Begründungen der Einleitung zu Denkschriften über die Entschädigungsinteressen Bayerns. In der Schrift von Montgelas stand allein das Was, nicht das Ob, zur Diskussion, denn für das Prinzip hatten sich die Regierungen Frankreichs und Preußens sowie sein eigener Herzog Max längst ausgesprochen. Zentner dagegen sucht zunächst seine Minister in München und wohl auch den Kurfürsten für den Grundsatz zu gewinnen, obwohl er so tut, als gäbe es darüber nirgends mehr einen Zweifel. Sodann freilich steht auch bei ihm die Frage, was zu säkularisieren sei, im Vordergrund.

Montgelas faßt seine Überzeugung von der unabweisbaren Notwendigkeit der Säkularisationen der geistlichen Fürstentümer für Bayern in folgender Betrachtung der Instruktion für Rechberg vom 20. 11. 1797 zusammen: Der Reichsklerus wird alle Mittel der Beredsamkeit und der Bestechung spielen lassen, um das Aus-

[9] Zentner schließt hier den Satz an: «Unparteiische Männer, selbst von einem Domherrn aufgefordert, haben die unheilbaren Gebrechen dieser aristokratischen Wahlstaaten vor einigen Jahren aus echten Quellen redlich aufgedeckt, und niemand hat sich damals getrauet, ihnen zu widersprechen». Er spielt hier auf die Preisfrage des Fuldaer Domherrn Frhr. von Bibra von 1785 an. Hierüber P. *Wende* (oben Anm. 2) 9–46.

maß der Säkularisationen (Mediatisierungen) möglichst klein zu halten. Wien wird ihm dabei, soweit es «avec décence» möglich ist, helfen in seinem eigenen Interesse. Was von den geistlichen Fürstentümern erhalten bleibt, geht von der Entschädigungsmasse der weltlichen Fürsten ab und zwar der kleineren, denn die deutschen Großmächte werden von ihren Gewinnen keine Abstriche zulassen. «Diese Überlegung muß uns dazu veranlassen, so wie man es in Frankreich wünscht, *die Säkularisation allgemein und vollständig* (générale et complète) zu machen von dem Augenblick an, wo jede Hoffnung auf die Erhaltung unserer früheren (linksrheinischen) Besitzungen völlig geschwunden ist. Dieses Prinzip ist eine Grundlage unseres Systems. Unser Bevollmächtigter wird ihn niemals aus den Augen verlieren»[10]. Daß Montgelas mit den Worten «à rendre ... la sécularisation générale et complète» unausgesprochen auch schon die nicht reichsunmittelbaren, also die Mediatklöster meint, ist nicht anzunehmen, da diese Frage, die er überdies nicht als eine Reichsmaterie ansah, in diesem Moment nicht zur Diskussion stand. Höchstwahrscheinlich dachte er vielmehr allein an die restlose Mediatisierung aller geistlichen Fürstentümer.

d) Konzentration der wittelsbachischen Besitzungen im altbayerisch-fränkisch-schwäbischen Raum. Das Ziel der Schaffung eines gemeinsamen Staatsbewußtseins. Die Mission der Mittelstaaten. Neben dem nicht von ihm erdachten, aber in seiner Bedeutung für Bayern zuerst und am schärfsten erfaßten Grundsatz der Säkularisation der Hochstifte und Reichsabteien tritt sogleich auch ein anderer auf, den ebenfalls kein pfalzbayerischer Staatsmann oder Diplomat so früh wie er erkannt und so eindringlich formuliert und vertreten hat. Es ist der der *Abrundung und Stärkung Altbayerns* um den Preis des Verzichts auf die linksrheinischen Gebiete, den er, in der damaligen Situation zu Recht, mit der Aufgabe nicht mehr realisierbarer Ansprüche gleichsetzt. Bereits in dem ‹Mémoire instructif› vom Juni 1797 sagt Montgelas, die vorteilhafteste Entschädigung für das Haus Pfalz liege in Bayern. Diese Provinz bilde die Barriere Oberdeutschlands gegen das österreichische Ausdehnungsstreben; ihre Existenz sei durch internationale Verträge – er meint vor allem den von Teschen – garantiert und gegenwärtig nicht in Frage gestellt. Die Großmächte, welche an Bayerns Erhaltung interessiert seien – er denkt an Preußen, Frankreich und Rußland – seien bereit, ihm eine Arrondierung zuzugestehen. Durch die Streulage seiner gegenwärtigen Besitzungen werde das Haus Pfalz in alle europäischen Kriege hineingezogen, müsse seine Streitkräfte auf viele Plätze verteilen und könne infolgedessen nirgends mit

[10] K. s. 7789. Die Instruktion spricht im Namen des Herzogs. Hervorhebung von mir.

Nachdruck und Erfolg operieren. Bei einer Konzentrierung auf Altbayern, «den wahren Kern seiner Macht», gewinne es wesentlich an militärischer Kraft[1]. In seiner Instruktion für Rechberg vom 20. 11. 1797 geht er außer auf diesen militärischen Gesichtspunkt noch auf andere ein: Selbst wenn eine Rückgewinnung der Provinzen links des Rheins möglich wäre, woran er nicht glaubt, würde er doch ihrem Eintausch, gegen angemessene Entschädigungen, die das altbayerische Gebiet ergänzen, den Vorzug geben. «Die pfalzbayerischen Provinzen, die heute in drei Ländermassen zerfallen, deren Bewohner nach Sitten, Begabung (génie) und Anschauungen völlig verschieden sind, könnten niemals nach denselben Grundsätzen regiert, vom gleichen Geiste erfüllt, zu einem gemeinsamen Ziel geführt werden. Die Bewohner des einen dieser Gebiete hassen die des anderen» (er spielt hier vor allem wohl auf die Abneigung der Altbayern gegen die Pfälzer an, aber auch auf das Eigenleben Jülichs und Bergs), «ihre Verwaltungen sind uneins. Jeder Krieg vermehrt die Schwierigkeiten und kompliziert die Sicherheitsvorkehrungen. Jede der kriegführenden Mächte grenzt an eine der pfalz-bayerischen Provinzen an und muß daher vorsichtig behandelt werden ... indem man sich mit allen gut stellen möchte, mißfällt man einer jeden von ihnen. All diese Unzuträglichkeiten und andere, schwerere dazu, werden verschwinden, wenn erst die Abrundung der pfalz-bayerischen Staaten den Gang der Verwaltung vereinfacht, allen Geistern dieselben Interessen und allen Kräften die gleiche Richtung gegeben haben wird[2]. All diese Argumente gelten – ohne daß Montgelas dies ausspricht – genauso für eine Abtretung der Bayern noch verbliebenen rheinischen Gebiete: Bergs und der rechtsrheinischen Kurpfalz. Montgelas hat schon damals an einen Tausch dieser Gebiete gegen solche im fränkischen und schwäbischen Raum gedacht, wie er 1803/06 auch vollzogen wurde[3].

[1] K. s. 9902.

[2] K. s. 7789.

[3] Dies geht u. a. aus seinen Berichten an den Herzog von 1798 in MA 1 hervor, z. B. v. 15. 9. 1798. Auch schon zu einem viel früheren Zeitpunkt, als er in dem von Franzosen und Preußen umkämpften Zweibrücken lebte, sprach Montgelas in einem Brief an Seinsheim vom 25. 4. 1793 (Egg.) ähnliche Gedanken über die zukünftige zweckmäßigste äußere und innere Gestaltung Bayerns aus: «... indépendamment du calcul des améliorations possibles qui véritablement exigent toutes beaucoup de fermeté, de courage, de lumières et de suite, on doit aussi mettre pour quelque chose dans la balance la disposition des esprits dans les provinces que nous recevrons en échange, la peine qu'on aura à les courber sous un gouvernement régulier, les limitations auxquelles l'autorité sera forcée de se soumettre, la difficulté de garder une frontière étendue contre une puissance encore formidable, toujours ambitieuse et qui voudra rentrer en temps et lieu dans ce qu'on lui aura pris». In der damaligen Situation bezogen sich diese Erwägungen und Bedenken zweifellos auf den Fall, daß die Verbündeten und auch Bayern einem besiegten Frankreich gewisse Gebiete abnehmen würden. Die Erkenntnis, daß einerseits für die Durch-

In einer Weisung an den zweibrückischen Bevollmächtigten in München, Kaeser, vom 27. 10. 1797 heißt es, eine Konzentration des wittelsbachischen Besitzes in Bayern («ce point central de nos possessions») und Schwaben vereinfache die innere Verwaltung und die Außenpolitik und gebe «allen unseren Untertanen ein gemeinsames Vaterland und ein einziges Interesse». Diese Erwerbungen seien «unendlich der Rückgewinnung der desorganisierten, erschöpften, mit dem Keim des Aufruhrs erfüllten» Gebiete jenseits des Rheins vorzuziehen[4]. Diese innenpolitische Begründung ist vermutlich weniger aus Überzeugung vorgebracht worden, als vielmehr, um auf die Münchner Regierung und über sie auf Karl Theodor einzuwirken, damit sie endlich den Gedanken an die linksrheinischen Gebiete aufgeben und sich um rechtsrheinische Entschädigungen in der Reichweite Bayerns bemühen sollten. Montgelas selbst dürfte weniger Furcht vor revolutionärer Ansteckung gehabt haben, wie er auch viel später – 1816 – bewiesen hat, als er nach der Erwerbung der linksrheinischen Pfalz für Bayern gegen den Willen des Kronprinzen dort die freiheitlicheren französischen Institutionen und das französische Recht beließ. Zwei Jahrzehnte früher, als die Armeen des Direktoriums das linke Rheinufer unwiderruflich erobert hatten, erkannte er jedoch, daß man Bayerns Interessen nur durch Anerkennung der politischen Realität und durch Suchen nach Entschädigungen im altbayerischen, schwäbischen und fränkischen Raum dienen könnte. Worin Montgelas im Jahr 1797 das innenpolitische Haupthindernis gegen eine eventuelle Rückgliederung der linksrheinischen Gebiete in dieser Zeit, also noch unter Karl Theodor, sah, das sagt er genauer in der Instruktion für Rechberg vom 20. 11. 1797. Er spricht dort von der «nahezu unüberwindlichen Schwierigkeit, eine Verwaltung neu zu organisieren, die seit mehreren Jahren nach Grundsätzen geführt worden ist, welche sich derart von denjenigen unterscheiden, die man wieder in Kraft setzen müßte»[5]. Er will damit sagen, solange man in Bayern keine Reformen eingeführt hat und Karl Theodor noch regiert, müßte man den linksrheinischen Gebieten wieder das Ancien Régime aufoktroyieren, was er mit Recht für fast unmöglich hält.

Seinen eigenen Herzog warnt Montgelas später, auf Träumereien einzugehen, die ihm von außen (anscheinend von München, Wien und London) inspiriert werden sollen, nämlich ein Königreich in den bisher österreichischen Niederlan-

führung von Reformen, andererseits für die Stärke des Staates auch die Einstellung der Bevölkerung in den zu erwerbenden Provinzen wichtig sei, ferner daß die Grenzen nicht zu entlegen und zu ausgedehnt für die Verteidigung und nicht bedroht durch Rückeroberungswünsche eines mächtigen Nachbarn sein dürften, dies gehörte auch später zu Montgelas Grundgedanken.

[4] K. bl. 196/5 c.

[5] K. s. 7789.

den oder in der Lombardei zu übernehmen. «Das Projekt, Sie in Brüssel regieren zu lassen, ist wahnsinnig. Solange Frankreich auch nur *ein* Mann und ein Sou bleibt, wird es nicht dulden, daß seine Grenze 37 Meilen von seiner Hauptstadt entfernt verläuft»[6]. Für den Augenblick, so meint er, gäbe es nichts anderes, als Berlin und Paris für seine Belange zu interessieren und mit den Österreichern etwas zu kokettieren für den Fall, daß man doch dazu gezwungen sein sollte, mit ihnen Territorialverhandlungen zu führen, sich aber «als einziges Ziel die *Säkularisationen* und die *Arrondierung* zu setzen»[7].

Als Unterton unter den dargelegten Ausführungen schwingt immer die Überzeugung mit, daß man nur in einem zusammenhängenden, geschlossenen Staatsgebiet den Bewohnern ein einheitliches Staatsbewußtsein vermitteln könne. Daß dies keine Utopie war, hat Montgelas selbst später bewiesen, als er die Untertanen von über 230 verschiedenen Reichsständen in wenigen Jahren dazu brachte, daß sie voll den bayerischen Staat bejahten. Am Anfang aller inneren Reformen freilich standen nicht nur idealistische Konzepte, sondern ebenso die nackte Notwendigkeit, eine effektivere, von den Bewohnern unterstützte Verwaltung, leistungsfähigere Staatsfinanzen und eine im internationalen Kräftespiel brauchbare Armee zu schaffen. Auch bei den preußischen Reformen war dies so[8]. In einem Brief an seinen Herzog vom 14. 9. 1798 beschwört Montgelas den Zusammenbruch des Königreiches Sardinien, der gekommen sei, weil der verstorbene König die Staatsfinanzen und die Armee habe verwahrlosen lassen und weil der gegenwärtige König sich nicht entschließen konnte, auf eine ihm von Frankreich angebotene Allianz mit Garantie der ihm noch verbliebenen Gebiete einzugehen. Zwei Monate darauf habe er den schändlichen Frieden von 1796 unterzeichnet, der den Sturz seines Sohnes einleitete[9]. Ein dreifaches Rezept des politischen Überlebens wird hier angedeutet und später von Montgelas verwirklicht: Die Finanzen ins Gleichgewicht bringen, die Armee stärken und sich rechtzeitig von der Koalition der Gegner Frankreichs lösen.

Zur Stabilität und Kraft eines Staates ist freilich nach Montgelas' Ansicht noch ein weiteres nötig: Die aktive Mitarbeit der ‹Untertanen›, die Bejahung des Staates durch das Volk. Dies zusammen waren auch die Elemente, die am Beginn der preußischen Reformen seit 1807 standen: Existenzsicherung des Staates durch Reorganisation der Finanzen und der Armee, aber auch der Gesichtspunkt: «Die

[6] MA 1, an Max 1. 9. 1798.

[7] Ebd., Unterstreichung von Montgelas.

[8] K. von *Raumer*, Zur Beurteilung der preußischen Reform, Gesch. in Wissenschaft und Unterricht 1967, 333–348, hier 336. E. *Klein*, Von der Reform zur Restauration ... (Hardenberg), 1965.

[9] MA 1.

Reformen sollten das Auseinanderklaffen von Staat und Volk, von Staat und Bürger überwinden»[10].

Anknüpfend an einen Bericht Cettos über Pläne Talleyrands, sowie an Gerüchte, daß eine Aufteilung der deutschen Klein- und Mittelstaaten, vielleicht sogar Sachsens und Hannovers, durchgeführt werden solle, schreibt Montgelas an den Herzog: «Die Mittelstaaten werden ihr Ansehen nur wiedergewinnen, wenn sie mit Weisheit und Kraft alle ihre Hilfsquellen entfalten und auf eine gerechte und aufgeklärte Art regieren, welche die Völker mit ihren Souveränen verbindet und den Leuten mit den großen Systemen» – er meint hier deutsche Intellektuelle, welche die Angliederung der Klein- und Mittelstaaten an die deutschen Großmächte propagieren – «beweist, daß man glücklich, geschützt und geachtet sein kann, ohne über alle großen politischen Streitereien (tracasseries) konsultiert zu werden, und daß dieser Zustand glücklicher Mittelmäßigkeit der glanzvollen Größe vorzuziehen ist, die durch eine Menge persönlicher Opfer sehr teuer bezahlt werden muß»[11].

e) Zwischen Frankreich, Österreich und Preußen. Was Montgelas als den dritten Fehler des Königs von Sardinien, neben der Vernachlässigung der Finanzen und der Armee, bezeichnet hatte, war, daß er nicht rechtzeitig den Absprung von der Koalition gegen das siegreiche Frankreich gefunden hatte. Dies führt zu einem weiteren Grundpfeiler seiner Außenpolitik: dem Streben nach *Neutralität* und Handlungsfreiheit zwischen den Machtblöcken, was nach der damaligen Lage der Dinge für Pfalzbayern nur mit Hilfe Preußens möglich gewesen wäre, oder – wenn dies erfolglos war – nach rechtzeitigen Verhandlungen und gegebenenfalls nach einem *Bündnis mit Frankreich,* in jedem Fall nach baldmöglichstem Ausscheren aus jeder von Österreich geführten antifranzösischen Koalition. Ein solcher Grundsatz ist, auf die Verhältnisse des Privatlebens übertragen, gewiß nicht imponierend; für einen Politiker, der den ihm anvertrauten Staat zu retten und seine Bevölkerung soweit möglich vor Elend und Zerstörung zu bewahren hatte, war er aber damals das einzig Richtige. Ganz anachronistisch und heute seit langem nicht mehr ernstgenommen sind die Verdammungsurteile, die Treitschke und seine Schule aus nationalen Gründen gegen die süddeutschen Staaten der napoleonischen Zeit geschleudert haben. Montgelas' Theorie und Praxis in dieser Hinsicht standen nicht allein in ihrer Zeit, nur erkannte Montgelas ihre Notwendigkeit sehr früh und formulierte sie, zumindest gegenüber seinem Herzog und seinen Mitarbeitern, unbekümmert, klar und konsequent. Warum für den Kaiser

[10] v. *Raumer* (Anm. 8).

[11] MA 1, 17. 10. 1798/II.

kämpfen, wenn die Wiener Regierung von 1777 bis 1809 als oberstes Ziel die Einverleibung Bayerns, zunächst des verbündeten, dann des feindlichen, verfolgte? Das ‹Aussteigen› aus der Einheitsfront gegen das revolutionäre Frankreich hatte Preußen in Basel vorexerziert; Montgelas hatte mit dieser Möglichkeit bereits seit 1793 gerechnet[1]. Württemberg war am 7., Baden am 22. August 1796 diesem Beispiel gefolgt; Hessen-Kassel hatte schon lang mit den Franzosen verhandelt; die bayerischen Stände hatten unter Mitwirkung des zweibrückischen Gesandten Kaeser am 7. September 1796 mit General Moreau den Waffenstillstand von Pfaffenhofen geschlossen. Zwar wurden nach dem Umschlag des Kriegsglücks, nunmehr unter dem Druck der österreichischen Waffen so wie vorher der französischen, diese Verträge der süddeutschen Staaten widerrufen bzw. von den Fürsten nicht ratifiziert, aber der Weg war für ähnliche Fälle vorgezeichnet. Und auch Österreich verhandelte 1797, 1798 und 1800/01 mit den Franzosen ohne die geringste Rücksicht auf seine süddeutschen Verbündeten, die es einfach opferte.

Die Bemühungen von Montgelas[2] sind darauf gerichtet, dem Direktorium die vom bourbonischen Königtum stets verstandene Bedeutung Bayerns als Barriere gegen Österreich, die selbst stark genug zur Verteidigung, jedoch nicht zu Vorstößen nach Westen über den Rhein war, klarzumachen, ebenso wie die entscheidende Verlagerung des Gleichgewichts in Deutschland, die erfolgen würde, wenn dem Kaiser die Annexion Bayerns gestattet würde[3]. Montgelas ist jedoch viel zu vorsichtig, um zu wünschen, daß Bayern oder auch der Herzog von Zweibrücken sich auf Gedeih und Verderb der Französischen Republik in die Arme werfe. Er sucht zunächst immer Rückendeckung bei Preußen und nach Möglichkeit bei Rußland. Montgelas und noch mehr seinem Herzog, der als Reichsfürst und ehema-

[1] Oben Kap. 18.

[2] Wie auch die seines Vorgängers Cetto in Basel 1795, der allerdings noch um das linke Rheinufer für die Kurpfalz und um Zweibrücken gekämpft hatte. Vgl. das Mémoire, das Cetto verfaßte und 1795 in Bonn den Vertretern der Französischen Republik übergab, im Handakt Cettos in Basel, K. bl. 197/12 a.

[3] Z. B. in dem Mémoire instructif vom Juni (K. s. 9902) und der Instruktion für Rechberg vom 20. 11. 1797 (K. s. 7789). In der letzteren führt Montgelas aus, Bayern böte Österreich den Vorteil einer direkten Verbindung von Böhmen nach Tirol und Vorderösterreich. Durch Ingolstadt und noch zu schaffende Festungen an Donau, Iller und Lech könnte die schwache Seite Österreichs gedeckt und eine Ausfallstellung zum Rhein und nach Italien geschaffen werden. Es gäbe dann für den Donaustaat kein Hindernis mehr, das zwischen seiner Westgrenze bzw. den Festungen an Iller und Lech und dem Rhein läge. Für die militärische Stärke Österreich spreche, daß es sich trotz seiner Niederlagen noch immer am Rhein halten könne. Der Besitz Bayerns, das dann keine eigene Regierung mehr zu tragen brauchte, könnte Österreich instand setzen, mindestens 50 000 Mann zusätzlich unter Waffen zu halten.

liger Offizier Ludwigs XVI. stärkere Vorbehalte gegen das revolutionäre Frankreich hat als Montgelas selbst, schwebt zunächst immer das Ziel vor, Süddeutschland in den Bereich der schützenden preußischen Neutralität einzubeziehen und bei dem bevorstehenden Friedenskongreß sich in der Entschädigungsfrage vor allem auf die Hilfe Preußens zu stützen. Die Zweibrückener Akten der Jahre 1797 bis 1799, vor allem seit dem Thronantritt Friedrich Wilhelms III. (16. 11. 1797), und darüber hinaus die bayerischen vom Regierungsantritt Max Josephs bis zum bayerisch-französischen Vertrag von 1805, zeigen das Bild der fortschreitenden Enttäuschung über die Zaghaftigkeit, Unentschlossenheit und ‹nullité› der preußischen Politik, obwohl der zweibrückische Wunsch nach einer festeren Haltung gegenüber dem Kaiser in der Entschädigungsfrage und gegenüber Frankreich hinsichtlich der Ausweitung der Neutralitätszone nach Süden von Hardenberg in Ansbach unterstützt wurde. Es ist ein ständiges neues Aufflackern von Hoffnungen auf den Staat Friedrichs des Großen, Hoffnungen, die außer durch Hardenberg vor allem durch den Montgelas nahestehenden preußischen Komitialgesandten Graf Goertz, den Schwiegervater Rechbergs, genährt, aber dann immer durch den König und Haugwitz wieder bitter enttäuscht werden und Zweibrücken, seit Ende 1800 auch Bayern, immer näher zu dem stärkeren Beschützer Frankreich hintreiben, eine Annäherung, zu der die preußischen Diplomaten in kritischen Augenblicken selbst raten. «Welches auch immer die Chancen auf dem Kongreß sind, es scheint nicht, daß die allgemeine Neutralität des Reiches mit Hilfe Preußens erreicht werden kann», schreibt Montgelas am 27. 10. 1798 enttäuscht an den Herzog[4]. Und am 4. 12. des gleichen Jahres stellt er fest: «Eines ist sicher: Wenn der Krieg ausbricht, so werden Preußen und der ganze Norden Deutschlands, die am meisten dazu beigetragen haben, ihn zu entfachen, sich heraushalten ... Der Kampf wird zwischen Frankreich und dem Haus Österreich, dem Kurfürsten von Bayern und einigen geistlichen Fürsten ausgetragen werden. Das Land zwischen dem Rhein und der Donau wird der Leidtragende sein, alles läßt darauf schließen, daß man es nicht verteidigen wird»[5]. Er sollte im wesentlichen recht behalten.

Schon am 30. September hatte Montgelas dem Herzog berichtet, England, Rußland und Österreich arbeiteten auf einen neuen Krieg hin. Die weitschauenden Beobachter seien sich darüber einig, «daß die entgegengesetzten Prinzipien, die heute Europa teilen, früher oder später einen Kampf auf Leben und Tod verursachen werden, daß die Monarchien und die Republiken, anstatt extreme Haltungen zu vermeiden, sich allmählich einander anzunähern und den Frieden zu

[4] MA 1.
[5] Ebd.

ihrer Stabilisierung und Prosperität zu benützen, durch politische Leidenschaften verwirrt, durch Übertreibungen vorwärts getrieben, allein danach trachten, sich gegenseitig zu zerstören». Er glaubt jedoch, der Krieg lasse noch einige Zeit auf sich warten, da «der Frieden des Deutschen Reiches ... zu weit fortgeschritten ist, um noch gebrochen zu werden, da ferner die französische Regierung «malgré son inflexible audace» sich im Moment nicht mit so vielen Feinden einlassen wolle und in Italien anscheinend mit einem Rückzug unter möglichster Wahrung des Gesichts befaßt sei. Wenn jedoch diese Hypothese sich wider Erwarten als falsch erweise, so habe das Haus Pfalz angesichts der Stellung der Österreicher nun nicht mehr die Wahl, ein Bündnis mit Frankreich zu schließen oder neutral zu bleiben. Neutralität würde es überdies der Chance berauben, jemals Entschädigungen zu erhalten. Es bleibe Pfalzbayern trotz aller Bedenken derjenigen, die nach den Erfahrungen der Vergangenheit der Koalition wenig Siegeschancen gäben (wozu Montgelas selbst gehört), bei einem in naher Zukunft ausbrechenden Krieg keine andere Wahl, als sich Österreich anzuschließen[6]. Mit dieser resignierten Feststellung gibt Montgelas den vorläufigen Zusammenbruch aller zweibrückischen Bemühungen seit 1796 um Neutralität für Bayern mit Hilfe Preußens oder Bündnis mit Frankreich zu, was gleichzeitig seinen Realismus zeigt. Die weitere Entwicklung gibt ihm recht. Im November haben die Österreicher ihre Truppenbewegungen in Bayern abgeschlossen, in deren Verlauf sie die 15 000 Mann bayerischer Truppen auf das flache Land zerstreut und mit stärkeren österreichischen Kontingenten (über 50 000 Mann) umgeben haben mit der Begründung, andernfalls würden die Preise in München und Umgebung zu stark in die Höhe getrieben[7]. Montgelas erkennt, daß mit diesen «dispositions louches» die Österreicher die bayerischen Truppen ihrer eigenen Armee inkorporiert und Bayern damit jede Möglichkeit zu einer selbständigen Politik genommen haben[8]. Damit sind die Weichen gestellt für die Entwicklung, die gemäß Montgelas' Voraussage wenig später, im März 1799 zu dem erneuten Kriegsausbruch und zur Teilnahme des nunmehr von Max Joseph und Montgelas gelenkten Bayern am Krieg auf kaiserlicher Seite führen werden. Der unglückliche Ausgang dieses Feldzuges und die Aufopferung der verbündeten bayerischen Truppen durch die Österreicher wird dazu beitragen, den späteren Bündniswechsel Bayerns von 1805 vorzubereiten.

[6] 30. 9. 1798, MA 1.

[7] K. bl. 196/5 d, Bericht Kaesers aus München vom 21. 11. und von Montgelas verfaßte Weisungen des Herzogs an Kaeser vom 23. und 28. 11. 1798.

[8] 28. 11. 1798, Max (Montgelas) an Kaeser, K. bl. 196/5 d.

26. Die territorialen Entschädigungsforderungen für Pfalz-Bayern nach den Plänen von Montgelas und Zentner (1797/98)

Doch dies ist ein Vorgriff auf die weitere Entwicklung. Kehren wir zurück zu den Entschädigungsforderungen, die Montgelas 1797 für Bayern ausarbeitet, ohne daß dessen Regierung zunächst etwas davon wissen will. Diese Pläne weisen den Weg für die territoriale Neugestaltung, die Bayern später, 1803 bis 1816, erfährt. In seinem ‹Mémoire instructif› vom Juni 1797[1] gibt Montgelas zunächst die Entschädigungen an, die Pfalz-Bayern und Zweibrücken in drei Hypothesen zu fordern hätten: 1. Wenn die Grenze gemäß dem Vertrag Zweibrückens mit Frankreich vom 15. 11. 1786 auf dem rechten Ufer der Queich verläuft, also im ganzen die Vorkriegsgrenze, wobei vor allem für die unter französischer Souveränität liegenden Grundherrschaften im Elsaß, deren Einkünfte durch die Revolution verloren sind, Ersatz zu leisten wäre. 2. Wenn der Speierbach die Grenze bildet, die dann über Kaiserslautern und Birkenfeld bis Trarbach verläuft. 3. Der Rhein als Grenze. Montgelas zweifelt schon zu dieser Zeit, im Sommer 1797, nicht im geringsten, daß wegen der Entschiedenheit Frankreichs nur die dritte Möglichkeit, die Abtretung des linken Rheinufers, in Frage kommt. Daß er auch die beiden anderen Hypothesen behandelt, hat taktische Gründe. Offiziell sind die französisch-preußischen Abmachungen von Berlin vom 5. 8. 1796 und die französisch-österreichischen Vorbesprechungen von Udine noch Geheimnis. Daß er die ersteren vollständig, die zweiten wenigstens im Umriß kennt, möchte er nicht vor jedermann bekanntgeben. Ferner: Er möchte sich nicht dem Vorwurf seines Herzogs oder der Münchner Regierung aussetzen, mit einer Wiedergewinnung der linksrheinischen Gebiete schon nicht mehr gerechnet zu haben, als noch kein internationaler Vertrag und kein öffentlich bekanntgemachtes Vorabkommen dies zu rechtfertigen schien: Vor allem: Die Teilung in drei Hypothesen gibt ihm die Möglichkeit, die ‹fetten Brocken› und die Enklaven, die ihm für eine Abrundung Bayerns am wichtigsten erscheinen, bereits in die 1. und 2. Hypothese zu verpacken, so daß das, was er dann in der 3. Hypothese (Abtretung des gesamten linksrheinischen Gebiets) noch fordert, sich fast bescheiden ausnimmt. Selbst wenn also bei den kommenden Friedensverhandlungen zunächst wider Erwarten noch einmal ein Teil des linken Rheinufers für das Reich zu retten wäre, so hätte

[1] K. s. 9902.

nach diesem Plan bereits Bayern die geistlichen Territorien erworben, die ihm die von Montgelas gewünschte Abrundung und Verstärkung verschafften.

Innerhalb der 1. Hypothese bereits fordert er die Hochstifte Freising mit Grafschaft Werdenfels[2], Regensburg[3], sowie die Stadt Passau mit Umgebung,[4] ferner vom Erzstift Salzburg den Teil diesseits der Salzach einschließlich der Salinen von Hallein, ferner die Besitzungen Salzburgs und Passaus innerhalb Bayerns,

[2] Er weist darauf hin, daß Bayern um die Landeshoheit über das Hochstift einen noch nicht abgeschlossenen Prozeß vor dem Reichshofrat führt. Seine Angaben: Bevölkerung der reichsunmittelbaren Teile des Hochstifts Freising: 15 000 Einwohner; Einkünfte: 102 674 fl. jährlich, von denen nach Erhebung des Hofrats 50 000 fl. für den Schuldendienst abgehen; Schulden: 500 000 fl. Da 20 bis 25 000 fl. Einnahmen aus den nicht reichsunmittelbaren Besitzungen des Hochstifts in Kärnten kommen, würde Bayern nur jährlich bei einer Mediatisierung 25 000 bis 30 000 fl. erhalten. Der Kaiser würde die in Österreich gelegenen mittelbaren Besitzungen der geistlichen Fürstentümer im Falle der Säkularisation nach einem ziemlich allgemein anerkannten (so Montgelas) Grundsatz fordern und erhalten. «Es wäre unendlich viel vorteilhafter, sie dem Kaiserhof zu überlassen und sich eine umso stärkere Entschädigung an reichsunmittelbaren Gebieten zu verschaffen». Es wäre sowohl für Montgelas' Auffassung vom geschlossenen, souveränen Territorialstaat wie auch für seine antiösterreichische Außenpolitik unerträglich, wenn Bayern Herrschaften unter österreichischer Souveränität besäße und hierdurch im Konfliktfall jederzeit von Österreich unter zusätzlichen wirtschaftlichen Druck gesetzt werden könnte. In Beilage 27 zur Instruktion vom 20. 11. 1797 (K. s. 7789) ergänzt er noch: Die Stadt Freising allein habe 5000 Einwohner. Die mittelbare freisingische Herrschaft Bischofslak im Herzogtum Krain habe allein mehr Einwohner als das ganze Hochstift.

[3] Wirklich reichsunmittelbar sei vom ganzen Hochstift nur die Herrschaft Wörth. Die Herrschaft Donaustauf werde von Bayern nicht als reichsunmittelbar anerkannt und durch bayerische Beamte verwaltet. Der Prozeß sei seit 1766 im Gange. Hierzu K. s. 8866/1 und 2; 13 219. Auch die Unmittelbarkeit Hohenburgs in der Oberpfalz werde nicht anerkannt, bestehe aber de facto. Die Haupteinkünfte des Hochstifts Regensburg fließen aus Grundherrschaften in Bayern. Einwohner des Hochstifts: 6000, jährl. Einnahmen: 67 000 fl. (nach K. s. 7789 Beilage 27 kommen 2/3 dieser Einkünfte aus den Grundherrschaften unter bayerischer Landeshoheit).

[4] Dazu K. s. 7789 Beilage 27: Das ganze Hochstift Passau umfaßt 15 Meilen², Einkünfte: 300 000 fl., dazu 200 000 fl. aus den Besitzungen unter österreichischer Landeshoheit. Der reichsunmittelbare Teil habe 60 bis 70 000 Einwohner und 500 000 fl. Schulden, man hoffe jedoch, diese bald zurückzahlen zu können, da der Kardinal Auersperg dem Hochstift 800 000 fl. vermacht habe. Das Hochstift sei reich an Holz, versorge Wien damit, seine Bevölkerung sei aktiv, fleißig und geschickt, diejenige der Stadt Passau jedoch «inquiet, frondeur et fier des privilèges», die sie der Schwäche ihrer Fürsten entreißen konnte. – Daß Montgelas sich eingehende Unterlagen besorgt hatte, geht auch aus der Tatsache hervor, daß Zentner, der doch im Gegensatz zu Montgelas der bayerischen Delegation in Rastatt angehörte, trotz aller Bemühungen um möglichst genaue statistische Angaben in seinem Entschädigungsplan vom 14. 3. 1798 (K. s. 9902) über die altbayerischen Hochstifte Freising, Regensburg und Passau überhaupt keine Zahlenangaben machen kann.

darunter die salzburgische Herrschaft Mühldorf, deren Reichsunmittelbarkeit gegenwärtig von seiten Bayerns «en procès» sei, aber noch bestehe, sowie die gleichfalls umstrittene, von Passau ausgeübte Territorialhoheit über das Gericht Riedenburg. Ferner fordert Montgelas als Entschädigungen für Bayern: Die Fürstpropstei Berchtesgaden, deren Wälder und Salinen dem Kurfürsten bereits durch den Vertrag vom 28. 4. 1795 abgetreten worden sind. Hierdurch und durch den ebenfalls geforderten Teil Salzburgs westlich der Salzach mit Hallein hätte er nicht nur die Salz- und Holz-Zufuhr für die bayerischen Salinen gesichert, sondern auch noch die Salzquelle des Erzstifts in bayerische Hand gebracht, also das Gegenteil dessen erreicht, was Österreich in den Verhandlungen von Udine angestrebt hat[5]. Nur der Abrundung halber müsse Bayern auch die Reichsstadt Regensburg fordern, deren Bewohner von den Ausgaben der Reichstagsgesandten lebten. Der Reichstag, das ‹corps législatif allemand›, werde natürlich dieselben Freiheiten behalten wie bisher. Er scheint dem Reich keine große Lebenskraft mehr beigemessen zu haben, wenn er meinte, die anderen Reichsstände und vor allem der Kaiser würden ohne Widerstand die Tagungsstadt des Reichstages unter bayerische Landeshoheit fallen lassen. Schließlich verlangt er noch die wenigen kleinen weltlichen Fürstentümer, die als unbedeutende Inseln in das altbayerische Territorium eingestreut sind: Vilseck, Ortenburg, Frauenhofen und die als Brückenkopf links des Inns für Österreich bisher wichtige Grafschaft Neuburg am Inn, sowie die Aufgabe der kaiserlichen Lehensuzeränität über die böhmischen Lehen in der Oberpfalz und den Herzogtümern Neuburg und Sulzbach, eine Frage, der Montgelas schon mehrere Denkschriften gewidmet hatte, sowie 7 einstmals bayerische, jetzt nürnbergische Gerichte, um deren Rückgabe Bayern zwei Jahrhunderte lang vor dem Reichskammergericht prozessiert hatte, weil sie ohne Zustimmung der Agnaten veräußert worden waren[6].

In der 2. Hypothese (Grenze Kaiserslautern-Birkenfeld-Trarbach) beansprucht er noch für die Kurpfalz die rechtsrheinischen Teile der Hochstifte Speyer und Worms und eine Reihe in der Kurpfalz inklavierter geistlicher Herrschaften, für Bayern die Hochstifte Augsburg[7] und Eichstätt[8], die Fürstabtei

[5] Die Einkünfte Berchtesgadens gibt er mit 50 000 fl. an. *Schwaiger* 118 beziffert die Größe der Fürstpropstei mit 14 Meilen² und 18 000 Einwohnern. Über ihre Gliederung: D. *Albrecht*, Histor. Atlas von Bayern; Fürstpropstei Berchtesgaden, München 1954.

[6] Die 7 nürnbergischen Gerichte Lauff, Hersbruck, Reicheneck, Engeltal, Velden, Petzenstein und Altdorf.

[7] Einkünfte 150 000 fl.

[8] 20 Meilen², 100 000 Einwohner, 350 000 fl. Einkünfte, stark verschuldet. Die preußischen Reunionen unter Hardenberg haben dem Hochstift, das nach Würzburg und Bamberg das größte der endgültig zu Bayern gekommenen geistlichen Fürstentümer war, schwere Verluste zugefügt. Die Angaben über Eichstätt in K. s. 7789 haben von Rech-

Kempten[9] und die Reichsstadt Augsburg, deren Wert nur in der Abrundung für Bayern liege; ihr Handel sei nur noch gering, aber ihre Aktivität und Industrie wertvoll[10]. Delacroix habe schon bei einer Unterhaltung im Dezember 1796 deren Abtretung an Bayern als möglich bezeichnet. Hier sollte Montgelas zu optimistisch sein. Solange Frankreich noch der Revolutionsideologie Einfluß auf seine Außenpolitik zuerkannte, etwa bis zum Kriegsausbruch von 1799, konnte es sich nicht entschließen, die oligarchischen Reichsstädte, die nichts unterließen, auf ihren angeblich demokratischen Charakter hinzuweisen, den Fürsten zu opfern. Selbst noch in den Entschädigungsverhandlungen von 1801/03 spielten solche Gesichtspunkte eine gewisse Rolle; viel mehr bewirkten aber nach dem Krieg die hohen Bestechungssummen, die namentlich Augsburg in Paris und bei der französischen Delegation in Regensburg ausgab und welche die selbständige Existenz der beiden Reichsstädte Augsburg und Nürnberg noch bis 1806 verlängerten.

Für den Fall der 3. Hypothese, der Abtretung aller linksrheinischen Gebiete, bleibt nun Montgelas nicht mehr sehr viel zu fordern: die Markgrafschaft Burgau, ein Teil des Ulmer Territoriums einschließlich des Gerichts Geislingen, die Reichsabteien Kaisheim, Ottobeuren, Irsee und St. Ulrich und Afra in Augsburg, sowie alle Gebiete der Fugger und die Reichsstädte Kaufbeuren und Memmingen. Der Herzog von Zweibrücken würde sich für sich selbst mit der rechtsrheinischen Unterpfalz begnügen, vermehrt durch die inklavierten reichsunmittelbaren Besitzungen der geistlichen Fürsten und der Reichsritter. Diesen letzteren, auch einem Kapitel, mit dem er sich schon oft befaßt hat, würde man nach Montgelas' Ansicht die Rechte der Appellation, der Miliz, der privaten zivilen, politischen und geistlichen Gesetzgebung und alle Ehrenvorrechte belassen; auf die volle Landeshoheit, die sie sich illegal auf Kosten der Pfalz erschlichen hätten, müßten sie jedoch verzichten. Der Plan enthält noch Einzelvorschläge für die Abgrenzung der österreichischen, bayerischen und badischen Entschädigungsansprüche in Schwaben – Württemberg klammert er aus diesem Raum weitgehend aus[11] – sowie der bayerischen und badischen am Rhein. Die zweibrückischen und kurpfälzischen Verluste im Elsaß, in Lothringen und in den Niederlanden wer-

bergs Hand folgende Berichtigung erfahren: Vor den preußischen Reunionen: 40 Meilen², 60 000 Einwohner, 300 000 fl. Einkünfte, 700 000 bis 800 000 fl. Schulden. Die preußischen Annektionen haben dem Hochstift weggenommen: 10 000 Einwohner und 60 000 fl. Einkünfte. Gliederung: G. *Hirschmann*, Histor. Atlas von Bayern: Eichstätt, München 1969.

[9] Etwa 50 000 fl. Einnahmen.

[10] Hierzu: W. *Zorn*, Handels- und Industriegeschichte Bayerisch-Schwabens 1648 bis 1870, Augsburg 1961, 12–70.

[11] Es fällt auf, daß in seinem Plan Württemberg überhaupt nichts von Österreichisch-Schwaben erhält. Bayern bekommt den Hauptteil, Österreich behält nur die Grafschaften Hoheneck und Montfort als Barriere für Tirol.

den in einem gesonderten Kapitel behandelt, ebenso die Notwendigkeit der Wiederanknüpfung des Handels mit Frankreich und die Möglichkeit einer französischen Garantie für die Besitzungen des Hauses Pfalz auf der Grundlage vor allem des Friedens von Teschen. Auch die Frage eines Bündnisses mit Frankreich wird erwähnt auf der Basis des Zweibrückener Vertrages vom 23. 2. 1785, der sich streng an die Bestimmungen des Westfälischen Friedens und des Friedens von Teschen gehalten habe unter ausdrücklicher Wahrung aller Verpflichtungen gegenüber dem Reich und dem Kaiser in seiner Eigenschaft als Reichsoberhaupt. Der Bevollmächtigte des Herzogs (Cetto) solle jedoch den heiklen Punkt eines Bündnisses mit Frankreich nicht von sich aus ansprechen. Es bestehe die Gefahr, daß man dann Verpflichtungen eingehen müsse, die den Herzog nach Friedensschluß in Widerspruch zu seinen Pflichten gegenüber dem Reich bringen würden, so wie es dem Herzog von Württemberg ergangen sei, der sich zum Gefolgsmann der Republik erniedrigt habe, indem er den Franzosen für alle Zeit das freie Durchzugs- und das Besatzungsrecht in den Festungen des Landes eingeräumt habe. Auch sonst wird die Haltung dieses Fürsten gegenüber Frankreich kritisiert. Man werde in Bayern nie dulden können, daß dem französischen Gesandten etwa die Gerichtsbarkeit über die im Lande oder in der Hauptstadt lebenden Franzosen eingeräumt werde, wie dies soeben die Franzosen in Stuttgart verlangten. Aus dieser Instruktion ebenso wie aus allen anderen dieser Jahre geht bereits hervor, daß Montgelas trotz aller Betonung der entscheidenden Wichtigkeit der französischen Unterstützung in der Entschädigungsfrage wie überhaupt in der Außenpolitik doch als oberstes Ziel schon damals stets die Unabhängigkeit und Stärkung des eigenen Staates, auch gegenüber Frankreich, im Auge hat[12].

Die von Montgelas verfaßte Instruktion des Herzogs Max für Rechberg in Rastatt vom 20. 11. 1797[13] zeigt bereits eine Fortentwicklung seiner Entschädigungspläne: Sein Widerstand gegen die in Udine von Bonaparte Österreich in Aussicht gestellte Abtretung des bayerischen Gebiets zwischen Inn und Salzach hat sich versteift. Wir haben bereits gesehen, daß Talleyrand in seinen ‹Considérations pour servir de base aux instructions des Plénipotentiaires de la République au Congrès de Rastatt› vom 2. 11. 1797 die Zusage dieses Gebiets mit den bayerischen Salinen, ebenso wie die Salzburgs und Berchtesgadens an Österreich scharf kritisiert hatte. Daß Montgelas über diese internen französischen Vorgänge Bescheid weiß, spricht er in seiner Instruktion vom 20. 11. selbst

[12] In Württemberg kam erst am Ende dieses Jahres (23. 12. 1797) der energische Herzog Friedrich an die Regierung. Über die dortigen Vorgänge nach dem Frieden mit Frankreich vom 7. 8. 1796: E. *Hölzle*, Das alte Recht und die Revolution, Eine politische Geschichte Württembergs in der Revolutionszeit 1789–1805, München 1931, 154–205.

[13] K. s. 7789.

aus. Rechberg solle den französischen Unterhändlern in Rastatt klar machen, daß der Herzog nie unter Druck auf diese Gebiete, die seit 6 Jahrhunderten ununterbrochen unter bayerischer Verwaltung ständen, verzichten werde und daß er sich in dieser Frage auch bereits an die Kabinette von Berlin und Petersburg gewandt habe. Man habe Informationen darüber, daß das Direktorium nicht traurig wäre, wenn ein fremder Widerstand ihm einen ehrenvollen Vorwand lieferte, sich von den eigenen Zusagen an Österreich zu entbinden, die es im Grunde als den Interessen Frankreichs zuwiderlaufend ansieht.

Um sich die französische Unterstützung hinsichtlich der Integrität Bayerns zu sichern, bekommt Rechberg andererseits hier weitergehende Vollmachten für ein Bündnisangebot an Frankreich, als sie Cetto in der Instruktion vom Juni erhalten hatte. Bedingung hierfür sei, daß die Republik die Integrität Bayerns bewahre und nicht nur ihre guten Dienste anbiete, sondern ausreichende Entschädigungen für die Verluste des Hauses Pfalz auf dem linken Rheinufer förmlich garantiere. Man stützt sich dabei auf die Erklärung, die der damalige Außenminister des Direktoriums Delacroix Cetto am 1. 12. 1796 schriftlich gegeben[14] und die neuerdings dessen Nachfolger Talleyrand wiederholt hatte. Es sei nötig, die französische Regierung nachdrücklich an diese in ihrem eigenen Interesse liegenden Verpflichtungen zu erinnern. Da die Entschädigungen nur auf Kosten der Reichskirche, einiger kleiner weltlicher Staaten und der Reichsritterschaft erfolgen könnten, sei von diesen Seiten mit starken Intrigen ebenso wie mit der «résistance d'apparat» des Kaisers zu rechnen, die, nur mit viel Vorsicht, mit Unterstützung Frankreichs und des von Preußen ausgesprochenen guten Willens (so unterscheidet Montgelas das, was er von Frankreich und von Preußen erwartet) zu überwinden seien. Montgelas fürchtet das Bestreben der innerlich nicht gefestigten französischen Regierung, zu einem sofortigen Friedensschluß zu gelangen, ohne lange Debatten zwischen den Reichsständen aufkommen zu lassen, das auch zu der französischen Schwäche bei den Verhandlungen in Udine geführt habe[15].

Falls diese Befürchtung sich bewahrheitet und Frankreich auf Gebietsabtretungen Bayerns besteht, soll Rechberg versuchen, statt des Gebiets zwischen Inn und Salzach, mit dem der bayerische Salzhandel steht und fällt, ein anderes Gebiet anzubieten: nämlich das Gebiet nördlich der Donau von der böhmischen und oberösterreichischen Grenze westlich bis zur Nab, also vor allem den Bayerischen und den Böhmer Wald. Um es den Großmächten für diesen Zweck zu empfehlen, werden seine Vorzüge unterstrichen: die Arbeitsamkeit seiner Bewohner und seine Bedeutung für die Viehzucht. Fast das gesamte von Bayern ausgeführte

[14] Diese Erklärung in Abschrift K. s. 7789 Beilage 6.

[15] Vgl. G. *Lefebvre*, La Révolution française, Paris 1951, 476.

Vieh, behauptet Montgelas, stamme von dort. Den Franzosen soll man jedoch vertraulich mitteilen, daß eine Zuteilung dieser Gegend an den Kaiser die Wirtschaftskraft Österreichs wesentlich weniger stärken würde als eine solche des wichtigen Salzgebiets zwischen Inn und Salzach. Beide Abtretungen sollen jedoch nur im alleräußersten Notfall diskutiert werden. Das Ziel müsse nach wie vor die Integrität und territoriale Abrundung Bayerns sein.

Die Instruktion empfiehlt Rechberg, in Rastatt engen Kontakt mit der französischen Delegation, auch mit General Bonaparte[16] zu pflegen, dessen Bedeutung Montgelas erkannt hat, und äußerste Vorsicht gegenüber der österreichischen an den Tag zu legen. Mit der preußischen ist ein gutes Verhältnis ohnehin selbstverständlich, da deren Leiter Graf Goertz Rechbergs Schwiegervater und Montgelas' Freund ist. Trotz der Feindseligkeit Kurfürst Karl Theodors sollen dessen Interessen vom Bevollmächtigten des Herzogs von Zweibrücken sehr geschont werden, da sie die Interessen Bayerns sind. Rechberg könne volles Vertrauen in den Leiter der bayerischen Delegation in Rastatt, Graf Preysing, setzen – es ist der gleiche, der sich bei Herzog Max für Montgelas' Anstellung verwandt hat – und in dessen Mitarbeiter, den Regierungsrat Zentner. «Dieser letztere ist vollkommen auf dem laufenden über die wahren Interessen unseres Hauses, und wir glauben uns berechtigt, auf die Aufrichtigkeit und Solidität seiner Grundsätze volles Vertrauen setzen zu dürfen». Rechberg solle sich bei Preysing dafür einsetzen, daß dieser Zentner nach Kräften unterstützt und ihm mit Vorzug alle «schwierigen und delikaten Aufgaben überträgt, die das allgemeine Wohl des Staates besonders betreffen». Rechberg solle auch beide vor den gefährlichen «intrigues ecclésiastiques et nobiliaires» warnen, die den Kurfürsten zu umgarnen suchen, wenn die Frage der Entschädigung Bayerns auf dem Spiel steht. Viel stärker als früher stellt Montgelas hier bereits die Forderung nach *Mediatisierung der Reichsritterschaft* in den Vordergrund. Ohne dieselbe wäre namentlich in Schwaben, der Pfalz und – falls man es bekommt – Franken der Aufbau eines modernen Staats mit einheitlichem, abgerundetem Staatsgebiet unmöglich. Während Montgelas den Kanzler Karl Theodors, Hertling, dringend warnen läßt, als bayerische Vertreter bei den Entschädigungsverhandlungen in Rastatt ausgerechnet Angehörige der Reichsritterschaft, des Klerus oder der kleineren weltlichen Fürstenhäuser, der drei Gruppen, auf deren Kosten allein die größeren Fürsten entschädigt werden können, zu verwenden[17], hat er zu Rechberg, der ebenfalls einer bekannten reichsritterlichen Familie angehört, vollstes Vertrauen.

[16] Über diesen schreibt Montgelas: «Le Général Bonaparte est celui qui par rapport à son influence et à ses grandes qualités mérite le plus de ménagement; son opinion est du plus grand poids et sera souvent décisive».

[17] K. bl. 196/b: Weisung des Herzogs (eigenh. von Montgelas) an Kaeser vom 20. 7. 1797.

Zu den Territorien, die als Entschädigung für Bayern in Betracht kommen, zählt er in der Instruktion vom 20. 11. 1797 auch erstmals die beiden größten süddeutschen Hochstifte, Würzburg und Bamberg, die in der französisch-preußischen Geheimkonvention von Berlin vom 5. 8.1796 Frankreich Preußen als Entschädigung für das Haus Oranien zugesagt hat. Montgelas hofft, daß man trotzdem Preußen bewegen könne, durch gewisse Zugeständnisse auf Kosten dieser Hochstifte den Erbstatthalter anderswo, näher an seinen rheinischen Besitzungen, anzusiedeln. Er schlägt hierfür Jülich vor, das Bayern zwar längst an die Franzosen verloren hatte, das aber nach der offiziellen Version der preußisch-französischen und preußisch-österreichischen Verträge ebenso wie Cleve und das Kurfürstentum Köln noch nicht endgültig an Frankreich abgetreten war. Die beiden fränkischen Fürstbistümer stellten eine geradezu ideale Abrundung Bayerns dar[18].

Als weitere mögliche Entschädigungen für Bayern, die Rechberg je nach Lage der Verhandlungen verlangen soll, führt Montgelas noch an: Die Reichsstadt Nürnberg und ihr gesamtes Territorium. An die Reichsstädte Nürnberg, Augs-

[18] Über die umfangreichen Anweisungen, die Montgelas Rechberg hinsichtlich der speziellen Angelegenheiten des Herzogs von Zweibrücken gibt (linksrheinische Besitzungen und Rechte des Herzogs und seiner Diener, Behandlung der Schulden Herzog Karls: 6 Millionen livres bei Frankreich, 650 000 fl. Hypothek auf den Kanton Bern und die zweibrückischen Besitzungen im Elsaß, 1 275 000 fl. von Preußen, für die Herzog Max verantwortlich zu machen, sich Preußen und Frankreich in den Geheimartikeln des Friedens von Basel geeinigt hatten), gehen wir hier hinweg, da sie später, im Rahmen des Rheinbundes, anders gelöst bzw. verrechnet wurden. Für Herzog Max schlägt Montgelas in dieser Instruktion bis zu seinem Antritt der Gesamterbschaft die Übertragung der rechtsrheinischen Pfalz einschließlich der inklavierten geistlichen Besitzungen vor. Die Interessen von Max als Herzog von Zweibrücken führten zu einem Entwurf eines Vertrages zwischen Frankreich und ihm, der auf Grund einer Vorlage Cettos im französischen Außenministerium im Herbst 1797 angefertigt wurde. Er liegt in Abschrift im Archiv des französischen Außenministeriums mit erläuternden Randbemerkungen eines Mitarbeiters Talleyrands (Corr. politique, Bavière, t. 178, fol. 223r–225v, undatiert) vor einer Note Cettos vom 2. 10. 1797. In den Randbemerkungen des bearbeitenden französischen Beamten heißt es, das linke Rheinufer könne nicht mehr Gegenstand von Verhandlungen sein. Jeder künftige Vertrag könne seine längst vollzogene Abtretung an Frankreich nur noch bestätigen. Eine solche Bestätigung wird entgegen Cettos Vorschlag in den vorliegenden Entwurf eingesetzt, auch für den Fall, daß der Herzog Erbe Pfalzbayerns wird. Dieser Vertrag wird als Muster für alle künftig zu schließenden Verträge mit deutschen Fürsten bezeichnet. Alle Schulden, die auf den linksrheinischen Staaten lasten, werden auf die (künftigen) rechtsrheinischen Besitzungen des Herzogs übertragen. Der Vertrag ist nie in Kraft getreten. Montgelas verstand es später, sehr viel günstigere Bedingungen zu erhandeln. Über die Frage der Gemeindeschulden der linksrheinischen Gebiete fand nach langen erbitterten Diskussionen bereits die Reichsdeputation einen günstigen Kompromiß mit Frankreich (unten Kap. 27 f).

burg und Regensburg mit den in den beiden letzteren gelegenen reichen reichsunmittelbaren Klöstern «und die Macht, sie aufzuheben» sei jedoch nur zu denken, wenn die Franzosen sich endlich von ihrem System lossagten, die Reichsstädte in ihrer Unabhängigkeit zu erhalten. Für den Fall, daß Bayern Gebiete an Österreich abtreten müsse, fordert Montgelas ganz Österreichisch-Schwaben mit Vorarlberg. Hierdurch erhalte Bayern direkte Verbindungen zu Graubünden und der Cisalpinischen Republik und gewinne Eingangspforten nach Tirol. Dies wolle Wien sicher verhindern; wenn Frankreich jedoch auf solchen Kompensationen bestehe, so werde Österreich, meint Montgelas, lieber auf den Erwerb bayerischen Gebiets ganz verzichten. Für den Fall von Abtretungen wünscht er für Bayern ferner das Hochstift Konstanz und andere schwäbische Herrschaften. Auch die bereits früher vorgeschlagenen Abrundungen der Kurpfalz vergrößert er durch einige mainzische Gerichte und andere geistliche Besitzungen. Die angegebenen Objekte solle Rechberg entweder im ganzen oder teilweise fordern «suivant la tournure des affaires et la disposition des esprits».

Abgesehen von diesen letzten Eventualforderungen, mit denen Montgelas im Grunde nur verhindern möchte, daß Österreich Teile altbayerischen Territoriums erhält, ist festzuhalten, daß in dieser territorialen Konzeption bereits – abgesehen von den damals preußischen und daher nicht in Frage kommenden Markgrafschaften Ansbach und Bayreuth – alle Elemente enthalten sind, die tatsächlich das unter dem Ministerium Montgelas entstandene neue Bayern ausmachen[19].

[19] Einer auf Grund dieser Instruktion verfaßten Note Cettos an das Direktorium vom 22. 12. 1797 liegt ein zweibrückischer Entschädigungsplan für Bayern bei, der die bereits genannten Territorien enthält ohne Würzburg, Bamberg und Konstanz, die Reichsstadt Nürnberg (nur 7 ihrer Gerichte), Vorderösterreich, aber zusätzlich mit den Reichsstädten Ulm, Memmingen und Kaufbeuren. Ein gleichfalls beiliegendes Mémoire beziffert die Verluste des Hauses Pfalz links des Rheins folgendermaßen:

	Einwohner	jährliche Einkünfte
Kurpfalz	188 964	1 489 938 fl.
Jülich	203 790	705 773 fl.
Zweibrücken	86 077	614 582 fl.
Dazu zweibrück. Herrschaften unter französ. Souveränität:		
Grafschaft Ribeaupierre		109 483 fl.
Gerichte Bischweiler, Petite Pierre, Selz, Kleeburg, Gutenberg, Hagenbach		192 135 fl.
(Summe)	478 831	3 111 911 fl.

Dies alles nach Aff. Etr. Corr. politique Bavière t. 178 fol. 238 f.

Die Gefahr, daß Österreich ganz Bayern von Frankreich zugestanden worden wäre, hat Montgelas bereits mit Hilfe Preußens und Rußlands und der von Cetto in Paris erhobenen Vorstellungen 1796 abgeschlagen[20]. Nun geht es darum, Bayern, das seinem Herzog ja noch garnicht gehört, zu umfangreichen, sein Gebiet abrundenden Entschädigungen auf dem Rastatter Kongreß zu verhelfen. Die Hauptgegner dieser Politik, mit denen Herzog Max, das heißt Montgelas, während der Beratungen des Kongresses zu kämpfen hat, sind Österreich und, weniger natürlicherweise, Kurfürst Karl Theodor. Die Akten zeigen in diesen Jahren

Wernher gab in seiner von Montgelas in der Instruktion vom 20. 11. 1797 benützten Aufstellung folgende Zahlen an:

	Meilen²	Einwohner	jährl. Einkünfte
Kurpfalz	80	200 000	1 200 000 fl.
Jülich	77	210 000	1 225 000 fl.
Zweibrücken (hier die elsäss. Besitzungen mitgerechnet)	70	159 000	1 038 000 fl.
(Summe)	227	569 000	3 463 000 fl.

K. s. 7789 Beilage 31.

Zentner gibt in seinem Entschädigungsplan vom 14. 3. 1798 an:

Kurpfalz	«gegen 100»	200 000	1 621 000 fl.
Jülich	80	280 000	1 500 000 fl.
Zweibrücken mit elsäss. Besitzungen	36	96 000	915 618 fl.
(Summe)	etwa 216	576 000	4 036 618 fl.

K. s. 9902.

Ein Beispiel für die Unsicherheit der damaligen Schätzungen. Am ehesten dürften die Angaben über die Einwohnerzahlen annähernd zutreffen. Der Unterschied hinsichtlich Zweibrückens rührt daher, daß Wernher und Zentner im Unterschied zu Montgelas-Cetto die Bewohner der elsässischen Besitzungen, die der französischen Souveränität bereits vor 1789 unterstanden hatten, mitzählen, was sachlich falsch ist. Von den Herrschaften unter fremder Souveränität durfte man logischerweise nicht das Territorium und die Einwohner, sondern nur die Einkünfte mitrechnen. Aber auch welcher Unterschied hinsichtlich der Berechnung der Einkünfte der linksrheinischen Gebiete! Die Angaben differieren um fast 1 Million, also ¹/₃ (von der niedrigsten Schätzung aus gerechnet).

Zentner gibt in seinem Gutachten noch zusätzlich Zahlen für die niederländischen Herrschaften Karl Theodors, welche die beiden anderen Schätzer nicht erwähnen:

20 Meilen², 84 000 Einwohner, 110 000 fl. Einkünfte (in Obigem nicht mitgezählt). Vgl. auch oben S. 165 ff.

[20] S. oben Kap. 24 und 25: Besuch in Berlin und die beiden Briefe König Friedrich Wilhelms II. vom 30. 12. 1796 und 12. 1. 1797, K. s. 7789 Beilage 1, und die

ein zähes und abwechslungsreiches Ringen um Bayern gegen die Untätigkeit des Kurfürsten von Bayern, ein Ringen, in dem es darauf ankommt, Preußen und Frankreich auf der Linie ihrer gegebenen Zusagen zu halten und an der Existenz und Vergrößerung der süddeutschen Mittelstaaten als Puffer gegen Österreich weiterhin zu interessieren. Das Gleichgewicht in Deutschland, in Europa, das Prinzip der Mediatisierung der geistlichen und der kleineren weltlichen Fürstentümer, die Umgestaltung der Reichsverfassung, vielleicht ihre Fortexistenz überhaupt, und die zukünftige Gestalt Mitteleuropas stehen dabei zur Diskussion.

von Cetto in Paris übergebenen, im wesentlichen von Montgelas verfaßten Mémoires über die Gefahren einer Vereinigung Bayerns mit Österreich (ebd. Beilage 3): Österreich würde mit Bayern und den inklavierten Hochstiften einen Machtzuwachs von 1000 Meilen² und 2 Millionen Einwohnern sowie ein mögliches Einkommen von nahezu 12 Millionen fl. jährlich gewinnen, ferner Gold-, Silber-, Kupfer-, Blei-, Eisen-, Schwefel-, Vitriol- und Alaunvorkommen, sowie vor allem Salz. Bayern allein umfasse 1½ Millionen Einwohner auf 700 Quadratmeilen, seine Staatseinkünfte betrügen jährlich 8 Millionen fl. (was unter Karl Theodors Mißwirtschaft bei weitem nicht der Fall war, aber hier kommt es darauf an, den Wert Bayerns für Österreich den Franzosen klar zu machen), wozu noch das Vermögen der ehemaligen Jesuiten, das jetzt die Malteser innehätten, im Wert von 6 Millionen, ferner 60 reiche Abteien kämen, schließlich das Salzhandelsmonopol in Oberdeutschland und der Schweiz, sowie «une exportation très conséquente en grains, bestiaux, bois ouvrés et fers». Jeder Kenner Bayerns wisse, daß es kaum einen Zweig der bayerischen Volkswirtschaft gebe, dessen Ertrag sich nicht unter einer besseren Verwaltung in wenigen Jahren verdoppeln lasse. Zur geringen Leistungsfähigkeit der bayerischen Verwaltung und Armee trage die gegenwärtige Zersplitterung in mehrere, fast autonome, räumlich getrennte Fürstentümer nicht wenig bei. Ferner legte Cetto in Paris Montgelas' Mémoire über den bayerischen Salzhandel vor (K. s. 7789 Beilage 4, s. oben Kap. 25b), das ihm am 20. 8. 1797 übersandt worden war, sowie eine am 4. 10. 1797 in Paris übergebene Note, welche die wichtigsten Territorialforderungen für Bayern nochmals zusammenfaßt (K. s. 7789 Beilage 20, ähnliche Zusammenfassung in Korrespondenz Montgelas' mit Herzog Wilhelm von Birkenfeld, die er im Namen von Max führte, K. bl. 196/4d, vom 18. 12. 1797), schließlich eine ältere historische Abhandlung von Montgelas über die böhmischen Lehen in der Oberpfalz, Neuburg und Sulzbach (K. s. 7789, Beilage 25). Die meisten der von Cetto in Paris überreichten Mémoires, die dann dazu beigetragen haben, Talleyrands Interesse an der Unabhängigkeit und Entschädigung Bayerns zu wecken, befinden sich in Paris, Aff. Etrangères, Corr. politique, Bavière, t. 178.

27. *Montgelas während des Rastatter Kongresses. Politik für Bayern gegen den bayerischen Kurfürsten*

a) Karl Theodors außenpolitisches Versagen. Montgelas' Kampf um Entschädigungen für Bayern. Am 17. November 1797 sollte der Kongreß zu Rastatt zusammentreten; erst 14 Tage später konnte er seine Arbeit aufnehmen, nachdem der österreichische Hauptbevollmächtigte Graf Metternich, der Vater des späteren Staatskanzlers, eingetroffen, der ungeduldige Chef der französischen Delegation, General Bonaparte, aber schon wieder abgereist war. Im Frieden von Campo Formio war beschlossen worden, daß auf dem Kongreß von Bevollmächtigten des Reiches und der Französischen Republik nach 5½jährigem Kampf der Reichsfrieden ausgehandelt und beschlossen werden sollte. Zur Auswechslung der Ratifikationsurkunden des Friedens von Campo Formio, die gleichfalls hier stattfinden sollte, war es nötig, daß zunächst in Ausführung dieses Vertrages ein Abkommen über die Räumung von Mainz durch die kaiserlichen, von Venedig durch die französischen Truppen geschlossen wurde. Dies besorgte Bonaparte mit Cobenzl vom 18. 11. bis zum 1. 12. 1797. Erst nach Beginn der Verhandlungen, ab Januar erkannten die anderen Delegierten mit Sicherheit den eigentlichen Zweck, den Frankreich mit diesem Kongreß auf Grund der Geheimartikel des Friedens von Campo Formio verfolgte, nämlich die endgültige Abtretung des linken Rheinufers und die Durchführung der Entschädigungen für die weltlichen deutschen Fürsten, auch den Kaiser, aus vorwiegend geistlichen Territorien des rechtsrheinischen Deutschland[1].

[1] Über den Rastatter Kongreß: H. *Hüffer*, Der rastatter Congreß und die zweite Coalition, 2 Bde., Bonn 1878/79; A. Ritter von *Vivenot*, Zur Geschichte des Rastatter Congresses, Wien 1871 (wertvoll durch die 371 S. umfassende Edition von Briefen Thuguts); P. *Bailleu*, Preußen und Frankreich 1795–1807, Diplomatische Correspondenzen, Bd. 1, Leipzig 1881, hier besonders 155–282; P. *Montarlot*, L. *Pingaud*, Le Congrès de Rastatt, Correspondances et documents, Paris 1912/13, 3 Bde.; Politische Correspondenz Karl Friedrichs von Baden 1783–1806, Bd. 3, hg. von K. *Obser*, Heidelberg 1893, Einleitung und 1–252.

Überblick über Verlauf und Probleme außerdem (genaue Titel oben in Kap. 18, Anm. 1): *Sybel*, Bd. 5, 1879, 5; *Sorel*, Bd. 5, 1903, 259–401; *Braubach* in Gebhardt Bd. 3, 25 ff.; K. von *Raumer*, 112–115; *Godechot*, Bd. 1, 235–248; *Lefebvre* (1951) 508 f.; besonders wichtig jetzt: *Aretin*, Heiliges Römisches Reich ..., Bd. 1, 345–435. Über die Instruktion Talleyrands für die französischen Delegierten Bonnier und Treilhard s. oben Kap. 25b und 25c.

Bereits 1795 war für die Friedensverhandlungen eine Reichsdeputation eingesetzt worden, die nun in Rastatt das Reich vertrat. Sie bestand nach konfessionellem Proporz in der Gruppe der Kurfürsten aus Mainz, das wie auf dem Reichstag den Vorsitz führte, und Sachsen, in der Gruppe der Fürsten aus Österreich, Bayern (beide hier als Herzogtümer auftretend) und Würzburg auf katholischer, Bremen (Hannover), Hessen-Darmstadt und Baden auf evangelischer Seite, ferner aus den Reichsstädten Augsburg (das, obwohl konfessionell gemischt, nach Verlust der katholischen Reichsstädte Köln und Aachen hier als ‹katholische› Reichsstadt aufgestellt war) und Frankfurt. Daneben spielte natürlich, obwohl nicht unmittelbar an den Friedensverhandlungen beteiligt, Preußen als dritte hier vertretene, und zwar als neutrale, Großmacht auf dem Kongreß eine wichtige Rolle, die allerdings unter der permanenten Uneinigkeit der drei Delegierten Goertz, Jacobi und Dohm, an dem Gegensatz zwischen Goertz und Hardenberg, die zum Beispiel dem Herzog von Zweibrücken einander widersprechende Ratschläge gaben[2], und an der fortschreitenden Schwäche und Unschlüssigkeit der Berliner Regierung litt. Der Delegation gehörte als Vertrauensmann Hardenbergs der Sekretär (Ritter von) Lang an, der den Hauptakteuren des Kongresses in seinen Memoiren ein kurioses Kapitel widmet. Selbstverständlich hatten auch die anderen wichtigeren deutschen Staaten Delegierte nach Rastatt entsandt, die geistlichen, um gegen, die weltlichen, um für die Säkularisation und damit für territoriale Entschädigungen zu kämpfen. Die größten Verluste hatte unter den weltlichen Fürsten auf dem linken Rheinufer der Kurfürst von Pfalz-Bayern mit Jülich, den niederländischen Herrschaften und einem großen Teil der Kurpfalz erlitten[3]. Dann folgten Preußen mit Cleve, Mörs, Mark und Geldern, der Herzog von Zweibrücken, Baden und - in viel geringerer Größenordnung – Württemberg, Hessen-Darmstadt, Hessen-Kassel, Nassau-Saarbrücken, Nassau-Weilburg, von der Leyen, der Kaiser selbst und andere Reichsstände.

Der Kurfürst von Bayern war jedoch nicht zu bewegen, sich für Entschädigungen einzusetzen. Entsprechende Anträge seiner Mitarbeiter lehnte er unwillig ab und begnügte sich mit der utopischen Hoffnung, man werde vielleicht doch das linke Rheinufer zurückerhalten; im übrigen schloß er sich willenlos der österreichischen Politik an und vertrat den fatalistischen Standpunkt, man könne doch keinen Einfluß auf die Verhandlungen der Großmächte nehmen. Die Last der Wahrung der Interessen Pfalz-Bayerns lag daher beim Herzog von Zweibrücken,

[2] Montgelas klärt den Herzog darüber auf, daß Graf Goertz als Informant über die Berliner Politik wichtiger und zuverlässiger sei als der in der Hauptstadt befehdete Hardenberg und sein Freund Heymann. MA 1, 12. 9. 1798.

[3] S. 166 f., 358 f.

dessen Geschäfte Montgelas und nach seinen Weisungen der zweibrückische Bevollmächtigte in Rastatt, Alois Frhr. von Rechberg und der Gesandte in Paris, von Cetto, besorgten. Den Kurfürsten bestärkte in seinem Immobilismus und in seiner Österreichhörigkeit der Minister Graf Leiningen, der Gemahl einer natürlichen Tochter Karl Theodors, während die Minister Hertling, Hompesch, Tattenbach und schließlich auch Vieregg im Grunde erkannten, was die Lage erforderte, ihre Instruktionen an die Rastatter Vertretung teilweise im geheimen Einvernehmen mit den Vertretern des Herzogs, Prinz Wilhelm und Kaeser, d. h. aufgrund der Weisungen von Montgelas abfaßten, dem Kurfürsten aber nicht energisch zu widersprechen wagten. Ihre nützlichen Instruktionen wurden in der Regel durch zusätzliche geheime des Kurfürsten und Leiningens widerrufen. Auch die Mehrheit der Angehörigen der bayerischen Abordnung bei der Reichsdeputation: Graf Preysing und sein fähigerer Nachfolger als deren Leiter, Graf Morawitzky, sowie die Räte Zentner und zeitweise Krenner und Branca, spätere Mitarbeiter des Ministers Montgelas, waren damals ‹im System› des Herzogs und Montgelas'. Aber ihnen war ein Spitzel des Kurfürsten und Leiningens, nach dem Muster der in München praktizierten Übung, beigegeben worden in Gestalt des Legationsrats Schlemmer, eines Vertrauten Lehrbachs, der sie zu beobachten hatte, ob sie etwa Kontakte zu Zweibrücken, Preußen und Frankreich anzuknüpfen versuchten.

Schon am 12. 8. 1797 berichtet Kaeser aus München an den Herzog, er habe den Staatskanzler Hertling auf die Gefahren hingewiesen, die für Bayern aus der Haltung des Kurfürsten erwachsen, und ihm eine von Montgelas verfaßte Depesche vorgelesen. Hertling habe die Berechtigung dieser Gedanken anerkannt, jedoch erklärt, er wage es nicht, darüber mit dem Kurfürsten zu sprechen. Er sei überzeugt, dann dessen Vertrauen und damit jede Möglichkeit, in Zukunft nützlich zu sein, zu verlieren. Hertling versicherte, daß dieser Fürst ihm «absolument inconcevable« erschiene[4]. So, wie auch bis zum Ende der Regierung, weigert sich Karl Theodor trotz aller Vorstellungen über die Dringlichkeit, einen Gesandten nach Paris zu entsenden. Als Leiningen im Oktober in Rohrbach einen Besuch macht, kann man mit ihm in kein Gespräch kommen; er gibt nur «déclamations générales» von sich[5]. Da das Direktorium infolge der feindseligen Haltung des Kurfürsten immer mehr dazu neigt, Bayern eventuellen Verhandlungen mit Österreich zu opfern, versuchen Cetto und Rechberg auf Grund der Instruktionen von Montgelas bei Frankreich die Persönlichkeit und Politik des Kurfürsten trotz allem zu verteidigen und seine Haltung allein als eine Folge des österreichi-

[4] K. bl. 196/5c.

[5] Ebd., Max (Montgelas) an Kaeser 27. 10. 1797.

schen Druckes hinzustellen[6]. Ende 1797 zeichnen sich die Gefahren noch deutlicher ab. Der Herzog erfährt aus Paris, Rastatt und dem österreichischen Hauptquartier, Frankreich und Österreich seien daran, sich nun doch trotz der früheren Bedenken Talleyrands darauf zu einigen, daß der Kaiser gegen die Abtretung des linken Rheinufers mit Salzburg, Passau, Berchtesgaden und Bayern rechts des Inn, also mit allen Salinen, entschädigt werden solle. König Friedrich Wilhelm III. hat dem Herzog zwar Unterstützung zugesagt, aber gleichzeitig hat sich Karl Theodor in gefährlicher Weise mit der anderen Unterzeichnermacht des Friedens von Teschen, Rußland, überworfen. Die blinde Ergebenheit gegenüber Österreich ersetzt in München immer noch jede Politik[7]. Max will dazu beitragen, Petersburg zu beruhigen. Montgelas legt in eine von ihm, wie üblich, entworfene Weisung des Herzogs an den Beauftragten in München, Kaeser, außer der Empörung über die Zustände unter Karl Theodor noch seinen eigenen Ärger darüber, daß der Kurfürst und seine Mitarbeiter versuchen, ihm durch Verleumdungen das Vertrauen des Herzogs zu rauben: «Ich kann wahrheitsgemäß sagen, daß ich niemals aufgehört habe, über das allgemeine Wohl zu wachen, und daß wir längst einen dauerhaften und ehrenvollen Frieden hätten, wenn der Chef meines Hauses und seine unwürdigen Agenten nicht anstatt auf meine Vorschläge einzugehen lieber gegen mich beleidigenden Argwohn gesät und versucht hätten, diejenigen niederträchtig zu vernichten, denen ich mein Vertrauen geschenkt habe ... und ich kann wahrhaft sagen, daß, wenn dieses Land ganz oder zum Teil gerettet wird, man es meinen Bemühungen zu verdanken haben wird»[8]. Daß die Österreicher nach der Aufgabe des linken Rheinufers mit Mainz ihre zurückgenommenen Truppen zwischen Lech und Inn aufstellen, macht auf den Kurfürsten keinerlei Eindruck. «Dieser Fürst ist so ruhig, als handle es sich um die Staaten des Großtürken. Er beantwortet meine Briefe in der kühlsten Art»[9]. Montgelas spricht im Namen des Herzogs von dem «état de nullité et de servilité incurable de la Cour où vous êtes»[10]. Kaeser hatte zuvor chiffriert aus München berichtet: «Der Kurfürst hält fest an der Vorstellung, daß er nichts von seinen Staaten verlieren werde. Die Minister sehen sich verwundert an ob dieser Gewißheit. Graf Leiningen selbst weiß nicht, wie er sich die Sicherheit dieses Fürsten erklären soll. Vor-

[6] K. s. 7789, Instruktion v. 20. 11. 1797; K. bl. 196/5c, Max (Montgelas) an Kaeser, 27. 10. 97; Cetto soll in Paris die Nichtratifizierung der Konvention von Pfaffenhofen zu rechtfertigen versuchen; dasselbe tut Kaeser, ab September 1798, gegenüber dem französischen Gesandten in München Alquier, K. bl. 196/5d.

[7] K. bl. 196/5c, Max (Montgelas) an Kaiser, 9. und 11. 12. 1797.

[8] K. bl. 196/5c, 12. 12. 97, an Kaeser, Orig. wie üblich franz.

[9] Ebd., Max (Montgelas) an Kaeser 16. 12. 97.

[10] Ebd., an Kaeser, 22. 1. 1798.

gestern unterbreiteten sie ihm die Idee, einen Gesandten nach Paris zu senden. Er lächelte und sagte ihnen, daß man vor allem die Rückkehr des Generals Bonaparte nach Rastatt abwarten müsse»[11]. Jedermann wußte, daß Bonaparte gar nicht daran dachte, nach Rastatt zurückzukehren. «Die Franzosen haben den Brückenkopf Mannheim eingenommen. Die Hindernisse wachsen so mit jedem Schritt, und alle Tage vervielfacht die unbegreifliche Apathie des Kurfürsten die Chancen unserer Vernichtung»[12].

Die französischen Vorschläge in Rastatt über Abtretung des linken Rheinufers und Entschädigungen durch Säkularisationen hatte Karl Theodor in einer sehr scharfen öffentlichen Stellungnahme ablehnen lassen, ungerührt davon, daß sowohl Preußen als auch Österreich diese Forderungen in ihren Verträgen mit Frankreich längst anerkannt hatten und daß die anderen weltlichen Staaten, allen voran Württemberg und Baden, ebenfalls diese Grundsätze akzeptiert hatten und bereits mit Hochdruck verhandelten, um so viel Entschädigungen wie möglich zu erhalten. Montgelas sucht im Auftrag des Herzogs, für Bayern zu retten, was zu retten ist. Talleyrand gibt Cetto erneut zu verstehen, daß die von Bonaparte in Udine zugesagte Abtretung südostbayerischen Gebiets an Österreich «noch nicht garantiert» sei. Montgelas schreibt, nach dem unwiederbringlichen Verlust von Mainz gäbe es am Rhein auf hundert Meilen keine Macht mehr, die den Franzosen Widerstand leisten könne. Auch die Reichsdeputation habe nachgegeben und um Bekanntgabe des französischen Entschädigungsplanes gebeten. Ausgerechnet dies sei der Augenblick, den der Kurfürst gewählt hat, um sich eine «diatribe ridicule» gegen die Säkularisationen und die französischen Vorschläge zu erlauben[13].

Die ungünstigen Folgen zeigen sich bald. Talleyrand erklärt Cetto gegenüber, nach der Demarche des Kurfürsten sei es ihm sehr viel schwerer geworden, die Angelegenheiten des Hauses Bayern zufriedenstellend zu regeln. Die französischen Unterhändler machen Rechberg in Rastatt heftigste Vorwürfe, so als ob Herzog Max für die Politik Karl Theodors mitverantwortlich wäre[14]. Die chiffrierten Depeschen Kaesers, der laufend mit den Ministern Karl Theodors in Verhandlung steht, erbringen immer neue Beweise für die Unfähigkeit des Kurfürsten. Dieser verläßt sich in allem auf Wien, während die österreichischen Diplomaten sich über ihn lustig machen. Auf Intervention des kaiserlichen Gesandten Graf Seilern veranlaßt Karl Theodor den Leiter seiner Delegation in

[11] Ebd., 28. 12. 97.

[12] K. bl. 196/4d, Max (Montgelas) an Herzog Wilhelm, 26. 1. 98.

[13] Max (Montgelas) an Kaeser, 10. 2. 1798, K. bl. 196/5d.

[14] Desgl. 20. 2. 1798, ebd.

Rastatt, Graf Preysing, zum Rücktritt, weil er sich mit französischen Diplomaten unterhalten hat, ebenso den Sekretär von Branca. Durch Zufall bekommt Preysing einen diplomatisch weit fähigeren und ebenso selbständigen und wenig österreichhörigen Nachfolger in Graf Morawitzky. Kaeser berichtet, der Haß in Bayern gegen die Regierung sei unaussprechlich, eine Beobachtung, die ja auch die allgemeinen Bekundungen der Volksfreude im Lande bewiesen, als Karl Theodor ein Jahr später starb.

Dennoch macht Kaeser auf eine Erscheinung aufmerksam, die zwar wenig bekanntgeworden ist, aber in der damaligen Lage doch nicht zu unterschätzen war. Wie schon ein Teil der bayerischen Aufklärer und Illuminaten in den achtziger Jahren die Herrschaft Kaiser Josephs II. für Bayern der Karl Theodors vorgezogen hätten, so gibt es jetzt viele, die laut erklären, man wolle lieber ganz unter österreichischer Herrschaft leben als unter dieser apathischen Regierung. Zu denen, die so sprechen, gehören auch früher antiösterreichische Patrioten und ein großer Teil der konservativen Führungsschicht. Bei dieser, besonders beim Adel und den Klöstern, aber auch bei wohlhabenden Bürgern, hat die enge Bindung an Österreich noch andere Gründe, die ein von Kaeser übersandtes deutsches Mémoire einige Monate später auseinandersetzt: Aus Mangel einer ordentlichen und sicheren Bank in Bayern haben Tausende von begüterten Bayern ihr Geld auf die Wiener Stadt-Bank gelegt, in einer Gesamtsumme von etwa 10 Millionen fl. (was etwa 2 Jahreseinnahmen des bayerischen Staates entspricht). Von diesem großen Personenkreis verlangt die kaiserliche Regierung über die Stadtbank seit Juni 1798 auch noch eine Art von Zwangsdarlehen, das weitere 3 Millionen fl. aus Bayern abfließen lassen würde. Der Verfasser bezeichnet es als höchst bedenklich, daß Tausende von Bayern aus der Klasse der Vermögenden ihr Geld ihrem an Kredit so armen Lande entziehen und es in Österreich plazieren, wodurch sie interessenmäßig an den Kaiserstaat gebunden werden. «Wer glaubt, daß Österreich in Bayern keinen sehr großen Anhang habe, der irrt sich sehr. Ein großer Teil des Adels, viele Dikasterianten» (höhere Beamte) «und eine Menge Bürger sind ganz dahin ergeben. Hauptsächlich ist es der Landmann, dem vor einer Unterwerfung an Österreich bangt. Der Hauptgrund ist, weil ihm die Konskription ein Greuel ist. Sollte diese Maßregel dermaleinst nicht mit äußerster Vorsicht eingeführt werden, so würde dies unfehlbar sogleich alle Herzen entfernen. Die Nation muß unmerklich von dem Abscheu am Soldatenstande abgeführt werden, und um dazu zu gelangen, muß man sich nach den älteren Verordnungen richten und fürs erste nur die Landfahnen oder die Miliz herstellen». – Es sei ein schwerer Mangel, daß die bayerische Regierung nicht den Weitblick und die Festigkeit besessen hätte, eine eigene wohleingerichtete Kredit-Anstalt zu schaffen. Nunmehr sei alles private Gold im Ausland und der Staat ohne Kredit und ohne Mittel[15]. Schon früher hatte Kaeser den bayerischen Finanzminister vor der Erhebung einer neuen Steuer gewarnt wegen der Stimmung des Volkes, das bei noch stärkerer Belastung nach seiner Meinung lieber ganz zu Österreich gehören würde – das es in diesem Falle weit mehr schonen würde – als immer neue Opfer für diese Macht bringen zu müssen[16]. Wenn auch diese Berichte ohne Zweifel die historische Abneigung breiter Volksmassen und auch eines erheblichen Teils der Stände – wie die Außenpolitik der Landschaftsverordnung in dieser Zeit beweist – gegen den stärkeren österreichischen Nachbarn zu unterschätzen scheinen, so ist es sicher richtig, daß ein anderer großer Teil, der viele Anhänger ebenfalls beim Adel und beim besitzenden Bürgertum sowie bei den Prälaten besaß, sehr österreichfreundlich war. Auch unter dem Ministerium Montgelas werden die österreichischen Gesandten immer wieder berichten, wie groß ihre Anhängerschaft beim Münchner Adel ist; aus der Beamtenschaft werden sie ebenfalls stets, im Gegensatz zu den der Regierung näherstehenden Franzosen, mit allem Geheimmaterial versorgt, das sie wünschen.

b) Zusammenarbeit mit der bayerischen Delegation in Rastatt, insbesondere mit Zentner, in der Frage der Entschädigung durch Säkularisationen. Daß durch die Untätigkeit und die unrealistische Einschätzung der politischen Lage auf Seiten Karl Theodors für den Fortbestand Pfalz-Bayerns schwere Gewitterwolken aufziehen, merken nicht nur die Zweibrückener, sondern auch viele Mitarbeiter des Kurfürsten, vor allem in der bayerischen Delegation innerhalb der Reichsdeputation zu Rastatt. Darüber geben die Briefe Zentners an den Vizepräsident der Regierung der Pfalz, Frhr. von Reibelt, Aufschluß[1]. Beide arbeiten heimlich eng mit Montgelas zusammen. Kurz vor dem Abschluß des Friedens von Campo Formio schreibt Zentner: «Wenn man nun nicht anfängt, klarer zu sehen, so will man blind bleiben. Man wird auf der anderen Seite (er meint hier Herzog Max und Montgelas) aufs tätigste für die Erhaltung einer politischen Existenz unseres Hauses sorgen…»[2]. Und nach dem Bericht über den Rücktritt Preysings als Leiter

[15] Denkschrift von der Hand Kaesers (von ihm abgeschrieben?), von 8 Seiten, München, 29. 6. 1798, K. bl. 196/5d.

[16] Kaeser an Max, 9. und 12. 12. 97, K. bl. 196/5c.

[1] K. s. 9902. *Dobmann*, Zentner, 1962, kennt diesen Schriftwechsel nicht.

[2] K. s. 9902, 16. 10. 97, an Reibelt. Auch Reibelt spricht in seiner Antwort auf ein eigenhändiges Schreiben, das Montgelas, Karlsruhe, 3. 2. 98, an ihn gerichtet hatte, von «unserer sehr prekären gegenwärtigen Existenz», die gekennzeichnet ist durch fortwährende Bedrohungen und denen wir (d. h. Pfalzbayern unter Karl Theodor) nur «une parfaite résignation» entgegenzusetzen haben. Wo bleiben die Indemnitäten für das überrheinische Gebiet! «Des instructions contraires à l'état de la question, la lévee du bouclier par la fameuse circulaire, un asile récemment accordé aux émigrés, sont-ce des

der bayerischen Delegation in Rastatt: «Indessen stehen unsere Geschäfte ganz still. Wenn man uns in diesem gelähmten Zustand läßt, besonders in der nahen Epoche, wo gehandelt werden muß, so sind wir verloren, wenigstens sprechen wir nicht mit, wenn man unser Schicksal bestimmt ... Es wäre noch vieles für unser Haus zu erhalten». Die Franzosen haben Zentner gesagt, auch Franken (Würzburg und Bamberg) sei noch zu haben; die Preußen beanspruchten es nicht. «Die Lage ist zum Verzweifeln»[3]. Zentner erwähnt in seinen Briefen an Reibelt vor 1798 stets Montgelas mit der größten Hochachtung. Montgelas besucht ihn häufig in Rastatt, unterrichtet ihn über die Lage und zieht mit ihm «den erforderlichen Operationsplan in reife Erwägung»[4].

In dieser Situation macht sich Zentner, anscheinend ohne Auftrag, ans Werk und entwirft von sich aus einen Entschädigungsplan für die pfalzbayerischen Staaten vom 14. 3. 1798[5]. Der Entschädigungsplan von Montgelas vom Juni 1797 liegt ihm dabei vor, ebenso wie er ständig mit Montgelas in Gedankenaustausch steht[6]. Er fordert für Altbayern im ganzen die gleichen geistlichen und reichsstädtischen Territorien wie Montgelas, einschließlich Würzburgs und Bambergs, der Reichsstädte Nürnberg und Augsburg. Zusätzlich fordert er noch weit mehr kleinere Reichsstädte als Montgelas. Er sieht bereits den Eintausch Ansbachs gegen Berg vor. Zentner legt jedoch mehr Wert als Montgelas auf den Gedanken der Landbrücke von der rechtsrheinischen Kurpfalz nach Altbayern, während Montgelas bereits in dieser Zeit mit dem Gedanken spielt, bzw. die Notwendigkeit voraussieht, die gesamte Kurpfalz aufzugeben, und dafür weitere Entschädigungen im Umkreis und zur Abrundung des altbayerischen Kernlandes zu gewinnen. Eine besondere Spezialität Zentners, der in Rastatt und auch später unter Montgelas in Bayern Sachbearbeiter für reichsrechtliche Fragen ist, liegt in der Berechnung der Reichstagsstimmen der zu mediatisierenden Herrschaften. Diese Stimmen sollen alle aufrechterhalten und am Reichstag von den bayerischen Vertretern geführt werden. Schließlich befaßt sich Zentner, der Heidelberger Professor, besonders mit der Frage, wie man der Universität Heidelberg ihre Einkünfte, die größtenteils aus dem linksrheinischen Gebiet kamen, retten oder ihr aus rechtsrheinischen Stiften Ersatz schaffen könne.

titres à nous concilier l'esprit de ceux qui régénéront l'Empire agonisant? – J'intonerais déjà mon de profundis, si je ne croyais pas aux miracles, et celui de nous sauver est donné au Duc de Deuxponts.»

[3] K. s. 9902, Zentner an Reibelt, Rastatt, 23. 1. 98.

[4] So Zentner an Reibelt, ebd., 4. 6. 98.

[5] K. s. 9902, Abschrift, 21 Seiten; Zentners eigenhändiger Entwurf MA 54.

[6] Wie seine Briefe an Reibelt, K. s. 9902, ebenso wie z. B. die Instruktion Montgelas' für Rechberg vom 20. 11. 97, K. s. 7789, zeigen.

Während der Pfälzer Zentner mehr Wert auf die Pfalz und auf ihre Landverbindung zu Altbayern legt als Montgelas, lehnt er im Gegensatz zu jenem Entschädigungen in Schwaben ab, weil er, anders als Montgelas, nicht glaubt, daß man die dortigen Territorialsplitter in eine geschlossene und nach einheitlichen Grundsätzen zu verwaltende Landmasse umwandeln und mit Bayern verbinden könne, und weil er Ersatzforderungen Österreichs fürchtet. Schließlich meint er, wenn Deutschland der Gefahr einer Revolution ausgesetzt sei, so greife diese zunächst von der Schweiz, die sich bereits in revolutionärer Gärung befindet, und Italien nach dem deutschen Südwesten über. «Es ist daher zu wünschen, daß wir keine unmittelbaren oder nahen Berührungspunkte gegen sie erhalten, und daß vielmehr eine Macht von erster Größe, wie Österreich, durch eigene Besitzungen ein unmittelbares Interesse behält, auf diese Staaten aufmerksam zu sein und alle revolutionären Ausbrüche, die daher geschehen und unterhalten werden könnten, vom deutschen Boden abzuhalten». Diese Besorgnis einer-, diese Hoffnung andererseits lagen Montgelas völlig fern. Er fürchtet das revolutionäre Frankreich stets weniger als Österreich. Wir sahen bereits, daß er nach Möglichkeit für Bayern ganz Österreichisch-Schwaben mit Vorarlberg fordern wollte und es gerade als Vorteil ansah, daß Bayern hierdurch Zugang zu den Tälern Graubündens und zur Cisalpinischen Republik und Eingangstore nach Tirol gewinnen würde.[7] Allerdings wollte er diesen Vorschlag, von dem er wußte, wie unbequem er Österreich war, auch als Druckmittel verwenden, um Österreich von der Forderung nach dem Inn-Salzach-Gebiet abzubringen. Die Revolutionierung Deutschlands im französischen Sinn jedenfalls hat Montgelas nie für eine wirkliche Gefahr gehalten, zumindest, wenn sie von außen herangetragen wurde[8]. Eine von der Landschaft inspirierte Erhebung der Bayern gegen die österreichische Bevormundung und gegen das unbeliebte Regime Karl Theodors hielt er da-

[7] K. s. 7789, Instruktion für Rechberg vom 20. 11. 97.

[8] S. oben Kap. 17 und 18. Am 22. 6. 1798 bemerkt er in einem Bericht an den Herzog, die angeblichen Pläne Frankreichs zur Revolutionierung Deutschlands – vor denen übrigens auch Zweibrücken Talleyrand warnen läßt – seien eine englische Lüge. Die Schweiz stelle einen Sonderfall dar. Ihre Oligarchie habe dauernd gegen Frankreich konspiriert. Montgelas beruft sich hierbei auf Erklärungen de Brys und Berichte Cettos (MA 1). Die Richtigkeit dieser Behauptung bestätigen auch die Berichte des wohlunterrichteten preußischen Gesandten in Paris, Sandoz-Rollin. Schon am 7. 1. 1797 berichtete er z. B., das Direktorium habe einen Abgesandten aus den rechtsrheinischen Gebieten, der eine Liste mit 1500 Unterschriften aus Baden und Württemberg vorlegte mit der Bitte, Frankreich möge eine Revolutionierung dieser Länder ermöglichen, trotz der mit ihren Regierungen abgeschlossenen Sonderverträge, scharf zurückgewiesen (*Bailleu* I, 108). Daß das Direktorium 1798/99 gegen eine Revolutionierung Süddeutschlands war, zeigt auch *Hölzle*, Das alte Recht . . ., 239 ff.; vgl. auch unten Kap. 27e.

gegen für nicht ausgeschlossen und fürchtete sie, weil sie den Kaiserlichen den Vorwand zur Unterwerfung Bayerns geliefert hätte.

Das Wesentliche an Zentners Entschädigungsplan ist, daß er hiermit einen Vorstoß an seinem, dem bayerischen Hofe machen wollte, um Karl Theodor zu veranlassen, die Notwendigkeit von Entschädigungsverhandlungen – die Montgelas schon seit 1½ Jahren betonte – überhaupt einmal anzuerkennen. In einem kurz zuvor an Karl Theodor aus Rastatt gerichteten ‹Votum› vom 28.2.1798[9] hält Zentner dem Kurfürsten ein ziemlich ironisches Privatissimum, das, gemessen am sonstigen höfischen Stil deutscher Berichte an einen Fürsten, fast respektlos wirkt. Er unterzieht darin die bisherigen kurfürstlichen Instruktionen an die bayerische Vertretung in der Reichsdeputation einer vernichtenden Kritik:

«Die letzte gnädigste kurfürstliche Instruktion für die diesseitige Gesandtschaft scheint zwar die höchste großmütigste Entschließung auszudrücken, wenn man der Übermacht weichen müsse, lieber glücklichere Zeiten abzuwarten, als in Abtretung der kf. Erbstaaten und auf Unterhandlungen über Entschädigungen, die nur auf Unkosten anderer Reichsstände geschehen müßten, sich einzulassen. Allein, wenn ich den Sinn derselben richtig verstehe, so wollen Seine Kf. Durchlaucht nicht selbst zur Abtretung ihrer Länder mitwirken und dadurch zur Beraubung ihrer Mitstände Anlaß geben. Allein, für den Fall, wo das Reich selbst oder die dasselbe vertretende Deputation die Abtretung ihrer Erbstaaten zu seinem Besten, zur Erhaltung des Ganzen beschließt, und durch dieses Factum sich eo ipso jedem, der dadurch leidet, aus dem Societäts-Verbande zu einem verhältnismäßigen Ersatze verbindlich machet, kann ich mir nicht einmal erlauben, zu vermuten, daß Seine Kf. Durchlaucht auf Ihr wohlgegründetes Recht zum ewigen Nachteil Ihres Hauses hier werden wollen Verzicht tun. Freilich wird der Ersatz nicht anderst können geleistet werden als durch Säkularisationen, also durch Zernichtung anderer Reichsstände.

Allein: 1. Dieses ist die notwendige Folge eines mit so vielem Unglück geführten Krieges, und nicht einer Handlung Seiner Kf. Durchlaucht, höchstwelcher nichts davon imputiert werden kann. 2. In casu collisionis kann jede höchste Gewalt auch zu außerordentlichen Rettungsmitteln greifen. Sie wählt diejenigen, durch welche der Zweck am leichtesten erreicht wird und wodurch die Verfassung im ganzen am wenigsten leidet. Das Kirchengut ist in allen Zeiten und in allen Staaten als ein solches Rettungsmittel angesehen worden. Hat man zu Zeiten des Westfälischen Friedens einen Teil davon zur Wiederherstellung der Ruhe in Deutschland aufopfern können, warum sollte man dazu anjetzo weniger berechtigt sein? Ich glaube dahero nach meinen Pflichten darauf antragen zu müssen.»

[9] K. s. 9902, eigenhändig.

Zentner führt weiter aus, außerhalb der Säkularisationen sei vom Reich niemals Entschädigung zu erhoffen. Er zitiert den «ehrlichen seligen Moser» dafür, daß das Reich noch niemals seiner Verpflichtung nachgekommen sei, Kriegsschäden zu ersetzen. Sinn hätten nur Verhandlungen mit Frankreich, Österreich und Preußen. Er beantrage, einen Entschädigungsplan aufzustellen und die Rastatter Gesandtschaft zu beauftragen, sich darüber mit dem pfalzzweibrückischen Gesandten zu benehmen.

Obwohl diese Vorstellungen Zentners beim Kurfürsten offenbar ungehört verhallten, stellte er seinen schon behandelten Entschädigungsplan vom 14. 3. 1798 auf. Gegen seinen Plan sprechen sich in Gutachten der Regierungspräsident der Pfalz von Lamezan – aus reichspatriotischen Gründen – und der bayerische Minister Frhr. von Hompesch – der gegen eine Abtretung seiner niederrheinischen Heimat und gegen Säkularisationen ist – aus. Die Partei Zentners ergreift dagegen entschieden der Ingolstädter Professor, Regierungsrat und spätere Mitarbeiter von Montgelas, Franz von Krenner[10].

Zentners Mémoire, Krenners Gutachten dazu und die vielen von Montgelas entworfenen Briefe und Noten, die Herzog Max nach München richtet, haben keineswegs den Erfolg, Karl Theodor zu größerer politischer Aktivität zu veranlassen. Max hat ihm Ende Februar wieder eine lange, von Montgelas verfaßte Depesche gesandt und ihn aufgefordert, nicht mehr länger vergeblich auf dem linken Rheinufer zu bestehen, das unhaltbar ist, nachdem die beiden deutschen Großmächte und die meisten anderen interessierten Staaten nachgegeben haben. Karl Theodor solle vielmehr auf die Erhaltung Bayerns und auf angemessene Entschädigungen dringen und mit Zweibrücken zusammenarbeiten.[11].

c) Herzog Max und Montgelas in München (Mai 1798). Karl Theodor bleibt beim alten System und sucht Montgelas auszuschalten. Immerhin scheinen die Vorstellungen den einen Erfolg zu haben, daß Karl Theodor die Herzöge Max und Wilhelm nach München zur Besprechung der gemeinsam interessierenden Angelegenheiten, besonders der Entschädigungsfrage, einlädt. Montgelas versucht bereits seit einiger Zeit, seinen Herzog von einer Reise nach München abzuhalten. Die große Gefahr, der Montgelas bis zum Tode Karl Theodors stets zu begegnen trachtet, ist die, daß der Kurfürst Max allein nach München einlädt und den leicht beeinflußbaren, redseligen und politisch unerfahrenen Herzog dort aushorcht, auf die österreichische Linie umstimmt und nebenbei überredet, sich dem Einfluß von Montgelas zu entziehen. Die Möglichkeit besteht; die Berater Karl

[10] Alle drei Gutachten ebd.

[11] So Max (Montgelas) an Herzog Wilhelm, 2. 3. 98, K. bl. 196/4d.

Theodors ebenso wie die österreichischen Gesandten kennen den Charakter des Herzogs so gut wie Montgelas. Daher dieses häufige Tauziehen um die Münchner Besuche des Herzogs[1]. Nicht zum ersten Mal versucht man jetzt, 1798, in München, den Herzog ohne seinen Berater Montgelas einzuladen. Daher bringt Montgelas den Herzog zunächst auf die Linie: Zuhören, dann allgemeine Grundsätze zum Wohl Bayerns vertreten, die politischen Einzelheiten aber den Vertretern in Rastatt, also Morawitzky und Zentner, Montgelas und Rechberg überlassen, die alle im gleichen ‹System› sind. Am Tag zuvor noch hatte Montgelas in einem persönlichen Brief an Kaeser mitgeteilt, der Herzog werde nach München reisen, obwohl er, Montgelas, schwere Bedenken gegen die Zweckmäßigkeit der Reise hege. Die Münchner Regierung habe alles verdorben, alle guten Gelegenheiten verpaßt, ihre Hilfsquellen seien auf dem Nullpunkt angelangt, kein Geld, keine Truppen, die Franzosen seien heute unbestrittene Herren «sans retour» des linksrheinischen Gebiets. Er, Montgelas, könne sich des Eindruckes nicht erwehren, man wolle den Herzog nur nach München holen, damit er in den Augen der Öffentlichkeit alle Pläne, die ihm präsentiert werden, annähme und man ihm dann die Schuld für den Mißerfolg zuschieben könne. Der Herzog wolle dem Kurfürsten so kurz wie möglich zur Last fallen und wieder abreisen, sobald man einen Plan beschlossen habe[2].

Daß Herzog Max sich entschließt, doch nach München zu reisen, hat unter anderem einen Grund, der mit den Interna des dortigen Hofes zusammenhängt. Am 1. 1. 1795 hatte der 70-jährige Kurfürst Karl Theodor nach dem Tod seiner ersten Gemahlin die kaum 18jährige Erzherzogin Maria Leopoldine von Österreich-Este geheiratet. Sowohl Karl Theodor als der ihn beratende österreichische Gesandte Graf Lehrbach und die kaiserliche Regierung hatten diese Ehe arrangiert in der Hoffnung, dem Kurfürsten werde dadurch noch ein Sohn geboren, womit die Erbfolge der verhaßten Zweibrückener ausgeschlossen würde. Da man von Anfang an daran zweifelt, daß der verbrauchte Kurfürst noch einen Sohn zeugt, sind sowohl der Wiener Hof als auch Karl Theodor entschlossen, jeden Sohn, den die junge Kurfürstin zur Welt bringen wird, von welchem Vater auch immer er stammen mag, als legitim und damit als Erben der drittgrößten Staatengruppe des Reiches anzuerkennen. Die Frage, ob das Haus Zweibrücken Erbe Pfalz-Bayerns wird, ja ob Bayern als Staat fortexistiert, ist also eigentlich in die

[1] Montgelas hatte das Mißtrauen von Max gegen Besuche in München verstärkt und den Herzog entsprechende Briefe schreiben lassen: K. bl. 196/4d, Karlsruhe, 9. 3. 1798 und schon früher, K. bl. 196/5c, Rohrbach, 20. 7. 97. Der Brief ist, wie alle von Max unterzeichneten Weisungen, Noten und politischen Schreiben aus diesen Jahren, von Montgelas eigenhändig entworfen.

[2] Max (Montgelas), Karlsruhe, 8. 3. 98, K. bl. 196/5d.

Hand einer lebenslustigen 18-jährigen Frau gegeben[3]. Das Erstaunliche ist nun, daß diese, obwohl eine Habsburgerin, hinter dem Rücken ihres ungeliebten Mannes mit den Zweibrückenern zusammenwirkt. Ihre Zusammenarbeit mit Herzog Max bei dessen Antrittsbesuch in München im April 1795 hatte gleich so intim begonnen, daß man darin noch eine Falle für das Haus Zweibrücken hätte vermuten können. Der Biograph Max Josephs, Prinz Adalbert von Bayern, schließt daraus, «daß Max Josephs Gleichgültigkeit gegen seine eigenen Erbansprüche voll erwiesen wären»[4]. Aber vielleicht hält er seinen Vorfahren damit doch für noch unvorsichtiger, als er tatsächlich war. Die Kurfürstin scheint den Zweibrückenern beruhigende Zusagen gemacht zu haben, daß sie Karl Theodor und Wien trotz ihres vergnügten Lebenswandels nicht zu dem erhofften Thronerben verhelfen werde[5]. Auch unmittelbar nach dem Tode Karl Theodors wird die Kurfürstin eine entscheidende Rolle zugunsten des späteren bayerischen Königshauses spielen, indem sie auf die durch das Zeremoniell vorgeschriebene Frage des Herzogs Wilhelm, ob sie ein Kind von dem Verstorbenen erwarte, mit «nein» antwortet, obwohl sie, wenigstens nach dem Tagebuch des Dichters Graf Platen, der damals als Page in München war, tatsächlich ein Kind erwartete, nach Prinz Adalbert wahr-

[3] Prinz *Adalbert*, Max I., 251, 255.

[4] Ebd. 260.

[5] Berichte Kaesers, chiffriert, aus München, vom 4. 11. 1797 (und weitere in dieser Zeit) über geringe Neigung der Kurfürstin, für «succession» zu sorgen, K. bl. 196/5c. – Zentner an Reibelt, 16. 5. 98: «Mit der Kurfürstin ist man» (d. h. die Partei der Zweibrückener) «sehr zufrieden, wenn sie nur nicht zu ausgelassen wäre» (K. s. 9902). – Berichte Kaesers, daß Karl Theodor die Briefe und Verbindungen seiner Gemahlin überwachen lasse, weil er belastendes Material suche, mit dessen Hilfe er sie bei Gelegenheit verwirren könne, vom 3. 7. 1797, K. bl. 196/5d. – Montgelas an Kaeser über angebliche Öffnung belastender Korrespondenz zwischen der Kurfürstin und Rohrbach (Herzog Max); er rät zu großer Vorsicht: ebd. 21. 7. 98. Hierzu und zur Uneinigkeit des kurfürstlichen Paares von Anfang an: Aff. Etr. Corr. politique, Bavière, t. 178, Ber. v. 25. 5. 96. – Die Kurfürstin will ihr Verhältnis mit Karl Arco fortsetzen, und Montgelas' Schwester ist ihre enge Vertraute, schreibt Kaeser privat an Montgelas, 3. 7. 98, Egg. Es handelt sich dabei um einen Bruder von Ludwig Graf Arco, den die Kurfürstin später heiratet (1804), und um einen Sohn des Sprechers der Landschaft, Ignaz Graf Arco, den der Kurfürst so haßt, daß er die Österreicher, wenn auch ohne Erfolg, bittet, ihn zu verhaften (*Steinwachs*, Ausgang der Landschaft, Obb. Archiv 55 S. 295; 56 S. 52, vgl. auch oben Kap. 22). Die beiden nacheinander der Kurfürstin nahestehenden Brüder Arco wurden 1803 Schwäger von Montgelas durch dessen Ehe mit Ernestine Arco. Montgelas kannte die Kurfürstin nach dem Tod ihres Gemahls ebenfalls näher, wie ihre Briefe an ihn in Egglkofen zeigen. – In den letzten Monaten Karl Theodors gehen voreilige Gerüchte, die Gesundheit des Kurfürsten sei angegriffen, nach Meinung Kaesers auf die Kurfürstin zurück: «Die meiste Sage davon rührt von der gnädigsten Kurfürstin her, und die täuscht sich gerne selbst, weil sie diesen Fürsten gerne sterben sähe.» Kaeser an Max, 11. 12. 98, K. bl. 196/5d.

scheinlich von ihrem damaligen Freunde Graf Taufkirchen. Max Joseph, Montgelas, und der spätere König Ludwig I. haben ihr diesen Freimut stets gedankt. Ludwig I. vermerkt in seinem Tagebuch, daß er ihr 1845 anläßlich ihrer 50-jährigen Anwesenheit in Bayern zugetrunken, «der zu verdanken, daß Wittelsbacher noch in Bayern herrschen»[6].

Diese Kurfürstin hat, wie sie ein halbes Jahrhundert später Ludwig I. erzählte, den Anstoß zu der Reise des damaligen Herzogs Max von März bis Mai 1798 nach München gegeben, indem sie Wilhelm in Landshut einen Hinweis gab, daß Karl Theodor nunmehr Bayern an Österreich abtreten wollte[7]. Sie bemühte sich während des Münchner Aufenthalts ständig um Max Josephs junge Gemahlin und stellte nach den Briefen der Herzogin und späteren Königin Caroline einen Lichtblick während dieses Aufenthalts in München dar. Im übrigen schreibt Caroline, München sei «von einer Traurigkeit zum Sterben. Es herrschen Stille, Mißtrauen und Sklaverei an diesem Hof, wovon man sich keine Vorstellung machen kann»[8]. Als in der Operette, welcher der Kurfürst mit dem herzoglichen Paar beiwohnt, eine Arie mit etwa dem Sinn: «Wenn mein Onkel bald stirbt, will ich recht lustig sein» gesungen wird, erzwingt das Publikum durch tosenden Beifall eine Wiederholung. Zum Glück pflegt der Kurfürst, im Theater zu schlafen[9].

Der Herzog bringt, als er am 15. März 1798 in München eintrifft, Montgelas mit, nicht zur Freude Karl Theodors und seines Ministers Graf Leiningen. Über den Verlauf des Besuches berichtet Zentner am 16. 5. an Reibelt, nachdem er soeben die Einzelheiten von Rechberg erfahren hat: Karl Theodor hatte seine Agnaten Max und Wilhelm zu sich nach München bitten lassen, sprach aber 14 Tage lang nicht über Politik mit ihnen. Schließlich riß Max die Geduld und er erklärte, wenn der Kurfürst ihm nichts zu sagen habe, reise er wieder ab. Der Kurfürst entgegnete, Graf Leiningen werde Max und Wilhelm verschiedenes vortragen. Leiningen erschien am nächsten Tag mit drei wertlosen Mémoires. Im ersten schimpfte man über Preußen, dann über Österreich, das in Campo Formio etwas Gefährliches vereinbart haben müsse, das man nicht kenne. Man müsse sich eigentlich mehr von Frankreich als von Preußen erhoffen, da man sich aber auf beide nicht verlassen könne, sei es doch das Beste, sich an den kaiserlichen Hof anzuschließen. Das zweite Mémoire befaßte sich mit der Ungültigkeit der Konvention von Pfaffenhofen, man gab aber zu, der Landschaft zu überlassen, über die Konvention ohne Beteiligung des Kurfürsten zu verhandeln. Das dritte Mémoire betraf den Entschädigungsplan.

[6] Prinz *Adalbert*, Max I., 355, dort auch das Zitat aus dem Tagebuch Platens.

[7] Prinz *Adalbert* 333.

[8] Ebd. 335.

[9] Ebd. 336.

Man plante – ganz im Gegensatz zu den Konzeptionen von Montgelas und Zentner – einen großen Staat am Rhein zu bilden und nahm es stillschweigend in Kauf, Bayern oder einen großen Teil davon Österreich aufzuopfern. Baden wollte man an eine andere Stelle verpflanzen. Man erklärte, den rheinischen Gebieten unter anderem deshalb den Vorzug zu geben, weil es dort keine Landstände gäbe. Das Mémoire beantragte, die bayerischen Landstände in ihre Schranken zu verweisen und sich hierzu notfalls kaiserlicher Truppen zu bedienen. Zentner fährt fort: «Montgelas widerlegte meisterhaft die 3 Mémoires, zeigte die Unrichtigkeit der Daten, die man zum Grund gelegt habe, und der Gesichtpunkte, von denen man ausgegangen sei. Nun kam es zwischen den 2 Parteien beinahe zur offenen Fehde. Endlich wurde die große Konferenz beschlossen. Montgelas trug in einem Mémoire darauf an: 1. daß man meinen (d. h. Zentners) Entschädigungsplan bei den zukünftigen Unterhandlungen zum Grund legen und ihn durchzusetzen suchen solle. Fände man aber dabei unübersteigliche Hindernisse, so sollte man vorzüglich an der Arrondierung und Verstärkung von Bayern arbeiten, wobei sich der Herzog Augsburg und Kempten ausbedinge. Man wollte ihn nach Leiningens Plan ohne Land mit einer verhältnismäßigen Apanage belassen. Montgelas hatte inzwischen sehr heftige mündliche Debatten mit Leiningen; jeder beschuldigte den anderen unrichtiger Daten etc. Endlich kam der Tag der oben bemerkten Konferenz. Der Kanzler (Hertling) verlas ein Votum nach dem Sinne des herzoglichen Planes. Tattenbach ein anderes nach ähnlichen Grundsätzen, so sehr gut abgefaßt gewesen sein soll. Vieregg stimmte mit diesen. Nun stand Leinigen allein, der immer wieder zu seinen Mémoires zurückkam. Der Prinz Birkenfeld soll über die vorgekommenen Gegenstände und besonders über die gegenwärtige Lage des Hauses vortrefflich gesprochen haben. Man zog nun das Conclusum, welches dahin ging, 1. die Gesandtschaften auf meinen Plan und in subsidium auf den Antrag Montgelas zu instruieren; 2. die hiesigen französischen Minister zu sondieren, ob ein eigner Gesandter in Paris bei dem Directorio eine günstige Aufnahme zu erwarten habe; dabei 3. auf die Pfaffenhofer Konvention zu unterhandeln; 4. da Leiningen den Herzog selbst nach Wien schicken wollte, so kam man überein, daß der Prinz Birkenfeld dahin gehen sollte, und weil dieser ohne einen landschaftlichen Begleiter diesen Auftrag nicht übernehmen wollte, so wurde ihm Tattenbach beigegeben; 5. Schall sollte die Unterhandlungen in Berlin betreiben. In dem Protokoll wurden zugleich alle Instruktionen entworfen. Als es den Prinzen zur Unterschrift gebracht wurde, so merkte man schon von der ersten Beschließung abweichende Veränderungen. Diese mußten nun wieder ajustiert werden. Der Herzog, voll Ungeduld, reist hierauf ab, ungeachtet Montgelas dringend verlangte, daß er die Expeditionen noch abwarten möchte. Er überließ aber dem Prinzen Birkenfeld die Aufsicht darüber und war nicht mehr aufzuhalten. Es ist zugleich beschlossen worden, alles in Zukunft gemeinschaftlich mit dem zweibrückischen Gesandten dahier (Rechberg) zu behandeln und sich wechselseitig ein vollständiges Vertrauen zu bezeigen.» Doch kamen bereits gestern abend, wie Zentner weiter zu berichten weiß, aus München Instruktionen, die kein Wort von den neuen Beschlüssen und von Gemeinsamkeit erwähnen, ja bereits teilweise in Widerspruch dazu stehen[10].

Die Richtigkeit dieser Darstellung Zentners bestätigt das Protokoll der Konferenz vom 4. und 5. Mai 1798[11], das noch deutlicher den barocken Zopfstil und die Hilflosigkeit Leiningens hervortreten läßt. Andererseits zeigt es, daß, wenn schon das linke Rheinufer abgetreten werden mußte, auch die Minister des Kurfürsten kein anderes Mittel als Säkularisationen sahen. Wie schon Zentner am Schluß seines Berichts vermutet, ändert sich in München tatsächlich nichts durchgreifend. Man beschäftigt sich dort nur mit der Mission nach Wien, zeigt aber für die ebenfalls vereinbarten Sondergesandschaften nach Petersburg und Berlin und die Gespräche mit den Franzosen kein Interesse mehr[12]. In einer Konferenz in München Ende Mai beschließen der Kurfürst und seine Minister trotz des Widerspruchs des anwesenden Herzogs Wilhelm, im Fall eines Krieges bedingungslos auf die Seite Österreichs zu treten[13]. Montgelas tadelt nach Empfang eines Schreibens Wilhelms vom 24. 5. Herzog Max ziemlich unverhohlen, weil dessen überstürzte Abreise aus München seiner Sache geschadet habe. Danach seien auch die Gutwilligen unter den Ministern Karl Theodors wieder umgefallen. Die Politik Karl Theodors sei «ein direkter Angriff auf den Staat». Im Kriegsfall seien somit alle Hilfsmittel des Landes einer Macht ausgeliefert, die keinerlei Verpflichtungen gegenüber Bayern eingegangen sei. Wenn jedoch der Friede fortbesteht, so würde ein Engagement dieser Art dem Direktorium bekannt werden und so die Entschädigungsverhandlungen, vielleicht sogar die Existenz Bayerns gefährden[14]. Montgelas vertritt die Meinung, Österreich werde den Krieg und damit die Leiden der Menschheit erneuern, die «sûreté de l'ordre social» in Gefahr bringen, um den Reichsklerus zu retten. Er räumt ein, daß ein Krieg sich nicht vermeiden ließe, wenn Frankreich sich auf unerträgliche Bedingungen versteifte. Aber nichts spreche im Augenblick dafür, daß man vor dieser äußersten Alternative stehe.

[10] Zentner an Reibelt, 16. 5. 1798, K. s. 9902.

[11] Im Auszug veröffentlicht von Prinz *Adalbert* 338–340, nach K. bl. 198/20.

[12] K. bl. 196/5d, Max (Montgelas) an Kaeser, 25. 5. 98.

[13] K. bl. 196/5d, Max (Montgelas) an Kaeser, 31. 5. 98, bezieht sich auf einen Bericht Wilhelms.

[14] MA 1, Montgelas an Max, 30. 5. 98.

Herzog Wilhelm hat in Wien einen Erkundungs-Auftrag über die Absichten der kaiserlichen Regierung, deren Beziehungen zu München, zu Paris und über eine eventuelle Kriegsgefahr durchzuführen[15]. Er soll die territorialen Interessen Pfalz-Bayerns auf der Grundlage des gleichen, von Montgelas verfaßten Entschädigungsplanes vertreten, den Max und er Karl Theodor überreicht hatten. Falls Abtretungen bayerischen Gebiets unvermeidlich sein sollten, so soll er für Bayern zusätzlich zu den sonst geforderten Entschädigungen (besonders den Hochstiften und Reichsstädten im Umkreis Altbayerns) noch ganz Österreichisch-Schwaben, die Hochstifte Konstanz, Würzburg und Bamberg und die schwäbischen Reichsabteien fordern. Montgelas verfaßt die Instruktion für Herzog Wilhelm und führt für Max den Schriftwechsel mit Wilhelm während seiner Mission, ebenso wie zuvor und danach[16]. Der Kaiser erkennt zwar in seiner Antwort auf einen Brief des Herzogs von Zweibrücken, den ihm Wilhelm überreicht, die Notwendigkeit gerechter Entschädigungen an, fügt aber die stark abschwächende Einschränkung hinzu: Entschädigungen, die so weit als möglich die Reichsverfassung unangetastet lassen sollen. Ein neuer Beweis für die totale Unfähigkeit des alten Karl Theodor ist, daß Thugut in Wien Herzog Wilhelm sagt, der Kurfürst habe ihm durch Cobenzl erklären lassen, er sei zufrieden; für ihn gebe es keinen Gegenstand für territoriale Verhandlungen. Dies, bevor Bayern irgendeine Entschädigung für seine linksrheinischen Gebiete erhalten oder zugesichert bekommen hat![17].

[15] Für eine vertrauliche Konferenz mit Herzog Wilhelm in München am 7. 5. 1798, auf der die Einzelheiten dieser Sendung besprochen wurden, hat Montgelas einen vierseitigen Merkzettel für Herzog Max, der den Inhalt schriftlich billigte, verfaßt, in MA 2 (Note pour la conférence de demain, dressée à Munich le 6 mai 1798). Er bezeichnete darin als Aufgaben Herzog Wilhelms in Wien u. a.: Die Verbindungen Karl Theodors zu Wien erkunden, festzustellen, ob es eine geheime Korrespondenz gibt, welche Versprechungen Karl Theodor etwa erhalten hat. Ferner, welches die außenpolitischen Ansichten der verschiedenen Parteien am Wiener Hof sind, welche Möglichkeiten sie bieten. Wilhelm soll Unterlagen über die Finanzen, die Streitkräfte und die innenpolitischen Verhältnisse der Donaumonarchie sammeln. Vor allem soll er die Unternehmungen der «clique qui désire la guerre» beobachten und ermitteln, wie man deren Pläne durchkreuzen könne. Mit dem preußischen Gesandten in Wien soll Wilhelm eng und vertrauensvoll zusammenarbeiten. Preußen werde ohnehin über alle Einzelheiten von Wilhelms Mission in Wien auf dem laufenden gehalten.

[16] Alles in MA 2.

[17] Montgelas an Kaeser 20. 8. und 8. 9. 1798, K. bl. 196/5d. Der Bericht Herzog Wilhelms aus Wien, auf den sich Montgelas hier bezieht, ist vom 2. 8. 1798 und befindet sich in MA 2. Die Stelle (Bericht über eine entmutigende Unterhaltung Herzog Wilhelms mit Thugut) lautet: «Quant à l'Electeur, on m'a ri au nez, quand j'ai parlé de lui. Il n'y a donc plus rien à négocier pour lui, m'a-t-on dit. Le comte de Cobenzl nous a apporté

Die Einladung der Herzöge Max und Wilhelm durch Karl Theodor nach München hatte im Rahmen des Hauptzwecks, die Agnaten näher an den Kurfürsten zu binden, noch den ganz speziellen Nebenzweck, Montgelas auszuschalten. Karl Theodor wollte Max, wohl vor allem im Interesse seiner illegitimen Kinder und Günstlinge, in ‹sein› System bringen. Die politischen Gespräche waren dazu nur Vorwand. Zunächst hatten Karl Theodors Minister dem zweibrückischen Gesandten Kaeser zu verstehen gegeben, der Kurfürst wünsche nicht, daß der Herzog Montgelas nach München mitbringe. Kaeser hatte, um es nicht mit Montgelas zu verderben, diesen Wink nicht an den Herzog weitergegeben[18]. Der Kurfürst und seine Mitarbeiter hatten nach Montgelas' Darstellung in München beharrlich das Ziel verfolgt, die beiden Prinzen von ihren ‹gens d'affaires›, das heißt vor allem von ihm, Montgelas, zu isolieren. Damit habe Karl Theodor den Übergang, «le passage de l'ancien système au nouveau» erleichtern, das heißt, das alte Regierungssystem über seinen Tod hinaus retten wollen. Montgelas erwähnt das Einschmuggeln nicht vereinbarter Klauseln in das Protokoll, die dann mit viel Mühe wieder daraus entfernt werden mußten. Durch das maßvolle Auftreten der Herzöge und ihrer Mitarbeiter und die gemeinsam beschlossenen Maßnahmen habe man den Intrigen den Wind aus den Segeln genommen.

Die Münchner Regierung wird auch weiterhin versuchen, den Herzog allein ‹in den Griff› zu bekommen und dazu zu bringen, daß er Montgelas sein Vertrauen entzieht. Noch am 1. Februar 1799, zwei Wochen vor dem Tod Karl Theodors, fordert der französische Gesandte in München, Alquier, in einem Bericht an Talleyrand seine Regierung dringend auf, dem zweibrückischen Gesandten Cetto einen Wink zu geben, daß Paris es übel nehmen würde, wenn Herzog Max einer Einladung Karl Theodors nach München jetzt folgen würde. Da die Landstände und insbesondere der Prälatenstand in Bayern sich weigern, die vom Papst Karl Theodor zugestandenen 15 Millionen vom Vermögen der bayerischen Klöster aufzubringen, wünschten Karl Theodors Berater den äußerst populären Thronerben Prinz Max nach München zu holen, damit er dank seiner guten Beziehungen zu den Ständen die bankrotte Regierung des Kurfürsten aus der Verlegenheit ziehe. Man würde dabei sicherlich Max leicht im Sinne Österreichs beeinflussen können. Ein solcher Hinweis des Direktoriums gegenüber Cetto würde beim Herzog um so mehr seine Wirkung tun, «als Herr von Montgelas, durch den in Mannheim alles geschieht, gegen diese Reise sein muß, denn einer der Vorteile, die man

de sa part l'assurance que Son Altesse Electorale est maintenant complètement satisfaite. Cela n'a pas besoin de commentaire et (bis hier chiffriert, von Gravenreuth dechiffriert) pour ne pas manquer le courrier, je me réserve de fournir les détails après mon retour.»

[18] Prinz *Adalbert* 334 nach Brief Kaesers an Herzog Wilhelm vom 5. 3. 98 im herzogl. Archiv Tegernsee.

sich (am Hofe Karl Theodors) davon verspricht, ist, ihn, Montgelas, in der Meinung des Herzogs zu vernichten»[19]. Dieses Verfahren werden auch nach dem Tode Karl Theodors die österreichischen Gesandten weiter versuchen bis 1809.

Montgelas hat erfahren, der Kurfürst habe Cobenzl das positive Versprechen gegeben, daß Österreich die bayerischen Truppen bei Kriegsausbruch «en subside» erhalten würde, daß er jedoch mit einer starken Opposition seiner Stände rechnet und Maßnahmen getroffen hat, ihre Zustimmung zu erzwingen, was leicht einen allgemeinen Aufstand nach sich ziehen könnte. Dies widerspricht den Vereinbarungen mit dem Herzog. «Wir müssen alles tun, um Ordnung und Ruhe aufrechtzuerhalten, den Bayern ihre Verpflichtung klar zu machen, ihrem Souverän zu gehorchen, und sie zu überzeugen, daß eine an sich schon so schuldhafte Erhebung auch noch gefährlich und lächerlich dazu wäre, wenn man umgeben ist von einer fremden Armee, die sich vielleicht beeilen würde, diesen Vorwand zu benützen, um die nationale Unabhängigkeit zu zerstören und Bayern zu behandeln, wie man es mit dem unglücklichen Polen getan hat»[20]. Montgelas läßt also den bayerischen Ständen, die ja eng mit dem Herzog von Zweibrücken zusammenarbeiten, Mäßigung in ihrer Opposition gegen den Kurfürsten raten, da er weiß, daß der Kurfürst – wie es übrigens auch Herzog Friedrich von Württemberg im nächsten Jahr tat[21] – ohne Bedenken die österreichischen Truppen gegen seine Stände zu Hilfe rufen würde, ja daß ihm aus diesem Grunde die bereits vollzogene militärische Besetzung Bayerns durch die Kaiserlichen äußerst erwünscht sei, denn «er hat das Unglück, seinen Untertanen nicht trauen zu können»[22]. Der Kurfürst hat

[19] Aff. Etr. Corr. politique Bavière, t. 178.

[20] Mo. an Kaeser, 21.7. 98, K. bl. 196/5d, Orig. wie üblich französisch.

[21] *Hölzle*, Das alte Recht ..., 246 ff. Allerdings bestanden in Württemberg wesentlich andere Verhältnisse als in Bayern. Die württembergischen Stände ließen durch ihre offene Zusammenarbeit mit Frankreich, das sie für ihren Kampf gegen den Landesherrn einzuspannen versuchten, dem Herzog kaum eine andere Wahl. Ihre Sprecher waren ideologische Radikale ohne politischen Sinn. Dagegen war Friedrich ein Politiker großen Stils, der wußte, was er wollte, und sich keineswegs wie Karl Theodor aus Apathie und Angst willenlos ins österreichische Schlepptau nehmen ließ.

[22] Montgelas an Kaeser 1. 8. 98, K. bl. 196/5d. Schon vorher, am 18. 6. 98, hatte Montgelas an den Herzog geschrieben, eine Äußerung des Kaisers beweise, «à quel point la désorganisation est portée en Bavière par la perte absolue de toute confiance entre le gouvernement et les gouvernés. Le Prince n'ose plus se fier à la force interne de ses Etats. Il se croit forcé de l'exposer (den Staat) au plus grand danger pour se ménager l'appui précaire, momentané et très périlleux de son puissant et dangereux voisin. J'avoue que depuis longtemps je ne puis plus penser à la Bavière sans me rappeler la Pologne, que l'affinité entre Munich et Warsowie augmente tous les jours; je ne suis soutenu au milieu de ces tristes réflexions que par l'espoir que l'heureuse étoile de V(otre) A(ltesse) S(érénissime) empêchera la comparaison de devenir tout à fait juste» (MA 1).

alle Vereinbarungen, die er am 4./5.5.1798 mit den Agnaten in München geschlossen hatte, in den Wind geschlagen und läßt sogar die Briefe seines Erben, Herzog Max, öffnen und überwachen[23].

Schon am 2. März hatte Herzog Wilhelm aus Wien Max mitgeteilt, der Kaiser habe Karl Theodor geschrieben, er könne zumindest für seine Person beruhigt sein: Der Kaiser werde kein Pläne hinsichtlich der Zukunft Bayerns machen (former des desseins sur la Bavière) solange der Kurfürst lebe[24], mit anderen Worten, für die Zeit nach dem Tode Karl Theodors behalte sich der Kaiser alles vor einschließlich der Annexion Bayerns. Wie Wilhelm im gleichen Brief berichtet hatte, hatte Karl Theodor bereits damals trotz ganz katastrophaler Finanzlage Bayerns[25] erneut heimlich Geld nach Wien überwiesen. In dieser Zeit erwog Karl Theodor sogar, nach Wien zu flüchten aus panischer Furcht vor einer angeblichen Verschwörung seiner Agnaten Max und Wilhelm, seiner jungen Gemahlin und der bayerischen Stände, von denen er glaubte, sie sollten ihn mit Hilfe Frankreichs und Preußens entthronen[26]. Der Kurfürst erklärte sich gegenüber dem Vertreter des Kaisers, Cobenzl, bereit, auf alle Entschädigungen für die Verluste Pfalzbayerns auf dem linken Rheinufer, also auf nicht viel weniger als ein Drittel des Staatsgebiets und der Bevölkerung und weit über ein Drittel der Einnahmen der wittelsbachischen Lande[27] zu verzichten, wenn er eine einmalige Zahlung von 2

[23] Die Staaten seines Onkels, des Kurfürsten, seien die einzigen von allen, in denen der Herzog Korrespondenz unterhält, wo man seine Post abfängt und öffnet, schreibt Max (Montgelas) an Kaeser 18. 9. 98 ebd. Zur Zensur unter Karl Theodor vgl. den schon zitierten Kabinettsbefehl Karl Theodors an Lippert, die Brieferbrechungen zu leiten, von 1790 (MA 379 Unterakt 3).

[24] K. bl. 196/4d.

[25] In der Woche vor diesem Bericht waren 13 000 fl. in der Staatskasse gegenüber dringenden Zahlungsverpflichtungen in Höhe von 100 000 fl. Der Militäretat konnte nicht einmal mehr den Zinsendienst wahrnehmen. Die Untertanen waren zahlungsunfähig, die Kirchenkapitalien verbraucht, der Schatz von Altötting betrug nur noch 68 231 fl. Eine Anleihe beim Malteserorden sollte nur bewilligt werden, wenn dem Orden gestattet würde, dafür Kirchengeräte im gleichen Wert aus der Michaelskirche in München einzuschmelzen. K. bl. 196/4d. Der Satz Wilhelms: «Dans cette détresse générale, le cabinet vient d'envoyer encore une somme considérable à la Banque de Vienne!!!» ist chiffriert. Material über die zwielichtigen Finanztransaktionen Karl Theodors in Wien befindet sich in den Korrespondenzen seines Agenten Goltstein, Geh. Staatsarchiv Gesandtschaft Wien.

[26] *Steinwachs*, Ausgang der Landschaft, Obb. Archiv 56, 44. Zur Furcht Karl Theodors auch MA 112, Mémoire für Herzog Wilhelm, Beilage zum Rohrbacher Protokoll vom 19. 9. 1798. Dort sagt Montgelas, der Kurfürst fürchte ein angebliches, von Frankreich und Preußen unterstütztes Komplott zu seiner Entthronung zu Gunsten von Max seit 1796.

[27] Vgl. Kap. 26 Anm. 19.

Millionen fl. erhielt[28]. Diese Tatsachen deuten viel mehr darauf, daß Karl Theodor einen ‹Nach mir die Sündflut›-Standpunkt vertrat, als daß seine Anhänglichkeit an Österreich etwa in erster Linie Motiven wie: Reichspatriotismus, Treue und Loyalität gegenüber dem Kaiser und der Reichsverfassung, Abscheu gegen die Revolution zuzuschreiben war, wie man nach seinem Ausspruch «Dussé-je perdre tous mes Etats et mourir mendiant, j'adhérerai immuablement à la Cour de Vienne»[29] annehmen könnte. Es ist zwar wahrscheinlich, daß solche reichspatriotischen und legitimistischen Beweggründe bei dem damals 73jährigen Kurfürsten, der zumindest in Bayern, viel weniger in der Pfalz, stets eng mit dem Kaiser zusammengearbeitet hatte, auch eine gewisse Rolle spielten; vorherrschend waren aber wohl doch für seine Politik Ideenlosigkeit, Indolenz, Gleichgültigkeit gegenüber dem Staat, Sorge für seine Nachkommenschaft und Abneigung gegen seinen Erben Max. Das Interesse seiner Kinder hatte ihn auch zu der sinnlosen Maßnahme der Errichtung des Malteserordens mit einem Kapital von über 6 Millionen fl. aus dem eigentlich für das Schulwesen bestimmten Eigentum des aufgehobenen Jesuitenordens geführt, eine Gründung, die er bis in die letzten Wochen seines Lebens vor der zu erwartenden Aufhebung durch seine Nachfolger zu retten bemüht war. Als am Ende des Jahres 1798 Bayern mangels rechtzeitiger Vorsorge dem Schicksal entgegentreibt, im Kriegsfall schutzlos den Angriffen der Franzosen, die es als Feindesland betrachten würden, oder der Ausplünderung und Annexion durch die Österreicher ausgesetzt zu sein, fällt dem Kurfürsten nichts Besseres ein, als seine Gesandten in Wien und Petersburg anzuweisen, sie sollten sich mit allen Mitteln für die Aufrechterhaltung des Malteserordens in Bayern, auch für die Zeit nach seinem Tode verwenden. Er «täte besser daran, sich für die Interessen des Staates einzusetzen», schreibt Montgelas[30]. Moderne Staatsauffassung steht hier gegen Ancien Regime und die Vorstellung vom Staat als Privateigentum des Fürsten.

d) Gefahr für den europäischen Frieden und das Entschädigungswerk. Montgelas' Vortrag auf der Rohrbacher Konferenz (19. 9. 1798). Spätestens seit dem Beginn von Bonapartes Feldzug nach Ägypten im Mai 1798 wird es immer deutlicher, daß der Ausbruch eines neuen Koalitionskrieges nur noch eine Frage der Zeit ist. Dennoch: In Rastatt verhandeln die beiden oder eigentlich vier Parteien: Frankreich, Österreich, die Reichsdeputation und Preußen, mehrgleisig miteinander, als ob es bereits gelte, Mitteleuropa eine neue, dauerhafte Ordnung zu ver-

[28] An Kaeser, 22. 10. 98, K. bl. 196/5d. Die verlorenen Gebiete brachten jährlich nach den Berechnungen oben Kap. 26 Anm. 19 drei bis vier Millionen fl. ein.

[29] Kaeser an Montgelas, 22. 7. 98, chiffr., K. bl. 196/5d.

[30] Max (Montgelas) an Kaeser, 30. 10. 1798, ebd.

leihen. Österreich hofft, dabei Zeit und den schließlichen Anschluß an eine englisch-russische Koalition zu gewinnen, und sucht zunächst, Sand in das Getriebe der Entschädigungsverhandlungen zu streuen, obwohl es den Grundsätzen: Abtretung des linken Rheinufers und Entschädigung durch Säkularisationen, selbst zugestimmt hatte. Preußen schwankt wie immer und will ebenfalls Zeit gewinnen, um abzuwarten, nach welcher Seite sich das Glück schließlich neigen wird. Zwei Parteien, Frankreich und die weltlichen Mitglieder der Reichsdeputation sowie die anderen größeren weltlichen Fürsten, beabsichtigen jedoch, mit dem Entschädigungsgeschäft eine innere territoriale Neuordnung des Reiches durchzuführen. Zu dieser Ansicht bekennt sich auch Montgelas. Er stimmt darin mit anderen Politikern, wie zum Beispiel dem badischen Vertreter in der Reichsdeputation, Reitzenstein, überein, der dieselben Gedanken, die auch in Montgelas' und Zentners Entschädigungsplänen enthalten sind, in einem Bericht an den Markgrafen so formuliert: «Man muß Zeitumstände, deren Erneuerung kein Mensch wünschen wird, umso emsiger benützen, Acquisitionen von Territorien zu machen, die im Grunde als res nullius anzusehen sind, und man muß den wichtigen Umstand nicht aus dem Auge verlieren, daß – um Deutschland pro futuro eine Verfassung zu geben, die es vor der Rapacität seiner hohen Mitstände und Nachbarn schützt – es weit mehr auf Gründung politischer Verhältnisse, bei denen die altweltfürstlichen Häuser die Hauptrolle zu spielen berufen sind, als bloß auf kärgliche Entschädigungen ankomme»[1]. Für diese Männer gilt es, die historische Stunde zur Flurbereinigung innerhalb des Reiches und zum Ausbau abgerundeter, lebensfähiger Mittelstaaten zu benützen, die durch innere Reformen so modernisiert und gestärkt werden können, daß sie als wichtige Glieder des Reiches und als Bündnispartner von Großmächten eine politische Rolle spielen und zur Sicherung des Gleichgewichts in Deutschland und Europa beitragen können. Sie nehmen die Verhandlungen des Kongresses ernst, weil sie überzeugt sind, daß diese selbst nach einem neuen Krieg, der nach ihrer Ansicht Frankreichs Stellung nur stärken kann, doch wieder fortgesetzt werden.

Montgelas muß nun, ohne sein Ziel aus den Augen zu verlieren, immer mit zwei Möglichkeiten rechnen: Entweder der Kongreß geht weiter und das Entschädigungsgeschäft wird schon jetzt durchgeführt, oder es bricht noch während der Verhandlungen ein neuer Krieg aus. Im ersteren Fall, auf den sich seine Entschädigungspläne und Denkschriften beziehen, wird ihm immer klarer, daß die weltlichen Fürsten infolge der Schwäche Preußens wirksame Hilfe nur von Frankreich erwarten können. Entzündet sich aber schon bald ein neuer Krieg, so verschließt auch Montgelas sich nicht der Auffassung, daß der Kurfürst von Bayern

[1] *Schnabel,* Reitzenstein, 48.

– sei es nun der ohnehin von Österreich tief abhängige Karl Theodor oder schon sein Erbe Max – sich der Koalition gegen Frankreich anschließen muß, solange Bayern bereits im Frieden von 50 000 Mann österreichischer Truppen besetzt ist und wegen der Schwäche seiner Finanzen selbst keine nennenswerte und selbständige Armee besitzt. Er rechnet allerdings mit einer erneuten Niederlage der Verbündeten gegen Frankreich und sieht voraus, daß Bayern danach, falls es die Fäden zu Frankreich nicht abreißen läßt oder sie im rechten Augenblick wieder anknüpft, eine weit stärkere Stellung gegenüber dem österreichischen Nachbarn haben wird. So ist es kein Widerspruch, wenn Montgelas einerseits empfiehlt, sich auf Frankreich zu stützen, andererseits aber, bereits in den Münchner Verhandlungen von Anfang Mai, endgültig jedoch seit September 1798, die unliebsame Notwendigkeit ins Auge faßt, bei einem in naher Zukunft ausbrechenden Krieg müsse Bayern sich noch einmal der Partei Österreichs gegen Frankreich anschließen.

Anfang September verdichten sich die Anzeichen für einen bevorstehenden europäischen Konflikt. Am 1. August ist die französische Flotte bei Abukir durch Nelson vernichtet worden. Bonaparte scheint mit seiner Armee in Ägypten ein Gefangener. Pitt und der wegen der Wegnahme Maltas gegen die Franzosen aufgebrachte Zar und Malteser-Großmeister Paul schließen sich zusammen. Aus Wien kommen Hinweise für den Herzog, daß Österreich ebenfalls zum Krieg entschlossen ist[2]. Gleichzeitig läßt Karl Theodor Herzog Max durch Rumford, der als bayerischer Gesandter nach England gehen soll, aber dort kein Agrément erhält, Entschädigung in Italien (Mailand) oder den Niederlanden vorschlagen. Der Intendant Dalberg andererseits regt bei Max an, auf einen Plan seines Bruders, des rührigen Mainzer Koadjutors, einzugehen, wonach die weltlichen Fürsten sich statt durch die Gebiete geistlicher Reichsstände durch Geld entschädigen lassen sollten, das von der Masse des Gutes des deutschen Klerus erhoben würde. Der Plan besitzt die Unterstützung Wiens; auch Preußen scheint ihm nicht ablehnend gegenüberzustehen. Karl Theodor soll ihn angeblich gegenüber Thugut begrüßt haben. Montgelas bemerkt dazu: «Allein schon der Grundgedanke genügt, um uns zu überzeugen, wie unheilvoll (funeste) seine Verwirklichung wäre»[3]. Er weist etwas später Rechberg an, zusammen mit den Vertretern anderer weltlicher Fürsten gegen dieses Projekt «de cette perfide caisse d'indemnité« zu arbeiten und den Gesandten der Großmächte zu erklären, daß ein dauerhafter Friede Europas nur durch territoriale Entschädigungen gewährleistet werden könne[4]. Das ganze Prinzip der Säkularisation scheint hierdurch und durch die undurch-

[2] Denkwürdigkeiten *(Montgelas-Freyberg)* 28 f.
[3] Max (Montgelas) an Kaeser, 8. 9. 98, K. bl. 196/5d.
[4] Mo. an Max, 30. 9. 98, MA 1.

sichtige Haltung von Haugwitz, die der Furcht Preußens vor Rußland entspringt, gefährdet. Schließlich muß man sich noch entscheiden, ob man die agnatische Zustimmung zu inneren Reformen geben soll, die von der Regierung Karl Theodors aus Geldnot geplant sind.

Dies alles ist Grund genug, daß Herzog Wilhelm am 16. September 1798 aus Landshut in Rohrbach eintrifft. Am 19. 9. findet dort zwischen Herzog Max, ihm und Montgelas eine Besprechung über die Lage des Hauses Pfalz und die Interessen Bayerns statt, zu der Montgelas das Protokoll verfaßt und die wesentlichen Gedanken beisteuert[5]. Man berät angesichts der drohenden Kriegsgefahr, die es Bayern im Augenblick unmöglich macht, seine Entschädigungspläne ohne oder gegen den Kaiser zu verfolgen, zunächst über folgende Frage: Ist die Integrität Bayerns politisch, finanziell, militärisch und moralisch so wichtig, daß man zu ihrer Bewahrung das Risiko eingehen muß, auf angemessene Entschädigungen für die linksrheinischen Besitzungen verzichten zu müssen? Oder könnte man gegen eine sehr große Entschädigung, die sowohl die linksrheinischen als die etwa an den Kaiser abzutretenden bayerischen Gebiete voll ersetzte, einer Abtretung bayerischen Territoriums an den Kaiser zustimmen, ohne das Wohl und die Sicherheit des Landes aufs Spiel zu setzen?

Man beschließt, daß der Abtretung eines Landesteiles an Österreich zugestimmt werden könnte, wenn Bayern als Entschädigung das Gebiet erhalten würde, das durch den Main bis Ochsenfurt, dann durch die Linie von dort zur ansbachischen Grenze einschließlich des Hochstifts Eichstätt, längs der Grenze Neuburgs, dann donauaufwärts bis zur Iller, dieser entlang bis zu ihrer Quelle, von dort bis zur Innquelle, dann immer entlang des Inns als natürlicher Grenze Bayerns bis zu dessen Mündung führen würde. Ein Blick auf die Karte zeigt, daß hier, wenn man einmal vom fränkischen Raum absieht, zunächst der gesamte altbayerisch-schwäbische Block mit allen Enklaven und schwäbischen Herrschaften gefordert wird, wie er tatsächlich im heutigen Bayern vereinigt ist. Vom heutigen Besitzstand fehlt nur das Gebiet westlich der Iller von Memmingen nach Süden bis Lindau. Auf das Gebiet zwischen Inn und Salzach, das Bonaparte bereits in Udine und das Frankreich dann in den Geheimartikeln von Campo Formio Österreich zugesagt hatte, wird hier verzichtet, aber Montgelas will die ihm so am Herzen liegenden bayerischen Salzinteressen trotzdem sichern, indem er alles Gebiet nördlich des Inn, also auch die bedeutende Saline Hall in Tirol, fordert. Nach Süden greift sein Plan aus bis tief nach Graubünden – an der Verbindung

[5] Procès-verbal tenu au château de Rohrbach près de Heidelberg, 19 sept. 1798, Entwurf eigenh. von Montgelas, 4 S., K. bl. 427/5/30, Reinschrift von der Hand Gravenreuths MA 112 fol. 47r–48r.

zur Schweiz und zu Italien war er, wie wir sahen, schon länger interessiert – und umfaßt das ganze nördliche Innufer, vom Engadin über Innsbruck bis Kufstein, sodann die Grafschaft Neuburg am Inn und Passau. Da er kaum ernsthaft glauben konnte, Österreich werde auf den nördlichen Teil Tirols verzichten, ist anzunehmen, daß er damit die Abtretung des Inn-Salzachgebiets verhindern oder einfach Kompensationsobjekte, von denen er zuweilen sprach, gewinnen wollte. Die Tatsache, daß er einen großen Landblock mit Flüssen und (im Böhmerwald) einem Gebirge als Grenzen, im ganzen etwa in der Gestalt des heutigen Bayerns, nur etwas nach Süden verschoben, anstrebt, wird noch unterstrichen durch die Forderungen, die der Rohrbacher Plan in Franken stellt. Die preußischen Markgrafschaften sind damals noch unantastbar, obgleich der Gedanke ihres Austausches gegen Berg bereits erwogen wird[6], jedoch mit Sicherheit auf den äußersten Widerstand Hardenbergs treffen würde. Die Reichsstadt Nürnberg bezieht Montgelas mit ihren großen Territorium, ebenso wie kleinere weltliche Herrschaften südlich des Mains und wahrscheinlich auch Pappenheim stillschweigend in seine Forderung ein; das Fürstentum Öttingen bleibt noch außerhalb. Zur nördlichen Grenze macht er den Main, bezieht also fast das ganze Hochstift Bamberg und einen kleinen Teil des Hochstifts Würzburg ein, wodurch hier ein zunächst noch zerrissener Raum geschaffen wird, der eine vollkommene Abrundung durch den Erwerb der beiden preußischen Markgrafschaften erfahren würde, also geradezu nach dieser Ergänzung ruft.

Über die Möglichkeiten zur Realisierung dieses Planes, zugleich als Erläuterung der politischen Lage Bayerns, liest Montgelas ein von ihm verfaßtes Mémoire vor, in dem er die derzeitige Politik der europäischen Mächte und der wichtigsten Reichsstände im Hinblick auf Bayern und die Säkularisation der geistlichen Fürstentümer analysiert[7]. Da man sich in Wirklichkeit nicht, wie es seine theoretische Analyse der politischen Lage in Gegenwart und naher Zukunft als das Beste empfiehlt, einfach für ein Bündnis mit Frankreich entscheiden kann, prüft Montgelas am Schluß seines Vortrages die Frage, welche Nuancen Pfalz-Bayern bei seiner zukünftigen politischen Haltung beachten müsse.

Nach langer Erörterung der Möglichkeiten und Gefahren kommt er zu dem Ergebnis, daß man nach Lage der Dinge zur Zeit nicht an Österreich, das Bayern militärisch beherrsche, vorbeikomme und daß man die Abtretung des Inn-Salzach-Gebiets, das Frankreich in den Geheimartikeln von Campo Formio der Donaumonarchie zugesagt hatte, ins Auge fassen müsse, damit man das Ziel: Entschädigungen für das linke Rheinufer durch Vergrößerung und Abrundung des rechtsrheinischen Bayern, erreiche. Man müsse solche Abtretungen bei Preu-

[6] Z. B. K. s. 9902.

[7] MA 112, fol. 49r–56v, Reinschrift von Hand Gravenreuths.

ßen und Frankreich als ein bewußtes Opfer des Hauses Pfalz herausstellen, das dem Frieden dienen und helfen soll, der gequälten Menschheit neue Leiden zu ersparen. Schließlich möchte Montgelas einige Erleichterungen für Bayern dabei zugesagt bekommen, die er früher schon für den Fall der Abtretung des Inn-Salzach-Gebiets gefordert hat, nämlich ganz Schwaben, die Grafschaft Neuburg am Inn, die Stadt Passau mit Umgebung und die Souveränität über die böhmischen Lehen in der Oberpfalz, in Neuburg und Sulzbach.

Es muß schon wichtige Gründe haben, wenn Montgelas seine frühere entschiedene Ablehnung dieser Abtretung aufgibt. Noch in dem gleichen Vortrag hat er auf die Nachteile eines Verlustes des Inn-Salzach-Gebiets unter politischen, militärischen und wirtschaftlichen (Salzhandel) Gesichtspunkten hingewiesen. Auch hatte er ein für sein Denken interessantes Argument gegen die Abtretung geltend gemacht: Ein solcher Verzicht «würde die moralische Kraft der Regierung schwächen. Er würde ihr die Herzen der Bewohner des Bayern verbleibenden Restes dieser Provinz entfremden, die sich alle verraten und verkauft fühlen würden. Es würde danach die Regierung eine außerordentliche Mühe kosten, das Staatsvolk mit einem Gemeinsinn (esprit commun) zu erfüllen, das jetzt aus so vielen verschiedenen Bestandteilen zusammengesetzt wäre, die man als Entschädigung für das abzutretende altbayerische Gebiet bekäme. Man würde Bevölkerungsteile erhalten, die, an andere Regierungsverhältnisse gewohnt, sich nicht leicht in die bayerische Nation einfügen werden».

Die Ursache dafür, daß Montgelas nunmehr seine Haltung trotz dieser schwerwiegenden Bedenken ändert, sind Nachrichten aus den europäischen Hauptstädten, vor allem ein Bericht Cettos aus Paris, wonach der Angelpunkt der bayerischen Entschädigungen in den Augen Frankreichs jetzt der wäre, daß es die in den Geheimartikeln von Campo Formio von Frankreich Österreich zugestandenen Gebiete rechts des Inn abtrete. Da Zweibrücken sich gegen diese Gedanken verwahrt hatte, haben die beiden deutschen Großmächte in Berlin vereinbart, diesen Protesten kein Gehör zu schenken. Nachdem also Max von Frankreich und Preußen in diesem Punkt in Stich gelassen worden ist, kann er, zumindest hinsichtlich des Inn-Salzach-Gebiets keinen Widerstand mehr leisten[8].

[8] Montgelas an Max, Mannheim 11. und 12. 9. 98, MA 1. Die Frage wird in dem zweiten Brief so formuliert: Man müsse wissen, ob, wenn man den genannten Teil Südostbayerns abtrete, «on aura la paix et les sécularisations». Auch der Minister des Landgrafen von Hessen-Kassel, Frhr. von Waitz, hat Montgelas gesagt, die Frage, ob die weltlichen Fürsten nunmehr durch Säkularisationen entschädigt werden könnten, stehe und falle damit, ob das Haus Pfalz das Inn-Salzach-Gebiet opfern wolle. Im übrigen sei der Landgraf bereit, wenn Österreich Schwierigkeiten mache, Frankreich seine 30 000 Mann zur Verfügung zu stellen.

Die rechtsrheinische Kurpfalz dagegen soll nicht dem Haus Wittelsbach verlorengehen, vielmehr will man versuchen, daß Max sie als eigenes Fürstentum erhält, da er, der im Gegensatz zu Karl Theodor nicht in der Reichweite der österreichischen, sondern der französischen Truppen lebt, es sich leisten kann, mit Frankreich einen Neutralitäts- oder gar Bündnisvertrag abzuschließen, um so die Rheinpfalz seinem Hause zu retten[9]. Montgelas plant also hier ein Spiel mit verteilten Rollen: Der Kurfürst und Bayern sind bereits jetzt, und wären es erst recht im Kriegsfall, an Österreich gekettet. Sein Erbe Herzog Max könnte jedoch, wenn man ihm die rechtsrheinische Kurpfalz übertrüge, einen Neutralitätsvertrag und notfalls ein Bündnis mit Frankreich schließen und so doch seinem Hause die Unterstützung der aufsteigenden französischen Macht und die Gewähr von Entschädigungen durch Säkularisationen sichern. Das Projekt kommt jetzt ebensowenig zur Ausführung wie der von Hompesch entwickelte Plan, an Max anstelle oder neben der Pfalz das Herzogtum Berg abzutreten. Karl Theodor ist dafür nicht zu gewinnen. Und als der Krieg tatsächlich ausbricht, ist Max bereits Kurfürst von Bayern und muß sich nun selbst dem Zwang der geographischen Lage und der Übermacht der im Lande stehenden Österreicher beugen.

Die Feststellung von Montgelas, daß Frankreich – falls Preußen nicht wieder aktiver wird – der einzige Bundesgenosse ist, von dem Bayern Entschädigungen und Sicherung seiner Existenz gegenüber Österreich zu erwarten hat, bleibt der Richtstern seiner Politik. Eine klare Verbindungslinie führt bereits von hier zu dem Bündnis vom September 1805.

e) Zusammenarbeit mit dem französischen Gesandten in München, Alquier (Sept. 1798–Februar 1799). Wie stark Montgelas für seinen Herzog die französische Karte spielt, um das Direktorium trotz der Österreichhörigkeit des Kurfürsten für Bayern zu interessieren, zeigt die lebhafte Verbindung zu dem ersten Gesandten Frankreichs in München seit der Revolution. Am 14. 6. 1798 ernennt das Direktorium den Citoyen Alquier zu seinem Gesandten beim Kurfürsten von Bayern[1], Anfang September trifft er in München ein. So wie sich der König von Preußen zunächst weigert, den Revolutionär der ersten Stunde, Sieyès, in Berlin als Botschafter anzuerkennen, so läßt Karl Theodor bekanntgeben, er könne Alquier nicht empfangen, wenn dieser nach München komme. Seine Minister suchen diesen vom österreichischen Gesandten diktierten Schritt in seiner Wirkung abzumildern. Der Außenminister Vieregg bedankt sich bei Talleyrand für die Entsendung Alquiers, teilt jedoch mit, aus Solidarität gegenüber dem Reich

[9] Montgelas an Max, 13. und 15. 9. 98, MA 1.

[1] Aff. Etr. Corr. polit. Bavière 178 fol. 242.

könne der Kurfürst vor Abschluß des allgemeinen Reichsfriedens Alquier noch nicht öffentlich als Gesandten anerkennen und empfangen[2]. Die bayerischen Gesandten Morawitzky in Rastatt und Lerchenfeld in Regensburg warnen in ihren Berichten nach München dringend vor jeder Brüskierung Alquiers. Herzog Max, das heißt Montgelas, hat in München ebenfalls das Möglichste gegen dieses «deplazierte, unpolitische und gefährliche» Verhalten unternommen. Cetto hat Alquier bereits vor seiner Abreise in Paris eingeladen und über Bayern unterrichtet, Montgelas läßt ihn auf der Durchreise durch Rastatt von Rechberg begrüßen und sich selbst entschuldigen, da er gerade in Mannheim zu tun habe. Vielleicht möchte er den Verdächtigungen seiner Münchner Feinde, er sei ein Freund der Revolution, keine neue Nahrung geben. Er weist Kaeser an, sich in München Alquiers anzunehmen, ihm jeden Gefallen zu erweisen und ihn als Vertreter einer für Bayern hervorragend wichtigen Großmacht zu behandeln, jedoch so, daß er, Kaeser, nicht als Jakobiner angegriffen werden könne[3].

Alquier gibt sich trotz dieses Entgegenkommens ziemlich rauh, fordert als erstes die bayerische Regierung zur sofortigen Ausweisung der zahlreichen französischen Emigranten auf, die in München, wie er behauptet, eine einmalige Vorzugsstellung genössen, während er, Alquier, öffentlich nicht als Gesandter anerkannt werde. Diese Leute, so grollt er, hätten bei dem Gerücht, Bonaparte sei geschlagen, im Englischen Garten ein Freudenfest abgehalten und ihre besten Wünsche für Nelson zum Ausdruck gebracht[4]. Er beschwert sich besonders über den ehemaligen französischen Gesandten Graf Montezan, der noch als Emigrant in München lebt, und zwei Grafen Lamorte[5]. Um sich gleichzeitig der Regierung Karl Theodors gefällig zu erweisen, hat Alquier angedeutet, wie negativ sein Vorgänger Montezan, der nunmehrige Emigrant, stets über den Kurfürsten nach Paris berichtet habe. Außerdem bringt er der bayerischen Regierung gewissermaßen als Morgengabe und als Beweis seiner Loyalität die Namen zweier Emigranten und eines Professors in Ingolstadt mit, die er denunziert, sie versuchten in Bayern einen Umsturz herbeizuführen. Montgelas lobt gegenüber Kaeser dieses

[2] 3. 9. 98, Bericht Alquiers, ebd.

[3] «Nous sommes tous bien éloignés de cette secte horrible», schreibt er in dieser Weisung an Kaeser vom 10. 8. 98, K. bl. 196/5d.

[4] Note Alquiers an die bayerische Regierung vom 20 fructidor an VI (6. 9. 98), Aff. Etr. Corr. polit. Bavière 178 fol. 246–249.

[5] Vieregg teilt ihm kurz darauf mit, Montezan sei erneut zum Verlassen Bayerns aufgefordert worden. Ebd. fol. 262v. Über die französischen Emigranten in Bayern: W. *Wühr*, Die Emigranten der französischen Revolution im bayerischen und fränkischen Kreis, München 1938. Über die französische Emigration allgemein: J. *Vidalenc*, Les émigrés français, 1789–1825, Caen 1963.

«bescheidene Auftreten» Alquiers; über seine eigenen alten Beziehungen zu Graf Montezan, der ihn seinerzeit an Hofenfels empfohlen und sich so warm für die Illuminaten eingesetzt hat, verliert er kein Wort[6]. Als Montgelas seinem Herzog einen Bericht Wilhelms übermittelt, wonach Alquier zwar die Festigkeit und Loyalität von Max gegenüber Frankreich anerkennt, den Herzog aber gleichzeitig wegen seiner Verbindungen zu verschiedenen Emigranten scharf kritisiert und gesagt habe, dadurch gefährde Max das Vertrauen, das die französische Regierung in ihn setze, fügt Montgelas hinzu, daß er diese Ansicht teile. Kühl bemerkt er, zweifellos verdiene diese Klasse von Menschen, die Emigranten, Mitleid, aber ihre Inkonsequenz, Eitelkeit und Unruhe mache sie höchst gefährlich. Mehrfach warnt er den Herzog dringend, sich für Privatangelegenheiten von Emigranten, selbst des Freiherrn von Zweibrücken, einzusetzen, da ihm dies politisch schade[7]. Alquier steht Herzog Max trotz der unaufhörlichen Bemühungen Kaesers durchaus skeptisch, fast ablehnend gegenüber. Nicht nur bezeichnet er ihn hartnäckig als eine «Null nach Charakter und Fähigkeiten», als «ohne Geist und ohne Geschicklichkeit»[8], sondern er teilt auch das damalige Vorurteil anderer französischer Diplomaten, daß Max mit Karl Theodor politisch einer Meinung sei und daß sie nur mit verteilten Rollen spielten. Der österreichische Gesandte Seilern streut dies systematisch aus, um zu verhindern, daß Max die Unterstützung Frankreichs gewinnt.

Montgelas nun sucht diese Meinung hinsichtlich seines Herzogs mit allen Mitteln zu korrigieren. Auf sein Geheiß schließt sich Zweibrückens Münchner Vertreter Kaeser eng an Alquier an, berät ihn in Fragen aller Art[9], winkt dem französischen Diplomaten mit der Unterstützung, die der sonst machtlose Herzog Frankreich gewähren könne, indem er Karl Theodor den agnatischen Konsens zur Aufnahme von Schulden für die Rüstung verweigere, vorausgesetzt, daß Frankreich positive Unterstützung in der Entschädigungsfrage zusage[10]. Er fürchtet, daß der Anblick der völligen Desorganisation und Mittellosigkeit Bayerns unter Karl Theodor Alquier und damit die französische Regierung von einer Unterstützung und Entschädigung dieses Kurfürstentums wie auch der kleineren weltlichen Staaten abbringen und entgegenkommender gegenüber Österreich machen könnte[11].

[6] Mo. an Kaeser, 18. 9. 98, K. bl. 196/5d.

[7] An den Herzog, 27. 9. 98, MA 1.

[8] Aff. Etr. Corr. polit. Bavière 178, Ber. v. 3 frimaire VII (23. 11. 98).

[9] Hohes Lob Alquiers für Kaeser z. B. ebd. Ber. v. 19 brumaire VII (19. 11. 98).

[10] ‹Note› Montgelas' für Rechberg vom 28. 9. 98, MA 1, eigenhänd. Entwurf: K. s. 7796.

[11] An Kaeser, 18. 9. 98, K. bl. 196/5d.

Montgelas weiß dabei Alquier durchaus richtig einzuschätzen. Alquier, ehemaliges Mitglied des Nationalkonvents, das – wenn auch bedingt – für den Tod des Königs gestimmt hat (wie Sieyès, der in diesem Jahr in Berlin ist) ist ein linientreuer Revolutionsmann, scharf beobachtend und nicht unintelligent, aber ohne diplomatische Erfahrung. Er benimmt sich mißtrauisch und feindlich, anstatt wie sein weltkundiger, verbindlicher und nicht mehr ideologisch festgelegter Nachfolger Otto Vertrauen zu gewinnen. Er läßt sich andererseits von gewandten Verhandlungspartnern wie Hompesch übermäßig beeindrucken, um sie bald danach als Verräter zu verdammen. Montgelas' Menschenkenntnis spricht aus einer Weisung an Kaeser, in welcher er nach der richtigen Vermutung, daß Alquier nicht ehrlich sei und Max trotz aller Bemühungen des Einverständnisses mit Karl Theodor bezichtigen werde, bemerkt: Solche neuen Erfolgsleute wie Alquier halten zunächst alles für möglich. Ihre Verbrechen und ihre Gewissensbisse machen sie übermäßig mißtrauisch[12].

Die bayerischen Minister führen, wenn sie unter vier Augen mit Alquier sprechen, eine andere Sprache als die offizielle ihres Hofes. Selbst Vieregg, der früher als in österreichischem Sold stehend betrachtet wurde, bedeutet Alquier, seine Nichtanerkennung erfolge auf Druck des österreichischen Gesandten Seilern und erklärt, Bayern könne im Augenblick nicht anders, solange es sich «in der Klaue des Löwen» befinde. Alquier räumt in seinem Bericht an Talleyrand ein, selbst wenn der Kurfürst kein Feind Frankreichs wäre, könne er sich in der Tat nicht anders verhalten, während 50 000 Österreicher das Land militärisch besetzt hielten[13].

Bald stellt Alquier fest, der einzige kurbayerische Minister, mit dem man vernünftig reden könne und der es im Interesse seines Landes wage, eine unabhängige Meinung gegenüber dem herrschenden österreichischen System zu äußern, sei Hompesch[14]. Er habe außerdem einen ziemlich starken Einfluß auf die schwankende und mißtrauische Persönlichkeit des Kurfürsten. Hompesch gesteht Alquier, der bereits genaue Informationen darüber hat, freimütig zu, Bayern

[12] An Kaeser ebd. 3. 10. 98. Über Alquiers grobe, andererseits ängstliche Art und seinen unrühmlichen Abgang von München bei Kriegsausbruch: außer dessen eigenen Berichten Aff. Etr. Corr. polit. Bavière 178 auch: *Du Moulin Eckart* 78, 123 ff. u. ö.; *Montgelas-Freyberg* 41. Bezeichnend für seinen jakobinischen Eifer ist, daß er seinen Kollegen, den Citoyen Marescalchi, damals in Wien, beim Außenministerium anschwärzt, dieser sei zwar «parfaitement honnête homme», doch «faible et crédule ... fort superstitieux», weil er auf Reisen ein Christus- oder Madonnenbild mit sich führe. Aff. Etr. a. a. O. 17 pluviôse VII (5. 2. 99).

[13] Aff. Etr. a. a. O. 178, Ber. v. 22 fructidor VI (8. 9. 98).

[14] Aff. Etr. a. a. O. 22 fructidor VI (8. 9. 98), dazu MA 2.

habe bei den Missionen von Herzog Wilhelm in Wien und Schall in Berlin von Thugut und Haugwitz keine konkreten Zusagen für Unterstützung seiner Wünsche in der Entschädigungs- und Abrundungsfrage erhalten können. Thugut habe zwar einige Entschädigungen zugesagt, jedoch erklärt, der Kaiser werde der Abrundung niemals zustimmen. Alquier erklärt Hompesch, das Direktorium werde hingegen Bayern zu einer Abrundung verhelfen. Hompesch drückt Bayerns Interesse am Erzstift Salzburg aus. Alquier weicht aus und nennt die anderen, Bayern ohnehin von den Großmächten, sogar von Österreich, zugesagten Hochstifte Freising, Augsburg, Regensburg und Eichstätt. Hompesch setzt deren Zuweisung voraus und kommt beharrlich immer wieder auf Salzburg zurück. Er will offensichtlich hiermit aus Alquier eine Äußerung herauslocken, ob es stimme, daß Frankreich in den Geheimartikeln von Campo Formio Salzburg und Berchtesgaden dem Kaiser zugesprochen habe. Alquier lenkt immer wieder ab und schmeichelt sich, Hompesch wisse nichts von diesen Artikeln. Hompesch sagt zu Alquier, er dürfe dessen Vorschläge nur dem Kurfürsten inoffiziell unter vier Augen unterbreiten; offiziell wolle dieser jedoch nichts davon hören. Würde etwas bekannt werden, so müsse Hompesch alles auf sich persönlich nehmen. So groß sei hier die Furcht vor den Österreichern. Er, Hompesch, dürfe kein Wort davon im Ministerrat erwähnen, weil alles, was dort besprochen wird, der österreichische Gesandte Seilern, der eigentliche Herr in München, nach wenigen Stunden erfahre.

Auch Alquier sagt Hompesch volle Geheimhaltung zu, denn er weiß, daß andernfalls die Österreicher Hompesch als Minister unverzüglich ‹vernichten› würden. Er bittet Talleyrand um Weisungen für die weiteren Verhandlungen und übersendet einen ihm von Hompesch überreichten Entschädigungsplan für Bayern und die Pfalz, der eine Kurzfassung derjenigen von Montgelas und Zentner darstellt[15]. Jedoch besteht ein Unterschied: Montgelas hatte von vorn hinein den Schwerpunkt auf die Abrundung Altbayerns gelegt und stets an einen Austausch der Kurpfalz und Bergs gedacht. Zentner hatte die Kurpfalz ebenso ‹abrunden› wollen wie Bayern und eine Landbrücke zwischen ihnen gefordert, und Hompesch präsentiert beide Abrundungen alternativ, scheint aber trotz seines Eintretens für die Vergrößerung Bayerns damit zu rechnen und vielleicht zu hoffen, daß dieselbe am Einspruch des Kaisers scheitert; er strebt in diesem Falle eine Vergrößerung der rechtsrheinischen Kurpfalz und seiner Heimat Berg an. Er scheint in der Unterhaltung auch bereits seinen Lieblingsgedanken angeschnitten zu haben, diese Gebiete Herzog Max zu übertragen, jedoch ohne sein Motiv dafür zu nennen, daß nämlich Max durch einen Neutralitätsvertrag diese

[15] Aff. Etr. a. a. O., der Entschädigungsplan liegt bei, fol. 258r–260v.

Gebiete vor dem Zugriff der Franzosen retten könnte. Alquier erklärte ihm, er glaube nicht, daß Frankreich diesen Plan, der nur eine Zersplitterung brächte, unterstützen würde zu einer Zeit, da doch alle Interessierten in dem Wunsch nach Konzentration der Staaten übereinstimmten. Hompesch erwidert ihm, wenn er Alquiers Meinung zustimme, so bringe er doch dabei ein persönliches Opfer, denn er würde seine eigenen Güter mit dem Herzogtum Berg verlieren. Alquier äußert darauf, die Entschädigungen seien ja nicht nur für die Fürsten, sondern auch für die Privatleute bestimmt – was nicht zutrifft – und Hompesch werde sicher genug Patriot sein, um dieses Opfer seinem Lande zu bringen. Im übrigen zweifle er nicht, daß die Großmächte Hompeschs Verdienste zu würdigen wüßten. Als Hompesch dieses Gespräch weiterspinnt, erklärt ihm Alquier, er sei sicher, daß der Erbe, Herzog Max, der gleichen Meinung sei; dieser habe bereits nach einem Außenminister gesucht und wenn er nicht von selbst an Hompesch dabei denke, werde eben die Republik eine «stipulation précise» in einem Vertrag von ihm fordern. «Un geste affectueux et modeste a été la réponse».

Zum zweiten Mal also, wie 1787 als es um die Nachfolge von Hofenfels in Zweibrücken ging, ist Montgelas wieder nicht der Kandidat Frankreichs für das Amt des künftigen Außenministers, damals des (zunächst nur) zweibrückischen, jetzt des bayerischen. Alquiers Bericht findet in dieser Hinsicht auch keinen Widerspruch in den Weisungen Talleyrands. Dieser schreibt ihm vielmehr in seiner Antwort vor, weiterhin die Beziehungen zu Hompesch zu pflegen, kritisiert jedoch den bayerisch-zweibrückischen Entschädigungsplan, den Hompesch ihm überreicht hat. Derselbe enthalte viele Übertreibungen[16]. Die Einzelheiten müßten in Rastatt ausgehandelt werden, wo man den Dingen genauer auf den Grund gehen könne. «Aber was Sie stets wieder mit Vertrauen sagen können und sollen, ist, daß es immer der Wunsch der Republik sein wird, die pfälzische Macht im bayerischen, schwäbischen und fränkischen Kreis arrondiert, konzentriert und ausgedehnt zu sehen». Sie solle vergrößert werden, damit die Pfalz eine unabhängigere Rolle spielen könne, wenn schon nicht durch absoluten Zuwachs an Land, so doch durch Zusammenlegung und damit Stärkung ihrer effektiven Macht. Das Direktorium hoffe, zusammen mit den Mitgliedern der Reichsdeputation auf dem Kongreß den Kaiser dahin bringen zu können, daß er sich mit den Entschädigungen zufriedengebe, die er bereits in der Hand habe, und daß er

[16] Diese Behauptung war unrichtig. Die Berechnungen über die Verluste auf dem linken Rheinufer waren, wenn auch vielleicht etwas ‹aufgerundet›, so doch im ganzen, soweit es die damaligen Unterlagen gestatteten, ungefähr richtig. Auch die viel später, nach der napoleonischen Zeit angestellten Erhebungen von Rudhart bestätigen dies: I. *Rudhart*, Über den Zustand des Königreichs Bayern nach amtlichen Quellen, 3 Bde., Stuttgart 1825.

die Masse der geistlichen Staaten[17] den weltlichen Fürsten zur Entschädigung für ihre Verluste auf dem linken Rheinufer überlasse[18].

Alquier hatte in seinem Bericht vom 8. 9. 1798 noch erwähnt, daß er nach diesem Gespräch mit dem Vertreter des Herzogs von Zweibrücken, Kaeser, zusammengetroffen sei, zu dem er volles Vertrauen habe. Diesen hat er aufgefordert, über seinen Herrn auf Hompesch einzuwirken, damit er die Verhandlungen mit Frankreich weiterführe. Anscheinend hat Alquier dabei, was er in seinem Bericht verschweigt, Kaeser einen Wink gegeben, daß Frankreich in Erfüllung der Geheimartikel von Campo Formio auf der Abtretung des Gebiets zwischen Inn und Salzach bestehe. Kaeser wendet sich daraufhin an Herzog Wilhelm, der umgehend nach Rohrbach aufbricht. Ob Wilhelm auch von Alquiers Absicht weiß, Hompesch als künftigen Außenminister zu empfehlen, ist nicht ersichtlich. Es kommt dann zu der schon erwähnten Rohrbacher Besprechung, auf der Montgelas seinem Herrn erneut seine Unentbehrlichkeit in außen- und innenpolitischen Fragen demonstriert. Als Gegenleistung dafür, daß sich Kaeser und Wilhelm für eine Allianz Bayerns mit Frankreich einsetzen wollen, verwendet sich Alquier seinerseits gegenüber Talleyrand warm für die Integrität Bayerns, wobei er, wohl durch Kaeser in Kenntnis des Montgelas'schen Mémoires, darlegt, daß man Bayern seiner Haupteinnahmequelle berauben würde, nähme man ihm die Salinen von Reichenhall, die bedeutendsten Europas. Es werde dann unmöglich, Bayern im Interesse des Gleichgewichts im Reich zu «konsolidieren» und aus ihm eine «puissance intermédiaire et imposante» als Barriere vor den Grenzen Böhmens, Österreichs und Tirols zu machen. Außerdem gewinne Österreich, von der Vermehrung seiner Einnahmen gar nicht zu reden, das Salzmonopol in Oberdeutschland und damit einen unwiderstehlichen Einfluß auf den Rest Bayerns, auf Schwaben, Franken und die Schweiz. Auch würde Österreich mit dem rechten Innufer wertvolle strategische Positionen erwerben. So gelangen die gleichen auf Montgelas zurückgehenden Argumente, die schon Cetto in Paris, Rechberg in Rastatt und Posch in Berlin vertreten hatte, nun aus der Feder des Gesandten Alquier erneut an Talleyrand.

Inzwischen behandelt die kurfürstliche Regierung Alquier trotz seines nicht offiziellen Status freundlicher und zuvorkommender. Sie macht jedoch in Montgelas' Augen einen neuen kapitalen Fehler, indem sie in einer Note an den Gesandten der Republik sich über ihre eigenen Untertanen, die Stände, beklagt und ihm sagt, es gebe im Lande viele Unzufriedene und Übelgesinnte. Es sei, so meint Montgelas, «wahrhaft eine schlechte Art, sich zu empfehlen, indem man einge-

[17] Also offenbar auch Salzburg, Passau und Berchtesgaden.

[18] Aff. Etr. Corr. politique Bavière 178, Weisung vom 19 vendémiaire VII (10. 10. 98).

steht, daß man sich im eigenen Land nicht sicher fühlt». Man fürchtet, daß Alquier dieses Schreiben den Ständevertretern zeigt. Montgelas hofft, daß die Landstände auch in Zukunft nicht zu eng mit Alquier zusammenarbeiten und sich so nicht in den Verdacht des Jakobinertums bringen, der Österreich den Vorwand zum Eingreifen liefern könnte[19].

Inzwischen sind in München die Würfel hinsichtlich des Beitritts zur antifranzösischen Koalition gefallen. Karl Theodor hat den in Wien wegen seiner Korruption berüchtigten General von Zedtwitz, ein Werkzeug Österreichs, an die Spitze seiner Truppen gestellt[20] und mit besonderen Vollmachten ausgestattet. Auf der Konferenz von Schwabhausen verpflichtet sich der Kurfürst endgültig, Österreich im Kriegsfall seine Truppen zur Verfügung zu stellen[21]. Alquier wettert, nun brauche man auf Hompesch ebensowenig noch Rücksicht zu nehmen wie auf die ganze «schwache und verächtliche» übrige Regierung Karl Theodors. Alquier beginnt in München eine Art diplomatischen Amoklauf, indem er, um die Millioneneinnahmen aus den erwarteten Säkularisationen Karl Theodors nicht der Rüstung und Österreich zukommen zu lassen, wie ein Shylock die Erfüllung der Konvention von Pfaffenhofen fordert, über die Frankreich bisher geschwiegen hatte, und indem er neue Schritte gegen die Emigranten unternimmt. Kaeser hatte ihn schon im September nur mit größter Mühe auf Weisung Montgelas' davor zurückhalten können, diese Konvention «wieder anzuheizen»[22]. Alquier sagt, wer eine Armee gegen Frankreich aufstellen könne, der habe auch die Mittel, die Konvention von Pfaffenhofen zu erfüllen. Nun, im Dezember, will er sich von seinem Schritt nicht mehr abhalten lassen. Montgelas versieht Kaeser mit Gegenargumenten, um Alquier umzustimmen. Bei den 16 Millionen Kontributionen, die Bayern nach der durch seine Stände abgeschlossenen Konvention von Pfaffenhofen von 1796 an Frankreich zu leisten gehabt hatte[23], habe es sich um Lasten gehandelt, welche die Pfalz und Berg einbezogen hätten. Die Lieferungen an die französischen Truppen sollten ohnehin berücksichtigt werden. Frankreich habe 1798 trotz der Vorstellungen von Max niemals von Österreich die Räumung Bayerns gefordert, wie es versprochen habe, sei also an der jetzigen Lage Bayerns mitschuldig. Schließlich soll Kaeser Alquier klar machen, wie wichtig und

[19] An Kaeser 7. 10. 98, K. bl. 196/5d.

[20] Ebd., auch schon Berichte Kaesers v. 23. und 25. 9. 98 und Max (Montgelas) an Kaeser 3. 10. 98. Dazu auch *Du Moulin Eckart* 51, 61.

[21] Aff. Etr. a. a. O., Ber. Alquiers v. 19 brumaire VII (9. 11. 98). Die Daten der Berichte bei Du Moulin Eckart 76 sind unrichtig.

[22] «rechauffer», Ber. Kaesers v. 25. 9. 98, K. bl. 196/5d.

[23] Kaeser, der bei der Verhandlung mitgewirkt hatte, hatte den Ständevertretern den Rat gegeben, 10 Tage Aufschub zu verlangen. Das hätte sie vor der Unterzeichnung bewahrt. Max (Montgelas) an Kaeser 4. 12. 98, ebd.

nützlich für Frankreich eine größere Rücksichtnahme auf Bayern wäre[24]. Andererseits läßt Montgelas in München immer wieder vor einer zu schlechten Behandlung Alquiers warnen. Montgelas ist sich klar, daß Bayern im Kriegsfall mit Österreich zusammengehen muß, das es bereits in der Hand hat[25], daß man aber nach dem Krieg doch wieder auf die Unterstützung Frankreichs angewiesen sein wird. Im Augenblick jedoch scheint Montgelas fast aktueller als der Kriegsausbruch eine andere Gefahr: eine französisch-österreichische Verständigung gegen Preußen, wie sie Lehrbach in Rastatt betreibt, die auf Kosten der zu entschädigenden weltlichen Fürsten gehen soll[26].

Zur Kriegsgefahr, zu den Rastatter Entschädigungsverhandlungen tritt ein drittes Problem, das sich seit Oktober abzeichnet: Die Gesundheit Kurfürst Karl Theodors wird schlechter. Vor 15, vor 10 Jahren glaubte Herzog Karl von Zweibrücken sich stets unmittelbar vor Antritt der Erbschaft. Karl starb 49-jährig, der alte Karl Theodor jedoch schien immer lebenslustiger und unverwüstlicher zu werden. Die Zweibrückener wagten schon kaum mehr, sich unter der Hand nach seiner Gesundheit zu erkundigen. Noch wenige Tage vor Karl Theodors Tod schreibt Zentner aus Rastatt: «Bei dem Ch(urfürsten) werden die Spuren seines Alters sichtbarer, aber er ist physisch so gut constituieret und die moralischen Übel afficieren ihn so wenig, daß er noch mehrere Jahre sich bei Leben erhalten kann. Die Staatsverwaltung ist in allen ihren Teilen in der größten Verwirrung»[27]. Doch die Eingeweihten fühlen schon seit Oktober, daß eine Änderung sich ankündigt[28]. «Vor zwölf Jahren sagte man in Europa, es gäbe jetzt keinen Krieg mehr auf dem Kontinent bis zum Tode des Kurfürsten von Bayern», schreibt Talleyrand etwas später an Alquier[29]. Heute gäbe es Ereignisse, so fährt er fort, die derart viel wichtiger seien, daß man in der Öffentlichkeit den Tod des Fürsten kaum beachte; dennoch eröffne dieser Tod die Türe für ganz neue Kombinationen, der Aufenthalt Alquiers in München sei interessanter denn je. Er solle ihn trotz der Kriegsgefahr so lang wie möglich ausdehnen.

[24] An Kaeser, ebd., 4. 12. 98.

[25] An Kaeser ebd., 3. 10. 98.

[26] Max (Montgelas) an Kaeser, 4. 12. 98, ebd.

[27] An Reibelt, K. s. 9902, 4. 2. 99.

[28] Max (Montgelas) an Kaeser, 9. 10. 98. Montgelas motiviert dort das Interesse an der Gesundheit des Onkels sehr elegant. Außerdem, fügt er hinzu, würde ein solches Ereignis (der Tod Karl Theodors) in diesem Augenblick dem Herzog nur Sorge und Schwierigkeiten bereiten. Es sei viel wichtiger, daß der Münchner Hof ein vernünftiges politisches System annehme. Alquier meldet Talleyrand am 23. 11. 98, die Leibärzte gäben dem Kurfürsten noch drei Monate – die Prognose stimmte ziemlich genau: am 16. 2. 1799 starb Karl Theodor. Aff. Etr. a. a. O., 3 frimaire VII (23. 11. 98).

[29] Ebd., 5 ventôse VII (23. 2. 99).

f) Montgelas' und Rechbergs Einfluß auf die französische Delegation und auf die Reichsdeputation in Rastatt (November/Dezember 1798). Während sich die Kabinette von Wien, Paris, Berlin und Petersburg – soweit ihnen die Kriegsvorbereitungen hierzu Zeit lassen – überlegen, welche Haltung sie im Falle von Karl Theodors Tod einnehmen sollen: Wien, ob es die Hand ganz auf Bayern legen wird, die drei anderen Regierungen, ob sie den Kaiser daran hindern wollen, treten die Entschädigungsverhandlungen in Rastatt in ein entscheidendes Stadium.

Bereits Anfang November 1798 war der Kongreß dem Bruch zwischen den Parteien nah. Die Franzosen hatten verschiedene Forderungen, darunter die nach Übernahme der enormen, vor allem kriegsbedingten Schulden der linksrheinischen Gemeinden durch die deutschen Kommunen rechts des Rheins, mit provozierender Härte durchzusetzen versucht, so daß selbst die um den Frieden besorgte Reichsdeputation in einem Conclusum vom 6. November diesen «ewigen Tribut» abgelehnt hatte. Das Direktorium wünschte jedoch zu dieser Zeit weder Bruch noch Krieg; Nachgeben und Prestigeverlust aber fürchteten die französischen Unterhändler. Sie befanden sich also in einer Sackgasse. Wider alles Erwarten antworteten sie jedoch bereits am 11. November in einem versöhnlichen Ton, wobei sie die meisten Streitpunkte, zum Beispiel die bis dahin heiß umstrittene Frage der Behandlung der Emigranten, auch der aus den linksrheinischen deutschen Gebieten, mit einer eleganten Handbewegung als minder wichtig vom Tisch wischten bzw. plötzlich vernünftige Regelungen annahmen, denen sie sich früher verschlossen hatten. In einigen Punkten (Rheininseln, Schiffahrt, Elsflether Zoll) blieben sie bei ihren Forderungen; in dem für ihre Partner jedoch unannehmbarsten Punkt, den Gemeindeschulden, waren sie plötzlich bereit, wenigstens diejenigen Schulden, welche die Gemeinden seit der französischen Okkupation hatten eingehen müssen – und dies war der größte Teil – auf dem linken Rheinufer zu belassen. Sie drückten dabei die Hoffnung aus, daß dieser lange Streit damit beendet werde und man nun endlich über die Säkularisationen verhandeln könne[1].

Nach Montgelas' Aussage hat er zusammen mit Rechberg den Franzosen diese Auswege aus ihrer verfahrenen Lage gewiesen und sogar ihre Note an die Reichsdeputation redigiert. Er berichtet dies mit der Bitte um strengste Diskretion seinem Herzog[2]. Mit dieser Tat, ferner mit der Abfassung einer Note für den preußischen Hof über die Notwendigkeit der Säkularisationen und mit Bemühungen um die Beilegung der Differenzen zwischen den drei preußischen Unterhändlern in Rastatt, Goertz, Jacobi und Dohm, begründet Montgelas unter anderem die Verlängerung seines Aufenthaltes in dieser Stadt entgegen dem Wunsch des Her-

[1] *Hüffer,* Der rastastter Congreß II, 209 ff.

[2] Rastatt, 7. und 9. 11., Karlsruhe 13. 11. 98, MA 1.

zogs. Er betrachtet die französische Note als eine Aufforderung, «un coup de baguette électrique» für Preußen, sich nun endlich auch wieder aktiv um die Verwirklichung der Säkularisationen zu kümmern. Er und Rechberg beeinflussen die preußischen Delegierten, nicht zu aufgebracht nach Berlin zu berichten, daß die Franzosen auf zwei ihnen unangenehmen Bedingungen (Elsfleth-Zoll und Insel Büderich) bestehen. Diese Fragen seien nicht von der Natur, einen Bruch zwischen zwei Mächten herbeizuführen, die «sich zutiefst einig sind über das große Prinzip der Säkularisation». An seinem Herzog, so schreibt er, sei es nun, «von dem Eifer der Franzosen für die Säkularisationen zu profitieren, aber es wäre vielleicht nachteilig für Ihre Interessen bei den anderen Großmächten, wenn es schiene, daß Sie diese Änderung selbst herbeigeführt hätten[3].

Montgelas' Wunsch, für den er sich zusammen mit Rechberg in Rastatt nicht unwirksam einsetzt, ist, Frankreich und Preußen, die beiden Mächte, die für Säkularisationen sind, wieder zusammenzuführen und Österreich zu isolieren. Die beiden Gefahren, die er fürchtet sind, daß Österreich und Frankreich gegen Preußen oder Österreich und Preußen gegen Frankreich zusammenfinden. Beides wird in dieser Zeit versucht, und beides würde sich nachteilig auf die Entschädigung der weltlichen Fürsten, insbesondere Bayerns, durch Säkularisationen auswirken, ja Bayern im Hinblick auf den zu erwartenden Tod des Kurfürsten vielleicht in seiner Existenz bedrohen.

Die Begründung, mit der die französischen Delegierten gegenüber dem Direktorium ihr plötzliches Einlenken rechtfertigen, entspricht den Gedankengängen, die auch Montgelas in dieser Zeit vertritt[4]. Roberjot berichtet an Talleyrand am 13. 11., die offensichtliche Annäherung zwischen Österreich und Preußen habe die Annahme einer konzilianteren Haltung erforderlich gemacht. Die Note bringe die Vertreter Österreichs und die katholische Partei aus der Fassung, erwecke in den Frankreich freundschaftlich gegenüberstehenden Fürsten neue Hoffnung, erfreue alle, die ein Recht auf Entschädigung besäßen und beeinflusse die öffentliche Meinung in Deutschland zugunsten Frankreichs[5].

Doch es kommt in Rastatt zu neuen Schwierigkeiten. Preußen, das Haus Holstein-Oldenburg (Fürstbischof Peter von Lübeck), Bremen-Hannover und Sachsen, also wieder Staaten, die sich im Schutz der norddeutschen Neutralität sicher vor den Folgen eines neuen Krieges fühlen, wollen nicht einlenken, vor allem in der Frage des Elsflether Zolls, dessen Aufhebung Frankreich fordert.

[3] An Max, 13. 11. 98, MA 1.

[4] Z. B. gegenüber dem Herzog, MA 1, oder gegenüber dem Legationsrat Kaeser in München, K. bl. 196/5d.

[5] *Hüffer* II, 211.

Dazu kommen die Beschwerden der deutschen adeligen Emigranten, die Güter im Elsaß besessen hatten. Obwohl Talleyrand jetzt seiner Delegation in der Frage der Gemeindeschulden ein völliges Nachgeben erlaubt hatte, facht Preußen, zur Freude Lehrbachs, den Konflikt mit Frankreich wieder an. Die Deputation kommt Frankreich nicht entgegen, das wegen der internationalen Lage allmählich in Zeitdruck gerät[6].

Auf Weisung Talleyrands bricht die französische Delegation am 6. Dezember 1798 die langatmigen Verhandlungen jäh durch ein Ultimatum ab[7]. Die Mehrheit der Reichsdeputation unter Führung des am ersten betroffenen Mainzer Delegierten Albini, ermutigt und unterstützt durch die der Deputation nicht angehörenden Gesandten Zweibrückens und Württembergs, ist gewillt, dem Ultimatum, das einen Krieg und weitere Verwüstungen vermeiden und endlich den Weg zur Entschädigung freimachen soll, nachzugeben. Entscheidend ist, daß innerhalb der Deputation die Delegierten der im Schutz der preußischen Neutralitätszone gelegenen Staaten, Sachsen und Bremen-Hannover, zwar zur Ablehnung und damit zum Krieg raten, aber auf die Frage, ob denn ihre Staaten dann auch die Konsequenz ziehen und Süddeutschland gegen Frankreich beistehen werden, verneinend antworten. Der österreichische Vertreter Lehrbach muß eingestehen, daß unter diesen Umständen die Mehrheit der Reichsdeputation nicht zur Ablehnung des Ultimatums zu bringen ist: «Da es offenbar ist, daß das nördliche Deutschland, insbesondere Preußen, einschließlich Sachsen und Bremen, nur bellen und nicht beißen, so ist keine Beredsamkeit der Welt imstande, die Mehrheit allhier aufzurichten oder systematisch handeln zu machen ... Wenn die preußischen Gesandten nur ein einziges Mal äußerten, die Armee der Demarkationslinie würde vorrücken, so bin ich versichert, daß die Franzosen ihren Ton nicht allein herabstimmen, sondern selbst Nachgiebigkeit würden eintreten lassen»[8]. Dies entspricht der bereits erwähnten Feststellung von Montgelas – der sonst in nichts mit Lehrbach übereinstimmt – daß, wenn der Krieg wieder ausbricht, diejenigen, die ihn durch Ablehnung der französischen Vorschläge geschürt haben, nämlich Preußen, Sachsen und Hannover-Bremen, nicht daran teilnehmen, sondern neutral bleiben werden, während West- und Süddeutschland verwüstet werden[9]. Eine besondere Akrobatik leistet sich der ebenfalls im Schutz der Neutralitätszone regierende Landgraf von Hessen-Kassel, der gleichzeitig den Franzosen Truppen und den Österreichern Geld anbieten läßt und von dessen

[6] Diese Vorgänge *Hüffer* II 208–218.
[7] Ebd. 219 ff.
[8] Ebd. 221.
[9] An den Herzog 4. 12. 98, MA 1.

beiden Gesandten in Rastatt der eine, Frhr. von Taube, für Österreich, der andere, Frhr. von Steuben, für Frankreich eintritt. Je nach Lage läßt er den einen oder den anderen sprechen[10].

Bereits vor der Fassung des Conclusums vom 4. Dezember waren die Gegensätze innerhalb der Reichsdeputation hart aufeinandergeprallt. Man habe sich «schneidende und nahezu grobe» Worte entgegengeschleudert, berichtet Montgelas aus Karlsruhe. Rechberg habe am Rande eine laute Auseinandersetzung mit den Delegierten Sachsens und Bremen-Hannovers gehabt, weil diese das frankreichfreundliche Votum des bayerischen Delegierten Morawitzky kritisiert hätten. «Die Parteien formieren sich täglich stärker ... Wenn dies so weitergeht, wird man nur noch mit der Pistole in der Tasche ausgehen. Indessen läßt Albini ein erträgliches Conclusum erhoffen»[11].

Bei der ganzen Auseinandersetzung geht es – nachdem man sich schon seit ¾ Jahren über die Abtretung des linken Rheinufers einig war – um verhältnismäßig sekundäre Fragen: Rheininseln, die von Frankreich geforderte Aufhebung des Elsflether Zolls durch das Haus Holstein-Oldenburg, Emigranten, Gemeindeschulden auf dem linken Rheinufer. In allem ist man einer Einigung bereits sehr nah. Die Zeit drängt. Frankreich und auch die meisten Mitglieder der Reichsdeputation hoffen, angesichts der nahenden Kriegsgefahr die weltlichen Reichsstände vom Kaiser zu trennen; diese Staaten selbst möchten neutral bleiben, Frankreich möchte sie dagegen für ein Bündnis gewinnen. Österreichische Truppen stehen bereits in ganz Bayern, Österreichisch-Schwaben und in Graubünden, der Krieg in Italien kann täglich beginnen, die Russen setzen ihren Marsch nach Deutschland fort. Nachrichten aus Prag besagen, daß diese Truppen selbst dort, wo sie als Verbündete auftreten, «schreckliche Verwüstungen anrichten und es ist unbeschreiblich, Ihnen das Entsetzen der Bayern zu schildern bei dem Gedanken, daß die Russen sich in Richtung auf ihr Land bewegen»[12].

Am 9. Dezember soll die entscheidende Abstimmung in der Reichsdeputation über das französische Ultimatum stattfinden. Drei ihrer Mitglieder haben sich kategorisch gegen die Annahme erklärt: Lehrbach für Österreich, Loeben für Sachsen und Reden für Bremen-Hannover, die beiden letzteren in der Gewißheit, daß ihren eigenen Staaten unter dem Schutz der preußischen Neutralität nichts passieren kann. Am Vorabend der Abstimmung, am 8. 12., versammeln sich auf Anregung des Vorsitzenden Albini (Mainz) in der Wohnung des bayerischen Vertreters Morawitzky die sieben übrigen Mitglieder der Reichsdeputation: außer

[10] Mo. an Max, Karlsruhe, 4. und 10. 12. 98, MA 1.

[11] Ebd. 5. 12. 98.

[12] Alquier an Talleyrand 30 frimaire VII (20. 12. 98); auch am 30 nivôse VII (19. 1. 99) erwähnt er «unbeschreibliche Exzesse der russischen Truppen in den Erblanden».

Mainz und Bayern noch Baden (Reitzenstein), Würzburg (Friedrich Stadion), sowie die Vertreter von Hessen-Darmstadt, Frankfurt und Augsburg. Albini findet Beifall mit seinem Vorschlag, sich nur dem französischen Ultimatum zu widersetzen unter der Voraussetzung, daß Preußen, Sachsen und Hannover in den bevorstehenden Krieg auf der Seite Österreichs eintreten würden. Bleiben diese Staaten jedoch neutral, so wird die Mehrheit der Reichsdeputation für die Annahme des Ultimatums stimmen. So geschieht es dann auch am 9. Dezember: Da Norddeutschland sich nicht am Krieg beteiligen will, stimmen von den 10 Mitgliedern der Reichsdeputation Mainz, Bayern, Hessen-Darmstadt, Baden, Frankfurt und Augsburg für die Annahme des Ultimatums, als 7. Stimme erklärt der Würzburger Domherr Friedrich Graf Stadion, der Mehrheit beizutreten. Damit ist das Ultimatum angenommen. Die französische Delegation stellt fest, hiermit sei nun die erste Basis der Unterhandlung – die Regelung der Gebietsfragen gegenüber Frankreich – endgültig festgestellt. Nun könne die zweite Phase in Angriff genommen werden, die Durchführung der Entschädigungen auf der Grundlage des bereits vereinbarten Prinzips der Säkularisation[13].

Diese Abstimmung gegen den Willen Österreichs hat in München ein Nachspiel. Der Leiter der bayerischen Delegation, Graf Morawitzky, hat ohne Instruktion und – wie er wissen muß – gegen den Willen des von Österreich abhängigen Kurfürsten, mit der Mehrheit für die Annahme des französischen Ultimatums gestimmt, ja er hat beim Zustandekommen des Beschlusses eine aktive Rolle gespielt. Erst zwei Tage nach dieser Sitzung erhält er aus München die für dieselbe bestimmte Instruktion, die vorsieht, er solle vorzüglich den österreichischen Gesandten konsultieren. Nun wird Morawitzky von München aus zur Rechenschaft gezogen. An seiner Haltung hat Montgelas anscheinend ein nicht geringes Verdienst gehabt. Alquier berichtet an Talleyrand, nachdem all seine Versuche, die Münchner Regierung zu positiven Instruktionen für Morawitzky zu bewegen, fehlgeschlagen seien – Versuche, denen viele von der Seite Zweibrückens vorausgegangen sind – habe er mit Kaeser beraten und dieser an den Herzog berichtet. «Ich habe erfahren, daß Baron Montgelas, der in Mannheim der ‹homme de confiance› (des Herzogs) ist, sich nach Karlsruhe begeben hat, um besser im Stande zu sein, mit Morawitzky zu konferieren. Ich zweifle nicht, daß er es war, der die Einstellung dieses Gesandten bestimmt hat»[14]. In der Tat war die Einwirkung auf die kurbayerische Delegation ein Hauptgrund, warum Montgelas sich während eines halben Jahres, von Mai bis Dezember, meist nicht bei seinem Herzog in Rohrbach und Mannheim, sondern in Karlsruhe und Rastatt auf-

[13] *Hüffer* II, 224; Max (Montgelas) an Kaeser, 16. 12. 98, K. bl. 196/5d.

[14] Aff. Etr. Corr. polit. Bavière 178, Ber. v. 30 frimaire VII (20. 12. 98).

gehalten hat[15]. Hatte er noch im Juni Morawitzky als einen gebildeten und aufgeklärten Mann bezeichnet, der nur mit Verachtung auf die Zustände am Münchner Hof blicken könne, jedoch ängstlich und diplomatisch unerfahren sei[16], so wird er in der folgenden Zeit immer zufriedener mit diesem Delegationsleiter, der dann unter Max Joseph in Bayern neben Montgelas als Minister berufen wird.

Nach dem Votum Morawitzkys in Rastatt tobt man am Münchner Hof gegen ihn und nicht nur dort; Lehrbach und in München Seilern fordern von Karl Theodor strenge Maßnahmen gegen den Gesandten. Selbst der friedfertige Clemens Wenzeslaus von Trier soll geschrieben haben: «Für jeden Deutschen sollte der Name Morawitzky geächtet sein»[17]. Vielleicht steht dahinter etwas Ärger, daß Preußen die Anregung Sachsens, den Kurfürsten von Trier zu entschädigen, abgelehnt hat mit der Begründung, zunächst müßten die weltlichen Fürsten, vor allem das Haus Pfalz, entschädigt werden[18]. Zuvor war ein Versuch Lehrbachs gescheitert, nur die geistlichen Fürsten für linksrheinische Gebietsverluste zu entschädigen und die weltlichen leer ausgehen zu lassen, also gerade das Gegenteil dessen, was mit dem von allen Mächten anerkannten Grundsatz der Säkularisation eigentlich bezweckt werden sollte[19].

Montgelas bittet den Herzog, einen von ihm entworfenen Brief an Morawitzky zu senden und ihm sein Wohlwollen für die Zeit nach dem Regierungswechsel zu versichern. Er soll damit Morawitzky für seinen Mut danken und ihn über die Verfolgungen hinwegtrösten, die er nun von seiner Regierung zu erwarten hat[20]. Er liefert Kaeser die Argumente, um Morawitzkys Haltung in München als die einzig richtige zu verteidigen[21]. Die Kunde von dieser Zusammenarbeit erhöht noch Karl Theodors Zorn. Morawitzky muß sich verantworten und wird scharf gemaßregelt[22], wozu Interventionen Thuguts und Colloredos beigetragen haben[23]. Das Verhältnis zwischen Karl Theodor und seinem Erben befindet sich in diesen letzten Monaten in einer schweren Krise, ebenso wie das des Kurfürsten zu

[15] Seine Berichte an den Herzog in dieser Zeit in MA 1, die eigenh. Entwürfe, soweit nicht dort, in K. s. 7796.

[16] 22. 6. 98, an Max, MA 1.

[17] Alquier an Talleyrand a. a. O. (20. 12. 98). Diese Worte seien an die alte Fürstin Fürstenberg gerichtet.

[18] Max (Montgelas) an Kaeser, 16. 12. 98, K. bl. 196/5d.

[19] An Kaeser 7. 10. 98.

[20] An Max, 11. 12. 98, MA 1.

[21] 16. 12. 98, K. bl. 196/5d.

[22] Max (Montgelas) an Kaeser, 31. 12. 98, K. bl. 196/5d; Zentner an Reibelt 3. 1. 99, K. S. 9902. Dort nach Mitteilung der Vorgänge: «Wir können hier (in Rastatt) nicht mehr handeln. Das System des Hofes liegt nun offen da.»

[23] Alquier an Talleyrand a. a. O., 5 nivôse VII (25. 12. 98).

seinen Ständen und zu Frankreich. Allen dreien, sowie Preußen, unterstellt er immer noch, sie wollten ihn im Einvernehmen mit seiner um 50 Jahre jüngeren Gemahlin stürzen, eine Furcht, die vom österreichischen Gesandten Seilern und gewissen Günstlingen wachgehalten wird, um den Kurfürsten bedingungslos an Österreich zu binden[24]. Seilern hat dem Kurfürsten eingeredet, Herzog Max befürworte nur deshalb ein besseres Verhältnis zu Frankreich, weil das Direktorium ihn mit 30 000 Louis d'or bestochen habe. «Der Kurfürst ist wütend und die Ungnade, in der sich der Neffe befindet, ist vollständiger denn je»[25]. Alles auf die politische Lage Bezügliche, das Max in Mannheim und Rohrbach sagt, wird sofort nach München berichtet[26]. Das Verhältnis beider Wittelsbacher treibt dem Bruch entgegen. Montgelas rechnet damit, daß der Kurfürst dem Herzog seine Apanage sperren wird. Er zweifelt jedoch nicht, daß in diesem Fall die Stände einspringen werden. Er legt dem Herzog die Rechtslage und die politischen Gegebenheiten hierfür dar und bemerkt dann: «Inmitten so großer Ereignisse schäme ich mich, Zeit mit Diskussionen dieser Art zu verlieren ... indessen, ich kann mich nicht davon dispensieren, Rechenschaft darüber abzulegen»[27]. Zwar muß man leben, aber in politischer Hinsicht steht wirklich Wichtigeres auf dem Spiel: Die Entschädigungsfrage, die kritische Stellung zwischen Frankreich und Österreich angesichts des nahenden Krieges und die Frage, was sich ereignet, wenn jetzt, während Bayern in der Hand der Österreicher ist, der Kurfürst stirbt.

Nach dem Votum der Reichsdeputation vom 9. 12., das Süddeutschland wenigstens für den Augenblick den Krieg erspart hat, wie Montgelas aufatmend feststellt[28], sollen die Einzelheiten der Entschädigungen durch Säkularisation in Rastatt beschlossen werden. Es «öffnet sich ein weites Feld für alle Intrigen und Leidenschaften»[29]. «Der Kongreß gleicht einer Handlungsbörse», berichtet Lehrbach[30]. Der französische Delegierte Roberjot bedeckt sein Arbeitszimmer mit

24 S. oben S. 379.

25 Alquier an Talleyrand, 3 frimaire VII (23. 11. 98), Aff. Etr. a. a. O. Ebenso Kaeser an Max, 11. 12. 98, K. bl. 196/5d. Kaeser spricht von 36 000 fl. Er berichtet weiter, man habe den Kurfürsten mit der Behauptung aufgebracht, der Herzog habe den Franzosen eine bayerisch-österreichische Vereinbarung über Schleifung der Festung Mannheim und Mitnahme der dortigen Geschütze nach Philippsburg verraten.

26 Kaeser meint, der Zwischenträger sei der junge Hompesch, der Sohn und spätere Nachfolger des bayerischen Finanzministers, ebd.

27 An Max, 31. 12. 98, 5. 1. 99, MA 1. Der Herzog ist der Ansicht, man müsse eine offene Opposition («levée de bouclier») der bayerischen Stände vermeiden. «Elle ne sert qu'à aigrir dans un moment où on n'est pas le plus fort.» Max eigenh. an Mo., 21. 12. 98, Egg.

28 31. 12. 98, K. bl. 196/5d.

29 Mo. an Max, Karlsruhe 10. 12. 98.

30 17. 12. 98, *Hüffer* II, 227.

Landkarten von Deutschland, auf denen er die zu verteilenden Lose mit kleinen numerierten Zetteln bezeichnet. Über ihre Zuteilung verhandelt er mit seinen zahlreichen deutschen Besuchern. «Ich habe eine Besprechung mit Roberjot gehabt», berichtet Rechberg in einem Privatbrief an Montgelas[31]. «Der Eindruck, den mir diese Unterhaltung hinterlassen hat, war ohne Beispiel. Ich habe einen Mann bar jeder Information gefunden, verwirrt durch seine Aufgabe und unfähig, ihr zu genügen. Er hatte sich nicht die Mühe gegeben, unsere Denkschriften zu studieren. Er verwechselte und verunklarte alles und gestand mir schließlich selbst, daß er mit dieser Arbeit, die ihn hier beschäftigte, keine Ehre einlegen könnte. Ich bin jetzt damit beschäftigt, alles noch einmal durchzuarbeiten, was wir ihm präsentiert hatten, und ihm sehr klare und gedrängte Übersichten unserer Verluste und der von uns geforderten Entschädigungen zusammenzustellen. Roberjot ließ ge-

[31] 18. 12. 98, Egg. Montgelas kritisiert in einem Brief an Rechberg erstmals eine Arbeit des ihm sonst eng verbungenen Zentner. Dessen neues Mémoire in der Entschädigungsfrage, das der bayerische Vertreter Morawitzky und der zweibrückische Rechberg unterzeichnet hatten, sei schlecht redigiert, sein Stil «lâche et peu diplomatique». Zentner habe in einem ungünstigen Zeitpunkt übermäßig hohe Ansprüche gestellt, über die die Großmächte nur lachten (tatsächlich bestätigen dies die Äußerungen des französischen Unterhändlers Debry gegenüber Metternich-Vater (*Hüffer* II 227). Die Österreicher würden, so schreibt Montgelas weiter, nur den Reichsklerus mit Hilfe von Zentners Mémoire aufhetzen. Ebenso schaffe man sich weitere Feinde dadurch, daß Zentner in dieser offiziellen Denkschrift als bayerische Forderungen die Gebiete der Reichsstädte und der Reichsritterschaft aufgenommen habe, die z. Z. garnicht zur Diskussion ständen, sowie mainzisches Territorium in einem Moment, wo man die Mitarbeit des Mainzer Delegierten Albini, des Vorsitzenden der Reichsdeputation, gegen Österreich nicht entbehren könne. Schließlich setze man durch die Abfassung von derart «gigantischen Plänen» seinen Ruf aufs Spiel und werde von den Großmächten nicht mehr konsultiert. Mo. an Max, Karlsruhe, 31. 12. 98, Ma 1. Rechberg antwortet, der französische Delegierte Roberjot habe über das Mémoire nur gelacht. Der «gelehrte Professor» (Zentner) sei gegenüber allen Warnungen Rechbergs «inflexible» gewesen. Rechberg an Montgelas persönlich, 30. 12. 98, Egg. Zentner war also in dem Mémoire, von dem hier die Rede ist, noch weit über die Forderungen seines Entschädigungsplans vom 14. 3. 1798 hinausgegangen. Der Unterschied zwischen Montgelas und seinem späteren wichtigsten Mitarbeiter Zentner tritt schon hier hervor. Zentner war ein klarer, systematischer Geist wie auch Montgelas, wohl ein noch unermüdlicherer Arbeiter als jener, aber seine Leistungen lagen später auf dem Gebiet der innenpolitischen Reformen (wo er allerdings auch teilweise zu radikal vorging) und – bis 1806 – auf dem Gebiet der Beherrschung des komplizierten Reichsrechts und der Bearbeitung von Rechtsfällen von minderer politischer Bedeutung auf diesem Gebiet, während ihm das Fingerspitzengefühl, der Takt und die realistische Einschätzung der rasch wechselnden außenpolitischen Gegebenheiten abgingen, in denen Montgelas Meister war. Die Außenpolitik im großen war immer das Werk von Montgelas; in die Innenpolitik teilten sich beide, wobei jedoch Zentner immer mehr die Rolle des Planens der Einzelheiten sowie die der Ausführung zufiel.

genüber dem Haus Pfalz-Bayern sehr wenig günstige Dispositionen erkennen. Er zeigte auf der Karte auf die geistlichen Fürstentümer Augsburg und Kempten und meinte, angesichts dieser enormen Erwerbungen könnte Bayern gut auf die rechtsrheinische Pfalz und auf Berg verzichten. Er war sehr erstaunt zu hören, daß dem pfälzischen Haus die Hälfte des linken Rheinufers gehört hatte».

Mit Hilfe der von Rechberg gelieferten neuen Unterlagen, sowie des bereits Anfang November verfaßten Entschädigungsplanes, den nach Angabe Lehrbachs ebenfalls Rechberg, zusammen mit dem Mainzer Albini und dem Preußen Dohm, verfaßt hatte, stellt nun die französische Delegation einen neuen Entschädigungsplan zusammen, der auch die pfalzbayerischen Forderungen berücksichtigt[32]. Roberjot will ihn im Januar dem Direktorium zur Genehmigung unterbreiten. Doch die politischen Wetterwolken verdichten sich. Mit einer Weisung vom 13. Dezember an Lehrbach erklärt Thugut, nach der Annahme des Ultimatums durch die Reichsdeputation könne dem Kaiser nichts mehr an dem Reichsfrieden oder einer allgemeinen Reichs-Neutralität gelegen sein. Auch sei der Kaiser durchaus nicht gesonnen, einer Entschädigung durch Säkularisationen statt zu geben[33]. Das bedeutet im Grunde bereits Krieg und Absage an das Ergebnis der bisherigen Verhandlungen. Auch das Direktorium stellt sich Ende Dezember ganz auf Krieg ein. Talleyrand ordnet durch seine Instruktion vom 24. 12. 1798 an, daß seine Vertreter mit Abbruch der Rastatter Verhandlungen drohen, falls das Reich den weiteren Einmarsch russischer Truppen in sein Gebiet gestattet[34]. Es ist nicht daran zu denken, daß sich die weltlichen Reichsstände angesichts der unklaren Haltung Preußens in dieser Machtfrage gegen den Kaiser durchsetzen können. Also ist der Krieg unvermeidlich.

Trotzdem werden die Verhandlungen in Rastatt noch bis zum März fortgesetzt, und die Arbeit der Reichsdeputation ist deshalb, rückwirkend betrachtet, nicht vergeblich, weil nach dem neuen Sieg der Franzosen die Reichsdeputation von 1802/03 zusammen mit den französischen und russischen Vermittlern das Entschädigungs- und Säkularisationswerk, nach vielen Detailänderungen, jedoch auf der Basis der in Rastatt ausgearbeiteten Grundsätze, vollendet, der Landkarte Deutschlands ein neues Gesicht verleiht und seine größeren und mittleren weltlichen Staaten abrundet, konsolidiert und zu inneren Reformen befähigt und zwingt.

[32] *Hüffer* II 230.
[33] *Hüffer* II 230.
[34] Note v. 2. 1. 99. *Hüffer* II 233, 269 ff.

28. Reformversuche im Bayern Karl Theodors, 1798

a) Die Finanzlage; der agnatische Konsens zur Aufnahme neuer Schulden. Das Jahr 1796, in dem sich die Kampfhandlungen und die Bewegungen großer Heere auf bayerischem und pfälzischem Boden abspielten, hat den Staatsfinanzen Bayerns den Rest gegeben. Nach einer Aufstellung des Mitgliedes der bayerischen Delegation in Rastatt, Max von Branca, des späteren Mitarbeiters von Montgelas, betrugen allein 1796[1] die materiellen Verluste Bayerns über 10 Millionen Gulden, bei einer Jahreseinnahme des bayerischen Staates von 5 bis 6 Millionen! Hinzukam, daß bereits vor diesem Feldzug die Staatsfinanzen dank der schlechten Verwaltung und der Ausgaben Karl Theodors für seine Kinder und Günstlinge im argen lagen.

Montgelas charakterisiert in seinem Rohrbacher Mémoire für die Herzöge Max und Wilhelm vom 19. 9. 1798 die Lage von Karl Theodors Staaten folgendermaßen: Die Finanzen des Kurfürstentums sind erschöpft. 600 000 fl. Besoldungsrückstände. 3 000 000 fl. sind erforderlich, um «einen Schatten» von Armee wiederherzustellen, 1 000 000 um die Einnahmen auf die Höhe der Ausgaben zu bringen. Das Herzogtum Berg, großenteils in den Händen der Franzosen, hat ebenfalls Schulden, auf der Rheinpfalz lasten 6 Millionen, zu denen Karl Theodor soeben zwei weitere Millionen aufnimmt[2]. Wie Herzog Wilhelm mitgeteilt hatte, hatte Karl Theodor trotz dieser Not weitere beträchtliche Summen heimlich auf die Wiener Bank überwiesen. In der Rohrbacher Besprechung vom 19. September äußert Montgelas gegenüber den beiden Herzögen, von denen Wilhelm aus Landshut bzw. München laufend über die geheimen finanziellen Transaktionen Karl Theodors berichtet hatte, der Kurfürst «erröte nicht», 146 000 fl. Einkommen aus der Kabinettskasse, die aus einer auf die Pfalz aufgenommenen Schuld kommen, auch noch dem Staat in der gegenwärtigen Not aufzubürden. Er unterstütze daraus Minister und Günstlinge[3].

Schon am 2. 8. 1797 hatte Wilhelm berichtet, die Finanzbeamten Karl Theodors seien der Meinung, daß die Hälfte der Anleihen, die der Kurfürst laufend

[1] K. bl. 428/20a, nämlich 2 563 861 fl. Schäden und Kontributionen durch die kaiserlichen Truppen, 1 054 910 fl. Requisitionen der Franzosen, 6 669 925 fl. Plünderungen durch die Franzosen, insgesamt 10 288 697 fl.

[2] MA 112. Vgl. Kap. 27c Anm. 25.

[3] MA 112.

aufnahm, nicht wie vorgegeben, den Staatsbedürfnissen während des Krieges dienten, sondern in die privaten Kassen des Kurfürsten flössen[4]. Ein solches Verfahren war nicht neu bei Karl Theodor. Schon die erbitterte Fahndung nach dem Illuminaten Zwack, den der Kurfürst 1789 sogar entführen lassen wollte – seine Häscher verhafteten aus Versehen einen anderen Reisenden –, soll unter anderem den Grund gehabt haben, daß Zwack als höherer Finanzbeamter dahinter gekommen war, daß der Kurfürst die Hälfte von Zahlungen, die er vertragsmäßig vom Erzbischof von Salzburg aus dem Salzhandel erhielt, für die Geheimkasse zur Unterstützung seiner zahlreichen Kinder verwandte[5].

Der Herzog von Zweibrücken und Herzog Wilhelm von Birkenfeld müssen als Agnaten nach den Hausverträgen vor jeder Aufnahme neuer Schulden durch Karl Theodor um ihre Zustimmung gefragt werden, da es sich um Belastungen des Haus-Fideikommiß handelt und die Geldgeber der Zustimmung des Erben sicher sein wollen. Beider Herzöge Stellung ist jedoch keine sehr starke, da sie nach Verlust ihrer eigenen Besitzungen links des Rheines sozusagen Kostgänger des Kurfürsten sind und nicht daran zweifeln können, daß Karl Theodor, würden sie ihn an der Aufnahme weiterer Summen hindern, als erste Sparmaßnahme ihnen ihren ohnehin sehr spärlichen Geld-Zufluß abschneiden würde. In diesem Sinn rät Montgelas seinem Herzog wiederholt von der Verweigerung des Konsenses[6] ab. Jedoch benützt er die Gelegenheiten der Erteilung der Zustimmung häufig zu Ermahnungen zu größerer Sparsamkeit und gewissenhafterer Schonung des Staats- und Domanialeigentums, sowie zu energischen Vorstellungen hinsichtlich der Notwendigkeit von Reformen. So schlägt Montgelas dem Herzog im August 1797 vor, die Zustimmung zu einer Anleihe Karl Theodors bei dem Hamburger Haus Theveny und Flügge über 140 000 holländische Dukaten und 300 000 fl. Konventionssilber – zusammen ein Wert von einer Million Gulden – unter Bedingungen zu erteilen, die unter anderem den Rückgriff auf Karl Theodors Allodialvermögen vorsehen, falls der Kurfürst dieses Geld nicht eindeutig für Staatsbedürfnisse, sondern für Privatzwecke verwendet. Montgelas zählt darin die vorausgegangenen zahlreichen Anleihen des Kurfürsten auf und unterzieht dessen Finanzverwaltung einer eingehenden Kritik[7]. Die Anleihen belaufen sich jetzt in Bayern und der Pfalz auf 7 370 000 fl., das bedeutet jährlich 375 000 fl. Zinsen. Max schreibt (in den von Montgelas aufgesetzten Worten)

[4] K. bl. 427/5/3a.

[5] Vgl. oben S. 85 Anm. 15.

[6] Z. B. in dem von Max gebilligten Gutachten Montgelas' über die Frage, warum es in der gegenwärtigen Lage nicht ratsam sei, einer Anleihe des Kurfürsten bei den bayerischen Ständen den Konsens zu verweigern, K. bl. 427/5/8, ohne Datum.

[7] K. bl. 427/5/3a, Ber. an den Herzog vom 11. 8. 97, von diesem gebilligt.

dazu an Kaeser: «Ich weiß sehr wohl, daß es schwierig und unpolitisch (impolitique) wäre, (jetzt neue) Steuern auf die Untertanen zu legen, aber ich kann mich andererseits nicht darüber hinwegtäuschen, daß jede langfristige Schuld, die man aufnimmt, in Wahrheit eine auf die Nachkommenschaft gelegte Steuer ist». Man würde hierdurch die Einkünfte und Hilfsquellen der Nachkommen (hiermit meint Max sich selbst und seine Nachfolger) empfindlich schmälern. Und an die Adresse Törrings, des Leiters der bayerischen Finanzen gewandt, fügt Max seiner Weisung an Kaeser bei, er glaube sicher, daß ein Mann von den Fähigkeiten Törrings «und seiner Anhänglichkeit an meine Person und die gute Sache» dies ebenso lebhaft fühle wie er, Max, und daß er nur im Notfall von der Ermächtigung zur Aufnahme dieser neuen Anleihe Gebrauch mache[8]. Im übrigen gibt Max im Interesse der Größe und Erhaltung des Staates seiner Besorgnis Ausdruck, daß man in München eine so falsche und gefährliche Politik treibe. Darüber jetzt an den Kurfürsten zu schreiben, wäre allerdings sinnlos und würde diesen nur in seiner Abneigung gegen angebliche Bevormundungsversuche bestärken[9].

Karl Theodors Hofkammerpräsident Joseph August Graf Törring, der auf gute Beziehungen zum kommenden Kurfürsten Wert legt, zeigt sich den Vorstellungen Kaesers aufgeschlossen, auch hinsichtlich der allgemeinen Politik Bayerns, die ihm wiederholt werden, als gleich darauf schon wieder der Konsens notwendig wird, diesmal zu einer 50 000 fl.-Anleihe bei den bayerischen Kirchen[10].

Im nächsten Jahr, anläßlich der «mit großen Bedenken» erteilten Zustimmung von Max zur Aufnahme einer Hypothek von 50 000 fl. auf einen Teil des Pfälzer Schatzes, erhält Kaeser den Auftrag, dem Staatskanzler Hertling einen von Montgelas entworfenen Brief des Herzogs vorzulesen und ihn «seiner patriotischen Aufmerksamkeit zu empfehlen». In dem Schreiben wird dringend geraten, man solle in München, statt fortgesetzt neue Anleihen aufzunehmen, die keine durchgreifende Hilfe bedeuteten und nur den Kredit untergraben, dem Übel an der Wurzel zu Leibe gehen durch sicherere und ehrenvollere Mittel: Ordnung und Sparsamkeit, Ausschöpfung aller bereits jetzt möglichen Einnahmen. Eine 1797 eingesetzte Kommission habe bereits brauchbare Vorschläge gemacht[11]. Inzwischen ist der Finanzzustand Bayerns «äußerst zerrüttet, das Land durch die großen Lieferungen an die österreichischen Truppen gänzlich erschöpft», wie Zentner

[8] Über Törring vgl. oben S. 274 f., 282.

[9] 28. 8. 98, K. bl. 196/5c, hierzu auch Ber. Kaesers v. 16. 8., Montgelas' Begleitbericht an den Herzog vom 16. 8. und dessen Randbemerkung, ebd. Montgelas und der Herzog kritisieren darin, Kaeser sei Törring zu ergeben.

[10] Max (Montgelas) an Kaeser, 9. und 18. 9. 97, K. bl. 196/5c.

[11] Max (Montgelas) an Kaeser, 31. 5. 98, K. bl. 196/5d; Mo. an Max, 30. 5. 98, MA 1.

schreibt[12]. München holt den Minister für Berg, Frhr. von Hompesch, der bisher in einer Art Verbannung vom Hofe in Düsseldorf residiert hatte, zur Ordnung der Finanzen zu Hilfe[13]. Vieregg hatte den Kurfürsten dazu bewogen, um, wie Montgelas in seinen Denkwürdigkeiten schreibt, «etwas mehr Kraft, Zusammenhalt und Raschheit in die Landesverwaltung zu bringen ... Energie und Beweglichkeit fanden sich nirgends mehr, und die geringste außergewöhnliche Anstrengung erschien Leuten unleidlich, welche jede Übung darin verloren hatten. Die Truppen lagen in allen Provinzen zerstreut, und es fehlte gleichmäßig am Material zu ihrer Ausrüstung wie an Geld, sie zu bezahlen ...».

Eine von Kaeser aus München an den Herzog gesandte Denkschrift betont die Möglichkeiten zu Einsparungen und Mehreinkünften, die in allen Verwaltungszweigen Bayerns, sowie auch im Salz-, Bräu-, Forst- und Bergwesen zu treffen wären. Zunächst müßte jedoch, so heißt es da, mit dem Sparen bei Hofe angefangen werden. Nach einer soeben abgeschlossenen Untersuchung habe die Jagd in den 20 Jahren Karl Theodors 1 180 000 fl. gekostet, in den 20 Jahren Max III. Josephs dagegen, der ein leidenschaftlicher Parforce-Jäger gewesen sei, nur 630 000 fl., was damals schon als «sehr überspannt» kritisiert worden sei. Die Unterhaltung der Pagen koste jährlich 400 000 fl. «Diese Ausgabe für ein Kadettenkorps, für eine Artillerieschule und für das Gemeinwesen bestimmt, erreichte einen viel besseren Zweck». In Wien wisse man seit mehr als 30 Jahren von keiner Pagerie mehr. Zur Ersparung von Hofdamen schlägt die Denkschrift die Verwendung der Insassinnen des adeligen Fräulein-Stifts als Hofdamen vor, wobei man nur «der größeren Bequemlichkeit willen» das Theatiner-Kloster aufzuheben und das Fräulein-Stift dorthin zu versetzen brauche[14]. Die beiden Garden des Kurfürsten kosten nach der gleichen Denkschrift soviel wie zwei Regimenter – all dies waren Vorwürfe, wie sie im 18. Jahrhundert auch mit Recht ständig gegen die Hofhaltung der französischen Könige erhoben worden waren.

[12] Zentner an Reibelt, 16. 5. 98, K. s. 9902.

[13] Zentner, ebd. Denkwürdigkeiten *(Montgelas-Freyberg)* 29. Montgelas verlegt hier in der Erinnerung die Wiederberufung Hompeschs irrtümlich von Mai auf September 1798. In seinen Denkwürdigkeiten erwähnt er, daß ihm Briefe Hompeschs an dessen Sohn bekannt sind, in denen der Vater die Schwierigkeiten der Lage in München schildert. Diese Briefe hat ihm der junge Hompesch in Karlsruhe gezeigt: Mo. an Kaeser 10. 8. 98, K. bl. 196/5d. Leider ist diese Korrespondenz, wie überhaupt die Nachlässe der beiden Hompesch, anscheinend nicht mehr vorhanden, wie es bei ausgestorbenen Adelsfamilien oft der Fall ist. Der Sohn, Johann Wilhelm Frhr. von Hompesch, war später von 1806 bis zu seinem Tod 1809 als bayerischer Finanzminister der fähigste unter den Ministerkollegen von Montgelas, zugleich sein Freund, sein dienstlicher Rivale und der Geliebte der Gräfin Montgelas, mit toleranter Duldung ihres Gemahls.

[14] Das Theatinerkloster in München wurde tatsächlich bereits im Oktober 1801, noch vor dem Beginn der allgemeinen Säkularisation, aufgehoben.

Im August erhalten Max und Montgelas Kunde, Karl Theodor wolle in Frankfurt 2 Millionen Kredit erhandeln lassen zur Aufstellung von 20 000 Mann – einer Truppe, die zweifellos nicht die bayerischen Interessen schützen kann, sondern den Österreichern in die Hände fallen wird[15]. Hier ebenso wie bei Erteilung der agnatischen Zustimmung für die Aufnahme weiterer 200 000 fl. im Oktober als neue Hypothek auf den Pfälzer Schatz[16] lassen sie in München ihre Warnungen zu Ordnung, Sparsamkeit und Reformen wiederholen. Während sich diese ruinösen Anleihen ständig vervielfachten, höre man nichts von einer Herabsetzung der Ausgaben; Geschenke, Pensionen und Gunsterweisungen regneten genau wie früher. Dieser Weg müsse zum allgemeinen Bankrott oder zu einer Vervielfachung der Lasten führen, die noch erschreckendere Folgen haben werde[17]. Doch in München ist man seit einigen Monaten unter der Leitung von Minister Hompesch und Hofkammerpräsident Törring bereits daran, fiskalische und administrative Reformen zu planen, zu denen der Herzog und sein Berater Montgelas nun ebenfalls Stellung nehmen müssen.

b) Reformpläne zur Senkung der Ausgaben und Hebung der Einnahmen 1797/98. Unterm 4. Januar 1797 legt der Staatskanzler Frhr. von Hertling einen von einer Spezialkommission erarbeiteten Reformplan vor, der nur einen einzigen Punkt unter der Vielzahl der abzustellenden Mißstände betrifft: Die Abschaffung des Systems der Gnadenpflegen, also von staatlichen Pfründen für den Adel beiderlei Geschlechts, die mit keiner Leistung verbunden waren. Hierdurch hätte man dem Staat nicht nur hohe überflüssige Ausgaben ersparen, sondern auch durch Verkauf der sog. Pfleggründe vorübergehende zusätzliche Einnahmen verschaffen können. Den Gedanken, daß Rechtsprechung und Verwaltung verbessert würden, wenn die Pfleger (nach heutigen Begriffen war der Pfleger etwa: Landrat, Amtsrichter, Finanz- und Forstamtsvorstand, regionaler Polizeichef und Wehrersatzleiter in einer Person) tatsächlich in ihren Gerichten residierten und nicht wie bisher ihre Aufgaben durch Hilfskräfte ausüben ließen, erwähnt die Vorlage nicht. Dagegen nennt sie, sehr zaghaft freilich, als ein noch unsicheres Fernziel eine andere, ebenfalls in Montgelas' ‹Mémoire au Duc› von 1796 vertretene Forderung, nämlich, daß man endlich das System der Sporteln und damit der Ausbeutung des Volkes abschaffen und die Beamten nach ihrer Leistung und nach vorgeschriebenen Normen durch den Staat besolden lassen müsse. Aber selbst dieser noch sehr beschränkte, auf eine Frage konzentrierte und rein fiskalisch be-

[15] Max (Montgelas) an Kaeser, 8. 9. 98, K. bl. 196/5d.
[16] S. oben S. 406.
[17] Max (Montgelas) an Kaeser a. a. O., 22. 10. 1798.

gründete Vorschlag Hertlings und seiner Kommission wird vom Kurfürsten auf Einspruch Leiningens hin verworfen[1].

In ihrer Begründung des Vorschlages vom 4. 1. 1797 hatten Hertling und die Kommission unter anderem folgendes dargelegt: Der gegenwärtige Zustand, wonach männliche und weibliche Angehörige des Adels die eigentlich für den Leiter von Justiz und Polizei in einem Gericht bestimmten hohen Bezüge als bloße Gnaden genießen, während sie die Funktionen des Amts durch von ihnen willkürlich angestellte, schlecht besoldete Personen (Pflegsverweser) ausüben lassen, ist eine Entartungserscheinung der neueren Zeit, die ganz im Widerspruch zu der «gemeinnützigen Absicht der alten Landesfürsten» steht, welche die zum Besten der Untertanen für die Pfleger bezahlten ansehnlichen Einkünfte gewiß nicht untätigen Dritten zugedacht hatten, sondern denen, welche tatsächlich die Rechtsprechung und Verwaltung in den Pfleggerichten versehen.

Die zahlreichen von der Kommission gemachten Einzelvorschläge zur Abstellung dieses Mißstands zielen mit sehr vielen und vorsichtigen Übergangsbestimmungen daraufhin, die Gnadengehälter (Gnadenpflegen) zu Gunsten der wirklich die Funktionen des Pflegers ausübenden Personen abzuschaffen. Zwar sollen die gegenwärtigen Inhaber von Gnadenpflegen auf Lebenszeit diese Pfründen weiter genießen dürfen, doch werden schon jetzt die Einkünfte der Pflegsverwalter (Pflegsverweser), die in Zukunft den Titel Landrichter führen sollen, vereinheitlicht, wesentlich verbessert und vom Staate kontrolliert, damit sie bereits dem für die Zukunft geplanten «verhältnismäßigen fixen Gehalt nähergebracht werden». Ferner soll mit der Reform «der Weg zu der schon längst verabsichteten Aufhebung oder wenigstens Minderung der Taxen und Sporteln gebahnt» werden, und schließlich sollen der kurfürstlichen und der landschaftlichen Kasse nicht unerhebliche, bisher unbenützte Einnahmen eröffnet werden.

In seinem Kommentar zu dem von Hertling 1797 dem Kurfürsten vorgelegten Kommissionsvorschlag beschreibt Kaeser den Nutzen, den der Adel aus dem Staat zieht, folgendermaßen: «Welcher Staat kann bei Erteilung solcher Gnadenbezeugungen in die Länge bestehen? Wie ist es möglich, daß eine solche Ausspendung ohne alle Rücksicht auf ... Dienstleistung und ausschließungsweise an den Adel beiderlei Geschlechts hingegeben, der zu den Staatslasten beinah soviel als nichts leistet. Denn alles, was dieser im gegenwärtigen Zeitpunkte der größten Staatsnot beiträgt, beläuft sich kaum auf volle 28 000 fl., wovon aufs höchste nur 18 bis 20 000 fl. (an den Staat) abgeführt werden, während er (der Adel) nebst dem Genuß dieser Hauptpflegen, der Kastenamter und eines Malteser-Fonds von 6 Mil-

[1] K. s. 16 845. Daß die Ursache der Ablehnung der Einspruch Leiningens war, vermerkt Kaeser rückschauend in seinem im gleichen Akt enthaltenen Bericht über die Vorschläge von Juli/August 1798, neben Punkt 17.

lionen, eines Damenstifts von mehr als einer halben Million, und in Erwägung, daß er allein alle großen und wichtigen Gehälter und Pensionen nebst so vielen kleineren, sowohl beim Civil- als Militärstande aller Art, mithin, seine eigenen Einkünfte unberechnet, jährlich mehr als eine Million vom Staate genießt. Wie ist es möglich, daß darüber bei dem Volke, welches mit jedem Tage von allem Genusse mehr entfernt wird und größere Lasten zu tragen hat, nicht lauter Unzufriedenheit entsteht? Gegenwärtig befinden sich bei den verordneten Ständen (der altbayerischen Landschaftsverordnung) 12 Adelige geistlichen und weltlichen Standes. Diese allein ziehen jährlich gegen 40 000 fl., mithin beinah noch einmal soviel wie der ganze Adel zum Unterhalte des Staates beiträgt, an Diäten an sich, ohne jenes in Anschlag zu bringen, was die Land- und Rittersteuerer der vier Rentämter genießen». Im übrigen legt Kaeser dar, daß die vorgeschlagenen Maßnahmen, da sie schon in der Theorie, und noch viel mehr in der in Bayern herrschenden Praxis, alle Rücksicht auf die gegenwärtigen Nutznießer dieser Pfründen nehmen, zumindest in absehbarer Zeit keine für den Fiskus fühlbare Entlastung bringen werden[2].

Aber selbst dieser bescheidene Reformansatz scheitert nach Einspruch von des Kurfürsten Günstling und Schwiegersohn Graf Leiningen im ersten Anlauf.

In ein neues Stadium treten die Reformversuche, als der zwar alte und kränkliche, aber aktive und intelligente Minister Franz Karl Frhr. von Hompesch im Mai 1798 aus Berg nach München geholt wird[3]. Er und der Leiter der Finanzen, Hofkammerpräsident Graf Törring, erreichen die Einsetzung einer Konferenz, die vom 26. Juli bis zum 9. August 1798 in München über Maßnahmen zu einer Sanierung der bayerischen Staatsfinanzen berät. Ihre Beschlüsse legt Kaeser, der mit Törring in engem Kontakt steht und als Vertreter des Agnaten und Thronerben von ihm konsultiert wird, als Abschrift des Originalprotokolls mit eigenen Randbemerkungen dem Herzog vor[4].

Nach Durchsicht der Rechnungsauszüge der Regierungsjahre des gegenwärtigen Kurfürsten, so heißt es da, habe sich ergeben, daß zur Deckung des ‹Cameral-Abgangs›, also des Defizits, jährlich 1 Million Gulden und zur augenblicklichen Landesverteidigung weitere 3 Millionen notwendig seien. Auf diese Zahlen stützt sich Montgelas auch in seinem Rohrbacher Mémoire vom 19.9. des gleichen Jahres.

[2] K. s. 16 845.

[3] S. oben S. 407.

[4] ‹Kurzer Inhalt derjenigen Beratschlagungen, welche in Betreff der gegenwärtigen Finanzgelegenheiten vom 26. Juli bis 9. August sind abgehalten worden›, von der Hand Kaesers (13 S. mit einer 5seitigen ‹Note› Kaesers), ebenfalls K. s. 16 845. Montgelas übersendet den Plan dem Herzog mit Ber. v. 30. 8. 98, MA 1. Bestätigung, daß es der Originalplan ist: MA 112, fol. 57r.

Der Plan gliedert sich in einen kurzen Teil, in dem Erwägungen angestellt werden, wie man in kürzester Zeit einige hunderttausend Gulden zur Bestreitung der dringendsten Ausgaben «bei gegenwärtiger gänzlicher Erschöpfung der Hauptkassa» erhalten könne, und in einen Hauptteil über die Mittel «zur gänzlichen Wiederherstellung der Cameralität», also zum dauernden Ausgleich des Haushalts.

Um die Staatskasse zu den dringendsten Verpflichtungen zu befähigen, werden eine Anleihe beim Salzkontrahenten Dittmar in Regensburg von 100 000 fl. zu 3 %, die als Bedingung für eine einjährige Verlängerung seines Salzkontrakts gestellt wird, sowie Anleihen bei dem Münchner Handelsmann Fleckinger, bei den in der Hauptstadt befindlichen Wechslern und Kaufleuten und bei der ungefreiten Geistlichkeit vorgesehen, ferner der Rückgriff auf die beim Hofrat und bei den Ämtern liegenden Depositen und ausstehenden Gefälle. Außerdem will man die bei den Kirchen in München und auf dem Lande liegenden Barschaften, also angelegtes Kapital von Privatleuten – die Kirchen waren ja die Sparkassen des kleinen Mannes – zunächst für staatliche Bedürfnisse heranziehen. Sodann soll das «überflüssige Kirchensilber in der Hauptstadt allhier» verwandt werden. Dieses Hilfsmittels hatten sich die Kurfürsten in Notzeiten, wie im Spanischen und Österreichischen Erbfolgekrieg, immer wieder bedient. Bereits am 2. 3. 1797 hatte Herzog Wilhelm aus München berichtet, in der Staatskasse ständen in dieser Woche einem Bestand von 13 000 fl. ein vordringlicher Bedarf von 100 000 fl. gegenüber, der Militäretat könne nicht einmal mehr den Zinsendienst wahrnehmen, die Untertanen seien zahlungsunfähig, die Kirchenkapitalien verbraucht, der Schatz von Altötting betrage nur noch 68 231 fl., eine Anleihe beim Malteserorden wolle derselbe nur bewilligen, wenn ihm der Staat gestatte, Kirchengeräte im gleichen Wert aus der Michaelskirche in München einzuschmelzen[5]. Schließlich bleibt durch die von Törrings Kommission vorgeschlagenen Maßnahmen auch der Haushalt des Kurfürsten, wenigstens in der Theorie, nicht ganz ungeschoren: Man möchte einen Vorschuß aus der Kabinettskasse des Kurfürsten erbitten und 100 Pferde aus dem Hofstall verkaufen.

Bei näherer Prüfung stellt sich jedoch heraus, wie Kaeser anschließend berichtet, daß nur ein Teil dieser Anleihepläne realisierbar ist: Vom Handelsstand in ganz Bayern sind statt der erhofften 100 000 fl. kaum mehr als 20 000 fl. zu erhalten. Das Kirchensilber will man, um «viele Unzufriedenheit des Publici» zu vermeiden, und auch, weil es nicht mehr viel erbringen kann, vorerst verschonen. Die zu entleihenden Kirchenkapitalien sollen innerhalb von 6 Monaten wieder zurückgezahlt werden. Die ungefreite Geistlichkeit, von der Pfarrer und Benefi-

[5] Chiffriert, K. bl. 196/4d.

ziaten von vornherein ausgenommen werden, ist zu einer Anleihe nicht imstande. Ein Vorschuß aus dem Kabinett ist nicht zu erzielen, da es der Kabinettskasse an Bargeld fehlt. Der Verkauf der 100 Pferde wird nur im Hinblick auf die öffentliche Meinung versucht, «um dem Publikum zu zeigen, daß der Hof auch bei sich mit Einschränkungen anfangen wolle». Dagegen will man den Malteserorden um eine Anleihe von 50 000 fl. bitten, wofür man diesem Institut gestatten will, die in seiner Hand befindlichen, also die früher den Jesuiten gehörenden Kirchenschätze einzuschmelzen. Gerade dieser Anleihe aber wird der Herzog, wie Montgelas ihn an Kaeser schreiben läßt, niemals den agnatischen Konsens erteilen. «Es ist mir unmöglich, mit einer Körperschaft zu verhandeln, deren legale Existenz in Bayern ich niemals anerkennen werde»[6].

Der Hauptteil des Mémoire[7] befaßt sich mit den fünf Punkten: Vermehrung der Einnahmen, Verminderung der Ausgaben, Kreditbeschaffung, Ausmünzung des Kirchensilbers, dessen man habhaft werden kann, Erhöhung der Steuern und Aufschläge. Die darin zum Teil nur mit einem Stichwort in 43 Punkten aufgezählten Möglichkeiten scheinen noch nicht durchdacht zu sein. Zum Teil zählt man nur einzelne Steuer- und Einnahmearten auf, sagt aber nicht, ob und wie man glaubt, sie erhöhen zu können. Bei der Vermehrung der Einnahmen denken die Verfasser neben genauerer Einhebung und besserer Verwaltung der Staatsgefälle und der Einkünfte aus dem Salzhandel und dem Brauwesen an die Aufhebung der Leibeigenschaft gegen Ablösungs- (Reluitions-) Zahlungen der bisherigen Leibeigenen, sowie an den Verkauf staatlicher Einrichtungen und Rechte: Zehenten, Seidenraupenzucht und Seidengärten in München und Landshut, Schwaigen und Hauswirtschaften, Fischgewässer, Lehen, Weißbierbrauhäuser und Weißbierregal und, wie schon 1797 vergeblich vorgeschlagen, Pfleggründe.

In der Rubrik ‹Verminderung der Ausgaben› erscheint als erster Punkt: «Aufhebung einiger Klöster zur Erhaltung eines Fonds für verschiedene fernere Ausgaben, Stipendien, Almosen, Stiftungen und Meritorien, deren jährlicher Betrag bei 60 000 fl. macht». Zu diesem Punkt kommentiert Kaeser: «Die Aufhebung solcher Klöster, die reichlich dotiert und mithin schon in dem Falle sind, daß sie zu den Staatsbedürfnissen beitragen, ist sicher eine ganz falsche Staats-Operation. Die Aufhebung aller Bettelmönche ohne Ausnahme ist allein Staats-Wohltat und -Notdurft. Dadurch endet der privilegierte Bettel sich, der die Quelle aller übrigen Bettelei und zumal alles Aberglaubens, aller Vorurteile und des Fanatismus ist. Dadurch erlangt der Landmann weit mehr, als eine Steuer beträgt, Ersparnis an Getreide, Butter, Schmalz und Flachs. Dadurch gewinnt der Staat Gebäude zu Kasernen, zu Fabriken oder zum Verkauf, wodurch also für obigen Betrag von

[6] Max (Montgelas) an Kaeser, 8. 9. 98, K. bl. 196/5d.
[7] K. s. 16 845.

60 000 fl. leicht der Fond auszumitteln wäre. Und es würde wenig fehlen, daß durch Aufhebung nur allein der Augustiner, der Eremiten und der Paulaner in München diese ganze Summe gewonnen würde. Diese Klöster nur zu Wohnhäusern umgeschaffen, müßten allein schon an Hausmiete mehr als 30 000 fl. abwerfen». Übrigens ist der Vorschlag, einige Klöster aufzuheben, mehr Bedrohung als Ernst, indem man voraussieht, daß die Prälaturen und reichen Stifter, um ihre Aufhebung zu verhindern, lieber sich zusammen zu einem Geldvorschuß verstehen werden, welcher doch der eigentliche Zweck ist. In der Tat steht die Beschaffung von Krediten der Klöster ebenfalls auf dem Programm.

Andere Einsparungen werden vorgeschlagen bei den verschiedenen Ämtern des kurfürstlichen Hofes, vom Küchen- und dem Kelleramt bis zur Jagd – diese Posten allein betrügen jährlich eine halbe Million – und bis zur Verbilligung der Beleuchtung durch Einführung des Öls und bis zur Gartenverwaltung[8]. Daneben sind aber auch einige Punkte genannt, die bereits Kaeser als ganz ungeeignet erkennt, so die Reduzierung der Besoldungen, die doch, von denen einiger Günstlinge abgesehen, allgemein schon jetzt als zu niedrig angesehen werden. Das Übel wäre vielmehr, schreibt Kaeser, daß die Zahl des Personals von Monat zu Monat vermehrt werde. Auch die Verminderung der Gesandtschaften wäre in diesem kritischen Augenblick kein Gewinn, in dem Karl Theodor ohnehin die auswärtigen Beziehungen seines Landes mit Ausnahme derjenigen zu Österreich, wo er 6 außerordentliche Gesandte unterhält, so sträflich vernachlässigt[9].

Montgelas schlägt dem Herzog, als er ihm den von Kaeser übersandten Finanzplan vorlegt, vor, den agnatischen Konsens nicht, wie es die Münchner Regierung möchte, für alle zu beschließenden Finanzmaßnahmen im voraus en bloc, sondern nur einzeln, «par parcelles et pièce à pièce» nach Prüfung der Einzelvorschläge zu erteilen und «solide Reformen» zur Voraussetzung zu machen. Er warnt den Herzog, der Aufnahme der vorgeschlagenen Kredite zuzustimmen, solange die Münchner Regierung nicht zu durchgreifenden Maßnahmen entschlossen ist. In dem vorliegenden Plan rede sie nur in ganz allgemeiner Weise von

[8] Vgl. die immense Zahl der Hofchargen in den Kurfürstlichen Hof- und Staatskalendern dieser Jahre.

[9] Soweit Kaesers Bericht K. s. 16 845. Er fügt noch eine Note über die hohen Kosten der Entsendung Rumfords als Gesandter nach England zur Ersetzung Haslangs an, sowie die Gründe, warum Rumford in München als Polizeidirektor abberufen wurde. Hauptgrund waren Zerwürfnisse mit Leiningen und Hertling, aber auch unbeherrschtes Benehmen Rumfords als Polizeichef. Die Entsendung Rumfords als Gesandter nach London und die Ablösung Haslangs scheiterten an der Weigerung der britischen Regierung, Rumford als gebürtigem Engländer das Agrément zu erteilen. Über Rumfords Reise auch MA 1, Berichte Montgelas', der mit Rumford zusammentraf, an den Herzog, von August und September 1798.

Reformen, ohne in präzise Details einzutreten. Von den erhofften Anleihen habe Karl Theodor nur die Vorteile, sein Erbe aber die Lasten. Außerdem widersprächen die Veräußerungen von Staatsgut den Grundsätzen des zweibrückischen (Rohrbacher) Familienvertrages von 1797 und dienten nur den Interessen Österreichs[10]. Der Herzog genehmigt diese Vorschläge fast mit den Worten von Montgelas und ordnet an, in diesem Sinne – Zustimmung nur punktweise und als Vorbedingung Reformen – die Instruktionen für Herzog Wilhelm und für Kaeser auszufertigen[11].

Bei der Konferenz der Herzöge Max und Wilhelm mit Montgelas in Rohrbach am 19. 9. 1798 wird außer den außenpolitischen Fragen auch der bayerische Finanzplan erörtert. Auch Wilhelm tritt der Stellungnahme der beiden anderen Teilnehmer bei. Außer seinem Vortrag über die Entschädigungsfrage im Rahmen der politischen Situation Europas verliest Montgelas ein weiteres Mémoire, in dem er zu den einzelnen Punkten der Finanzvorschläge der Münchner Regierung Stellung nimmt und sie gleichzeitig unter den Gesichtspunkten der Vereinbarkeit mit dem Rohrbacher (Ansbacher) Familienvertrag vom 30. 6. 1797 (12. 10. 1796)[12], des Nutzens für den bayerischen Staat und der Opportunität im gegenwärtigen Zeitpunkt prüft.

Er sagt, es sei jetzt nicht die Zeit, zu fragen, wieso unter diesem Kurfürsten die bayerischen Finanzen von einem Überschuß von 1 248 000 fl. im Juli 1779, bevor Hompesch als Finanzminister in Ungnade fiel, binnen vier Jahren, bis 1783 bereits in einen katastrophalen Zustand verfallen konnten, also bereits lange vor Revolution und Krieg. Montgelas kennt diese Zahlen anscheinend noch aus seiner eigenen Tätigkeit als Hofrat in München[13]. Man könne mühelos eine lange Liste von für den Staat ruinösen Transaktionen zugunsten von Privatpersonen aufzählen. Doch jetzt würden solche Diskussionen nur dem Staat schaden und den Feinden Pfalz-Bayerns – er meint die Österreicher – nützen. Es gelte im Augenblick, den Staat aus dem Engpaß zu befreien, in den ihn fällige Schulden von 600 000 fl. gebracht hätten. Er schlägt vor, die Aufnahme der vorgeschlagenen Kredite zu diesem Zweck zu billigen.

Im Gegensatz zu den Verwaltungsreformen und Steuererhöhungen unterliegen die Veräußerungen staatlicher Rechte, Einkünfte und Besitzungen der agnatischen Zustimmung. Der Rückkaufbarkeit der Leibeigenschaft auf den kurfürst-

[10] Mo. an Max, Mannheim, 30. 8. 98, MA 1.

[11] Max an Mo., eigenh., Rohrbach, 31. 8. 98, Egg.

[12] Montgelas gibt hier das wirkliche und das fiktive Datum nebeneinander an. Das erstere kennen wir genau nur aus dieser Erwähnung. – Mémoire von Montgelas vom 17. 9. 1798 in MA 2 (eigenh. Entwurf) und MA 112 (Reinschr.).

[13] Vgl. oben Kap. 22.

lichen Gütern (für die des Adels und des Klerus kann sie der Landesherr nicht ohne weiteres erklären, da es sich in Wahrheit nur um eine Art privatrechtlicher Abgabepflicht handelt) müsse man in jedem Fall zustimmen, sagt Montgelas, ganz gleich, was der Staat dabei an jährlichen Abgaben verliere, denn es handle sich hier «um einen Mißbrauch, der die Menschheit entehrt». Montgelas selbst wird die Leibeigenschaft später für den Bereich des ganzen Landes, also auch die Güter des Adels und der Städte – die der Klöster sind bereits säkularisiert – abschaffen, nun, ohne von den bisherigen Leibeigenen eine Ablösung zu fordern. Allerdings ist in Bayern nur ein kleiner Personenkreis noch theoretisch leibeigen, und es handelt sich um nichts weiter als eine Verpflichtung zu gewissen, nicht sehr hohen zusätzlichen Abgaben. Entehrend ist vor allem der Name, der Begriff, der mit vielen Reminiszenzen aus älteren Zeiten beladen ist und auch schon in der vorrevolutionären Auseinandersetzung in Frankreich, nicht zuletzt in den Streitschriften Voltaires, eine Rolle gespielt hat.

Hinsichtlich des Verkaufs der Zehenten[14] und der Lehen bezeichnet Montgelas nähere Erhebungen für nötig, den Verkauf der Weißbiermonopole an Bürgerliche und die Abschaffung der Gnadenpflegen befürwortet er (letzteres unter gewissen Voraussetzungen), ebenso die Anleihen mit Ausnahme derjenigen beim Malteserorden, dies aus dem bekannten Grund, weil die Agnaten am 12. 6. 1795 und dann im Ansbacher Familienpakt sich verpflichtet haben, die legale Existenz dieses Ordens in Bayern nie anzuerkennen und ihn bei erster Gelegenheit aufzuheben.

In der Konferenz sind dann anscheinend, aufgrund der zusätzlichen Informationen von Wilhelm, die Beschlüsse gegenüber dem Mémoire etwas vereinfacht worden: 1. Der Verkauf der Zehenten wird abgelehnt. 2. Der Verkauf des Weißbierbraurechts darf nur an Bürgerliche, nicht an Edelleute oder Prälaten, erfolgen. 3. Die anderen vorgeschlagenen Maßnahmen werden genehmigt in der Erwartung, daß auf allen Gebieten der Staatsverwaltung heilsame Reformen und strenge Sparsamkeit eingeführt werden[15]. Jedoch scheint auch dieser Beschluß nicht nach München mitgeteilt worden zu sein.

Die folgenden Monate, bis Dezember 1798, bringen ein Tauziehen zwischen München und Mannheim um den Konsens von Herzog Max zu diesen Finanzplä-

14 (dixmes). Der Zehent war seiner Natur nach ursprünglich überall eine Abgabe, welche die Laien zum Unterhalt des Weltklerus und der Pfarrkirche zu entrichten hatten (Entstehung im Karolingerreich z. B. H. E. *Feine*, Kirchliche Rechtsgeschichte, I. Die katholische Kirche, Weimar 1955³, 155 f.). Durch mannigfache Rechtsgeschäfte waren im Lauf der Zeit viele Zehenten in weltliche Hände, darunter auch in die des Landesherrn, geraten. Um solche handelt es sich hier.

15 Procès-verbal tenu au château de Rohrbach . . ., 19. 9. 1798, Entwurf von Montgelas K. bl. 427/5/30, Reinschrift von Gravenreuth MA 112.

nen. Die Herzöge Max und Wilhelm möchten ablehnen. Der Verfasser der Pläne, Graf Törring, will zu Herzog Max reisen um ihn zur Zustimmung zu bewegen. Der Herzog wird unsicher. Die Erteilung der Antwort verzögert allein Montgelas.

Törring hat den oben beschriebenen Kommissionsentwurf von Juli/August mit seinen vielen unausgereiften Anregungen auf drei konkrete Einzelpläne reduziert, welche den Verkauf der Gerichtsgründe, die Abtretung oder Verpachtung der bisher im Monopol betriebenen Weißbierbrauereien und den Verkauf der Zehenten vorsehen. Aber gerade dies sind die Punkte, zu denen Montgelas in seinem Rohrbacher Mémoire gewisse Bedenken angemeldet hatte, teils, weil er zuerst ihre finanziellen Auswirkungen kennenlernen wollte, teils, weil sie mit den im Ansbacher Hausvertrag beschlossenen Grundsätzen der Erhaltung des Staatseigentums und bestimmter Reformen nicht in Einklang stehen[16]. Er appelliert an den Herzog, der Kampf mit dem Kurfürsten sei zwar unangenehm, aber er, Max, werde zweifellos dabei die gleiche Energie entfalten, die Montgelas bei ihm in allen wichtigen Momenten erlebt habe. Der Herzog könne dabei der Zustimmung der öffentlichen Meinung in Bayern sicher sein, die «der korruptesten und verschwenderischsten Verwaltung, die es je gab», müde sei. Auch Herzog Wilhelm sei auf seiner Seite[17]. Montgelas sucht seinen Herzog weiterhin auf der Linie des Zeitgewinnens zu halten[18]. Warten scheine ihm keine Nachteile zu bringen. Die Sache sei so wichtig, daß jedermann verstehen werde, daß man sie sich reiflich überlegen müsse. Letztlich werde man dann Törring eine Absage erteilen, da sich doch keine Käufer finden werden[19]. Dies ist bereits die von Montgelas später so oft und zur Verzweiflung seiner Verhandlungspartner und auch seiner Mitarbeiter geübte Methode des Temporisierens, des Hinausziehens von Entscheidungen, die ihm noch nicht reif erscheinen und von denen er glaubt, daß sie durch bevorstehende neue Ereignisse überflüssig oder abänderungsbedürftig gemacht werden könnten. Törring läßt ungeduldig den Konsens durch Kaeser anmahnen, der Kurfürst bittet schließlich den Herzog in einem Brief vom 26. 11. an Max um Beantwortung seines Schreibens vom 24. 9.

Montgelas rechtfertigt seine zögernde Haltung in einem für seinen Herzog und wohl auch Herzog Wilhelm bestimmten Mémoire vom 5. Dezember 1798[20]. Darin führt er als Gründe, warum die Rohrbacher Konferenz am 19. 9. beschlossen habe, den Verkauf der Zehenten und der Weißbierbrauereien abzulehnen, in de-

[16] Kaeser übersendet auf Weisung vom 7. und 9. 10. die drei Reformpläne mit Ber. v. 22. 10. 98. Max (Mo.) stellt neue Rückfragen, 22. 10. 98, alles K. bl. 196/5 d.

[17] MA 1, Mo. an Max, 6. 10. 98.

[18] An Kaeser 7. und 12. 10. 98, K. bl. 196/5 d.

[19] Mo. an Max, 17. 10. 98/II, MA 1.

[20] MA 1.

taillierter Form an: 1. Ein beträchtlicher Teil des Erlöses würde in die Privatkasse des Kurfürsten wandern. 2. Durch die Finanzknappheit müsse man Karl Theodors Regierung zwingen, eine gewisse Sparsamkeit in der Verwaltung einzuführen, ohne die sich kein Staat, sei er groß oder klein, erhalten könne. Berichte Herzog Wilhelms und Kaesers zeigten immer von neuem, daß in München die Begünstigungen und Geschenke auf Kosten des Staates kein Ende nähmen. Obwohl die Stände Millionen für die Armee gegeben hätten, sei von deren Aufstellung und Bewaffnung nichts zu sehen. 3. Selbst wenn die gewonnenen Mittel nicht in dunkle Kanäle gingen, so würden sie doch nur einer falschen Politik, der Hörigkeit gegenüber Österreich zum Nachteil des Hauses, dienen. Durch die Verzögerung habe der Herzog mehr Einflußmöglichkeit auf München. 4. Es handle sich um beträchtliche Werte. Allein der Verkauf der Zehenten würde, wenn man als Ablösungssumme auch nur das Zwanzigfache eines Jahresertrages annehme, mindestens 800 000 fl. einbringen. Der Erlös wäre besser verwandt, wenn er der künftigen Regierung als Starthilfe diente, als wenn er noch durch die gegenwärtige verschleudert würde. 5. Wenn wirklich, wie es der Plan vorsieht, die Minderung des Staatseigentums durch spätere Maßnahmen der Stände wieder ausgeglichen würde, so würde das Geld doch nur privaten Interessenten zugute kommen. 6. Alle Berichte aus Bayern bestätigten die Befürchtung, daß man keine Käufer finden würde. Das Vertrauen in die Unabhängigkeit des Landes (la stabilité de l'indépendance nationale de la Bavière), die Barvermögen und der Kredit seien zu gering. Ein Fehlschlag der Operation würde das Ansehen der bayerischen Verwaltung vollends zerstören.

Doch nun macht Montgelas eine überraschende Kehrtwendung, für die er sich auf sein oben zitiertes Rohrbacher Mémoire berufen kann, das die Entscheidung offen gelassen hatte. Die bisher dargelegten Argumente *gegen* die Zustimmung zu Törrings Reformen seien diejenigen gewesen, die am 19. September die Herzöge Max und Wilhelm bewogen hätten, die Ablehnung zumindest des Verkaufs des Zehenten zu beschließen, obwohl er, Montgelas, die Zustimmung empfohlen habe. Tatsächlich hatte Montgelas damals mehr Argumente *gegen* die Annahme gebracht als dafür, aber dann erklärt, man müsse zunächst weitere Informationen über den Wert der Maßnahme einholen und die Frage offen lassen.

Er trägt nun, nachdem er genaue Informationen über die finanziellen Auswirkungen der vorgeschlagenen Maßnahmen eingeholt hat, lauter Argumente vor, die für die Zustimmung sprechen: Der Verkauf von Zehenten begünstige den Ackerbau und die Bauern, nachdem Törring Sorge getragen habe, daß die Zehenten mit Zahlungserleichterungen mit Vorzug an die Bauern, die sie bisher zu entrichten hatten, selbst verkauft werden sollen, so daß deren Gründe davon entlastet würden. Während der Staat, wie erwähnt, durch den Verkauf 800 000 fl. gewinnen könnte, hätte er nur einen jährlichen Einnahmeausfall von 40 000 fl. Wirtschaftlich und finanziell für den Staat und auch für das Wirtschaftsleben ähnlich vorteilhaft wäre der Verkauf der staatlichen Weißbierbrauereien. Diese Regie habe bisher schwerfällig, bürokratisch und fast ohne Gewinn gearbeitet.

Aus diesen Gründen, so sagt Montgelas, habe er bereits in der Rohrbacher Besprechung für die Zustimmung zu den vorgeschlagenen Veräußerungen plädiert, wenn man damit eine Art Appell an das Gewissen des Kurfürsten verbände. Doch die beiden Herzöge hätten anders, nämlich für Ablehnung, entschieden, er habe seine Meinung zurückstellen müssen, und (als Folge) sei der Brief des Kurfürsten vom 24. 11. eingetroffen. Daß er selbst damals den Herzögen die Gründe für ihre ablehnende Haltung geliefert hatte, verschweigt Montgelas. Er fährt fort, er habe nun dem Herzog, angesichts «der delikaten Situation», in der sich dieser aus verschiedenen Gründen – er spielt hier wohl vor allem auf die finanzielle Abhängigkeit an – gegenüber dem Münchner Hof befinde, und da er von den eingangs dieses Mémoires angeführten sechs Gründen gegen die Veräußerung nur den letzten (man findet keine Käufer) gegenüber dem Kurfürsten aussprechen könne, empfohlen, die ablehnende Antwort zumindest hinauszuschieben. Sein Ziel bei dieser Verzögerungstaktik sei gewesen, durch Kaesers Andeutungen gegenüber Törring diesen dazu zu bringen, die Pläne jetzt fallen zu lassen. Doch habe die Geldknappheit in München und vielleicht auch der Einfluß des Klerus, der hierdurch von den Plänen zu seiner eigenen Belastung ablenken wollte, es erreicht, daß der Kurfürst nunmehr auf den Maßnahmen bestehe und den agnatischen Konsens energisch moniert habe. Montgelas schlägt vor, nun keine glatte Absage, sondern eine gewundene Antwort zu geben, die Spielraum zur Diskussion lasse und nicht das Odium auf die Zweibrückener lade, daß sie dem Kurfürsten seine Hilfsquellen blockierten, ohne eine Alternative zu zeigen. Dabei solle man der gestellten Falle entgehen und bei dem Kapitel der Gerichtsgründe nicht das Fortbestehen der Anwartschaften und der Erblichkeit der Ämter sanktionieren[21].

Hierbei bleibt es. Am 31. 12. 1798 schickt der Herzog mit einem von Montgelas entworfenen Schreiben an Kaeser seine Zustimmung zum Verkauf der Gerichtsgründe, jedoch unter Vorbehalt seiner und seiner Nachfolger Handlungsfreiheit gegenüber der Einrichtungen der Anwartschaften und der Erblichkeit der Ämter, ebenso zu den anderen vorgeschlagenen Verkäufen weniger wertvollen Domänenbesitzes, sofern der Kurfürst für Ersatz (von den Ständen) sorgt. Dage-

[21] Bis hier nach Montgelas' Mémoire vom 5. 12. 1798, MA 1. Montgelas hat diese Antwort bereits entworfen und an Max gesandt: ebd. 5. 12. 98. Herzog Wilhelm scheint verstimmt, weil die vorläufige Antwort etwas höflicher gehalten ist, als man im Sept. in Rohrbach ausgemacht hatte, ebd. 29. 12. 98.

gen lehnt er in höflicher Form die Veräußerung der Zehenten und der Weißbierbrauereien ab[22]. Montgelas hält es für möglich, daß es nun zum offenen Konflikt mit dem Kurfürsten kommt und daß dieser Max die Apanage streicht[23]. Daß einer der Gründe dieser Ablehnung der war, den Kurfürsten zur Eintreibung der vom Papst genehmigten Belastung der Klöster oder zu Teilsäkularisationen zu zwingen, wird wahrscheinlich gemacht durch die Mitteilung an Kaeser, in einem ersten Entwurf habe der Herzog auf die Wichtigkeit der Heranziehung des Kirchengutes für den Fiskus hingewiesen; diesen Hinweis habe Montgelas dann auf Grund eines Berichts von Kaeser fortgelassen, da der Münchner Hof offenbar in dieser Frage nicht seine Meinung erfahren wollte[24]. Ein Grund der Verzögerung dürfte gewesen sein, daß Montgelas im Oktober ungünstige Nachrichten über die Gesundheit des Kurfürsten erhalten hatte[25]. Ein weiterer Grund lag wohl in dem Wunsch, den Kurfürsten an der Aufstellung einer Armee für den Kaiser gegen Frankreich zu hindern.

Auch dies ist ein Zug von Montgelas politischer Taktik, der immer wieder zu beobachten ist und ihm trotz eines unbestreitbaren Beigeschmacks von Verantwortungsscheu und mangelnder Geradheit anscheinend Erfolge gebracht oder spätere Vorwürfe seines Fürsten erspart hat: Wenn eine Entscheidung ansteht, von der Montgelas zwar in großen Zügen weiß, was er will – hier möchte er diese Veräußerungen aufsparen, bis sein Herzog (und er) selbst regieren; andererseits möchte er Karl Theodor schon jetzt zu Säkularisationen zwingen – bei der er sich aber im unklaren ist, was im Augenblick taktisch am klügsten ist, so setzt er ein Mémoire auf, in dem er für das Für und das Wider nahezu gleich gewichtige Gründe anführt. Die Entscheidung legt er seinem Herzog dann, wie es hier geschehen zu sein scheint, erst in der mündlichen Besprechung in den Mund. Er kann in diesem Falle die Mitteilung an den Kurfürsten, und so eventuell ungünstige Auswirkungen des Briefes, hinauszögern, bis der Lauf der Dinge klarer erkennbar wird. Hiermit möchte er die Möglichkeit behalten, den Herzog zu einer Revision seines ersten Beschlusses zu bewegen, falls es sich als opportun erweisen wird. Auch dabei kann er sich auf sein früheres Memorandum berufen, das beide Möglichkeiten offengelassen hatte.

c) Der Anfang der Säkularisation der bayerischen Klöster unter Karl Theodor, 1798/99. Am 17. November 1797 hatte ein päpstliches Breve dem Kurfürsten von Bayern gestattet, vom gesamten Klerus und von allen kirchlichen Stiftungen sei-

22 An Kaeser 31. 12. 98, K. bl. 196/5 d. Schreiben an den Kurfürsten liegen nicht bei.
23 An Max, 31. 12. 98, 5. 1. 99, MA 1.
24 Ebd.
25 Ebd., 9. 10. 98.

nes Landes – also nicht nur von den Klöstern – für weitere zehn Jahre die Dezimation zu erheben. Dieses von den Kurfürsten Bayerns und der Pfalz auch schon früher ausgeübte Recht hatte sich Karl Theodor für die vorangegangenen 10 Jahre 1787 (Breve vom 6. November) vom Papst bestätigen lassen. Eine Vorarbeit für diese verstärkte Heranziehung des Klerus – auch des nichtständischen – zu den allgemeinen Lasten war eine genauere Erfassung des kirchlichen Vermögens durch die Fassionen unter Karl Theodor gewesen[1]. Während sich später die Regierung Montgelas bei der Aufhebung der Bettelorden auf die landesherrliche Kirchenhoheit, bei der aller anderen Klöster 1802–1803 auf den französisch-russischen Entschädigungsplan und seine Annahme durch den Reichsdeputationshauptschluß stützen wird, bedient sich Karl Theodor der Hilfe des Papstes, die ihm durch den zwielichtigen Münchner Nuntius Graf Ziucci vermittelt wird, wobei Ziucci erwartet, daß ihm der bayerische Staat seine Privatschulden in Höhe von 300 000 fl. abnimmt. Wie später Max Joseph und Montgelas, so verhandelt auch Karl Theodor, der durch Hompesch und Törring beraten wird, hinter dem Rücken der Bischöfe und der Landstände. Am 7. September 1798 stellt Pius VI., der nach der Eroberung Roms als kränklicher, fast gebrochener Flüchtling in der Kartause von Florenz, unter dem auch nur noch wenige Monate währenden Schutz des Großherzogs von Toscana lebt, Karl Theodor das von Ziucci vermittelte Breve aus[2].

Das Breve ermächtigt den Kurfürsten, teils zur Linderung der Not seines Landes, teils zur Abwehr drohender Gefahren, «von den in Deinen Staaten gelegenen Gütern der Geistlichkeit soviel zu veräußern, als erfordert wird, um fünfzehn Millionen Gulden (welche Summe kaum den siebenten Teil des geistlichen Vermögens in der Pfalz und Deinem Herzogtum Bayern ausmacht) zusammenzubringen, um mit dieser Hilfe den allgemeinen Bedürfnissen steuern zu können». Unter welchem Gesichtspunkt der Papst diese Hilfe bewilligt, die dann die Empörung des Episkopats und des bayerischen Klerus hervorruft, sagt er selbst, indem er auf «diese so unglücklichen Zeiten des christlichen und bürgerlichen gemeinen Wesens» verweist. «Denn durch solche Stürme wird die ganze Welt erschüttert und von solchen Gefahren bedrängt, daß, um die schon erlittenen Übel zu ersetzen und die noch drohenden abzuwenden, Wir nun notwendig, soviel an Uns ist, solche Mittel anwenden müssen, welche zu gebrauchen wir sonst nie gesinnt gewesen wären». Der Papst, dessen Staaten soeben von Frankreich annektiert worden sind,

[1] *Rall*, Kurbayern 413 ff. und vorher. – Zu den Vorgängen des Jahres 1798 ferner *Steinwachs*, Ausgang der Landschaft, Obb. Archiv 56, 53–58; *Scheglmann* I 127–135 und (gewichtiger) *Schwaiger* 8–13.

[2] Orig. Bayern Urkunden Nr. 1220, dazu Staatsverwaltung Nr. 1880. Druck lateinisch mit deutscher Übersetzung K. bl. 196/5 d, bei Bericht Kaesers vom 11. 12. 98.

nachdem man die Provokationen einer kleinen jakobinischen Minderheit planmäßig zum Anlaß des Einmarsches gemacht hat, ist der Meinung, auch der bayerische Klerus, dessen Reichtum ihm anscheinend Ziucci noch übertrieben hat, könne nun einige Opfer zur Heilung der Kriegsschäden und zur Abwehr der Franzosen tragen. Daß diese 15 Millionen auch der Aufrüstung der zweiten Koalition dienen, ist dem Papst sicher ebenso klar wie dem französischen Gesandten in München Alquier. Von der Seite des bayerischen Klerus aus, der erst allmählich Kunde von diesem Zugeständnis auf seine Kosten erhält, aber den eigentlichen Wortlaut des Breves erst im nächsten Jahr erfährt, sehen die Dinge sich freilich anders an. Er fühlt sich von dem korrupten Nuntius unter Umgehung der Bischöfe und der Stände an den Kurfürsten verkauft mit Hilfe einer falschen Unterrichtung des Papstes über die wahren Vermögensverhältnisse der kirchlichen Institutionen in Bayern. Auch sehen die bayerischen Prälaten, die an der ständischen Opposition gegen den Kurfürsten teilnehmen, die französische Gefahr nicht als das alles beherrschende Problem an, wie es der Papst in seinem bedrohten Exil tut. Daher die rasche und wirksame Gegenaktion des Klerus beim Kurfürsten, bei den Bischöfen und schließlich in Florenz beim Papst.

Das Breve drückt die Hoffnung aus, daß durch die hiermit vorgesehene Belastung des gesamten, also auch des weltlichen Klerus (mit Ausnahme der Pfarrer) die 15 Millionen ohne die Aufhebung geistlicher Institute aufzubringen seien. «Sollten es aber ... die Umstände und die unglücklichen Zeiten so fügen, daß ohne Veräußerung geistlicher Güter solches Geld nicht erhalten werden könnte und daher die Güter feilgeboten werden müßten», so bittet das Breve den Kurfürsten, gemäß seinem eigenen Versprechen, die Pfarrgüter, die Pfründen der Kollegiatstifte und der Domkapitel, sowie auch bis zu einem gewissen Grade die Nonnenklöster zu schonen[3]. Es räumt dagegen jedoch bereits die Möglichkeit ein, daß «einige Ordenshäuser der regulären Geistlichkeit aufzuheben» sein könnten, bittet jedoch, dann solche auszuwählen, «durch deren Erlöschung die Haltung des Gottesdienstes, der Unterricht und die Unterstützung des Nächsten weniger zu leiden haben», auch solle in diesen Fällen Sorge getragen werden, daß die Angehörigen aufgehobener Klöster in anderen derselben Regel Aufnahme fänden und zum Unterhalt eine Pension von wenigstens 80 römischen Talern erhalten sollten, wie ehedem die Mitglieder des aufgehobenen Jesuitenordens. In der Tat wären

[3] Daß Nonnenklöster nur mit Zustimmung des zuständigen Bischofs aufgehoben werden konnten, hat sogar der Reichsdeputationshauptschluß von 1803 zu deren Schutz zugegeben, da für Frauen, die aus dem familiären oder, wie hier, klösterlichen Lebensraum plötzlich auf die Straße gesetzt wurden, unter den bis zum Anfang des 20. Jahrhunderts bestehenden gesellschaftlichen Verhältnissen nur schwer eine ehrenhafte Existenzmöglichkeit zu finden war.

diese 15 Millionen keinesfalls ohne die Aufhebung einiger, wahrscheinlich der meisten Klöster und ohne den Verkauf ihrer Güter, Gründe und Rechte sowie hohe Belastungen der bestehenbleibenden zu erzielen gewesen. Die Mehrzahl der bayerischen Klöster, zumindest der ständischen, war durch den Spanischen und den Österreichischen Erbfolgekrieg sowie durch den Bau der großartigen Kirchen des Barock und Rokoko finanziell stark geschwächt. Ein erheblicher Teil des Kirchensilbers war in den Kriegen, vor allem 1796–1797, bereits eingeschmolzen worden, zum Teil durch den Staat, der es requiriert hatte, zum Teil auf Veranlassung der Klöster, die sich hierdurch die Entrichtung ihrer Abgaben erleichtern oder ermöglichen wollten[4]. Man könnte annehmen, daß die Belastung nicht so untragbar gewesen wäre, wie sie Scheglmann und wie sie die zeitgenössischen Landschaftsverordneten des Prälatenstandes hinstellten[5], wenn man berücksichtigt, daß den kirchlichen Instituten 56% aller Höfe Bayerns im Obereigentum gehörten und daß zu dieser Abgabe ja auch der Weltklerus (mit Ausnahme der Pfarrer) aus seinen Pfründen, sowie die frommen Stiftungen Bayerns und der Pfalz (von Berg ist in dem Breve nicht die Rede) beitragen sollten[6]. Eine 1798 in Freising tagende Bischofskonferenz, die neue Proteste beschloß, erklärte, das bayerische Kirchenvermögen betrage nicht, wie das Breve unterstelle, 105 Millionen fl., das Siebenfache von 15 Millionen, sondern nur höchstens 45 Millionen, wovon nach Abzug der Schuldenlast kaum die Hälfte verbliebe[7].

Wenn es auch theoretisch zunächst wohl so aussah, als müßten sich, allerdings bei tiefem Eingriff in die Substanz und zahlreichen Totalsäkularisationen, die erhofften 15 Millionen fl. aus den bayerischen Klöstern innerhalb von 1 bis 2 Jahren herauspressen lassen, so war doch, nach der Erfahrung der Säkularisation von 1801–1803, in Wahrheit diese Erwartung zweifellos unrealisierbar. 1801–1803 wurden in Bayern sowie in allen von 1803–1809 gewonnenen Gebieten sämtliche Klöster aufgehoben. Dies alles hätte nach der von Bernarda Wagner[8] mitgeteilten, freilich nicht vollständigen ‹Endabrechnung› über die Säkularisation von 1825 an

[4] Nach *Scheglmann* I 125 wäre allein dem Kloster Oberaltaich damals Kirchensilber im Wert von 100 000 fl. abgenommen worden.

[5] *Scheglmann* I 127–135.

[6] Wie aus der kurfürstlichen Instruktion vom 25. 10. 1798 (s. unten) hervorgeht, wollte die Regierung offenbar nur das Kirchengut Altbayerns, nicht aber der noch stärker mitgenommenen Kurpfalz und Bergs heranziehen.

[7] *Scheglmann* I 133, der dies zitiert, fügt erklärend hinzu: «Vom Kirchenvermögen ist hier die Rede, nicht vom Kirchengut». Aber es war in dem Breve auch nicht behauptet worden, daß die 15 Millionen nur vom Kirchenvermögen genommen werden müßten; ein Eingriff in die Substanz war durchaus vorgesehen.

[8] Maria *Bernarda Wagner*, Klöster im Gebiet der heutigen Stadt Passau 1802–1836, Münchner Diss., Passau 1935, 14 ff. und 201.

einmaligen Einnahmen (also ohne die laufenden Einnahmen aus den ehemaligen Klostergütern, -forsten usw.) dem Staat nach Abzug der Regiekosten nur rund 3,7 Millionen fl. Reingewinn eingebracht. Montgelas selbst beziffert die *ständigen* Reineinnahmen des Staates (ohne den vorerwähnten einmaligen Erlös der Verkäufe) auf 1 Million fl. jährlich (‹Compte rendu› 129). Unterstellt man, wie auch damals üblich, eine durchschnittliche 5%ige Verzinsung, so kommt man auf einen Kapitalwert der vom Staat behaltenen Liegenschaften (vor allem Wälder, wohl auch Gebäude) von schätzungsweise 20 Millionen fl., wobei natürlich nicht die künstlerischen und wissenschaftlichen Erwerbungen für den Staat, sowie die sozialen Ergebnisse (Aufhebung der geistlichen Grundherrschaft, Mobilität der ihr unterworfenen Güter, Gewerbebetriebe und Äcker nach einer Übergangsphase unter landesherrlicher Grundherrschaft) mit in Anschlag zu bringen sind. Das Resultat der Säkularisation von 1801–1803 (bzw. 1809) zeigt also, daß die Annahme von 1798, man könne in kurzer Zeit 15 Millionen fl. aus den geistlichen Instituten Altbayerns für den Staat herausholen, irreal war. Auf einen längeren Zeitraum verteilt, wäre dies jedoch ohne weiteres möglich gewesen, wenn man die fundierten Klöster als Wirtschaftseinheiten hätte bestehen lassen und nur einen Teil ihrer Reineinnahmen für öffentliche Zwecke in Anspruch genommen hätte.

Wenn die Landschaftsverordnung den Kampf gegen die Ausführung dieses Breve zu ihrer eigenen Sache machte, so tat sie dies, um eine Schwächung ihres Mitstandes und eine Stärkung des Kurfürsten, mit dem man gerade in Konflikt lag, zu verhindern, aber auch in der richtigen Erkenntnis, daß es hier nicht nur um die Interessen des Prälatenstandes ging, sondern daß auf diesem Wege leicht die Bresche in die gesamte Ständeverfassung geschlagen werden konnte. Bereits am 30. 10. 1798 schob Abt Rupert von Prüfening, neben Abt Karl Kloker von Benediktbeuren bis zur Säkularisation von 1803 einer der beiden Wortführer des Prälatenstandes, die Frage auf die allgemeine ständische Ebene: «Wenn aus dem Prinzip arbiträrer Staatsbedürfnisse ein Stand für sich allein vernichtet oder bis zur Abzehrung entkräftet werden kann, dann wird es ein leichtes sein, in der Folge der Zeit den nämlichen Grundsatz bei den übrigen Ständen geltend zu machen. Dergleichen Grundsätze, permanent wie die Bedürfnisse, wälzen sich von einem Stand auf den anderen»[9]. Die Landschaftsverordnung stellte den verfassungsmäßigen Aspekt in einer Vorstellung an den Kurfürsten in den Mittelpunkt: «Ob wir gleich zu einem so landesverfassungswidrigen Vorschritt nicht den mindest gegebenen Anlaß finden können, auch nicht einsehen, wie der Papst das Recht haben solle, die Verfassung deutscher Reichslande wesentlich anzugreifen, den deutschen Landesfürsten Befugnisse zu erteilen, befreite Landstände

[9] Zit. nach *Scheglmann* I 129.

nach Willkür zu belegen oder sie gar aufzuheben . . .»[10]. Die Landschaft war sich damals vielleicht mehr als 1802 im klaren, daß die Privilegien der beiden anderen Stände mit denen des Prälatenstandes oder gar mit dessen Existenz standen und fielen.

Die Stände setzten ihre Gegenwirkung beim Kurfürst, bei den Bischöfen und in Rom an[11]. Aber auch auf die persönlichen Ansichten des Kurfürsten suchte man einzuwirken, indem der Münchner Stiftsdechant Darcher die alte Furcht dieses Fürsten vor dem Schreckgespenst der Illuminaten auffrischte und ihn damit anscheinend einigermaßen aus der Fassung brachte[12]. Nachdem im Januar 1799 das erste Drittel der geforderten Abgabe, 5 Millionen fl., von den geistlichen Institutionen eingetrieben worden war, versicherte eine kurfürstliche Verordnung vom 1. Februar, alle Klöster in Bayern und der Pfalz des fortdauernden kurfürstlichen Schutzes. Statt der übrigbleibenden 10 Millionen wollte man nur noch für die Dauer des Krieges von den Klöstern begrenzte Abgaben fordern. Im Februar oder März gelang es dem Freisinger Agenten in Rom, den Papst zu bewegen, dem Nuntius Ziucci einen Verweis zu erteilen, weil er über die Größe des öffentlichen Bedürfnisses einerseits, des Kirchenvermögens andererseits unrichtig berichtet und den Bischöfen und Prälaten unbefugt mit Kirchenstrafen gedroht habe. Wenigstens berichtet so der Freisinger Agent Bonfiglioli[13]. Damit war das Breve jedoch keineswegs widerrufen. Fast gleichzeitig mit dem beruhigenden Mandat an die Klöster vom 1. 2. 1799 ordnete am 25. 1. 1799 eine Kabinettsinstruktion die Untersuchung des Aktiv- und Passivstandes der ständischen Klöster und Stifte sowie eine Neuregelung der Neuaufnahmen und Profeßablegungen an und kündigte zeitgemäße Reformen bei den Nonnen- und Bettelordensklöstern an. Die Säkularisation der innerbayerischen Klöster (Mediatklöster) hatte im Prinzip bereits unter Karl Theodor, der am 16. Februar 1799 starb, begonnen[14].

Die Verhandlungen mit Ziucci und dann mit dem Papst wurden in München streng geheimgehalten. Am 25. 9., also fast drei Wochen nach der Ausfertigung des päpstlichen Breve, berichtet der zweibrückische Legationsrat Kaeser, der bei Hompesch und Törring aus- und eingeht, an Herzog Max, der Abbé de la Barthe sei in der vergangenen Nacht heimlich nach Florenz zum Papst gesandt worden, von dem er «eine andere Bulle», nämlich für «die Aufhebung der Klöster», zurückbringen soll. Ob sich die Münchner Regierung hier um ein zweites Breve bemühte, das eine allgemeine Aufhebung der Klöster über den Inhalt desjenigen

[10] Ebd. 132.
[11] Zusammenfassung der Vorgänge *Schwaiger* 10–13.
[12] *Scheglmann* I 133.
[13] *Scheglmann* I 135, *Schwaiger* 12.
[14] Vgl. hierzu auch *Rall*, Kurbayern, 415 und *Schwaiger* 13.

vom 7. 9. hinaus sanktioniert hätte, oder ob Kaeser den Inhalt des ersten Breve nicht kannte, ist nicht klar. Es scheint jedoch, daß Törring zu dieser Zeit tatsächlich eine generelle Klosteraufhebung erwog.

Bemerkenswert ist der Kommentar, den Kaeser dieser Meldung anfügt. Kaeser hatte sich in seinen Berichten an den Herzog und an Montgelas durchaus als Aufklärer und nicht eben als Bewunderer des Klerus gezeigt[15]. Noch im August hatte er die Aufhebung aller Klöster der Bettelorden als «Staats-Wohltat und -Notdurft» bezeichnet. Eine generelle Aufhebung aller Klöster, wie man sie jetzt nach seiner Meinung in München plant, hielte er jedoch für einen schweren Fehler. «Diese Aufhebung scheint mir eine sehr schlecht berechnete Maßnahme zu sein. Hebt man die guten Klöster auf, so beraubt man sich einer immer sicheren Einnahmequelle. Hebt man dagegen stark verschuldete Institute auf, so ist der Nutzen gleich null, sofern man nicht deren Gläubiger ruinieren will. Unter jedem Gesichtspunkt: Solche Mittel wären in der heutigen Zeit fehl am Platze, weil man entweder überhaupt keine Käufer der Klostergüter finden würde oder höchstens einige, die minimale Angebote machen würden. Und wenn der Staat selbst die Einkünfte der Klöster verwalten will, so wird eine solche Regie sogar den Gewinn noch absorbieren, den der Staat gegenwärtig aus den Abgaben der Klöster zieht. Überdies muß man berücksichtigen, daß es in Bayern wenige Klöster gibt, die – abgesehen von den Kapitalien, die sie auf der Wiener Bank plaziert haben – nicht begütert wären in Österreich, Tirol oder Böhmen. Man würde also durch ihre Aufhebung vor allem diesen ausländischen Provinzen einen Gewinn verschaffen»[16]. Hier gibt Kaeser die wichtigsten wirtschaftlichen Argumente an, die damals wie auch 1802–1803 gegen die Zweckmäßigkeit einer völligen Aufhebung zumindest der fundierten Klöster sprachen. Unausgesprochen stehen die Erfahrungen dahinter, die das revolutionäre Frankreich mit dem Verkauf der Güter der Kirche und des Adels gemacht hatte. Noch in der Staatsratssitzung vom 4. 11. 1799, also bereits unter der Regierung Montgelas, sprach sich der Finanzreferendär Franz von Krenner mit ganz den gleichen, nur eingehender begründeten Argumenten gegen die Aufhebung der Klöster und vielmehr für ihre sinnvolle Heranziehung zu angemessenen Beiträgen zu den Staatslasten aus[17]. Und noch 1802 schien auch Montgelas solchen Argumenten zumindest hinsichtlich der ständischen Klöster zugänglich. Erst im Lauf des Winters 1802–1803, parallel mit den einschlägigen Beschlüssen der Reichsdeputation, hat er sich dann, wie auch die Minister der anderen weltlichen Staaten, für totale Einziehung sämtlicher ständischer Mediatklöster (die nichtständischen waren schon 1802–1803 säkularisiert

15 Vgl. oben Kap. 7, seine Berichterstattung in der Freisinger Wahlangelegenheit.

16 An den Herzog, 25. 9. 98, K. bl. 196/5 d.

17 MA 8003.

worden) entschieden. Auch nach dem Erhalt der oben zitierten Depesche Kaesers vom 25. 9. 1798 macht er sich in einem Bericht an den Herzog dessen Gedankengang zueigen, wenn er schreibt: Zur raschen Aufstellung einer Armee in Bayern wären durchgreifende Sparmaßnahmen wichtiger als der Verkauf von Staatsbesitz (gemeint sind die Gerichtsgründe und ähnliches), die keine Käufer fänden, oder als Anleihen, die nicht gegeben würden. «Die Aufhebung der Abteien würde eine Quelle eröffnen, wenn man statt diese Gemeinschaften vollkommen aufzuheben (supprimer absolument), ihnen die Verwaltung ihres Vermögens beließe, die Klosterinsassen auf die pars congrua[18] setzte und den Rest an die Staatskasse abführte»[19]. Freilich läßt diese Ausdrucksweise, wenn sie wörtlich zu verstehen ist, schon eine weit radikalere und mehr bürokratisch-etatistische Zielsetzung erkennen als die Auffassung von Kaeser oder später von Krenner. Während diese offenbar die Klöster als Institutionen weiterhin am wirtschaftlichen Gewinn partizipieren lassen wollen, scheint Montgelas für den Staat alles abschöpfen zu wollen, was über die Regiekosten und ein von vornherein festgesetztes Existenzminimum der Klosterinsassen hinausgeht, ohne zu berücksichtigen, daß hierdurch jeder Impuls, die Ökonomie der Klöster gut zu führen oder gar zu verbessern, zerstört werden müßte.

Am 11. Dezember endlich kann Kaeser durch einen sicheren Boten die Unterlagen über die Beratungen der bayerischen Regierung in der Säkularisationsfrage übersenden[20]. Dabei befindet sich zunächst die Abschrift einer von Karl Theodor und Hertling unterzeichneten Anweisung an die Behörden vom 25. 10. mit der Mitteilung über das päpstliche Breve und den Anordnungen der Vorarbeiten für die Erhebung der 15 Millionen. Darin wird festgesetzt, daß, wenn der beabsichtigte Aufschlag auf die gesamte Geistlichkeit (dies entspricht nicht ganz dem Breve: dort sind Pfarrer ausgenommen) nicht die erwarteten 15 Millionen einbringe, «so viele Abteien, Klöster, Stiftungen etc. als zur Erreichung und Erhaltung obiger Summe vonnöten, supprimieret, somit die Besitzungen aller Gattung solch geistlicher Stiftungen veräußert werden mögen». Zunächst wird eine genaue Erfassung des Grund-, Mobiliar- und Kapitalbesitzes aller geistlichen Institute und Stiftungen befohlen. Zur Durchführung dieser Aufgabe, sowie zur Vorbereitung der Ausschreibung und Einhebung der 15 Millionen und der erforderlichen Säkularisationen wird eine Kommission unter Leitung des Frhr. von Stengel, Vizepräsident der Oberlandesregierung, und mit den Räten von Dreer, von Krenner, von Thoma und Steiner eingesetzt. Von diesen Finanzfachleuten werden

[18] Pars congrua, portion congrue – das ihnen für ihren Lebensunterhalt zuerkannte Mindesteinkommen.

[19] An Max, 30. 9. 98, MA 1.

[20] K. bl. 196/5 d.

1801/03 Krenner und Steiner, der erstere trotz seiner Einwände gegen die Säkularisation, zu den vier Referendären gehören, die mit der Aufsicht über die beiden Klosteraufhebungskommissionen betraut sind. Stengel ist ebenfalls unter Montgelas Finanzreferendär, Dreer (Dreher) ist vor 1799 als Regierungsrat in Amberg ein geheimer Berichterstatter der Zweibrückener.

Ferner legt Kaeser eine von ihm gefertigte Abschrift des Protokolls einer in München abgehaltenen Ministerialkonferenz vom 27. November 1798 vor. In dieser Sitzung spricht sich die am 28. Oktober eingesetzte Kommission als Ergebnis ihrer Überlegungen gegen eine gänzliche Aufhebung von Klöstern aus. Sie beantragt, daß man Mittel verwende, «wodurch die Stifte und Klöster bestehen und dem Staate gewissere und ersprießlichere Beiträge zuteil werden können». Diese Mittel bestehen in einer zehnfachen Dezimation der Klöster (1,3 Millionen fl.), eine Zwangsanleihe von 5% bei den Kapiteln, Kollegiatstiften und dem Malteserorden (1 Mill.) und einer solchen bei den Klöstern (2,25 Mill.), das sind zusammen 4,55 Millionen fl. Bis auf 7½ Millionen will man kommen durch Zwangsveräußerung von den Klöstern gehörenden Häusern, Mietstöcken und Wiesen in und um München, sowie Verkauf auswärtiger Höfe, Grundbarkeiten, Zehenten und Waldungen, ferner Abtretung von Wald an den Staat und Benützung von Klosterbauten zum Vermieten und für Staatszwecke, Einziehung der Reluitionsuntertanen (166 000 fl.) – gemeint sind solche, die Scharwerksverpflichtungen ablösen wollen. Die immer noch klaffende Lücke von weiteren 7½ Millionen will man durch einen seltsamen Taschenspielertrick schließen: Man nimmt an, daß es in Bayern und der Oberpfalz 2 600 Konventualen gibt. Man berechnet den jährlichen Unterhalt eines jeden auf 240 fl. Dies zu Kapital angeschlagen (vorausgesetzt 4%ige Verzinsung) ergibt 6000 fl. je Konventuale. Sooft ein Konventuale stirbt, eignet sich der Staat für 6000 fl. Güter an. Da in einem Jahr 43 Konventualen sterben, erlangt der Staat jährlich für 258 100 fl. Güter. Da immer erst nach dem Toden von 2 Konventualen ein neuer aufgenommen werden darf, wird die Zahl der 2600 Mönche in 30 Jahren auf die Hälfte gesunken sein. Innerhalb von 30 Jahren erwürbe der Staat auf diese Weise für 7 740 000 fl. Güter. Abgesehen davon, daß ja der Ausgangspunkt gewesen war, daß man die gesamten 15 Millionen jetzt brauchte und nicht erst im Lauf von 30 Jahren, trifft auf die Rechnung, zumindest auf das, was über 4,5 bis 5 Millionen hinausgeht, die Bemerkung zu, die Kaeser am Rande des Berichts macht: «Die Berechnung ist klar, leicht und schön – allein die Ausführung ist chimärisch». Es fällt hier wie auch bei den Projekten des Verkaufs der Gerichtsgründe und Brauereien der rein vordergründig-fiskalische Charakter und – im Gegensatz zur Montgelas-Zeit – das völlige Fehlen sozialer und wirtschaftlicher Nebenzwecke auf. Nur der Verkauf der Zehenten bildet eine Ausnahme.

Alle diese Vorschläge werden in der Ministerkonferenz und dann von Karl Theodor gebilligt. Nach einiger Diskussion wird schließlich beschlossen, für diese Maßnahmen den Konsens der Herzöge Max und Wilhelm einzuholen, da ohne diesen Konsens die Klöster Widerstand leisten und die Käufer Bedenken haben würden. Als man die Schreiben an die Herzöge aber dem Kurfürsten vorlegt, lehnt dieser es ab, sie zu unterzeichnen und erklärt, er halte die Einholung des agnatischen Konsenses für ganz überflüssig oder wenigstens zur Zeit noch nicht ratsam. Dagegen läßt er an den Kaiser über diese Finanzoperationen berichten und um dessen Unterstützung bitten. Am Schlusse seines Berichts rät Kaeser, trotz aller Zweifel an der Ausführbarkeit, vor allem an der Verkaufbarkeit der vorgesehenen Gründe, Höfe und Häuser zu annehmbarem Preis, den agnatischen Konsens zu diesen Maßnahmen nicht zu verweigern. Unter den Gründen für diese Empfehlung führt er an, daß das allmähliche Anwachsen des Staatsbesitzes auf Kosten der Klöster bei Ableben der Konventualen «ganz allein dem Staat zum fortdauernden Nutzen werde, folglich aber nachkommenden Fürsten zum Genusse verbleibe, ohne daß diese das Odiöse davon haben».

Es besteht nach alledem kein Zweifel, daß in Anbetracht des tatsächlichen realisierbaren Vermögens der Klöster und der geringen Verkaufschancen – schon in Frankreich mit seiner viel stärkeren zahlungsfähigen bürgerlichen Mittelschicht war der Verkauf der Nationalgüter zu einem Fiasko geworden – der Staat froh sein mußte, daß er überhaupt innerhalb eines Monats 5 Millionen fl. eintreiben konnte[21], und daß er darüber hinaus mit der Zusage eines ‹don gratuit› durch den Prälatenstand zufrieden war. Allerdings zeigt die Weiterführung der Arbeiten zur Aufnahme des Klosterbesitzes, daß die Regierung doch für die Zukunft noch einige Pläne hat. Zunächst freilich wirkt auch die Gegenaktion der Stände, insbesondere des Klerus, beim Kurfürsten und beim Papst bremsend.

Montgelas dagegen ist sich mit den Herzögen Max und Wilhelm darin einig, daß sie gern den agnatischen Konsens zu der Belastung des Kirchenguts mit 15 Millionen geben würden, um damit die Gerichtsgründe, Brauereien, Zehenten usw., also Teile des Staatsgutes, retten zu können, aber Montgelas entfernt nachträglich wieder die auf diesen Konsens bezüglichen Äußerungen aus Weisungen an Kaeser und aus Briefen Max' und Wilhelms an Karl Theodor, als er erfährt, daß der Kurfürst keinen Wert auf diese Zustimmung legt[22].

Dem Plan der kurfürstlichen Regierung, 15 Millionen fl. vom Klerus zu erheben, erwuchs jedoch noch ein anderer Gegner, dem es wahrscheinlich auch gelungen wäre, dem Klerus die restlichen 10 Millionen zu ersparen, hätte die Regie-

[21] Daß der Staat tatsächlich 5 Millionen eingenommen hat, wie Scheglmann und Schwaiger als gegeben betrachten, scheint auch noch nicht gesichert.

[22] An Max 29. 12. 98, MA 1; an Kaeser 31. 12. 98, K. bl. 196/5 d.

rung nicht zunächst selbst darauf verzichtet: der sonst absolut antiklerikale Gesandte der Französischen Republik in München, Citoyen Alquier. Erst am 22. Oktober bekommt er Wind von dem am 7. September ausgestellten Breve des Papstes. Als Motive Karl Theodors für die Bemühung um diesen Betrag, sowie um die 2 bis 3 Millionen, die man aus dem Verkauf der Gerichtsgründe und Zehenten erwartet, gibt er an: persönliche Habsucht des Kurfürsten und Streben nach Versorgung seiner Kinder[23]. Doch bald regt ihn die Sache schon mehr auf. Angesichts der zunehmenden Kriegsvorbereitungen Österreichs, in dessen Schlepptau Bayern segelt, will er verhindern, daß der Kurfürst seine 15 Millionen erhält, um damit Truppen gegen Frankreich aufzustellen. Er hat dazu ein für München sehr unangenehmes Mittel zur Verfügung: die Forderung nach der endlichen Zahlung der 16 Millionen, welche die Vertreter Bayerns bei der Konvention von Pfaffenhofen vom 7. 9. 1796 hatten zusagen müssen. Trotz der Bitten Kaesers legt Alquier diese Forderung der kurfürstlichen Regierung auf den Tisch[24]. Doch ist damit nicht weiterzukommen, und es erscheint auch nicht opportun, hiermit um jeden Preis Bayern in das österreichische Lager zu treiben. Alquier nimmt daher direkte Verbindungen mit den bayerischen Ständen, das heißt mit einem ihrer Führer, Preysing auf, mit dem er auch schon früher, ebenso wie mir Arco, Kontakte unterhalten hat. Das ehemalige Mitglied des Nationalkonvents findet lobende Worte für den Widerstand der bayerischen Prälaten, welche die öffentliche Meinung hinter sich haben. Er habe einen solchen energischen Widerstand diesem durch seine Regierung erniedrigten Volk nie zugetraut, schreibt er an Talleyrand. Gegenüber dieser Haltung würden die Drohungen und Intrigen der Minister wirkungslos bleiben.

Auf Karl Theodors Bitte um Unterstützung in Wien hat Thugut zugesagt, die österreichischen Truppen würden die Einhebung der Beträge bei den kirchlichen Instituten nach Kräften unterstützen. Allerdings könne der Kaiser dem Klerus nicht verwehren, sein Recht beim Hofrat zu suchen. Der österreichische Gesandte Seilern, so meint Alquier, unterstütze unter der Hand den Widerstand des Klerus, um es dahin zu bringen, daß der Kurfürst die österreichischen Truppen gegen seine eigenen Untertanen zu Hilfe rufen müsse. Alquier hat sich berechtigt gefühlt, Preysing zu versichern, die Französische Republik werde mit ihrem ganzen Einfluß, der wegen ihrer militärischen Stellung in dieser Gegend sehr groß sei, eine geplante Klage des bayerischen Klerus und der beiden anderen Landstände gegen den Kurfürsten vor dem Reichskammergericht in Wetzlar unterstützen[25].

[23] Aff. Etr. Corr. Politique Bavière 178, 1er brumaire VII (22. 10. 98).

[24] Berichte Kaesers v. 13. und 26. 11. 98, K. bl. 196/5 d; Alquiers Note Aff. Etr. a. a. O. 1er frimaire VII (21. 11. 98), Antwort Viereggs 3 frim. VII (23. 11. 98).

[25] Alquier an Talleyrand Aff. Etr. a. a. O., 14 nivôse VII (3. 1. 99).

Doch Alquier wird von Talleyrand etwas zurückgepfiffen: So nützlich ihm die von Alquier vorgeschlagene französische Intervention in Wetzlar erscheint, so scheint es ihm doch schwierig, daß Frankreich sich sichtbar für die Prälaten eingesetzt in einem Moment, da alle Verhandlungen in Rastatt auf der Anwendung des Prinzips der Säkularisation beruhen. Er wird noch die Weisung des Direktoriums einholen über eventuelle Mittel einer weniger direkten Einwirkung in Wetzlar[26].

Im folgenden weiß Alquier zu berichten, der Widerstand des bayerischen Klerus gegen die Einhebung der 15 Millionen verstärke sich immer mehr. Der Nuntius habe sich zwar einer militärischen Exekution, welche die Regierung zur Eintreibung dieser Gelder geplant habe, widersetzt, habe der Regierung jedoch durch eine pastorale Instruktion geholfen, welche die säumigen Prälaten mit Exkommunikation bedrohe. Es ist die oben erwähnte Bekanntmachung Ziuccis, die den Bischöfen eine der wichtigsten Handhaben gab, gegen ihn beim Papst energische Schritte zu unternehmen, so daß der Nuntius im Februar alle Empfänger seines Rundschreibens bat, dasselbe wieder aus ihren Akten zu entfernen[27]. Um die Stände gefügig zu machen, will der Münchner Hof im Februar den beliebten Thronerben Herzog Max zur Vermittlung nach München kommen lassen, was Alquier über Talleyrand, Cetto und Montgelas, der von einer solchen Reise Intrigen gegen sich zu fürchten hat, verhindert[28].

So ist der Kampf zwischen der kurfürstlichen Regierung und dem bayerischen Klerus, der die Unterstützung der anderen Stände, des französischen Gesandten Alquier und der öffentlichen Meinung für sich hat, noch unentschieden, aber 5 Millionen sind der Geistlichkeit bereits innerhalb eines Monats mit drastischen Maßnahmen abgepreßt worden, wofür sie hohe Schulden auf sich nehmen mußte. Die Säkularisation hat also bereits begonnen, bevor Max Joseph und Montgelas in München zur Regierung gelangen. Als am 16. Februar 1799 der Tod Kurfürst Karl Theodors die Auseinandersetzungen unterbricht und andererseits der Krieg der 2. Koalition täglich ausbrechen kann, der neue Kurfürst noch nicht weiß, ob ihn die im Lande stehenden Österreicher nicht überhaupt an der Regierung hindern werden, und als der Einmarsch der Russen in Bayern wegen der Aufhebung des Malteserordens droht, führen Max und Montgelas sofort einen Frieden, der eigentlich ein Waffenstillstand ist, mit dem Klerus herbei, denn die Landstände sind zunächst ihre zuverlässigste Stütze gegen die österreichische Partei. Man braucht jetzt ihren Rückhalt und auch ihr finanzielles Wohlverhalten angesichts des nun sicher bevorstehenden Krieges. Man bedarf zunächst des Friedens im In-

[26] Weisung an Alquier ebd., 5 pluviôse VII (24. 1. 99).

[27] *Schwaiger* 11.

[28] S. oben Kap. 27g. Alquier an Talleyrand a. a. O. 13 pluviôse VII (1. 2. 98).

neren und selbst, wenn man trotzdem jetzt schon die Klöster aufheben wollte und könnte, so wäre es dennoch unklug, denn der ungerufene österreichische Verbündete im Land und morgen vielleicht die Franzosen würden sich unverzüglich den Erlös der Säkularisation sichern durch die Anforderung erhöhter Requisitionen und Kontributionen.

29. Regierungsantritt in Bayern, Februar 1799

Während in Rastatt weiter über die Entschädigungen verhandelt wird, andererseits der Ausbruch des Krieges der neuen Koalition gegen Frankreich fast stündlich erwartet wird, tritt das Ergebnis ein, von dem Talleyrand an Alquier schrieb, man habe in ihm bereits vor 12 Jahren den Grund für den nächsten europäischen Krieg vermutet[1]. Der Augenblick, auf den ganz Bayern seit zwei Jahrzehnten wartet und auf den sich ebenso lange die Herzöge von Zweibrücken, Karl und seit 1795 Max, und ihre Berater, Hofenfels, Montgelas und Herzog Wilhelm vorbereitet haben, ist gekommen. Am 12. Februar 1799 trifft den Kurfürsten, mit dessen Ende man schon seit drei Monaten in zunehmendem Maße rechnet – sein Leibarzt Winter hatte seine Lebenserwartung Herzog Max drei Monate zuvor genau vorausgesagt – beim Kartenspiel der Schlag. Nun rollt alles planmäßig ab, wie man es in Zweibrücken seit Jahrzehnten vorgesehen hat: Am nächsten Tag trifft Herzog Wilhelm von Birkenfeld, der in Landshut wohnende Agnat und Platzhalter des Herzogs von Zweibrücken in München ein. Noch in der Nacht vom 12. zum 13. sendet Kaeser im Einvernehmen mit dem Sprecher der Stände, Graf Preysing, eine Staffette zu Herzog Max nach Mannheim. Am Morgen des 13. macht er den Minister Graf Vieregg dafür verantwortlich, daß der österreichische Gesandte in München keinen Kurier nach Wien absenden dürfe, bevor nicht der Herzog benachrichtigt sei. Die 22jährige österreichische Gemahlin des 76jährigen Kurfürsten, auf deren entscheidende Rolle zu Gunsten Max Josephs bereits hingewiesen wurde[2], sendet dem Thronerben einen Brief mit der Mitteilung, ihr Gemahl sei in der Agonie, und mit der Versicherung ihrer Ergebenheit und Loyalität[3]. Max, der seinerseits schon seit einiger Zeit damit rechnet,

[1] S. oben S. 394.

[2] S. oben Kap. 27 c.

[3] Zit. bei Prinz *Adalbert* 350, der aufgrund neuen Materials die beste Darstellung dieser dramatischen Vorgänge gibt (350–366), die wir daher hier nicht im einzelnen zu schildern brauchen.

vor den Franzosen bei dem erwarteten Kriegsausbruch aus Mannheim fliehen zu müssen, verzögert jedoch seine Reise nach München, um nichts Voreiliges zu unternehmen, bis er in der Nacht zum 18. die Nachricht erhält, daß Karl Theodor am 16. gestorben ist. In diesen 4 Tagen, als der Kurfürst in der Agonie liegt, vollziehen sich in München dramatische Szenen. Die Selbständigkeit Bayerns als Staat und das Gleichgewicht in Deutschland stehen auf des Messers Schneide.

109 000 Österreicher haben Bayern besetzt; das Hauptquartier Erzherzog Karls, um das die Staffetten zwischen München und Mannheim einen weiten Bogen machen, befindet sich in Friedberg bei Augsburg. Die 15 000 Mann bayerischer Truppen sind unter die Österreicher aufgeteilt und handlungsunfähig. Die große Frage ist: Wird der Kaiser jetzt zur vorübergehenden oder endgültigen Annexion Bayerns schreiten, ohne den der Regierung Thugut verhaßten Thronerben Max überhaupt zum Antritt der Regierung gelangen zu lassen, oder aber wird er ihn nur unter der Bedingung der Aufgabe jeder selbständigen Politik nach München lassen, oder wird sich Österreich zunächst abwartend verhalten, da es ja ohnehin die tatsächliche Macht in Bayern ausübt. Daß das letztere eintrifft, hat mehrere Gründe.

Mit einer ‹legalen›, das heißt, die Reichsverfassung nicht verletzenden Annexion scheint man es tatsächlich im letzten Moment noch versucht zu haben. Die Kurfürstin hat Jahrzehnte später Ludwig I. erzählt, der österreichische Gesandte Graf Seilern habe einen fertigen Tauschplan mitgebracht, um ihn, sobald der Kurfürst zu Bewußtsein kommen würde, unterzeichnen zu lassen. Sie habe Seilern jedoch vom Krankenbett ferngehalten. Für den Tausch hätten sich die Anhänger der österreichischen Partei und Nutznießer der bisherigen Zustände Goltstein, Leiningen, Zedtwitz, Tattenbach und Lippert ausgesprochen[4]. Es erscheint fraglich, ob es sich um einen Tausch handelte – die alten Tauschobjekte Belgien und Mailand hatte Österreich inzwischen verloren. Wahrscheinlicher war es ein Versuch, den Kaiser oder einen ihm nahestehenden Fürsten durch Testament zum Erben der pfalz-bayerischen Staaten einzusetzen. Auch Karl Theodors Schwiegersohn und Günstling, Minister Graf Leiningen, ist in Österreichs und nicht zuletzt in seinem eigenen Interesse tätig, wenn er sich bemüht, den Kurfürsten zur Abfassung eines Testaments zu bewegen[5]. Als diese Versuche fehlschlugen, scheint es Seilern mit einem anderen verzweifelten Mittel versucht zu haben, indem er die junge Kurfürstin veranlassen wollte, zu erklären, sie werde Mutter. Er wurde

[4] *Adalbert* 351.

[5] *Du Moulin Eckart* 54 aufgrund eines Berichts des preußischen Gesandten Harnier vom 21. 2. 99. Die Tatsache, daß es nicht zu einem Testament gekommen ist, auch: Alquier an Talleyrand Aff. Etr. Corr. pol. Bavière 178, 1er ventôse VII (19. 2. 99).

aber entschieden abgewiesen[6]. Nach dem Mißerfolg dieser Versuche macht Seilern aus der Not eine Tugend und erklärt, es sei eine böswillige Verleumdung der Zweibrückener, daß die Österreicher Absichten auf Bayern hätten und München gewaltsam besetzen wollten. Die kaiserlichen Truppen hätten ja ohnehin die Oberhand im Lande und ständen nur zu seinem Schutze hier[7]. In seinen Berichten aus diesen Wochen beklagt sich Seilern immer wieder über das Gesandtentrio Kaeser, Alquier und Harnier (den Vertreter Preußens), die vor und nach dem Tode des Kurfürsten häufig zu Geheimbesprechungen zusammenkommen und «rastlos arbeiten, um alles zu verwirren»[8].

Nachdem die geheimen Mittel nicht geholfen hatten, ist Wien zu keinem Gewaltakt bereit, es will offensichtlich erst den Ausgang des bevorstehenden Krieges abwarten. Ein Bayern, das mit Gewalt gegen den Willen seiner großenteils offen österreichfeindlichen Bevölkerung niedergehalten und zur Waffenhilfe gezwungen werden müßte, ist weniger wert als ein Bundesgenosse, der zwar nicht begeistert für die gemeinsame Sache ist, aber doch mittut, da seine Truppen bereits im Rahmen der kaiserlichen Armee marschieren und da sein eigener Kurfürst es, wenn auch unter österreichischem Druck, so befiehlt.

Eine Schlüsselstellung nimmt in diesen krisenreichen Wochen für Bayern wieder Preußen ein. Obwohl es sich in den letzten Monaten isoliert hat und nach beiden Seiten eine wenig imponierende Neutralitätshaltung eingenommen hat und obwohl seine Armee sich in keinem guten Zustand befindet, ist es doch seinem Machtpotential nach ein Faktor, mit dem beide Seiten rechnen müssen und der in dem bevorstehenden Krieg sogar zum Zünglein an der Waage werden kann. Österreich ist darauf angewiesen, es zu schonen, zumal es immer noch auf ein Bündnis mit diesem Staate hofft. Daher hat es Gewicht, wenn Preußen sich beim Kaiser für die Erhaltung Bayerns einsetzt. Daß es das tut, liegt natürlich im Interesse seiner eigenen Staatsräson, ist aber auch ein Erfolg der diplomatischen Bemühungen des Herzogs von Zweibrücken. Wie schon so oft, so schreibt er noch am 15. Februar (von Montgelas aufgesetzte) Briefe an König Friedrich Wilhelm III. und Haugwitz, denen er die Gefahr darstellt, in der sich in diesem Moment Bayern befindet. Berlin weiß auch, daß es stimmt, wenn Max in einem weiteren Brief an den König vom 18., in dem er den Tod Karl Theodors mitteilt, Friedrich Wilhelm III. daran erinnert, daß nun an die Stelle des bisherigen österreichhörigen Kurfürsten, der immer behauptet hatte, Preußen wolle ihn zusammen mit Frankreich zugunsten von Max entthronen, ein Fürst tritt, der von jeher ein

6 *Du Moulin Eckart* 54. Vgl. oben S. 371 ff.

7 Seilern an Thugut, 15. 2. 1799, Staka Bayern 94, z. T. zitiert bei *Adalbert* 352 f.

8 Seilern an Thugut, 14. 2. 99, Staka Bayern 94.

Freund Preußens war[9]. Nach dem Eintreffen der Nachricht von Karl Theodors Tod gibt der österreichische Außenminister Frhr. von Thugut dem preußischen Gesandten in Wien die Versicherung, Österreich werde den neuen Kurfürsten nicht beunruhigen. Die Berliner Regierung erwidert ihrem Gesandten auf diesen Bericht, man betrachte diese Uneigennützigkeit nur als durch die Umstände erzwungen und gebe den Verdacht nicht auf, daß in den Wechselfällen des Krieges einmal die Gewalt sich aneignen könnte, was durch gütliche Übereinkunft nicht zu erreichen war[10].

In München selbst hat neben der Kurfürstin Herzog Wilhelm von Birkenfeld durch sein rasches, energisches und planmäßiges Handeln das Hauptverdienst, daß sich der Herrschaftswechsel trotz der außerordentlichen Umstände ohne Zwischenfall vollzieht. Es ist die historische Stunde dieses Mannes, des ersten ‹Herzogs in Bayern›, auf die er sich als Mitarbeiter, Schwager und einziger Agnat von Herzog Max seit langem vorbereitet hat[11]. Montgelas hat mit den vielen Briefen und Instruktionen, die er in den letzten Jahren für Max an Wilhelm verfaßte, einen erheblichen Anteil daran[12].

Nachdem die Münchner Bevölkerung schon bei der Nachricht vom Tode Karl Theodors Freudenkundgebungen abgehalten hat, zieht der neue Kurfürst Max IV. Joseph, von Montgelas begleitet, am 20. Februar, feierlich und öffentlich jedoch erst am 12. März 1799 inmitten einer Woge der Begeisterung in

[9] Über diese Briefe *Du Moulin Eckart* 55 ff. – Alquier berichtet an Talleyrand nach der Ankunft Max Josephs in München: «Il y a toute apparence qu'on sera ici infiniment prussien», Aff. Etr. a. a. O. 4 ventôse VII (22. 2. 99).

[10] *Hüffer* II 284 ff.

[11] Über Wilhelms Maßnahmen in München in der Zeit von seiner Ankunft am 13. Februar, 3 Tage vor dem Tod des Kurfürsten, bis zum Eintreffen des neuen Kurfürsten Max Joseph am 20. 2. 1799: *Adalbert* 350–366, *Du Moulin Eckart* 52–59, dazu die hierüber verärgerten Berichte Seilerns an Thugut Wien, Staka Bayern 94, 13. – 22. 2. 1799, sowie die anerkennenden Alquiers an Talleyrand, Paris Aff. Etr. Corr. pol. Bavière 178, 25 pluviôse bis 4 ventôse VII (13. – 22. 2. 99). Wilhelm wird noch einige Jahre lang in München eine Rolle spielen, vor allem in der undankbaren Stellung eines bayerischen Generals im Feldzug von 1800/01, in dem er viele Differenzen mit den Österreichern auszutragen hat, sodann von 1803 bis 1806 als bayerischer Statthalter im Herzogtum Berg; dann wird seine politische Rolle infolge tiefer Zerwürfnisse mit Max Joseph ausgespielt sein, und dieser früher so aktive und anscheinend fähige Mann wird nur noch um eine Erhöhung seiner Apanage kämpfen und wiederholt versuchen, sich über seinen König und Schwager bei Napoleon zu beschweren (vgl. sein Tagebuch, Abschr. Fürstensachen Fasz. 147 Nr. 1314 1/2).

[12] Die von 1798 zusammengefaßt in MA 2, die früheren K. bl. 196/4a bis 196/4d, die letzteren (196/4d) gehen von Januar bis März 1798, die von MA 2 schließen an. Alle Entwürfe der im Namen von Max geschriebenen Schreiben sind von Montgelas eigenhändig.

seine neue Hauptstadt ein. Sofort gibt es tiefgreifende Veränderungen an der Spitze des Staates. Die Minister Leiningen und Vieregg, der berüchtigte Kabinettssekretär Lippert, der Direktor der Zensur, Schneider, und andere werden entlassen, ihre Dienstzimmer versiegelt, ihre dienstlichen Korrespondenzen sichergestellt. Andere Minister Karl Theodors, die schon lange mit Zweibrücken zusammengearbeitet haben, werden übernommen: der bisherige Staatskanzler Hertling als Justizminister, Hompesch als Finanzminister und Morawitzky, der als Leiter der bayerischen Delegation in Rastatt von dem bisher zweibrückischen Vertreter Rechberg abgelöst wird[13], wird Minister der Geistlichen und Schul-Angelegenheiten. Der bisherige Minister Tattenbach wird Obersthofmeister. Über die Besetzung des Außenministeriums hat Montgelas in seinen fast 600 Seiten umfassenden ‹Denkwürdigkeiten› (zur Außenpolitik) in gewohnter lakonischer Objektivität nur zu berichten: «Am 21. übertrug Churfürst Max Joseph dem Freiherrn von Montgelas, welcher schon seit dem August 1796 mit seinen Geschäften politischer Natur betraut war, das Ministerium der auswärtigen Angelegenheiten»[14].

Die Berichte des österreichischen Gesandten Graf Seilern lassen erkennen, was auch in den nächsten Jahren sein Programm bleiben wird: Er will so bald als möglich den verhaßten Außenminister in der Meinung des Kurfürsten verderben und stürzen. Seilern versichert am 23. 2., daß er durch seine alten Liaisons sich in voller Kenntnis aller Begebenheiten am Hofe und in der Regierung halten könne[15].

Wenn die eine Seite gegen ihn ist, so ist deshalb der Hauptgegner Österreichs, Frankreich, zunächst durchaus nicht für Montgelas. Wie erwähnt, hatte der französische Gesandte Alquier bereits zu Beginn seines Aufenthalts in München dem Minister Hompesch gewisse Zusagen gemacht[16], Frankreich werde nach dem Tode Karl Theodors dafür sorgen, daß er bayerischer Außenminister werde. In der Zwischenzeit hatte sich Alquier zwar mehrfach über Hompesch in seinen Berichten beklagt und gemeint, er sei doch auch ein Anhänger Österreichs, war aber dann immer wieder auf diesen Minister zurückgekommen. Hompesch trägt, wie stets, geschickt auf beiden Schultern. Er verhandelt laufend mit Alquier[17]. Alquier lobt

[13] *Hüffer* II 285.

[14] *Montgelas-Freyberg* 31.

[15] Staka Bayern 94 ff. Es wird das Hauptziel der österreichischen Gesandten bis mindestens 1810 bleiben.

[16] Aff. Etr. Corr. pol. Bavière 178, 22 fructidor VII (8. 9. 99). Vgl. oben Kap. 27 e.

[17] Alquiers Berichte z. B. v. 17 pluv. VII (5. 2. 99), Note Hompeschs an Alquier v. 15. 2., in dem er diesem volle Genugtuung gegen Verleumdungen des englischen Gesandten Paget zusichert und ihm anscheinend Unterlagen über die militärische Stärke der Österreicher vermittelt, während er gleichzeitig Seilern erklärt, er werde Herzog Wilhelm zur Ratifikation der von Karl Theodor mit Österreich abgeschlossenen Militärkonvention veranlassen (Ber. Seilerns Staka Bayern 94, v. 14. 2. 99).

Herzog Wilhelm und meint, die neue bayerische Regierung bestehe mit Ausnahme Hertlings, der von den Diplomaten allgemein als nicht sehr fähig beurteilt wurde, aus «hommes recommandables et assurément très habiles», erwähnt aber in seinen Berichten Montgelas praktisch nicht. Nach seiner überstürzten Abreise nach Straßburg dagegen beschwert er sich bei Talleyrand in aller Form, daß Montgelas ihn zu wenig geschützt habe und 5 Tage auf seinen Paß habe warten lassen[18], was zu einer scharfen Note des französischen Außenministeriums an den bayerischen Gesandten Cetto führt[19]. Montgelas war nicht nur nicht durch französische Protektion Außenminister geworden, sondern er genoß nicht einmal das Wohlwollen des Gesandten Alquier und Talleyrands. Hompesch seinerseits war offenbar enttäuscht, daß er nicht das Außenministerium erhalten hatte. Bis zu seinem Tod 1800 beklagte er sich beim österreichischen Gesandten öfters über Montgelas, der nun allein das Vertrauen des Kurfürsten besitze[20]. Da auch der britische und der russische Gesandte in München aus politischen Gründen von Anfang an Montgelas nicht gewogen waren, genoß dieser am Beginn seiner Tätigkeit nur eine gewisse Unterstützung durch die preußischen Diplomaten, am meisten durch Goertz in Rastatt und Regensburg, aber auch durch Harnier in München.

Auch sonst beginnt die Regierung Max Josephs und Montgelas' in München unter großen Schwierigkeiten. Die Staatskasse ist leer, der Krieg scheint unvermeidlich, Max hat auf der Reise nach München bei Erzherzog Karl im Hauptquartier in Friedberg Besuch gemacht und dabei in undiplomatischer Offenheit dem gegenwärtigen militärischen Herrn Bayerns versichert, es werde Österreich nie gelingen, ihn zur Teilnahme an der Koalition gegen Frankreich zu bewegen[21]. Ähnlich äußert er sich in München gegenüber dem österreichischen General Graf Kollowrath[22]. Andererseits nimmt Frankreich die impulsiven Bekundungen seiner Freundschaft zunächst zwar erfreut, aber mit zur Schau getragener Skepsis auf[23]. Frankreich hält den Kurfürsten zwar für nach wie vor antiösterreichisch, hat aber von Plänen der österreichischen und britischen Gesandten in London erfahren, den für leichtsinnig und beeinflußbar gehaltenen Kurfürsten mit schönen, «sehr verführerischen» Frauen aus dem Kreis der französischen Emigranten zu

[18] Aff. Etr. a. a. O., 28 ventôse (19. 3. 99).

[19] Ebd. 7 germinal (27. 3. 99), vgl. dazu Denkwürdigkeiten (*Montgelas-Freyberg*) 41. Montgelas irrt, wenn er hier schreibt, diese Abreise habe unter dem Eindruck des erst am 28. 4. erfolgten Rastatter Gesandtenmordes gestanden. Schließlich lenkte Talleyrand jedoch gegenüber Cetto ein (vgl. *Du Moulin Eckart* 124–126).

[20] Z. B. Staka Bayern 95, Bericht Seilerns v. 31. 8. 1800.

[21] *Du Moulin Eckart* 78; Ber. Alquiers vom 6 ventôse VII (24. 2. 98).

[22] Ber. Seilerns v. 22. 2. 99, Staka Bayern 94, auch zitiert bei *Adalbert* 360.

[23] Berichte Alquiers v. 6 ventôse VII (24. 2. 99), Weisung Talleyrands v. 15 ventôse VII (5. 3. 99), dazu *Du Moulin Eckart* 78 ff., *Adalbert* 361.

umgeben, die Max von früher her kennt. Die Österreicher glauben, die Franzosen aber fürchten, der Kurfürst werde mit Sicherheit auf diese Weise umzustimmen sein[24]. Daher fordert Alquier in seiner ersten Audienz bei Max Joseph, in der der Kurfürst sagt: «Ich bin in Frankreich aufgewachsen und bitte Sie, mich als Franzosen zu betrachten», fast unvermittelt auf diese freundlichen Worte, er möge unverzüglich alle Emigranten aus München entfernen, was Max auch, nur einige ‹Vernünftige› oder alte Leute ausnehmend, zusagt. Im übrigen revidiert jedoch Alquier in seinem Bericht über diese Unterredung sein früheres ungünstiges Urteil über die Schwäche und Bedeutungslosigkeit des Kurfürsten und hat höchstes Lob für seine Natürlichkeit, Beliebtheit und seine vernünftigen Ansichten, sowie für die bisher ‹beispiellose› Zulassung Bürgerlicher zum Essen bei Hof oder zu Posten wie dem des bayerischen Gesandten in Berlin (Posch). Auch die ersten Reformen, wie die Abschaffung der Erblichkeit und Käuflichkeit der Ämter, finden seine höchste Anerkennung. Alles unterscheide sich grundlegend von den bisherigen Zuständen. Zu einer Weiterführung dieses Gesprächs kommt es jedoch nicht, weil Alquier überstürzt durch die österreichischen Linien abreisen muß und der Krieg ausbricht[25].

Erhebliche Gefahren drohen auch, weil Herzog Wilhelm sofort nach dem Tode Karl Theodors im Namen Max Josephs die Aufhebung der bayerischen Zunge des Malteserordens ausgesprochen hat. Diese Maßnahme ist vollkommen gerechtfertigt, denn der Orden erfüllt in Bayern weder eine geistliche noch eine militärische noch eine erzieherische oder caritative Funktion. Karl Theodor hat die bayerische Zunge mit dem 6- bis 7-Millionenvermögen des aufgehobenen Jesuitenordens ausgestattet, um seine Kinder und Günstlinge mit Pfründen zu versehen, während dieses Vermögen eigentlich zur Hebung des Schulwesens in Bayern bestimmt gewesen war. Die Gründung war 1782 ohne Zustimmung der Agnaten erfolgt, was diesen die Handhabe gab, sie nach dem Tode des Kurfürsten sofort wieder rückgängig zu machen. Herzog Wilhelm hatte nur die gemeinsam mit Max und schon mit dessen Vorgänger 1782 gefaßten, 1788 und 1795 überarbeiteten Beschlüsse für den Tag der Besitzergreifung Bayerns in diesem Punkt ausgeführt. Aber die Maßnahme bringt Bayern in eine zusätzliche Gefahr. Man hat hier einen wichtigen Bestandteil von Zar Pauls Lieblingsspielzeug zerschlagen. Der Zar, der sich zum Großmeister des Malteserordens hat wählen lassen, ist so ergrimmt, daß er dem Befehlshaber des russischen Korps, das durch Süddeutschland zum Rhein marschiert, den Befehl erteilt, Bayern als Feindesland zu behandeln. Was dies heißt, wissen die Zeitgenossen zu ermessen, die ohnehin die schrecklich-

[24] Alquier an Talleyrand, 2 vent. VII (20. 2. 99); Talleyrand an Alquier 15 ventôse VII (5. 3. 99).

[25] Alles Corr. pol. Bavière 178.

sten Nachrichten von den Ausschreitungen der russischen Truppen selbst im verbündeten Österreich erhalten. Auch davon abgesehen ist es sehr schlimm, die Mitunterzeichnermacht des Friedens von Teschen in einem Augenblick zum Feind zu haben, wo die Unabhängigkeit des Landes ohnehin nur vom Wohlwollen der Österreicher abzuhängen scheint. Montgelas gibt die Schuld für diesen Lapsus in seinen Denkwürdigkeiten Herzog Wilhelm[26]. Er schreibt, Wilhelm habe den Beschluß von 1795 so schnell und unüberlegt sowie ohne vorherige Einholung von Verhaltungsmaßregeln angekündigt, daß Max und Montgelas erst von der vollendeten Tatsache Kunde erhalten hätten. Seine Korrespondenz mit Max bestätigt die Richtigkeit dieser Darstellung. Am 29. 10. 1798, als man von den Bemühungen des Zaren wußte, den Orden in Bayern über den Tod des Kurfürsten hinaus zu sichern, und den Herzog darauf zu verpflichten, hatte Montgelas dem Herzog geraten, dieser Falle zu entgehen. Er läßt keinen Zweifel, daß sich beide über die Notwendigkeit der Aufhebung («la destruction de cet établissement unique autant que dispendieux») einig sind, rät aber vorläufig zum vorsichtigen Beobachten[27]. Montgelas gegenüber rät auch Rechberg, der von Rastatt aus die gefährlichen Folgen einer Aufhebung noch klarer erkennt, unter demselben Datum dringend ab, diese Maßnahme jetzt durchzuführen. Er weiß von seinem Schwiegervater Goertz, daß Preußen wahrscheinlich in diesem Fall Bayern nicht vor dem Zorn des Zaren zu schützen wagte[28]. Das Versäumnis von Montgelas liegt also nur darin, daß er vergessen hat, Herzog Wilhelm rechtzeitig auf diese neue

[26] *Montgelas-Freyberg* 37 ff. Wie dieser Schritt damals beurteilt wurde, zeigt ein Gespräch, das Lehrbach auf der Durchreise in seinem Münchner Quartier (Haus Stürzer, beim Wein) mit dem österreichischen Legationsrat Hoppe hatte. Ein Agent von Montgelas stand hinter der Türe und zeichnete das Gespräch auf (Niederschrift in MA 1). Hoppe: «Es ist nicht zu begreifen, wie der Kurfürst so etwas hat unternehmen können.» Lehrbach: «Das ist der dumme Kerl, der Birkenfeld. Er sagt aber, er hätte Befehle dazu gehabt.» Lehrbach: «Ich begreife nicht, daß Montgelas das nicht geändert hat. Im Grund ist das Ganze nur eine Spielerei, und die Malteser sind doch nichts mehr.» Hoppe: «Das war ein dummer Streich in dem Augenblick, wo 20 000 Russen an den Toren von Bayern standen.» Lehrbach: «Und man nicht wissen konnte, wo sie hingingen, und da noch weitere kommen sollen, die durch Bayern gehen können.» Hoppe: « Es war der erste coup d'autorité des Kurfürsten, dem Kaiser von Rußland eine Ohrfeige zu geben.» Lehrbach: «Ja, wenn der Kurfürst 30 000 Mann auf den Beinen hätte, dann hätte er sprechen können.» – Das Gespräch war der Münchner Regierung auch deshalb interessant, weil Lehrbach dabei einige der wichtigsten Persönlichkeiten Österreichs völliger Unfähigkeit bezichtigte und weil er Äußerungen zum Rastatter Gesandtenmord machte (dies am 3. Mai), über den er sehr erschrocken war, aus denen die Münchner Regierung zunächst schloß, er habe zumindest den Befehl gegeben, die französischen Gesandten wenn schon nicht zu ermorden, so doch zu verprügeln.

[27] MA 1.

[28] Rechberg an Montgelas, 29. 10. 1798, Egg.

Lage aufmerksam zu machen. Der Sommer und Herbst 1799 vergeht, bis man zuletzt durch die Entsendung Wilhelms nach Petersburg und den Vertrag von Gatschina den Zaren beschwichtigen kann. Seinen Befehl an die russischen Truppen nimmt er allerdings noch rechtzeitig vor ihrem Durchzug durch Bayern zurück, nachdem der Kurfürst die sofortige Wiederherstellung des Malteserordens versprochen hat.

So sind die Anfänge des neuen Kurfürsten und seines außenpolitischen Beraters Montgelas schwierig, und ein gewisses Lehrgeld muß man auch zahlen, trotz der jahrelangen, fein durchdachten Pläne und diplomatischen Vorarbeiten für diesen Tag. Auch im Innern ist die Situation noch nicht gefestigt. Zwar ist nach dem Zeugnis der Zeitgenossen Max Joseph beim Volk ungeheuer beliebt, aber die Stände, seine bisherigen Helfer, werden schnell reserviert, ja feindselig, als sie merken, daß der neue Landesherr und mehr noch sein Berater schroff die Interessen des Staates vertreten und Reformen im Sinn haben, die für den bisher wohlgehüteten Geldbeutel und die Privilegien der Landstände gefährlich zu werden versprechen.

Es dauert etwa bis zum Ende dieses Jahres 1799, bis Montgelas sich im Kreis der anderen Minister eine eindeutige Vorrangstellung gesichert, ja bis er zu deren Mißvergnügen nahezu allein das Ohr des Kurfürsten in politischen Dingen besitzt, so wie es vor dem Regierungsantritt in Bayern, als Montgelas ohne Konkurrenz war, schon der Fall gewesen war. Und noch weitere 1½ Jahre, bis zum Sommer 1801, nach dem Frieden von Lunéville, sind nötig, bis man sich aus dem Zwangsbündnis mit den Österreichern befreit hat und beginnen kann, eine selbständige Außenpolitik zu treiben, «sich ein System zu bilden», wie Montgelas zu sagen pflegt. In der Innenpolitik beginnen allerdings sofort 1799, während des Krieges, durchgreifende Reformen, die später zu einer völligen inneren Umgestaltung des Staates, nach den vor 1799 entworfenen Plänen, führen werden.

30. Montgelas und Herzog Max Joseph, 1796–1799

Zweieinhalb Jahre haben die beiden Persönlichkeiten zusammengearbeitet, als sie jetzt die Leitung Bayerns in die Hand nehmen, der eine als Kurfürst, der andere als Außenminister, der jedoch einen immer beherrschenderen Einfluß auf alle Staatsgeschäfte, auch die der anderen Ministerien bekommt. Ihre Zusammenarbeit ist bereits so gut eingespielt und so fest, daß sie die nächsten stürmischen 18 Jahre überdauern wird. Sie verändert sich zwar, beide Männer wachsen in zunehmend weitere Aufgabenkreise hinein, haben mit einem immer größeren Apparat von Beamten, Diplomaten und Höflingen zu arbeiten und zu verhandeln. Auch unterliegt ihr Verhältnis zueinander gewissen Schwankungen. Wie immer in einer langjährigen Zusammenarbeit zweier Persönlichkeiten gibt es Phasen, in denen der eine, und solche, in denen der andere aktiver hervortritt, gibt es Verstimmungen, Meinungsverschiedenheiten und von Dritten angezettelte Intrigen, die jedoch alle, wenigstens bis 1817, stets wieder überwunden werden.

Schon die Zeit von September 1796, als der im Exil lebende Herzog Max Montgelas nach Ansbach zur Leitung seiner politischen Geschäfte berief, bis zur Übersiedelung nach München im Februar 1799 läßt klar die Denk- und Arbeitsweise beider Männer und die Art ihrer Zusammenarbeit erkennen, umso mehr, als Montgelas während seiner Tätigkeit in Karlsruhe und Rastatt 1798 großenteils schriftlich mit seinem Fürsten verkehrt[1]. Das Zusammenwirken begann sicherlich mit beiderseitigen inneren Reserven: Max hatte bis zum Sommer 1796 anscheinend Montgelas für einen gefährlichen Jakobiner gehalten[2], und Montgelas hatte sich vor 1793, als er noch im Dienst Herzog Karls stand, mehrfach über den Leichtsinn und die Verschwendungen des Herzogs Max erregt, sowie darüber, daß man ihm zu viel Geld gäbe[3]. Doch sehr rasch verläßt sich Max in politischen Dingen vollständig auf Montgelas, läßt sich von ihm seine gesamte politische Korrespondenz führen und sich durch Memoranden, abgekürzte Extrakte daraus und ‹Merkzettel› auf politische Gespräche vorbereiten, die mit zunehmender Zeit besser und planmäßiger ablaufen als die ersten Versuche in Berlin um die Wende 1796/97. Persönliches Vertrauen entwickelt sich bald, «mon cher ami», «mon bon ami» tituliert der Herzog Montgelas oft in seinen Briefen.

Die Beurteilung Max Josephs, auch in seiner Kurfürsten- und Königszeit, weist eine breite Skala auf, von der fast irrationalen Verherrlichung seiner Leistungen und Fähigkeiten in dem im übrigen verdienstvollen Buch von Zwehls[4] bis zu der Meinung Nesselrodes bei Max' Besuch in Berlin 1796/97, der Herzog sei nur eine

[1] Berichte von Montgelas an den Herzog von Mai bis Dezember 1798 und einige Antworten des letzteren: MA 1. Die Entwürfe zu denjenigen Schreiben, die nicht Montgelas selbst, sondern dessen Sekretär Gravenreuth ins reine geschrieben hat, befinden sich in K. s. 7796. Die ebenfalls eigenhändigen Schreiben des Herzogs an Montgelas aus dieser Zeit, soweit nicht in MA 1, liegen in Schloß Egglkofen, wo ich sie benützt habe. Photokopien befinden sich im Geheimen Hausarchiv.

[2] *Adalbert* 294 f. – Aufzeichnungen Gravenreuths s. oben Kap. 18 Anm. 86.

[3] Z. B. in Briefen an Seinsheim vom 5. 3. und 30. 4. 89, Egg.

[4] Hans Karl von *Zwehl,* Der Kampf um Bayern, 1805, I: Der Abschluß der bayerisch-französischen Allianz, München 1937. Zwehl sucht Max Joseph und Gravenreuth auf Kosten von Montgelas ‹aufzubauen›.

‹Maske› und der Auffassung zahlreicher Diplomaten, darunter Österreicher, die sicher nicht Montgelas damit aufwerten wollten, und Franzosen, Max sei ein schwacher Charakter, nach Fähigkeiten, Wissen und Leistung eine ‹Null›. Allerdings wurden solche harten Urteile bei näherem Kennenlernen des Fürsten in der Regel zumindest stark gemildert. In einem sind sich die Gesandtschaftsberichte während seiner ganzen Regierungszeit, vor allem aber bis etwa 1809 einig, daß er leichtfertig rede, daß man ihm durch provozierende Fragen, wenn man ihn allein zu fassen bekomme, oft die Geheimnisse entlocken könne, die Montgelas planmäßig verschweige. Doch auch diese Rechnung ging keineswegs immer auf; nicht selten, gerade in entscheidenden Situationen wie vor dem Umschwung der Bündnisse 1805 und 1813 führte Max seine Gesprächspartner, erfahrene Diplomaten, geschickt hinters Licht, indem er scheinbar zwanglos über alles plauderte, aber das einzig Wichtige verschwieg. Überhaupt verbarg seine Jovialität, seine Kunst, mit Personen jeden Standes den richtigen Ton zu finden und mit gewinnender Offenheit und Herzlichkeit zu plaudern und Anekdoten zu erzählen, ein erhebliches Maß an politischer List und Berechnung. Dieser Fürst verstand durchaus, zu befehlen, er wußte, was er wollte, und wenn man ihn einmal von der Richtigkeit einer politischen Konzeption überzeugt hatte, so vertrat er sie auch, oft mit temperamentvoller Leidenschaft.

Dieser einst genußfreudige, leichtsinnige und bis über die Ohren verschuldete Kavalier und französische Obrist des Ancien Régime, im Geist der französischen Aufklärung und Sprache erzogen, wie so viele Fürsten seiner Zeit Freimaurer, nicht zum Herrscher vorgebildet, allein in militärischen Dingen erfahren, ohne indessen strategische Talente zu entwickeln, bei allem Leichtsinn eine gütige, etwas ängstliche Natur, von allen, die ihn kannten, als höchst mittelmäßig beurteilt, machte seit seinem Aufstieg zum Herzog des bereits verlorengegangenen Herzogtums Zweibrücken 1795 und erst recht seit dem Antritt der Kurwürde 1799 eine fortschreitende Wandlung zu einem beliebten, verantwortungsbewußten Fürsten, Landes- und Familienvater durch.

Als zweiter Sohn eines jüngeren Bruders, eines Herzogs von Zweibrücken – sein Vater Pfalzgraf Friedrich Michael war Reichsgeneralfeldmarschall, seine Mutter hat er kaum gekannt – geboren, war ihm keineswegs an der Wiege gesungen, daß er einstmals Monarch des drittgrößten deutschen Staates würde. Seine lebensvolle, sympathische und objektive Biographie – weit entfernt von aller tendenziösen Familienhistoriographie – verdanken wir seinem Nachkommen, dem Historiker Adalbert Prinz von Bayern[5]. Die Stärken dieses Fürsten scheinen vor allem in vier Eigenschaften zu liegen, die er sich wahrscheinlich man-

[5] Max I. Joseph von Bayern, Pfalzgraf, Kurfürst und König, München 1957.

gels einer eigentlich ‹prinzlichen› Ausbildung klarer und unverfälschter bewahren konnte: 1. Er besitzt einen sicheren politischen Instinkt, der ihn die Lage realistisch, ja mit ‹Bauernschläue› einschätzen läßt; und 2. eine gewisse Aufgeschlossenheit für die politischen und sozialen Veränderungen der Zeit, verbunden mit persönlicher Kenntnis der Not, die er als landloser Flüchtling von 1789 (Flucht aus dem Elsaß) über 1792/93 (Flucht aus Zweibrücken) bis 1799 kennengelernt hat. Während er Ende Februar 1799 in München die Regierungsgeschäfte aufnimmt, weiß er seine Familie in Mannheim in der Kriegszone in unmittelbarer Gefahr. Am 1. März um Mitternacht, als die Franzosen über den Rhein dringen, werden seine Kinder im letzten Moment nach Heidelberg, und dann nach München gebracht[6]. Auch schon früher hat er mit seiner Familie ähnliche Situationen erlebt[7], und als Kurfürst und König muß er noch dreimal mit Familie, Hof und Regierung vor der Invasion feindlicher Armeen fliehen. Seine Stärke liegt 3. in der Fähigkeit, trotz eines hochentwickelten fürstlichen Selbstbewußtseins sich beraten zu lassen und sich gutbegründeten Vorschlägen der von ihm mit Menschenkenntnis ausgewählten Berater – wenn auch manchmal widerstrebend – zu fügen. Er ist nicht wie sein Sohn Ludwig I. der Meinung, daß er persönlich um jeden Preis unabhängig vom Rat erfahrener und für ihre Aufgabe vorgebildeter Mitarbeiter entscheiden müßte. Vielleicht ist dies ein Hauptgrund, warum der stärkere und selbständigere Ludwig I. politisch letztlich scheiterte, im Gegensatz zu seinem Vater. Schließlich 4. war Max Joseph mit einem außerordentlichen persönlichen Charme begabt und verstand es, mit den einfachen Menschen in ihrer eigenen Sprache zu reden – es stört ihn und seine Gesprächspartner bei seinen Besuchen auf der Münchner Schranne und auf dem Truppenübungsplatz auch keineswegs, daß er als in Frankreich aufgewachsener Pfälzer nicht den altbayerischen Dialekt beherrscht; man versteht sich bestens. Diese Kontaktfähigkeit und diese Beliebtheit beim Volke ist wohl die wichtigste Gabe, die er Montgelas voraushat. Die Popularität dieses Herrschers bei der einfachen Bevölkerung – die bei den oberen Ständen verliert er rasch wegen seiner Reformen – ist ein Aktivposten, der in dieser schwierigen Zeit, in der die Dinge oft auf ‹Spitze und Knopf› stehen, gar nicht hoch genug zu bewerten ist. In den ersten Jahren drohte die Gefahr der Revolution von seiten der Jakobiner, aber auch von seiten Österreichs, das sich

[6] Ebd. 357 f.

[7] Vgl. seinen eigenhändigen Brief aus Mannheim an Karl Theodor vom 23. 5. 1795, in dem er mitteilt, die Franzosen würden in den nächsten Tagen Mannheim erstürmen oder in Schutt und Asche schießen, er, Max, könne jedoch seine Frau, die vor der Entbindung stehe, nicht aus der Stadt transportieren. Doch sei nicht dies der Grund, warum er ihm einen Sondergesandten schicke, sondern die gefährliche Situation für alle pfalzbayerischen Staaten (K. bl. 427/33/1).

der Unzufriedenheit des Volkes über die Säkularisation und der Stände über die Beschneidung ihrer Privilegien bedienen konnte.

Seit 1809 besteht die Gefahr einer antifranzösischen Erhebung, die Napoleon Anlaß zum Eingreifen in die inneren Verhältnisse Bayerns geben könnte. Schließlich muß man angesichts der gewaltigen Opfer und Lasten der Bevölkerung während der Kriege von 1799–1801, 1805, 1806/07, 1809 und 1812/15 und der längeren Besatzung durch fremde Heere damit rechnen, daß die Bauern und Soldaten einfach nicht mehr mitmachen wollen. Die Lage und die Stimmung des Volkes und andererseits die Beliebtheit des Kurfürsten sind Faktoren, die in den Erwägungen und Sorgen der Regierung, auch von Montgelas, eine erhebliche Rolle spielen. Hinzukommt die Aufgabe der Gewinnung der Neubayern, die über die Hälfte der Bevölkerung des Königreichs ausmachen. Überhaupt ist es ein Irrtum, der durch das Studium der Quellen zu widerlegen ist, wenn man glaubt, die Regierungen dieses staatsrechtlich noch immer absolutistischen Zeitalters, ja auch schon die Staatsmänner des 18. und selbst des 17. Jahrhunderts, hätten keine Rücksicht auf die von den höheren Ständen gebildete ‹öffentliche Meinung› (der Ausdruck ‹opinion publique› kommt auch bei Montgelas häufig vor), aber auch auf die Situation und Stimmung des Volkes, der Bürger, Bauern und Soldaten nehmen müssen. Auch die genauen Polizeiberichte über die Volksstimmung beweisen das.

Diesen Vorzügen Max Josephs stehen seine Schwächen gegenüber. Er hat eine rasche Auffassungsgabe, ist zwar nicht belesen, doch intelligent, spricht und schreibt ein besseres Französisch als die meisten deutschen Fürsten seiner Zeit, hat einen kritischen gesunden Menschenverstand, aber er hat ein kurzes Gedächtnis für die Details, kann sich nicht lang konzentrieren, ist in den Staatsgeschäften und der Diplomatie nicht bewandert, läßt sich durch ungeprüfte wichtigtuerische Mitteilungen oder Vorschläge imponieren, ist wankelmütig und beeinflußbar, beschäftigt sich sehr viel mit Nebensächlichkeiten und scheint manchmal das wirklich Wichtige gar nicht recht zu erkennen oder es, wenn es ihm unangenehm ist, zunächst einmal, so lang es geht, beiseitezuschieben. Es fehlt ihm ‹der lange Atem›, die Bildung und Umsicht, um ein fundiertes größeres Schreiben abzufassen[8]. Max spricht in amtlichen Schreiben politischen Inhalts nur mit den Worten

[8] Bei der Durchsicht vieler Hunderter von Akten bin ich auf kein einziges Schriftstück politischen Inhalts gestoßen, das Max Joseph selbst verfaßt hätte, von Familienkorrespondenzen (wie sie Prinz Adalbert häufig zitiert) und von kurzen Mitteilungen und Befehlen an seine Minister abgesehen. Für fast alle Briefe politischen Inhalts aus der hier behandelten Zeit, die Prinz *Adalbert,* Max I. Joseph von Bayern, 313–332, nach den in den Empfängerarchiven (Tegernsee, Bayer. Gesandtschaft Berlin im Geheimen Staatsarchiv) zitiert, manchmal mit Beifügungen wie: «ein schönes Zeugnis seiner»

von Montgelas. Dieser versteht es meisterhaft, den Ton der Schreiben je nach dem Empfänger zu nüancieren, ob es sich um einen fremden Monarchen oder Staatsmann, einen Verwandten, etwa den ihm feindlichen Karl Theodor oder den ihm verbundenen Herzog Wilhelm, ob es sich um einen seiner eigenen Gesandten, einen Beamten oder einen Privatmann handelt. Wo es am Platze ist, also etwa in Weisungen an Gesandte, trifft Montgelas auch ausgezeichnet den natürlichen, freimütigen und jovialen Ton, die Kürze der Formulierungen seines Herzogs[9]. Max selbst verändert an den vielen Entwürfen von Briefen, Noten und Weisungen an die Gesandten, die ihm Montgelas fast täglich vorlegt, in dieser Zeit praktisch überhaupt nichts, auch später verändert er Entwürfe kaum. Daß er sie liest, zeigen andererseits gelegentliche formale Bemerkungen, wenn etwa die Nummern der Paragraphen springen, selten korrigiert er auch einmal etwas an der sprachlichen Form, der Inhalt bleibt jedoch immer stehen. Er ist auch, besonders in der Herzogszeit, ein gelehriger Schüler von Montgelas und ist nicht zu selbstbewußt und eitel, diesen vor überraschenden Besprechungen um, wenn man so sagen darf, ‹Instruktionen› zu bitten. So fügt er am 8. 10. 1798 (Rohrbach) der Mitteilung, daß morgen der Intendant Dalberg, der ihn für neue Tauschpläne gewinnen soll, bei ihm dinieren werde, den Satz bei: «Si vous croyez que j'ai quelque chose à lui dire dont je pourrais n'avoir pas saisi l'utilité, envoyez-moi un palefrenier à Schwetzingen à la maison du jardinier Sckell»[10]. Oder als ihn der Bruder des Münchner Finanzfachmannes Frhr. von Stengel, eines späteren Referendärs in der Regierung Montgelas, der aber damals noch der Zwischenträgereien zwischen Karl Theodor, Hompesch, Törring und Max verdächtig ist, in Mannheim besucht und nach seiner Meinung über die Aufhebung der bayerischen Klöster befragt, weicht Max vorsichtig aus. Da Montgelas nicht am Ort ist, verweist der Herzog

(d. h. Max') «Gesinnung und seiner Zukunftsabsichten» (323), konnte ich in den Absenderarchiven (Geh. Staatsarchiv Bestände Kasten blau und MA III) die durch den Herzog nicht veränderten Entwürfe von der Hand Montgelas' feststellen. Dies zeigt einerseits den überragenden Einfluß von Montgelas auf den Herzog und seine politische Tätigkeit, andererseits aber auch Großzügigkeit, Selbstbescheidung und Vertrauen auf seiten des Herzogs. Natürlich ist in jeder Verwaltung die große Mehrzahl der Briefe, die ein Chef unterzeichnet, von Referenten verfaßt, das war auch damals so, auch Montgelas als Minister hat natürlich auf diese Weise die Arbeit delegiert. Jedoch hat er politisch, vor allem außenpolitisch entscheidende Schreiben und Denkschriften stets selbst verfaßt.

[9] Vgl. z. B. die Zitate oben S. 314, 363, 371. Viele Beispiele in den Akten K. bl. 196/5 d (z. B. 22. 1. und 10. 2. 98) und K. bl. 196/5c (12. 12. 97).

[10] Der Gärtner ist Friedrich Ludwig Sckell, der später in München den Englischen Garten und den Park von Schloß Nymphenburg als Landschaftsgärten anlegen wird. Der Brief in Egg.

Stengel einfach an den zweibrückischen Beauftragten in München, Kaeser, von dem er weiß, daß er genaue Instruktionen von ihm, Max, das heißt in Wirklichkeit, von Montgelas, hat[11].

Dieses 21 Jahre währende Vertrauen in den Minister, dessen Fähigkeiten er früh erkannt hat, an den er gewöhnt ist, über den er manchmal laut schimpft und von dessen politischen Fähigkeiten er sich doch immer wieder überzeugt, ist sicher nicht als Schwäche, sondern als eine hohe herrscherliche Qualität zu werten, eine weise Selbstbescheidung und Zurückstellung eigener Eitelkeit und Abwehr aller Intrigen und Einflüsterungen, auch von der eigenen Familie. Solche Fälle von Zusammenarbeit zwischen Monarch und Minister, zu denen, natürlich in größerem Rahmen und unter anderen Einzelumständen, auch etwa die Ludwigs XIII. von Frankreich und Richelieus, Maria Theresias und Kaunitz', Franz I. und dann Ferdinands I. und Metternichs, Wilhelms I. und Bismarcks, gehören, haben zu den günstigsten Konstellationen geführt, die in der monarchischen Staatsform überhaupt möglich sind. Einen anderen erfolgreichen Typ, den des allein regierenden hochbefähigten absoluten Herrschers, verkörpert als einer der letzten Fürsten Max Josephs Zeitgenosse Friedrich von Württemberg. Die Akten in den Staatsarchiven von München und Stuttgart lassen diesen Unterschied erkennen.

In München geht die Initiative zu neuen außen- und innenpolitischen Maßnahmen stets ‹von unten nach oben›, von Montgelas (der natürlich nach 1799 nicht selten durch seine Diplomaten oder Referendäre hierzu inspiriert wird) an den Fürsten. Der Minister liefert auch die fertigen Entwürfe dazu oder läßt sie (seit 1799) in minder wichtigen außenpolitischen oder in innenpolitischen Gegenständen durch andere ausarbeiten, um sie dann – oft mit eigenen Korrekturen – dem Monarchen vorzulegen. Anders in Stuttgart: Dort kommen die Initiativen, die Befehle und die schon ausgefeilten und durchdachten Instruktionen in wichtigen Gegenständen eigenhändig von Herzog (Kurfürst, König) Friedrich; die Minister sind mehr oder weniger Exekutiv- und Hilfs-Organe und können daher ohne größeren Schaden öfters wechseln[12]. Dies ist der Regierungstyp, wie ihn Friedrich der Große, vor allem in den ersten Jahrzehnten seiner Regierung, ver-

[11] Max an Mo., Mannheim 21. 12. 98, wie all diese Briefe eigenh. Egg. – Der einzige Fall eines entschiedenen Widerspruchs von Max in dieser Zeit betrifft einen Punkt, in dem Montgelas seine Unkenntnis von militärischen Dingen und von der Mentalität der Soldaten bewiesen hatte: Mo. an Max, 8. 10. 98, MA 1, darauf die Antwort von Max: Rohrbach, 8. 10. 98, Egg. Montgelas tadelt darauf verärgert den Herzog wegen einer Indiskretion: Karlsruhe, 17. 10. 98, MA 1.

[12] E. *Hölzle*, Das alte Recht und die Revolution ..., München 1931; Ders., Württemberg im Zeitalter Napoleons und der deutschen Erhebung, Stuttgart 1937. – Die erwähnte grundsätzliche Beobachtung habe ich bei Untersuchungen zur Rheinbundzeit gemacht.

körpert hat. Auch Karl Friedrich von Baden hat, wenn gleich mehr auf Mitarbeiter gestützt, ein ähnliches Gewicht gehabt[13]. Vielleicht war diese Art zu regieren um die Jahrhundertwende nur noch in einem verhältnismäßig kleinen Staat wie Württemberg und hier bei einem zwar genialen, aber rücksichtslosen, ja brutalen Fürsten möglich. Im großen Rahmen Frankreichs konnte nicht einmal Napoleon – der allerdings auch schon durch seine vielen Feldzüge nicht kontinuierlich in Paris regieren konnte – ohne aktive und erfahrene Minister auskommen. Auch selbsttätige und fähige Monarchen des 19. Jahrhunderts wie Ludwig I. und Max II. in Bayern und König Johann von Sachsen[14] konnten den persönlichen Regierungsstil des aufgeklärten Absolutismus nicht mehr, auch nicht in einer durch die fortschreitende Verfassungsentwicklung modifizierten Form, fortsetzen, wenn es Ludwig I. auch versuchte. Die innen- und außenpolitischen Verhältnisse waren zu kompliziert geworden.

Montgelas' Briefe an den Herzog sind geschliffen, höflich ohne Schwulst und Unterwürfigkeit, wie ja der französische Stil selbst in der Zeit des Ancien Régime, auch im Verkehr mit Fürsten, viel objektiver und moderner wirkt als der mit barocken Schnörkeln und Bezeugungen der Untertänigkeit überladene deutsche. Allein schon die Anrede über Briefen an einen Fürsten! Im Französischen genügte das eine Wort ‹Monseigneur›, im Deutschen mußte man mindestens schreiben ‹Durchlauchtigster Fürst, gnädigster Herr! Herr!› Montgelas war stets ein Meister der Form, der Nuance; er gibt dem Fürsten, was des Fürsten ist, verachtet Formlosigkeit, aber er spricht trotzdem klar, energisch, selbstbewußt[15]. Einst hatte er den Grundsatz formuliert: «Man muß der Empfindlichkeit der Leute in höheren Stellungen in den geringfügigsten Dingen Rechnung tragen. Dies verleiht manchmal das Recht, ihnen wichtige Wahrheiten in den großen Angelegenheiten offen zu sagen»[16]. Hiernach handelt er auch gegenüber seinem Herzog, allerdings ist seine Stellung soviel gewichtiger und gefestigter als 1788 bei Herzog Karl, daß er dem Herzog auch in kleinen, nicht nur in großen Dingen, seine Meinung sagt. Seine Berichte enthalten bei aller Geschliffenheit und Höflichkeit oft kleine, nicht sehr versteckte Rügen oder Ermahnungen an seinen Serenissimus. Wie schon nach seiner vorschnellen Abreise von Berlin im Januar 1797, so tadelte er ihn auch, weil er nach der Konferenz in München im Mai 1798 den gleichen Fehler gemacht hat[17].

[13] Vgl. Karl Friedrich von Baden, Politische Correspondenz 1783–1806, hg. von K. *Obser* und B. *Erdmannsdorfer*, 6 Bde., Heidelberg 1888–1915.

[14] H. *Kretschmar*, Die Zeit König Johanns von Sachsen, 1854–1873, Berlin 1960; ders. Lebenserinnerungen des Königs Johann von Sachsen ..., Göttingen 1958.

[15] Über seine Auffassung von diesen Dingen s. oben Kap. 13.

[16] An Seinsheim, 12. 2. 1788, Egg.

[17] S. oben Kap. 27 c.

Max hätte besser getan, Herzog Wilhelm länger in Wien zu lassen, wo er noch viel hätte erfahren können, anstatt ihn voreilig zurückzuberufen[18]. Er ruft den Herzog indirekt zur Aufmerksamkeit für die politischen Geschäfte[19], ermahnt ihn, nicht über vertrauliche Nachrichten zu sprechen, die er, Montgelas, ihm sendet, was anscheinend öfters vorgekommen ist[20], warnt ihn vor zuviel Vertrauensseligkeit gegen den an seinem Hofe befindlichen General Heymann, der immerhin auch seinem Herrn, dem König von Preußen, dienen müsse[21]. Meistens erteilt er solche Ermahnungen nach dem Schema: Ein so pflichtbewußter Fürst wie Sie wird es ohne Zweifel, wie auch bisher, nicht versäumen, zu ... Manchmal wird er aber auch direkter[21]. Entschieden tritt Montgelas beim Herzog dafür ein, daß er mehr für die Bezahlung der rückständigen Gehälter seiner Gesandten tut, wobei er öfters den Vorwurf einfließen läßt, stattdessen unterstütze Max unwürdige und ihm ganz fernstehende Bittsteller. Er beklagt sich dabei auch, daß er, der doch so oft Geld für den Herzog beschaffen soll[22] seit Mai 1797 nicht mehr von der herzoglichen Comptabilité habe sprechen hören[23]. Auf wiederholte Bitten Cettos, der in Paris mit seiner Familie ohne Mittel ist, stellt Montgelas dem Herzog in mehreren Berichten dessen Lage dar. Als nichts erfolgt, wird er sehr deutlich: «Ich empfehle nochmals der Aufmerksamkeit Euerer Durchlaucht den Zustand der Mittellosigkeit, in dem man die Gesandtschaft in Paris läßt. Sie beschäftigen sich mit der Gesamtheit Ihrer Angelegenheiten, Sie wissen um den Zusammenhang der Dinge. Sie können nicht die Bedeutung dieser Gesandtschaft verkennen, gegenwärtig und noch viel mehr, wenn eine sehr wahrscheinliche Hypothese sich plötzlich verwirklichen sollte ... Das Pflaster von Paris ist teuer. Man ist zu gewissen Ausgaben verpflichtet, wenn man geachtet bleiben und nicht in Verruf kommen will. Wenn man findet, daß dies zu teuer sei, so soll man es sagen, wenn man etwas zu den Abrechnungen zu bemerken hat, so soll man es tun. Aber einen diplomatischen Vertreter im fremden Land ohne Antwort und ohne Geld sitzen zu lassen, scheint mir ebenso im Widerspruch zur Würde Euerer Durchlaucht wie zum Interesse des Dienstes zu stehen ...»[24]. Ebenso bemerkt er zu einer Abrechnung Gravenreuths für Montgelas und diesen, seinen damaligen Sekretär, in Karlsruhe, er bäte, zu bedenken, daß sie nur 3 Gulden für zwei Personen pro Tag in

[18] Mo. an Max 30. 5. 98, MA 1.

[19] 18. 6., 8. 7. 98 ebd.

[20] MA 1.

[21] 29. 12. 98 ebd. z. B. 14. 6. 98, 20. 6. 98 ebd.

[22] Zuletzt z. B. für eine Reise nach Berlin, die dann nicht zustandekommt: Max an Mo. 23. 6. 98, Egg. – Mo. an Max, 26. 7. 98, MA 1.

[23] Mo. an Max 10. 12. 98, MA 1.

[24] 1. 1. 99, Post scriptum, MA 1, vorher schon 17. 10. 98 II ebd. und 28. 3. 97, K. bl. 427/5/27.

Rechnung stellten, während der Herzog seinen Dienern in Mannheim «einen dicken Taler pro Tag» zahlte[25].

Solche Kritik und solche Warnungen gegenüber dem Herzog scheinen einen ernsteren Hintergrund zu haben: Montgelas, Cetto und Rechberg sind sich offenbar noch nicht sicher, ob nicht Max, wenn er erst Kurfürst von Bayern sein wird, ebenso schlecht regieren wird wie Karl Theodor mit Verschwendungen, Schulden, Tatenscheu, Vernachlässigung seiner Beamten und seiner Verwaltung, Beeinflußbarkeit zugunsten Österreichs, Günstlingswirtschaft und Zugänglichkeit gegenüber Intrigen. Cetto teilt in einem Privatbrief verschlüsselt seine Besorgnisse darüber Montgelas mit. Auch Talleyrand habe sich ihm gegenüber in dieser Richtung geäußert. Es ist dringend notwendig, den Herzog zur Sparsamkeit, zur Ordnung in seinen Einnahmen und Ausgaben zu veranlassen. Cetto erinnert an den Brauch der Spartaner, diejenigen Neugeborenen, die nicht von so robuster Gesundheit schienen, daß sie für das Vaterland kämpfen könnten, zu töten. «Nach der gegenwärtigen Lage der Dinge werden Sie es erleben, daß die Regierungen (der Großmächte) ihrer gemeinsamen Sicherheit diejenigen Staaten opfern werden, die weder die Kraft noch die innere Ordnung aufbringen, um mit ihnen zusammen wirksam gegen den gemeinsamen Feind zu kämpfen. Außerdem wird ein unordentlicher und vernachlässigter Staat zur Beute innerer Gegner wie ein Leichnam zu der der Würmer, Ich beschwöre Sie, mein lieber Freund, diese Überzeugung bei jeder Gelegenheit zu bekennen. Ich weiß, daß sie darüber denken wie ich. Das Wesentliche ist, die Grundsätze auch zur Anwendung zu bringen»[26]. In einem weiteren persönlichen Schreiben schildert Cetto Montgelas seine mißliche Lage in Paris, beklagt sich darüber, daß der Herzog an Salabert, jetzt unbeschäftigter Höfling und Gesellschafter bei Max, 11 000 fl. jährlich – die im Gegensatz zu den anderen Gehältern auch tatsächlich ausgezahlt werden – verschwendet. Darüber hat Montgelas auch Gravenreuth seine Empörung ausgedrückt, weshalb Gravenreuth in seinen Erinnerungen Montgelas als böse und mißgünstig bezeichnet. Sodann kritisiert Cetto in schärfsten Worten die reaktionäre und blinde Haltung, die «unbegreifliche Verblendung» des deutschen Adels, die sich auf die Politik der deutschen Kabinette auswirke. Ausgehend von der Behandlung, die man Bernadotte in Wien zuteil werden läßt, und deren Eindruck auf die französische Regierung bemerkt Cetto: «Urteilen Sie selbst über die Wirkung, die solche Dummheiten ausüben müssen auf Heißsporne, die ihr schlechtes Gewissen oft mißtrauisch macht und die ein vielfach übertriebenes Bewußtsein

[25] 8. 10. 98, MA 1. Eine Anspielung, daß Max die fremdesten Bittsteller gut bedenkt: 25. 6. 98, ebd.

[26] Cetto an Mo., 6. 5. 98, hier übersetzt, Egg.

ihrer Stärke haben ... und die selten getadelt werden für Unheil, das sie aus übertriebenem Patriotismus und Republikanismus anrichten ...»[27].

Seine Sorgen über die Zukunft Bayerns unter Max wiederholt Cetto nochmals in einem Privatbrief, den er durch einen Freund (Luxburg) Montgelas aushändigen läßt. Es kann kaum von jemand anderem als vom Herzog die Rede sein, wenn Cetto schreibt: «Ich komme auf das Porträt zurück, das Sie in dem von dem jungen Seligmann überbrachten Brief gezeichnet haben. Dieses Porträt hat mich nicht erstaunt. Aber es macht mich traurig angesichts des Jahrhunderts, in dem wir leben und das mehr erfordert als dies im Interesse des Friedens und des allgemeinen Glücks. Ich sehe täglich, daß nicht viel Begabung dazu gehört, Fürst zu sein (de régner). Die große Kunst ist regieren zu können (savoir gouverner). Es scheint mir, daß selbst Leute von Geist diesen Unterschied nicht immer voll erfassen. Daher kommt es, daß man nicht genügend die Männer schätzt, welche die eigentliche Arbeit leisten und stattdessen von ferne, geblendet durch das gleißende Äußere, das nur das Ergebnis eines Mißbrauchs mit den eigenen Mitteln ist, wahrhaft mittelmäßige Leute bewundert, so als ob das, was sie tun, das Resultat tiefgründiger Überlegungen wäre. Es gibt robuste (staatliche) Organismen, die sich trotz solcher Erfahrungen lange halten. Aber der Staat, den wir eines Tages zu führen haben, erfordert es, mit Methode behandelt zu werden, und es bereitet mir Schmerz, zu erfahren, daß wir» (gemeint ist offensichtlich Max Joseph) «uns nicht auf diesen langsamen und schwierigen Weg vorbereiten. Diese Überlegungen, mein lieber Freund, machen mir die Bedeutung dessen deutlich, was Sie mir im vergangenen Winter bezüglich der Notwendigkeit mitgeteilt haben, daß wir beide uns Gedanken über unser zukünftiges Schicksal machen sollten»[28].

Beide Männer waren sich also im Sommer 1798 noch nicht völlig klar, wie sich Max weiterentwickeln würde, ob er seiner Aufgabe bei der künftigen Regierung und Erneuerung Bayerns gewachsen sein würde, oder ob er in die politische Untätigkeit, die reaktionäre Stagnation und die Verschwendungen Karl Theodors zurückfallen würde.

In der Tat machte Max Joseph im Anfang seiner Kurfürstenzeit noch eine starke Wandlung durch. Zwar wollte ihm das Sparen an seiner Hofhaltung trotz bester und ehrlicher Vorsätze und obwohl er sich mit Geduld, fast mit Demut im Staatsrat die Mahnungen der Minister und Referendäre anhörte, nie gelingen. Auch Montgelas war nie ein Freund und Meister des Sparens. Aber während Montgelas 1799 als Politiker und Persönlichkeit längst seine endgültige Form gefunden hatte, wuchs Max Joseph seit 1799 als Monarch deutlich mit seiner Aufgabe.

[27] Cetto an Mo., 7. 7. 98, Egg.
[28] Cetto an Mo., 17. 7. 98, Egg.

Mit Max Joseph war, sofern man ihm das Gefühl ließ, die Entscheidungen selbst zu treffen – was Montgelas meisterhaft verstand – gut zusammenzuarbeiten. Er behandelte trotz gelegentlicher Anfälle von schlechter Laune seine Mitarbeiter ebenso wie alle anderen Untergebenen menschlich, während Friedrich von Württemberg im Zorn sogar Minister ohrfeigte[29]. Max versuchte auch nicht, seinen Ministern laufend in kleinlicher Weise in ihre Arbeit hineinzureden und machte ihnen nicht durch ständiges Mißtrauen das Leben sauer, wie es etwa Franz I. und noch stärker Friedrich Wilhelm III. tat, den Stein wegen seiner Unfähigkeit und Kleinlichkeit verachtete und haßte. Gefühle des Hasses gegen seinen Fürsten bzw. Monarchen sind in keiner privaten Äußerung von Montgelas, auch nicht in den Briefen nach seinem Sturz von 1817 und in dem erst für die Nachwelt bestimmten Teil seiner Memoiren festzustellen. Gelegentliche Verachtung klingt schon öfters bei einem so kritischen, zum Sarkasmus aufgelegten Manne wie Montgelas an, aber dies entspringt wohl vielmehr momentaner Enttäuschung und Verärgerung. Auf die Dauer äußert er sich stets loyal und anerkennend über diesen Fürsten, mit dem er 21 Jahre zusammengearbeitet hat. Allerdings will Max Joseph von allem Kenntnis nehmen: Hunderttausende, zum Teil völlig unwichtiger Schreiben, etwa Erteilungen von Pässen oder Auswanderungsgenehmigungen, Unterstützungen usw. sind von ihm und Montgelas abgezeichnet. Schon allein die riesige Menge dieser Unterschriften, die Max in der Regel nach dem Durchlesen der Schriftstücke leistete, widerlegt die auf den Ritter von Lang und Perthes[30] zurückgehende Ansicht von seiner Untätigkeit. Namentlich in den ersten beiden Jahren seiner Regierung in Bayern 1799–1801, hat Max Joseph eine Zeit starker persönlicher Aktivität.

Montgelas hat es jetzt etwas schwerer, ihn immer auf der Linie seiner Politik zu halten; mehr berufene und unberufene Ratgeber drängen sich um den Kurfürsten als vorher um den landlosen Herzog von Zweibrücken und versuchen, die Ratschläge von Montgelas zu durchkreuzen. Diesem gelingt es jedoch immer wieder, seinen Fürsten zu überzeugen. Er tut dies merkwürdigerweise mit Vorliebe schriftlich, aus der Ferne. Montgelas scheint stets bestrebt gewesen zu sein, nicht zur alltäglichen Umgebung des Fürsten zu gehören und sich nicht als Hofschranze und Gesellschafter beim abendlichen Kartenspiel oder als Unterhalter bei der Tafel mit irgendwelchen zufälligen Gästen verbrauchen zu lassen. Er präsentiert sich bei seinem Fürsten nur zu wichtigen Arbeitsbesprechungen und hält sich sonst stets abseits von der alltäglichen Hofgesellschaft. Er weiß, daß er hierdurch höher

[29] Dies berichtet Montgelas entrüstet seinem Herzog, 25. 10. 99, MA 1, dort auch Kritik an Friedrich, weil er die Hilfe der Österreicher gegen seine Stände anfordert.

[30] C. T. *Perthes*, Politische Zustände und Personen in Deutschland zur Zeit der französ. Herrschaft, I, Gotha 1862, 445–449.

im Kurs steht; außerdem liebt er seine Freiheit und sein Privatleben. Als Minister führt er selbst ein offenes Haus und lädt sich Leute ein, die ihn interessieren und von denen er Wesentliches erfahren kann, darunter, neben fremden und eigenen Diplomaten, auch häufig bürgerliche Wissenschaftler und Künstler.

Während eines großen Teiles der zweieinhalb Jahre, von Herbst 1796 bis Februar 1799, in denen Montgelas die Politik des Herzogs Max Joseph leitete, hielt er sich nicht an dessen Hof in Rohrbach, sondern in Mannheim und von Mai bis Dezember 1798 (abgesehen von den gemeinsamen Reisen) in Karlsruhe und Rastatt auf. Die Gründe hierfür waren, wie wir sahen, in erster Linie politischer Natur. Anfang November 1798 hatte der Herzog, ungeduldig wie später während des langen Aufenthalts von Montgelas in Paris 1810, diesen aufgefordert, endlich Karlsruhe zu verlassen und nach Rohrbach zu kommen[31]. Auch Cetto bezeichnete es in einem Privatbrief an Montgelas[32] als unverantwortlich im Interesse der gemeinsamen Politik, daß Montgelas sich so lange in Karlsruhe aufhielt, statt beim Herzog zu sein. Dennoch hatte Montgelas seinen Aufenthalt noch verlängert und dann mit der geglückten Einflußnahme auf die bayerische Delegation in Rastatt bei der entscheidenden Abstimmung über die Entschädigungen vom 9. 12. 1798 voll rechtfertigen können[33]. Neben den politischen Gründen, dem Rastatter Kongreß, spielte die Liebe zu einer Dame der Karlsruher Hofgesellschaft eine Rolle dafür, daß Montgelas sich dort so wohl fühlte[34]. Schließlich war der Aufenthalt aber Montgelas auch einfach deshalb willkommen, weil er ihm den Freiheitsspielraum abseits vom Hof des eigenen Herzogs und eine stärkere Entfaltung der Eigeninitiative erlaubte. Auch sein späterer normaler Aufenthalt als Minister auf seinem Landsitz Bogenhausen, während der König in der Residenz oder in Nymphenburg weilte, entsprang diesem Bedürfnis.

Auch aus der Entfernung gelang es ihm stets, den Herzog auf seinem politischen Kurs zu halten. Die zahlreichen Denkschriften und die weit über tausend zum Teil umfangreichen Weisungen an die zweibrückischen Vertreter in München, Regensburg, Berlin, Paris, Rastatt und die Korrespondenzen mit Herzog Wilhelm und fremden Fürsten und Staatsmännern, die Montgelas im Namen des Herzogs führte und diesem zur Unterschrift übersandte, beweisen es. Diese Schreiben erfüllten außer ihrem primären Zweck noch die nicht minder wichtige

[31] Montgelas' etwas beleidigtes Rechtfertigungsschreiben hierauf mit einigen versteckten Vorwürfen an die Adresse des Herzogs: 7. 11. 98, MA 1.

[32] 27. 12. 98, Egg., vorher auch schon 7. 7. und 3. 12. 98.

[33] S. oben Kap. 27 f.

[34] Gravenreuth an Montgelas, 16. 3. und 16. 5. 98, Egg. Gravenreuth macht Montgelas darauf aufmerksam, wie schwierig die Aufgabe sei, in Montgelas' Abwesenheit die Tränen der Schönen trocknen zu müssen, in die er sich nun selbst verliebt habe. 16. 3. 98.

Aufgabe, den Herzog selbst über die von Montgelas verfolgte Politik zu instruieren und ihn durch seine Unterzeichnung dieser Schreiben auf dieselbe festzulegen[35]. Dies war allerdings nur möglich, weil beide sich im Grundsätzlichen, etwa in der Stellung gegenüber Karl Theodor oder dem Problem der Entschädigung durch Säkularisation oder hinsichtlich der in Bayern notwendigen Reformen, einig waren. Es kam nur darauf an, den Herzog bei der Stange zu halten und von Fall zu Fall in ihm den Einfluß einer gewissen, wahrscheinlich mehr unterbewußten, durch seine badische Gemahlin bestärkten, reichspatriotischen Anhänglichkeit an das Kaiserhaus und alte Vorbehalte gegen das revolutionäre Frankreich zu bekämpfen und ihn von der Richtigkeit der eingeschlagenen politischen Linie immer von neuem zu überzeugen. Tatsächlich hat nach den bekanntgewordenen Zeugnissen über Unterhaltungen mit Max aus der ganzen Zeit ihrer Zusammenarbeit der Herzog, Kurfürst und König gegenüber Dritten nahezu immer im Grundsätzlichen die Ansichten von Montgelas verteidigt. Der Diskussion über Einzelheiten wich er oft aus, indem er den Gesprächspartner an Montgelas oder einen anderen seiner Mitarbeiter verwies. Trotz seines sehr ausgeprägten Herrscherbewußtseins hat sich Max I. zweifellos auch gut als Oberhaupt einer konstitutionellen Monarchie geeignet.

So war – dank der Einsicht des Monarchen – trotz seines gelegentlichen Aufbegehrens gegen den leitenden Berater bzw. seit 1799 Minister Montgelas und dank einer überaus geschickten Menschenbehandlung, aber auch überzeugender Argumente und Leistungen auf seiten des letzteren, die Zusammenarbeit zwischen beiden Männern 21 Jahre lang, von 1796 bis 1817, nie ernsthaft in Frage gestellt. In Vorahnung der stürmischen Jahre und der Gefahren, die beiden und ihrem Staat bevorstanden, schrieb Montgelas Ende 1798 beschwörend an den Herzog in Anknüpfung an das Schicksal des Königs von Sardinien, das die Folge der schlechten Verwaltung und Außenpolitik seines Vaters sei: «Ein Privatmann kann sich aus einer Notlage durch Arbeit und Aktivität wieder befreien; für einen entthronten Souverän weiß ich jedoch keinen anderen gesicherten Ort als das Grab»[36].

Montgelas wußte stets einen Trost, wenn sein Herr sich entmutigt zeigte: «Ich erlaube mir, Monseigneur, Ihnen eine Bemerkung zu machen, die sich auf das Stu-

[35] Diesen Zweck hatte z. B. u. a. auch seine Denkschrift von 1789 über die staatlichen Kirchenhoheitsrechte; vgl. oben Kap. 8.

[36] Karlsruhe, 1. 8. 98, dazu 14. 9. 98, 11. und 16. 12. 98, alles in MA 1. Am 16. 12. 1798 schreibt Montgelas an den Herzog, der Vater des unglücklichen Königs von Sardinien habe die Lage selbst verschuldet: Er habe es weder verstanden, den Krieg vorauszusehen, noch sich darauf vorzubereiten, noch ihn zu führen, noch ihn zu beenden. «Dies ist eine schöne Lektion für Deutschland. Ich habe die Hoffnung, sie wird nicht verloren sein».

dium der gesamten diplomatischen Berichte gründet und zu Ihrer Beruhigung beitragen kann: Es interessieren sich soviele Leute für Sie, daß – wenn nicht ein totaler Umsturz des politischen Systems kommt – es für Sie sehr schwierig sein wird, nicht aus diesem allgemeinen guten Willen Vorteil zu ziehen»[37]. Doch ebenso wie vor Verzagtheit warnt er diesen zwischen den Extremen der Stimmung schwankenden Mann immer wieder vor zu leichtsinnigem Optimismus: «Das weise Ziel, das Sie sich setzen, wird man mühelos erreichen können, wenn der Reichsfriede zustandekommt. Wenn nicht, so werden wir uns wieder auf die hohe See hinausgeschleudert finden...»[38]. Und kurz darauf: «Es bleibt uns kein anderes Hilfsmittel, als gegen den Strom zu rudern und den Mut nicht sinken zu lassen»[39].

31. Zusammenfassung

Als Achtzehnjähriger, der seine Eltern kaum gekannt, Mutterliebe nie erfahren hat, kommt Maximilian Joseph Freiherr von Montgelas, durch die französische Aufklärung in Nancy und Straßburg geformt, im Staatsrecht des Reiches und Frankreichs, sowie im Völkerrecht gebildet, nach glänzendem Abschlußexamen, 1777 in seine bayerische Heimat zurück. Ehrgeizig, tatendurstig und begierig, die bestehenden Verhältnisse zu verbessern, so arbeitet er als junger Hofrat in München in Justiz und Verwaltung. Gleich am Anfang gehört er zu den drei Autoren eines Entwurfs zur Neuordnung der Staatsfinanzen und gleichzeitig zur Ablösung der gesamten Grundherrschaft[1], damals ein geradezu revolutionärer Gedanke. Er studiert die alten Rechte des Staates bzw. der Landesherren gegenüber der Kirche und wünscht, daß sein Kurfürst darauf zurückgreife. Gleichzeitig ist er stellvertretender Vorsitzender und Motor des Bücherzensurkollegiums, das im Staate Karl Theodors die unerwartete Rolle eines Anwalts der aufklärungsfreundlichen Literatur spielt. Montgelas, der bereits in dieser Zeit von französischen und von österreichischen Diplomaten als der fähigste jüngere Mann in München bezeichnet wird, zieht sich bald, zusammen mit anderen Zensoren, die Abneigung des Kurfürsten zu[2]. 1779 hatte er sich, wie die meisten anderen Mit-

[37] 11. 12. 98, MA 1. Äußerungen der Freundschaft des Herzogs z. B.: Max an Montgelas 17. 12. 98, Egg., und 25. 12. 98, MA 1.

[38] 20. 12. 98, MA 1.

[39] 24. 12. 98, MA 1.

[1] Oben Kap. 22

[2] Oben Kap. 1 und 2.

glieder des Zensurkollegiums, dem Illuminatenorden angeschlossen. Seine Beziehungen zu dieser Geheimgesellschaft, sein Verhalten bei ihrer Entdeckung und Verfolgung und seine spätere innere Distanzierung von dieser bereits 1787 praktisch erloschenen Verbindung wurden gezeigt[3]. Montgelas' Übergang in den Dienst des Herzogs Karl von Zweibrücken 1787, kurz vor dem Tode von Hofenfels, der die bisherigen Pläne Josephs II. zum Erwerb Bayerns durchkreuzt hat, werden in München und Wien als Politicum aufgefaßt. Karl Theodor läßt Montgelas, um ihn am Antritt der Nachfolge von Hofenfels zu hindern, der Beihilfe zum Mord am Sohn Herzog Karls bezichtigen; der Zweibrückener Hof deckt jedoch Montgelas, und Karl Theodor selbst empfängt ihn 1788 wieder. Montgelas ist andererseits auch nicht der Kandidat Frankreichs für die Nachfolge von Hofenfels[4]. Wenn Montgelas ausländische Helfer hatte, so waren es 1787 der französische Gesandte in München Graf Montezan, 1796 und 1799 der preußische Gesandte beim Reichstag Graf Görtz, beide jedoch als Einzelpersönlichkeiten, die nicht im Auftrag ihrer Regierungen handelten[5].

Die von Montgelas beratenen Herzöge von Zweibrücken arbeiten im Einvernehmen mit Preußen mit Hilfe ihrer Anhänger und Agenten in Bayern, darunter bayerischer Minister, von 1787–1799 systematisch den Plänen des Kaisers entgegen, Bayern durch Tausch oder Annexion zu gewinnen. Die Zweibrückener überspielen damit Kurfürst Karl Theodor, der den österreichischen Plänen stets geneigt ist. Daneben bereitet die Zweibrückener Regierung, ebenfalls unter maßgeblicher Mitwirkung von Montgelas, die künftigen Reformen und Gebietserwerbungen vor, die man durchführen will, wenn Pfalz-Bayern nach dem Tode Karl Theodors an die Zweibrückener Linie fällt. Montgelas leitet die laufende heimliche Beschaffung von Unterlagen über die Einrichtungen, Rechte und Einkünfte Bayerns und der benachbarten kleineren Reichsstände. Bei seinen Vorbereitungen für eine künftige Abrundung Bayerns durch Mediatisierungen und bei der Bekämpfung der Tauschpläne stützt Zweibrücken sich außer auf Preußen und teilweise auf Frankreich auch auf die bayerischen Stände. Montgelas sieht bis 1788–1789 in den Ständen die Garanten der Freiheit gegen den Despotismus, seit 1789 dagegen betrachtet er sie immer stärker als Hindernis für den modernen Staat und für Reformen. Obwohl sein Herzog und damit auch er von der altbayerischen und der neuburgischen Landschaft finanziell abhängen und mit ihr gegen die österreichische Partei eng zusammenarbeiten, ergreift Montgelas doch in vertraulichen Äußerungen in vielem die Partei des ihm sonst so verhaßten Kurfürsten Karl Theodor gegen die Stände[6].

[3] Kap. 3–5.
[4] Kap. 4.
[5] Kap. 4, 19, 27 e, 29
[6] Kap. 6.

Ein Versuch Zweibrückens, zusammen mit Preußen bei den Freisinger Bischofswahlen von 1788 und 1790 durch Unterstützung eines ihnen nahestehenden Kandidaten eine künftige Mediatisierung des Hochstifts Freising und zunächst wenigstens dessen Beitritt zum Fürstenbund zu erreichen, wirft ein Licht auf das Kräftespiel bei Bischofswahlen im alten Reich[7].

Eine umfangreiche Denkschrift von Montgelas aus dem Jahr 1789 macht deutlich, daß die Hauptquelle für seine Anschauungen über das Verhältnis von Staat und Kirche das von ihm eingehend studierte bayerische Staatskirchenrecht des 16. bis 18. Jahrhunderts, sowie das landesherrliche Kirchenregiment der protestantischen Staaten bildeten. Daneben treten die Vorbilder des Gallikanismus und des Josephinismus zurück. In Anknüpfung an die Mandate Kurfürst Max III. Josephs und an die Ideen der Aufklärung überhaupt, jedoch unter Beachtung des Reichsrechts, insbesondere des Westfälischen Friedens, sucht er Wege zu zeigen, wie die Vermögen kirchlicher Stiftungen, deren mittelalterliche Aufgaben inzwischen auf andere Institutionen übergegangen sind, nunmehr zu Gunsten des öffentlichen Wohls eingezogen werden können. Die Klöster der Bettelorden sollen ganz aufgehoben werden. Seine Ziele sind ferner: Mediatisierung der Bischöfe, verstärkte Kontrolle des Staates über die Ausübung des Kults, über den Klerus und die Verwendung des Kirchenguts, wobei er stets an ältere bayerische Rechtsverhältnisse anzuknüpfen sucht[8]. Einschränkung des Weltklerus und der Seelsorge gehören nicht zu seinen Zielen. Wie die meisten Aufklärer betrachtet er die Geistlichen als für die Volkserziehung unentbehrlich.

Hinsichtlich der landesherrlichen Rechte über die Kirche in der Kurpfalz strebt Montgelas an, daß der Kurfürst auf Grund des Rechtsstatus von 1618 (Normaljahr für die Pfalz) in seine Funktion als Landesbischof, auch für die Katholiken, eintreten solle, so wie sie der Herzog von Zweibrücken in seinen Gebieten unbestritten ausübt. Montgelas möchte die Bischöfe, die als Reichsfürsten «fremde Souveräne» sind, entweder mediatisieren, wie in Bayern, oder ihre kirchliche Jurisdiktion ausschalten, wie in der Pfalz[9], ebenso wie er zu Gunsten der Staatssouveränität die kleinen kaiserlichen Lehen innerhalb der wittelsbachischen Staaten, die Reichspost und die Enklaven kleiner Fürsten, sowie der Reichsstädte und Reichsritter der bayerischen Landeshoheit unterwerfen möchte[10].

Seine Ansichten über die Notwendigkeit der Toleranz entwickelt Montgelas am frühesten in (ungedruckten) Abhandlungen zur bayerischen Geschichte. Während er Albrecht V. und Max III. Joseph lobt, kritisiert er andere Landesherrn, insbesondere Maximilian I., dem er die gewaltsame Rekatholisierung der Ober-

[7] Kap. 7.
[8] Kap. 8.
[9] Kap. 8.
[10] Kap. 6 und 25 d.

pfalz zum Vorwurf macht. Er gibt auch einen kritischen Überblick über die Behandlung der Juden in Bayern im Lauf der Geschichte. Die Religion hält er für ein Grundbedürfnis des Menschen und für eine notwendige Stütze der menschlichen Gesellschaft. Gleichzeitig sieht er aber in der Toleranz eine Grundlage für die Blüte der Staaten; sie ist nach seiner Meinung neben dem Recht ein Bereich, dessen Grenze von der Staatsmacht unbedingt respektiert werden muß. Dies ist alles schon vor 1789 von Montgelas niedergelegt[11]. Von 1790 bis zur kurpfälzischen Religionsdeklaration von 1799 verhandelt er im Auftrag der Herzöge von Zweibrücken als Erben Bayerns mit dem Reformierten Kirchenrat der Pfalz in Heidelberg über dessen zukünftige Stellung und die Herstellung des religiösen Friedens zwischen den drei Konfessionen der Kurpfalz. Er betrachtet es als seine vornehmste Aufgabe, die berechtigten Klagen der Reformierten über Benachteiligung abzustellen. Er will jenen jedoch nicht zugestehen, daß sie sich außerhalb des Staates stellen, gegen den Kurfürsten bei fremden Mächten und beim Reichshofrat Klage führen und daß sie nun ihrerseits die Katholiken unter Berufung auf das Normaljahr 1618 unterdrücken und verdrängen wollen. Damit findet er Unterstützung bei Preußen. Ein eigenhändiges Fragment zur Religionsdeklaration erläutert seine Auffassung von Gewissensfreiheit und Gleichberechtigung der Konfessionen[12].

Frühe geschichtliche Aufzeichnungen und Entwürfe aus der Zeit bis 1789 ermöglichen es, Montgelas' Auffassungen von der deutschen und bayerischen Geschichte und den Grundgesetzen, den ‹lois fondamentales› Bayerns, näher kennenzulernen. Er zeigt sich damit als Vertreter einer gegenüber Locke und Rousseau realistisch modifizierten Vertragstheorie. Das Gottesgnadentum bezeichnet er als Erfindung des Despotismus[13].

Die umfangreichen geschichtlich-staatsrechtlich-politischen Denkschriften von Montgelas aus der Zeit vor 1799, sowie seine persönlichen Korrespondenzen lassen erkennen, daß er sich neben der juristisch-staatsrechtlichen auch der Arbeits- und Sehweise des Historikers bedient. Er geht auf die Quellen zurück, arbeitet häufig mit alten Akten und Urkunden, kümmert sich stets um die Rettung, Ordnung und Ergänzung der Archive. Er betrachtet einerseits die Geschichte als Sammlung von Erfahrungen für die Politiker und als Arsenal historischer Rechtstitel. Andererseits pflegt er sie auch in einem umfassenderen Sinn. Er sucht, die Ursachen zu erkennen, hebt die Rolle der Persönlichkeit hervor, sieht aber auch die Verflochtenheit und die Wechselwirkungen von Politik, Recht, Religion, Wirtschaft und Kultur. Er ist in seiner Auffassung gesamteuropäisch orientiert.

[11] Kap. 9.
[12] Kap. 23 und 20.
[13] Kap. 10.

Unter seinen Vorbildern befinden sich Montesquieu, Voltaire, Robertson und sein Lehrer Christian Koch. Jedoch gelangt er von der Praxis des ‹homme d'affaires› und von seinen eigenen Quellenstudien her zu selbständigen Urteilen. Er besitzt Sinn für historische Quellenkritik, Verständnis für Entwicklung, Interesse für Statistik, Finanzen, Bevölkerungszahlen. Gesetzgebung und Verfassung müssen nach seiner Auffassung den Besonderheiten eines Landes und eines Volkes Rechnung tragen[14].

Das Herzogtum Zweibrücken ist aufschlußreich für den inneren Zustand eines Territoriums des deutschen Westens am Vorabend und während der Französischen Revolution. Die trotz der Verschwendung und Launenhaftigkeit des Herzogs Karl II. gute politische Führung des kleinen, aber wegen der Erbansprüche auf Pfalz-Bayern von den Großmächten umworbenen Fürstentums, die bestimmt wurde durch den Minister Esebeck und dessen Berater Montgelas, bewirkte, daß es nach gewissen, seit 1787 durchgeführten Reformen zugunsten der Bauern in dem Herzogtum während der Revolitionsjahre keine Unruhe gab – im Gegensatz zu den Nachbargebieten. Jakobinische Versuche zu seiner Revolutionierung mißlangen auch noch als die französischen Heere bereits im Lande standen[15]. Außenpolitisches Hauptziel dieser Regierung war die Durchkreuzung aller österreichischen Absichten auf Bayern. Montgelas erlebt hier und in Blieskastel die letzten heiteren Feste des Ancien Régime, seine Liebe zu Frau von Hofenfels und die Trennung, führt politische Reisen durch und gerät durch die Revolution in wachsende finanzielle Bedrängnis[16]. Als zweibrückischer Vertreter bei der Königs- und Kaiserwahl von 1790 arbeitet er mit den Wahlbotschaftern Preußens, Sachsens, Hannovers und Pfalz-Bayerns zusammen. Seine realistische Einschätzung der Lage ist klar zu erkennen. Durch seine Berichte hält er Herzog Karl und Esebeck auf der antiösterreichischen, gegen die Tauschpläne gerichteten Linie. Während er Joseph II. stets sehr negativ beurteilte, bewunderte er später Leopold II. aufs höchste[17].

In zahlreichen vertraulichen Briefen legt Montgelas seine Ansichten über die Aufgaben des Beamten und Diplomaten, seine Ehr- und Pflichtauffassung und seine Ratschläge zur richtigen Behandlung von Vorgesetzten, Kollegen, Freunden und Feinden dar[18].

Schon in den Jahren 1787 bis 1793, als er in Zweibrücken lebt, bringt Montgelas in Privatbriefen das Bewußtsein zum Ausdruck, eine politische und erziehe-

[14] Kap. 11.

[15] Kap. 12 und 18.

[16] Kap. 15.

[17] Kap. 16.

[18] Kap. 13.

rische Mission zur Regeneration Bayerns zu haben, das er stets als ‹ma patrie› bezeichnet. Auf dieses Ziel hin hat er seine Studien und seine gesamte bisherige politische Arbeit abgestellt. 1792 formuliert er nach den Erfahrungen der Französischen Revolution die Grundsätze seiner eigenen Reformvorstellungen. Seine Stellung zum Adel ist modern und unromantisch. Er fordert Verzicht auf die bisherigen Privilegien. Im Mittelpunkt seiner Wünsche stehen eine starke konstitutionelle Monarchie, eine Nationalrepräsentation und die «politische und zivile Freiheit aller Bürger». Neben dem bayerischen bringt er in der Zeit der Revolution auch einen deutschen Patriotismus zum Ausdruck. «Ich bin immer in der Seele Deutscher gewesen und werde es täglich mehr», schreibt er 1789. Doch herrscht bei ihm stets die kühle, leidenschaftslose Analyse der europäischen Politik, ihrer Gefahren und Möglichkeiten für Bayern und für Deutschland vor[19].

Die zahlreichen Briefe an seinen Freund Seinsheim erlauben zu verfolgen, wie Montgelas die Französische Revolution in ihren verschiedenen Phasen beurteilt, die er aus nächster Nähe, zunächst als Beobachter jenseits der Grenze, dann als Mitleidender im Kriegsgebiet, zu beobachten Gelegenheit hat. Er bejaht voll die Ideen von 1789, erhofft aber die Errichtung einer konstitutionellen Monarchie, verurteilt im weiteren Verlauf zwar den Terror und die Exzesse der Sansculotten scharf, sieht aber eine ebenso große Gefahr in einer konservativen Reaktion mit Unterdrückung der geistigen Freiheit, die er auch für Deutschland fürchtet. Scharfe Kritik übt er an Plänen zu einer Intervention der deutschen Großmächte in Frankreich, sowie an der zweiten und dritten Teilung Polens. Er erkennt frühzeitig die volle Bedeutung der Französischen Revolution, die er für eine Zeitenwende und für ein heilsames Warnzeichen für die deutschen Fürsten im Sinne der Durchführung zeitgemäßer Reformen hält. Er tritt für Verhandlungen mit Frankreich und für eine gütliche Regelung hinsichtlich der elsässischen Herrschaften ein, bevor es zu spät ist. In der engen Bindung an Österreich seit 1791 und in der Abkehr von der früheren Linie Hertzbergs sieht er einen schweren Fehler der preußischen Politik unter Friedrich Wilhelm II. Montgelas glaubt nicht an eine Revolutionierung Deutschlands, aber auch nicht an die Möglichkeit, daß die Verbündeten Frankreich besiegen und die Revolution auslöschen können. Er erwartet einen langen Krieg für Deutschland. Hinsichtlich der inneren Maßnahmen der Constituante, der Législative und des Nationalkonvents unterscheidet er genau zwischen solchen, die er bejaht und auch für Deutschland wünscht, und solchen, die er für schädlich und unrealistisch hält und die nach seiner Voraussage die Exekutive schwächen und Chaos und Terror ermöglichen. Diese Erfahrungen haben Einfluß auf die Ausbildung seines eigenen Programms[20].

[19] Kap. 14.
[20] Kap. 17.

1793 bleibt Montgelas als einziger herzoglicher Beamter im Kriegsgebiet zwischen den hin- und herwogenden Armeen zurück und wird von den Franzosen als Aristokrat, von den Preußen als Sansculottenfreund verdächtigt. Möglicherweise ist er, wie sein in französischer Haft befindlicher Minister Esebeck, in dieser Zeit in eine französisch-preußische Geheimverhandlung eingeschaltet, welche den Frieden auf der Basis der Säkularisation der drei geistlichen Kurfürstentümer anstrebt. Nach seiner Rückkehr an den Mannheimer Hof 1793 wird er des Jakobinertums bezichtigt und bleibt über den Tod Herzog Karls hinaus bis 1796 von jeder Beschäftigung mit wichtigeren politischen Fragen ausgeschlossen. In zwei Schriftstücken verteidigt er sein Verhalten gegenüber dem Herzog[21].

Im September 1796 wird Montgelas von dem damals im preußischen Ansbach weilenden neuen Herzog Max zum Leiter seiner politischen Geschäfte berufen[22]. In diesem Monat noch entwirft Montgelas für den Herzog sein großes Reformprogramm, das Ansbacher Mémoire für den Herzog vom 30. 9. Diese im Nachlaß des Ministers aufgefundene Denkschrift enthält bereits in den Grundzügen die meisten der wichtigen inneren Reformen, die später in der Ära Montgelas in Bayern durchgeführt worden sind. Gelegentlich geäußerte Zweifel, ob an diesen Maßnahmen überhaupt Montgelas ein wesentliches Verdienst zukomme, sind damit widerlegt.

Das Ansbacher Mémoire für den Herzog umfaßt Vorschläge zur Neugestaltung von Regierung, Verwaltung und Beamtentum, Steuerwesen und Justiz in Bayern, darunter so wichtige Maßnahmen wie Herstellung der Gleichheit vor dem Gesetz, der Gleichheit der Besteuerung, der Gleichheit des Zugangs zu öffentlichen Ämtern, auch für Bürgerliche, und der religiösen Toleranz. Ferner sieht es unter anderem vor: Bessere Verwaltung des katholischen und reformierten Kirchenguts, Reformen auf dem Gebiet des Klosterwesens (Aufhebungen nur bei den Bettelorden), der Ausbildung der Pfarrer, des Schul- und Bildungswesens, sowie Meinungs- und Pressefreiheit[23].

Moderne Grundsätze hinsichtlich des Verhältnisses von Fürst und Staat und hinsichtlich der Unveräußerlichkeit staatlicher Rechte und Einkünfte stellte Montgelas in dem von ihm entworfenen Rohrbacher (Ansbacher) Hausvertrag von 1797 (vordatiert auf 1796) und der Niederschrift hierzu auf[24].

Schon fast zwei Jahrzehnte vor diesen programmatischen Niederschriften und 11 Jahre vor Ausbruch der Revolution, 1778, hatte der damals 19jährige Hofrat Montgelas zusammen mit dem damaligen bayerischen Finanzminister Hompesch

[21] Kap. 18.
[22] Kap. 19.
[23] Kap. 20.
[24] Kap. 21.

und dem Sprecher der Landschaft Graf Arco einen Plan zur sofortigen Abschaffung aller ‹Feudalrechte› (grundherrschaftlichen Abgaben) mit Hilfe einer ‹hypothèque nationale› und einer Staatsbank entworfen[25]. Bei all seinen Reformprogrammen hatte Montgelas stets nicht nur die größere Macht und Handlungsfähigkeit des Staates, sondern auch soziale Gesichtspunkte im Auge.

Die Zusammenarbeit zwischen Max und Montgelas besteht ihre erste Bewährungsprobe auf der gemeinsamen Reise nach Dresden und Berlin im Winter 1796–1797, bei der beide noch einiges Lehrgeld auf außenpolitischem Gebiet zahlen müssen[26]. Mit den französisch-österreichischen Verhandlungen von 1797 von Udine bis Campo Formio zeichnet sich die Gefahr ab, daß Bayern infolge der Unfähigkeit seines Kurfürsten nicht nur ohne angemessene Entschädigungen für seine linksrheinischen Verluste bleibt, sondern daß es mindestens noch das Gebiet zwischen Inn und Salzach mit den Salinen Reichenhall und Traunstein an Österreich abtreten muß, dem General Bonaparte außerdem noch die geistlichen Fürstentümer Salzburg, Berchtesgaden und Passau zugesagt hat. In mehreren großen Denkschriften weist Montgelas die Regierungen in Berlin und Paris darauf hin, daß das Salz mehr als ein Fünftel der bayerischen Staatseinnahmen ausmacht und daß mit dem Anfall der genannten Gebiete an Österreich der Kaiserstaat das Monopol für den Salzhandel in ganz Oberdeutschland und der Schweiz erhielte, wodurch er diese Gebiete politisch und wirtschaftlich in die Hand bekäme. Montgelas trägt offenbar hierdurch dazu bei, daß Talleyrand den Zorn des Direktoriums gegen Bonaparte wegen dessen leichtsinnig gegebener Zusage an Österreich lenkt und daß der französische Außenminister letztlich die Auslieferung dieser Gebiete an den Kaiser verhindert[27]. Diese Denkschriften zeigen, wie auch so viele spätere, das Verständnis Montgelas' für wirtschaftliche Fragen und deren Bedeutung für die Politik.

Auch in der Frage der Säkularisation der geistlichen Fürstentümer arbeitet Zweibrücken, das heißt Montgelas, eng mit Talleyrand, daneben auch mit den anderen an Entschädigungen interessierten weltlichen Staaten zusammen, vor allem mit Baden, Württemberg, Hessen-Kassel und Hessen-Darmstadt, während Preußen in diesem Punkt immer zurückhaltender wird. Auch mit einigen bayerischen Ministern und der bayerischen Delegation in Rastatt, vor allem Zentner, steht Montgelas im Einvernehmen. Die Entschädigungspläne von Montgelas (1797) und Zentner (1798) bilden die Grundlage für die künftige territoriale Gestaltung Bayerns, wie sie unter geschickter Ausnützung der außenpolitischen Gegebenheiten von 1803 bis 1814 tatsächlich vollendet wird. Schon 1797–1798 vertritt

[25] Kap. 22.
[26] Kap. 24.
[27] Kap. 25 b.

Montgelas konsequent den Gedanken der Abrundung und Konzentration im altbayerisch-fränkisch-schwäbischen Raum unter Rückzug vom Rhein[28]. Die Bildung eines solchen geschlossenen Territoriums um die altbayerischen Kernlande herum hält er für notwendig nicht nur im Interesse der politischen, finanziellen und militärischen Stärke und damit der Überlebenschancen Bayerns, sondern auch, um ein gemeinsames Staatsbewußtsein sich bilden zu lassen. Montgelas hält die Bejahung des Staates durch seine Bürger für unerläßlich. Die Mission der Mittelstaaten sieht er darin, durch besondere Leistungen der inneren Verwaltung und Kultur vorbildlich zu wirken[29].

Kurfürst Karl Theodor, in dieser Zeit beraten durch Graf Leiningen, steht in absoluter politischer und höchstwahrscheinlich auch persönlich-finanzieller Abhängigkeit vom Wiener Hof. Er verschließt sich jeder Anregung zu einer selbständigen, auf Erhaltung des Staates gerichteten Politik, er ist bereit, gegen eine einmalige Zahlung von 2 Millionen auf alle Entschädigungen für Bayern zu verzichten. Bei einer Konferenz zwischen ihm und seinen Ministern einer-, den Herzögen Max und Wilhelm sowie Montgelas andererseits in München im Mai 1798 prallen die Gegensätze aufeinander. Der Münchner Hof versucht, Max von Montgelas zu trennen. Die 22jährige Kurfürstin leistet den Zweibrückenern wichtige Dienste[30].

Die preußische Regierung ist nicht bereit, den süddeutschen Staaten die Einbeziehung in die Neutralitätszone zu ermöglichen. Montgelas analysiert bei einer Konferenz in Rohrbach im September 1798 vor den Herzögen Max und Wilhelm die europäische Politik und macht Vorschläge, sowohl für den Fall, daß der Krieg bald ausbricht, als auch für den Fall, daß der Rastatter Kongreß fortgesetzt wird[31]. Der französische Gesandte in München Alquier (1798–1799) steht hinter dem Rücken des Kurfürsten in enger Verbindung mit den bayerischen Ständen und mit Zweibrücken. Montgelas arbeitet im Interesse der Entschädigungen mit ihm zusammen. Der Kandidat Frankreichs für das Amt des bayerischen Außenministers nach dem Tode Karl Theodors ist jedoch nicht Montgelas, sondern Hompesch[32]. Bei der entscheidenden Abstimmung der Reichsdeputation über die Annahme des französischen Ultimatums und damit die Einleitung von konkreten Verhandlungen über die Säkularisation der geistlichen Fürstentümer am 9. 12. 1798 hat Montgelas über das bayerische Mitglied der Deputation, Graf Morawitzky, einen starken Einfluß ausgeübt. Daß die französischen Forderungen schließlich annehmbar gewesen waren, hatte ebenfalls Montgelas mitbe-

[28] Kap. 25 a, 25 b, 26, 27 a, b und c.
[29] Kap. 25 a, 25 d.
[30] Kap. 27 a und c.
[31] Kap. 25 e, 27 c.
[32] Kap. 27 e.

wirkt; zusammen mit Rechberg hatte er eine einlenkende Note der Franzosen an die Deputation redigiert[33].

Montgelas hat gemeinsam mit Herzog Max in den Jahren 1797 bis 1799 wesentlich dazu beigetragen, eine Annexion Bayerns durch Österreich zu verhindern und die territoriale Integrität des rechtsrheinischen Bayerns zu bewahren. Er beschwört immer wieder warnend das Schicksal Polens, das sich seiner Überzeugung nach hier wiederholen kann, wenn durch die Opposition der Landschaft dem Kurfürsten die Gelegenheit in die Hand gespielt wird, die kaiserlichen Truppen gegen seine eigenen Stände zu Hilfe zu rufen. Sowohl dem Kurfürsten als auch Österreich wäre dies nicht unwillkommen. Während bis 1797 von Preußen wirksame Hilfe zu erlangen war, wenn die bayerische Selbständigkeit bedroht war – Montgelas macht den Berliner Hof immer wieder auf die Gefahr einer Zerstörung des Gleichgewichts in Deutschland aufmerksam, falls Österreich Bayern erhält – wird die preußische Unterstützung in der Sicherheits- und in der Entschädigungsfrage unter Friedrich Wilhelm III. immer zaghafter. Wie andere süddeutsche Staatsmänner, z. B. Reitzenstein, kommt Montgelas immer stärker zu der Überzeugung, daß wirksame Unterstützung nicht mehr von Preußen, sondern nur noch von Frankreich zu erhoffen ist. Preußen selbst ist seit Basel den süddeutschen Staaten auf dem Weg der Annäherung an Frankreich vorangegangen. So werden bereits in der Zeit des Rastatter Kongresses durch Montgelas die Fäden angeknüpft, die Wege geebnet für das spätere Bündnis mit Frankreich von 1805. Die Weichen für die künftige Außenpolitik sind gestellt[34].

Ein weiteres wichtiges Betätigungsfeld für Montgelas ist die Beschaffung der nötigen Geldmittel für seinen landlosen Herzog, vor allem aber, soweit aus der Ferne möglich, die Kontrolle der Finanzen Bayerns, da Herzog Max zur Aufnahme jeder neuen Schuld durch Karl Theodor die agnatische Zustimmung erteilen muß. Hier zeigen sich die Fähigkeiten von Montgelas in finanziellen Fragen, andererseits aber auch sein hinhaltendes Taktieren, mit dem er die Ausführung der rein fiskalischen und noch unausgereiften Finanzpläne Hompeschs und Törrings in München verhindert. Er will die zu erwartenden Einnahmen nicht Karl Theodor und den Österreichern, sondern der künftigen Regierung seines Fürsten zukommen lassen. Ferner möchte er der künftigen eigenen Regierung die Durchführung umfassender Finanzreformen vorbehalten, die nach seiner Ansicht nicht nur finanzielle, sondern ebenso soziale und politische Wirkungen haben sollen[35].

Die Vorgeschichte der Säkularisation der innerbayerischen Klöster (Mediatklöster) und ihr Anfang im Winter 1798–1799 unter Karl Theodor wurde anhand neuer Quellen beleuchtet. Es wurde versucht, die Grenzen der damaligen Leistungs-

[33] Kap. 27 f.

[34] Kap. 25 e und f.

[35] Kap. 24, 28 a und b.

fähigkeit der Klöster zu schätzen und anzugeben, aus welchen Gründen diese Säkularisation Anfang 1799 zum Stillstand kam. Unvermuteterweise setzte sich auch der Gesandte des Direktoriums, Citoyen Alquier, aus außenpolitischen Gründen für die Erhaltung der bayerischen Prälatenklöster ein[36].

Im ersten Jahr ihrer Regierung in Bayern 1799 stoßen Kurfürst Max Joseph und Montgelas auf große Schwierigkeiten: die Gefahr einer österreichischen Intervention nach dem Tode Karl Theodors, die Versuche der Österreicher – wie früher Karl Theodors – Max Joseph von Montgelas zu trennen, die voreilige Aufhebung des Malteserordens, die beinahe den Einmarsch der überall gefürchteten russischen Truppen zur Folge gehabt hätte. Montgelas kann erst allmählich, bis gegen Ende 1799, seine Stellung im Ministerium festigen und darin die führende Rolle einnehmen[37].

Das abschließend charakterisierte Verhältnis zwischen Max Joseph und Montgelas[38] änderte sich auch in den folgenden 18 Jahren ihrer Zusammenarbeit nicht wesentlich.

Als Montgelas im März 1799 die Regierung in Bayern übernimmt, gilt verstärkt der Satz, den er bereits 1789 niedergeschrieben hatte: «Il y a longtemps que j'ai formé mon système»[39]. Die Grundsätze der künftigen, auf territoriale Abrundung gerichteten Außenpolitik und der inneren Reformen liegen längst fest. Aber auch der Charakter und die Fähigkeiten des Mannes selbst haben ihre endgültige Ausbildung und Richtung erfahren: Die Mischung von kühlem, rationalem politischem Kalkül im Stil der klassischen Diplomatie und feinnervig-intuitivem Erfassen der positiven und negativen Möglichkeiten – er ist weder Optimist noch Fatalist –, die in der jeweiligen Augenblickssituation und den maßgebenden Menschen enthalten sind. Eine feste außen- und innenpolitische Konzeption für die Zukunft und doch die Fähigkeit, den taktischen Notwendigkeiten des Augenblicks Rechnung zu tragen, ohne die großen Ziele aus den Augen zu verlieren. Hohe Intelligenz, Kombinationsgabe, geistige Disziplin, rasches und intensives Arbeiten, Verständnis und Kenntnisse auf den Gebieten der Politik, des Staats- und Staatskirchenrechts, der Geschichte und nicht zuletzt der Wirtschaft. Er besitzt ein starkes Interesse für die Wissenschaften, wenig für Religion und Kunst. Seine noch erhaltene Bibliothek wie auch seine privaten Korrespondenzen zeigen, daß er sich außer mit den genannten Wissensgebieten besonders mit Naturwissenschaften, Geographie, Kameralistik und Statistik befaßt. Aus vielen Äußerungen spricht ein waches humanitäres Empfinden.

Einerseits ist Montgelas, wie sein stets überwiegend positives Verhältnis zur Französischen Revolution, nicht nur zu der von 1789, sondern auch zu den Maß-

[36] Kap. 28 c.

[37] Kap. 29.

[38] Kap. 30.

[39] an Seinsheim, 27. 1. 89, Egg.

nahmen bis 1792, und wie seine späteren umwälzenden Neuerungen in Bayern zeigen, ein ‹ministre révolutionnaire›, wie ihn Hardenberg nannte. Andererseits verabscheut er nichts so sehr wie Anarchie, Utopie, tönende Phrasen. «Les paroles ne font rien aux affaires. Bien agir et se taire, c'est là le grand principe», schreibt er 1789[40]. Sein Ideal ist ein Rechtsstaat mit starker Spitze, der über den Einzelinteressen steht. Die Staatssouveränität ist einer der wesentlichen Orientierungspunkte seines Handelns. Nur mit Hilfe eines starken Staates konnten er und die ihm geistesverwandten Staatsmänner seiner Zeit nach dem Ende des alten Reiches und der Abschaffung der Stände ihre Reformen, die in eine neue Epoche hinüberführten, verwirklichen. So sehr Montgelas ein ‹Etatist› ist und sein muß, so oft kommt doch auch in seinen schriftlichen Äußerungen das Wort ‹la société› vor. Er ist in der Staatstheorie Anhänger der Lehre vom auflösbaren Gesellschaftsvertrag, er bedenkt auch bei allen außen- und innenpolitischen Maßnahmen die möglichen Auswirkungen auf die Gesellschaft. Die Masse der ländlichen und städtischen Bevölkerung, in deren Interesse er die Volksschulen verbessern will, bezeichnet er als ‹la classe la plus intéressante de la société›[41].

Montgelas hält, soweit es nicht mit der Politik seiner Regierung unvereinbar ist, alten Freunden die Treue und hilft ihnen in der Not. Er ist oft für schöne und geistreiche Frauen entflammt, ordnet aber alle Heiratspläne seiner Karriere und finanziellen Überlegungen unter. Von Beobachtern wird er als liebenswürdig, in der Unterhaltung brillant, großzügig, später als Minister teilweise etwas lässig, in politischen Angelegenheiten verschwiegen, manchmal verschlagen, geschildert. Neben Verbindlichkeit und Lebensfreude charakterisieren ihn auch, wie seine Briefe zeigen, Skepsis, manchmal Pessimismus und ein starkes Mißtrauen, das gelegentlich seinen Blick trübt. Neben der Fähigkeit zur kühlen, objektiven Analyse steht politische Leidenschaft und stehen gewisse grundsätzliche Abneigungen und Vorurteile, so ein Anti-Klerus-Affekt und ein Anti-Österreich-Affekt. Beide sind sowohl durch seine geistige Ausbildung im Frankreich der Aufklärung als durch seine Jugendschicksale als auch schließlich durch die politische Situation bedingt, in die er von 1777 bis 1813 gestellt war. Es spielte wohl eine Rolle, daß seine hartnäckigsten Feinde, die ihn als jungen Mann verfolgten, zwei, wenn auch nur nominelle, Ordensgeistliche waren: der ehemalige Jesuit, Berater Karl Theodors und Motor der Illuminatenverfolgung Frank, und der Abt von Tholey, Salabert, der veranlaßte, daß er von 1793 bis 1795 wegen angeblicher Zusammenarbeit mit den Jakobinern bei Herzog Karl von Zweibrücken in Ungnade fiel und fast ohne Existenzmittel war. Mit einigen aufklärungsfreundlichen Weltgeistlichen war

[40] an Seinsheim, 4. 4. 89, Egg.

[41] Ansbacher Mémoire für den Herzog vom 30. 9. 1796, Text bei E. *Weis*, Montgelas' innenpolitisches Reformprogramm, Zs. für bayer. Landesgesch. 33, 1970, 253.

Montgelas allerdings stets befreundet. In München waren seine schärfsten Feinde die österreichischen Gesandten am Hofe Karl Theodors, die sogar versuchten, ihn der Beihilfe zum Mord anzuklagen. Auf der anderen Seite war die politische Situation, in der Montgelas sozusagen aufgewachsen war und die bis 1812 anhielt, die, daß Österreich Bayern gewinnen wollte, zur Zeit Karl Theodors durch Tausch, später durch Eroberung. Da man vor und erst recht nach 1799 in Montgelas ein Haupthindernis gegen die Verwirklichung dieser Pläne sah, versuchte die österreichische Diplomatie immer wieder, ihn als Hauptberater und als Minister seines Monarchen zu stürzen. Ein weiterer Grund für den fast unversöhnlichen Gegensatz zu Österreich war, daß vor 1803 Bayern nur Ersatz für seine verlorenen linksrheinischen Gebiete durch Säkularisation geistlicher Fürstentümer erhalten konnte. Nur so konnte es auch eine Abrundung seines Territoriums erreichen, die erst die Bildung eines einheitlichen Staatsgebietes möglich machte. Dies aber versuchte Wien, obwohl es bereits seit 1797 dem Prinzip der Säkularisation offiziell zugestimmt hatte, zu verhindern, da Bayern sein Feind, die geistlichen Fürsten aber seine Anhänger waren. Schließlich waren Bayern seit 1805 sogar österreichische Gebiete, vor allem Tirol, zugesprochen worden.

Gegen den übermächtigen österreichischen Nachbarn sah Montgelas zunächst in Preußen, und als dieses unter Friedrich Wilhelm III. immer schwächer wurde, im revolutionären und im imperialen Frankreich seine einzigen Stützen. Die Gefahr einer Ansteckung Bayerns durch die revolutionären Ideen, die selbst Mitarbeiter wie Zentner fürchteten, nahm Montgelas nie sehr ernst. Das in seinen Augen Gute der Revolution bemühte er sich vielmehr in Bayern durch seine ‹Revolution von oben› einzuführen. Nach 1816 ließ er darüber hinaus unbedenklich die noch viel weitergehenden französischen Institutionen und das französische Zivilrecht in der linksrheinischen Pfalz bestehen. Außenpolitisch schienen ihm Preußen und vor allem Frankreich – dieses unter der Monarchie, der Revolution, dem Empire und der Restauration – stets die einzigen zuverlässigen Garanten der staatlichen Existenz Bayerns. Montgelas erkannte 1813 noch rechtzeitig, daß diese Konzeption hinsichtlich Frankreichs jetzt nicht mehr stimmte und zog die Konsequenz des Vertrages von Ried mit Österreich. Die politische und geistige Welt von 1815, die Bayern noch unter seiner Ministerschaft zum Eintritt in den Deutschen Bund veranlaßte, die im Inneren die Romantik über die Aufklärung siegen ließ, das durch die Befreiungskriege angefachte deutsche Nationalgefühl mit antifranzösischer Note, das Drängen neuer Kräfte, vor allem des Kronprinzen, auf Verabschiedung der noch unter Montgelas vorbereiteten, aber zurückgehaltenen Verfassung, andererseits die Restauration, dies alles entsprach nicht mehr den Vorstellungen, die diesem Schüler der Aufklärung und der klassischen Diplomatie, diesem Liberalen und Weltbürger im Sinne des 18. Jahrhunderts, diesem Bewunderer der Ideen der Französischen Revolution und zugleich unbeugsamen Vertreter der Staatssouveränität, teuer waren.

Die Fundamente sind gelegt, die Ziele bestimmt, als 1799 der zweite Koalitionskrieg über Europa hereinbricht, dessen Kommen wie dessen Ausgang Montgelas vorausgesehen hatte. Nach dem Frieden von Lunéville 1801 kann Montgelas die bayerischen Entschädigungs-, Abrundungs- und Sicherheitswünsche mit Hilfe Frankreichs und – in geringerem Maße – Preußens und Rußlands unter vielen Schwierigkeiten etwa so verwirklichen, wie er es seit 1797, teilweise seit 1787, geplant hat. Die völlige Neuorganisation der inneren Verwaltung Bayerns hat er bereits seit dem Anfang seiner Ministertätigkeit 1799 in durchgreifender Weise in Angriff genommen. Die Schaffung einer modernen, die vielen Gebietsteile vereinigenden Konstitution kann nach dem Ende des alten Reiches und der hierdurch ermöglichten Aufhebung der Ständeverfassung erfolgen. Trotz der Waffengänge von 1805, 1806–1807, 1809, 1812–1814, 1815 und des Bündniswechsels von 1813, trotz mehrfacher lebensgefährlicher Situationen, nimmt nun der bayerische Staat seine von Montgelas entworfene und verwirklichte äußere und innere moderne Gestalt an, macht er eine Epoche stürmischer Reformen durch, von denen manche überstürzt und revisionsbedürftig, die meisten jedoch von bleibendem Wert sind. Eine der wichtigsten Fähigkeiten des Staatsmannes besitzt Montgelas in hohem Maße: Die Tendenzen seiner Zeit zu erkennen, die in der Gegenwart liegenden Möglichkeiten und Gefahren richtig einzuschätzen, die Entwicklung vorsichtig abwartend zu beobachten und dann im richtigen Moment – Montgelas tut es oft erst in der letzten Sekunde des richtigen Moments – entschlossen zu handeln. Das sichere jeweilige Erkennen der Gunst der Stunde in der Außenpolitik ermöglicht dem Minister nicht nur die Rettung und Vergrößerung des im anvertrauten Staates, sondern auch sein wahrhaft revolutionäres inneres Aufbauwerk, dessen Wurzeln wir uns bemüht haben freizulegen.

Maximilian Joseph Graf Montgelas gehört zu den eigenartigsten und erfolgreichsten Persönlichkeiten, die Deutschland aufzuweisen hatte in einer Epoche des Umbruchs, in der es mehr außergewöhnliche, zur Wirkung gelangte Begabungen besaß als jemals früher oder später seit den Tagen der Renaissance und des Humanismus.

Ungedruckte Quellen

Benützte Archivbestände (zugleich Erklärung der Abkürzungen)

Bayerisches Hauptstaatsarchiv

K. bl. = Kasten blau (politische Akten der Kurpfalz und Zweibrückens)
K. s. = Kasten schwarz (politische Akten Bayerns 15.–18. Jhdt.)
GR = Generalregistratur (Generallandesdirektion)
HR = Hofamtsregistratur
Urkunden Bayern
Fürstensachen
Staatsverwaltung
Törring-Archiv
Manuskriptsammlung
Personenselekt
Adelsmatrikel
Staatsrat
MA = Ministerium des Äußeren
MF = Ministerium der Finanzen
MH = Handelsministerium
MInn = Innenministerium
MJu = Justizministerium
Ges. = Bayerische Gesandtschaft in ... (am wichtigsten hier: Berlin, Paris, Wien)
Egg. = Nachlaß Montgelas, früher Schloß Egglkofen

Abteilung Geheimes Hausarchiv
Nachlaß Max I.
Nachlaß Gravenreuth

Abteilung Kriegsarchiv
MK = Kriegsministerium

Abteilung V, Staatsarchiv für Oberbayern
GR = Generalregistratur (Generallandesdirektion)

Staatsarchiv München

(früher Staatsarchiv für Oberbayern)

RA = Regierungsakten

Andere Staatsarchive

Haus-, Hof- und Staatsarchiv Wien

Staka Bayern = Staatskanzlei, Bayern
Staka Reich = Staatskanzlei, Reich

Archives Nationales, Paris

(Die Serien werden im einzelnen angegeben)

Archives du Ministère des Affaires Etrangères, Paris

Corr. pol. Bav. = Correspondance politique, Bavière
Corr. pol. All. = Correspondance politique, Allemagne
Ferner:
Mémoires et Documents

Württembergisches Hauptstaatsarchiv Stuttgart
Badisches Generallandesarchiv Karlsruhe
Staatsarchiv Darmstadt
Staatsarchiv Speyer

Privatarchive

Egg. = Schloß Egglkofen, Graf Montgelas (seit 1970 Hauptstaatsarchiv)
Affing = Schloß Affing bei Augsburg, Frhr. von Gravenreuth
Donzdorf = Schloß Donzdorf (Donzdorf, Lkr. Göppingen), Graf Rechberg
Ellingen = Fürstl. Wrede'sches Archiv Ellingen (Mfr.)
Fechenbach-Aufseß = Frhr. von Aufseß'sches Archiv Laudenbach bei Miltenberg, jetzt im Staatsarchiv Würzburg.
Irlbach = Schloß Irlbach bei Straubing, Frhr. von Poschinger-Bray
Jetzendorf = Schloß Jetzendorf (Lkr. Pfaffenhofen/Ilm), Frhr. von Freyberg
Daru = Archiv des Comte Daru in: Archives Nationales, Paris

Bildquellennachweis

Die Originale der drei abgebildeten Porträts befinden sich in Schloß Egglkofen. Veröffentlichung mit freundlicher Genehmigung von Rudolf Konrad Graf von Montgelas.

Gedruckte Quellen und Literatur

Arbeiten zu anderen Zeitabschnitten als dem hier behandelten, die nur im Zusammenhang mit bestimmten Spezialfragen zitiert wurden, sind hier in der Regel nicht aufgeführt.

Adalbert Prinz von Bayern, Max I. Joseph von Bayern, Pfalzgraf, Kurfürst und König, München 1957.

– Der Herzog und die Tänzerin. Die merkwürdige Geschichte Christians IV. von Pfalz-Zweibrücken und seiner Familie, Neustadt/Weinstraße 1966.

D. Albrecht, in: Handbuch der bayer. Geschichte, Hg. M. Spindler, Bd. 2, München 1969: Die Herzöge Wilhelm V. und Maximilian I., 351–409; Staat und Gesellschaft 1500–1745, 545–592; Die kirchlich-religiöse Entwicklung 1500–1749, 626–656.

K. O. Frhr. von Aretin, Heiliges Römisches Reich 1776–1806. Reichsverfassung und Staatssouveränität, 2 Bde., Wiesbaden 1967 (Bd. 1: Darstellung, Bd. 2: Dokumente).

– Kurfürst Karl Theodor und das bayerische Tauschprojekt. Ein Beitrag zur Geschichte des bayerischen Staatsgedankens der Montgelas-Zeit, Zeitschr. für bayer. Landesgeschichte 25, 1962, 745–800.

– Die Konfessionen als politische Kräfte am Ausgang des alten Reiches. Ein Beitrag zur Problematik der Reichsauflösung. Festgabe J. Lortz, Bd. 2, Baden-Baden 1958, 181–241.

– Politik und Kirche im 18. Jh. Ein Beitrag zum Verständnis der geistlichen Fürsten, Hochland 59, 1966, 23–38.

– Italien im 18. Jahrhundert, in: Handbuch der europ. Geschichte Bd. 4, Stuttgart 1968, 585–633.

R. Ayrault, La genèse du romantisme allemand, 2 Bde., Paris 1961.

P. Bailleu, Preußen und Frankreich 1795–1807, Diplomatische Correspondenzen, Erster Teil (1795–1800), Leipzig 1881.

B. Bastgen, Bayern und der Heilige Stuhl in der ersten Hälfte des 19. Jahrhunderts, Bd. 1, München 1939.

H. E. F. Bayrhoffer, Die Organisation der Rechtspflege im Gebiete der heutigen Pfalz durch die Franzosen vom Beginn der französischen Revolution 1789 bis zum 2. Pariser Frieden vom 20. 11. 1815, Diss. München 1942.

A. Becker, Die Wiedererstehung der Pfalz. Zur Erinnerung an die Begründung der bayerischen Herrschaft auf dem linken Rheinufer und deren Begründer Franz Xaver von Zwackh-Holzhausen, Zweibrücken 1916.

L. Bergsträsser, Christian Friedrich Pfeffels politische Tätigkeit in französischen Diensten, 1758–1784, Heidelberg 1906.

P. P. Bernard, Joseph II and Bavaria. Two Eighteenth Century Attempts at German Unification, Den Haag 1965.

S. S. Biro, The German Policy of Revolutionary France, 1792–1797, 2 Bde., Cambridge, Mass., 1957.

H. Bolle, Der kurpfälzische Beamtenstab der linksrheinischen Gebiete in der zweiten Hälfte des 18. Jh., Mitt. des Histor. Vereins der Pfalz 53, 1955, 87–224.

K. Bosl, Die historische Staatlichkeit der bayerischen Lande, in: K. Bosl, Zur Geschichte der Bayern, Darmstadt 1965 (Wege der Forschung Bd. 60), 644–664, und: Zeitschr. für bayer. Landesgeschichte 25, 1962, 3–19.

– Der moderne bayerische Staat von 1806 bis 1956, in: Bayern, Ein Land verändert sein Gesicht, München 1956, 11–32.

– Frühformen der Gesellschaft im mittelalterlichen Europa, München–Wien 1964.

M. Boucher, La Révolution de 1789, vue par les écrivains allemands, ses contemporains, Paris 1954.

M. Braubach, Vom Westfälischen Frieden zur Französischen Revolution, und: Von der Französischen Revolution bis zum Wiener Kongreß, in: B. Gebhardt, Handbuch der deutschen Geschichte, hg. von S. Grundmann, Bd. 2 und 3, Stuttgart 1970.

– Geschichte und Abenteuer, Gestalten um den Prinzen Eugen, München 1950.

– Maria Theresias jüngster Sohn Max Franz, letzter Kurfürst von Köln und Fürstbischof von Münster, Wien 1961.

– Prinz Eugen von Savoyen, Bd. 5, München 1966.

H. Brunschwig, La crise de l'Etat prussien à la fin du XVIIIe siècle et la genèse de la mentalité romantique, Paris 1947, dt. Berlin 1975.

F. Buech, Christoph Wilhelm Koch (1737–1813), der letzte Rechtslehrer der alten Straßburger Hochschule. Ein Bild aus dem elsässischen Gelehrtenleben, Frankfurt/M. 1936.

R. Cobb, Les armées révolutionnaires, instrument de la terreur dans les départments (avril 1793 – floréal an II), 2 Bde., Paris 1961/1963.

A. Conrady, Die Rheinlande in der Franzosenzeit (1750–1815), Stuttgart 1922.

C. W. Crawley (Hg.), War and Peace in an Age of Upheavel, 1793–1832 (The New Cambridge Modern History Bd. IX), 1965.

Ch. Daniel, Les jésuites franc-maçons et les Illuminés de Bavière, in: Etudes religieuses, historiques et littéraires, 9, Paris 1923, 342–377.

F. Dobmann, Georg Friedrich Frhr. von Zentner als bayerischer Staatsmann in den Jahren 1799–1821, München (Kallmünz) 1962.

L. Doeberl, Maximilian von Montgelas und das Prinzip der Staatssouveränität, München 1925.

M. Doeberl, Entwicklungsgeschichte Bayerns, Bd. 2 (1648–1825), München 1928[3].

– Der Ursprung der Amortisationsgesetzgebung in Bayern. Ein Beitrag zur Kulturgeschichte des 17. und 18. Jh., Forschungen zur Geschichte Bayerns, Bd. 10, 1902, 182–262.

– siehe auch unter Montgelas.

Drey merkwürdige Aussagen, die innere Einrichtung des Illuminatenordens betreffend, (München) 1786 (Verfasser Cosandey, Grünberger, Renner, Utzschneider).

J. Droz, L'Allemagne et la Révolution française, Paris 1949.

– La légende du complot illuministe et les origines du romantisme politique en Allemagne, Revue Historique 226, 1961, 313–338.

– Le romantisme allemand et l'Etat, Paris 1966.

R. Dufraisse, Les populations de la rive gauche du Rhin et le service militaire à la fin de l'Ancien Régime et à l'époque révolutionnaire, Revue Historique 231, 1964, 103–140.

R. van Dülmen, Propst Franziskus Töpsl (1711–1796) und das Augustiner-Chorherrenstift Polling, Ein Beitr. zur Geschichte der kathol. Aufklärung in Bayern, Kallmünz 1967.

– Antijesuitismus und katholische Aufklärung in Deutschland, Histor. Jahrbuch 89, 1969, 52–80.
R. Graf Du Moulin Eckart, Bayern unter dem Ministerium Montgelas, Bd. 1 (1799 bis 1800), München 1895.
– Bayerische Zustände und die französische Propaganda im Jahr 1796, Forschungen zur Kultur- und Literaturgeschichte Bayerns 2, 1894, 168–211.
– Aus den Papieren eines Illuminaten, ebd. 3, 1895, 186–239.
– Der Waffenstillstand von Pfaffenhofen, ebd. 6, 1898, 55–76.
M. Dunan, Napoléon et l'Allemagne. Le système continental et les débuts du royaume de Bavière, 1806–1810, Paris 1942.
L. Eid, Reichsgräfin Marianne von der Leyen geb. von Dalberg. Nach dem Tode des Vf. hg. von W. Krämer, Saarbrücken 1937.
L. Engel, Geschichte des Illuminatenordens, Berlin 1906.
K. Epstein, The Genesis of German Conservativism, Princeton 1966, dt. Frankf. 1973.
K. D. Erdmann, Volkssouveränität und Kirche, Köln 1949.
A. Ernstberger, Österreich und Preußen von Basel bis Campo Formio, 1795–1797, I. Teil, Der Westen, Krieg und Frieden mit Frankreich, Prag 1932.
K.-G. Faber, Verwaltungs- und Justizbeamte auf dem linken Rheinufer während der französischen Herrschaft. Eine personengeschichtliche Studie. In: Aus Geschichte und Landeskunde, Festschrift F. Steinbach, Bonn 1960, 350–388.
- Andreas van Recum, 1765–1828, ein rheinischer Kosmopolit, Bonn 1969.
A. Faivre, Eckartshausen et la théosophie chrétienne, Paris 1969.
H. E. Feine, Kirchliche Rechtsgeschichte, Bd. 1, Die katholische Kirche, Weimar 1955³.
W. J. Fichtl, Das bayrische Bücherzensurkollegium (1769–1799), Diss. München (1940), ungedruckt, 2 Teile. Nur der Anfang gedruckt Kallmünz 1941.
H. Fieger, Don Ferdinand Sterzinger, München 1907.
Paula Fischer, Pater Frank, Diss. München 1944.
A. Fournier, Illuminaten und Patrioten, in: A. Fournier, Historische Studien und Skizzen, Bd. 1, Prag 1885, 211–252.
P. Fuchs, Palatinatus illustratus. Die historische Forschung an der Kurpfälzischen Akademie der Wissenschaften, Mannheim 1963.
J. Godechot, Les commissaires aux armées sous le Directoire. Contribution à l'étude des rapports entre les pouvoirs civils et militaires, 2 Bde., Paris 1937.
– Les institutions de la France sous la Révolution et l'Empire, Paris 1968².
– La Grande Nation. L'expansion révolutionnaire de la France dans le monde, 1789 bis 1799, 2 Bde., Paris 1956.
– La Contre-Révolution, 1789–1804, Paris 1961.
– Les révolutions (1770–1799), Paris 1970³ (Nouvelle Clio).
J. E. Graf von Goertz, Historische und politische Denkwürdigkeiten, Frankfurt/M. 1827.
H. Gollwitzer, Europabild und Europagedanke. Beiträge zur deutschen Geistesgeschichte des 18. und 19. Jh., München 1964².
G. P. Gooch, Germany and the French Revolution, London 1920.
A. Goodwin (Hg.), The American and French Revolutions, 1763–1793, The New Cambridge Modern History, Bd. VIII, 1965.
A. Grassl, Westenrieders Briefwechsel mit einer Darstellung seiner inneren Entwicklung, München 1934.

H. Grassl, Aufbruch zur Romantik. Bayerns Beitrag zur deutschen Geistesgeschichte 1765–1785, München 1968.
G. Grosjean, La politique rhénane de Vergennes, Paris 1925.
Große Absichten des Ordens der Illuminaten, dem patriotischen Publikum vorgelegt von vier ehemaligen Mitgliedern, (München) 1786, mit Nachtrag (Verfasser Cosandey, Grünberger, Renner, Utzschneider).
P. Guggenheim, Emer de Vattel und das Völkerrecht, Vorwort zur Ausgabe von Vattels ‹Droit des gens›, in: Die Klassiker des Völkerrechts, Bd. 3, Tübingen 1959.
L. Hammermayer, Gründungs- und Frühgeschichte der Bayerischen Akademie der Wissenschaften, München 1959 (bis 1770, der 2. Band 1770–1807 in Vorbereitung).
– Sammlung, Edition und Kritik der Monumenta Boica (1765–1768), Oberbayerisches Archiv 80, 1955, 1–44.
– Das Ende des alten Bayern. Die Zeit des Kurfürsten Max III. Joseph (1745–1777) und des Kurfürsten Karl Theodor (1777–1799), in: Handbuch der bayerischen Geschichte, hg. von M. Spindler, Bd. 2, München 1969, 985–1102.
E. F. Hanfstaengl, Amerika und Europa von Marlborough bis Mirabeau. Das belgisch-bayerische Tauschprojekt, München 1930.
J. Hansen, Quellen zur Geschichte des Rheinlandes im Zeitalter der französischen Revolution, 1780–1801, 4 Bde., Bonn 1931–1938.
H. Haussherr, Hardenberg, Eine politische Biographie, I. Teil, 1750–1800, hg. von K. E. Born, Köln–Graz 1963; III. Teil: Die Stunde Hardenbergs, Köln–Graz 1965.
– Hardenbergs Reformdenkschrift Riga 1807, HZ 157, 1937, 267–308.
K. Th. von Heigel, Deutsche Geschichte vom Tode Friedrichs des Großen bis zur Auflösung des alten Reiches, 2 Bde., Stuttgart–Berlin 1899/1911.
– Censurwesen in Altbayern. Neue Historische Vorträge und Aufsätze, München 1883, 231–257.
– Die Beziehungen der Herzöge Karl August und Max Joseph zu Preußen. Histor. Vierteljahresschrift 3, 1900, S. 27 ff.
– Die Übergabe der pfalzbayerischen Festung Mannheim an die Franzosen am 20. 9. 1795 und die Verhaftung der Minister Graf Oberndorf und Salabert am 23. 11. 1795, Abh. der Bayer. Akademie der Wissenschaften, Phil.-Histor. Klasse X, München 1893.
– Der angebliche Mannheimer Verrat von 1795, in: Geschichtliche Bilder und Skizzen, München 1897.
– Neue Denkwürdigkeiten vom pfalzbayerischen Hofe unter Karl Theodor, in: Quellen und Abhandlungen zur neueren Geschichte Bayerns, Neue Folge, München 1890.
– Artikel ‹Montgelas› in der Allgemeinen Deutschen Biographie Bd. 22 (1885), 193–204.
F. Hertz, The Development of the German Public Mind. A Social History of German Political Sentiments, Aspirations and Ideas, Bd. 2, London 1962.
G. Heyl, Der Geistliche Rat in Bayern unter Kurfürst Maximilian I. (1598–1651), ungedr. Münchner Diss. 1956.
– Der Religions- und Geistliche Lehenrat (1556–1559), in: Bayern, Staat und Kirche, Land und Reich, W. Winkler zum Gedächtnis, München (1960), 9–34.
W. Hofler, Das System des Illuminatenordens und seine soziologische Bedeutung, ungedruckte Diss. Heidelberg 1957.
E. Hölzle, Das alte Recht und die Revolution. Eine politische Geschichte Württembergs in der Revolutionszeit 1789–1805, München-Berlin 1931.
– Württemberg im Zeitalter Napoleons und der deutschen Erhebung, Stuttgart 1937.

H. H. Hofmann, Adelige Herrschaft und souveräner Staat. Studien über Staat und Gesellschaft in Franken und Bayern im 18. und 19. Jh., München 1962.

L. Hoffmann, Geschichte der direkten Steuern in Bayern vom Ende des 13. bis zum Beginn des 19. Jh., Leipzig 1883.

E. R. Huber, Deutsche Verfassungsgeschichte seit 1789, Bd. 1, Reform und Restauration, 1789–1830, Stuttgart 1967².

H. Hüffer, Oestreich und Preußen gegenüber der französischen Revolution bis zum Abschluß des Friedens von Campo Formio, Bonn 1868.

– Der rastatter Congreß und die zweite Coalition, 2 Bde., Bonn 1878/79 (alle drei Bände bilden: H. Hüffer, Europa im Zeitalter der französischen Revolution, Studien und Ausführungen).

– *und F. Luckwaldt* (Hg.), Quellen zur Geschichte des Zeitalters der französischen Revolution, Teil II Bd. 1: Der Friede von Campo Formio. Urkunden und Aktenstücke zur Gesch. der Beziehungen zwischen Österreich und Frankreich in den Jahren 1795 bis 1797, Innsbruck 1907.

O. *Jung,* Die pfälzische Kirche und die französische Herrschaft (1793–1814), Grünstadt 1939.

L. Just, Der Mittelrhein im Zeitalter der französischen Revolution und Napoleons, Jahrb. für Gesch. und Kunst des Mittelrheins und seiner Nachbargebiete 10, 1958, 52 bis 66.

Karl Friedrich von Baden, Politische Korrespondenz Karl Friedrichs von Baden 1783 bis 1806, hg. von K. *Obser* und (Bd. 2) K. *Erdmannsdorfer,* 6 Bde., Heidelberg 1888–1915.

E. Klein, Von der Reform zur Restauration. Finanzpolitik und Reformgesetzgebung des preußischen Staatskanzlers Karl August von Hardenberg, Berlin 1965.

A. Kleinschmidt, Karl Theodor, Friedrich zu Salm und F. X. von Zwackh, Neue Heidelberger Jahrbücher 7, 1892, 199–216.

L. Klipfel, Les débuts de l'occupation française sur la rive gauche du Rhin, 1793–1795, Paris 1933.

R. Kloos, Bayerns Weg zum modernen Staat, Ausstellung des Bayerischen Hauptstaatsarchivs München zum 150. Jahrestag der Verfassung des Königreichs Bayern vom 26. Mai 1818, München 1968.

A. Kluckhohn, Die Illuminaten und die Aufklärung in Bayern, in: Vorträge und Aufsätze, München 1894, 344–399.

– Aus dem handschriftlichen Nachlasse L. Westenrieders, I. Abt., Denkwürdigkeiten und Tagebücher, Abh. der Bayer. Akad. der Wissenschaften, Phil.-Histor. Klasse, Bd. 16, 2. Abteilung, 1882.

(*Knigge, A. Frhr. von* – anonym) Philo's endliche Erklärung und Antwort auf verschiedene Anforderungen und Fragen, die an ihn ergangen, seine Verbindung mit dem Orden der Illuminaten betreffend, Hannover 1788.

R. Koselleck, Preußen zwischen Reform und Revolution, Stuttgart 1975².

A. Kraus, Die historische Forschung an der Churbayerischen Akademie der Wissenschaften 1759–1806, München 1959.

– Vernunft und Geschichte. Die Bedeutung der deutschen Akademien für die Entwicklung der Geschichtswissenschaft im späten 18. Jh., Freiburg 1963.

– Die Briefe P. Roman Zirngibls an Lorenz von Westenrieder. Verh. des Histor. Vereins für Oberpfalz und Regensburg, Teil I: Bd. 103, 1963, 5–163; Teil II: Bd. 104, 1964, 5–164.

– Die Kurfürsten Ferdinand Maria, Max II. Emanuel und Karl Albrecht, in: Handbuch der bayer. Geschichte, hg. von M. Spindler, Bd. 2, München 1969, 411–472.
Liane Freiin von Kreß, Herzog Wilhelm von Birkenfeld, Bayer. Staatszeitung – Unser Bayern, 1953, Nr. 1 (Januar).
K. H. Ritter von Lang, Aus der bösen alten Zeit. Memoiren des Ritters von Lang. Stuttgart 1881 (seitdem viele Neuausgaben).
Laubmann, G., siehe Montgelas.
G. Lefebvre, La Révolution française, Paris 1951, Neuauflage hg. von A. *Soboul*, Paris 1968[6].
R. Le Forestier, Les Illuminés de Bavière et la Franc-Maçonnerie allemande, Paris 1914.
L. Lévy-Schneider, Le Conventionnel Jeanbon Saint-André, Paris 1901.
– Les habitants de la rive gauche du Rhin et la France sous le premier Empire, in: La Révolution française 42, 1902.
– L'Œuvre administrative de Jeanbon Saint-André dans les pays rhénans, La Revue rhénane 5, 1925, 364–373.
H. Lieberich, Rechtsgeschichte Bayerns und des bayerischen Schwaben, in: Heimatgeschichtlicher Ratgeber, München 1953, 80–110.
– Die Rechtsformen des bäuerlichen Besitzes in Altbayern, in: Mitteilungen für die Archivpflege in Oberbayern, Nr. 6, 1947, 159–176e (vervielfältigt).
– Die Leibeigenschaft im Herzogtum Bayern, ebd. Nr. 28, 1948, 741–761.
– Die Anfänge der Polizeigesetzgebung des Herzogtums Baiern, Festschr. für Max Spindler zum 75. Geburtstag, München 1969, 307–378.
F. J. Lipowsky, Bayerns Kirchen- und Sittenpolizei unter seinen Herzögen und Kurfürsten, München 1821.
F. Lütge, Die bayerische Grundherrschaft, Untersuchungen über die Agrarverfassung Altbayerns im 16.–18. Jh., Stuttgart 1949.
– Die landesherrlichen Urbarsbauern in Ober- und Niederbayern, Quellen und Forschungen zur Agrargeschichte, 2, 1943.
Deutsche Sozial- und Wirtschaftsgeschichte. Ein Überblick, Berlin 1966[3].
– Geschichte der deutschen Agrarverfassung vom frühen Mittelalter bis zum 19. Jh., Stuttgart 1967[2].
H. Lutz, Die Herzöge Wilhelm IV. und Albrecht V. (S. 297–350); Vom Humanismus zur Gegenreformation (S. 767–778), in: Handbuch der bayer. Geschichte, hg. von M. Spindler, Bd. 2, München 1969.
F. Maass, Der Josephinismus (1760–1850), 5 Bde., Wien 1952–1960 (hier Bd. 1–4 einschlägig).
– Der Frühjosephinismus, Wien 1969.
Ilse Mackenthum, Joseph von Utzschneider, sein Leben, sein Wirken, seine Zeit. Ein Beitrag zur bayerischen Wirtschaftsgeschichte, staatswirtschaftl. Diss. München 1958.
L. Maenner, Bayern vor und in der französischen Revolution, Stuttgart 1927.
H. Maier, Revolution und Kirche. Studien zur Frühgeschichte der christlichen Demokratie (1789–1850), Freiburg 1975[4].
– Die ältere deutsche Staats- und Verwaltungslehre, München 1980[2].
J. Chr. von Mannlich, Rokoko und Revolution, Lebenserinnerungen des Joh. Christian von Mannlich, 1741–1822, hg. von F. *Matthaesius*, Stuttgart 1966 (Die Übersetzung beruht im wesentlichen auf der Ausgabe von E. *Stollreiter*, Berlin 1910 und 1913).

Frhr. von Meggenhofen, Meine Geschichte und Apologie. Ein Beitrag zur Illuminatengeschichte, sine loco 1786.

Hertha Mittelberger, Joh. Christian von Hofenfels, 1744–1787, München 1934.

P. Montarlot, L. Pingaud, Le Congrès de Rastatt. Correspondances et documents, 3 Bde., Paris 1912/13.

M. J. Graf von Montgelas,

Denkwürdigkeiten des bayerischen Staatsministers Maximilian Grafen von Montgelas (1799–1817), im Auszug aus dem französischen Original übersetzt von Max Frhr. von Freyberg-Eisenberg und hg. von Ludwig Grafen von Montgelas, Stuttgart 1887 (betrifft die Außenpolitik).

– Denkwürdigkeiten des Grafen Maximilian Joseph von Montgelas über die innere Staatsverwaltung Bayerns (1799–1817), hg. von G. Laubmann und M. Doeberl. Nebst einer Einleitung über die Entstehung des modernen Staates in Bayern von M. Doeberl, München 1908 (Edition französisch).

– Briefe des Staatsministers Grafen M. J. Montgelas, hg. von *Julie von Zerzog,* Regensburg 1853 (Privatbriefe ab 1826).

E. Naujoks, Die Französische Revolution und Europa, 1789–1799, Stuttgart 1969.

NOS = Nachtrag von weiteren Originalschriften, welche die Illuminatensekte ... betreffen und bey der auf dem Baron Bassusischen Schloß zu Sandersdorf ... vorgenommenen Visitation entdeckt ... worden sind, München 1787, 2 Abteilungen (vollständiger Titel Kap. 3 Anm. 9).

OS = Einige Originalschriften des Illuminatenordens, welche bey dem gewesenen Regierungsrathe Zwackh durch vorgenommene Haussuchung zu Landshut den 11. und 12. October 1786 vorgefunden worden. Auf höchsten Befehl Seiner Churf. Durchlaucht zum Druck befördert. München 1787.

A. Frhr. von Ow, Münchner Neuigkeiten aus den Jahren 1795–1799, Altbayer. Monatsschrift 3, 1910/1912, S. 26 ff.

C. Th. Perthes, Politische Zustände und Personen in Deutschland zur Zeit der französischen Herrschaft, 2 Bde., Gotha 1862/1869 (hier besonders Bd. 1).

G. Pfeiffer, Die Umwandlung Bayerns in einen paritätischen Staat, in: Bayern, Staat und Kirche, Land und Reich, W. Winkler zum Gedächtnis, München (1961), 35–109.

Gg. Pfeilschifter-Baumeister, Der Salzburger Kongreß und seine Auswirkung, 1770 bis 1777, Paderborn 1929.

W. Philipp, Das Werden der Aufklärung in theologiegeschichtlicher Sicht, Göttingen 1957.

Philo s. *Knigge.*

H. von Poschinger, Bankgeschichte des Königreiches Bayern. I. Die Banken und Bankprojekte des Mutterlandes, 1664–1806, 1874.

C. Prantl, Geschichte der Ludwigs-Maximilians-Universität in Ingolstadt, Landshut, München, 2 Bde., München 1872.

H. Raab, Die Concordata Nationis Germanicae in der kanonistischen Diskussion des 17. bis 19. Jh. Ein Beitrag zur Geschichte der episkopalistischen Theorie in Deutschland. Wiesbaden 1956.

– Clemens Wenzeslaus von Sachsen und seine Zeit (1739–1812), Bd. 1, Dynastie, Kirche und Reich im 18. Jh., Freiburg 1962.

H. Raffael, Ausbau und Entwicklung der Ministerialverfassung Bayerns unter Maximilian von Montgelas (1799–1808), ungedr. jur. Diss. München 1952.

H. Rall, Kurbayern in der letzten Epoche der alten Reichsverfassung, 1745–1801, München 1952.
– Pfalzbayerns Probleme im Urteil der Zweibrückener Reformer, Zeitschr. f. bayer. Landesgeschichte 18, 1955, 408–434.
L. von Ranke, Die deutschen Mächte und der Fürstenbund, Deutsche Geschichte von 1780 bis 1790, Leipzig 1875².
A. von Raumer, Der Ritter von Lang und seine Memoiren, hg. von K. A. von Müller und K. von Raumer, München 1923.
K. von Raumer, M. Botzenhart, Deutschland um 1800, Krise und Neugestaltung 1789–1815, in: Handbuch der deutschen Geschichte, begr. von O. Brandt, fortgeführt von A. O. Meyer, neu hg. von L. Just, Bd. III, 1. Teil, Wiesbaden 1980.
– Frhr. vom Stein, Reden und Aufsätze, hg. von H. Gollwitzer und R. Vierhaus, Münster 1961.
– Der Frhr. vom Stein und Goethe, HZ 201, 1965, 13–56.
– Zur Beurteilung der preußischen Reform, Gesch. in Wiss. und Unterricht 1967, 333 bis 348.
W. Real, Von Potsdam nach Basel. Studien zur Gesch. der Beziehungen Preußens zu den europäischen Mächten vom Regierungsantritt Friedrich Wilhelms II. bis zum Abschluß des Friedens von Basel, 1786–1795, Basler Beiträge zur Gesch.Wiss. Bd. 70, 1958.
– Der Friede von Basel, Basler Zeitschrift 1951, 27–112; 1952, 115–228.
F. X. Remling, Die Rheinpfalz in der Franzosenzeit 1792–1798, 2 Bde., Speyer 1865/1866.
J. Richerateau, Le rôle politique du professeur Koch, Strasbourg 1936.
E. Riedenauer, Gesandter des Kaisers am Fränkischen Kreis. Aus der Korrespondenz des Grafen Schlick zwischen Fürstenbund und Reichskrieg, Zs. für bayer. Landesgeschichte 28, 1965, 259–367.
– Reichsverfassung und Revolution. Zur Persönlichkeit und Politik des fränkischen Kreisgesandten Friedrich Adolph von Zwanziger, Zs. f. bayer. Landesgeschichte 31, 1968, 124–196 und 501–574.
G. Ritter, Stein. Eine politische Biographie, 2 Bde., Stuttgart 1931, Neuausgabe in einem Bd. 1958³.
H. Rössler, Zwischen Revolution und Reaktion. Ein Lebensbild des Reichsfreiherrn Hans Christoph von Gagern, 1766–1852, Göttingen 1958.
I. Rudhart, Über den Zustand des Königreichs Bayern nach amtlichen Quellen, 3 Bde., Stuttgart 1825.
R. Rürup, Johann Jacob Moser, Pietismus und Reform, Wiesbaden 1965.
– Die Judenemanzipation in Baden, Zs. f. die Gesch. des Oberrheins 114, 1966, 241–300.
– Judenemanzipation und bürgerliche Gesellschaft in Deutschland, in: Gedenkschrift Martin Göhring, hg. von E. Schulin, Wiesbaden 1968, 174–199.
Ph. Sagnac, Le Rhin français pendant la Révolution et l'Empire, Paris 1917.
H. Scheel, Süddeutsche Jakobiner. Klassenkämpfe und republikanische Bestrebungen im deutschen Süden Ende des 18. Jh., Bln. 1962.
– (Hg.) Jakobinische Flugschriften aus dem deutschen Süden Ende des 18. Jh., Bln. 1965.
A. M. Scheglmann, Geschichte der Säkularisation im rechtsrheinischen Bayern, Bd. 1, Regensburg 1903.
J. Schick, Der Reichstag zu Regensburg im Zeitalter des Basler Friedens, 1792–1795, 1931.
Th. Schieder (Hg.), Handbuch der europäischen Geschichte Bd. 4, Stuttgart 1968.

H. Schmelzle, Der Staatshaushalt des Herzogtums Bayern im 18. Jh. Mit Berücksichtigung der wirtschaftlichen, politischen und sozialen Verhältnisse des Landes. Stuttgart 1900.

Ch. Schmidt, Les sources de l'histoire des territoires rhénans de 1792 à 1814 dans les archives rhénanes et à Paris, Paris 1921.

Eberh. Schmitt, Repräsentation und Revolution. Eine Untersuchung zur Genesis der kontinentalen Theorie und Praxis parlamentarischer Repräsentation aus der Herrschaftspraxis des Ancien Régime in Frankreich (1760–1789), München 1969.

F. Schmitt, Die provisorische Verwaltung des Gebietes zwischen Rhein, Mosel und französischer Grenze durch Österreich und Bayern in den Jahren 1814–1816, Diss. Mainz 1961.

F. Schnabel, Deutsche Geschichte im 19. Jh., Bd. 1, Freiburg 1937[2].

– Sigismund von Reitzenstein, der Begründer des badischen Staates, Heidelberg 1927.

H. Schnee, Die Hoffinanz und der moderne Staat. Geschichte und System der Hoffaktoren an deutschen Fürstenhöfen im Zeitalter des Absolutismus. Bd. 4: Hoffaktoren an süddeutschen Fürstenhöfen nebst Studien zur Geschichte des Hoffaktorentums in Deutschland, Berlin 1963.

– Die Familie Seligmann-Eichthal als Hoffinanciers an süddeutschen Fürstenhöfen, Zeitschr. für bayer. Landesgeschichte 25, 1962, 163–201.

F. J. Schneider, Die Freimaurerei und ihr Einfluß auf die geistige Kultur in Deutschland am Ende des 18. Jh., Prag 1909.

E. Schremmer, Gewerbe und Handel. Zweiter Teil: Die Epoche des Merkantilismus, in: Handbuch der bayer. Geschichte, Hg. M. Spindler, Bd. 2, München 1969, S. 673–716.

– Die Wirtschaft Bayerns vom hohen Mittelalter bis zum Beginn der Industrialisierung. Bergbau, Gewerbe, Handel. München 1970.

R. Schrepfer, Pfalzbayerns Politik im Revolutionszeitalter, Diss. München 1903.

Gg. Schwaiger, Die altbayerischen Bistümer Freising, Passau und Regensburg zwischen Säkularisation und Konkordat (1803–1817), München 1959.

St. Schwarz, Die Juden in Bayern im Wandel der Zeiten, München 1963.

J. G. Schweighaeuser, Vie de Christian Guillaume Koch ... rédigée au nom du Séminaire protestant, Strasbourg 1813.

G. Slawinger, Die Manufaktur in Kurbayern. Die Anfänge der großgewerblichen Entwicklung in der Übergangsepoche vom Merkantilismus zum Liberalismus, 1740–1833, Stuttgart 1966.

A. Sorel, L'Europe et la Révolution française, 8 Bde., Paris 1885–1911, hier besonders Bd. 1–4, 1885–1905.

C. Speyer, Zur Geschichte des Mannheimer Bankhauses Schmalz, Mannheimer Geschichtsblätter 1926.

M. Spindler, Joseph Anton Sambuga und die Jugendentwicklung König Ludwigs I., Diss. München 1927.

– Der neue Staat Montgelas' und Ludwigs I., in: Unbekanntes Bayern Bd. 8, München 1964, 210–219.

– Erbe und Verpflichtung, Aufsätze und Vorträge zur bayer. Geschichte, hg. von A. Kraus, München 1966.

– (Hg.) Handbuch der bayer. Geschichte, Bd. 2, München 1969.

M. Springer, Die Franzosenzeit in der Pfalz 1792–1814 (Département Donnersberg), Berlin 1926.

H. Ritter von Srbik, Metternich, Der Staatsmann und der Mensch, Bd. 1, München 1925 (1957³).
L. Stamer, Kirchengeschichte der Pfalz, III. Teil 2. Hälfte, Von der Reform zur Aufklärung. Ende der mittelalterlichen Diözesen (1685–1801), Speyer 1959.
Frhr. vom Stein, Briefe und amtliche Schriften, hg. von W. Hubatsch, hier besonders Bd. II/1, bearbeitet von P. G. Thielen, Stuttgart 1959.
O. *Steinwachs*, Der Ausgang der landschaftlichen Verordnung in Bayern, Oberbayerisches Archiv 55, 1910, 60–138; 294–332; 56, 1912, 37–58; 57, 1913, 38–117.
A. Stern, Der Einfluß der Französischen Revolution auf das deutsche Geistesleben, Stuttgart 1928.
D. Struß, Karl von Eckartshausen, ein Trivialmystizist zwischen Aufklärung und Magie, Diss. Freiburg 1958 (ungedruckt).
H. von Sybel, Geschichte der Revolutionszeit, 5 Bde., Düsseldorf 1853–1879, hier besonders Bd. 1–3 (bis 1795), 1853–1858 (1859²).
P. G. Thielen, Hardenberg, eine Biographie, Köln 1967.
C. *Träger*, Mainz zwischen Rot und Schwarz. Die Mainzer Revolution 1792–1793 in Schriften, Reden und Briefen, Berlin 1963.
H. von Treitschke, Deutsche Geschichte im 19. Jh., hier Bd. 1, Leipzig 1879 (1886⁴).
L. Uhlig, Georg Forster, Einheit und Mannigfaltigkeit in seiner geistigen Welt, Tübingen 1965.
J. von Utzschneider, Mit welchen Schwierigkeiten begann im Jahr 1799 und 1800 die Regierung Sr. Majestät des Königs Maximilian Joseph in Bayern?, München 1837.
– Schriften über den Illuminatenorden s. *E. Weis*, Mo. und der Illuminatenorden.
F. Valjavec, Die Entstehung der politischen Strömungen in Deutschland, 1770–1815, München 1951.
– Geschichte der abendländischen Aufklärung, Wien-München 1961.
E. de Vattel s. *P. Guggenheim*.
F. Venturi, Da illuminista a illuminata, in: La cultura illuminata, Turin 1957.
J. Vidalenc, Les émigrés français, 1789–1825, Caen 1963.
A Ritter von Vivenot, Zur Geschichte des Rastatter Congresses, Wien 1871.
Hedwig Voegt, Die deutsche jakobinische Literatur und Publizistik, Berlin 1955.
W. *Volkert*, Thomas von Bassus (1742–1815). Ein Graubündner Edelmann in Bayern, Verh. des Histor. Vereins für Oberpfalz und Regensburg 101, 1961, 121–145.
– Schloßarchiv Sandersdorf, Bayer. Archivinventare H. 18, 1962.
Bernarda Wagner, Die Säkularisation der Klöster im Gebiet der heutigen Stadt Passau 1802–1836, Münchner Diss., Passau 1935.
F. Wagner, Europa im Zeitalter des Absolutismus, 1648–1789, München 1959².
– Kaiser Karl VII. und die großen Mächte, 1740–1745, München 1938.
– (Hg.) Handbuch der europäischen Geschichte Bd. 4, Stuttgart 1968.
- Europa im Zeitalter des Absolutismus und der Aufklärung. Die Einheit der Epoche. Ebd. S. 1–163.
H. Weber, Die Politik des Kurfürsten Karl Theodor von der Pfalz während des Österreichischen Erbfolgekrieges (1742–1748), Bonn 1956.
W. *Weber*, Bildnerische Darstellungen des Schlosses Karlsberg, Mitteilungen des Histor. Vereins der Pfalz, 67, 1969, 362–374.
F. Weckerle, Die pfalz-bayerische Sechs-Millionen-Anleihe bei den Häusern Schmaltz und Seeligmann v. J. 1796 ... Zeitschr. für bayer. Landesgesch. 13, 1941/42, 297–329.

E. Weis, Montgelas' Vater, Janus Frhr. von Montgelas (1710–1767), Bayerischer General und Diplomat. Ein Beitrag zur Geschichte der bayerischen Politik während des Siebenjährigen Krieges, Zeitschr. f. bayer. Landesgesch. 26, 1963, 255–322.

– Geschichtsschreibung und Staatsauffassung in der französischen Enzyklopädie, Wiesbaden 1956.

– Die Begründung des modernen bayerischen Staates unter König Max I. ..., in: M. Spindler (Hg.), Handbuch der bayer. Geschichte, Bd. IV/1, München 1974, 3–88.

– Bayerns Beitrag zur Wissenschaftsentwicklung im 19. und 20. Jahrhundert, in: M. Spindler (Hg.) ebd. Bd. IV/2, München 1975, 1034–1088.

– Montgelas' innenpolitisches Reformprogramm. Das Ansbacher Memoire für den Herzog vom 30. 9. 1796, Zs. f. bayer. Landesgesch. 33, 1970, H. 1 (Festschr. f. H. Lieberich), 219–256.

A. Weishaupt, Vollständige Geschichte der Verfolgung der Illuminaten in Baiern, Frankfurt-Leipzig 1786.

– Apologie der Illuminaten, Frankfurt-Leipzig 1786 (anonym).

– Einleitung zu meiner Apologie, Frankfurt-Leipzig 1787.

– Bemerkungen über einige Originalschriften des Illuminatenordens ... Frankfurt-Leipzig 1787.

– Pythagoras oder Betrachtung über die geheime Welt- und Regierungskunst, 1790.

P. Wende, Die geistlichen Staaten und ihre Auflösung im Urteil der zeitgenössischen Publizistik, Lübeck 1966.

E. Graf von Westerholt, Lezay Marnésia, Sohn der Revolution und Präfekt Napoleons, Meisenheim 1958 (Mainzer Diss.).

W. Winkler, Pfälzischer Geschichtsatlas, Speyer 1935.

E. Winter, Der Josefinismus ... 1740–1848, Berlin (Ost) 1962.

G. Winter, Die Reorganisation des preußischen Staates unter Stein und Hardenberg, Bd. 1, Berlin 1931.

L. Wolfram, Die Illuminaten in Bayern und ihre Verfolgung. Auf Grund aktenmäßigen Befundes dargestellt. Programm des humanist. Gymnasiums Erlangen 1899, S. 2–44; 1900, S. 1–78.

W. Wühr, Die Emigranten der französischen Revolution im bayerischen und fränkischen Kreis, München 1938.

Zerzog s. *Montgelas*.

F. Zimmermann, Bayerische Verfassungsgeschichte vom Ausgang der Landschaft bis zur Verfassungsurkunde von 1818, 1. Vorgeschichte und Entstehung der Konstitution von 1808, München 1940.

W. Zorn, Handels- und Industriegeschichte Bayerisch-Schwabens 1648–1870, Augsburg 1961.

– Kleine Wirtschafts- und Sozialgeschichte Bayerns, 1806–1933, München 1962.

(*F. X. von Zwackh*, anonym), Anhang zu den Originalschriften des Illuminatenordens, Frankfurt-Leipzig 1787.

H. K. von Zwehl, Der Kampf um Bayern, 1805, I: Der Abschluß der bayerisch-französischen Allianz, München 1937.

– Die bayerische Politik im Jahre 1805, Urkunden, mit einer Einführung von A. Rithaler, München 1964.

Ergänzende Literaturangaben aus den Jahren seit 1971

M. *Agethen*, Geheimbund und Utopie. Illuminaten, Freimaurer und deutsche Spätaufklärung, München 1984; H. *Ammerich*, Landesherr und Landesverwaltung. Beiträge zur Regierung von Pfalz-Zweibrücken am Ende des Alten Reiches, Saarbrücken 1981; K. O. *von Aretin*, Bayerns Weg zum souveränen Staat. Landstände und konstitutionelle Monarchie, 1714–1818, München 1976; R. *Bauer*, Der kurfürstliche geistliche Rat und die bayerische Kirchenpolitik 1768–1802, München 1971; W. *Demel*, Der bayerische Staatsabsolutismus 1806/08–1817. Staats- und gesellschaftspolitische Motivationen und Hintergründe der Reformära in der ersten Phase des Königreichs Bayern, München 1983; W. *Dotzauer*, Freimaurergesellschaften am Rhein. Aufgeklärte Sozietäten auf dem linken Rheinufer vom Ausgang des Ancien Régime bis zum Ende der napoleonischen Herrschaft, Wiesbaden 1977; R. *van Dülmen*, Der Geheimbund der Illuminaten. Darstellung, Analyse, Dokumentation, Stuttgart 1975; F. *Dumont*, Die Mainzer Republik von 1792/93. Studien zur Revolutionierung in Rheinhessen und der Pfalz, Alzey 1982; P. *Fuchs*, Karl (IV.) Theodor, Kurfürst NDB Bd. 11, 1977, S. 252–258; H. *Glaser* (Hg.), Krone und Verfassung. König Max I. Joseph und der neue Staat (Wittelsbach und Bayern III/1), München 1980 (darin u. a. einschlägig die Beiträge von H. *Rall*, E. *Weis*, H. *Ammerich*, W. *Demel*, G. *Schwaiger*, L. *Hammermayer*, W. *Fichtl*, H. *Bauer*, B. *Roland*, W. *Weber*, *H. Ottomeyer*); S. *Graf*, Bayerische Jakobiner? Kritische Untersuchungen sog. jakobinischer Flugschriften aus Bayern Ende des 18. Jahrhunderts, ZbLG 41, 1978, S. 117–171; E. *Häberle*, Zollpolitik und Integration im 18. Jahrhundert. Untersuchungen zur wirtschaftlichen und politischen Integration in Bayern von 1765 bis 1811, München 1974; L. *Hammermayer*, Der Wilhelmsbader Freimaurer-Konvent von 1782, Heidelberg 1980; L. *Hammermayer*, Geschichte der Bayer. Akademie der Wissenschaften, Bd. II, 1769–1786, München 1983; L. *Hammermayer*, Illuminaten und Freimaurer zwischen Bayern und Salzburg. Bemerkungen zu Geschichte, Umfeld und Nachwirkung von Geheimgesellschaften im oberdeutschen Raum (ca. 1775–1800), in: A. *Kraus* (Hg.), Land und Reich, Stamm und Nation, Festgabe für Max Spindler ..., Bd. 2, München 1984, S. 321–355; K. *Hausberger*, Staat und Kirche nach der Säkularisation. Zur bayerischen Konkordatspolitik im frühen 19. Jahrhundert, St. Ottilien 1983; F. *Kopitzsch* (Hg.), Aufklärung, Absolutismus und Bürgertum in Deutschland, München 1976; R. *Koselleck*, Kritik und Krise. Ein Beitrag zur Pathogenese der bürgerlichen Welt, Freiburg 1973³; P. Ch. *Ludz* (Hg.), Geheime Gesellschaften, Heidelberg 1979; K. *Möckl*, Der moderne bayerische Staat. Eine Verfassungsgeschichte vom aufgeklärten Absolutismus bis zum Ende der Reformepoche, München 1979; H. *Möller*, Vernunft und Kritik. Deutsche Aufklärung im 17. und 18. Jahrhundert, Frankfurt 1986; W. *Müller*, Universität und Orden. Die bayerische Landesuniversität Ingolstadt zwischen der Aufhebung des Jesuitenordens und der Säkularisation (1773–1803), Berlin 1986; H. *Reinalter* (Hg.), Freimaurer und Geheimbünde im 18. Jahrhundert in Mitteleuropa, Frankfurt, 1983; H.-P. *Sang*, Joseph von Utzschneider (1763–1801). Sein Leben, sein Wirken, Diss. München 1985; H. *Schmidt* (Hg.), Ein bayerisches Beamtenleben zwischen Aufklärung und Romantik. Die Autobiographie des Staatsrats Clemens von Neumayr, ZbLG 35, 1972, S. 591–690; J. *Seitz,* Die landständische Verordnung in Bayern im Übergang von der altständischen Repräsentation zum modernen Staat, 1778–1808, Diss. München 1987, noch ungedruckt; M. *Spindler* (Hg.), Handbuch der bayerischen Geschichte Bd. IV/1 und IV/2, München 1974 und 1975, Verbess. Nachdruck 1979; J. *Voss,* Universität, Geschichtswissenschaft und Diplomatie im Zeitalter der Aufklärung: Joh. Daniel Schöpflin (1694–1771), München 1979; E. *Weis,* Die Begründung des modernen bayerischen Staates unter König Max I. (1799–1825), in: M. *Spindler* (Hg.), Handbuch der bayerischen Geschichte, Bd. IV/1, München 1974, S. 3–86; E. *Weis,* Révoltes paysannes et citadines dans les Etats allemands sur la rive gauche du Rhin, de 1789 à 1792, in: Francia Bd. 3 (1975), München 1976, S. 346–358; E. *Weis,* Propyläen Geschichte Europas Bd. 4, Der Durchbruch des Bürgertums, 1776–1847, Berlin 1978; E. *Weis,* Pfalz-Bayern, Zweibrücken und die Französische Revolution, in J. *Voss* (Hg.), Deutschland und die Französische Revolution, München 1983, S. 118–131; E. *Weis,* Die Säkularisation der bayerischen Klöster 1802/03. Neue Forschungen zu Vorgeschichte und Ergebnissen, München (Bayer. Akademie der Wissenschaften) 1983; E. *Weis,* Der Illuminatenorden (1776–1786). Unter besonderer Berücksichtigung der Fragen seiner sozialen Zusammensetzung, seiner politischen Ziele und seiner Fortexistenz nach 1786 (Bayer. Akademie der Wissenschaften, Philosophisch-historische Klasse, Sitzungsberichte), München 1987; B. *Wunder,* Privilegierung und Disziplinierung. Die Entstehung des Berufsbeamtentums in Bayern und Württemberg (1780–1825), München 1978.

Personenregister